W0330985

Sonderseiten

METHODE — Hier kannst du naturwissenschaftliche Arbeitsweisen trainieren.

PINNWAND — Hier findest du Zusatzinformationen für inhaltliche Vertiefungen.

STREIFZUG — Hier findest du Verknüpfungen mit anderen Fachgebieten.

PRAKTIKUM — Hier findest du vielfältige Aufgaben zum Wiederholen und Vertiefen der Inhalte des Kapitels.

LERNEN IM TEAM — Hier findest du Vorschläge für die Projektarbeit und Gruppenarbeit.

AUF EINEN BLICK — Hier findest du die Inhalte des Kapitels in kurzer und übersichtlicher Form dargestellt.

LERNCHECK — Hier findest du vielfältige Aufgaben zum Wiederholen und Vertiefen der Inhalte des Kapitels.

A: Dies sind Aufgaben, die mithilfe der Texte und/oder der Bilder des Buches zu lösen sind.

Q: Dies sind Aufgaben, zu deren Bearbeitung du zusätzliche Quellen wie Fachbücher, das Internet, Fachleute usw. nutzen musst.

V: Dies sind Versuchsanleitungen, für die du in der Regel einfache, gut zugängliche Materialien brauchst.

westermann

ERLEBNIS

Naturwissenschaften

Luxemburg 7e/6e ESC

ERLEBNIS

In Teilen eine Bearbeitung von
978-3-507-76480-4
978-3-507-77690-6
978-3-507-77905-1
978-3-507-78006-4
978-3-507-78012-5
978-3-507-78018-7
978-3-507-78075-0
978-3-507-78180-1
978-3-14-126850-8
978-3-14-126851-5
978-3-14-126852-2
978-3-14-126853-9
978-3-14-126854-6
978-3-14-117602-5
978-3-14-101993-3

Beratung
Georges Berens, Liz Bohnenberger, Mike De Vos, Carol Eicher, Christian Gallotti, Carole Goebel, Celine Grandjean, Claude Kerger, Alain Majerus, Christophe Ternes

Autorinnen und Autoren:
Wera Barth, Lutz Bassin, Konrad Bauerle, Gerd-Peter Becker, Dr. Simone Beckmann, Hans-Günther Beuck, Michael Calsow, H. Michael Carl, André Carozzi, Dieter Cieplik, Heike Claßen, Michael Dahl, Petra Dams, Jasmin Dittmar, Joachim Dobers, Eva Döhring, Jennifer Dörschelln, Carol Eicher, Charles Even, Nicole Fischer, Imme Freundner-Huneke, Dr. Helmut Gaßmann, Stephanie Gerecke, Hans E. Hagenmeier, Sigrid Hahn, Peter Hartmann, Dr. Thomas Heinlein, Dr. Andreas Heinrich, Claudia Heist, Norbert Heldmann, Thomas Heppel, Peter Hoff, Dr. Stefanie Jerems, Dr. Wolfgang Jungbau, Dr. Jürgen Kastner, Manfred Kaufmann, Andreas Kegelmann, Marietta und Dieter Keller, Christian Kirberger, Horst-Dietmar Kirks, Fritz Klöckner, Melanie Knoll, Jeff Kohnen, Hans-Peter Konopka, Silke Kraft, Hauke und Christiane Kruse, Pit Kuffer, Roland Künzel, Olga Leuchtenberg, Mike Leupold, Dr. Gabriele Mai-Gebhardt, Jean-Marie Mangen, Dagmar Mehliß, Rainer Mennenga, Hanna Meuer, Ralph Möllers, André Mousset, Dr. Susann Müller, Sara Neumann, Jaques Pir, Bianca Pohler, Ulrike Preuß, Günter Rabisch, Michael Reck, Werner Reitberger, Sonja Riedel, Anke Roß, Torsten Schleip, Ursula Schmidt, Sabine Schön, Ralf Schrader, Siegfried Schulz, Rainer Seefeldt-Döhring, Monika Semrau, Sarah Sennebogen, Antje Starke, Albert Steinkamp, Heide Suk, Hans Tegen, Anja Thesing, Dorothee Tietge, Andrea Timcke, Sabine Vogt, Reiner Wagner, Michael Walory, Rolf Wellinghorst, Sybille und Martin Wellmann, Reinhard Wendt-Eberhöfer, Erwin Werthebach, Annely Zeeb

Druck A^2 / 2023
Alle Drucke der Serie A sind im Unterricht parallel verwendbar.

Illustrationen: Atelier tigercolor Tom Menzel, Birgitt Biermann-Schickling, Anne-Catherine Chen, Franz-Josef Domke, Julius Ecke, Thorsten Hardel /www.39punkt.de, Christine Henkel, Wolfgang Herzig, Brigitte Karnath, Heike Keis, Angelika Kramer, Liselotte Lüddecke, Karin Mall, Olav Marahrens, Michal Rössler, Birgit und Olaf Schlierf, Ingrid Schobel, Judith Viertel, Hannes von Goessel, Werner Wildermuth
Grundlayout: SINNSALON Agentur für Kommunikation und Design
Umschlaggestaltung: LIO Design GmbH
Druck und Bindung: Westermann Druck GmbH, Georg-Westermann-Allee 66, 38104 Braunschweig

ISBN 978-3-14-**117620**-9

Inhalt

Arbeiten wie ein Naturwissenschaftler

Belebte Umwelt

Tiere und ihre Lebensräume

Pflanzen und ihre Lebensräume

Überwinterung

Zusammenleben von Menschen, Tieren und Pflanzen

Unbelebte Umwelt

Energie in Natur und Technik

Reize und Sinne

Erwachsen werden

Arbeiten wie ein Naturwissenschaftler

Wie bedienst du einen Gasbrenner?

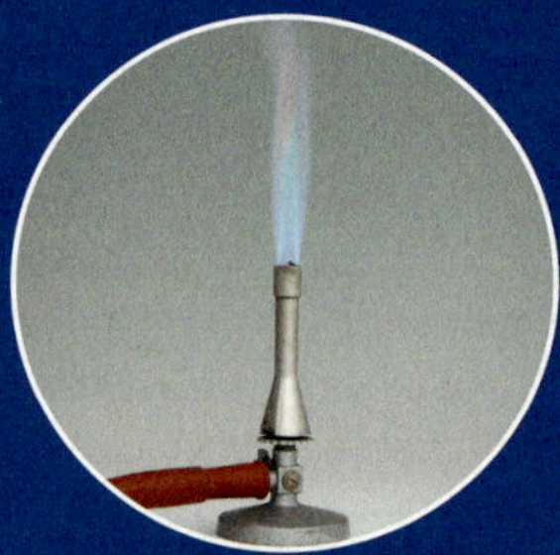

Wie lernst du am besten im Team?

Wie mikroskopierst du naturwissenschaftliche Objekte richtig?

Einführung in die Naturwissenschaften

1. Ⓐ
Finde die Seiten im Buch, die sich mit den Methoden der Naturwissenschaften beschäftigen. Nenne die Methoden mit dazugehöriger Seitenzahl.

2. Ⓐ
a) Suche dir im Stichwortverzeichnis einen Begriff aus.
b) Notiere die Überschriften der Seiten im Buch, auf denen dieser Begriff vorkommt.
c) Überprüfe mithilfe des Inhaltsverzeichnisses, zu welchen Kapiteln der Begriff gehört.

3. Ⓠ
Beschreibe womit sich die Naturwissenschaften Biologie, Chemie und Physik beschäftigen.

1 Die Biologie beschäftigt sich mit Lebewesen.

2 Die Chemie beschäftigt sich mit Eigenschaften von Stoffen und deren Umwandlung.

3 Die Physik untersucht Naturphänomene.

Naturwissenschaft – was ist das?

Unter dem Begriff Naturwissenschaft werden Wissenschaften zusammengefasst, die sich mit der Erforschung der Natur befassen. Das Fach Naturwissenschaften besteht aus den drei Bereichen Biologie, Chemie und Physik. Diese hängen oft eng zusammen, weil sich viele Vorgänge unserer Umwelt nicht eindeutig einem dieser Bereiche zuordnen lassen.
Die Biologie beschäftigt sich mit der lebenden Umwelt. Dazu zählt der Mensch, Tiere, Pflanzen und Bakterien. Die Chemie beschäftigt sich mit den Eigenschaften und der Umwandlung von Stoffen. Mithilfe der Chemie ist es möglich Stoffe mit bestimmten Eigenschaften herzustellen, wie zum Beispiel Baustoffe, Medikamente oder Kunststoffe. Die Physik beschäftigt sich mit den Phänomenen der Natur. Sie befasst sich unter anderem mit Kräften, Wärme, Elektrizität, Energie, Licht und Schall. Physiker untersuchen zum Beispiel, wie ein Blitz entsteht.

Die Aufgaben der Naturwissenschaften

Naturwissenschaftlerinnen und Naturwissenschaftler versuchen herauszufinden, wie Naturphänomene funktionieren. Auch der Mensch ist ein Teil der Natur. Er verändert und nutzt seine Umwelt.
Die Ergebnisse aus der Erforschung der Natur bilden die Grundlage für Entwicklungen in Technik, Medizin und Umweltschutz. Naturwissenschaftler erforschen, wie die Natur für den Menschen nutzbar gemacht werden kann.

Wie Naturwissenschaftler arbeiten

Am Anfang steht immer die **Beobachtung** der Natur. Daraus folgt eine Frage, die Naturwissenschaftler beantworten wollen. Sie stellen zunächst **Vermutungen** an. Anschließend überprüfen sie diese Vermutungen durch **Experimente.** Diese erfordern eine sorgfältige Planung und gründliche **Auswertung.** So können möglichst alle Bereiche eines Phänomens erforscht werden. Die Beobachtungen und Ergebnisse werden aufgeschrieben und in Büchern und Zeitschriften veröffentlicht. So können naturwissenschaftliche Entdeckungen und Ergebnisse jederzeit überprüft werden.

Die Fachsprache benutzen

1.
a) Beschreibe das im Comic dargestellte Problem.
b) Beschreibe ähnliche Situationen auch im Alltag. Spiele sie mit deinen Mitschülerinnen und Mitschülern nach.

2.
Schreibe auf, wie du die Unterhaltung im Comic ändern kannst, sodass es kein Missverständnis gibt.

3.
Schreibe vier Fachbegriffe aus den Naturwissenschaften und die dazu gehörenden kurzen Erklärungen heraus. Bastele mit den Begriffspaaren Karten. Sammelt die Karten für ein Memory-Spiel für die ganze Klasse.

Fachsprache – wozu?

Du lernst im naturwissenschaftlichen Unterricht und bei der Benutzung dieses Buches einige Fachbegriffe. Manchmal wirst du dich vielleicht fragen, ob denn die Alltagssprache dafür nicht ausreicht. Wenn du dir aber die Bildergeschichte oben anschaust, siehst du, dass es sehr sinnvoll sein kann, sich mit einem Fachwort genau ausdrücken zu können.

Ein Wort statt vieler Sätze

Oft sparen Fachwörter auch Zeit, weil sie einen Vorgang in einem Wort benennen: Statt einfach Sedimentation zu sagen, müsstest du erklären, dass ein Stoff, der sich im Wasser nicht löst, mit der Zeit auf den Boden sinkt. Wenn also alle wissen, was mit bestimmten Fachwörtern gemeint ist, können sie sich viel einfacher und ohne Missverständnisse unterhalten. So haben zum Beispiel die chemischen Stoffe festgelegte Symbole, die überall auf der Welt gleich sind. Sieht ein Chemiker in Japan die Abkürzung H_2O, weiß er sofort, dass es sich um den Stoff Wasser handelt.

Fachwort	Bedeutung
Emulsion	Stoffgemisch aus Flüssigkeiten wie Wasser und Öl, die nur durch Zusatz eines Emulgators mischbar sind.
100-ml-Erlenmeyerkolben	Glasgefäß, das nach oben hin schmaler wird und mit einem geraden Hals abschließt
Siedesteinchen	kleine, raue Steinchen, die beim Erhitzen einer Flüssigkeit verhindern, dass diese plötzlich herausschießt
Al	Symbol für Aluminium: ein silbrig glänzendes Leichtmetall

1 Beispiele für Fachbegriffe

2 Gläser für Experimente

Sicherheit im Fachraum

1 Sicherheitseinrichtungen und Warnzeichen im Fachraum

Der naturwissenschaftliche Fachraum

In einem naturwissenschaftlichen Fachraum muss man sicher experimentieren können. Dafür werden große Tische benötigt, die viel Platz zum Experimentieren bieten und über Steckdosen und eine Gaszufuhr für den Gasbrenner verfügen. Es muss ein Abzug vorhanden sein, sodass man darin mit Chemikalien arbeiten kann. Schutzausrüstung zum Experimentieren, wie Kittel und Brillen, muss ebenfalls zur Verfügung stehen. Außerdem werden Sicherheitseinrichtungen und Erste-Hilfe-Einrichtungen benötigt.

Sicherheitsvorkehrungen im Fachraum

Informiere dich über
- das richtige Verhalten bei Unfällen, bei Feuer und bei Feueralarm.
- den Ort des Not-Aus-Schalters.
- den Ort und den Inhalt des Erste-Hilfe-Kastens.
- den Ort des Feuerlöschers und der Feuerlöschdecke.
- den Ort des Notausganges.
- den Verlauf des Flucht- und Rettungsweges.
- den Ort des Sammelplatzes.

Richtiges Verhalten im Fachraum

Der Fachraum darf nur mit einem Lehrer oder einer Lehrerin betreten werden. Halte dich immer an die Verhaltensregeln. In naturwissenschaftlichen Räumen darf nicht getrunken und gegessen werden. Man darf auch nie an Stoffen riechen oder diese probieren.
Jacken müssen an der Garderobe aufgehängt werden. Die Schultaschen sollen so abgestellt werden, dass sie nicht zu Stolperfallen werden.
Achte beim Experimentieren auf die nötigen Sicherheitsvorkehrungen, wie Schutzbrillen oder Kittel. Schülerinnen und Schüler mit langen Haaren müssen diese beim Experimentieren zusammenbinden.
Bewahre bei Feuer und Unfällen Ruhe. Verlasse den Fachraum auf dem vorgeschriebenen Flucht- und Rettungsweg und gehe zügig zum Sammelplatz.

Die Bedeutung der Schilder

Die Hinweisschilder zur Unfallverhütung, zur Sicherheit und zur Hilfe sind unterschiedlich in Form und Farbe gekennzeichnet.

2 Farben der Schilder

Rot: Hinweisschild für den Gefahrenfall,
Weiß: Allgemeines Gefahren-Symbol,
Gelb: Warnzeichen,
Grün: Rettungszeichen

1. ≡ Ⓐ

a) Benenne die Sicherheitseinrichtungen und Warnzeichen (1-8) in der Abbildung.

b) Beschreibe richtige Verhaltensweisen der abgebildeten SchülerInnen.

Sicherheitsregeln im Fachraum

Arbeiten mit dem Stromversorgungsgerät

1. Vergewissere dich, dass der Drehknopf auf null gestellt ist.
2. Verwende nur Kabel ohne sichtbare Schäden an der Isolierung.
3. Schließe die elektrischen Leitungen an die richtigen Anschlüsse an.
4. Beginne mit dem Experimentieren erst, wenn die Lehrerin oder der Lehrer den Versuchsaufbau abgenommen hat.
5. Erhöhe die Spannung mittels des Drehknopfes in kleinen Schritten.

1 Stromversorgungsgerät

Tipps für das Experimentieren

1. Lies die Arbeitsaufträge vor Versuchsbeginn sorgfältig und vollständig durch.
2. Besprich die Versuchsanordnung mit deinen Mitschülerinnen und Mitschülern.
3. Stelle alle Geräte vor Versuchsbeginn bereit. Benutze diese erst nach ausdrücklicher Erlaubnis.
4. Baue alle Geräte übersichtlich und standsicher auf.
5. Bewege die Geräte während des Versuches nicht unnötig.

Wichtige Geräte für die Sicherheit

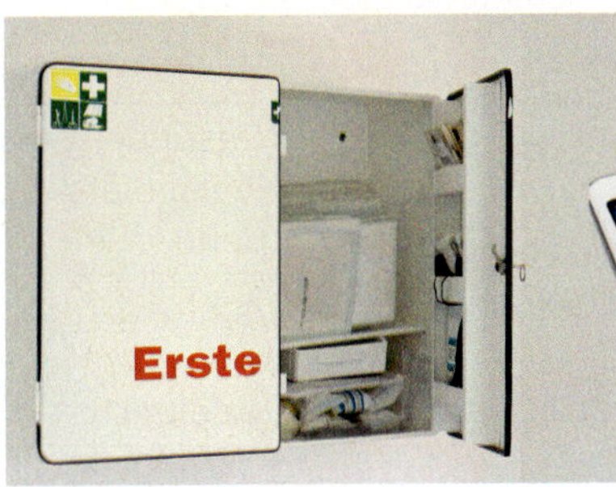

2 Sicherheitseinrichtungen

Verhalten beim Experimentieren

1. Beim Experimentieren mit offener Flamme musst du eine Schutzbrille tragen. Lange Haare müssen zusammengebunden werden.
2. Schalte bei Versuchen mit elektrischem Strom die Schaltung erst dann ein, wenn die Lehrerin oder der Lehrer sie abgenommen hat.
3. Verlasse während des Versuches möglichst nicht den Platz deiner Gruppe, damit andere Gruppen bei ihrer Arbeit nicht gestört werden.
4. Hinterlasse nach jedem Experiment den Arbeitsplatz sauber und aufgeräumt.
5. Gib die Versuchsgeräte in die dazu bestimmten Kästen und Fächer zurück.

Sicheres Experimentieren

Gefahr-Piktogramme

Zum sicheren Umgang und zum Experimentieren mit Chemikalien gehört auch die Kenntnis der Gefahr-Piktogramme.
Die 9 Piktogramme wurden 2010 eingeführt und sind seit 2015 verbindlich.
Das neue **G**lobal **H**armonisierte **S**ystem (GHS) gilt weltweit einheitlich. Die 9 Piktogramme werden, je nach Chemikalie noch durch die Signalwörter GEFAHR oder ACHTUNG ergänzt. So findest du zum Beispiel auf der Vorratsflasche für Benzin vier dieser Gefahr-Piktogramme und das Signalwort GEFAHR.
Zusätzlich gibt es Sicherheitshinweise, die sogenannten P-Sätze (engl.: **p**recautionary, Vorsichtsmaßnahme) und H-Sätze (engl.: **h**azard, Gefahr). Die Bedeutung der Piktogramme kannst du auf der Internet-Seite nachlesen: https://echa.europa.eu/de/regulations/clp/clp-pictograms

1 Chemikalien im Haushalt

2 Chemikalien im Fachraum

Piktogramm		Wirkungsbeispiel
Explosionsgefahr	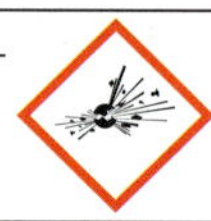	Explosionsgefahr durch Schlag, Reibung oder Feuer
Achtung entzündlich		entzündbare Stoffe, die sich auch selbst entzünden können
Achtung brandfördernd		entzündend wirkende Stoffe, die einen Brand verstärken
Komprimierte Gase		Gefahr durch unkontrolliert ausströmende Gase
Achtung ätzend		ätzende Wirkung auf Haut, Augen und Schleimhäute
Giftig		Vergiftungsgefahr durch Berühren, Verschlucken oder Einatmen
Achtung!		schon einmaliger, kurzzeitiger Kontakt ist schädigend
Gesundheitsgefährdend	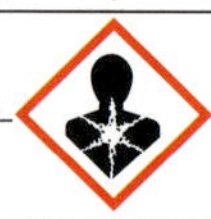	Schädigung durch Schlucken, Einatmen, Hautkontakt
Achtung umweltgefährlich		akut oder chronisch Gewässer gefährdend

3 Gefahr-Piktogramme und deren Bedeutungen

UMGANG MIT CHEMIKALIEN

1. Chemikalien dürfen nicht mit den Fingern angefasst werden.
2. Chemikalien dürfen niemals in Lebensmittelbehältern aufbewahrt werden.
3. Die Versuche werden mit möglichst wenig Chemikalien durchgeführt, weil nur so die Abfallmenge gering bleibt.
4. Chemikalienreste werden nicht in die Vorratsgefäße zurückgegeben. Sie werden in besonderen Abfallbehältern gesammelt.
5. Gefährliche Abfälle werden grundsätzlich extra gesammelt.

ABFALLENTSORGUNG
Chemikalienreste werden nach Stoffklassen getrennt gesammelt. Die Entsorgung der Sammelbehälter erfolgt durch ein Entsorgungsunternehmen.

Entsorgung von Chemikalien im Fachraum

Chemikalien müssen besonders aufbewahrt werden. Das gilt auch für Chemikalien, die nach einem Versuch übrig geblieben sind. Da entnommene Chemikalien durch das Experimentieren verunreinigt sein können, darfst du sie nicht in die Vorratsflaschen zurückgeben. Chemikalienreste dürfen nicht einfach über den Müll entsorgt werden. Sie dürfen auch nicht in Lebensmittelbehältern aufbewahrt werden, da sie so leicht verwechselt werden können. Sie sind teilweise giftig oder schädlich für die Umwelt. Für die Entsorgung gibt es im Chemieraum spezielle Abfallbehälter. Achte darauf, die Reste in den richtigen Behältern zu entsorgen

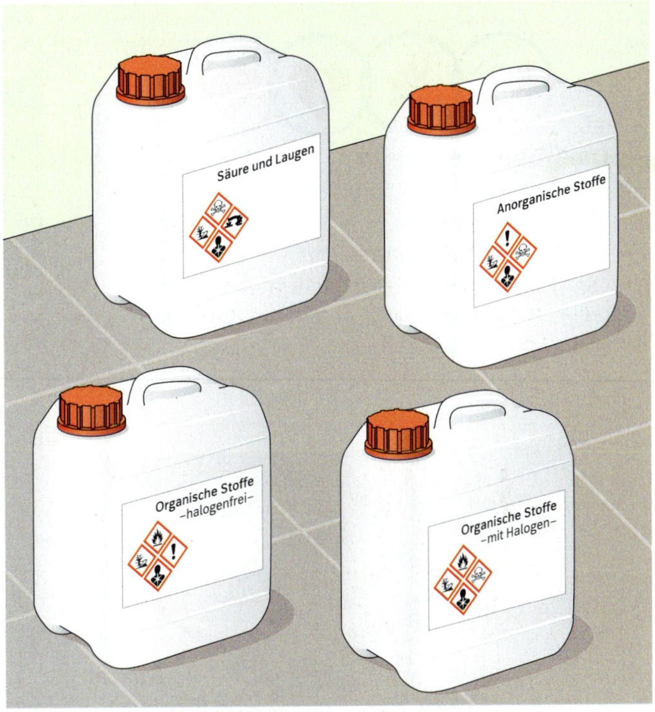

4 Behälter für Chemikalienreste

Entsorgung von Abfällen im Haushalt

Auch im Haushalt fallen Abfälle an, die nicht im normalen Hausmüll entsorgt werden dürfen. Beispiele dafür sind Akkus, Elektrogeräte, Kühlmittel, Lacke und Farben oder Energiesparlampen, die Quecksilber enthalten. Auf der Internetseite **https://sdk.lu/de/** findest du Informationen, wie du diese Stoffe entsorgen musst.

1. Ⓐ
Beschreibe, worauf du beim Umgang mit Stoffen aus dem Haushalt achten musst, die folgende Gefahr-Piktogramme tragen.

a)  b) 

2. Ⓐ
Beschreibe, in welche Behälter für Chemikalienreste, die unten abgebildeten Chemikalien entsorgt werden müssen.

3. Ⓐ
Informiere dich auf der Internetseite der SuperDrecksKëscht®, wo und wann die nächste Annahmestelle für Sondermüll ist.

Erste Hilfe

PINNWAND

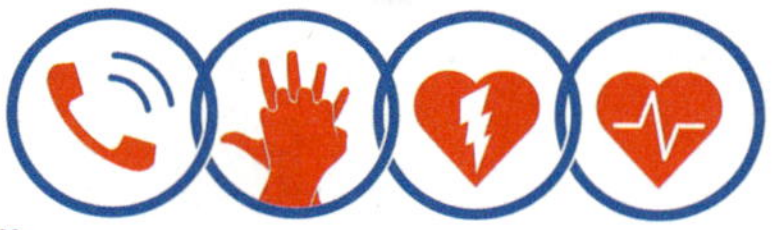

Die Überlebenskette

Auf www.reagis.lu kannst du dich genau darüber informieren, wie du dich in einem Notfall verhalten kannst.
Die Überlebenskette gibt schrittweise vor, in welcher Reihenfolge du handeln solltest, wenn du eine verletzte Person findest.

① Notruf: 112

Sechs „W" im Notfall

Bei einem Unfall mit Verletzten oder bei einem Brand müsst ihr so schnell wie möglich Hilfe rufen. Die Notfall-Telefonnummer ist 112.
Dann ist Folgendes wichtig:
Wer ruft an?
Wo ist etwas passiert? (Ort, Straße, Hausnummer, Stockwerk)
Was ist passiert?
Wie viele Verletzte gibt es?
Welche Verletzungen liegen vor?
Warte! Beantworte Rückfragen oder höre auf Anweisungen.

1. V
Stellt eine Unfallsituation nach und übt das richtige Telefonieren.

2. Q
Informiert euch auf www.reagis.lu genauer über die richtige Benutzung eines Defibrillators und macht dazu Notizen.

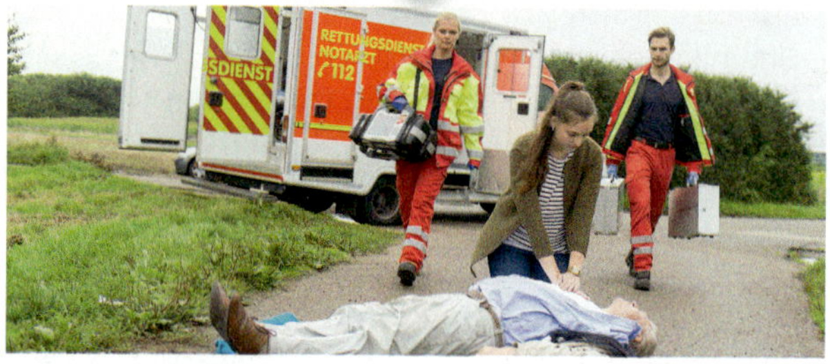

② Die Herzmassage

Wenn du einen bewusstlosen Menschen findest, der nicht mehr atmet, beginnst du eine Herzdruckmassage, nachdem du den Notruf abgesetzt hast. Lege das Unfallopfer auf den Rücken auf eine harte Oberfläche und knie dich seitlich daneben. Lege einen Handballen auf die Mitte der Brust des Patienten. Lege die andere Hand auf die erste und verschränke die Finger ineinander. Drücke das Brustbein 5-6 cm nach unten. Entlaste danach den Brustkorb vollständig. Führe 120 Herzdruckmassagen in der Minute durch.
In einem Rettungskurs lernst du die Herzdruckmassage mit der Mund-zu-Mund-Beatmung zu kombinieren (2 Beatmungen nach 30 Massagen). Mache weiter, bis der Patient wach wird oder der Rettungsdienst kommt.

③ Einen Defibrillator einsetzen

Bei einem Herzstillstand kann ein Defibrillator zur Wiederbelebung eingesetzt werden. Er ist einfach zu benutzen: Schalte ihn ein und folge der beiliegenden Anleitung.

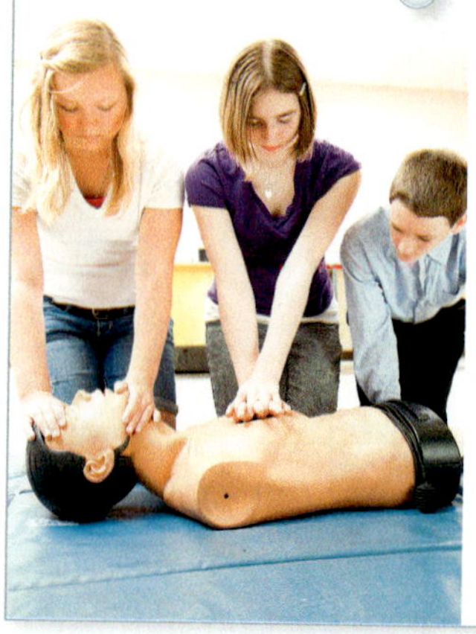

Erste-Hilfe-Kurs

Ein Unfall kann überall passieren. In einer solchen Stress-Situation fällt es schwer, richtig zu reagieren. Wer vorher in Ruhe die wichtigsten Handgriffe übt, kann im Notfall besser helfen.

Laborausstattung im Fachraum

1. A
Betrachte das abgebildete Labor. Finde eine Ordnung für die abgebildeten Geräte und notiere diese zum Beispiel mithilfe einer Tabelle.

2. A
Liste zehn Laborgeräte oder Laborausstattungen in deinem Heft auf und nenne jeweils ihren Verwendungszweck.

Im naturwissenschaftlichen Fachraum deiner Schule findest du unterschiedliche **Laborgeräte.** Die meisten davon verwendest du zum Experimentieren, Messen oder Vergleichen. Andere dienen deiner Sicherheit.

① Dreifuß
② Standkolben
③ Erlenmeyerkolben
④ Messzylinder
⑤ Standzylinder
⑥ Spritzflasche
⑦ Fluchtweg
⑧ Waage
⑨ Trichter
⑩ Petrischale
⑪ Drahtnetz
⑫ Reagenzglasgestell
⑬ Stopfen
⑭ Reagenzglas
⑮ Feuerlöscher
⑯ Doppelmuffe
⑰ Stativklemme
⑱ Augendusche
⑲ Schutzbrille
⑳ Stativ
㉑ Tropfpipette
㉒ Thermometer
㉓ Becherglas
㉔ Notaus-Schalter
㉕ Messpipette
㉖ Scheidetrichter
㉗ Gasbrenner
㉘ Reagenzglasklammer
㉙ Tiegelzange
㉚ Spatel
㉛ Glasstab

METHODE

Führerschein für den Gasbrenner

PRAKTIKUM

Im naturwissenschaftlichen Unterricht wirst du häufig Versuche durchführen, bei denen Stoffe erhitzt werden. Für diese Versuche werden **Gasbrenner** für Erdgas oder Propangas verwendet. Damit du mit den Gasbrennern gefahrlos umgehen kannst, musst du bestimmte Regeln beachten:

Vorbereitung

- Stelle den Gasbrenner standsicher auf eine feuerfeste Unterlage.
- Schließe den Gasschlauch des Brenners an die Gaszuleitung am Tisch an. Kontrolliere die Standsicherheit.
- Schließe die Gas- und Luftzufuhr des Brenners.

ACHTUNG
Binde lange Haare immer zusammen und trage beim Arbeiten mit dem Gasbrenner eine Schutzbrille.

Inbetriebnahme und Brennereinstellung

- Öffne als erstes die Gaszufuhr am Brenner und dann das Gasventil an der Gaszuleitung. Entzünde das ausströmende Gas. Arbeite zügig, aber ohne Hektik.
- Lass das Gas nie unangezündet ausströmen.
- Stelle die Höhe der Gasflamme mit der Gasregulierungsschraube am Brenner ein.
- Öffne danach die Luftzufuhr, bis die blaue Flamme sichtbar wird.
- Öffne die Luftzufuhr weiter, bis die rauschende Brennerflamme zu hören ist.
- Verringere die Luftzufuhr wieder, bis die Höhe der Flamme etwa der Breite deiner Hand entspricht.
- Arbeite mit der blauen, aber noch nicht rauschenden Brennerflamme.

ACHTUNG
Der Gasbrenner darf während des Experimentierens nicht unbeaufsichtigt bleiben. Stelle das Gas nach Beendigung der Arbeit an der Gaszufuhr ab.

Untersuchung der Brennerflamme

Die blaue Brennerflamme besteht aus einem kleineren Innenkegel und einem Außenkegel.

a) Untersuche mithilfe eines dünnen Holzstabes die beiden Flammenkegel. Halte dazu das Stäbchen kurz in den Innenkegel. Bewege es dann langsam von unten nach oben in den Außenkegel. Beschreibe jeweils, was mit dem Holzstab passiert. Achte besonders auf die Ränder der Flamme und auf den Übergang vom inneren zum äußeren Flammenkegel. Wo ist die heißeste Zone der Flamme?
b) Schneide dir aus etwa 2 mm starkem Karton ein 15 cm mal 10 cm großes Rechteck aus. Halte es für kurze Zeit direkt über der Öffnung des Brenners senkrecht in die Flamme. Was beobachtest du?

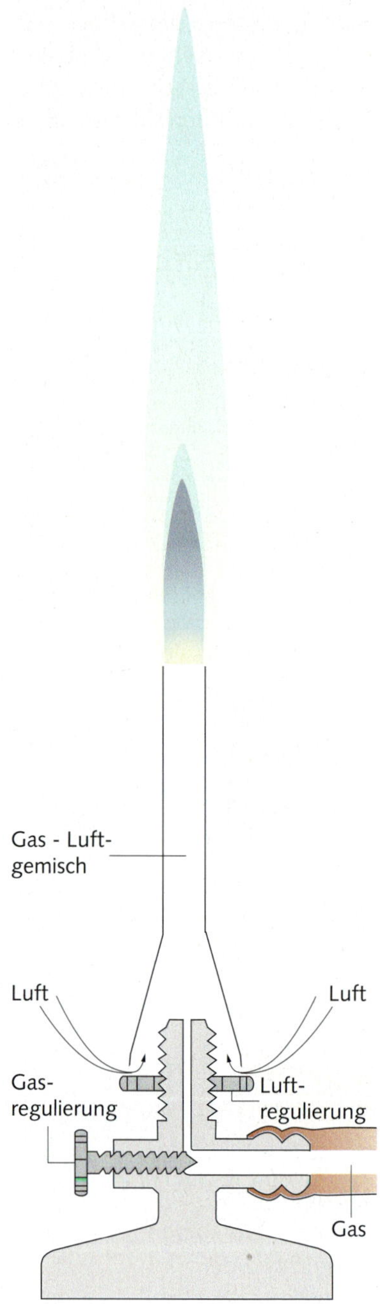

1 Schnitt durch den Gasbrenner für Erdgas oder Propangas

Verschiedene Wärmequellen

PINNWAND

Der Gasbrenner für Erdgas und Propangas

Der Kartuschenbrenner

Ein weiterer Gasbrenner, der **Kartuschenbrenner,** wird mit Butangas betrieben. In einem Metallbehälter, der Kartusche, befindet sich der Brennstoff in flüssiger Form. Wenn das Gasventil geöffnet wird, tritt dieser Brennstoff als Gas aus. Beim Kartuschenbrenner muss besonders gut darauf geachtet werden, dass er senkrecht und standsicher auf einer feuerfesten Unterlage steht. Vor dem Anzünden des Gases wird beim Kartuschenbrenner die Luftzufuhr leicht geöffnet.
Erst danach wird das Gasventil geöffnet. Das ausströmende Gas-Luft-Gemisch muss sofort entzündet werden. Da Butangas schwerer ist als Luft, fließt es beim Ausströmen nach unten. Wird das Gas nicht sofort entzündet, sammelt es sich auf der Tischplatte. Beim Anzünden des Gases kann es dann zu einer Stichflamme kommen. Auch hier gilt: Arbeite zügig, aber ohne Hektik!

1. ≡ Ⓐ
Wo werden Kartuschenbrenner noch als Wärmequelle verwendet?

ACHTUNG
Brenner bei Experimenten mit brennbaren Materialien nicht verwenden!

Die Heizplatte

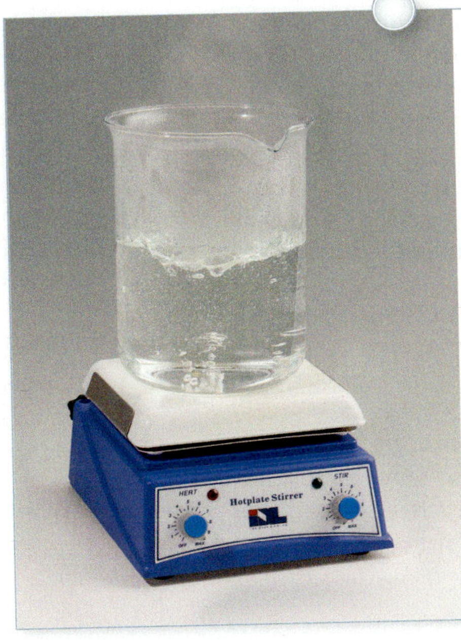

Nicht alle Stoffe kannst du mit dem Gasbrenner erhitzen. Wenn brennbare Flüssigkeiten erhitzt werden müssen, kann es passieren, dass sich die brennbaren Dämpfe an der Brennerflamme entzünden.
Zum Erhitzen brennbarer Flüssigkeiten ist deshalb eine **elektrische Heizplatte** besser geeignet, da sich die brennbaren Dämpfe an der elektrisch beheizten Platte nicht so leicht entzünden können.

Versuche planen, durchführen und protokollieren

METHODE

Forscherfrage

Versuchsfrage

Am Anfang eines Versuchs steht die **Forscherfrage** bzw. eure **Hypothese.** Bei diesem Beispiel geht es um die Frage, ob und in welchen Teilen Pflanzen das Kohlenhydrat Stärke gespeichert haben. Stärke dient den Pflanzen als Energiespeicher.

Planung

Vor der Durchführung des Versuchs ist es wichtig, dass ihr euch Gedanken darüber macht, wie der Versuch oder wie die Versuche ablaufen sollen. In dem Beispiel geht es um den Stärkenachweis in Pflanzenteilen.

Material

Schreibt auf, welche Geräte, Materialien und Chemikalien für diesen Versuch erforderlich sind. Erkundigt euch, ob bei dem Versuch **Sicherheitsbestimmungen** zu beachten sind: zum Beispiel beim Umgang mit ätzenden oder entzündlichen Flüssigkeiten.

Bei allen Experimenten mit Chemikalien muss grundsätzlich eine **Schutzbrille** getragen werden.

Versuchsaufbau

Überlegt, wie der Versuch aufgebaut werden muss. Zeichnet für den **Versuchsaufbau** eine beschriftete **Skizze,** in der dargestellt ist, wie die Geräte und Materialien gehandhabt werden. Beschreibt mit eigenen Worten, wie ihr den Versuch aufbaut.

Durchführung

Ist die Planung abgeschlossen, könnt ihr den Versuch durchführen. Schreibt die **Durchführung** sehr genau auf, damit der Versuch auch von jemandem durchgeführt werden kann, der nicht am Unterricht teilgenommen hat.

Beobachtung

Haltet eure Ergebnisse und Beobachtung fest. Dies kann in Textform, in Tabellen oder Zeichnungen erfolgen. Dabei notiert ihr alle **Beobachtungen** und **Messwerte**, die ihr während des Versuchs macht.
Darin muss zum Ausdruck kommen, ob die Forscherfrage durch den Versuch geklärt werden konnte.

Auswertung

Eure Antwort auf die Forscherfrage oder eure Hypothese schreibt ihr in der **Auswertung** auf. Könnt ihr mithilfe des Experiments auch weitergehende Schlussfolgerungen gewinnen, so werden diese ebenfalls in der Auswertung notiert.

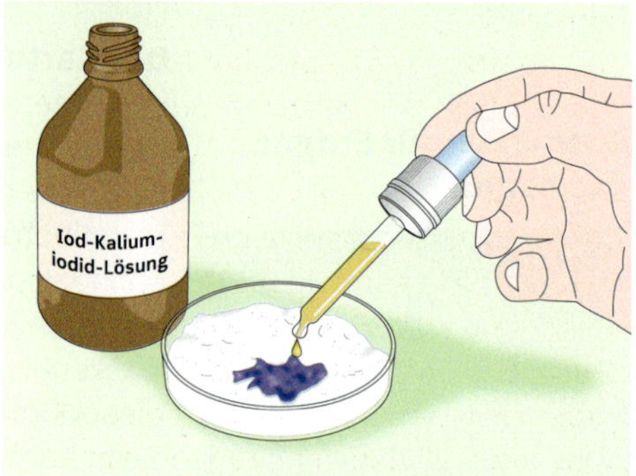

1 Versuchsdurchführung mit der Iodprobe

Versuchsprotokoll **13.1.2016**
Name:_______ **Klasse:___**

Forscherfrage: Welche Pflanzenteile von Nutzpflanzen haben Nährstoffe in Form von Stärke gespeichert?

Material: Speicherorgane von Nutzpflanzen wie Kartoffel, Zwiebel, Mais (gequollen), Apfel; Messer; Iod-Kaliumiodidlösung; Petrischalen; Pipette

Versuchsaufbau:

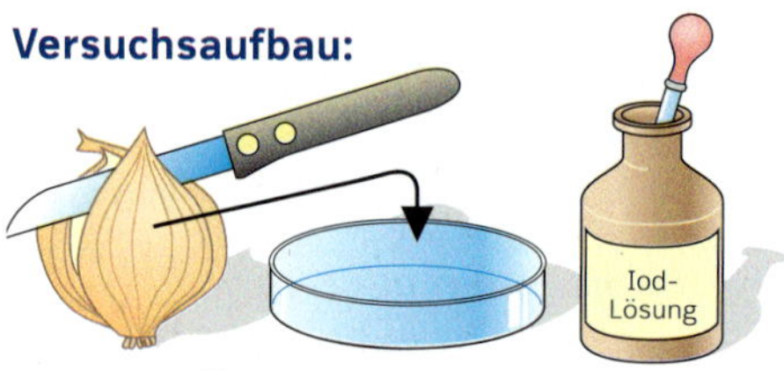

Durchführung: Wir schneiden Speicherorgane von Nutzpflanzen auf und legen die Hälften in Petrischalen. Wir prüfen mit Iod-Kaliumiodidlösung, ob Stärke im jeweiligen Pflanzenorgan gespeichert ist. Färbt sich dieses blau-violett, sind Nährstoffe in Form von Stärke gespeichert.

Beobachtung:

Speicherorgan	Zwiebel	Mais	Kartoffel	Apfel
blau-violette Färbung	X	X	X	--

Auswertung: Zwiebel, Mais und Kartoffel enthalten Stärke, der Apfel nicht.

Gruppen- und Partnerarbeit beim Experimentieren

Im Fachunterricht ist es wichtig, dass ihr Experimente selbstständig plant und durchführt. Dazu wird in einer größeren Gruppe oder zu zweit gearbeitet.
Die **Gruppenarbeit** hat viele Vorteile. So kann jedes Gruppenmitglied Ideen einbringen, die ihr gemeinsam diskutieren könnt. Zudem ist es möglich, Aufgaben untereinander aufzuteilen.
Bei der **Partnerarbeit** experimentiert ihr zu zweit. Dabei kann der Einzelne beim gleichen Versuch mehr tun als bei der Gruppenarbeit. Darüber hinaus ist es oft einfacher, sich zu zweit auf eine Vorgehensweise zu einigen als in einer größeren Gruppe.

1.
a) Führt den folgenden Versuch in Gruppenarbeit durch. Erhitzt 2 g Schwefel im Reagenzglas vorsichtig über einer Brennerflamme bis zum Schmelzen. Erhitzt dann bis zum Sieden. Lasst das Reagenzglas danach abkühlen. Beobachtet dabei die Vorgänge im Reagenzglas.
b) Tragt eure Beobachtungen in eine Tabelle ein.

Aggregatzustand	Farbe

c) Besprecht das Ergebnis des Experimentes in der Gruppe.
d) Vergleicht euer Ergebnis mit dem Ergebnis anderer Gruppen.

METHODE

Wichtige Regeln für die Gruppenarbeit

Plant den Versuch gemeinsam. Jeder in der Gruppe soll verstehen, wie er durchzuführen ist.

Es redet immer nur ein Gruppenmitglied. Die anderen hören aufmerksam zu.

Habt ihr innerhalb der Gruppe unterschiedliche Vorschläge und Meinungen, diskutiert sie in Ruhe und einigt euch auf eine Vorgehensweise.

Ein Gruppenmitglied holt die Versuchsmaterialien, ohne dabei zu rennen. Experimentiert in Ruhe, sodass die anderen Gruppen nicht gestört werden.

Teilt euch die Arbeit während des Experiments auf. Ein oder zwei Gruppenmitglieder führen den Versuch durch, ein oder zwei weitere Mitglieder beobachten und halten die Ergebnisse im Protokoll fest.

Wechselt euch bei den Aufgaben ab. Jeder muss beim nächsten Versuch eine andere Aufgabe übernehmen.

Haltet Ordnung auf dem Experimentiertisch eurer Gruppe.

Seid ihr euch nicht einig oder treten in eurer Gruppe beim Experimentieren Konflikte auf, versucht sie zunächst selbst zu lösen. Holt erst dann eure Lehrerin oder euren Lehrer zu Hilfe, wenn ihr nicht mehr weiterkommt.

Erstellt das Versuchsprotokoll gemeinsam, sodass jeder in der Gruppe zum Schluss das gleiche Protokoll vorliegen hat.

Säubert nach dem Versuch die benutzten Geräte nach Anleitung und räumt alles ordentlich in die dafür vorgesehenen Behälter und Schränke zurück.

Messen und die Werte anschaulich darstellen

METHODE

1. Ⓐ
Übertrage die Tabelle in dein Heft. Gib jeweils die Messgeräte an, mit denen die angegebenen Größen gemessen werden. Notiere auch die Einheit, in der die Größe angegeben wird.

Größe	Messgerät	Einheit
Zeit		
Länge		
Temperatur		

1 Drei Messungen – gleiche Werte?

2. Ⓥ
a) Erhitze 100 ml Wasser in einem hohen Becherglas etwa 5 min über der kleinen Brennerflamme. Miss danach jeweils die Temperatur des Wassers, indem du das Thermometer vorsichtig
- knapp unter die Wasseroberfläche eintauchst,
- ganz knapp bis über den Becherglasboden,
- bis zur Wassermitte eintauchst.

b) Rühre das Wasser um und miss jeweils erneut.
c) Erkläre die Ergebnisse deiner Messungen.

3. Ⓥ
a) Fülle ein Becherglas halb voll mit Wasser. Stelle ein Thermometer in das Wasser. Lies die Wassertemperatur
- gerade stehend ab,
- auf dem Boden sitzend ab,
- auf Augenhöhe mit dem Thermometer ab.

b) Vergleiche die Ergebnisse und begründe, welches Verfahren zum Ablesen das richtige ist.

Das richtige Messgerät

Wenn du die Länge eines Bleistiftes, die Temperatur der Luft im Klassenraum oder die Zeit, die seit Beginn des Unterrichts vergangen ist, bestimmen willst, kannst du die Größen jeweils abschätzen. Diese Werte werden aber in der Regel ungenau sein, da sich unsere Sinnesorgane täuschen lassen. Zuverlässigere Ergebnisse erhältst du, wenn du die Größen mit einem geeigneten Messgerät misst.

Geeichte Messgeräte

Das Fieberthermometer liefert genauere Werte als ein normales Thermometer. Fieberthermometer müssen die Temperatur sehr genau anzeigen. Die Messgenauigkeit ist vom Gesetzgeber vorgeschrieben und wird überprüft. Es ist ein **geeichtes Gerät.**
Alle Messgeräte, die beim Verkauf von Waren oder im Bereich Sicherheit und Gesundheit eingesetzt werden, müssen geeicht sein. Ihre Messgenauigkeit wird in regelmäßigen Abständen vom Eichamt kontrolliert.

Messfehler

Um Fehler beim Messen zu vermeiden, muss das Gerät vorschriftsmäßig eingesetzt werden.
Bei Temperaturmessungen von Flüssigkeiten wird die Flüssigkeit umgerührt, um eine gleichmäßige Wärmeverteilung zu bekommen. Ablesefehler werden durch senkrechtes Schauen auf die Skala vermieden.

Darstellung von Messwerten im Säulendiagramm

Temperaturen verschiedener Körper kannst du beispielsweise in einem **Säulendiagramm** darstellen. Dazu zeichnest du eine Hochachse, auf der du die Temperatur abträgst. Auf der Rechtsachse zeichnest du jetzt jeweils die Säulen für die Temperaturen von Fensterscheibe (F), Wand (W), Tisch (T) und Heizkörper (H) bis zur entsprechenden Temperaturangabe auf der Hochachse. Die Säulen kannst du farbig darstellen oder unterschiedlich schraffieren.

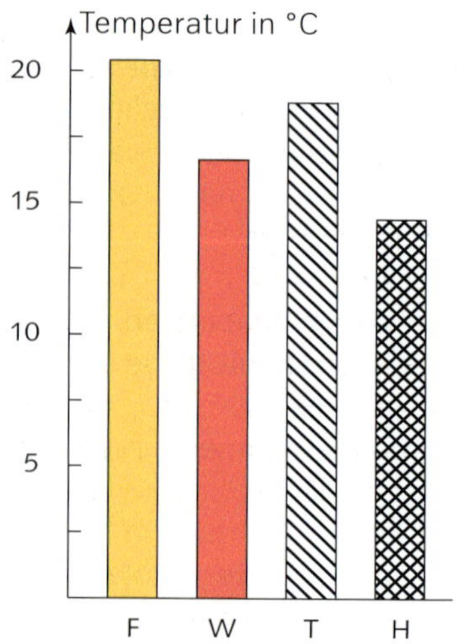

2 Säulendiagramm

4. ☰ V
Miss deine Körpertemperatur unter der Achsel mit einem Fieberthermometer und einem Digitalthermometer und vergleiche.

5. ☰ V
a) Miss mithilfe des Digitalthermometers im Raum die Temperatur der Fensterscheibe, der Wand, des Tisches und des Heizkörpers. Notiere die Werte in einer Tabelle.
b) Erstelle aus den Werten der Tabelle ein Säulendiagramm wie in Bild 2.

6. ☰ A
Übertrage die Tabelle A in dein Heft und ergänze die fehlenden Werte mithilfe des Diagramms. Lies dazu die Temperaturen aus dem Zeit-Temperatur-Diagramm in Bild 5 ab.

7. ☰ A
Zeichne auf Millimeterpapier ein Zeit-Temperatur-Diagramm mit den Werten aus der Tabelle B. Nimm Bild 5 als Vorlage.

8. ☰ A
Übertrage die Tabelle B in dein Heft und trage auch Werte ein, die nicht gemessen wurden.

9. ☰ A
Begründe, dass eine Zeiteinteilung in Sekunden bei der Temperaturmessung für einen ganzen Tag nicht sinnvoll ist.

Zeit in s	0	10	20	30	40	50	60
Temperatur in °C		25		34		45	

3 Tabelle A

Zeit in s	0	10	20	30	40	50	60
Temperatur in °C	15		23		31		39

4 Tabelle B

METHODE

Das Zeit-Temperatur-Diagramm

Du erwärmst eine Flüssigkeit und misst ihre Temperatur zu bestimmten Zeiten. Daraus ergeben sich viele Messwerte, die du in eine **Tabelle** eintragen kannst (Bild 3).

Eine übersichtliche Darstellung für diese Messwerte ist ein **Zeit-Temperatur-Diagramm.** Das ist ein **Liniendiagramm,** in dem die Temperaturen eingezeichnet sind, die zu bestimmten Zeitpunkten gemessen wurden (Bild 5).

So wird das Zeit-Temperatur-Diagramm erstellt

Auf der Rechtsachse trägst du die Zeiten in s auf, auf der Hochachse die Temperaturen in °C. Du musst die beiden Achsen geeignet einteilen. Suche dazu die jeweiligen niedrigsten und höchsten Werte für die Zeit und für die Temperatur heraus, die du notiert hast. Nutze zum Auftragen dieser Werte die ganze Länge der Achsen.

Gemessene Werte eintragen

Für das Messwertepaar (10 s|25 °C), suchst du zuerst den Zeitwert 10 s auf der Rechtsachse. Dort zeichnest du dünn eine Linie senkrecht nach oben. Am Temperaturwert 25 °C auf der Hochachse zeichnest du eine Linie waagerecht nach rechts, bis du auf die senkrecht gezeichnete Linie triffst. Hier markierst du den Schnittpunkt.

Ebenso verfährst du mit allen anderen Paaren von Messwerten. Du verbindest dann jeweils zwei benachbarte Punkte mit einem Lineal.

Werte ablesen, die gar nicht gemessen wurden

Wie hoch war die Temperatur nach 45 s? Diesen Wert hast du nicht gemessen, du kannst ihn aber näherungsweise angeben: Gehe zum Zeitpunkt 45 s, also zur Mitte zwischen 40 s und 50 s. Von dort gehst du dann senkrecht nach oben, bis du auf die Verbindungslinie deiner Punkte kommst. Wenn du nun waagerecht nach links gehst, kannst du die ungefähre Temperatur auf der Hochachse ablesen.

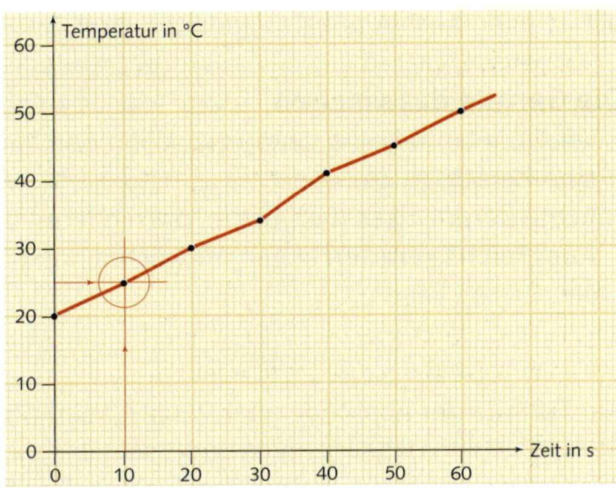

5 Das Zeit-Temperatur-Diagramm ist ein Liniendiagramm.

Ausgleichsgeraden

1. ≡ V

a) Erhitze 100 ml Wasser 2 min im Becherglas und miss die Temperaturerhöhung im Abstand von 20 s. Notiere die Werte in einer Tabelle.
b) Trage die Messwerte in ein Zeit-Temperatur-Diagramm ein und verbinde die Punkte. Beschreibe den Grafen, der dabei entsteht.
c) Trage die Messwerte erneut in ein Diagramm ein. Zeichne aus den Messpunkten eine Ausgleichgerade. Beschreibe deine Vorgehensweise.
d) Lies an der Ausgleichsgeraden für die in der Messung verwendeten Zeiten die Temperaturwerte ab. Trage die abgelesenen Werte in eine Tabelle ein. Vergleiche die Werte mit den gemessenen Werten aus dem Versuch a). Was stellst du fest?
e) Diskutiere, warum das Zeichnen der Ausgleichsgeraden sinnvoll ist.

Messfehler werden sichtbar

Bei Versuchen ermittelst du Messwerte und hältst sie in Tabellen fest. Du hast vermutet, dass die im Diagramm eingetragenen Messwerte auf einer Geraden liegen. Für die Abweichungen waren Ablesefehler oder ungenaue Messgeräte verantwortlich.

Verbinden der Messwerte

Die Messwerte aus Tabelle 1 sind im Diagramm 2 als Punkte dargestellt. Wenn diese Punkte verbunden werden, entsteht ein Graf, der schon sehr viel anschaulicher ist als die einzelnen Punkte sind (Bild 3). Werte zwischen den gemessenen Werten, die du dem Grafen entnimmst, sind bei dieser Methode jedoch häufig **nicht korrekt**. Du darfst sie in deine Versuchsauswertung nicht einbeziehen. Grobe Messfehler, auch Ausreißer genannt, sind gut erkennbar.

Die Gerade dazwischen

- Versuche annähernd genau zwischen den Messpunkten eine Gerade zu zeichnen.
- Achte darauf, dass die Punkte, die nicht auf dieser **Ausgleichsgeraden** liegen, möglichst nahe am Verlauf des Grafen liegen.

Die Summe der Abstände aller Punkte oberhalb der Geraden sollte dabei genauso groß sein wie die Summe der Abstände unterhalb der Geraden. Die Punkte auf der Geraden stellen ideale Messwerte dar (Bild 4).

Zeit in s	0	20	40	60	80	100
Temperatur in °C	22	34	38	65	60	75

1 Tabelle: Messwerte

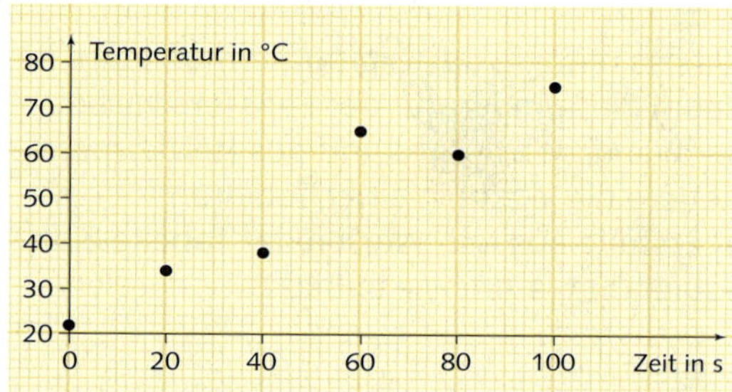

2 Diagramm: Eintragen der Messwerte

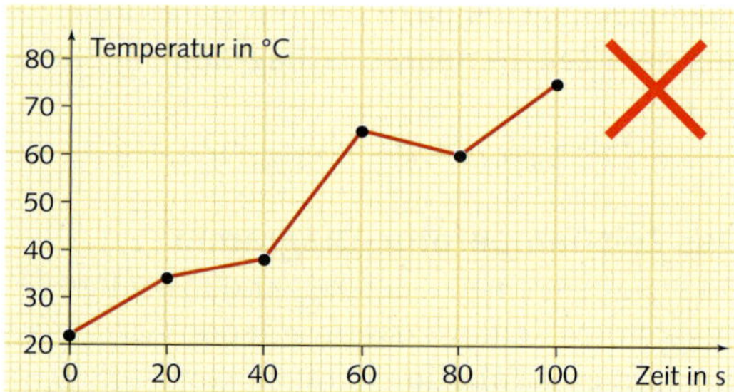

3 Diagramm: Die Werte zwischen den gemessenen Punkten sind nicht korrekt.

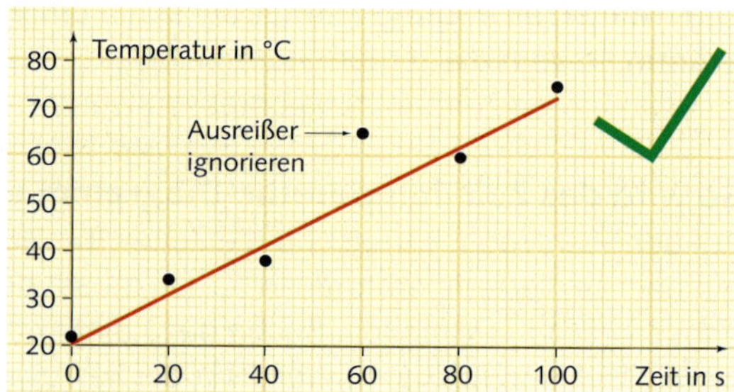

4 Diagramm: Einzeichnen der Ausgleichsgeraden

Zeit in s	0	20	40	60	80	100
Temperatur in °C	20	30	42	52	62	72

5 Tabelle: Ideale Werte

Jetzt kannst du aus dem Verlauf der Ausgleichgeraden die Messwerte in eine neue Tabelle (Bild 5) eintragen und die Genauigkeit deiner Messwerte mit den idealen Werten vergleichen.

Steckbriefe von Stoffen

Steckbrief Helium

Aussehen: farblos, nicht sichtbar
Aggregatzustand: gasförmig
Dichte: leichter als Luft
Siedetemperatur: −268,96 °C
Verhalten an Luft: vermischt sich mit Luft

Besonderheit/Verwendung:
Helium ist geruchlos und nicht giftig; Helium wird zur Füllung von Luftballons und Luftschiffen benutzt; Helium leuchtet in Röhrenlampen gelb; Helium wurde 1868 als Element entdeckt.

1 Steckbrief von Helium

Steckbrief Kochsalz

Farbe:	weiß
Geruch:	geruchlos
Geschmack:	salzig
Härte:	hart
Löslichkeit:	wasserlöslich
Wärmeleitfähigkeit:	gering
elektrische Leitfähigkeit:	nein
Schmelztemperatur:	808 °C
Siedetemperatur:	1465 °C
Magnetisierbarkeit:	nein
Brennbarkeit:	nicht brennbar
Schwimmfähigkeit:	schwimmt nicht auf Wasser

2 Steckbrief von Kochsalz

TIPP
Steckbriefe sind eine gute Hilfe, wenn du die Eigenschaften eines Stoffes lernen möchtest.

Stoffe gesucht

In einem **Steckbrief** (Bild 2) kannst du mit wenigen Worten die Eigenschaften von Stoffen wie Wasser, Helium, Eisen oder Kochsalz genau und übersichtlich beschreiben.

1.
a) Erstelle Steckbriefe zu den Stoffen Wasser, Sauerstoff und Eisen. Nutze hierzu ein Fachbuch, Lexikon oder das Internet. Stelle die Steckbriefe wie in den Bildern 1 und 2 zusammen. Nutze die dort angegebenen Stichwörter, soweit sie sinnvoll sind. Nenne, wenn nötig, weitere Eigenschaften.
b) Gestalte die Steckbriefe auf einem DIN A3-Papier. Suche auch passende Bilder und klebe sie auf. Hänge sie im Unterrichtsraum aus.

2.
Wähle selbst einen Stoff und gestalte einen Steckbrief zu diesem Stoff, ohne ihn auf dem Steckbrief zu nennen. Tausche dein Blatt mit deiner Nachbarin oder mit deinem Nachbarn. Versucht beide, den beschriebenen Stoff herauszufinden.

Einfacher Steckbrief

In einem **einfachen Steckbrief** finden sich nur Eigenschaften, die du mit deinen Sinnesorganen erfassen kannst. Dabei genügen einige wenige, wichtige Angaben, um den Stoff zu beschreiben.

Erweiterter Steckbrief

In einem **erweiterten Steckbrief** notierst du zusätzlich messbare Eigenschaften. So können Stoffe kurz und genau beschrieben werden. Sie sind dann eindeutig zu erkennen.

Arbeiten mit dem Mikroskop

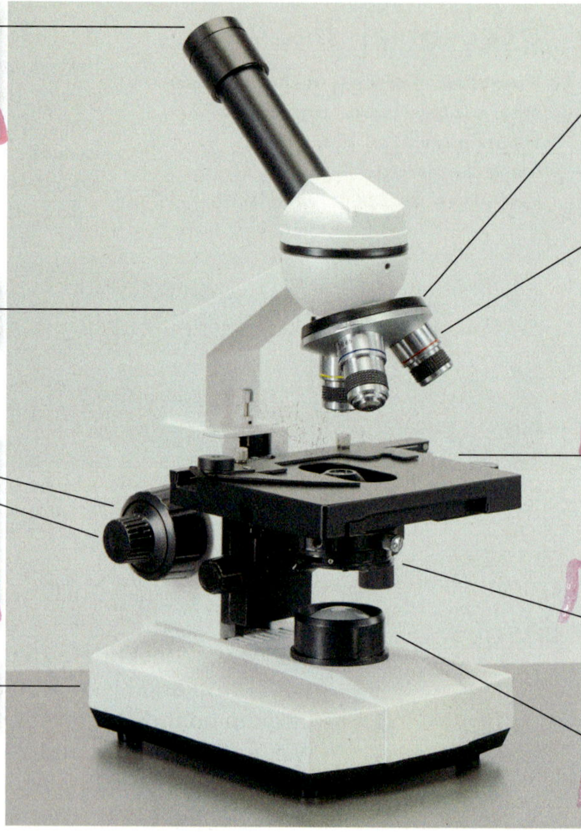

1 Lichtmikroskop

Sicherer Umgang

Ein Mikroskop ist ein wertvolles Gerät, mit dem du sorgfältig umgehen musst. Mache dich darum mit ihm vertraut, bevor du anfängst zu mikroskopieren.
Beachte diese Sicherheitshinweise:

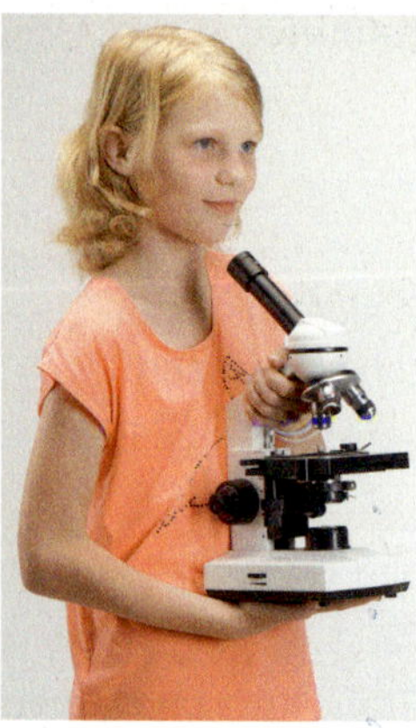

2 Sicherer Transport

- Trage das Mikroskop aufrecht und sicher mit einer Hand am Stativ und der anderen Hand am Fuß des Mikroskops.
- Fasse nie an die Linsen des Okulars oder der Objektive. Für die Reinigung ist nur die Lehrkraft zuständig.
- Das Objektiv darf nie auf das Objekt stoßen. Vor allem bei der größten Vergrößerung musst du aufpassen.

DIE VERGRÖSSERUNG

Auf dem Objektiv kann man ablesen, wievielmal das Objektiv das Bild des Objekts vergrößert, zum Beispiel x 40. Dieses Bild wird dann durch das Okular noch einmal vergrößert. Wenn man auf dem Okular x 10 abliest, so wird das Bild noch zusätzlich zehnfach vergrößert.
Die Gesamtvergrößerung des Mikroskops erhältst du durch Multiplizieren der beiden Vergrößerungen von Objektiv und Okular. In unserem Beispiel:

40 x 10 = 400 → 400x

Bei dieser Einstellung vergrößert das Mikroskop also 400-fach.
Gute Lichtmikroskope vergrößern bis zu etwa 1000-fach.

Erste Untersuchungen

Um ein kleines Objekt anzuschauen oder zu untersuchen, fertigst du ein Präparat an. Dafür gibt es bestimmte Verfahren. Mikroskopiere zuerst ein **Trockenpräparat**. Lege dazu das Objekt einfach auf den Objektträger. Untersuche zum Beispiel eine Feder, einen Insektenflügel oder ein Haar mit Haarwurzel. Auch Salzkristalle, Sandkörner, Baumwollfasern oder ein abgerissener Fetzen Papier sind interessante Objekte.

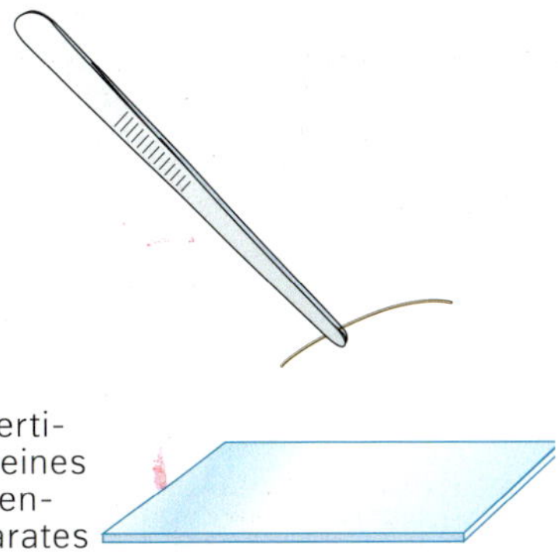

3 Anfertigung eines Trockenpräparates

Um **Feuchtpräparate** anzufertigen, zum Beispiel von Pflanzenteilen, setzt du mit einer Pipette einen bis drei Tropfen Wasser in die Mitte des Objektträgers, gibst das Objekt hinein und deckst es mit einem Deckglas ab. Setze das Deckglas schräg auf und senke es vorsichtig ab, sodass darunter keine Luftblasen entstehen.

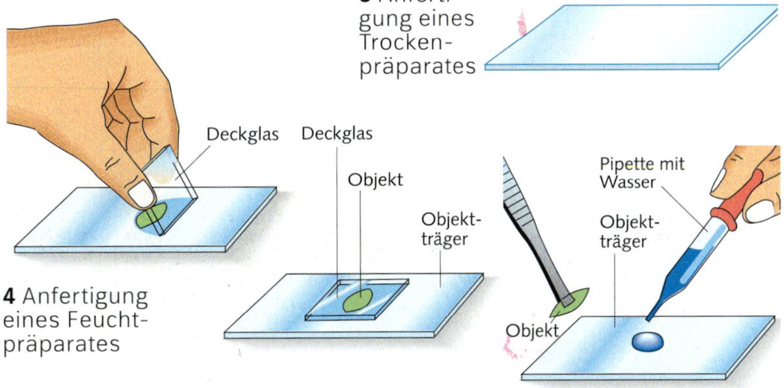

4 Anfertigung eines Feuchtpräparates

REGELN ZUM RICHTIGEN MIKROSKOPIEREN

1. Schalte die Beleuchtung ein.
2. Stelle mit dem Objektivrevolver die kleinste Vergrößerung, also das kürzeste Objektiv, ein.
3. Lege den Objektträger so auf den Objekttisch, dass das Präparat direkt über der beleuchteten Öffnung liegt.
4. Schaue durch das Okular und drehe am Grobtrieb, bis das Bild scharf zu sehen ist. Reguliere mit dem Feintrieb nach.
5. Regle mit der Blende die Helligkeit und den Bildkontrast.
6. Suche durch Verschieben des Objektträgers auf dem Objekttisch einen geeigneten Bildausschnitt.
7. Erst wenn das Bild scharf ist, darfst du mit dem Objektivrevolver die nächste Vergrößerung einstellen. Dann brauchst du die Bildschärfe nur noch mit dem Feintrieb nachzuregulieren.

METHODE

1. ☰ A

Benenne die abgebildeten Teile des Mikroskops.

2. ☰ A

Übertrage die Tabelle in dein Heft und berechne die Angaben zur Gesamtvergrößerung.

Okular	Objektiv	Gesamtvergrößerung
10-fach	4-fach	40 ?
10-fach	10-fach	100 ?
10-fach	40-fach	400 ?
20-fach	40-fach	800 ?

Präparieren und Färben

Vorbereitung eines Objektes
Hier siehst du, wie du ein Objekt zum Mikroskopieren vorbereitest, also wie ein mikroskopisches **Präparat** hergestellt wird.

Bei manchen sehr durchscheinenden Objekten treten die Strukturen im mikroskopischen Bild erst nach dem Färben deutlich hervor.

Präparation von Zwiebelhautzellen

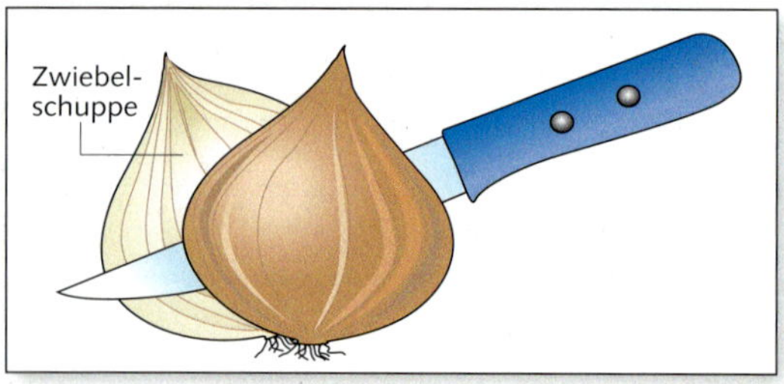

❶ Schneide eine Zwiebel zweimal längs durch, sodass du vier Teile erhältst. Entnimm eine Zwiebelschuppe.

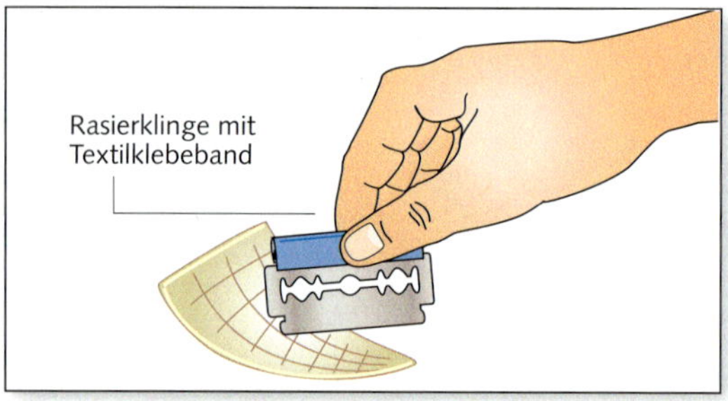

❷ Schneide an der Innenseite mit der Rasierklinge ein Raster in das Gewebe ein. Die kleinen Vierecke, die dabei entstehen, sollten eine Kantenlänge von etwa 4 mm besitzen.

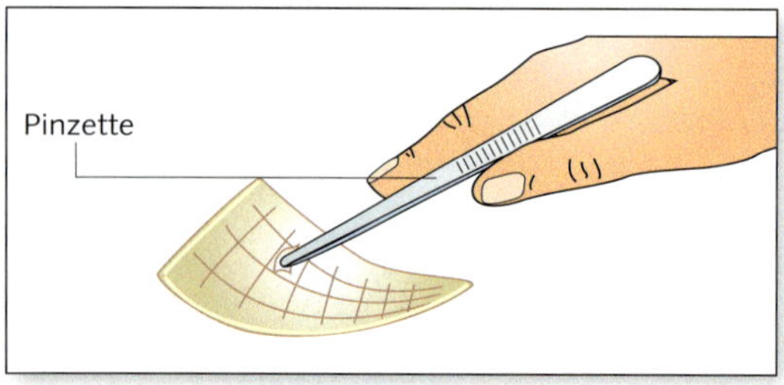

❸ Entnimm aus diesem Viereck mit der Pinzette das oberste feine Häutchen und lege es ohne Falten auf den Objektträger in einen Wassertropfen. Decke das Präparat mit einem Deckgläschen ab. Tupfe überschüssiges Wasser mit einem Stück Filterpapier ab.

Färben des Präparates

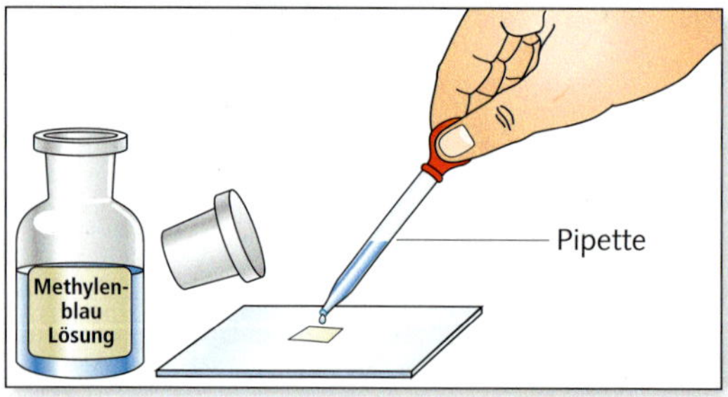

Ein häufig benutzter Farbstoff ist Methylenblau. Er färbt besonders die Zellkerne und auch das Zellplasma hellblau. Der Farbstoff kann mittels Pipette vorsichtig auf das Präparat getropft werden, bevor es mit dem Deckgläschen luftblasenfrei abgedeckt wird.

Alternativ kannst du das Präparat auch direkt in einen Tropfen Farblösung legen und anschließend mit dem Deckgläschen abdecken.

ACHTUNG
Schutzbrille tragen!

Eine mikroskopische Zeichnung anfertigen

Ein Objekt zeichnen

Wenn du ein gutes Präparat unter dem Mikroskop hast, lohnt es sich, eine Zeichnung anzufertigen, die das zeigt, was du gesehen hast.
Zeichne das Objekt möglichst genau. Achte zum Beispiel bei Zellen auf ihre Form und auf die Lage der Zellbestandteile.
Bei deiner Zeichnung kannst du zudem manches deutlicher hervorheben, als es vielleicht zu sehen ist: Zum Beispiel grenzt du die Vakuole durch eine durchgehende Linie ab, auch wenn dies nicht überall scharf im Bild zu sehen ist.

1 Zwiebelhautzellen unter dem Lichtmikroskop

TIPPS UND REGELN ZUM ZEICHNEN

- Lege deine Zeichnung **möglichst groß** an, mindestens auf einer halben Seite. Achte darauf, dass die Zeichnung maßstabsgetreu ist.
- Notiere den Namen des **Objektes**, das **Datum** und deinen eigenen **Namen**. Halte bei mikroskopischen Zeichnungen die eingestellte Vergrößerung und die Art der Vorbereitung des Objekts fest.
- Zeichne mit **Bleistift** auf **weißem Papier**.
- Zeichne deutlich mit **durchgehenden** Linien, strichele nicht.
- Zeichne die Beschriftungslinien mit einem **Lineal**.
- Beschrifte die gezeichneten Bestandteile des Objektes mit den entsprechenden **Fachbegriffen**.

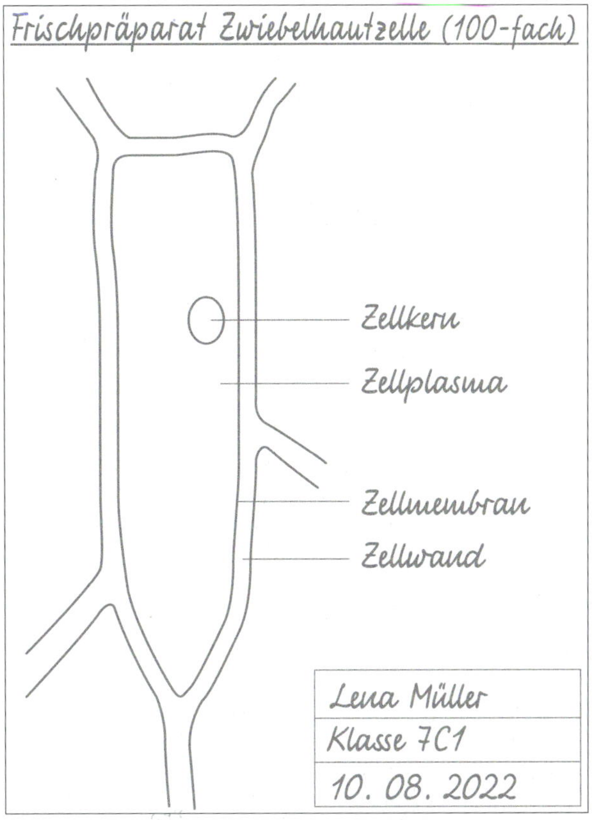

1. ≡ Ⓐ
Überprüfe, welche der Zeichenregeln auch dann gelten, wenn du von einem anderen biologischen Objekt wie einer Pflanze, einer Blüte oder einem Insektenflügel eine nichtmikroskopische Zeichnung anfertigen möchtest.

2. ≡ Ⓠ
a) Fertige von demselben mikroskopischen Objekt ein Mikrofoto und eine Zeichnung an.
b) Beschreibe jeweils die Vor- und Nachteile des Fotos und der Zeichnung.

Tiere beobachten und bestimmen wie die Profis

METHODE

Vorbereitung

Zur Beobachtung von Tieren musst du dich gut vorbereiten. Drei Dinge solltest du vor der Beobachtung klären:

1. Welche Tiere sollen beobachtet werden und wo finde ich sie?
2. Wann ist die beste Beobachtungszeit (Tages- und Jahreszeit)?
3. Welche Kleidung brauche ich (zum Beispiel feste Schuhe oder Regenkleidung)?
4. Welche Ausrüstung brauche ich?

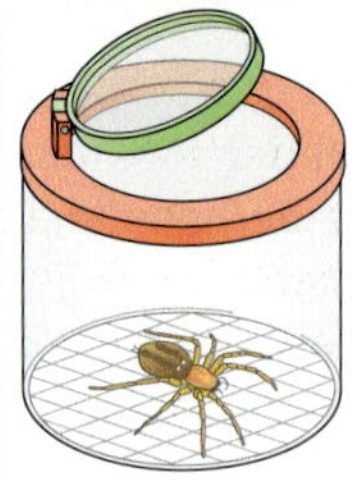
4

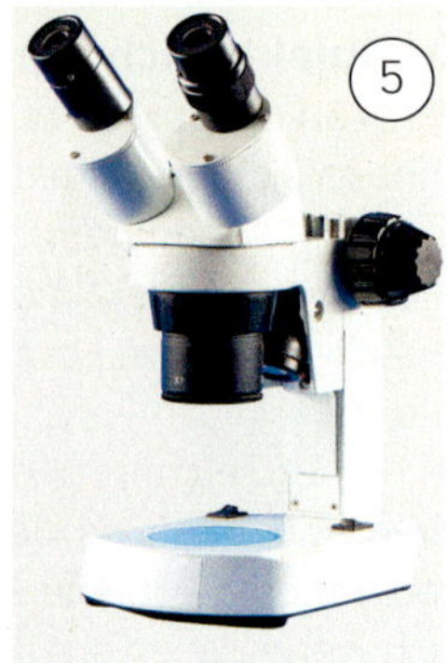
5

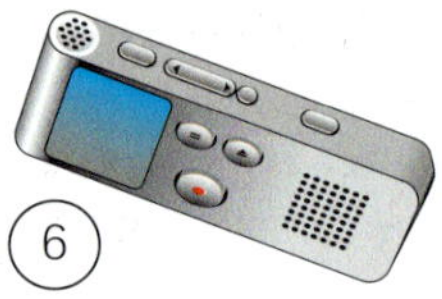
6

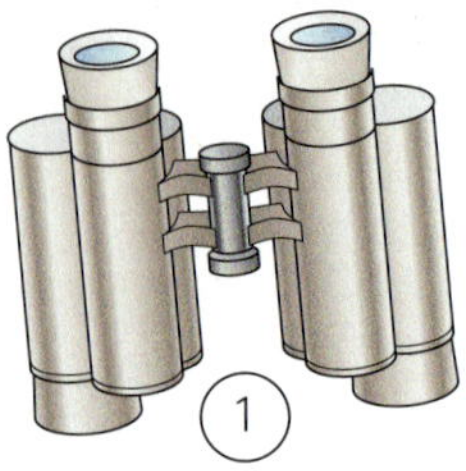
1

Verhalten beim Beobachten

Tiere in der freien Natur sind häufig sehr scheu. Deshalb solltest du darauf achten, dass du sie nicht verscheuchst. Wenn du dich ruhig verhältst und keine hastigen Bewegungen machst, hast du gute Chancen, Tiere über einen längeren Zeitraum zu beobachten.

2

3

Ausrüstung

Vögel und Säugetiere sind häufig nur auf größere Entfernung zu beobachten. Mit einem Fernglas ① oder einer Kamera ② mit Zoom-Funktion kannst du sie „näher" heranholen und so ungestört betrachten. Kleinere Tiere lassen sich mit einer Lupe bestens beobachten. Eine Leselupe ③ erfüllt häufig schon diesen Zweck. Da viele Tiere wie Insekten oder Spinnen versuchen zu entkommen, eignet sich eine Becherlupe ④ hierzu besonders gut. Wenn du spezielle Einzelheiten wie Insektenaugen oder Spinnenhaare erkennen willst, benötigst du eine Stereolupe ⑤, die eine starke Vergrößerung ermöglicht. Dieses Instrument ist sehr empfindlich und schwer zu transportieren. Deshalb sollte es besser im Unterrichtsraum verwendet werden. Geräusche oder Tierstimmen, wie den Gesang von verschiedenen Vögeln, kannst du mit einem MP3-Aufnahmegerät ⑥ aufzeichnen und später auswerten oder direkt mit deinem Smartphone eine App zur Bestimmung von Vogelstimmen verwenden.

Beobachtungsbogen

von:
Datum: Uhrzeit:
Wetter:
Tierart:
Lebensraum:

Verhalten/Tätigkeit:

Besondere Beobachtung:

Dokumentation

Kurze, aber exakte Notizen helfen dir, die in der Natur gemachten Beobachtungen zu dokumentieren. Praktisch ist ein Beobachtungsbogen.

Bei der **Auswertung** trägst du deine Ergebnisse zusammen und überlegst, wie du sie deinen Mitschülerinnen und Mitschülern mitteilen willst. Du kannst einen Steckbrief von Tieren erstellen und Zeichnungen oder Fotos hinzufügen. Du kannst auch Plakate gestalten, die informativ sind und zugleich das Klassenzimmer verschönern. Zusätzliche Informationen aus Bestimmungsbüchern oder dem Internet können deine Forschungsergebnisse ergänzen.

Einen Bestimmungsschlüssel benutzen

A

Die Arbeit als Tierdetektiv

Im Umfeld deiner Schule begegnen dir viele Tiere. Je genauer du hinschaust, desto mehr Arten wirst du entdecken. Aber wie bekommst du heraus, wie sie heißen? Das ist ein Fall für Tierdetektive. Wichtig ist, dass du die Tiere möglichst genau betrachtest.

B

Wirbeltiere

Dabei ermittelst du, ob es sich um ein **Wirbeltier** oder ein wirbelloses Tier handelt. Alle Wirbeltiere besitzen ein gegliedertes **Skelett** aus Knochen oder Knorpeln, das sie stützt. Als Hauptstütze dient ihnen eine Wirbelsäule. Alle Fische, Lurche, Kriechtiere, Vögel und Säugetiere sind Wirbeltiere.

C

D

1 Verschiedene Wirbeltiere: **A** Grasfrosch, **B** Kleiber, **C** Maulwurf, **D** Bachforelle, **E** Ringelnatter

Wirbellose Tiere

Tiere, die keine Wirbelsäule besitzen, heißen **Wirbellose.** Bei ihnen werden die weichen Körperteile oft durch eine äußere Hülle geschützt und in einer stabilen Form gehalten. So eine Außenhülle kann ein Panzer wie zum Beispiel beim Käfer, eine Schale wie zum Beispiel bei Schnecken beziehungsweise eine mehr oder weniger feste Haut wie zum Beispiel bei Regenwürmern sein.

Anzahl der Beinpaare

Ein wichtiges Merkmal, auf das Tierforscher bei der Bestimmung wirbelloser Tiere zurückgreifen, ist die Anzahl der Beine. Beispielsweise haben alle Insekten drei Beinpaare und Spinnentiere vier. Ermittele also zunächst die Anzahl der Beinpaare, um dein Tier zu bestimmen. Der untenstehende **Bestimmungsschlüssel** hilft dir dabei.
Um deine Detektivarbeit fortzuführen, benötigst du weitere Informationen, die du aus bebilderten **Bestimmungsbüchern** oder im Internet (zum Beispiel www.natur-lexikon.com) beziehen kannst.

E

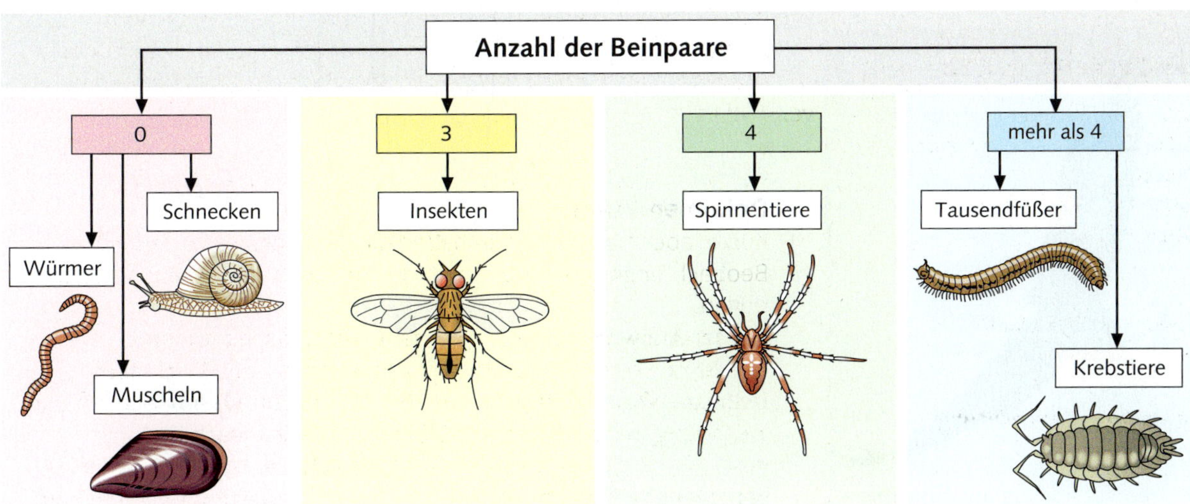

2 Einfacher Bestimmungsschlüssel für Wirbellose

Eine Sachzeichnung anfertigen

Manchmal ist es sinnvoll, Dinge, die du in der Natur beobachtest, zu zeichnen. Zeichnungen schaffen Klarheit, wenn Beschreibungen allein nicht ausreichen und helfen dir, diese Beobachtungen einzuprägen.

Was musst du beachten?

- Betrachte einen Gegenstand oder Vorgang genau, bevor du ihn zeichnest.
- Achte auf das Wesentliche, unterscheide Wichtiges von Unwichtigem.
- Zeichne genau und ordentlich. Nutze einen spitzen Bleistift und radiere so wenig wie möglich.
- Eine gute biologische Zeichnung stellt komplizierte Zusammenhänge klar und vereinfacht dar.

Was benötigst du?

Bleistift, Anspitzer, Lineal, Radiergummi, unliniertes Papier.

1 Schleiereule im Flug; Schwungfedern gut sichtbar

2 Seeadler im Flug mit ausgebreiteten Schwungfedern

So wird es gemacht:

1. Gib deiner Zeichnung eine passende Überschrift und beschrifte sie mit deinem Namen, deiner Klasse und dem Datum.
2. Deine Zeichnung sollte mindestens das halbe Blatt füllen.
3. Zeichne erst die Umrisslinien und Flächen, dann die Feinheiten. Achte auf die Form und die Lage der Teile sowie die Größenverhältnisse.
4. Beschrifte die Einzelheiten, wie zum Beispiel die Teile einer Schwungfeder. Schreibe dazu die Begriffe neben die Zeichnung. Verbinde sie mit geraden Linien mit dem passenden Bereich der Zeichnung. Benutze ein Lineal.

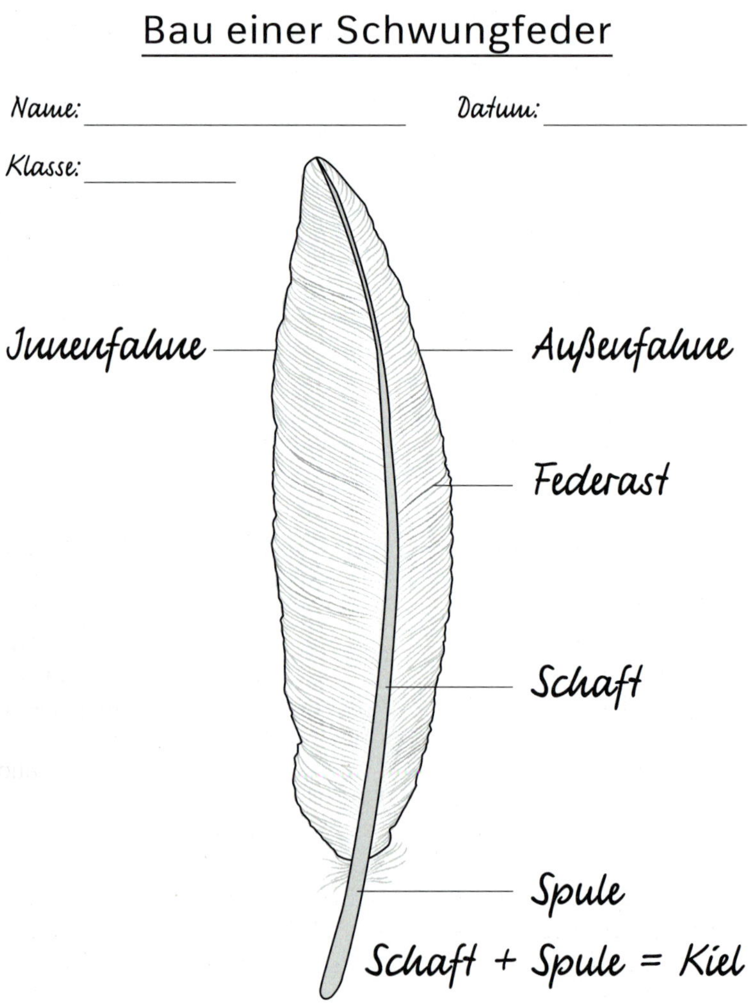

3 Sachzeichnung einer Schwungfeder

Fachinformationen nachschlagen

HINWEIS
Über Gefahren und Regeln bei der Internetnutzung solltet ihr im Unterricht sprechen.

❶ Auswahl einer Informationsquelle

Wenn du Informationen zu einem Thema suchst, kannst du zuerst im Schulbuch nachschlagen. Viele interessante Fachbücher, Lexika oder DVDs kannst du in Büchereien ausleihen. Das Internet ist eine reichhaltige Informationsquelle.

❷ Orientierung im Fachbuch

In Lexika sind alle Einträge alphabetisch angeordnet. In Fachbüchern ist vorne ein Inhaltsverzeichnis. Die Kapitel des Buches geben einen Themenüberblick. Hinten im Buch findest du das Stichwortverzeichnis oder Register. Dort sind Begriffe alphabetisch geordnet.

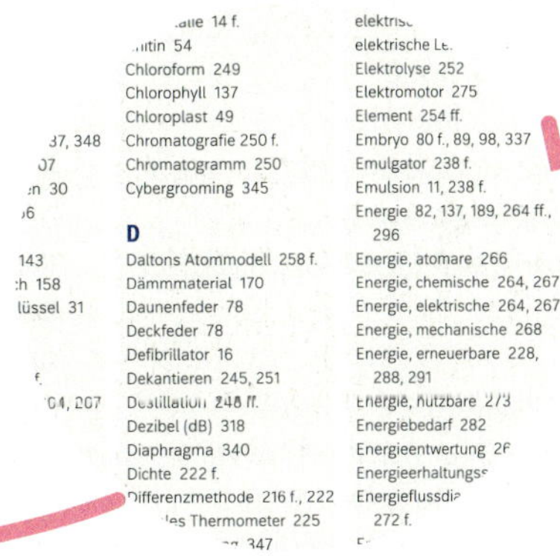

❹ Lesen und Auswerten

Manchmal ist es schwer zu beurteilen, ob die gefundene Seite für dich brauchbare und verständliche Informationen liefert. Dafür musst du die Texte zuerst überfliegen und dann gezielt lesen. Falls du keine passenden Informationen findest, musst du eine andere Informationsquelle suchen.

❸ Register und Suchmaschinen

Im Stichwortverzeichnis, auch Register genannt, stehen hinter jedem Wort die betreffenden Seitenzahlen. Die Buchstaben f. oder ff. bedeuten, dass sich auch die folgende oder mehrere folgende Seiten noch mit dem Begriff befassen. Im Internet gibst du die Fachbegriffe oder Kombinationen davon in eine Suchmaschine ein.

1. Ⓐ
Stelle fest, ob folgende Begriffe in diesem Schulbuch stehen: Holz, Kamel, Magnet, Teilchen, Forelle und Volumen. Notiere zu zwei von diesen Begriffen eine Aussage.

2. Ⓠ
Gib die Begriffe Milch, Soja, Sojamilch, Produkte, Ernährung einzeln und in Kombination in verschiedene Suchmaschinen ein. Berichte über die Suchergebnisse.

METHODE

Einen Sachtext lesen und verstehen

METHODE

Die folgende Lesetechnik hilft dir dabei, einen Text zu verstehen und den Inhalt zu behalten.

1. Überfliege zunächst den Text. Dabei kannst du erst einmal feststellen, worum es in dem Text geht und was du bereits kennst.

2. Lies den Text dann noch einmal gründlich. Mache nach schwierigen Abschnitten eine kleine Pause und denke noch einmal über das Gelesene nach.

3. Benutze in der nächsten Phase außerdem Stift und Papier. Bearbeite ein Arbeitsblatt, indem du wichtige Aussagen und Begriffe mit einem Textmarker markierst.
Hast du einen Text aus dem Schulbuch vorliegen, schreibe dir wichtige Aussagen und Begriffe auf einem Notizzettel auf.

4. Abschnitte oder Begriffe, die du nicht verstanden hast, markierst du mit einem Rotstift. Frage deine Mitschülerinnen und Mitschüler oder deine Lehrerin oder deinen Lehrer um Rat oder lies in einem Lexikon nach.

5. Nachdem du den Text durchgearbeitet hast, gehst du deine Notizen noch einmal genau durch. Du kannst jetzt mit deinen Notizen verschiedene Aufgaben erledigen, zum Beispiel Fragen beantworten, ein Plakat erstellen oder einen Kurzvortrag halten.

Die Zuckerrübe – Lieferant von Rübenzucker

Neben Kartoffeln und Getreide gehört die Zuckerrübe zu den wichtigsten Nutzpflanzen.
Im Frühjahr sät der Landwirt die Rübensamen aus. Daraus entwickeln sich die Rübenpflanzen mit ihren verdickten Pfahlwurzeln. Diese werden im Laufe des Jahres größer und schwerer. Die grünen Blätter der Zuckerrübe bilden mithilfe der Sonnenenergie aus Wasser und Kohlenstoffdioxid Traubenzucker, der als Speicherstoff in die Rüben geleitet wird. Dort entsteht durch chemische Prozesse der Rübenzucker. Der Zuckergehalt einer Zuckerrübe kann bis zu einem Fünftel ihres Gesamtgewichtes ausmachen.
Im Herbst werden die Zuckerrüben geerntet. Von einem Hektar lassen sich 10 t bis 40 t Rüben ernten. Die Zuckerrüben werden zur Zuckerfabrik gebracht, dort gewaschen, zu Rübenschnitzeln zerkleinert, gekocht und ausgepresst. Dabei erhält man den Rübensaft. Diesem muss nun noch durch Eindampfen das Wasser entzogen werden. Der eingedickte Saft wird zu Kristallzu- cker, Würfelzucker, Puderzucker und Kandis weiterverarbeitet. Nebenprodukte sind Sirup und Alkohol. Ausgelaugte Rübenschnitzel und Pressrückstände verarbeitet man zu Viehfutter oder sie gelangen in Anlagen zur Erzeugung von Biogas.

HINWEIS
Hier kannst du sehen, wie du wichtige Begriffe und Wörter in einem Text zur Zuckerrübe markierst und dann in einen Notizzettel einträgst.

Zuckerrübe

- wichtige Nutzpflanze
- Aussaat Rübensamen
- Rübenpflanze
- verdickte Pfahlwurzel
- grüne Blätter produzieren Traubenzucker
- Speicherstoff Rübenzucker
- Rübenernte 10 t bis 40 t pro ha
- Zuckerfabrik
- Rübenschnitzel
- Rübensaft
- Produkte: Zucker wie Kristallzucker oder Würfelzucker und Nebenprodukte (Sirup, Alkohol)
- Viehfutter und Biogas

Aufgaben verstehen

In Schulbüchern findest du viele Arbeitsaufträge. Sie helfen dir, einen Sachverhalt besser zu verstehen, dein Wissen zu überprüfen und es anzuwenden. In den Aufgaben kommen immer wieder die gleichen Begriffe vor, mit denen ganz bestimmte Aufträge verbunden sind. Zur Lösung der Aufgaben ist es wichtig, diese Begriffe richtig zu verstehen.

TIPP
Benutze Fachbegriffe.

METHODE

„Nennen“ *bedeutet, dass du etwas stichwortartig aufzählst.*

1. Nenne die Kennzeichen des Lebendigen.

„Beschreiben“ *bedeutet, dass du etwas in ganzen Sätzen formulierst, ohne es bereits zu erklären oder zu bewerten.*

2.a) Beschreibe, wie junge Katzen lernen, ihre Beute zu fangen.

„Erklären“ *bedeutet, dass du etwas verständlich ausdrückst und die Ursachen deutlich machst.*

2.b) Erkläre, warum eine Katze sich lautlos fortbewegen kann.

„Erläutern“ *bedeutet, dass du einen Sachverhalt durch zusätzliche Informationen veranschaulichst und verständlich machst.*

3. Erläutere, warum sich Hunde im Gegensatz zu Katzen leicht den Menschen unterordnen.

„Vergleichen“ *bedeutet, dass du Unterschiede und Gemeinsamkeiten herausstellst. Oft eignet sich dazu eine Tabelle.*

4. Vergleiche die beiden Gebisstypen. Welchen Tieren kannst du diese Schädel zuordnen?

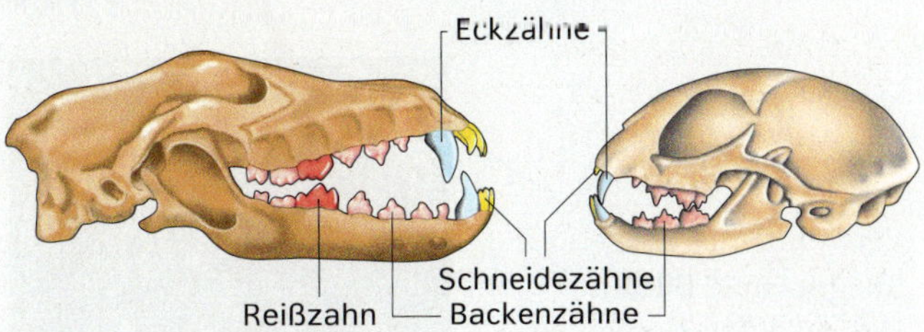

„Begründen“ *bedeutet, dass du einen Zusammenhang sachlich belegst und Annahmen durch Argumente stützt.*

5. Begründe, dass Pflanzen Sonnenlicht brauchen.

„Untersuchen“ *bedeutet, dass du Zusammenhänge herausarbeitest oder nachweist. Oft eignet sich dazu ein Versuch.*

6. Untersuche den Aufbau einer Blütenpflanze

„Beurteilen“ *bedeutet, anhand von fachlichen Kriterien ein selbstständiges Urteil zu formulieren.*

7. Beurteile, ob eine Pflanze ein Lebewesen ist.

„Diskutieren“ *bedeutet, sich mit verschiedenen Meinungen zu einem Thema auseinanderzusetzen.*

8. Diskutiere die Haltung von Tieren in Zoos.

METHODE

Ein Informationsplakat entsteht

Plakate begegnen uns ständig. Mit großen auffallenden Bildern oder Schriften werben viele für Produkte, Firmen, Vereine oder auch politische Parteien. Manche informieren auch nur zu bestimmten Themen. Alle haben etwas gemeinsam: Sie fallen sofort auf und wir erkennen schnell, worum es geht.

Hast du Informationen zu einem bestimmten Thema gesammelt, kannst du sie auf einem Plakat zeigen.

Was musst du beachten?

- Erstelle eine Skizze, die zeigt, wie dein Plakat gestaltet werden soll.
- Denke daran, dass der Platz begrenzt ist.
- Ordne die Inhalte, die du zeigen möchtest, nach der Wichtigkeit.

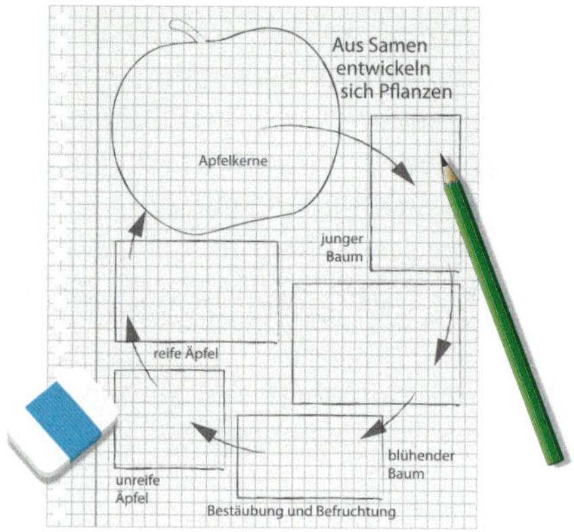

1 Planungsskizze

1. Erstelle ein Plakat zur Entwicklung einer Kirsche.

Finde eine passende **Überschrift.** Schreibe diese groß und deutlich auf das Plakat. Sie sollte aus einem Abstand von 3 m bis 4 m gut lesbar sein.

Verwende nur einige ausgewählte **Bilder.** Diese sollten einfach gestaltet sein.

Für den **Hintergrund** des Plakats eignen sich viele Farben. Die Schrift muss sich vom Hintergrund jedoch gut abheben.

Plane nur so viel **Text** ein, wie unbedingt nötig ist. Schreibe den Text möglichst mit dem Computer oder handschriftlich ordentlich mit einem dicken Stift.

Verwende für die Beschriftung nicht zu viele unterschiedliche **Farben.**

2 Beispiel für ein Plakat

Präsentieren mit dem Computer

Präsentieren kann man auch mit dem PC. Dazu benötigt man ein Präsentationsprogramm auf dem PC, einen mobilen Datenträger, einen Beamer oder ein Smartboard. Mit dem Präsentationsprogramm werden Folien so ähnlich erstellt wie mit einem Textverarbeitungsprogramm. Es gelten dieselben Gestaltungskriterien wie bei der Herstellung von Folien für den Projektor. Der Unterschied ist, dass sich einzelne Elemente einer Folie in der von euch gewünschten Reihenfolge einblenden lassen.

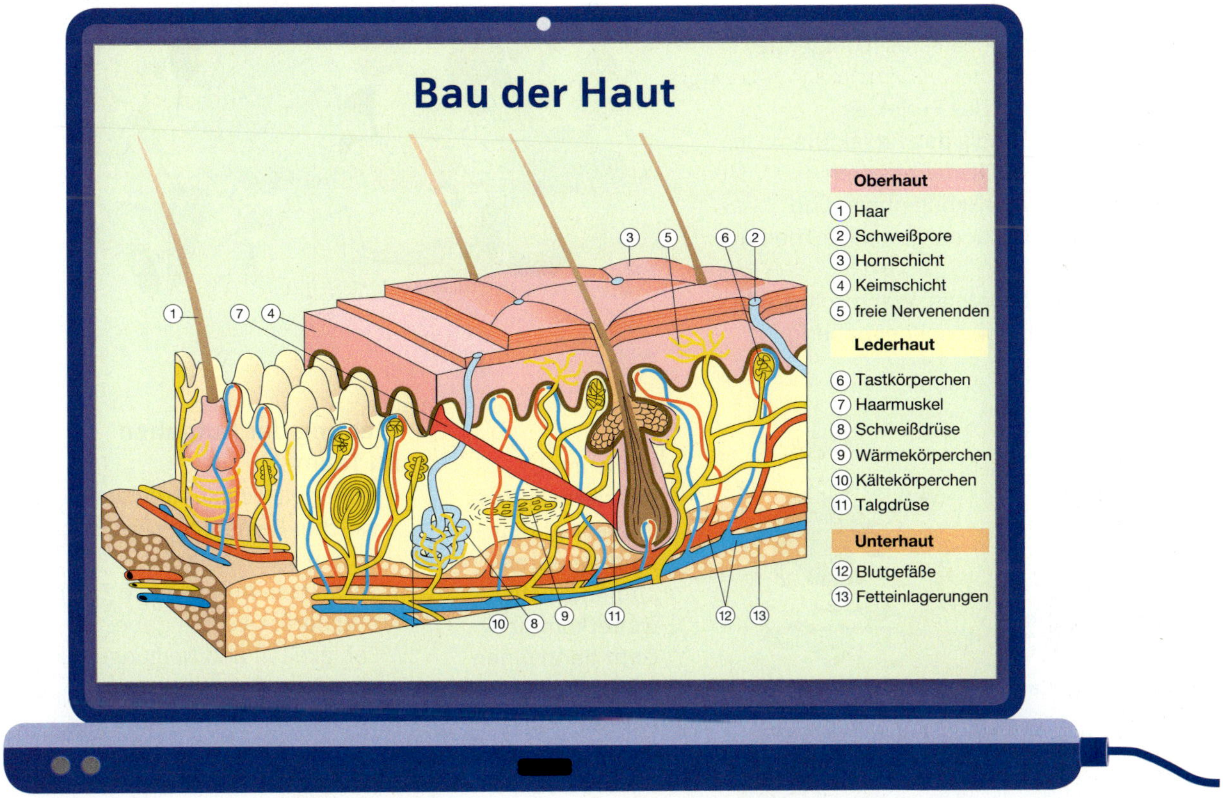

Texte im Textfeld: Überschriften, Beschriftung von Abbildungen, Kernaussagen usw.
Abbildungen: Farbige Zeichnungen, Tabellen, Diagramme, Fotos usw.

Die Text- und Bildelemente der Folien erscheinen passend zu den Inhalten des Vortrags, wenn man im Präsentationsprogramm auf „weiter" (→) klickt. Zusätzlich lassen sich Übergänge zwischen den einzelnen Folien gestalten.
Präsentationsprogramme bieten auch die Möglichkeit, Filmausschnitte und Soundeffekte einzubinden. Diese Anwendungen bezeichnet man als Animationen.

TIPPS FÜR EINE PRÄSENTATION AM PC

- Beachte die Tipps für die Gestaltung von Folien auf der vorherigen Seite.
- Benutze nicht zu viele verschiedene Folien.
- Gib den Zuhören Zeit, deine Folien zu lesen und zu verstehen.

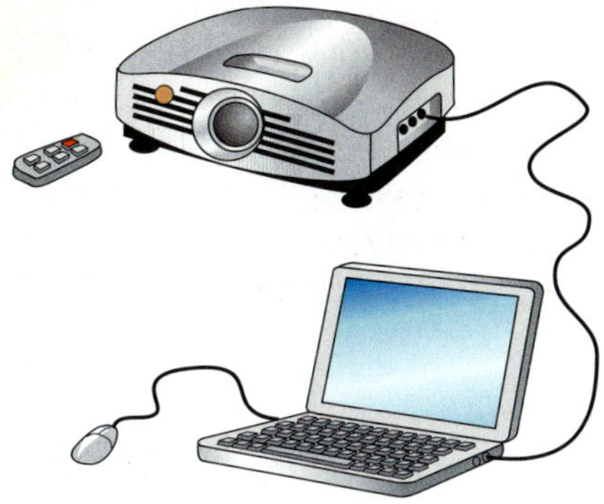

METHODE

Lernen im Team

Planung eines Projektes mit der ganzen Klasse

Lernen im Team bedeutet selbstständige Arbeit in Gruppen. Dabei wird ein solches Projekt entweder innerhalb eines Faches oder fächerübergreifend erarbeitet. Es läuft meistens über mehrere Unterrichtsstunden.
Bearbeitet mit der ganzen Klasse folgende Punkte:

- Notiert das Thema des Projektes.
- Gliedert selbstständig das Projektthema in Teilthemen, die euch interessieren.
- Bildet Gruppen aus Schülerinnen und Schülern, die sich für das jeweilige Thema interessieren.
- Trefft eine Zeitabsprache: Wann sollte jede Gruppe ihre Aufgabe beendet haben?

TIPP
Manchmal passiert es, dass ihr bei der Bearbeitung eures Themas nicht weiterkommt. Geht dann einen Schritt zurück und überlegt euch, ob ihr das Thema anders bearbeiten könnt. Oder wählt eine neue Arbeitsweise.

Planung der Aufgaben im Team

- Überlegt, welche Arbeiten in welcher Reihenfolge durchgeführt werden sollten.
- Verteilt die Aufgaben im Team und berücksichtigt dabei die Fähigkeiten und Neigungen der einzelnen Teammitglieder.
- Trefft eine Zeitabsprache und bestimmt einen Zeitwächter.
- Wählt einen Gruppensprecher, der bei Diskussionen beispielsweise mit anderen Gruppen die Gesprächsleitung übernimmt.

Arbeitsformen und -material

- Sammelt Fotos, Bilder und Texte. Nutzt dabei Bücher und Internetquellen.
- Überlegt, ob es Versuche gibt, die bei der Erfüllung der Aufgabe helfen.
- Erstellt eine Materialliste für das praktische Arbeiten.
- Plant, wenn möglich, Fachleute zu befragen.
- Sucht bei Bedarf Hilfestellung durch eure Fachlehrerin oder euren Fachlehrer sowie durch Eltern.

Die Arbeit im Team

- Jeder erfüllt den Arbeitsauftrag gewissenhaft, für den er sich gemeldet hat.
- Überprüft in regelmäßigen Abständen, ob bei der Herstellung mehrerer Einzelteile, die zu einem größeren Werkstück zusammengefügt werden müssen, keine Fehler aufgetreten sind.
- Achtet auf die Zeit. Die Arbeiten müssen rechtzeitig fertig werden. Der Zeitwächter hilft, auf die Zeit zu achten.
- Probiert fertige Arbeiten und Versuche aus. Funktioniert etwas nicht, müsst ihr noch einmal einen Schritt zurückgehen.
- Löst kleinere Probleme in der Gruppe selbst, bei größeren hilft die Lehrerin oder der Lehrer weiter.

TIPP
Sollte ein Teammitglied während der Arbeitsphase krank werden und nicht mehr teilnehmen können, müsst ihr euren Arbeitsplan umstellen und die Aufgaben neu verteilen.

Die Präsentation des Teams

Am Ende des Projektes erfolgt eine Vorstellung der Ergebnisse. Überlegt euch, mit welchen Mitteln eure Arbeiten am besten präsentiert werden können:

- Plakate
- Diagramme
- Vorträge
- Ausstellungsstücke
- Experimente
- Computerpräsentation

Die Vorstellung der Ergebnisse kann stattfinden für

- die Klasse
- die Jahrgangstufe
- die Schule
- die Eltern oder eine größere Öffentlichkeit.

Jede Gruppe bestimmt die Teammitglieder, die bei der Vorstellung genau festgelegte Aufgaben übernehmen. Jedes Teammitglied soll bei der Vorstellung der Ergebnisse helfen. Der Gruppensprecher moderiert die Darbietung des Teams.

Belebte Umwelt

Wie unterscheiden sich Tier- und Pflanzenzellen?

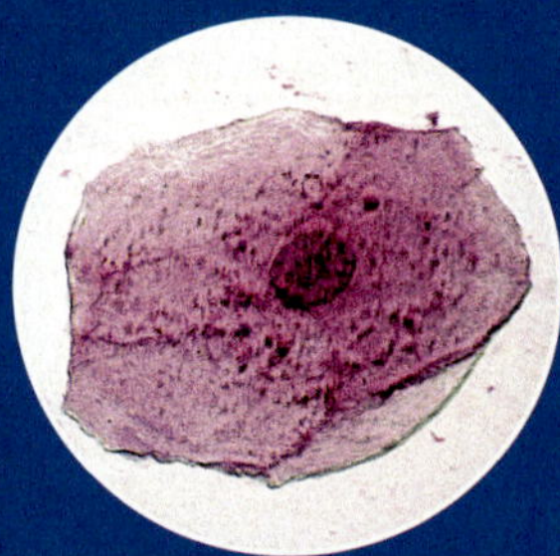

Welche Merkmale des Lebendigen haben Menschen und Tiere?

Woran lässt sich erkennen, dass auch Pflanzen Lebewesen sind?

Merkmale des Lebendigen beim Menschen

1. Ⓐ
Dummys verwendet man als Testpersonen für die Sicherheit im Auto.
Vergleiche einen Dummy mit einem Menschen. Fertige dazu eine Tabelle an:

Dummy	Mensch
kein Stoffwechsel	Stoffwechsel
...	

2. Ⓐ
Das Bild unten verdeutlicht verschiedene Sinnesorgane des Menschen.
a) Benenne diese Sinnesorgane.
b) Nenne weitere Sinnesorgane des Menschen.
c) Gib Merkmale des Lebendigen an, für die wir Sinnesorgane brauchen.

3. Ⓐ
Ordne der Abbildung das gezeigte Merkmal des Lebendigen zu. Begründe deine Zuordnung.

4. Ⓐ
Erläutere die Merkmale des Lebendigen, die im Bild unten gezeigt werden.

5. Ⓐ
Hält man einer ohnmächtigen Person einen Spiegel vor den Mund, so beschlägt der Spiegel.
a) Gib das Merkmal des Lebendigen an, das hierbei deutlich wird.
b) Begründe deine Entscheidung.

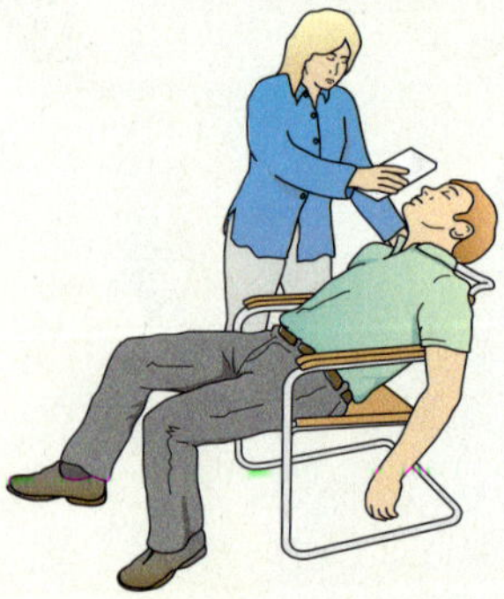

Aufbau aus Zellen
Jedes Lebewesen besteht aus **Zellen,** den Grundbausteinen der Lebewesen. Lebewesen, wie der Mensch, besitzen weitere Merkmale, die sie als Lebewesen kennzeichnen:

Reizbarkeit
Werden unsere Augen beim Fotografieren vom Blitzlicht getroffen, schließen sie sich sofort. Dieses natürliche Verhalten dient dem Schutz der Augen. Menschen reagieren also auf ihre Umwelt und zeigen die Eigenschaft der Reizbarkeit. Licht und Geräusche, aber auch Wärme und Kälte sind Reize, die wir über die Sinnesorgane wie Augen, Ohren oder die Haut aufnehmen, um darauf zu reagieren.

Bewegung aus eigener Kraft
Bewegung aus eigener Kraft ist das auffälligste Merkmal des Lebendigen. Mithilfe von Knochen, Muskeln und Gelenken bewegen wir uns während des Tages, laufen oder fahren Rad. Selbst im Schlaf bewegen wir uns noch.

Stoffwechsel
Für das Wachstum und die Bewegung benötigt unser Körper Nährstoffe. Diese nehmen wir mit der Nahrung auf und verwerten sie im Körper. Dazu ist Sauerstoff notwendig, den wir einatmen. Nicht verwertbare Stoffe werden ausgeschieden. Diese Vorgänge wie **Atmung**, **Ernährung** und **Ausscheidung** bezeichnet man als Stoffwechsel.

Fortpflanzung und Vererbung
Wenn ein Mann und eine Frau ein Kind zeugen, so spricht man von Fortpflanzung. Ein neues Lebewesen entsteht. Das Kind hat bestimmte Merkmale, die es von Mutter und Vater erbt, wie die Augenfarbe oder die Haarfarbe.

Entwicklung
Das ungeborene Kind entwickelt sich im Mutterleib. Nach der Geburt ist das Neugeborene noch vollständig auf die Hilfe seiner Eltern angewiesen. Im Laufe der Zeit verändert sich sein Aussehen und das Kind wird selbstständiger. Gesunde Erwachsene sind besonders leistungsfähig. Im Alter wird der Körper schwächer, bleibende Krankheiten können sich einstellen, bis zum **Tod** – jedes Lebewesen muss auch irgendwann sterben.

Wachstum
Das ungeborene Kind wächst bereits im Mutterleib bis zur Geburt. Am besten können wir das Wachstum bei Kindern und Jugendlichen beobachten. Erwachsene werden zwar nicht mehr größer, aber ihre Haare und ihre Fingernägel wachsen noch.

1 Menschen sind Lebewesen

Merkmale des Lebendigen bei Tieren

PINNWAND

Der Gepard
Der Gepard lebt in den Steppen und Savannen Afrikas.
Mit seinen langen Beinen und dem schlanken Körper kann er sehr schnell laufen. Er erreicht kurzzeitig Geschwindigkeiten von etwa 100 km pro Stunde.

Schafe
In wenigen Monaten wachsen die Lämmer zu erwachsenen Tieren heran.

Hühner
Ein Hahn hat sich mit einer Henne gepaart. Aus den 10 bis 12 entstehenden Hühnereiern schlüpfen nach drei Wochen die Küken. Schon sechs Monate später haben sich aus den kleinen Küken wieder Legehennen oder Hähne entwickelt. So vermehren sich die Hühner.

Milchkühe
Milchkühe benötigen gewaltige Mengen an Futter und Wasser: Pro Tag fressen sie bis zu 50 kg Grünfutter und trinken 60 bis 70 l Wasser. Entsprechend groß ist ihre Milchleistung.
Besonders gezüchtete Kühe liefern bis zu 50 l Milch an einem Tag.

Igel
In der Dämmerung kann man Igel beobachten, die sich bedächtig fortbewegen. Bei Gefahr stellen sie blitzartig ihre Stacheln auf und rollen sich zu einer Stachelkugel zusammen.

1. ≡ Ⓐ
Gib das Merkmal des Lebendigen an, das in den Beispielen jeweils verdeutlicht wird. Begründe deine Entscheidung.

2. ≡ Ⓐ
Bei einigen Abbildungen kannst du mehrere Merkmale erkennen. Gib dafür Beispiele an.

Sind Pflanzen auch Lebewesen?

1. Ⓐ
Die Abbildung zeigt Gänseblümchen.
a) Beschreibe die Abbildungen.
b) Erläutere, wovon die Veränderung der Blüten abhängig ist.
c) Nenne weitere Beispiele für die hier gezeigten Kennzeichen des Lebendigen.

2. Ⓐ
Eine Buntnessel wurde unter eine Glasglocke gestellt. Abbildung B zeigt die Pflanze am folgenden Morgen.
a) Erläutere das Versuchsergebnis.
b) Stelle eine Vermutung an, welches Ergebnis eintritt, wenn man anstelle der Buntnessel eine künstliche Pflanze aus Stoff verwendet.

Auch Pflanzen sind aus Zellen aufgebaut, doch sie unterscheiden sich deutlich von Menschen und Tieren. Sie scheinen sich nicht zu bewegen und keine Nahrung zu sich zu nehmen.
Sind sie trotzdem Lebewesen? Überprüfen lässt sich diese Frage mithilfe der Merkmale des Lebendigen.

Bewegung aus eigener Kraft
Pflanzen können ihren Standort nicht verlassen. Trotzdem bewegen sie sich aus eigener Kraft: Stellt man junge Kressepflanzen ans Fenster, richten sich die Sprosse mit den Blättern zum Licht hin aus. Dreht man die Pflanze anschließend vom Licht weg, wiederholt sich die Bewegung. Sie verläuft allerdings sehr langsam.

Reizbarkeit
Pflanzen besitzen zwar keine Sinnesorgane wie Augen oder Ohren, dennoch reagieren auch sie auf ihre Umwelt.
So erfolgt die Bewegung der Kressepflanze auf den Lichtreiz hin.

Stoffwechsel
Pflanzen nehmen mit den Wurzeln aus dem Boden Wasser und andere Stoffe auf, die sie für ihr Wachstum benötigen. Über die Blätter geben sie Wasser ab und nehmen Stoffe auf. In den grünen Blättern verarbeiten sie diese bei der Fotosynthese zu Nährstoffen.

Fortpflanzung
Viele Pflanzen besitzen auffällige Blüten, in denen sich die Geschlechtsorgane befinden. Nach der Befruchtung bilden sich die Samen, aus denen neue Pflanzen entstehen. Daneben gibt es bei Pflanzen auch die ungeschlechtliche Vermehrung, zum Beispiel über Ableger.

Entwicklung
Aus den Samen keimen junge Pflanzen. Sind die Bedingungen günstig, wachsen die Keimlinge heran und entwickeln als ausgewachsene Pflanzen Blüten und später Früchte mit Samen. Irgendwann geht jede Pflanze zugrunde – sie stirbt.

Wachstum
Das Wachstum der jungen Pflanzen lässt sich oft gut beobachten. Auch ältere Bäumen wachsen und bilden neue Triebe und Blätter.

Von der Zelle zum Organismus

1. Ⓐ
Beschreibe den in Abbildung 1 dargestellten Aufbau eines pflanzlichen und tierischen Organismus.

2. Ⓐ
Beschreibe das Wachstum des Maiskeimlings in Abbildung 3 mithilfe von Abbildung 2.

3. Ⓠ
Berichte über Tiere, die Körperteile nach Verletzungen ersetzen können.
Tipp: Als Suchworte für eine Internetrecherche eignen sich Begriffe wie „Regeneration" und „nachwachsende Organe".

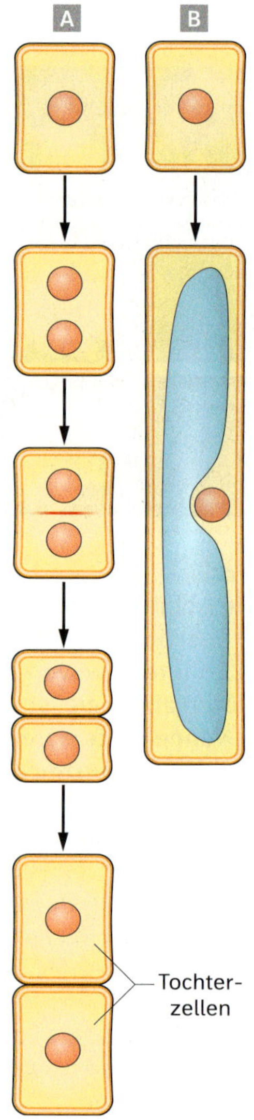

2 Wachstum von Wurzelzellen: **A** Zellteilung bei Wurzelzellen, **B** Zellstreckung bei Stängelzellen

Lebewesen bestehen aus Zellen

Lebewesen bestehen aus Zellen. Die Zellen bilden unterschiedliche Gewebe. Sie übernehmen in verschiedenen Organen bestimmte Funktionen. Alle Organe zusammen bilden einen Organismus, ein eigenständiges Lebewesen.

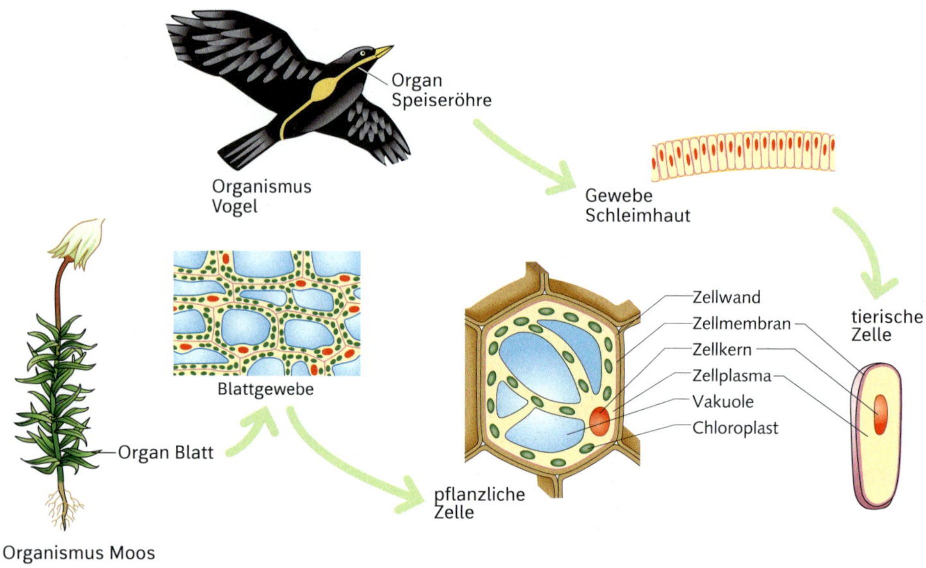

1 Von der Zelle zum Organismus

3 Maiskeimling

Zellen vermehren sich durch Teilung

Vor jeder **Zellteilung** verdoppelt sich zunächst der Zellkern mit den Erbinformationen. Erst danach teilt sich die Zelle. Jede Tochterzelle erhält einen Zellkern als Steuerzentrale mit den Erbinformationen.
Durch Zellteilungen und **Spezialisierung** der Zellen auf bestimmte Funktionen kann sich aus einer befruchteten Eizelle ein ganzer Organismus entwickeln.
Das Wachstum eines Organismus geschieht durch Zellteilungen und durch **Zellwachstum**. Vor jeder Teilung wachsen die Tochterzellen nun wieder zur ursprünglichen Größe heran. Auch abgestorbene Zellen oder verletztes Gewebe werden durch Zellteilungen erneuert.
Stängel von Pflanzen verlängern sich durch **Zellstreckung**.

Zellen im Modell

1. V
Gib in ein Becherglas ein wenig Wasser und ein paar Tropfen Spülmittel. Blase mit einem Trinkhalm vorsichtig in die Lösung, sodass sich das Glas mit großen Blasen füllt. Beschreibe, welche Form die Blasen haben und wie sie angeordnet sind.

2. A
Erläutere, welche Erkenntnisse du aus dem Spülmittel-Modellversuch gewinnen und auf echte Zellen übertragen kannst.

3. A
In der Abbildung unten ist ein Zellmodell dargestellt.
a) Lege eine Tabelle an und ordne jedem Bestandteil des Modells einen Zellbestandteil einer echten Zelle zu.
b) Erkläre, ob es sich um das Modell einer Pflanzenzelle oder das Modell einer tierischen Zelle handelt.
b) Bewerte das abgebildete Modell. Was kann mit diesem Modell gut dargestellt werden, was weniger gut?

4. V
a) Baut in Gruppen mithilfe einer durchsichtigen Plastikkiste ein Modell einer Pflanzenzelle. Als Zellbestandteile können zum Beispiel Styroporkugeln, Luftballon, Schaumstoff, Gelatine oder Agar-Agar, grüne Bohnen und Wasser genutzt werden.
b) Kennzeichnet den Deckel und den Boden der Plastikkiste mit den Begriffen „Zell-“ und „Modell“. Stelle dein Zellmodell auf einen OH-Projektor und versucht, beide Begriffe scharf zu stellen. Beschreibt eure Beobachtungen.
c) Vergleicht die Zellmodelle der verschiedenen Gruppen und bewertet sie.

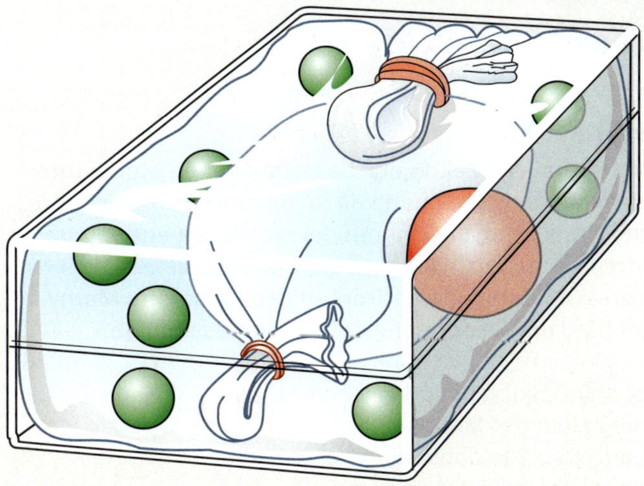

Anordnung von Zellen

Betrachtest du die Zellen eines Blattes der Wasserpest im Mikroskop, sehen sie auf den ersten Blick wie flache Gebilde aus, die an den Seiten an benachbarte Zellen angrenzen. Diese Vorstellung muss aber noch erweitert werden.
Zellen sind keine Flächen, sondern räumliche Körper. Sie weisen also eine räumliche Struktur auf. Ihre Nachbarzellen befinden sich nicht nur an den Seiten, sondern die Zellen liegen auch übereinander und untereinander.
Die räumliche Anordnung von Zellen und ihren Zellbestandteilen ist aber in einem mikroskopischen Bild oft nur schwer zu erkennen.

Zellen im Modell

Zur besseren Vorstellung kannst du ein Zellmodell nutzen. Modelle stellen vereinfacht und anschaulich dar, was in der Wirklichkeit oft nur schwer zu erkennen ist. So helfen sie dabei, die Wirklichkeit besser zu verstehen.
Modelle müssen bewertet werden, denn kein Modell kann die Wirklichkeit vollständig abbilden. Man spricht von **Modellkritik**.
Dabei wird überprüft, was die Modelle darstellen können und welche Eigenschaften des biologischen Originals mit dem Modell nicht abgebildet werden können.

Tier- und Pflanzenzellen

1. ≡ V

Mikroskopiere Blättchen der Wasserpest. Diese Wasserpflanze bekommst du in Aquariengeschäften oder du findest sie in Teichen.
Zupfe mit der Pinzette ein Blättchen ab und lege es in einen Tropfen Wasser auf den Objektträger. Decke das Blättchen mit einem Deckgläschen ab. Mikroskopiere und zeichne die Zellen der Wasserpest. Beachte dabei die Methodenseiten zum richtigen Arbeiten mit dem Mikroskop und zum Anfertigen einer mikroskopischen Zeichnung.

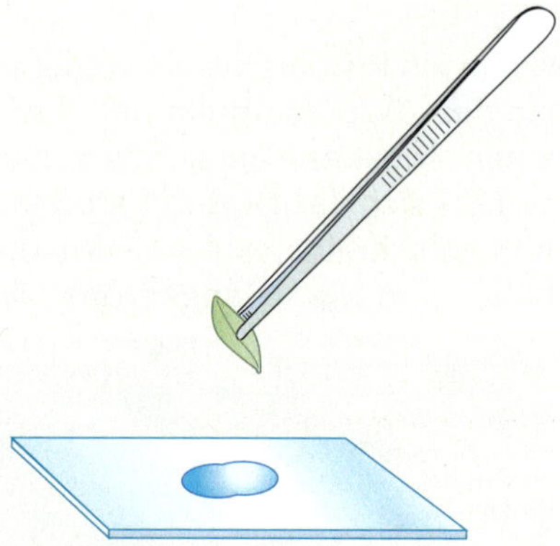

2. ≡ V

a) Untersuche Zellen aus deinem eigenen Mund unter dem Mikroskop. Schabe dazu mit einem abgeschnittenen Trinkhalm am Inneren deiner Wange entlang und streiche das Abgeschabte auf die Mitte eines Objektträgers. Gib darauf einen Tropfen des Farbstoffs Methylenblau und decke mit einem Deckgläschen ab.

b) Mikroskopiere und zeichne die Zellen der Mundschleimhaut. Beachte dabei die Methodenseiten zum Arbeiten mit dem Mikroskop, Präparieren, Färben und Anfertigen einer mikroskopischen Zeichnung.

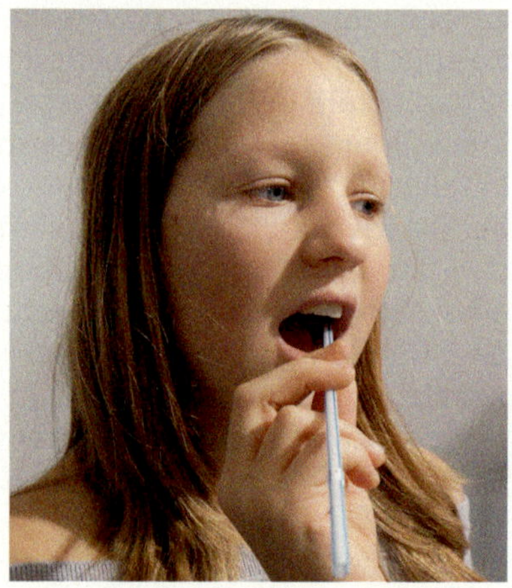

3. ≡ V

Erforsche die Zellgröße. Kopiere dazu Millimeterpapier auf eine durchsichtige Folie. Schneide ein Folienstück wie nebenstehend aus und lege es auf den Objektträger.

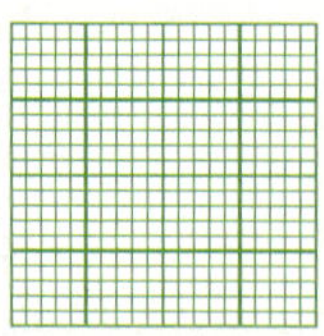

Fertige darauf wie gewohnt das Zellpräparat an, zum Beispiel von der Wasserpest, von der Zwiebelhaut oder der Mundschleimhaut.
Mikroskopiere und schätze ab, den wievielten Teil eines Millimeters eine Zelle etwa lang ist.

4. ≡ A

Erstelle eine Tabelle mit den Bestandteilen einer typischen Pflanzenzelle und den Funktionen, die die verschiedenen Teile für die Zelle erfüllen.

5. ≡ A

Vergleiche pflanzliche und tierische Zellen. Nenne Gemeinsamkeiten und Unterschiede.

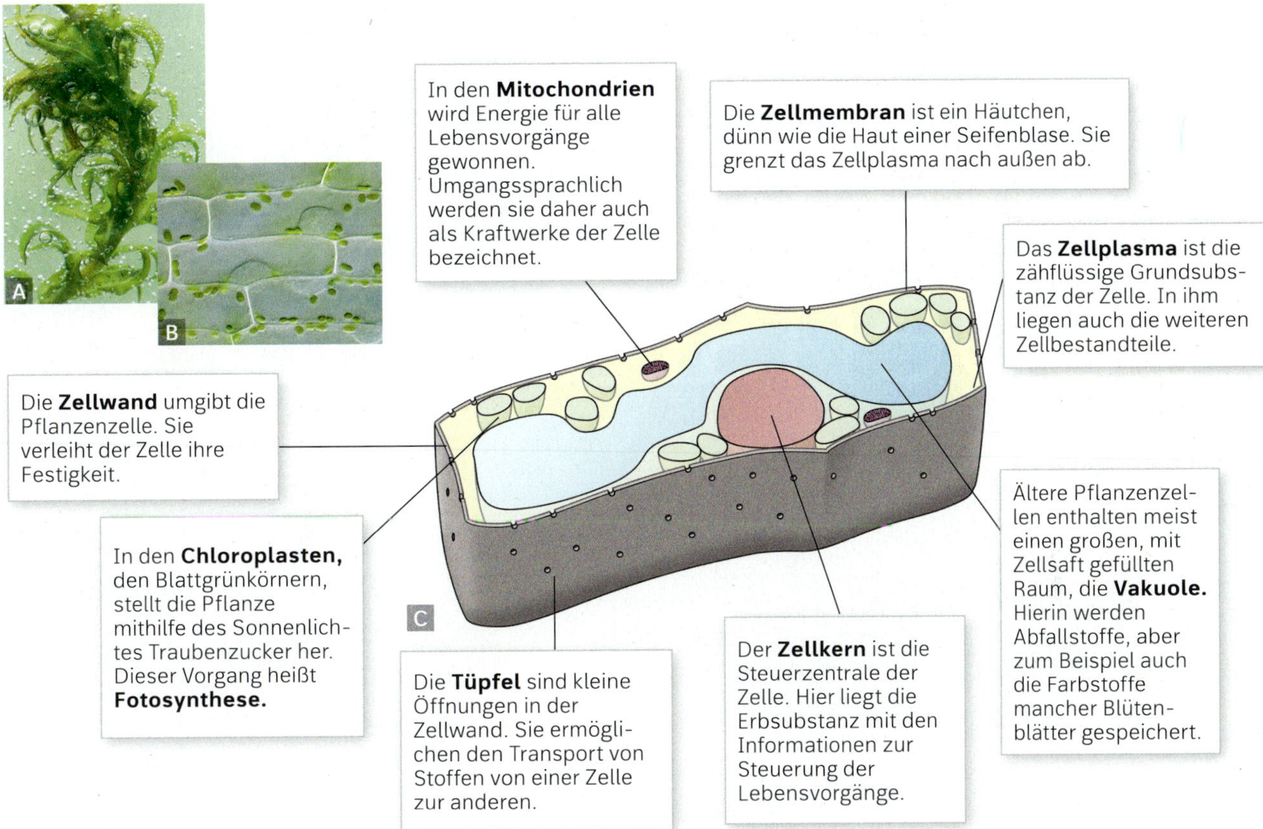

1 Bau einer Pflanzenzelle: **A** Wasserpest-Pflanze, **B** Zellen der Wasserpest (100-fach vergrößert), **C** Schema

Pflanzenzellen

Untersuchst du Pflanzen und Tiere genauer und bringst ihre Organe oder dünne Schnitte davon unter das Mikroskop, so stellst du fest, dass alle Pflanzen, Tiere und auch Menschen aus **Zellen** bestehen. Häufig liegen gleichartige Zellen dicht nebeneinander und bilden ein **Gewebe.**

Im Blatt der Wasserpest oder in der Zwiebelhaut erkennst du die Zellen als mauerartiges Muster bereits mit der schwächsten Vergrößerung. Bei stärkerer Vergrößerung werden der typische Aufbau und einige Bestandteile der Pflanzenzellen erkennbar.

Bestandteile der Pflanzenzellen

Zellkern, Chloroplasten, Vakuolen und Mitochondrien sind solche Zellbestandteile. Sie erfüllen, ähnlich wie die Organe eines Menschen, bestimmte Funktionen im Leben der Zelle. Man nennt sie daher **Zellorganellen.**

Zellen von Tieren

Tierische Zellen haben keine Zellwand, die ihnen eine feste Form gibt. Auch große Vakuolen und Chloroplasten fehlen. Ansonsten verfügen sie über die gleichen Bestandteile mit denselben Funktionen wie bei den Pflanzenzellen.

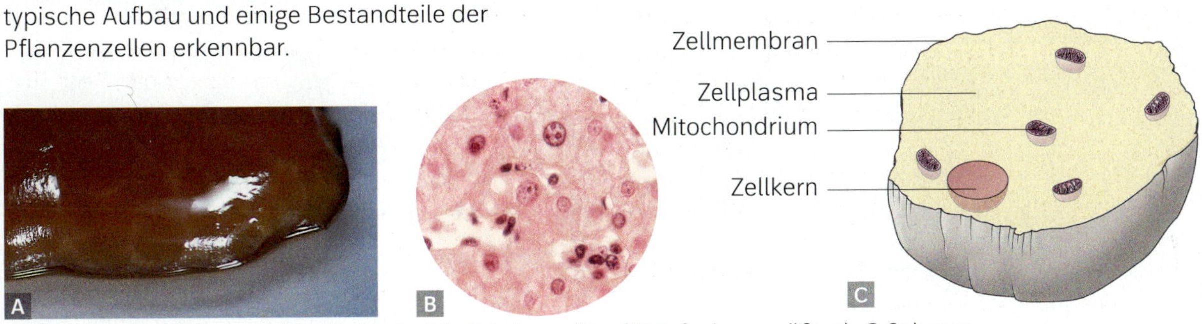

2 Bau einer Tierzelle: **A** Leber (Ausschnitt), **B** Leberzellen (100-fach vergrößert), **C** Schema

Tiere und ihre Lebensräume

Welche Tiere gibt es in Luxemburg?

In welche Kategorien werden Tiere eingeteilt?

Welche Vorteile haben die unzähligen Angepasstheiten der verschiedenen wirbellosen Tiere in unserem Umfeld?

Wie Tiere geordnet werden

1. A

a) Ordne die abgebildeten Tiere zu Gruppen.
b) Nach welchen Merkmalen hast du geordnet?
c) In der Wissenschaft werden Tiere zum Beispiel danach geordnet, ob sie eine Wirbelsäule haben oder nicht. Ordne die Tiere auf dieser Seite jeweils den wirbellosen Tieren oder den Wirbeltieren zu.

2. Q

Sammle aus Zeitschriften oder auf Internetseiten Tierbilder. Ordne die Bilder nach Gruppen und klebe sie in dein Heft. Begründe dein Ordnungsschema.

3. Q

Der Hirschkäfer gehört zu den Insekten. Über welche auffälligen Merkmale verfügt er, die alle Insekten aufweisen? Fasse zusammen.

4. Q

Recherchiere die drei Domänen der Lebewesen und notiere die gemeinsamen Eigenschaften innerhalb einer Domäne.

5. Q

a) Recherchiere die Systematik des Waschbären.
b) Erstelle für den Waschbären eine Präsentation und stelle sie der Klasse vor.

Gorilla

Gans

Fliege

Schnecke

Heupferd

Fledermaus

Lachs

Kammmolch

Regenwurm

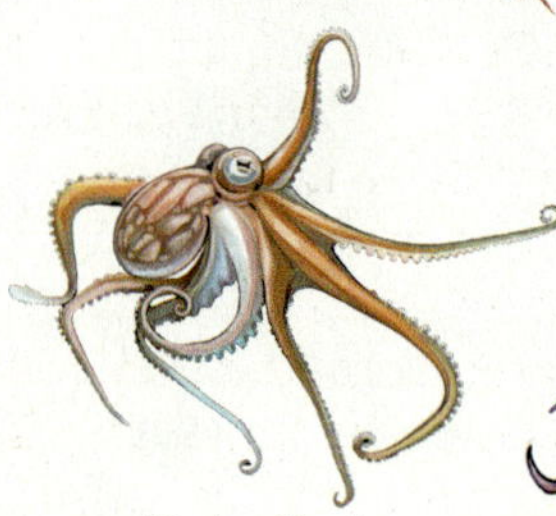
Tintenfisch

Hirschkäfer

Kreuzotter

Teichfrosch

Mauereidechse

Zaunkönig

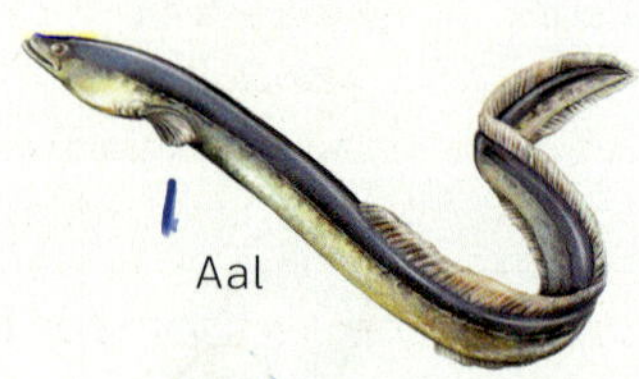
Aal

Was ist eine Art?

Wir alle kennen Krähen und Raben als mehr oder weniger schwarze Vögel. Sie unterscheiden sich jedoch in Körpermerkmalen und im Verhalten voneinander. Weltweit kommen 42 verschiedene Arten der Raben- und Krähenvögel vor. Doch was ist eine Art? Lebewesen einer **Art** haben gemeinsame Merkmale, sind untereinander fortpflanzungsfähig und zeugen fruchtbare Nachkommen, die sich also auch wieder fortpflanzen können. So können in Ausnahmefällen zum Beispiel auch unterschiedliche Tierarten, wie Löwe und Tiger, Nachkommen zeugen. Die so entstehenden *Liger* (Nachkommen eines männlichen Löwen und eines weiblichen Tigers) sind aber nicht fruchtbar. Sie kommen nicht in freier Wildbahn vor, sondern werden gezüchtet.

Ein Tier und viele Namen

Im Luxemburgischen heißt Krähe *Kueb,* im Tschechischen *vrána*, im Finnischen *varis*, im Sorbischen *wróna* und im Englischen *crow*. Eine genaue Bezeichnung der Tierart lag aber nicht vor. So kam es immer wieder zu Verwechselungen bei der Benennung der einzelnen Arten. Ein Problem dabei war die weltweite Vielfalt der Sprachen und Dialekte. Biologen und Sprachforscher suchten nach einer Lösung. Eine international verständliche Schreib- und Sprachweise war notwendig.

Ordnungssystem der Lebewesen

Wissenschaftler ordneten in einer Systematik die Lebewesen nach Körpermerkmalen. Für den Kolkraben gilt:

Systematik Kolkrabe	
Domäne	Eukaryoten (haben Zellen mit Zellkern)
Reich	Tiere
Stamm	Wirbeltiere
Klasse	Vögel
Ordnung	Sperlingsvögel
Familie	Rabenvögel
Gattung	Corvus (Raben und Krähen)
Art	Corvus corax (Kolkrabe)

Diese Form der zweinamigen (binären) Namensgebung (Nomenklatur) hat sich für die international verständliche Namensgebung aller Arten von Lebewesen bewährt.

1 Zwei Arten: **A** Kolkrabe (Corvus corax); **B** Nebelkrähe (Corvus cornix)

2 Liger

Der „Erfinder" der binären Nomenklatur

1735 veröffentlichte der schwedische Naturforscher Carl von Linné sein Buch „Systema Naturae". Darin ordnete er eine Vielzahl der damals bekannten Lebewesen nach gemeinsamen Körpermerkmalen in verschiedene Gruppen. Linné erkannte dabei, dass es Lebewesen mit sehr ähnlichen Körpermerkmalen gibt. Diese fasste er unter dem Begriff **Gattung** zusammen, z. B. die *Raben und Krähen* unter dem Namen *Corvus*.
Trotzdem gab es bei diesen verschiedenen Arten noch Unterscheidungsmerkmale im Körperbau, im Verhalten und bei der Fortpflanzung. Deshalb entschied sich Linné, einen zweiten Namen anzufügen, den **Artnamen**. Jetzt konnten die einzelnen Arten namentlich genau unterschieden werden.

3 Carl von Linné (1707–1778)

Wie damals üblich, nutzte Linné die Wissenschaftssprachen Latein und Griechisch. Die Benennung wurde international verständlich. Noch heute werden die Arten mit dieser Nomenklatur benannt, sowohl neu entdeckte als auch längst ausgestorbene Arten.

Das Reich der Tiere

PINNWAND

Wirbeltiere und wirbellose Tiere

Viele Tiere besitzen ein innenliegendes Skelett (**Innenskelett**) mit einer Wirbelsäule aus Knochen. Die Wirbelsäule trägt den Kopf und stützt den Rumpf. Tiere mit einer Wirbelsäule gehören zum Stamm der **Wirbeltiere**. Sie werden in fünf Klassen eingeteilt.
Tiere, die keine Knochen besitzen, werden **wirbellose Tiere** genannt. Es gibt viele verschiedene Stämme von wirbellosen Tieren. Viele von ihnen sind klein und leben versteckt. Zu diesen wirbellosen Tieren gehören etwa 95% aller Tiere. Wirbellose Tiere sind zum Beispiel Insekten, Spinnentiere, Ringelwürmer und Krebstiere.

Skelett

Die Wirbelsäule eines Vogels besteht wie bei allen Wirbeltieren aus miteinander verbundenen Wirbeln und bildet die zentrale Stütze des Körpers. Wirbeltiere haben ein knöchernes **Innenskelett** mit Wirbelsäule, Schädel und Gliedmaßen. An den Knochen setzen Muskeln an. Zusammen mit den Gelenken ermöglichen die Muskeln die Bewegungen des Körpers.
Der Körper eines Insekts ist von einer festen, aber elastischen Hülle umgeben. Dieses den Körper schützende **Außenskelett** besteht aus **Chitin**. An der Innenseite der Chitinhülle setzen Muskeln an, mit denen sich das Insekt bewegt. Auch viele andere wirbellose Tiere, wie Spinnentiere, Tausendfüßer und Krebstiere, haben ein Außenskelett aus Chitin.

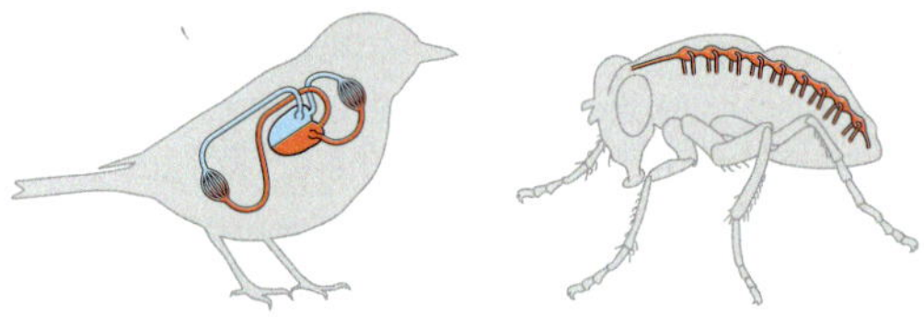

Blutkreislauf

Ein Vogel besitzt wie alle Wirbeltiere ein Herz, das Blut durch den Körper pumpt. Den ganzen Körper des Vogels durchziehen Blutgefäße, in denen das Blut strömt. Wirbeltiere haben einen **geschlossenen** Blutkreislauf.
Insekten besitzen kein Netz aus Blutgefäßen. In einem offenen Herzschlauch sammelt sich ihre blutähnliche Körperflüssigkeit, die **Hämolymphe**, und wird von dort ins Körperinnere verteilt. Dabei umspült das Blut direkt die inneren Organe. Wirbellose haben einen **offenen** Blutkreislauf.

1. ≡ Ⓐ
Stelle in einer Tabelle die Unterschiede zwischen wirbellosen Tieren und Wirbeltieren gegenüber.

2. ≡ Ⓐ
Erläutere, was man unter einem offenen und einem geschlossenen Blutkreislauf versteht.

3. ≡ Ⓠ
Informiere dich über die Augen und das Nervensystem der wirbellosen Tiere und der Wirbeltiere. Entwirf dazu je einen Pinnzettel.

Atmung

Ein Vogel besitzt eine Lunge, mit der er Sauerstoff aus der Luft aufnimmt. Alle Vögel besitzen zusätzlich Luftsäcke.
Insekten haben keine Lunge. An den Seiten von Brust und Hinterleib befinden sich Atemlöcher. Durch pumpende Bewegungen wird Sauerstoff aufgenommen und über ein verzweigtes **Röhrensystem** im Körper verteilt und so direkt zu den Organen geleitet.

Stammbaum der Wirbeltiere

1. Ⓐ
Nenne Merkmale, die am Anfang der Evolution von Reptilien, Vögeln und Säugetieren jeweils neu entstanden sind.

2. Ⓐ
Nenne Merkmale von Reptilieneiern, die die Reptilien unabhängiger vom Wasser machten.

3. Ⓐ
a) Beschreibe die Besonderheit in der Entwicklung der Atmungsorgane bei einigen Arten der Quastenflosser.
b) Erkläre, welche Vorteile sich daraus für diese Quastenflosser-Arten ergaben.

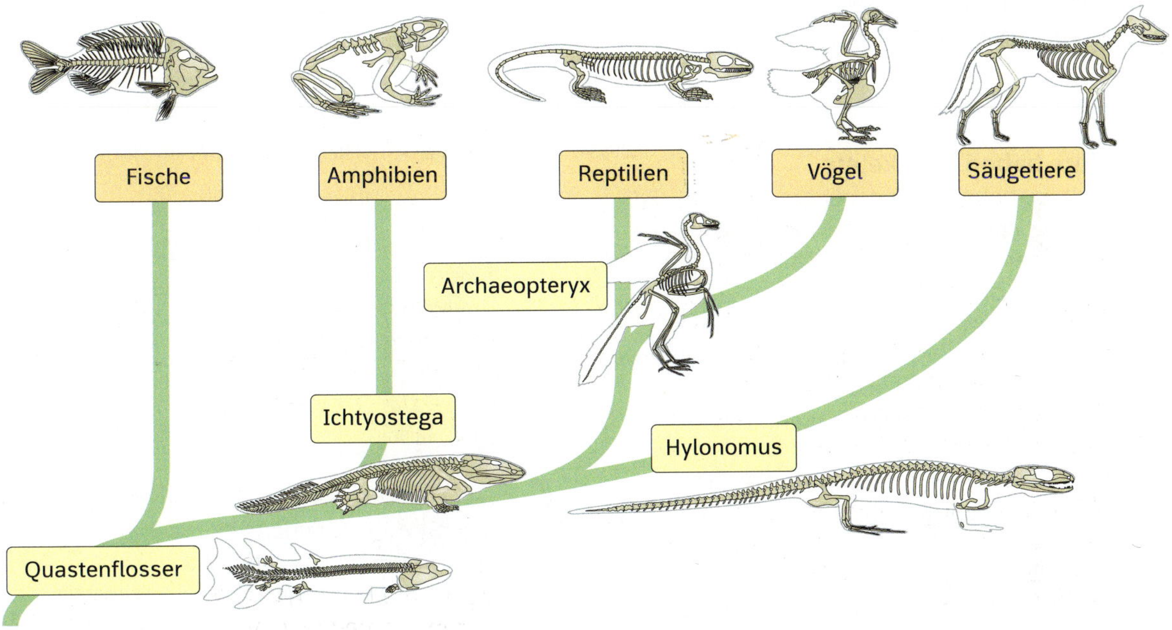

1 Stammbaum der fünf Klassen der Wirbeltiere

Wer ist verwandt?

Stammbäume zeigen Verwandtschaftsverhältnisse von Lebewesen. Dazu vergleicht man üblicherweise deren **Merkmale des Körperbaus**. Lebewesen mit gemeinsamen Merkmalen fasst man dann zu Gruppen zusammen. Wichtigstes gemeinsames Kennzeichen aller Wirbeltiere ist der Besitz eines **Innenskelettes** mit Wirbelsäule.

Die Fische gehen an Land

Vor 400 Millionen Jahren lebten Quastenflosser, die sich mit ihren Gliedmaßen auf dem Meeresboden fortbewegten. Bei einigen Arten der **Quastenflosser** entwickelte sich neben den Kiemen ein Schwimmblasen-Lungen-Organ. Damit konnten diese Fische Luft atmen und zeitweise am Ufer leben. Damit begann die Eroberung des Landes.

Das erste Landtier

Anstelle der Kiemenatmung trat bei den Amphibien die Lungenatmung. Damit konnten sie das Wasser längere Zeit verlassen. Sie hatten vier Beine mit Schulter- und Beckengürtel. ***Ichthyostega*** gilt als erstes Landtier.

Die ersten Reptilien

Als erstes vollständig an das Landleben angepasstes Wirbeltier gilt *Hylonomus*. Es legte Eier mit einer Schale und einer Eihaut, die das Eiinnere vor Austrocknung schützte. Es begann das Zeitalter der Dinosaurier. Später führte dieses neue Merkmal zu den Vögeln und Säugetieren.

Die Vögel

Die ersten Vögel entwickelten sich aus Reptilien. Der bekannteste Beleg ist der *Archaeopteryx*. Er hatte eine gleichbleibende Körpertemperatur.

Die Säugetiere

Aus ersten Reptilien entwickelten sich auch gleichwarme Säugetiere. Sie waren unabhängiger von den Umweltbedingungen. Die neuen Merkmale waren ein Haarkleid, Milchdrüsen und das Gebären von lebenden Jungen.

Die Klassen der Wirbeltiere: Skelett und weitere Merkmale

1. ≡ Ⓐ
a) Nenne die fünf Klassen der Wirbeltiere mit je einem Merkmal, das sie unterscheidet.
b) Beschreibe vier gemeinsame Merkmale aller Wirbeltiere.

2. ≡ Ⓐ
Vergleiche die Vordergliedmaßen der fünf Klassen der Wirbeltiere.

3. ≡ Ⓐ
Die Gliedmaßen von Säugetieren sind an ihren Lebensraum angepasst. Erläutere, wie die Gliedmaßen einiger Säugetiere vom Grundaufbau abweichen. Wähle aus folgenden Tieren aus: Maulwurf, Fledermaus, Delfin.

4. ≡ Ⓐ
Auch der Mensch ist ein Wirbeltier. Beschreibe Besonderheiten des menschlichen Skeletts mithilfe von Abbildung 1.

Wirbeltiere haben ein Skelett

Alle Wirbeltiere haben ein innenliegendes Skelett aus Knochen mit einer **Wirbelsäule**. Nach diesem gemeinsamen Merkmal wurde der Unterstamm der Wirbeltiere benannt. Die Wirbelsäule trägt den Kopf und stützt den Rumpf der Wirbeltiere. Wirbeltiere werden in fünf Gruppen, den **Klassen**, eingeteilt: Fische, Amphibien, Reptilien, Vögel und Säugetiere.
Der Mensch gehört zu den Säugetieren. Das Skelett des Menschen ist jedoch, anders als bei den anderen Säugetieren, an den aufrechten Gang des Menschen angepasst.

Fische

Die Fische leben im Wasser. Zur Fortbewegung im Wasser besitzen sie je zwei Brustflossen und zwei Bauchflossen sowie eine Schwanzflosse. Ihre schleimige Haut ist mit dachziegelartig angeordneten Schuppen bedeckt und so vor Verletzungen geschützt. Bei der Paarung der meisten Fische geben die Weibchen ihre Eier unbefruchtet ins Wasser ab. Die Männchen geben ihre Spermienzellen über die Eier. So werden die Eier befruchtet. Die Befruchtung findet dann außerhalb des Körpers des Weibchens statt. Man nennt diesen Vorgang deshalb **äußere Befruchtung**. Aus den befruchteten Eizellen entwickeln sich zunächst Larven. Diese entwickeln sich zu jungen Fischen. Die Körpertemperatur der Fische ähnelt der sie umgebenden Wassertemperatur. Man zählt Fische daher zu den **wechselwarmen** Tieren. Das Skelett der Fische besteht aus einem Schädel und einer Wirbelsäule mit Rippen. Außerdem verlaufen knöcherne Flossenstrahlen in den Flossen.

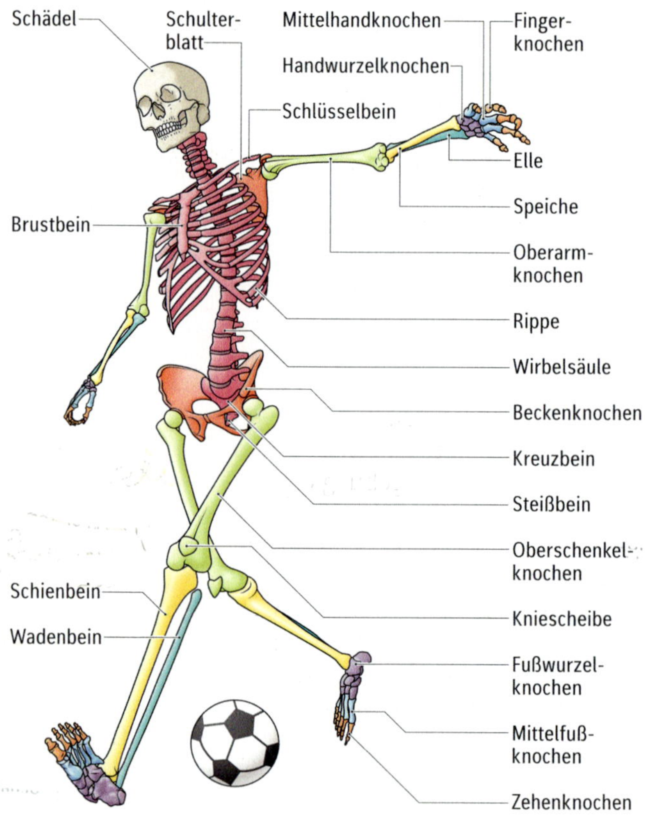

1 Skelett des Menschen

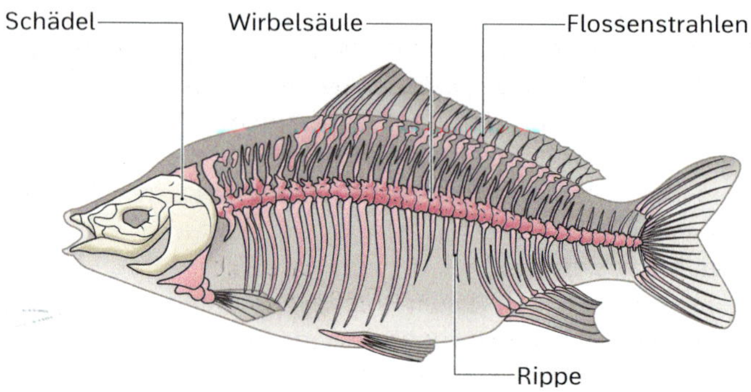

2 Karpfen: **A** schwimmend, **B** Skelett (Schema)

Amphibien

Zu den Amphibien zählen Frösche und Molche. Sie sind wechselwarm und haben eine feuchte Haut mit Schleimdrüsen. Bei Fröschen findet eine äußere Befruchtung im Wasser statt, bei Molchen eine innere Befruchtung im Körper. Aus den befruchteten Eizellen entwickeln sich Kaulquappen und später Jungtiere. Frösche besitzen keine Rippen und keinen Brustkorb, eine kurze Wirbelsäule und verlängerte Fußknochen zum Springen.

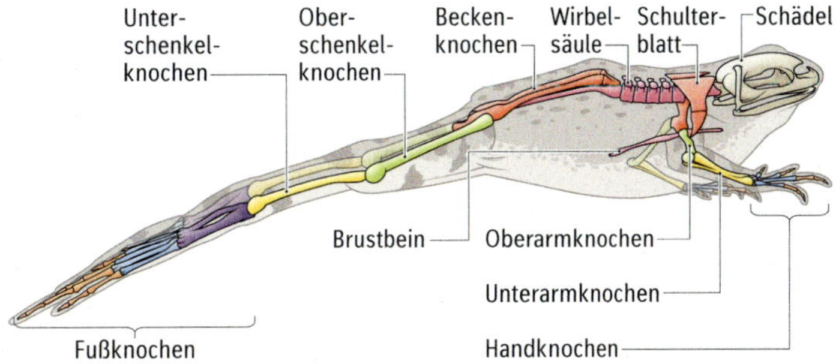

3 Skelett eines Wasserfrosches

Reptilien

Zu den Reptilien zählen Eidechsen, Schlangen und Schildkröten. Ihre trockene Haut bildet Hornschuppen, die vor Austrocknung schützen. Die Weibchen legen nach innerer Befruchtung Eier, aus denen Jungtiere schlüpfen. Reptilien sind wechselwarm. Ihr Skelett ist an die Fortbewegung angepasst. Eidechsen haben seitlich abstehende Gliedmaßenknochen und eine lange, bis in die Schwanzspitze reichende Wirbelsäule. Sie bewegen sich kriechend an Land mit vier Gliedmaßen.

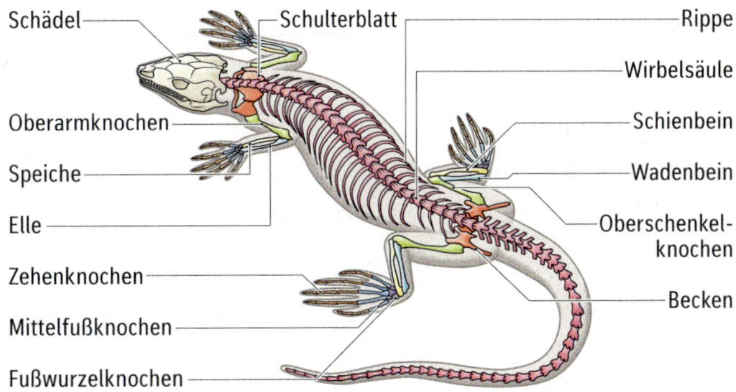

4 Skelett einer Eidechse

Vögel

Der Körper der Vögel ist mit Federn bedeckt. Ihre Körpertemperatur ist unabhängig von der Umgebungstemperatur immer ungefähr gleich hoch. Vögel zählen daher zu den **gleichwarmen** Tieren. Die Weibchen legen nach der inneren Befruchtung Eier. Diese werden dann bebrütet. Die Vordergliedmaßen sind zu Flügeln umgewandelt. Die Knochen sind innen hohl, was die Vögel leicht macht.
Sie haben ein stark ausgeprägtes Brustbein, an dem die starke Flugmuskulatur ansetzt.

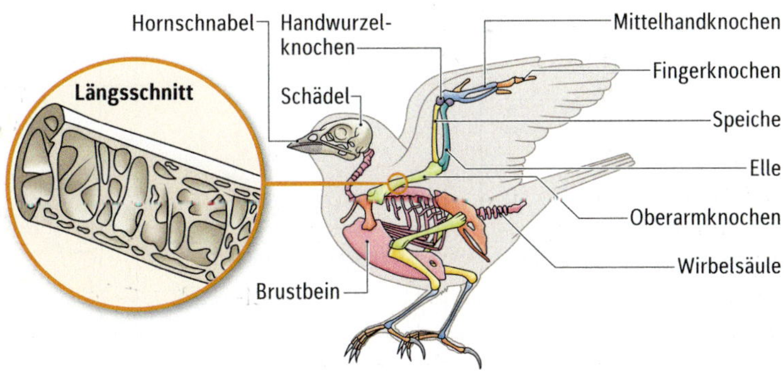

5 Skelett eines Feldsperlings

Säugetiere

Säugetiere wie die Katze sind, wie auch die Vögel, gleichwarm. Bei vielen Säugetieren wird die Haut von Haaren bedeckt. Sie gebären bis auf wenige Ausnahmen lebende Jungtiere. Diese werden nach der Geburt mit Muttermilch gesäugt. Die Entwicklung der Jungtiere erfolgt nach der inneren Befruchtung im Mutterleib. Die Säugetiere haben einen Brustkorb mit Rippen sowie einen Schultergürtel mit Schulterblatt und einen Beckengürtel mit Beckenknochen.

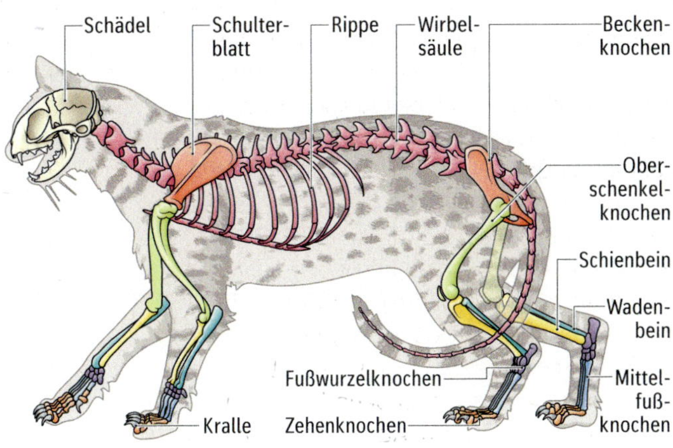

6 Skelett einer Katze

Die Klassen der Wirbeltiere im Überblick

1. Ⓐ

a) Vergleiche die Atmungsorgane der Wirbeltiere in der Tabelle miteinander. Nenne wesentliche Unterschiede zwischen Kiemen- und Lungenatmung.

b) Beschreibe den Aufbau der Haut bei den Amphibien. Vergleiche diesen mit dem Aufbau bei einem Reptil. Schließe aus dem Hautaufbau, welchen Lebensraum Amphibien und welchen Reptilien bevorzugen.

2. Ⓐ

a) Beschreibe die Fortpflanzung und Entwicklung bei den verschiedenen Wirbeltierklassen und vergleiche sie miteinander.

b) Suche nach vergleichbaren Vorgängen bei der Fortpflanzung und Entwicklung von Pflanzen wie der Kirsche.

c) Erläutere einige wesentliche Unterschiede bei der Fortpflanzung und Entwicklung von Wirbeltieren und Pflanzen.

Klasse	Fische	Amphibien
Vertreter		
Fortbewegung	schwimmen	springen, kriechen, schwimmen
Atmungsorgane Luftwege Gewebe für den Gasaustausch	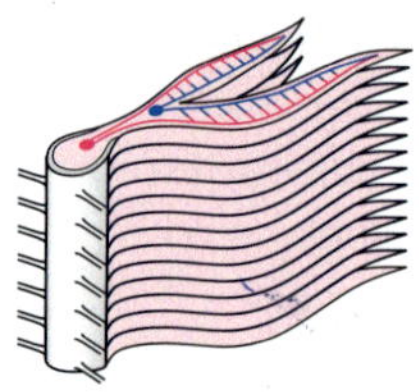 Kiemenatmung	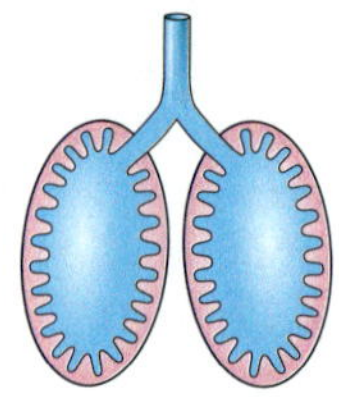 Kiemen bei Larven, sackförmige Lungen- und Haut bei erwachsenen Tieren
Körperbedeckung	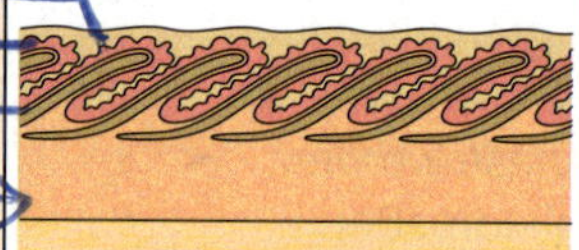 drüsenreiche Haut mit Knochenschuppen	 schleimbedeckte, drüsenreiche Haut
Körpertemperatur	wechselwarm	wechselwarm
Fortpflanzung / Entwicklung	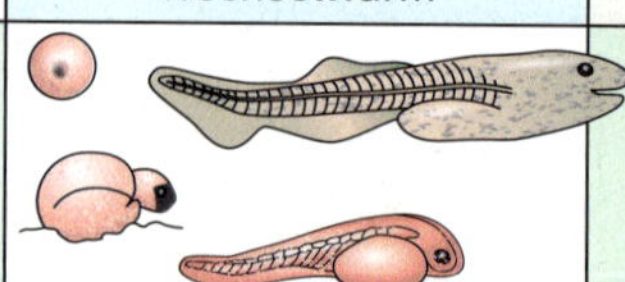 äußere Befruchtung; aus Eiern entwickeln sich Larven	 innere Befruchtung bei Schwanzlurchen, äußere bei Froschlurchen; aus Eiern entwickeln sich Larven, Metamorphose

Reptilien	Vögel	Säugetiere

laufen, kriechen, schwimmen	fliegen, laufen, schwimmen	laufen, schwimmen, fliegen
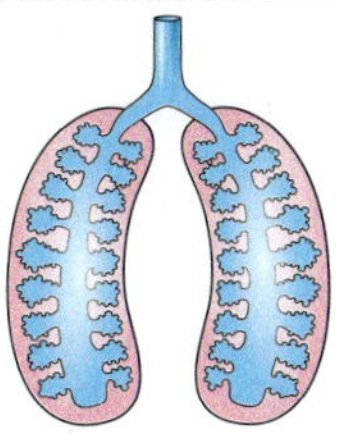 einfach gekammerte Lunge	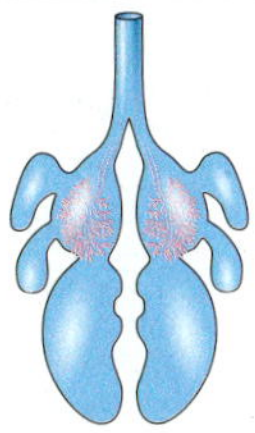 Lunge mit Luftsäcken	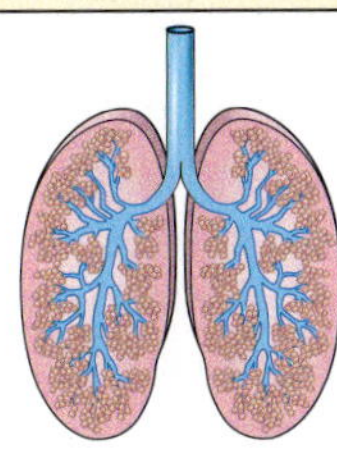 Lunge mit Lungenbläschen
 trockene Haut mit Hornschuppen	 drüsenreiche Haut mit Federn	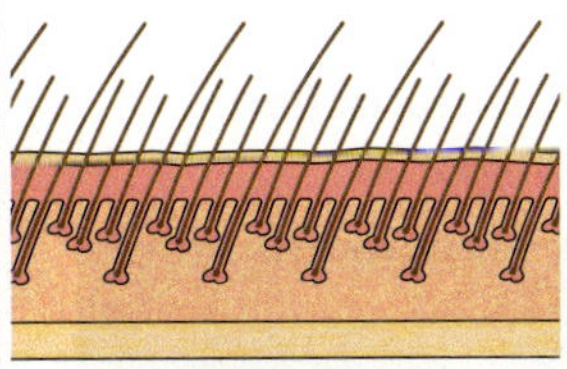 drüsenreiche Haut mit Haaren
wechselwarm	gleichwarm	gleichwarm
 innere Befruchtung; Embryo entwickelt sich im Ei mit pergamentartiger Schale	 innere Befruchtung; Embryo entwickelt sich im Ei mit harter Kalkschale; wird ausgebrütet	 innere Befruchtung; Embryo entwickelt sich im Mutterleib; lebendgebärend; Jungtiere werden gesäugt

3. ≡ Ⓐ

Das Schnabeltier lebt in Süßgewässern in Australien.
Es hat einen Schnabel, junge Schnabeltiere haben Zähne, es hat ein Fell aus Haaren und legt Eier mit weicher, pergamentartiger Schale.
Männliche Schnabeltiere haben an ihren Hinterbeinen außerdem einen Sporn, mit dem sie Gift abgeben können.
Weibliche Schnabeltiere säugen ihre Jungen.

a) Stelle anhand seiner Merkmale eine begründete Vermutung an, zu welcher Wirbeltierklasse das Schnabeltier gehören könnte.

b) Recherchiere im Internet dazu, zu welcher Klasse das Schnabeltier gehört und wie sich seine unterschiedlichen Merkmale erklären lassen. Stelle deine Ergebnisse in der Klasse vor.

Säugetiere Luxemburgs

1. ☰ Ⓐ
Bereite mithilfe eines Steckbriefs einen Kurzvortrag (ca. 3 Minuten) zu einem der Säugetiere auf dieser Seite vor.
2. ☰ Ⓠ
Erstelle einen ähnlichen Steckbrief zu einem anderen Säugetier Luxemburgs. Recherchiere dazu im Internet.

PINNWAND

Europäischer Biber *(Castor fiber)*

Aussehen und Körperbau: bis 1 m Körperlänge; Gewicht bis 30 kg; Alter bis 12 Jahre; dichtes Fell schützt vor Kälte und Nässe; guter Schwimmer: Schwimmhäute und platter Schwanz
Vorkommen und Lebensweise: war in Luxemburg ausgerottet, kommt heute wieder im Ösling und Gutland vor; baut Dämme an Bächen, um Wasser zu stauen; Bau am Ufer oder Burg aus Ästen, Steinen und Schlamm
Nahrung: im Winter hauptsächlich Rinde dünner Zweige von Bäumen; im Sommer verschiedene Pflanzen (z.B. Brennnesseln)

Wildschwein *(Sus scrofa)*

Aussehen und Körperbau: zwischen 90 cm und 2 m Körperlänge; Bachen (Weibchen) bis 150 kg, Keiler (Männchen) bis 200 kg; Alter bis 13 Jahre; massiver Körper mit kurzen Beinen; graues bis braun-schwarzes Fell mit borstigen Deckhaaren
Vorkommen und Lebensweise: sehr verbreitet in Europa und Asien; passt sich vielen Lebensräumen an; lebt in Familienverbänden aus erwachsenen Weibchen und Jungtieren; ruht viel
Nahrung: durchwühlt den Boden mit seiner Schnauze nach Wurzeln, Würmern, Mäusen, Schnecken und Pilzen; auch Blätter, Früchte und Aas

Eurasisches Eichhörnchen *(Sciurus vulgaris)*

Aussehen und Körperbau: bis 25 cm Körperlänge (40 cm mit Schwanz); Gewicht bis 300 g; Alter bis 8 Jahre; buschiger Schwanz; rotes bis schwarzes Fell
Vorkommen und Lebensweise: lebt im Wald, in Ortschaften und Parkanlagen; tagaktiv; schläft nachts in einem kugelförmigen Nest (Kobel)
Nahrung: Allesfresser; frisst vor allem Samen, Nüsse und Früchte; aber auch Insekten und Vogeleier

Zwergfledermaus *(Pipistrellus pipistrellus)*

Aussehen und Körperbau: bis 4,5 cm Körperlänge; Gewicht bis 7 g; Alter bis 16 Jahre; Flügel-Spannweite bis 25 cm
Vorkommen und Lebensweise: häufige Fledermausart in Luxemburg; verbringt den Winter im Winterschlaf in Höhlen und Tunneln
Nahrung: jagt im Sommer (auch bei Häusern) nach Insekten; fängt bis zu 1000 Mücken und andere Insekten in einer Nacht

Rothirsch *(Cervus elaphus)*

Aussehen und Körperbau: bis 2,5 m Körperlänge; Gewicht bis 350 kg; Alter bis 20 Jahre; im Sommer rotbraunes, im Winter graubraunes Fell; Männchen besitzen ein großes Geweih
Vorkommen und Lebensweise: kommt in großen, ausgedehnten Wäldern mit Lichtungen vor; früher tagaktiv, jedoch wegen der Jagd durch den Menschen heute dämmerungsaktiv; Männchen wirft sein Geweih einmal im Jahr ab
Nahrung: Pflanzenfresser; frisst Gräser, Kräuter, Beeren, Früchte und junge Baumtriebe

Europäischer Dachs *(Meles meles)*

Aussehen und Körperbau: bis 80 cm Körperlänge (1 m mit Schwanz); Gewicht bis 25 kg; Alter bis 15 Jahre; dunkelgraues bis schwarzes Fell mit auffälligen schwarzen Streifen von der Schnauze über die Augen bis zu den Ohren
Vorkommen und Lebensweise: nachtaktiv; hält Winterruhe; lebt entweder allein oder mit Jung- und Elterntieren in unterirdischen Dachsburgen, die aus mehreren hundert Kammern bestehen können und über Jahrzehnte genutzt werden
Nahrung: Allesfresser; frisst neben Regenwürmern und Insekten auch Samen, Obst, Pilze und Wurzeln

Braunbrustigel *(Erinaceus europaeus)*

Aussehen und Körperbau: bis 30 cm Körperlänge; Gewicht bis 1,5 kg; Alter bis 7 Jahre; sein Körper ist mit Stacheln bedeckt, die zur Abwehr von Feinden dienen; ein ausgewachsener Igel kann bis zu 8 000 Stacheln besitzen
Vorkommen und Lebensweise: lebt nachtaktiv; schläft tagsüber in selbst gebauten Nestern in direkter Nähe des Menschen (in Gebüschen oder an Hauswänden); verbringt den Winter im Winterschlaf
Nahrung: frisst vor allem Insekten und Schnecken

Baummarder *(Martes martes)*

Aussehen und Körperbau: bis 52 cm Körperlänge; Gewicht bis 1,8 kg; Alter bis 11 Jahre; hat einen langgestreckten Körper mit rotbraunem Fell und besitzt einen buschigen Schwanz; an seiner Kehle ist das Fell gelblich hell gefärbt
Vorkommen und Lebensweise: dämmerungs- und nachtaktiv; lebt in hohen Bäumen und springt von Ast zu Ast; tagsüber schläft er in Baumhöhlen
Nahrung: frisst im Sommer Früchte und Beeren, im Winter jagt er Vögel und Eichhörnchen

Gebisse zeigen Ernährungsweisen

1. Ⓐ
Beschreibe, wie Säugetiere mit ihrem Gebiss an die Nahrung angepasst sind.

2. Ⓐ
Stelle eine Vermutung an, warum Wiederkäuer ihre Nahrung schnell schlucken und erst später kauen.

3. Ⓐ
a) Notiere die Zahnformel für das Wildschweingebiss rechts.
b) Stelle eine Vermutung über die Ernährungsweise des Wildschweins an.

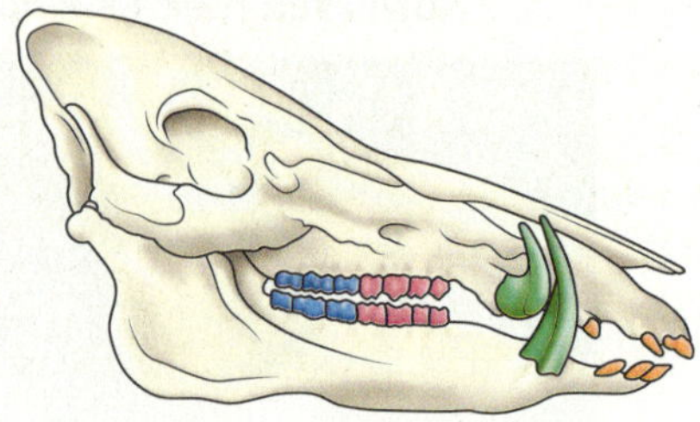

Zahnformeln

Jede Säugetierart hat ein Gebiss mit für diese Art charakteristischen Zähnen. Mithilfe der **Zahnformel** kann man die Zähne einer Tierart übersichtlich angeben. Sie wird, ausgehend von der Mitte des Kiefers, nur für eine Hälfte des Ober- und Unterkiefers dargestellt, weil die Zähne auf der anderen Seite gleich angeordnet sind. Die vier Zahnformen sind: Schneidezahn (abgekürzt **I** von lateinisch ***Incisivus***), Eckzahn (**C**, ***Ca****ninus*), Vormahlzahn (**P**, ***Pr****ämolar*) und Mahlzahn (**M**, ***Mo****lar*). Die Zahnformel gibt immer in der Reihenfolge **I**-**C**-**P**-**M** die Anzahl der Zähne an.

Gebissformen und Angepasstheit

Säugetiere sind mit ihrem Gebiss an ihre Nahrung angepasst. So ernähren sich Pflanzenfresser vorwiegend von Pflanzen und Fleischfresser von Fleisch. Entsprechend der jeweiligen Nahrung unterscheidet man zwischen verschiedenen Gebissformen.

Fleischfressergebiss

Vorne im Gebiss des Wolfs sitzen im Ober- und Unterkiefer scharfe Schneidezähne. Mit ihnen kann der Wolf Fleisch von Knochen abschaben. Dahinter folgen lange, dolchartige Eckzähne, mit denen er sich in seiner Beute verbeißt, diese festhält und tötet. Die Eckzähne werden beim Wolf daher **Fangzähne** genannt. Die größten (Vor-)Backenzähne des Wolfes heißen **Reißzähne**. Beim Schließen des Mauls gleiten sie wie Klingen einer Schere aneinander vorbei und zerreißen Fleisch. Der Wolf ist ein typischer **Fleischfresser**. Mit seinen hinteren Backenzähnen kann er harte Knochen zermahlen.

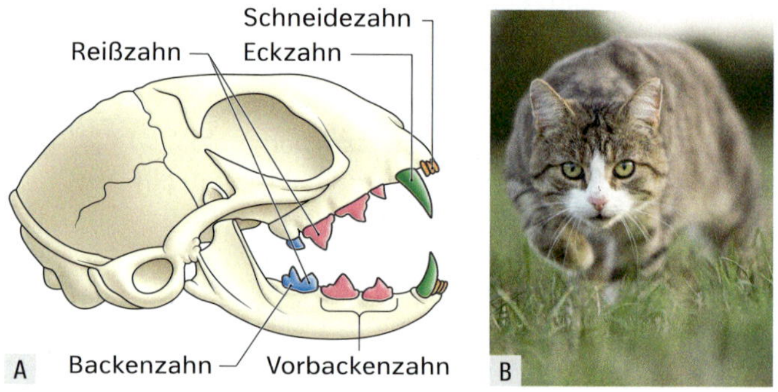

Zahnformel der Katze:

3 (I)	1 (C)	3 (P)	1 (M)
3 (I)	1 (C)	2 (P)	1 (M)

1 Katze: **A** Gebiss (Schema), **B** Katze schleicht sich an

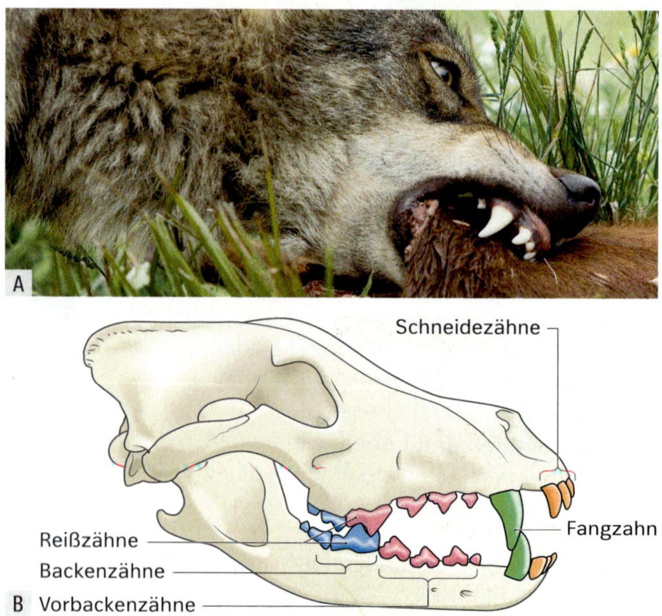

Zahnformel des Wolfes:

3	1	4	2
3	1	4	3

2 Wolf: **A** Wolf frisst Beute, **B** Gebiss (Schema)

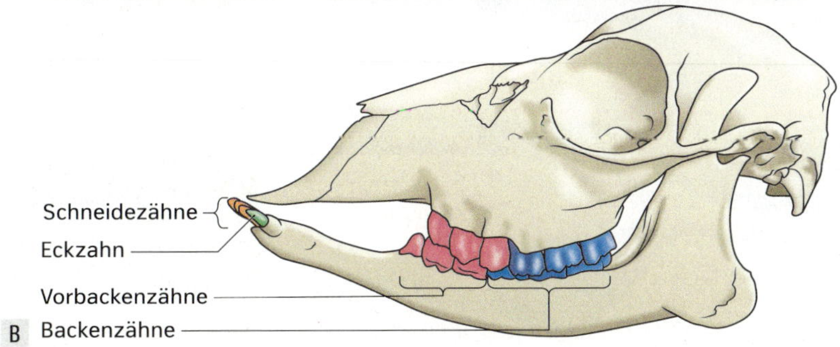

Zahnformel des Rehs: 0 0 3 3 / 3 1 3 3

3 Reh: **A** fressendes Reh, **B** Schema

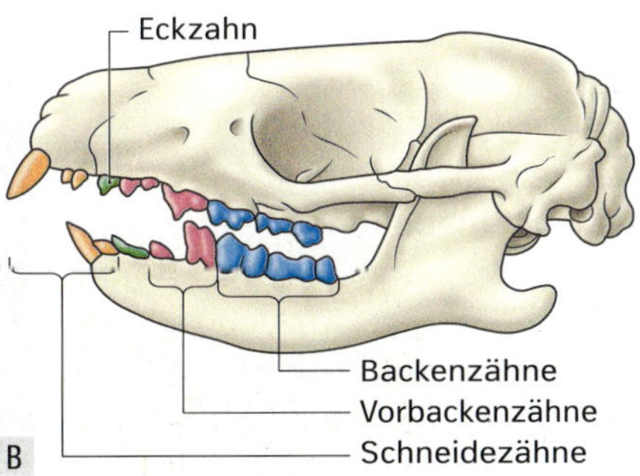

Zahnformel des Braunbrustigels: 3 1 3 3 / 2 1 2 3

4 Igel **A** fressender Igel, **B** Gebiss (Schema)

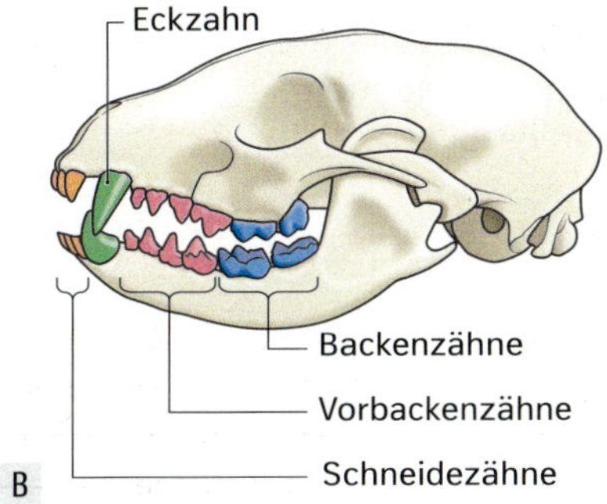

Zahnformel des Waschbären: 3 1 4 2 / 3 1 4 2

5 Waschbär **A** fressender Waschbär, **B** Gebiss (Schema)

Pflanzenfressergebiss

Das Reh ist ein **Pflanzenfresser**. Beim Grasen umschließt es Grasbüschel mit der Zunge. Mit den kleinen Schneidezähnen im Unterkiefer drückt es die Grasbüschel gegen eine **Hornleiste**. Durch ruckartiges Bewegen und Heben des Kopfes wird das Gras abgerissen. Pflanzliche Nahrung ist schwer verdaulich. Sie muss daher gründlich zerkaut werden. Das Gebiss des Rehs ist dafür gut geeignet. Die Vorbackenzähne und Backenzähne sind breit und stehen dicht nebeneinander. Auf den großen Kauflächen wird die Nahrung wie zwischen zwei Mahlsteinen zerrieben. Die (Vor-) Backenzähne des Rehs werden daher **Mahlzähne** genannt.

Insektenfressergebiss

Der Igel ist ein **Insektenfresser**. Er frisst vor allem Würmer und Insekten. Die Beute ergreift er mit seinen langen Eckzähnen. Alle Zähne seines Gebisses sind spitz und scharfkantig. Mit den Zähnen des Insektenfressergebisses kann der Igel den harten Panzer von Insekten oder den zähen Körper von Würmern zerkleinern.

Allesfressergebiss

Der Waschbär ist ein Säugetier und stammt ursprünglich aus Nordamerika. Er frisst Insekten, Würmer, Eier und Pflanzen, aber auch kleinere Säugetiere und Vögel. Der Waschbär ist ein **Allesfresser**. Mit seinen spitzhöckrigen vorderen Backenzähnen kann er Fleisch zerschneiden. Er kann mit seinen breiten hinteren Backenzähnen gut Pflanzen zermahlen.

Der Maulwurf – Spezialist unter Tage

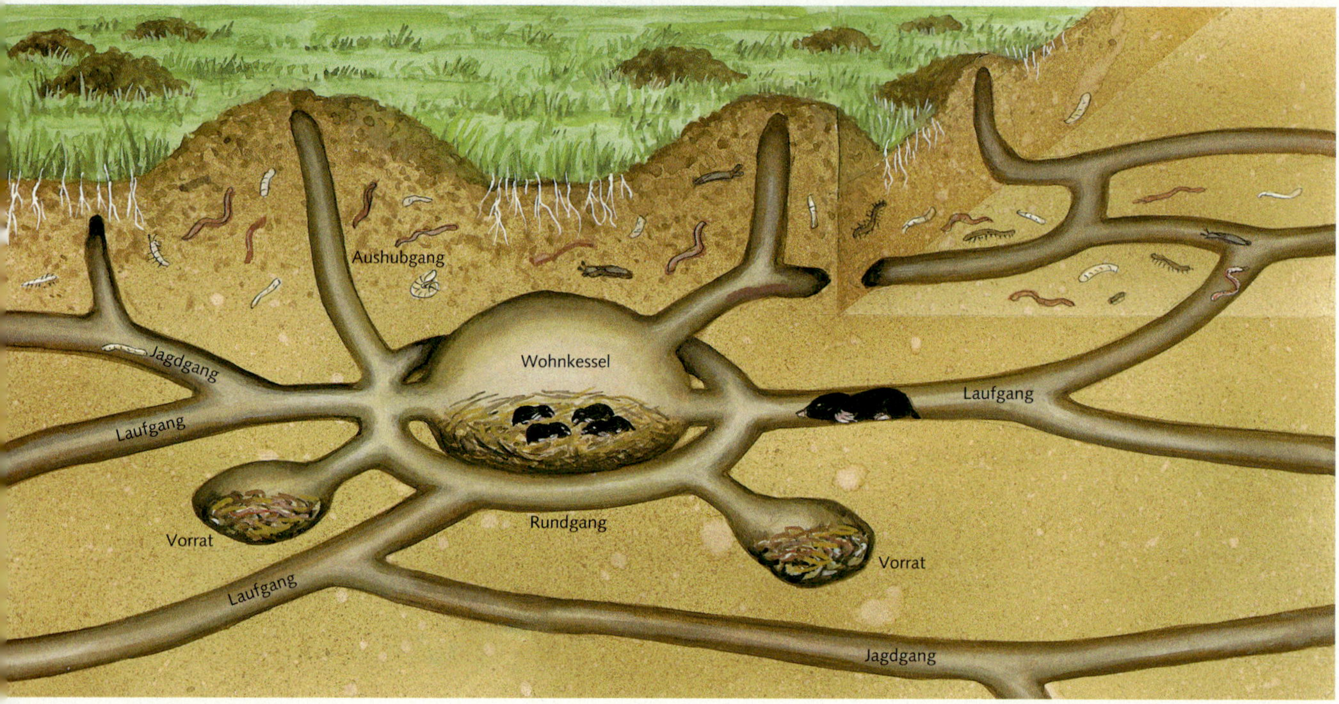

1 Maulwurfsbau

1. ≡ A

Abbildung 1 zeigt einen Maulwurfsbau.

a) Nenne die Bereiche, die sich unterscheiden lassen.

b) Beschreibe, wozu der Maulwurf die verschiedenen Bereiche nutzt.

2 Maulwurf frisst

2. ≡ A

Schreibe auf, wie der Körper des Maulwurfs an die unterirdische Lebensweise angepasst ist. Berücksichtige dabei die Körperform, den Kopf, die Körperöffnungen, die Beine, das Fell und die Sinnesorgane.

3. ≡ Q

Manche Gartenbesitzer sehen den Maulwurf nicht gern in ihrem Garten, andere weisen auf die Nützlichkeit der Tiere hin. Finde Begründungen für die eine und für die andere Meinung.

4. ≡ A

a) Beschreibe das Gebiss des Maulwurfs mithilfe der Abbildung.

b) Stelle die Zahnformel auf.

c) Benenne die Gebissform des Maulwurfs. Begründe deine Antwort mit der Abbildung.

d) Stelle eine Vermutung über die Funktion des Rüsselknorpels an.

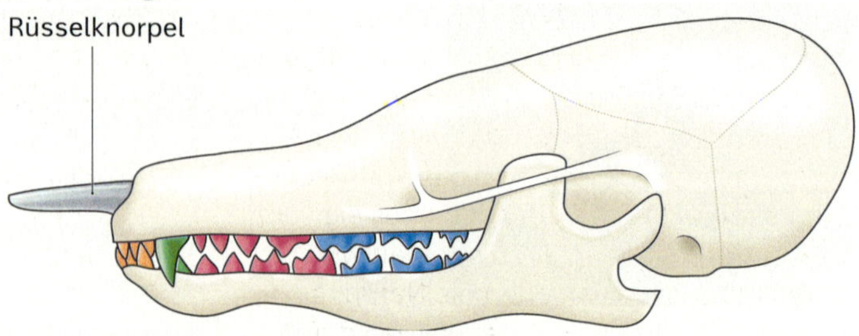

3 Gebiss des Maulwurfs (Rüsselknorpel gehört nicht zum Gebiss)

Ein Leben unter Tage

Maulwürfe sieht man nur selten, da sie unter der Erde leben. Aber sicher hast du schon einmal Maulwurfshügel gesehen - sie zeigen, dass eines dieser Tiere unter der Erde seinen Bau angelegt hat.
Darin liegt auch der **Wohnkessel.** Er ist mit Gras, Moos und anderen Pflanzenteilen ausgepolstert und wird zum Schlafen benutzt. Auch die Jungen werden hier geboren und aufgezogen. Um den Wohnkessel verläuft ein Rundgang, von dem die verschiedenen Laufgänge abzweigen. Die Wände der Gänge sind fest und glatt, sodass sich der Maulwurf schnell in ihnen bewegen kann. Die Laufgänge führen in das Jagdrevier des Maulwurfs. Hier gräbt er lockere, dicht unter der Erdoberfläche verlaufende Jagdgänge. Die losgescharrte Erde wird über besondere Aushubgänge an die Erdoberfläche geschoben. So entstehen die typischen Maulwurfshügel, über die sich manche Gartenbesitzer sehr ärgern. Andererseits vertilgt ein Maulwurf auch zahlreiche Schädlinge.

Jagd auf Bodentiere

Ein Maulwurf muss an einem Tag etwa so viel fressen, wie er selbst wiegt. Mehrmals am Tag läuft er daher sein Gangsystem ab und sucht nach Beutetieren. Er spürt sie mithilfe seines guten Geruchs- und Tastsinns und seines feinen Gehörs auf. Die Augen sind hingegen klein und im Fell verborgen. Ohrmuscheln fehlen ganz.
Er frisst zum Beispiel Insektenlarven, Käfer, Regenwürmer, Schnecken und manchmal Jungmäuse. Die harten Panzer der Insekten knackt er mit den spitzen Zähnen seines **Insektenfressergebisses.**

Maulwürfe sind das ganze Jahr über aktiv. Im Winter verlegen sie ihr Jagdrevier in tiefere Bodenschichten. Dorthin ziehen sich auch ihre Beutetiere zurück. In Maulwurfsbauten hat man Ansammlungen „angebissener" Regenwürmer gefunden. Dabei handelt es sich um Vorratsspeicher, mit denen der Maulwurf Zeiten überbrückt, in denen die Nahrung knapp ist. Die Regenwürmer werden durch den Biss gelähmt, sind aber nicht tot.

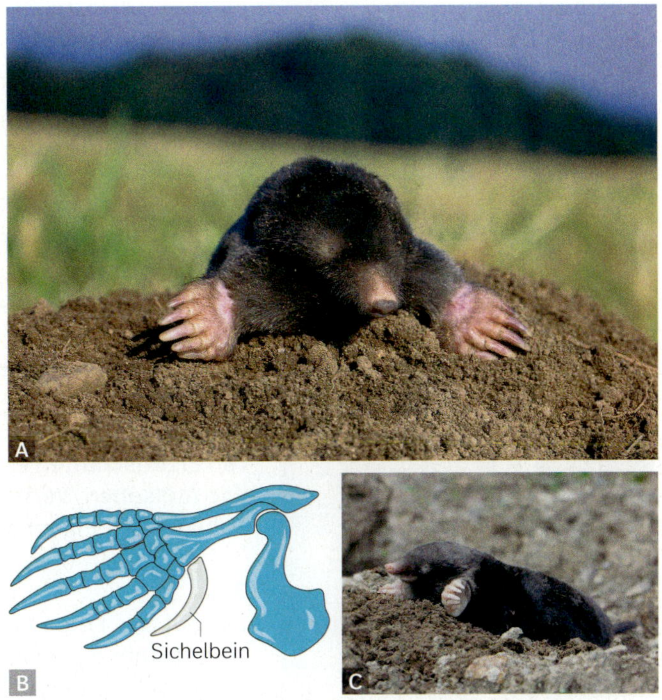

4 Angepasst an das Leben in der Erde: **A** Grabhände, Tasthaare und Schnauze, **B** Skelett der Grabhand, **C** walzenförmiger Körper

Ein unterirdischer Spezialist

Der Maulwurf ist gut an das Leben in der Erde angepasst. Der kurze, walzenförmige Körper geht ohne erkennbaren Hals in den Kopf über. Dieser endet vorne in einer durch Knorpel verstärkten Rüsselspitze.
Der Maulwurf ist von einem schwarzen, sehr dichten Fell bedeckt. Es hält warm und schützt gut vor Nässe. Das Fell hat keine Strichrichtung. Dadurch kann sich der Maulwurf in seinen Gängen vorwärts und rückwärts gleichermaßen gut bewegen.
Mund- und Nasenöffnung sind nach unten gerichtet. Beim Graben werden Ohren, Mund und Nase durch besondere Hautfalten verschlossen, damit Sand und Erde nicht eindringen können.

Die Handflächen der auffälligen **Grabhände** des Maulwurfs, die an eine Schaufel erinnern, zeigen nach hinten. Sie sind für die Wühlarbeit bestens geeignet. Die fünf kurzen Finger sind teilweise durch Häute miteinander verbunden. Außerdem hat der Maulwurf noch einen sichelförmigen Knochen. Dieses **Sichelbein** verbreitert die Hand zusätzlich. So entsteht eine besonders große Handfläche. Alle Finger des Maulwurfs haben kräftige und scharfe Krallen. Die kurzen Hinterbeine dienen dagegen vorwiegend der Fortbewegung.

Der Hund – vom wilden Wolf zum besten Freund

A

B

C

D

1. Q
Nenne mögliche Gründe, warum Menschen Hunde als Haustiere halten.

2. Q
Führt in eurer Klasse eine Umfrage durch:
a) In welchen Familien werden Hunde gehalten?
b) Welche Hunderassen werden gehalten?
c) Berichtet über die besonderen Eigenschaften eurer Hunde wie Aussehen, Verhalten, Fähigkeiten, Eigenarten.

3. A
Die auf den Fotos abgebildeten Hunde haben jeweils unterschiedliche „Aufgaben“.
a) Benenne diese und ordne sie – wenn möglich – bestimmten Hunderassen zu, die speziell für diese Aufgaben gezüchtet wurden.
b) Welche Sinnesorgane oder Fähigkeiten sind jeweils besonders gefordert?

4. A
Erkläre am Beispiel der Hunde den Unterschied zwischen den Begriffen "Art" und "Rasse".

5. A
Wie könnten aus Wölfen zahme Haushunde entstanden sein? Lies im Text auf der folgenden Seite nach und berichte.

6. Q
Suche Informationsmaterial zu den hier abgebildeten und weiteren Hunderassen (Bücher, Zeitschriften, Internet). Erstelle eine Sachmappe.

E

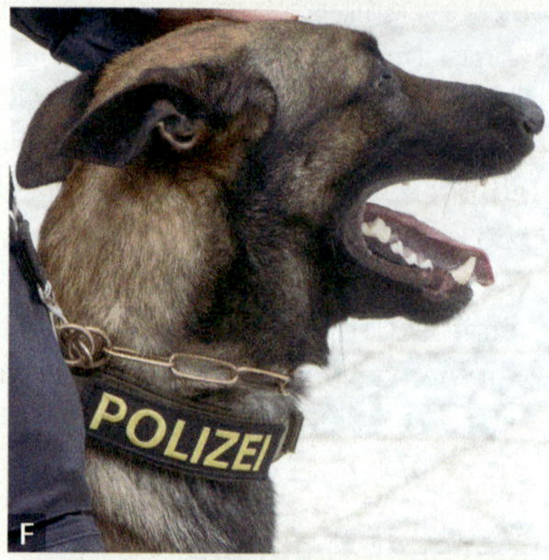

F

G

H

Die Abstammung des Hundes

Man weiß, dass Menschen schon vor mehr als 14000 Jahren Hunde hielten. Der Hund gilt als unser ältestes **Haustier.** Es gibt viele verschiedene Hunderassen, alle stammen sie letztlich vom Wolf ab. Wissenschaftler vermuten, dass Wölfe den Steinzeitmenschen folgten, um an Nahrungsreste zu gelangen. Möglicherweise schafften es die Jäger dabei gelegentlich, junge Wölfe zu fangen und sie zu zähmen.

Wölfe brauchen die Gemeinschaft einer Gruppe. Daher kann man sie dazu bringen, sich dem Menschen anzuschließen. Die Menschen erkannten, dass Wölfe für die Jagd nützliche Eigenschaften besitzen. Mit ihrer Nase und dem stark entwickelten **Geruchssinn** sind sie in der Lage, Wild aufzuspüren. Der sehr gute **Hörsinn** ermöglicht ihnen, Geräusche wahrzunehmen, die wir Menschen nicht hören können. Durch Knurren oder Bellen machen sie auf Gefahren aufmerksam.

1 Unterwerfung

Verhalten im Rudel

Um Hunde richtig zu verstehen, muss man etwas über das Leben der Wölfe wissen, von denen die Hunde abstammen. Wölfe leben zu mehreren in einer Gemeinschaft, dem **Rudel.** In einem Rudel nimmt jedes Mitglied seinen Platz in einer **Rangordnung** ein. Diese Rangordnung wird durch Auseinandersetzungen zwischen den Tieren festgelegt. Rangniedere Tiere unterwerfen sich dem stärkeren Tier, indem sie sich auf den Rücken drehen und ihre Kehle zum „Biss" anbieten. Wirklich gebissen wird dann jedoch im Normalfall nicht.

2 Wölfe

Der Leitwolf führt das Rudel. Die Tiere jagen in der Regel gemeinsam. Jagden sind nur dann erfolgreich, wenn die Mitglieder des Rudels eng zusammenarbeiten. Einige Wölfe hetzen ein Beutetier, andere schneiden ihm den Fluchtweg ab und schließlich überwältigen sie es gemeinsam. Das Jagdgebiet, das **Revier,** wird regelmäßig mit Urin und Kot markiert und so gegen Eindringlinge abgegrenzt.

So verhalten sich Hunde

Hunde werden meist einzeln gehalten. Sie sehen im Menschen ihren „Leithund", die Familie ist das Rudel. Haus und Garten stellen das Revier dar, das gegen fremde Personen verteidigt wird. Da der Geruchssinn für den Hund der wichtigste Sinn ist, werden alle Personen erst einmal intensiv beschnüffelt. Aufgeregtes Herumzappeln begreifen Hunde oft als Angriffssignal. Menschen, die weglaufen, werden als „Beutetiere" verfolgt. Begegnen sich Hunde, beschnüffeln sie sich gegenseitig. Dies ist ein wichtiges Begrüßungsverhalten. Männliche Hunde, die **Rüden,** setzen im Revier, aber auch beim Spaziergang, hier und da an Ecken und Bäumen zur Reviermarkierung einige Tropfen Urin ab.

3 Reviermarkierung

Die Hauskatze

1. ≡ Ⓐ
Beschreibe die Eigenschaften der Katzenpfote, die in Bild 1 deutlich werden.

2. ≡ Ⓐ
Beschreibe, wie eine Katze mithilfe ihrer Sinne im Dunkeln eine Maus fangen kann.

3. ≡ Ⓐ
a) Ordne den Katzenaugen A und B in Bild 2 die jeweiligen Lichtverhältnisse zu.

b) Beschreibe den Vorteil, den die Katze durch die Fähigkeit ihrer Augen hat, die Öffnungsweite der Pupille in Abhängigkeit von der Umgebungshelligkeit zu verändern.

4. ≡ Ⓐ
Stelle eine Vermutung dazu an, welchen Vorteil die Spiegelschicht im Auge für die Katze hat.

Vom Raubtier zum Haustier

Bei uns ist die Hauskatze seit etwa 1000 Jahren heimisch. Damals wurde sie zum Haustier.
Katzen sind sehr anpassungsfähig. Sie gewöhnen sich schnell an Menschen und können sehr zutraulich werden. Anders als Hunde, die sich dem Menschen als Partner eng anschließen, bleiben Katzen eigenständiger.
In vielen ihrer Verhaltensweisen ist die Hauskatze ein Raubtier geblieben. Sie hat scharfe Krallen, die sie beim Beutefang einsetzt. Streckt eine Katze ihre Pfote aus, klappen die Krallen automatisch nach vorne. Normalerweise sind die Krallen jedoch eingezogen. Katzen jagen Beutetiere und fressen sie auch oft mit ihrem Fleischfressergebiss, wenn sie die Möglichkeit dazu haben.

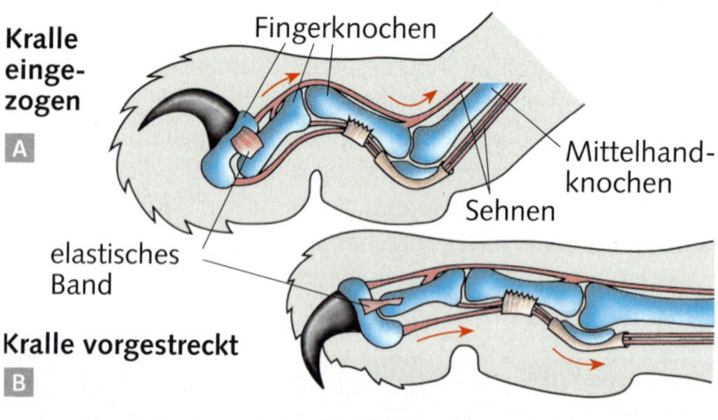

1 Katzenpfote mit Krallen. **A** Krallen eingeklappt, **B** Krallen ausgeklappt

Die Sinne der Katze

Meist gehen Katzen nachts auf Jagd. Mit ihrem feinen **Gehörsinn** entgehen der Katze selbst leise Geräusche wie ein Mäusepiepsen nicht. Die beweglichen Ohrmuscheln können Katzen auf die Stellen hin ausrichten, aus denen die Geräusche kommen. Die Ohrmuscheln wirken wie Schalltrichter. So stellen Katzen sowohl die Richtung als auch die Entfernung einer Geräuschquelle genau fest.

Auch der **Tastsinn** der Katze ist gut entwickelt. Mit den langen Tasthaaren an der Oberlippe ertastet die Katze Gegenstände in ihrer Nähe. So kann sie auch bei völliger Dunkelheit Hindernisse feststellen, Erschütterungen wahrnehmen und Beutetiere abtasten.
Der leistungsfähigste Sinn der Katze ist ihr **Sehsinn**. Bei schwächerem Licht werden die Pupillen der Augen weiter geöffnet. Nachts sind sie dann so weit geöffnet, dass sie kreisrund aussehen. So reicht der Katze auch schwaches Licht zum Sehen aus.
Wird eine Katze im Dunkeln durch das Scheinwerferlicht eines Autos angestrahlt, so leuchten ihre Augen hell auf. Wie von einem Spiegel werden die einfallenden Lichtstrahlen vom reflektierenden Augenhintergrund zurückgeworfen. Tagsüber sind die Pupillen zu einem schmalen, senkrechten Spalt verengt, so dass nur wenig Sonnenlicht in die empfindlichen Augen gelangen kann.

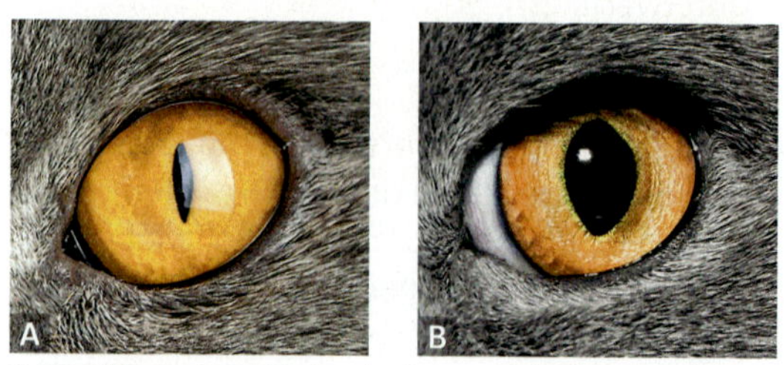

2 Pupillen einer Katze bei verschiedenen Lichtverhältnissen

**Katzen haben sehr leistungsfähige Augen, mit denen sie auch bei schlechten Lichtverhältnissen gut sehen können.
Außerdem orientieren sie sich mit ihrem Tastsinn und dem Gehörsinn.**

Großkatzen

1. Ⓐ
Vergleiche die Lebensweise von Löwe und Leopard im Hinblick auf ihr Jagdverhalten, das Klettern und das Zusammenleben mit anderen Tieren derselben Art.

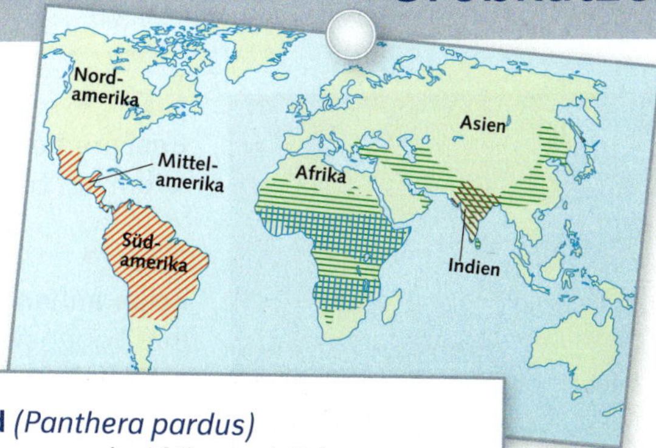

Leopard *(Panthera pardus)*
Leoparden kommen in Afrika und Asien vor. Sie haben dunkle Tupfer auf dem gelb-braunen Fell. Sie sind Einzelgänger und jagen nur nachts. Als größte Baumkletterer unter den Katzen können sie selbst senkrechte Baumstämme erklimmen. Oben ruhen sie oder verzehren ungestört ihre Beute.

Jaguar (*Panthera onca)*
Der Jaguar ist die einzige Großkatze des amerikanischen Kontinents. Er kommt hauptsächlich in den dichten Regenwäldern Südamerikas, aber auch in Mittelamerika und im Süden der USA vor. Der Jaguar ist größer und gedrungener als der Leopard, aber nicht so flink. Die dunkel geränderten Fellflecken gehen am Bauch in dunkle Tupfer über. Er klettert nicht gut, sondern jagt allein am Boden. Er ist ein guter Schwimmer. Der Jaguar erbeutet Säugetiere, Krokodile, Schlangen, Fische und Vögel.

Bengalischer Tiger *(Panthera tigris tigris)*
Der Bengalische Tiger ist die größte und schwerste aller Katzenarten. Größere Vorkommen gibt es heute nur noch in einigen Gebieten Indiens. Die Streifen des Fells gleichen im Gebüsch oder im hohen Gras den Schatten der Blätter und dienen so als Tarnmuster.
Tiger schleichen sich als Einzeljäger an ihre Opfer heran, da sie flüchtenden Beutetieren nur kurze Strecken folgen können. Sie schlagen meist große Beutetiere und benötigen zum Überleben weite Reviere, die der Mensch ihnen aber nimmt.

Löwe *(Panthera leo)*
Löwen leben in Familienverbänden. 5 bis 9 Weibchen und 1 bis 2 Männchen bilden das Rudel. Die gemeinsame Jagd ist Aufgabe der Weibchen. Das Männchen markiert das Revier mit Urin und verteidigt es durch lautes Brüllen. Löwenmännchen haben im Gegensatz zum Weibchen eine Mähne. Frei lebende Löwen kommen heute fast nur noch in Afrika vor. Ein Löwe hat im Tierreich kaum Feinde und beeindruckt durch sein prächtiges Aussehen. Menschen gaben ihm deshalb den Titel „König der Tiere“.

Fledermäuse – Jäger in der Nacht

1. (A)
Beschreibe den Kopf einer Fledermaus. Gehe dabei vor allem auf besondere Auffälligkeiten ein.

2. (A)
Zeige anhand mehrerer Beispiele, wie Fledermäuse an ihre Lebensweise angepasst sind. Nutze die Texte und die Abbildungen dieser Doppelseite.

3. (A)
a) Verdeutliche mit selbst erstellten Zeichnungen und kurzen erklärenden Sätzen, wie sich Fledermäuse in der Dunkelheit orientieren und sogar jagen können.
b) Suche nach weiteren Anwendungen des Überschallechos in Natur und Technik.

4. (A)
Vergleiche den Bau des Fledermausflügels mit dem eines Vogelflügels. Betrachte dazu auch das jeweilige Skelett. Stelle die Unterschiede gegenüber.

5. (A)
Fledermäuse sind Säugetiere. Erstelle eine Liste mit Eigenschaften, die sie als solche kennzeichnen.

6. (Q)
Unsere einheimischen Fledermäuse sind bedroht. Es gibt aber Schutzprojekte. Informiert euch über solche Schutzprojekte. Recherchiert und berichtet, wodurch Fledermäuse bedroht werden, warum sie wichtig sind und wie sie geschützt werden.

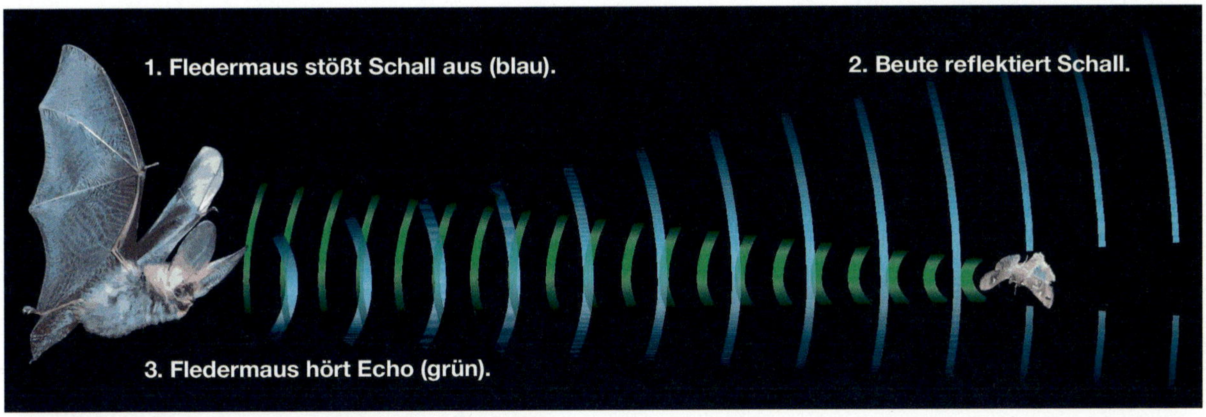

1 Orientierung über Ultraschall

Orientierung in der Dunkelheit

Fledermäuse jagen abends und nachts. An Sommerabenden kannst du gut beobachten, wie sie umherflattern. Sie müssen ständig mit den Flügeln schlagen, um in der Luft zu bleiben. Daher nennt man sie **Flatter-** oder **Fledertiere.** Sie sind geschickte Flieger und schnelle Jäger. Fledermäuse jagen Käfer, Nachtfalter und andere fliegende Insekten. Sehen können Fledermäuse ihre Beute aber kaum.

Fledermäuse stoßen ständig sehr hohe Töne aus. Es sind Ultraschall-Laute, die wir nicht hören können. Treffen diese Schallwellen auf ein Hindernis, so werden sie als Echo zurückgeworfen und mit den großen Ohren aufgefangen. Anhand dieses Echos erkennt die Fledermaus Größe und Entfernung eines Gegenstandes. So kann sie auch im Dunkeln Beute machen und Hindernissen ausweichen.

Lebensweise

Tagsüber schlafen Fledermäuse in dunklen Verstecken wie Höhlen, alten Gebäuden oder auch in hohlen Bäumen. Sie krallen sich mit ihren Hinterbeinen fest und hängen mit dem Kopf nach unten.

Im Herbst werden die Insekten knapp. Sie sind jedoch die Hauptnahrung der meisten Fledermausarten in Europa. Um den Winter und das geringe Nahrungsangebot überstehen zu können, fliegen Fledermäuse in frostsichere Winterquartiere. Dort bilden sie oft große Kolonien. So wärmen sie sich gegenseitig und halten **Winterschlaf.**

Fledermäuse sind Säugetiere

Fledermausweibchen bringen meist ein Junges pro Jahr zur Welt. Die Neugeborenen sind zunächst nackt und blind. Sie klammern sich im Fell der Mutter fest und werden so im Flug mitgenommen. Mit etwa sieben Wochen beginnen die Jungtiere zu fliegen.

Der Körper einer Fledermaus ist mit Fell bedeckt. Eine Ausnahme sind die Flügel, die sich stark von Vogelflügeln unterscheiden. Bei Vögeln bilden hauptsächlich die Armknochen den Flügel, bei Fledermäusen sind es die Handknochen. Zwischen den Gliedmaßen und dem Schwanz befinden sich Flughäute. Federn fehlen.

Die Daumen und Füße der Fledermaus ragen über die Flughäute hinaus. Mit ihnen können sich Fledermäuse festhalten und klettern.

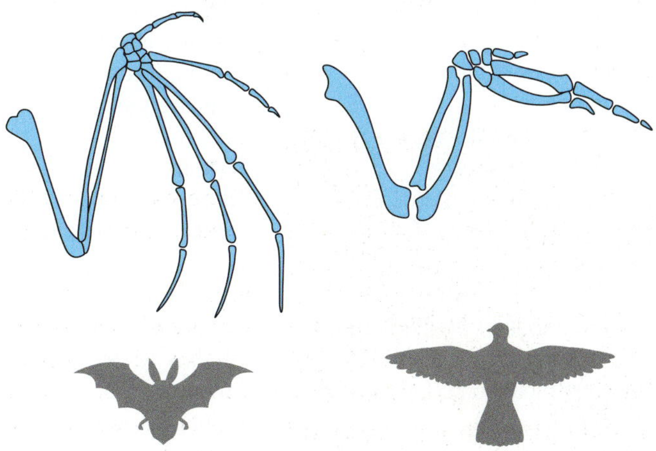

2 Flügelskelett von Fledermaus und Vogel

Bestandteile der Luft

1. (A)
Nenne die Eigenschaften der beiden Hauptbestandteile der Luft.

2. (Q)
Suche im Internet, einem Fachbuch oder Lexikon nach Beispielen für die Verwendung von Edelgasen.

3. (A)
Erkläre, warum in vielen Lebensmittelverpackungen die Luft durch Stickstoff ersetzt wird.

4. (Q)
Informiere dich im Internet, einem Fachbuch oder Lexikon, wie hoch der Anteil von Kohlenstoffdioxid in der ausgeatmeten Luft ist.

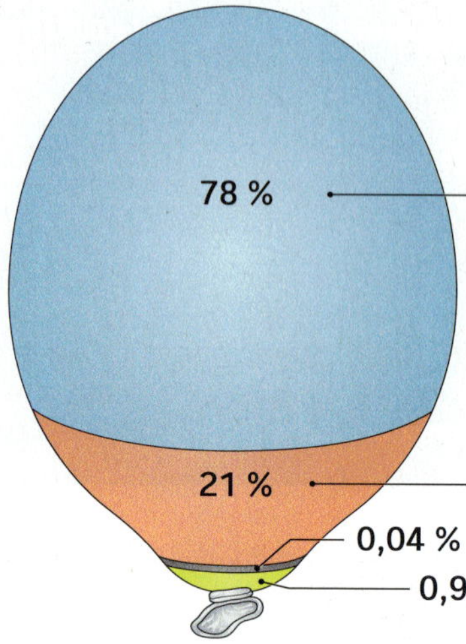

1 Zusammensetzung von Luft

Stickstoff
- Der Hauptbestandteil der Luft ist Stickstoff.
- Stickstoff ist ein farb- und geruchloses Gas.
- In reinem Stickstoff würden Lebewesen ersticken.
- In Stickstoff kann nichts verbrennen. Eine Kerzenflamme erlischt darin.
- Kartoffelchips, Gemüse und viele andere Lebensmittel werden in Stickstoff gelagert. Sie verderben dadurch nicht so schnell wie in Luft.

Edelgase
- Es sind sechs Edelgase bekannt: Helium, Neon, Argon, Krypton, Xenon, Radon.
- Alle Edelgase sind farb- und geruchlos.
- Helium ist leichter als Luft. Daher werden Ballons und Luftschiffe damit befüllt.
- Argon und Krypton werden in Glühlampen benutzt.
- In Leuchtstoffröhren erzeugen Helium, Neon und Krypton farbiges Licht.
- Manche Autos haben Xenonlicht.

Kohlenstoffdioxid
- Kohlenstoffdioxid ist farb- und geruchlos.
- Ausgeatmete Luft enthält viel mehr Kohlenstoffdioxid als die eingeatmete Luft.
- Die Blasen in Mineralwasser bestehen aus Kohlenstoffdioxid.
- Der Anteil von Kohlenstoffdioxid an der Luft ist in den letzten Jahren gestiegen. Kohlenstoffdioxid wird als Hauptverursacher für den Klimawandel genannt.

Sauerstoff

1. ≡ Ⓥ
Halte ein Stück Eisenwolle mit einer Tiegelzange in die Brennerflamme. Beschreibe deine Beobachtungen.

2. ≡ Ⓥ
Gib auf den Boden eines Gefäßes etwas Sand und fülle es mit reinem Sauerstoff. Erhitze ein Stück Eisenwolle in der Brennerflamme, bis er glüht. Halte ihn dann sofort in das Gefäß. Was stellst du fest? Beschreibe deine Beobachtung.

3. ≡ Ⓐ
Vergleiche deine Beobachtungen aus den Versuchen 1 und 2. Erkläre die Unterschiede.

4. ≡ Ⓥ
a) Entzünde einen Holzspan und lass ihn kurze Zeit brennen. Puste ihn aus, sodass er nur noch glüht. Halte ihn glühend in ein Reagenzglas mit reinem Sauerstoff. Beschreibe deine Beobachtungen.
b) Erkläre deine Beobachtungen.

1 Reiner Sauerstoff zum Schweißen

Reiner Sauerstoff
Luft besteht etwa zum fünften Teil aus Sauerstoff. Zum Atmen und für normale Verbrennungsvorgänge reicht dies völlig aus. In der Technik und der Medizin wird aber häufig **reiner Sauerstoff** eingesetzt.

2 Raketen brauchen Sauerstoff.

Sauerstoff in der Technik
Beim Schweißen ist eine sehr heiße Flamme erforderlich. Diese ist nur mit reinem Sauerstoff erreichbar. Allgemein laufen Verbrennungen in reinem Sauerstoff wesentlich heftiger ab als in Luft. Deshalb führen auch Raketen reinen Sauerstoff mit sich.

Sauerstoff ist lebenswichtig
In Krankenhäusern und Rettungswagen werden Sauerstoffgeräte zur künstlichen Beatmung eingesetzt. Taucher führen Sauerstoff mit sich, um unter Wasser atmen zu können. Auch Bergsteiger, die in große Höhen aufsteigen wollen, brauchen meist Sauerstoff aus einem Atemgerät. Ähnliches gilt für Feuerwehrleute, die bei einem Brand Menschen aus verqualmten Häusern retten.

3 Bergsteiger brauchen Sauerstoff.

Nachweis von Sauerstoff
Hältst du einen glimmenden Holzspan in ein Gefäß mit reinem Sauerstoff, so beginnt er mit heller Flamme zu brennen. Dieser Versuch heißt **Glimmspanprobe.** Er dient zum Nachweis von Sauerstoff.

4 Taucher brauchen Sauerstoff.

Vögel im Umfeld der Schule

A

B

C

D

E

Graureiher | Kernbeißer | Stockente | Elster | Mäusebussard

1. A
Nenne Merkmale, die für alle abgebildeten Vögel zutreffen.

2. A
Ordne den abgebildeten heimischen Vogelarten die Namenskärtchen zu. Ein Bestimmungsbuch kann dir dabei helfen.

3. Q
Erstelle einen Steckbrief zu einem der abgebildeten Vögel.

4. Q
Du siehst hier Schnäbel von verschiedenen Vogelarten.
a) Beschreibe die jeweilige Form und stelle Vermutungen an, was die Vögel jeweils fressen.
b) Finde heraus, zu welcher Vogelart die Schnäbel jeweils gehören.

TIPP
Alle Vogelarten sind auf dieser Seite abgebildet.

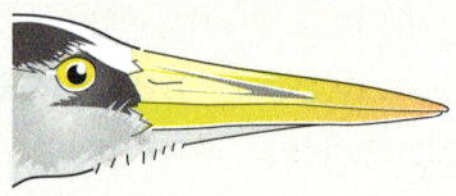
F

G

H

I

5. A
a) Beschreibe anhand der nebenstehenden Abbildung, was im Inneren eines Nistkastens vor sich geht.
b) Begründe, warum man während der Brutzeit nicht in einen Nistkasten schauen darf.

6. A
Bei Jungvögeln unterscheidet man zwischen Nesthockern und Nestflüchtern. Erkläre den Unterschied und finde Beispiele.

7. A
Erläutere, warum in der Zeit von Mitte März bis Ende Juni keine Hecken und Sträucher geschnitten werden dürfen.

1 Amseln: **A** Streit unter Männchen, **B** Eier im Nest, **C** brütendes Weibchen, **D** Männchen beim Füttern

Amseln in ihrem Revier

Amseln kannst du bei uns das ganze Jahr über beobachten. Sie sind häufig in Gärten, Parkanlagen und auf dem Schulgelände anzutreffen.

Die Männchen erkennst du an ihrem schwarzen Gefieder und dem gelben Schnabel. Die Weibchen sind dunkelbraun mit dunklem Schnabel. Wie bei allen **Singvögeln** singen nur die Männchen. Sie locken durch ihren Gesang die Weibchen an und markieren damit gleichzeitig ihr Revier. Dringt ein Konkurrent in das Revier ein, wird er mit einem aufgeregten „tschik-tschik-tschik" bedroht. Verlässt er das Revier nicht, gehen die Rivalen mit gespreiztem Gefieder und vorgestrecktem Schnabel aufeinander los. Die Verfolgungsjagd dauert so lange, bis der Eindringling vertrieben ist.

Nestbau und Brutpflege

In einer Hecke formt das Weibchen aus dünnen Zweigen, Grashalmen und feuchter Erde eine Nestmulde, die mit Moos und Laub ausgepolstert wird. In das fertige Nest legt die Amsel vier bis fünf grün-braun gefleckte Eier. Nach zwei Wochen Brutzeit schlüpfen die nackten, blinden und hilflosen Jungvögel. Es sind **Nesthocker.** Sie müssen von den Eltern gefüttert werden. Insekten, Würmer, Spinnen und Raupen dienen als Nahrung. Schon bei der kleinsten Erschütterung des Nestes reißen die Jungvögel die Schnäbel auf. Sie **sperren.**

Nach zwei Wochen verlassen die Jungen das Nest. Sie werden nun flügge. Das heißt, sie beginnen mit den ersten Flugversuchen. Andere Vögel, wie Enten oder Hühner, können hingegen gleich nach dem Schlüpfen das Nest verlassen und sich selbst ernähren. Sie sind **Nestflüchter.**

Merkmale von Vögeln

Auch andere Vögel, wie Kohlmeisen, Zaunkönige, Buntspechte, Buchfinken und Rotkehlchen kannst du das ganze Jahr beobachten. Alle diese Vögel haben gemeinsame Körpermerkmale. Ihnen gemeinsam ist ihr Körperbau. Sie haben eine Wirbelsäule, zwei Beine und die vorderen Gliedmaßen sind zu Flügeln umgewandelt. Meist ist ihr Körper stromlinienförmig gebaut. Aber nicht alle Vögel können fliegen. Der Vogelkörper ist von Federn bedeckt. Alle Vögel legen Eier, die sie bebrüten und aus denen dann die Jungvögel schlüpfen.

Typisch für Vögel ist auch ihr **Schnabel.** Er ist an die jeweilige Ernährungsform angepasst.

Mit dem Schnabel picken die Vögel ihre Nahrung auf. Sie öffnen Samen oder fangen Insekten, Fische und andere Beutetiere oder zerreißen Fleisch. Sie können die Nahrung jedoch nicht mit dem Schnabel zerkauen. Aus diesem Grund besitzen Körnerfresser, wie der Kernbeißer, einen muskulären Kaumagen, in dem die harte Nahrung mithilfe von Steinchen zerrieben wird. Bei fleischfressenden Vögeln zersetzen Säuren die heruntergewürgte Nahrung.

Vögel Luxemburgs

1. Ⓐ
Bereite mithilfe eines Steckbriefs einen Kurzvortrag (ca. 3 Minuten) zu einem der Vögel auf der Seite vor.

2. Ⓠ
Erstelle einen ähnlichen Steckbrief zu einem anderen Vogel Luxemburgs. Recherchiere dazu im Internet.

Blaumeise *(Cyanistes caeruleus)*

Aussehen und Körperbau: bis 12 cm Körperlänge; Gewicht bis 10 g; Alter bis 5 Jahre; gelb-blau-weißes Gefieder
Vorkommen und Lebensweise: besiedelt Wälder, Gärten und Parks und lebt oft in der Nähe des Menschen; Singvogel mit charakteristisch hellem Gesang
Nahrung: frisst im Sommer kleine Insekten wie Blattläuse und im Winter Nüsse und Samen

Weißstorch *(Ciconia ciconia)*

Aussehen und Körperbau: bis 80 cm Körperlänge; Gewicht bis 4,4 kg; Alter bis 35 Jahre; weißes Gefieder mit schwarzen Armschwingen; Schnabel und Beine rot gefärbt
Vorkommen und Lebensweise: lebt in feuchten, meist landwirtschaftlich genutzen Landschaften, zieht im Winter von Luxemburg bis nach Afrika
Nahrung: jagt und frisst Amphibien, Reptilien, Insekten und Fische

Graureiher *(Ardea cinerea)*

Aussehen und Körperbau: bis 1 m Körperlänge; Gewicht bis 2 kg; Alter bis 35 Jahre; weißer Kopf mit breitem schwarzen Streifen; Flügel sind grau; Schnabel spitz und gelb gefärbt; fliegt mit S-förmig gebogenem Hals
Vorkommen und Lebensweise: kommt das ganze Jahr über in Luxemburg vor; lebt an allen stehenden und fließenden Gewässern
Nahrung: jagt und frisst Fische und Mäuse

Stockente *(Anas platyrhynchos)*

Aussehen und Körperbau: bis 58 cm Körperlänge; Gewicht bis 1,6 kg; Alter bis 15 Jahre; Erpel grau gefärbt mit grün schimmerndem Kopf, weißem Ring um den Hals und gelbem Schnabel; Weibchen mit orange-grauem Schnabel und braun gemustertem Körper
Vorkommen und Lebensweise: leben paarweise an allen Arten von Gewässern
Nahrung: fressen gerne Pflanzen, Beeren und Früchte, aber auch Frösche, Würmer und Schnecken

Mäusebussard *(Buteo buteo)*

Aussehen und Körperbau: bis 58 cm Körperlänge; Gewicht bis 1,3 kg; Alter bis 25 Jahre; unterschiedliche Gefiederfärbung, jedoch meist braun mit einem helleren Bauch; Schwanzfedern weiß-grau
Vorkommen und Lebensweise: lebt in der Nähe offener Flächen; hält oft von höher gelegenen Stellen Ausschau nach Beute; bei der Jagd kreist er hoch oben und stürzt sich im Sturzflug auf seine Beute
Nahrung: jagt und frisst kleine Säugetiere wie Mäuse und Maulwürfe aber auch Reptilien und Amphibien

Elster *(Pica pica)*

Aussehen und Körperbau: bis 50 cm Körperlänge; Gewicht bis 200 g; Alter bis 8 Jahre; schwarz-weiß gezeichnet; Schwanzfedern glänzen blau oder grünlich
Vorkommen und Lebensweise: lebt sehr eng beim Menschen in Gärten, Parks und an Waldrändern; ist sehr intelligent und beobachtet ihre Umgebung genau; plündert Nahrungsverstecke anderer Vögel; Elsternpaare bleiben ein Leben lang zusammen
Nahrung: Allesfresser; frisst Insekten, Würmer, Vogeleier, Aas und Abfälle

Rauchschwalbe *(Hirundo rustica)*

Aussehen und Körperbau: bis 20 cm Körperlänge; Gewicht bis 25 g; Alter bis 8 Jahre; Rückengefieder blau bis schwarz, rostbrauner Fleck am Hals, Bauchgefieder weiß; auffällig gegabelter Schwanz
Vorkommen und Lebensweise: lebt nur im Sommer in Luxemburg und überwintert in Afrika; jagt ausschließlich im Flug; ihr Nest ist bis auf ein Flugloch vollständig geschlossen und wird aus Lehm, Erde und Speichel gebaut
Nahrung: frisst vor allem Fluginsekten wie Fliegen und Mücken

Kleiber *(Sitta europaea)*

Aussehen und Körperbau: bis 15 cm Körperlänge; Gewicht bis 25 g; Alter bis 4 Jahre; Rückengefieder blaugrau, Bauchgefieder hell; schwarzer Streifen seitlich am Kopf
Vorkommen und Lebensweise: ist ein geschickter Kletterer; verklebt mit kleinen Lehmkügelchen seine Bruthöhlen, um Fressfeinde abzuwehren
Nahrung: frisst im Frühling und Sommer Insekten, im Winter Nüsse und Samen

Vögel – Wirbeltiere in Leichtbauweise

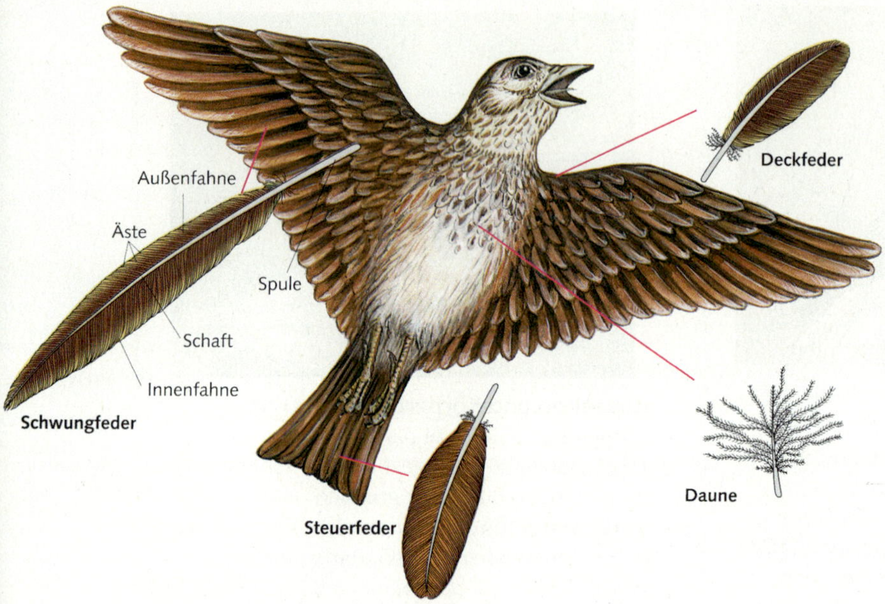

1. Ⓐ
In der Abbildung sind die unterschiedlichen Federn eines Vogels dargestellt. Welche Aufgaben haben sie?

2. Ⓠ
Beschafft euch möglichst viele unterschiedliche Vogelfedern. Benutzt dabei Schutzhandschuhe. Betrachtet sie genau und sortiert sie nach gemeinsamen Merkmalen. Begründet eure Zuordnung.

3. Ⓐ
a) Übertrage die Tabelle zum Vergleich von Wildkaninchen und Rabenkrähe in dein Heft und ergänze sie.
b) Erkläre, wie die Unterschiede zu Stande kommen.

Tierart	Körperlänge (in cm)	Gewicht (in g)	Differenz des Gewichts
Wildkaninchen	43	1750	
Rabenkrähe	46	520	

4. Ⓐ
Beschreibe die Anpassung der Vögel an das Leben in der Luft. Berücksichtige dabei den Körperbau, die Ernährungsweise und die Fortpflanzung.

Federkleid
Der Vogelkörper ist an das Leben in der Luft angepasst. Er ist **stromlinienförmig** gebaut und fast ganz von einem **Federkleid** bedeckt, nur Schnabel und Füße sind ohne Gefieder. Durch die dachziegelartige Anordnung der Federn werden Unebenheiten ausgeglichen. So kann die Luft ohne großen Widerstand vorbeiströmen.
Unter den **Deckfedern** bilden die **Daunenfedern** eine wärmende Schutzschicht. Sie schließen viel Luft ein und bewahren den Vogel vor Wärmeverlust.
Die Schwanzfedern dienen der Steuerung im Flug. Man bezeichnet sie daher auch als **Steuerfedern.** Die Flügel besitzen große, zum Fliegen notwendige **Schwungfedern.** An ihnen kann man besonders gut den Aufbau einer Feder erkennen. Von einem hohlen Schaft zweigen nach beiden Seiten viele Federäste ab. Sie bilden die Fahnen. Von jedem Federast zweigen wiederum Strahlen ab. Sie sind wie bei einem Klettverschluss miteinander verzahnt.

Skelett
Eine weitere Anpassung an den Lebensraum Luft ist das geringe Körpergewicht. Vögel haben wie alle anderen Wirbeltiere ein **Knochenskelett.** Trotzdem ist ein Vogel wesentlich leichter als ein Säugetier gleicher Größe. In den großen **Röhrenknochen** befindet sich Luft. Sie sind dadurch erheblich leichter als die mit Mark gefüllten Säugetierknochen. Ein Netzwerk aus knöchernen Verstrebungen verleiht ihnen Stabilität. Die **Wirbelsäule** ist starr, da alle Wirbel von der Brust bis zum Schwanz miteinander verwachsen sind.

Dadurch können Vögel während des Fluges die richtige Körperhaltung bewahren. Auch die Rippen und das Brustbein sind fest miteinander verbunden. An dem kielförmig gebauten Brustbein sitzen die starken Brustmuskeln, mit denen die Flügel bewegt werden.

Luftsäcke

Eine besondere Einrichtung bei Vögeln sind die **Luftsäcke.** Sie zweigen von der Lunge ab und liegen zwischen den Muskeln und Organen des Rumpfes. Einige reichen bis in die Knochen. In den Luftsäcken kann der Vogel zusätzlich Luft aufnehmen. Dies macht ihn in Bezug auf sein Körpervolumen leichter als ein Säugetier.

Ernährungsweise

Auch die **Ernährungsweise** der Vögel ist dem Fliegen angepasst. Vögel fressen häufig. Dabei nehmen sie aber immer nur kleine Mengen an Nahrung zu sich. Die Nahrung wird rasch verdaut. Unverdauliche Reste werden schnell ausgeschieden. So wird der Körper nicht durch zusätzliches Gewicht belastet.

Fortpflanzung

Sogar die Art der **Fortpflanzung** dient der Gewichtsverminderung. Vögel pflanzen sich mithilfe von Eiern fort. Diese reifen nicht gleichzeitig, sondern nacheinander. Sie werden mit zeitlichem Abstand gelegt. So spart der Vogel Gewicht.

Außerdem entwickeln sich die Jungen außerhalb des Vogelkörpers. Auch das bringt im Vergleich zu den Säugetieren eine Gewichtseinsparung.

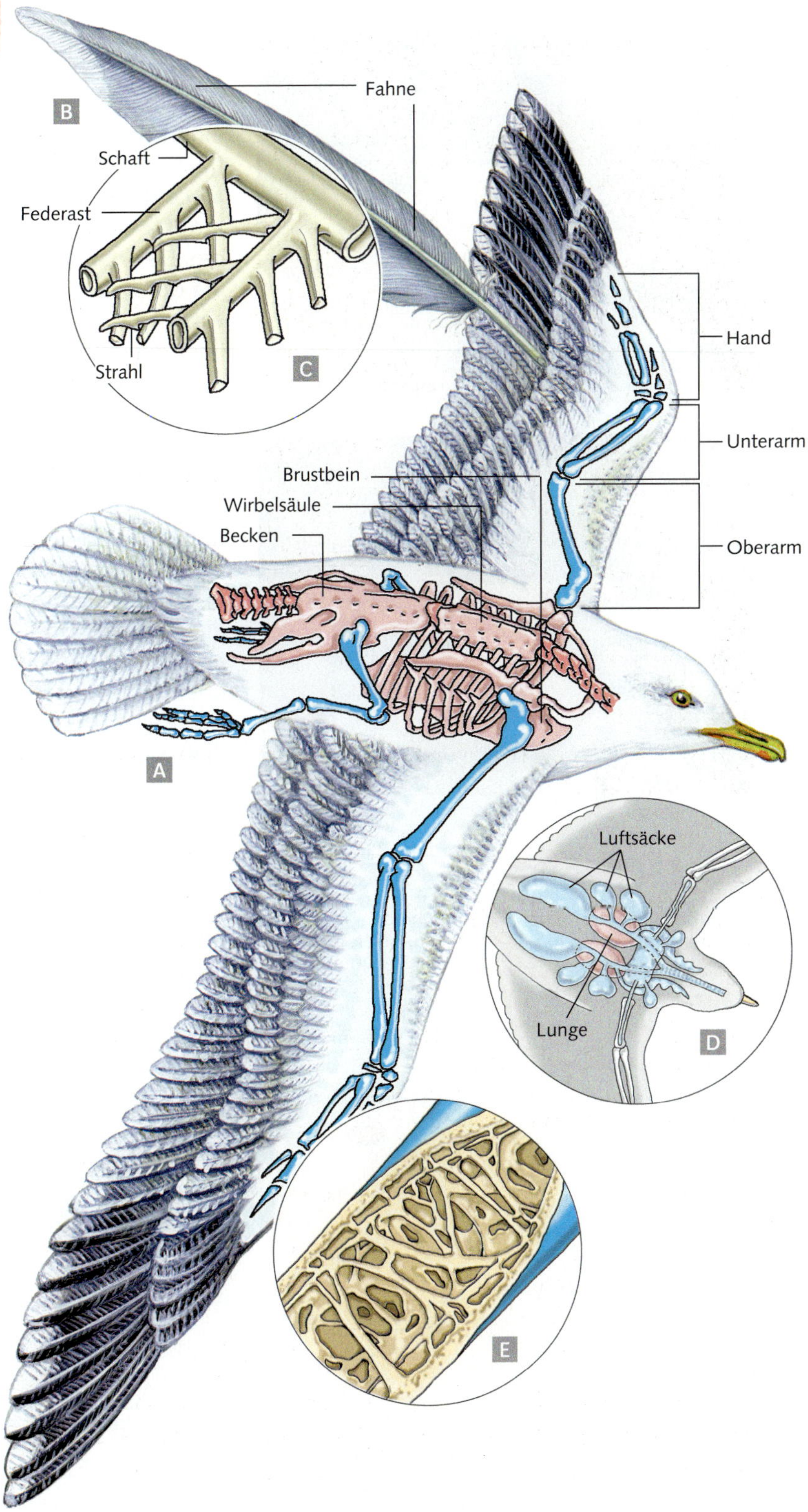

1 Körperbau der Möwe: **A** Leichtbauweise des Körpers, **B** Schwungfeder, **C** Bau der Feder, **D** Luftsäcke, **E** Bau der Knochen

Fortpflanzung und Entwicklung der Vögel

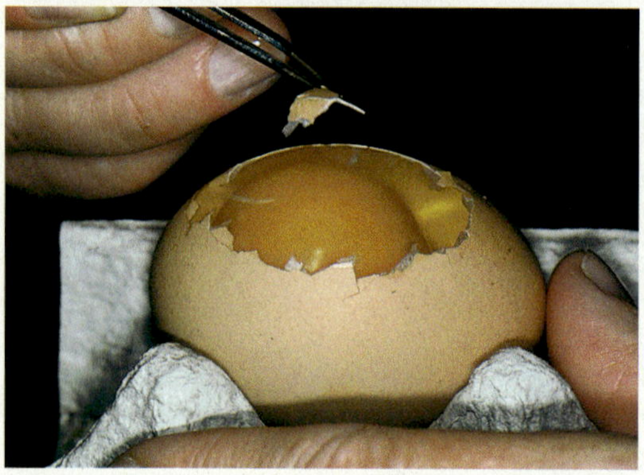

1. V

Untersucht ein Hühnerei.
Dazu benötigt ihr ein rohes Hühnerei, einen Eierkarton, einen Teelöffel, eine spitze Schere, eine Pinzette, eine flache Schale oder Untertasse und eine Lupe.

a) Legt das rohe Ei in die Mulde eines Eierkartons. Klopft mit dem Teelöffel vorsichtig auf die Oberseite des Eies, so dass in der Kalkschale Risse entstehen und die darunter liegende Haut möglichst nicht beschädigt wird.
Löst nun mit der Pinzette die Kalkschale Stückchen für Stückchen ab, bis eine Öffnung wie in der Abbildung entsteht. Schneidet die Schalenhäute vorsichtig mit der Schere auf.

b) Benennt die Bestandteile des Eies, die ihr durch die Öffnung erkennen könnt. Die Abbildung unten hilft euch dabei.

c) Zeichnet ein Ei und beschriftet die Teile.

d) Dreht das offene Ei leicht hin und her und achtet auf die Lage des Dotters. Beschreibt eure Beobachtung.

e) Gießt den Inhalt des Eies vorsichtig in die Schale oder die Untertasse. Sucht die Keimscheibe auf der Dotterkugel.
Zieht vorsichtig mit der Pinzette an den Eischnüren. Notiert eure Beobachtungen.

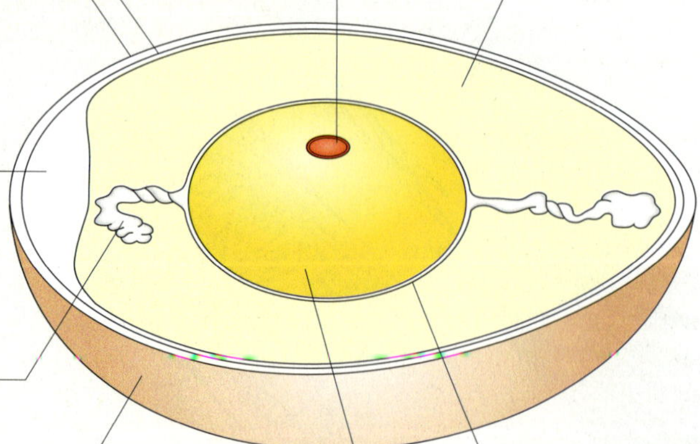

2. V

Notiert die Eibestandteile, die ihr wiederfindet.

3. A

Begründe, warum der Embryo im Ei nicht erstickt. Beachte dabei die nebenstehende Abbildung.

4. A

Gib stichwortartig anhand der Abbildungen die Vogelentwicklung wieder.

5. A

Nenne andere Wirbeltierarten, die sich im Ei entwickeln.

Die Entwicklung eines Eies beginnt im **Eierstock** der Henne. Dort wachsen **Eizellen** zu Dotterkugeln heran. An der Oberfläche der Dotterkugeln befindet sich die **Keimscheibe** mit dem Kern der Eizelle. Eine Dotterkugel wandert durch den Eileiter und entwickelt sich zu einem Ei. Nacheinander kommen Eiklar, Schalenhäute und **Kalkschale** dazu. Kurze Zeit später legt die Henne das Ei.

Ein Küken entsteht nur, wenn das Ei vorher **befruchtet** wurde. Dies geschieht bei der Paarung. Der Hahn hockt auf der Henne und beide pressen ihre Geschlechtsöffnungen aufeinander. So gelangen zahlreiche männliche **Samenzellen** in den Eileiter. Sie wandern durch den Eileiter und treffen auf die Dotterkugel mit einer Eizelle. Bei der Fortpflanzung der Vögel erfolgt eine **innere Befruchtung**, wenn die Samenzelle des Hahns im Körper der Henne mit einer Eizelle verschmilzt.

Die Henne wärmt das Ei mit ihrem Körper, sie **brütet**. Sie dreht das Ei oft, damit es gleichmäßig erwärmt wird. Dabei halten **Eischnüre** den Dotter fest, damit die Keimscheibe immer oben, nah am Körper der Henne, bleibt. Aus der Keimscheibe kann sich durch die gleichmäßige Temperatur von 38 °C bis 39 °C ein Embryo entwickeln. **Dotter** und **Eiklar** liefern ihm alle Nährstoffe, die er braucht, um zu einem Küken heranzuwachsen. Am 21. Bruttag drückt das Küken von innen die Kalkschale mit dem **Eizahn**, einem Höcker auf dem Schnabel, auf und schlüpft anschließend.

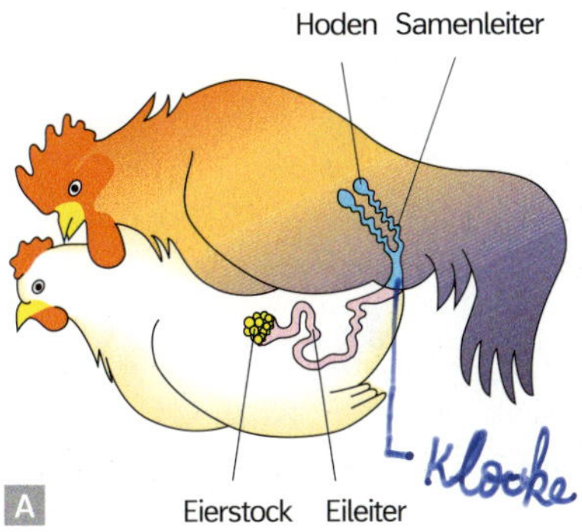

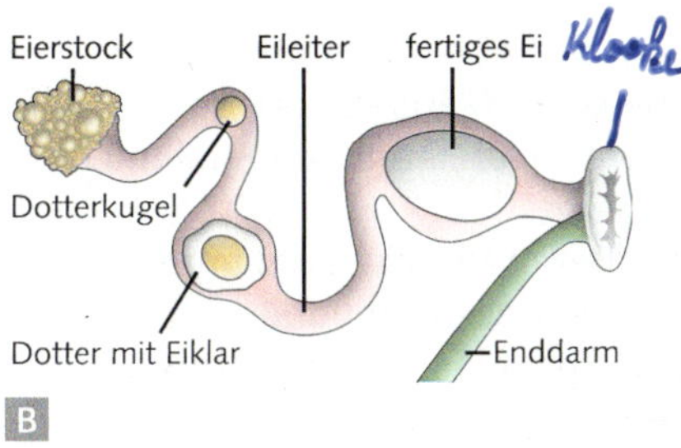

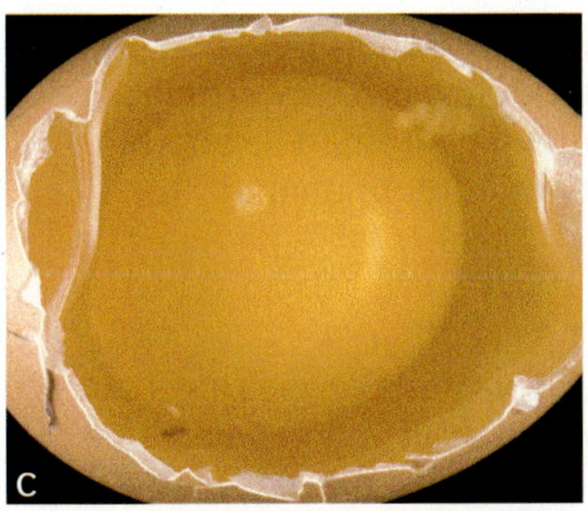

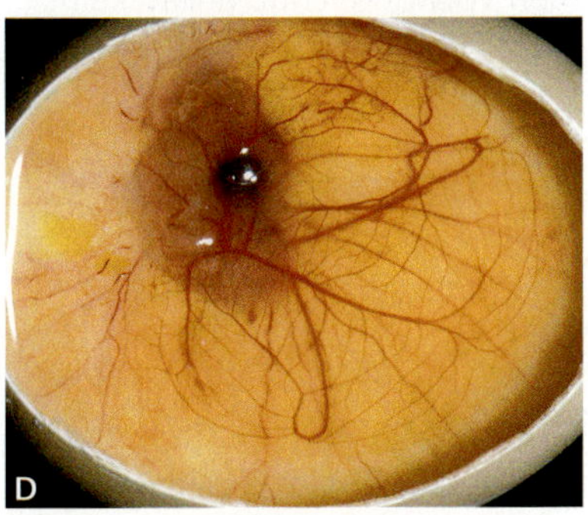

1 Vom Ei zum Küken. **A** Paarung; **B** Eientstehung; **C** Dotter mit Keimscheibe; **D** Ein Embryo entsteht

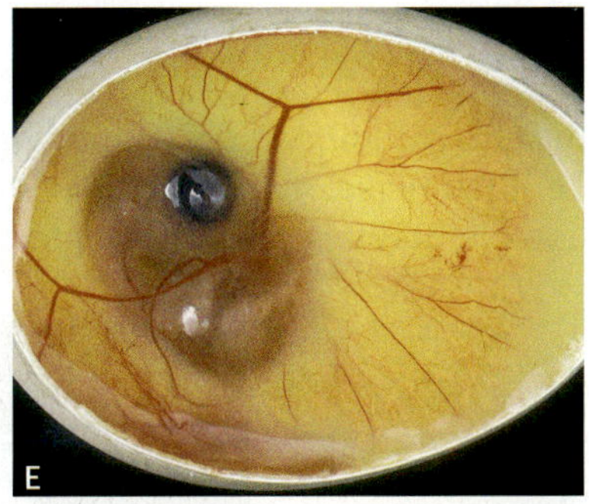

E Embryo am 5. Bebrütungstag; **F** Embryo am 15. Bebrütungstag; **G** Das Küken schlüpft; **H** Küken am 1. Tag

Wie Vögel fliegen

1. A

Beschreibe anhand der Abbildungen die Flugtechnik der Blaumeise. Achte dabei auf den Einsatz der Flügel und die Stellung der Schwungfedern.

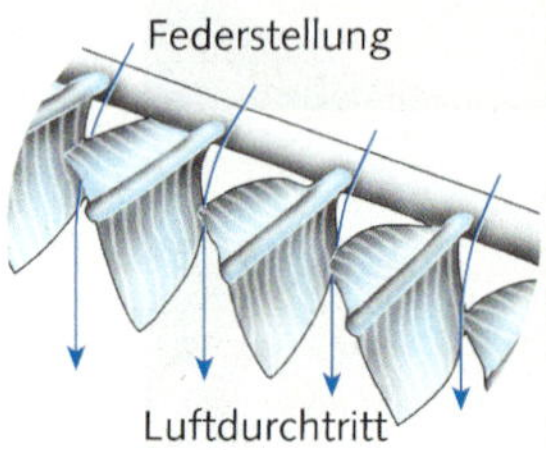

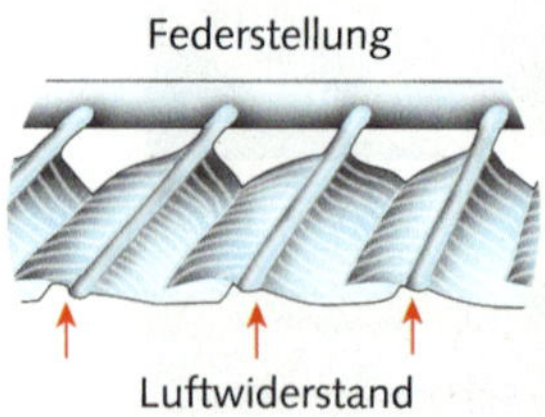

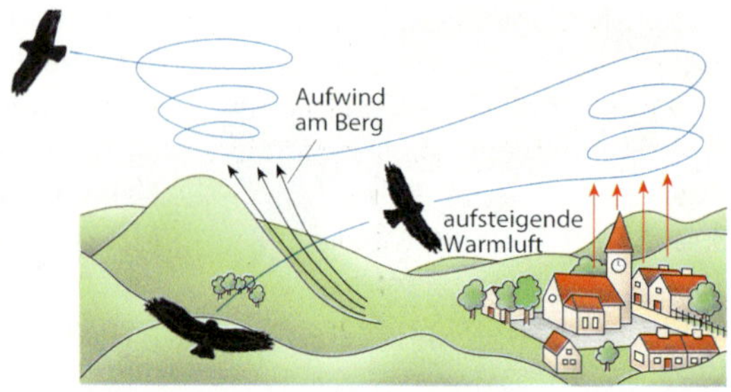

2. A

Du siehst auf der Abbildung oben das Fluggelände eines Mäusebussards.

a) Erkläre, warum an manchen Stellen Luft nach oben steigt.

b) Wie nutzt der Mäusebussard unterschiedliche Geländeformationen als Flughilfe? Beschreibe sein Flugverhalten.

3. A

Erkläre die Begriffe Ruderflug, Gleitflug, Segelflug, Rüttelflug und Schwirrflug. Ordne sie unterschiedlichen Vogelarten zu. Benutze dazu den Informationstext.

Ruderflug

Die Flugtechnik der Vögel ist beim Höckerschwan gut zu beobachten. Bevor der Schwan von einer Wasserfläche auffliegen kann, nimmt er Wasser tretend einen langen Anlauf. Dabei bewegt er die Flügel auf und ab, um den nötigen Vortrieb und Auftrieb zu erzeugen. Hierzu benötigt er sehr viel **Energie.**

Beim Abwärtsschlag werden die Flügel schräg nach unten geführt. Die Federn bilden eine geschlossene, luftundurchlässige Fläche. So kann sich der Schwan in der Luft halten und gleichzeitig einen Vorwärtsschub entwickeln.

1 Auffliegender Höckerschwan

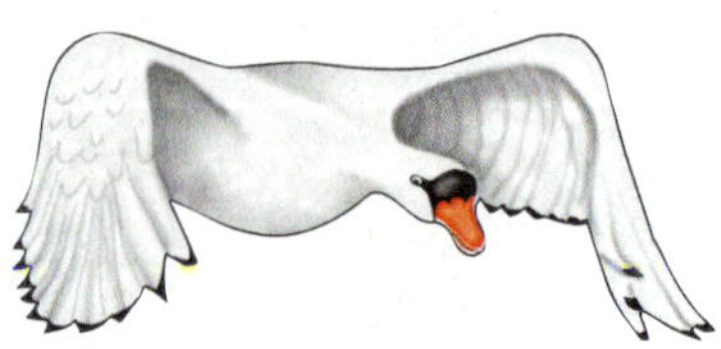

2 Ruderflug des Höckerschwans

Beim Aufwärtsschlag werden die Federn so gedreht, dass die Fahnen der Federn senkrecht stehen und die Luft zwischen ihnen hindurchströmen kann. Die Flügel werden angewinkelt nach oben gezogen, sodass der Flug durch den Luftwiderstand nicht abgebremst wird und der Schwan so wenig wie möglich an Höhe verliert. Diese Art des Fliegens nennt man **Ruderflug.** Er ist die häufigste Art des Vogelflugs.

Gleitflug

Die Landung erfolgt im **Gleitflug.** Dabei werden die Flügel nicht mehr bewegt, sondern ausgebreitet in der Luft gehalten. Die Anziehungskraft der Erde sorgt dafür, dass der Vogel zu Boden gleitet.

Segelflug

Größere Vögel wie der Mäusebussard können sich auch während des Fluges lange Zeit ohne Flügelschlag in der Luft halten. Sie nutzen bei ihrem **Segelflug** aufsteigende warme Luftströmungen oder Aufwinde, wie das auch Segelflieger tun. Diese Flugtechnik kostet die Vögel kaum Energie.

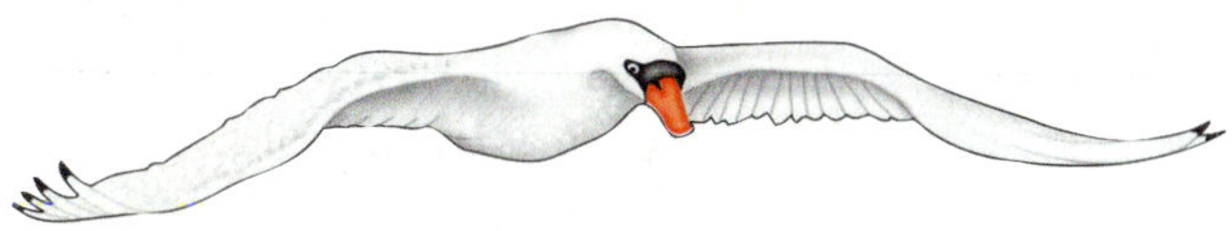

Schwirrflug und Rüttelflug

Eine ganz besondere Flugtechnik beherrschen die Kolibris. Sie bewegen ihre Flügel bis zu 70 Mal in der Sekunde vor und zurück. Dadurch können sie im **Schwirrflug** auf der Stelle „stehen", senkrecht nach oben oder unten und sogar rückwärts fliegen.
Auch der Turmfalke „steht" beim **Rüttelflug** auf der Stelle. Er benutzt diese Technik, um den Erdboden nach Beutetieren abzusuchen. Dabei bewegt er seine Flügel sehr schnell. Die Schwanzfedern sind gegen die Flugrichtung gestellt und breit gefächert. Sie wirken als Bremse. Diese schnellen Flugbewegungen sind anstrengend und benötigen sehr viel Energie.

3 Flugtechniken: **A** Segelflug des Mäusebussards, **B** Rüttelflug des Turmfalken, **C** Schwirrflug des Kolibris

Die Oberflächenspannung des Wassers

1.
a) Versuche mithilfe eines kleinen Stückes Löschpapiers eine Büroklammer in Spiritus zum Schwimmen zu bringen.
b) Wiederhole den Versuch in einem neuen Behälter mit Wasser.
Beschreibe deine Beobachtungen.

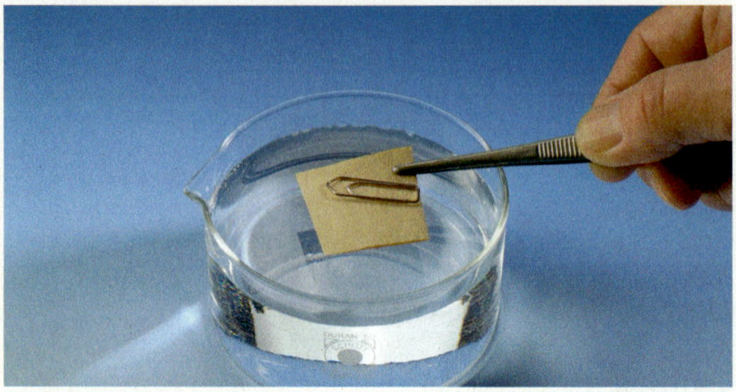

2.
a) Wiederhole Versuch 1b), indem du so viele Büroklammern wie möglich auf der Wasseroberfläche zum Schwimmen bringst.
b) Gib einen Tropfen Spülmittel in das Wasser. Beschreibe deine Beobachtungen.

3.
Recherchiere, welche Tiere zum Überleben auf die Oberflächenspannung des Wassers angewiesen sind.

4.
Stelle ein Glasröhrchen mit schmalem Durchmesser erst in Spiritus, dann in Wasser.
Beschreibe deine Beobachtungen.

5.
Wiederhole Versuch 4 mit mehreren Glasröhrchen unterschiedlichen Durchmessers. Beschreibe deine Beobachtung. Formuliere einen Je-desto-Satz.

Wasser trägt durch Spannung

Die Oberfläche des Wassers kann Körper tragen, die schwerer sind als Wasser und eine höhere Dichte haben. Dieses Phänomen wird als die **Oberflächenspannung** des Wassers bezeichnet. Wasserteilchen haben eine gegenseitige Anziehungskraft, auch Kohäsion genannt.

Die Oberflächenspannung bewirkt unter anderem, dass Wasserläufer nicht untergehen (Bild 1). Auch andere Insekten und Spinnen bewegen sich so über Teiche und Seen.

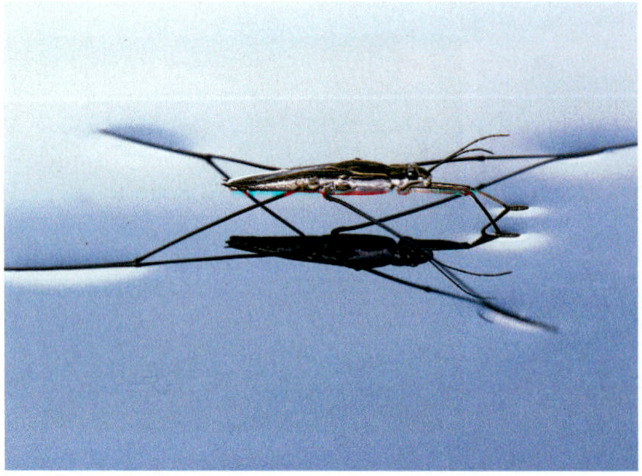

1 Wasserläufer

Wasser haftet durch Adhäsion

Wird Wasser in ein Glas gefüllt, krümmt es sich am Rand des Glases nach oben (Bild 2). Dieses Phänomen wird als **Adhäsion** bezeichnet. Es beruht auf der Anziehungskraft zwischen Wasserteilchen und anderen Materialien. Die Adhäsion bewirkt unter anderem, dass Wassertropfen an einer Fensterscheibe haften.

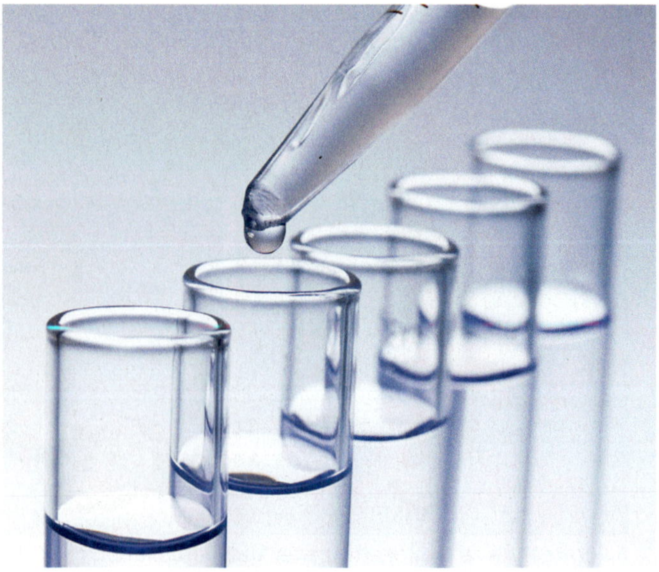

2 Adhäsion von Wasser

Die Dichteanomalie des Wassers

1. Ⓐ
Beschreibe die Anomalie des Wassers am Beispiel des Sees im Winter.

2. Ⓐ
Beschreibe, was mit den Fischen passieren würde, wenn Seen von unten nach oben zufrieren würden.

3. Ⓐ
Erläutere, warum du eine volle Mineralwasserflasche nicht zum Kühlen in das Gefrierfach eines Kühlschrankes legen darfst.

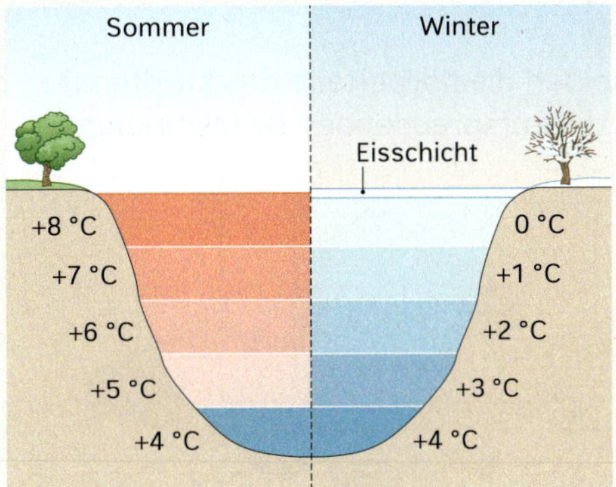

Wasser dehnt sich aus

Eine Glasflasche mit Wasser platzt, wenn sie gefriert. Das Wasser dehnt sich aus, wenn es zu Eis erstarrt. Aus 1 L Wasser wird ungefähr 1,1 L Eis. Es braucht mehr Raum. In Bild 1 siehst du, wie sich die Wasserteilchen bei 4 °C und bei 0°C, wenn Wasser gefriert, anordnen. Bei 0 °C bildet sich eine Kristallstruktur, die mehr Platz benötigt.

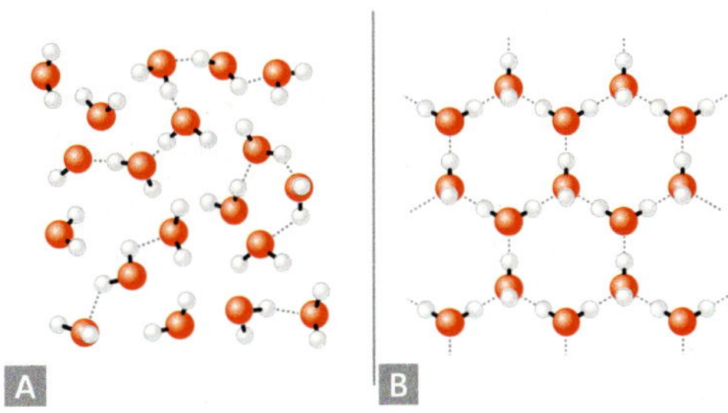

1 Wasserteilchen bei **A** 4 °C und bei **B** 0 °C

Temperaturen im zugefrorenen See

Werden in einem zugefrorenen See die Temperaturen gemessen, sind die Ergebnisse überraschend: Wie das Bild oben zeigt, wird das Wasser mit zunehmender Tiefe wärmer. Nur das Eis kann Temperaturen von 0 °C oder tiefer haben. Schon direkt unter dem Eis beträgt die Wassertemperatur 1 °C. Am Grund des Sees beträgt die Temperatur nie weniger als 4 °C.

Wasser hat eine Besonderheit

Der Grund für diese Temperaturverteilung liegt in einer Besonderheit des Wassers. Fast alle Stoffe dehnen sich aus, wenn sie erwärmt werden: Je wärmer es wird, umso mehr Platz braucht eine bestimmte Menge des Stoffes. Auch bei Wasser ist das so, allerdings mit einer Ausnahme. Ein Eiswürfel braucht mehr Platz als das Wasser, aus dem er entstanden ist. Bei Temperaturen zwischen 4 °C und 0 °C verhält sich Wasser anders als andere Stoffe. Es dehnt sich beim Abkühlen aus. Gleichzeitig bedeutet das, dass ein Eiswürfel leichter ist, als es ein genau gleich großer Würfel aus flüssigem Wasser wäre. Seine Dichte ist geringer als die des Wassers. Darum schwimmt Eis auf Wasser. Dieses Abweichen des Wassers im Vergleich zu anderen Stoffen wird als **Dichteanomalie** des Wassers bezeichnet. In Bild 2 siehst du, dass das zum Beispiel bei Kerzenwachs anders ist. Bei 4 °C braucht Wasser am wenigsten Platz. Wasser dieser Temperatur sinkt daher zum Grund des Sees.

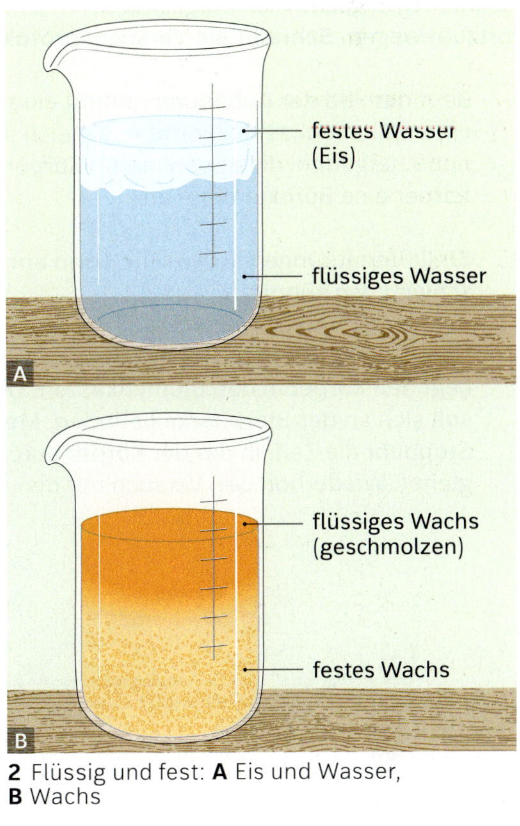

2 Flüssig und fest: **A** Eis und Wasser, **B** Wachs

Fische – angepasst an das Leben im Wasser

1. A
Wie heißen die Körperteile des Karpfens? Finde die entsprechenden Bezeichnungen.

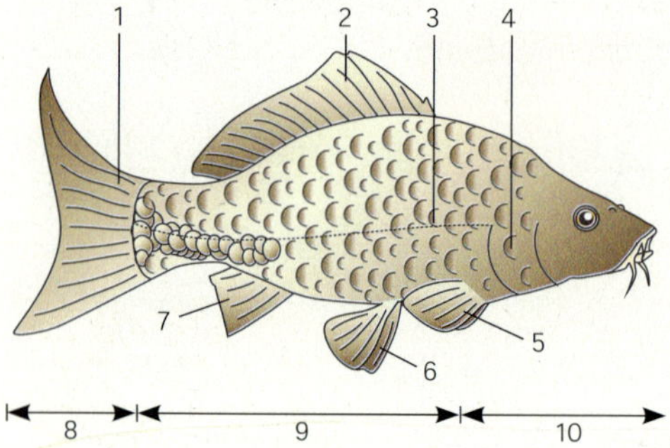

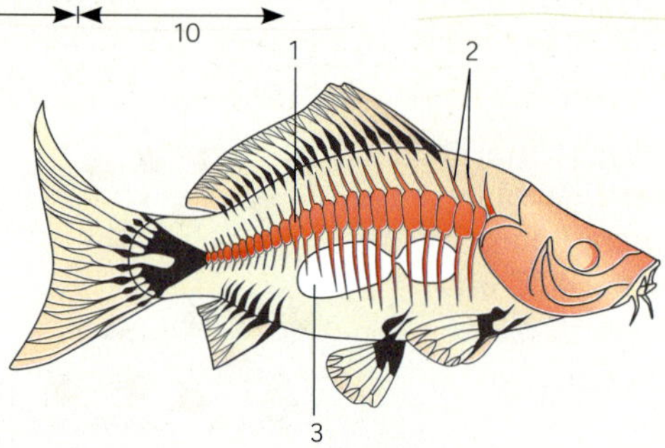

2. A
Nenne zwei Besonderheiten der Haut, die den Körper der Fische schützen.

3. V
Untersucht mit folgendem Versuch, welche Körperform es Fischen ermöglicht, sich möglichst schnell im Wasser fortzubewegen. **Schreibt ein Versuchsprotokoll.**

- Baut mithilfe der Abbildung (unten) eine „Teststrecke" in einem Blumenkasten. Formt aus gleich schweren Portionen Knetgummi die abgebildeten Körper. Bringt an jedem Körper eine Büroklammer an.
- Stellt Vermutungen an, welche Form am schnellsten schwimmen könnte.
- Hängt einen Faden mit einem Gewicht an einen Körper. Legt den Körper in den Blumenkasten. Die Büroklammer soll sich an der Startmarke befinden. Messt mit einer Stoppuhr die Zeit, in der der Körper durchs Wasser gleitet. Wiederholt den Versuch mit den anderen Körpern.

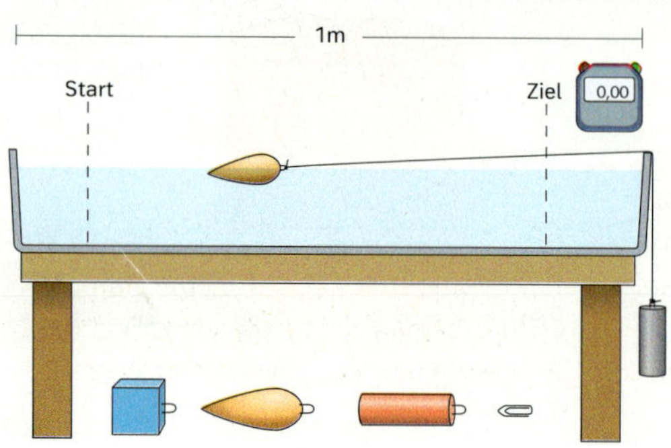

4. Q
Beobachte die Art der Fortbewegung bei Fischen im Aquarium oder in einem Teich. Fertige ein Beobachtungsprotokoll an.

5. Q
Informiert euch über unterschiedliche Körperformen von Fischen. Stellt Beispiele auf einem Plakat dar.

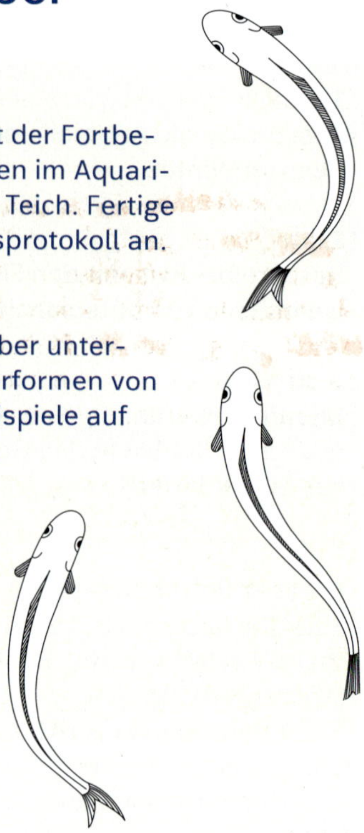

6. V
Wie gelingt es Fischen, sich in unterschiedlichen Gewässertiefen aufzuhalten? Führt dazu den folgenden Versuch durch.

a) Baut mithilfe der Abbildung ein Schwimmblasenmodell.
b) Blast den Ballon unterschiedlich stark auf. Beschreibt eure Beobachtungen.
c) Erläutert anschließend anhand des Ergebnisses, wie die Schwimmblase eines Fisches funktioniert.
d) Recherchiert, wie die Schwimmblase befüllt wird.

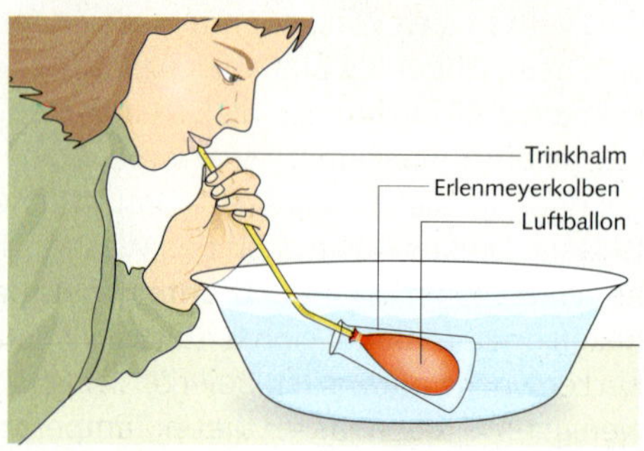

Körperform

Goldfische gehören zu den karpfenartigen Fischen. Sie gleiten mühelos durchs Wasser, verharren bewegungslos und schwimmen dann mit wenigen Schwanzschlägen davon. Ihr Körper ist lang gestreckt, der Kopf geht ohne Hals in den Körper über. Er verschmälert sich zum Kopf- und zum Schwanzende. Durch diese **Stromlinienform** können sich die Fische besonders leicht im Wasser fortbewegen. Aber nicht alle Fischarten sind so gebaut. In den Meeren leben auch Arten mit abweichenden Körperformen, beispielsweise Plattfische wie Schollen.

1 Goldfisch

Flossen

Mit den **Flossen** bewegen sich die Fische fort und steuern auch ihre **Körperlage.** Die Fortbewegung ermöglichen Muskeln, die sich abwechselnd zusammenziehen und wieder erschlaffen. Dadurch verursachen sie ein starkes Hin- und Herschlagen des Schwanzes mit der Schwanzflosse. Diese drückt gegen das Wasser und der Fisch wird dabei schlängelnd vorwärtsgetrieben. Brust- und Bauchflossen dienen vor allem der Steuerung. Rücken- und Afterflossen verhindern wie der Kiel eines Schiffes das seitliche „Umkippen".

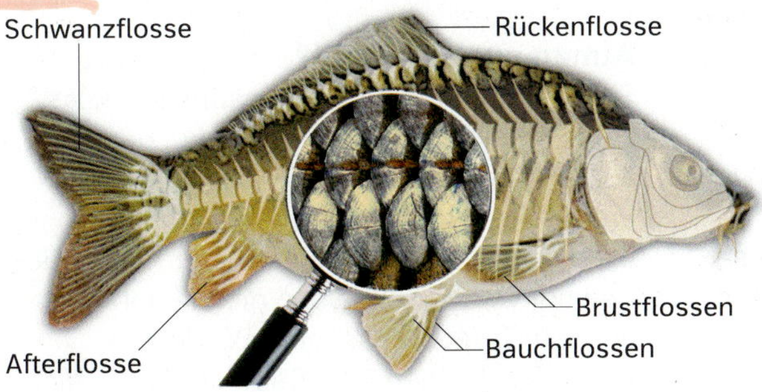

2 Karpfen (äußerer Bau)

Haut

Die **Haut** von Fischen ist von einer glitschigen Schleimschicht bedeckt. Diese fördert das mühelose Gleiten durchs Wasser. In der Haut liegen dünne, dachziegelartig übereinander liegende Knochenplättchen, die **Schuppen.** Sie schützen den Körper vor Verletzungen.

Seitenlinienorgan

An den Seiten sieht man in einer Linie angeordnete Poren. Sie führen zu Sinneszellen des **Seitenlinienorgans.** Mit ihnen können Fische kleinste Änderungen der Wasserströmung wahrnehmen und so bei Dunkelheit Hindernissen ausweichen.

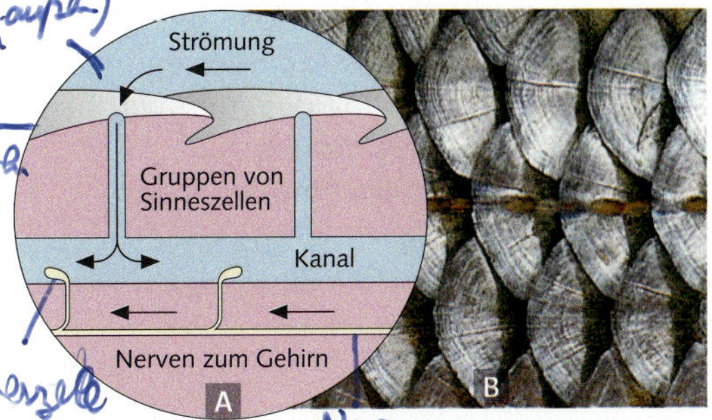

3 Seitenlinienorgan: **A** Haut im Querschnitt (Schema), **B** Schuppen (Foto)

Schwimmblase

Ein Fisch kann bewegungslos im Wasser schweben. Dies wird durch die **Schwimmblase,** einen gasgefüllten Hautsack, erreicht. Schwimmt der Fisch in tieferes Wasser, wird die Schwimmblase durch den zunehmenden Schweredruck des Wassers zusammengedrückt. Dadurch verliert er Auftrieb. Um nicht weiter abzusinken, wird solange Gas aus Blutgefäßen in die Schwimmblase abgegeben, bis der Fisch wieder schwebt.
Beim Aufsteigen lässt der Schweredruck nach und die Schwimmblase vergrößert sich. Um nicht weiter aufzusteigen, diffundiert Gas aus der Schwimmblase in die Blutbahn. Mithilfe der Schwimmblase kann der Fisch also in jeder Tiefe schweben.

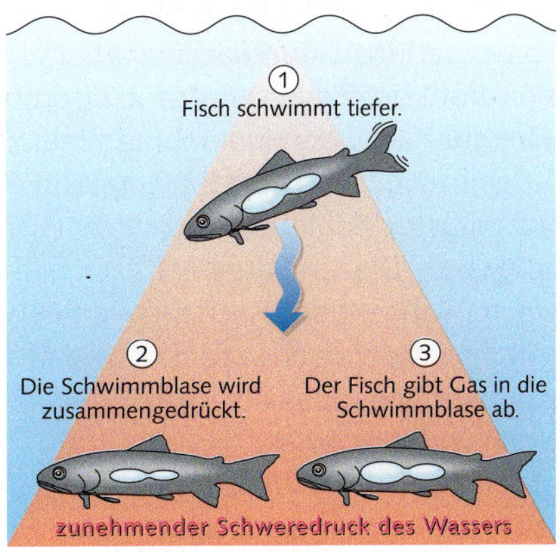

4 Auftrieb im Wasser

Fische atmen unter Wasser

1. V
Untersuche die Kiemen eines Fisches mit einer Lupe. Beschreibe ihren Aufbau.

2. A
Halte einen kurzen Vortrag über die Atmungsvorgänge eines Fisches.
a) Erläutere dabei seine Atembewegungen und beschreibe den Weg des Atemwassers (A: Einatmung, B: Ausatmung).
b) Wodurch werden die empfindlichen Kiemen geschützt?

3. A
Wasserpflanzen in Aquarien dienen nicht nur der Dekoration. Erläutere ihre Aufgabe in Bezug auf die Fotosynthese.

4. A
a) Der Sauerstoffgehalt von Wasser wurde gemessen. Erstelle aus den Werten ein Diagramm.

Wassertemperatur	Sauerstoffgehalt
0 C°	10,22 ml/l
5 C°	8,93 ml/l
10 C°	7,89 ml/l
15 C°	7,05 ml/l
20 C°	6,35 ml/l
25 C°	5,77 ml/l

b) Formuliere die Kernaussage des Diagramms mit einem "Je..., desto"-Satz.
c) Erkläre, warum Fische bei 25 °C die Kiemendeckel häufiger öffnen und schließen als bei 5 C°

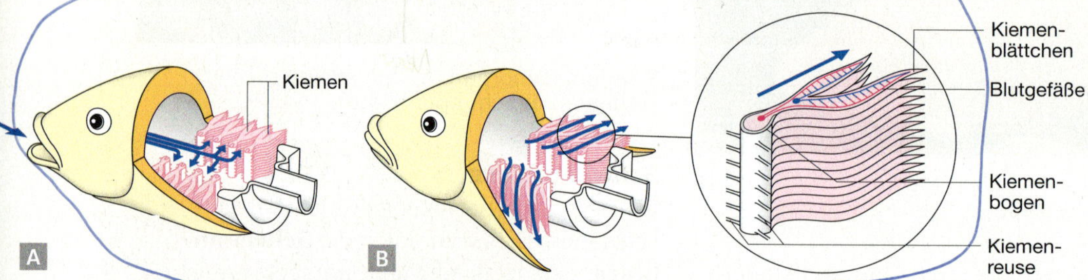

Atmungsorgane der Fische

Die Atmungsorgane der Fische sind die **Kiemen.** Sie liegen an den Kopfseiten und sind nach außen durch die Kiemendeckel geschützt. Die Kiemen bestehen aus vier knöchernen Kiemenbögen. An jedem Kiemenbogen sitzen feste Kiemenreusen. Sie halten Schweb- und Schmutzteilchen zurück und schützen die zarten Kiemenblättchen vor Verletzungen. Die roten Kiemenblättchen befinden sich gegenüber den Kiemenreusen. Sie sind fächerartig aufgeteilt. In ihnen fließt durch feine Blutgefäße Blut.

Wie atmen Fische unter Wasser?

Beim Atmen öffnet und schließt der Fisch ständig sein Maul. Dabei werden die Kiemendeckel angelegt und abgespreizt. Öffnet der Fisch sein Maul, strömt Wasser durch die Mundhöhle zu den Kiemenblättchen. Dort wird Sauerstoff, der im Wasser gelöst ist, vom Blut aufgenommen. Im Blut gelöstes Kohlenstoffdioxid wird an das Wasser abgegeben. Diesen Vorgang bezeichnet man als **Gasaustausch.** Schließt der Fisch sein Maul, wird das Wasser an den Kiemenbögen vorbei nach außen gedrückt. Bei der Kiemenatmung muss also ständig frisches Wasser an den Kiemen vorbeiströmen.
Da im Vergleich zur Luft im Wasser nur wenig Sauerstoff gelöst ist, sind die Kiemen der Fische an den Sauerstoffmangel im Wasser angepasst. Deshalb sind sie sehr dünn, sodass sie eine große Oberfläche für den Gasaustausch bieten, und stark durchblutet.

Die Kiemen müssen feucht sein

Die meisten Fischarten sind bei der Atmung darauf angewiesen, dass die Kiemen feucht und damit funktionsfähig sind. An Land verkleben sie und der Fisch erstickt.

Atmen auch an Land?

Einige Fischarten bilden Ausnahmen. Aale zum Beispiel können sich über kurze Strecken auf feuchten Wiesen fortbewegen. Warum ersticken sie nicht?
Bei diesen Fischen öffnet sich der Kiemendeckel nur wenig. So bleiben die Kiemen auch auf dem Trockenen längere Zeit feucht. Zusätzlich können Aale Sauerstoff über die Haut aufnehmen, sodass sie einige Zeit an Land überleben können.

1 Aal

Fortpflanzung und Entwicklung von Fischen

1. Ⓐ
Beschreibe die einzelnen Stadien der Entwicklung eines Fisches am Beispiel der Bachforelle. Fertige zu jeder Entwicklungsstufe eine Skizze an.

2. Ⓠ
Nicht alle Fische pflanzen sich so fort, wie die Bachforelle.
a) Sucht Beispiele für andere Arten der Fortpflanzung und Entwicklung bei Fischen und stellt sie auf Plakaten dar (z.B. Hai, Seepferdchen).
b) Findet heraus, was Maulbrüter sind.

3. Ⓐ
Haie bringen lebende Junge zur Welt. Nenne Vorteile.

Bachforellen zur Laichzeit

Bachforellen leben als Einzelgänger in klaren, sauerstoffreichen Gewässern. Nur von Oktober bis Januar finden sich Männchen und Weibchen zur Fortpflanzung zusammen.

Mit kräftigen Schlägen der Schwanzflosse baut das Weibchen eine Mulde im Bachbett. In diese Bodenvertiefung legt es etwa 2000 gelbliche Eier, den **Laich.** Unmittelbar danach gibt das Männchen darüber die Spermienflüssigkeit ab. Die Spermien schwimmen zu den Eizellen, die sich in den Eiern befinden, und befruchten sie.

Nach der Befruchtung kümmert sich das Forellenpaar nicht mehr um die Eier.

Vom Ei zum Jungfisch

In jedem befruchteten Ei entwickelt sich ein **Embryo.** Nach etwa zwei Monaten schlüpfen aus den Eiern die **Forellenlarven.** Diese besitzen noch nicht die vollständige Gestalt eines Fisches. In einem Dottersack am Bauch der Larven ist ein Nahrungsvorrat für die ersten Tage enthalten. Innerhalb von sechs Wochen wachsen die Larven zu voll ausgebildeten **Jungforellen** heran. Wenn der Dottersack aufgezehrt ist, sind alle Flossen ausgebildet und die Schwimmblase ist funktionsfähig. Die 2,5 cm lange Jungforelle ernährt sich von Kleinlebewesen im Wasser.

Maulbrüter

Einige Fischarten sind Maulbrüter. Sie nehmen entweder die befruchteten Eier oder die Larven in ihr Maul auf, um sie vor Feinden zu schützen. Bei manchen Fischarten schützt so das Weibchen die Jungtiere, bei anderen das Männchen.

1 Haie gebären lebende Junge.

Lebend aus dem Mutterleib

Guppys und einige Haiarten bringen lebende Junge zur Welt. Die Jungtiere schlüpfen im Mutterleib aus dem Ei.
Wenn sie geboren werden, sind sie schon recht selbstständig und daher besser vor Feinden geschützt. So überlebt eine größere Zahl von Jungtieren.

2 Entwicklung der Bachforelle: **A** Bachforelle, **B** Eier, **C** schlüpfende Larven, **D** Larven mit Dottersack, **E** Jungforelle

Fische in Luxemburg

Einst war der Lachs eine der häufigsten Fischarten Luxemburgs und die Sauer und Our dienten als Laichgewässer. Lachse wurden mit Senknetzen, Reusen und sogar mit Harpunen gefangen.

1. A
Sammele Informationen über die Wanderung des Lachses. Warum kommt der Lachs heute nicht mehr in Luxemburg vor?

2. A
Zeichne in einer Weltkarte den Lebensraum und die Laichgebiete des Aales ein. Welche Distanzen müssen Aale bis zur Reproduktion zurücklegen? Vergleiche den Lebensverlauf von Lachs und Aal. Was stellst du fest?

3. A
Zähle Gründe auf, weshalb viele einheimische Fische auf der Roten Liste der vom Aussterben bedrohten Tierarten stehen.

Bachforelle *(Salmo trutta fario)*

Aussehen: 20 – 60 cm lang; Rücken oliv-schwarzbraun und silbriger Bauch mit charakteristischen roten Flecken an der Seite.
Lebensweise: Leben in rasch strömenden und sauerstoffreichen Fließgewässern. Häufigste und damit Leitfischart der Forellenregion. Nahrung besteht aus abdriftenden Wassertieren wie Köcher- oder Steinfliegenlarven, anfliegenden Insekten sowie Kleinfischen.

Bach- und Flussneunauge
(Lampetra planeri/Lampetra fluviatilis)

Aussehen: 10 – 40 cm länglicher aalförmiger Körper; auffällig mit 7 paarigen Kiemenöffnungen (daher der Name).
Lebensweise: Bachneunaugen leben stationär in der Forellenregion, während Flussneunaugen als Jungtiere ins Meer abwandern und zum Ablaichen die Flüsse wieder aufsteigen. Sie besitzen keine Kieferknochen und zählen zu den Rundmäulern, welche mit Hornzähnchen und Saugmaul andere Fische parasitieren.

Dreistachliger Stichling
(Gasterosteus aculeatus)

Aussehen: bis 8 cm lang mit schwarzgrauer Marmorierung, während der Laichzeit von März–August sind die Männchen intensiv blau mit rotem Bauch; namensgebend sind 3 aufstellbare Stacheln vor der Rückenflosse.
Lebensweise: Lebt in Schwärmen in Fliess- und Stillgewässer. Ernährt sich von Kleintieren wie Wasserflöhen, Bachflohkrebsen und Mückenlarven. Männchen legen Laichnester an. Balz- und Fortpflanzungsverhalten machen ihn zum beliebten Untersuchungsobjekt der Verhaltensforschung.

Fließgewässer in Luxemburg

Der Lebensraum Fließgewässer wird weitgehend durch physikalische Bedingungen wie Gefälle, Gewässerbreite, Strömungsgeschwindigkeit usw. bestimmt. Diese Faktoren beeinflussen die Lebensbedingungen der Lebensgemeinschaften von Pflanzen und Tieren, die dort vorkommen. Nach den jeweils dort lebenden so genannten **Leitfischarten** werden Fließgewässer in folgende **Fischregionen** eingeteilt.

Fischregion	Forellen obere / untere	Äschen	Barben	Brachsen	Kaulbarsch-Flunder
Gefälle					
Gewässerbreite					
Strömung					
Sohlstruktur					
Temperatur-amplitude					
Plankton-entwicklung Wassertrübung					
Leitfische und häufige begleitende Arten	Bachforelle Groppe Bachneun-auge Schmerle Elritze	Äsche Bachforelle Nase Schneider Schmerle Elritze	Barbe Hasel Gründling	Brachsen Güster Karpfen Schleie Karausche Wels	Kaulbarsch Flunder Stichling Stint
	Döbel, Rotauge, Laube, Flussbarsch, Hecht, Zander Aal und andere Langdistanz-Wanderfische				

1. ☰ A
Warum kann eine Bachschmerle aus der Forellenregion nicht in der Mosel (über)leben?

2. ☰ A
a) Welche Flüsse gibt es in deiner Nähe? Beschreibe ihr Aussehen. Erstelle eine Tabelle mit den Lebensraumbedingungen des Fließgewässers wie Breite, Tiefe, Strömungsgeschwindigkeit, Flussgrund, ...
b) Zu welcher Fischregion zählen sie?

PINNWAND

Our
Äschenregion

Die **Our** weist eine gute Gewässerqualität auf. Früher war die Our für die Fortpflanzung von Lachs und Meerforelle von großer Bedeutung. Heute zeugt nur noch das letzte einheimische Vorkommen der Flussperlmuschel von einer guten Wasserqualität.

Untersauer
Barbenregion

Die **Untersauer** weist einen naturnahen Verlauf auf. Der Fluss besitzt allerdings nur eine mittlere Wasserqualität (Güteklasse II), da oft unzureichend geklärte Abwässer von Campingplätzen einfließen. Mit 26 Fischarten ist die Sauer der fischartenreichste Fluss Luxemburgs.

Mosel
Brachsenregion

Durch Kanalisierung, Uferbe-festigung und Staustufen-regulierung hat die **Mosel** ihren Fließgewässercharakter fast vollständig verloren.
Eine natürliche Reproduktion von Fischen findet fast ausschließlich in den ehemaligen Altarmen statt.

Kräfte beim Schwimmen und Fliegen

1. A
Wieso scheinen Körper plötzlich leichter zu werden, wenn sie in Wasser eingetaucht werden?

2. V
Hänge einen Klumpen Knetmasse an einen Kraftmesser und tauche den Klumpen langsam in Wasser ein. Ist er ganz eingetaucht, so verändere auch die Eintauchtiefe. Beobachte die Anzeige des Kraftmessers.
a) Schreibe deine Beobachtungen auf.
b) Wie hängen Auftrieb und eingetauchtes Volumen zusammen?

3. A
Fische und Vögel haben eine stromlinienförmige Gestalt. Welchen Vorteil bietet das Ihnen?

4. A
Erkläre anhand eines Kräftevergleichs wie ein Fisch aufsteigen oder absteigen kann.

5. A
Zeichne zwei im Wasser schwebende Fische unterschiedlichen Gewichts. Trage jeweils die Kraftpfeile für Gewicht und Auftrieb ein.

Kräfte beim Fisch
Die Fortbewegung der Fische im Wasser erfolgt aufgrund der verschiedenen Kräfte, denen sie ausgesetzt sind: Gewicht, Auftrieb, Antrieb, Wasserwiderstand.

Gewicht: Fische werden von der Erde senkrecht nach unten angezogen.

Auftrieb: Fische erfahren im Wasser eine Auftriebskraft: Das Wasser drückt die Fische senkrecht nach oben.

Antrieb: Fische drücken mit der Schwanzflosse Wasser nach hinten weg. Das weichende Wasser drückt sie nach vorne. Diese Art von Antrieb nennt man **Rückstoß.**

Wasserwiderstand: Fische in Bewegung werden vom Wasser gebremst. Die Bremskraft ist der Bewegung entgegen gerichtet.

Kraftpfeil
Kräfte kann man mit einem Kraftpfeil darstellen. Die Richtung des Pfeils gibt die Richtung der Kraft an. Die Länge des Pfeils gibt Auskunft über die Größe der Kraft: je länger der Pfeil, desto grösser die Kraft.

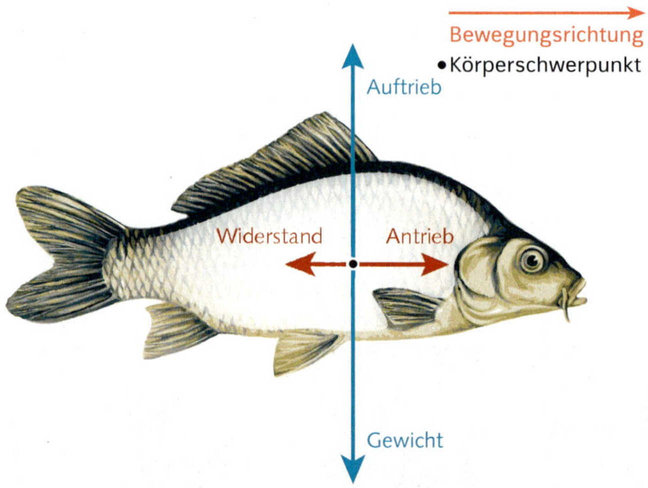

1 Kräfte wirken auf einen schwimmenden Fisch

Zusammenspiel von Auftrieb und Gewicht
Wenn Auftrieb und Gewicht gleich groß sind, heben diese Kräfte sich gegenseitig auf. Fische können also bewegungslos im Wasser schweben. Sie befinden sich im Gleichgewicht. Je grösser das eingetauchte Volumen ist, desto stärker ist der Auftrieb. Dies erklärt, wieso Fische den Auftrieb mit Hilfe ihrer Schwimmblase verändern können: Vergrößert sich diese, nimmt das Volumen des Fisches zu und seine Dichte wird geringer. Sein Auftrieb nimmt zu. Da dieser nun grösser als das Gewicht ist, steigt der Fisch im Wasser auf.

Verringert sich dagegen das Volumen der Schwimmblase, so nimmt das Gesamtvolumen des Fisches ab. Seine Dichte steigt. Der Auftrieb wird nun kleiner als das Gewicht und der Fisch sinkt.

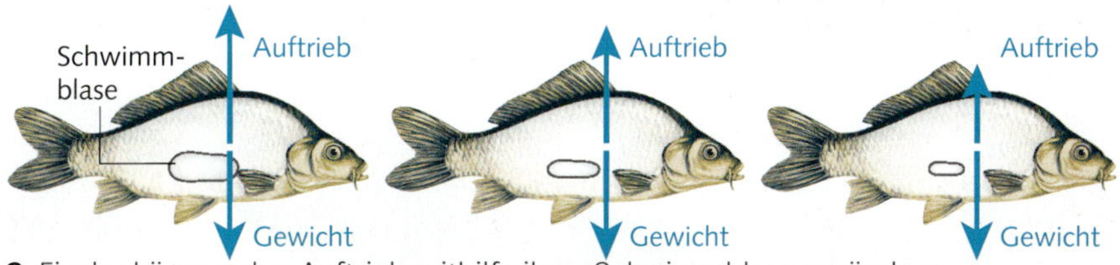

2 Fische können den Auftrieb mithilfe ihrer Schwimmblase verändern

Zusammenspiel von Antrieb und Wasserwiderstand

Damit ein Fisch plötzlich nach vorne schnellen kann, muss der Antrieb stärker als der Widerstand sein. Sind Antrieb und Widerstand gleich groß, so verändert sich die Geschwindigkeit nicht.
Fische bremsen, indem sie den Antrieb einstellen oder Brust- und Bauchflossen querstellen, um den Widerstand zu erhöhen.

Kräfte beim Vogel

Wie alle Körper haben auch Vögel ein Gewicht. Und sie werden vom Luftwiderstand gebremst.
Wie erzeugen sie den notwendigen Auftrieb, damit sie nicht nach unten fallen, und den notwendigen Antrieb, um den Luftwiderstand zu überwinden?
Diese Kräfte entstehen wiederum durch den Rückstoß: Die Flügel drücken gegen die Luft (Kraft) und die Luft drückt gegen die Flügel (Gegenkraft). Obwohl die Luft weicht, drückt sie die Flügel nach oben (Auftrieb) und nach vorne (Antrieb).

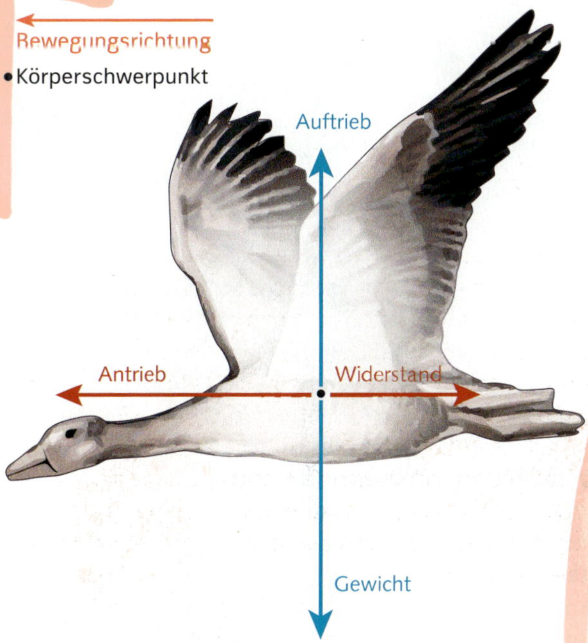

3 Kräfte wirken auf einen fliegenden Vogel

Um an Höhe zu gewinnen, muss der Auftrieb etwas grösser sein als das Gewicht. Der Vogel muss etwas kräftiger mit den Flügeln schlagen.
Um auf gleicher Höhe zu beschleunigen, muss der Antrieb etwas stärker sein als der Luftwiderstand.
Sehr oft beschleunigen Vögel aber mit Hilfe ihres Gewichtes, indem sie schräg nach unten fliegen. Das ist dann genauso, wie wenn du mit dem Fahrrad einen Berg hinunterfährst.
Zum Abbremsen stellen Vögel die Flügel quer.
Der Luftwiderstand wird somit enorm erhöht.

4 Kohlmeise im Bremsflug

Rückstoß – Gesetz von Kraft und Gegenkraft

Wenn ein Körper mit einer Kraft gegen einen anderen Körper drückt, übt dieser Körper eine gleich große, entgegengesetzt gerichtete Kraft auf den ersten Körper aus.
Beispiel: Der Fuß drückt gegen den Startblock nach hinten und der Startblock drückt den Fuß nach vorne.

5 Läuferin stößt sich vom Startblock ab

Die Amphibien

1 Wasserfrosch:
A Lebensraum,
B Schwimmen und Springen,
C Schallblasen

1. ≡ Ⓐ
Beschreibe die Fortbewegung der Frösche im Wasser und auf dem Land.

2. ≡ Ⓐ
a) Beschreibe anhand der Abbildung 2, auf welche Weise der Frosch Beute fängt.
b) Eine Fliege sitzt still auf einem Seerosenblatt in Reichweite eines Frosches. Sie wird nicht gefressen. Erkläre.

3. ≡ Ⓐ
Erläutere, warum du einen Wasserfrosch nur in der Nähe von Tümpeln, Teichen, Gräben und feuchten Wiesen findest.

4. ≡ Ⓐ
a) Beschreibe die Atmung der Frösche an Land und im Wasser.
b) Erkläre, warum die Haut der Frösche immer feucht sein muss.

Leben zwischen Wasser und Land

An warmen Frühsommerabenden kann man häufig in der Nähe von Teichen und Tümpeln das laute Quaken von **Wasserfröschen** hören. Schallblasen seitlich am Kopf verstärken die Geräusche. Männchen des Wasserfrosches versuchen mit ihrem „Froschkonzert" die Weibchen zur Paarung ins Wasser zu locken. Nähert man sich einem Frosch, springt er ins Wasser und taucht unter.

Schutz vor Feinden
Wasserfrösche sind hervorragend an ihre Umgebung angepasst. Wenn sie still auf dem Blatt einer Seerose sitzen und auf Beute lauern, erkennt man sie kaum. Wegen ihrer **Tarnfärbung** werden Frösche häufig von ihren Fressfeinden übersehen. Gleichzeitig nimmt der Frosch jede Annäherung eines Feindes wahr. Frösche können gut hören und spüren Erschütterungen des Bodens. Die großen Augen sitzen oben auf dem Kopf und ermöglichen einen guten Rundumblick.

Fortbewegung an Land und im Wasser
An Land bewegen sich Frösche meist hüpfend oder springend vorwärts. Bei Sprüngen drücken sie die langen Hinterbeine kräftig gegen den Boden ab und strecken den Körper. So können sie bis zu einem Meter weit springen. Bei der Landung federn die vorgestreckten kurzen Vorderbeine den Sprung ab.
Beim Schwimmen ziehen sie beide Hinterbeine gleichzeitig an und stoßen sie dann kräftig nach hinten. Zwischen den fünf Zehen spannen sich dabei die **Schwimmhäute.** Die kurzen Vorderbeine sind eng an den Körper angelegt. Der Froschkörper nimmt so eine stromlinienförmige Gestalt an.

Frösche „schießen" ihre Beute ab
Die Hauptnahrung der Frösche sind Insekten und Würmer. Die Beute muss aber die passende Größe haben und sich bewegen. Hat ein hungriger Frosch eine Fliege erblickt, verfolgt er sie zunächst mit den Augen. Befindet sie sich im richtigen Abstand, schleudert er blitzschnell seine Zunge heraus. Die Fliege bleibt an der klebrigen **Klappzunge** haften. Anschließend wird die Zunge zurückgezogen und die Beute unzerkaut verschluckt. Frösche haben keine Zähne.

2 A – B: Beutefang beim Wasserfrosch

Wie Frösche atmen
Frösche können lange Zeit tauchen. Im Wasser gelangt der Sauerstoff direkt durch die dünne Haut in die Blutgefäße. Eine solche Atmung bezeichnet man als **Hautatmung.**
An Land atmen die Frösche zusätzlich mit der Lunge. Dabei saugen sie die Luft durch die Nasenlöcher in den Mundraum. Anschließend wird die Luft in die Lungen heruntergeschluckt. Frösche sind also auch **Lungenatmer.** So können sie im Wasser und auf dem Land leben.

Frösche sind Amphibien
Frösche gehören wie Kröten, Unken, Salamander und Molche zu den **Amphibien**. Man nennt diese Tiergruppe auch **Lurche**. Frösche halten sich wie alle anderen Amphibien außerhalb des Wassers meist dort auf, wo es feucht ist. In der Haut der Frösche befinden sich Schleimdrüsen. Der Schleim aus diesen Schleimdrüsen schützt die dünne, empfindliche Haut und ermöglicht die Hautatmung. Daher werden Lurche auch als **Feuchtlufttiere** bezeichnet. Ihre Körpertemperatur passt sich der Umgebungstemperatur an. Lurche sind **wechselwarme Tiere.**

Froschlurche Luxemburgs

PINNWAND

Grasfrosch
(Rana temporaria)

Aussehen: glatte Haut, heller Bauch; Schwimmhäute nicht ganz bis zu den Zehenspitzen; Länge ca. 10 cm
Lebensraum: Feuchtwiesen, Wälder
Lebensweise: Überwinterung im Wasser oder an Land

Europäischer Laubfrosch
(Hyla arborea)

vom Aussterben bedroht

Aussehen: glatte Haut, heller Bauch, Rücken laub-grün bis grau-braun, dunkler Seitenstreifen; Zehenspitzen mit Haftscheiben; Länge bis zu 5 cm
Lebensraum: Feuchtwiesen, Waldränder, Parkanlagen
Lebensweise: tag- und dämmerungsaktiv; sonnt sich gerne; guter Kletterer, nur zur Paarungszeit im Wasser; Überwinterung unter Steinen

Teichfrosch
(Pelophylax esculentus)

Aussehen: glatte Haut, heller Bauch; Schwimmhäute bis zu den Zehenspitzen; Länge bis 15 cm
Lebensraum: lebt gesellig an Gewässern
Lebensweise: Überwinterung an Land und im Wasser; guter Schwimmer; im Sommer laute „Froschkonzerte“

Kreuzkröte
(Epidalea calamita)

vom Aussterben bedroht

Aussehen: warzige Haut, Rücken olivfarben mit hellen Längsstreifen, Bauch grau gefleckt, Länge bis 8 cm
Lebensraum: sandiges Gelände
Lebensweise: nachtaktiv; krabbelartige schnelle Fortbewegung; Überwinterung in selbstgegrabenen Erdlöchern

Erdkröte *(Bufo bufo)*

Aussehen: trockene, warzige Haut; Rücken bräunlich gefleckt, Bauch schmutzigweiß; Länge bis 13 cm
Lebensraum: Wälder, Gärten, Wiesen
Lebensweise: Überwinterung an Land; im Frühjahr oft lange Laichwanderungen; nachtaktiv

Geburtshelferkröte
(Alytes obstetricans)

stark gefährdet

Aussehen: warzige Haut, grau gefärbt; Länge bis 5 cm
Lebensraum: sandiges Gelände, oft verlassene Kiesgruben
Lebensweise: nachtaktiv; Männchen tragen die Eier mit sich, bis die Kaulquappen reif zum Schlüpfen sind

1. A
Außerhalb von Europa gibt es Lurche wie Ochsenfrosch, Goliathfrosch oder Tigersalamander von sehr großer Körpergröße. Dagegen findet man aber auch Lurche wie den Erdbeerfrosch, der sehr klein ist. Erstelle von solchen Lurcharten mit außergewöhnlichen Körpergrößen jeweils einen Steckbrief und gestalte dazu ein Informationsplakat.

Schwanzlurche Luxemburgs

Fadenmolch *(Lissotriton helveticus)*

Weibchen (links) 8 –10 cm;
Männchen (rechts), 6 –7 cm

In Luxemburg leben **vier verschiedene Molcharten.** Anders als Frösche und Kröten haben Molche und Salamander einen langgestreckten Körper, vier etwa gleich große, schwache Beine und einen Schwanz. Da ihre Haut nicht vor Trockenheit geschützt ist, leben **Molche** das ganze Jahr über an feuchten Stellen in der Nähe von Wiesentümpeln und Teichen. Zur Laichzeit kommen sie im Frühjahr ins Wasser.
Während der Fortpflanzungszeit sind die Männchen sehr bunt gefärbt und einige besitzen einen hohen Rückenkamm. Die Weibchen sind meist grösser als die Männchen, und weniger auffallend gefärbt!

Bergmolch *(Ichthyosaura alpestris)*

Weibchen (oben) 10 –11 cm;
Männchen (unten), 7– 8 cm

Nördlicher Kammmolch *(Triturus cristatus)*

Männchen (oben)12–13 cm;
Weibchen (unten) 15 –16 cm
stark gefährdet

Feuersalamander *(Salamandra salamandra)*

Der **Feuersalamander** lebt vor allem in Laubwäldern, meist versteckt unter Altholz, Blättern oder in Erdlöchern. In Luxemburg kommt er vor allem in den Buchenwäldern des Luxemburger Sandsteingebietes vor. Erwachsene Tiere sind leicht an ihrer schwarz-gelben Warnfarbe zu erkennen. Sie bringen lebende Larven zur Welt, die sie an seichten Stellen von Quellbächen absetzen.

Männchen sind nicht äußerlich von Weibchen zu unterscheiden. Erwachsene Tiere werden 15 – 20 cm lang

Teichmolch *(Lissotriton vulgaris)*

Weibchen (oben) 10 –11cm;
Männchen (unten) 9 –10 cm
gefährdet

Aus Kaulquappen werden Frösche

1. Ⓐ
Stelle in einem Verlaufsschema dar, wie sich aus Froschlaich Frösche entwickeln. Nutze die Abbildung 1 und den Informationstext.

2. Ⓐ
Kaulquappen müssen etwa ab der 10. Woche öfter zur Wasseroberfläche schwimmen. Erläutere.

3. Ⓐ
Vergleiche Körperbau, Fortbewegung, Atmung und Ernährung von einem Frosch und einer Kaulquappe. Fertige dazu eine Tabelle nach folgendem Muster an.

	Frosch	Kaulquappe
Körperbau		
Fortbewegung		

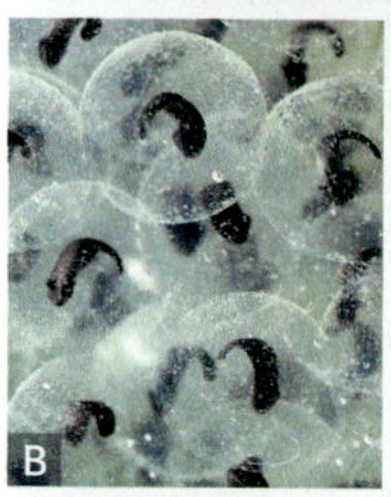

1 Grasfrosch: **A** Paarung, **B** Embryos im Laich, **C** Kaulquappe (etwa zwei Wochen alt), **D** Kaulquappe (etwa zehn Wochen alt), **E** junger Frosch

Fortpflanzung der Grasfrösche

Grasfrösche werben im Frühjahr lautstark um Weibchen. Wird ein Weibchen angelockt, springt das Männchen auf dessen Rücken und umklammert es mit den Vorderbeinen. Kurz darauf legt das Weibchen bis zu 4000 Eier ins Wasser ab, den Laich. Gleichzeitig stößt das Männchen Spermienflüssigkeit aus, die die Eier befruchtet. Dies geschieht außerhalb des Körpers des Weibchens. Es handelt sich um eine **äußere Befruchtung.** Jedes Ei ist von einer Gallerthülle umgeben, in der sich der Embryo entwickelt.

Kaulquappen leben im Wasser

Nach ein bis zwei Wochen schlüpft eine etwa 6 mm lange Larve, die **Kaulquappe.** Zunächst ernährt sie sich von der Eihülle. Mit zunehmender Größe wächst ihr Ruderschwanz, mit dem sie sich fortbewegt. Sie atmet mithilfe büschelartiger Außenkiemen am Kopf. Nach etwa drei Wochen entstehen Innenkiemen wie bei Fischen. Mit feinen Hornzähnchen raspelt die Kaulquappe den Algenbelag von Pflanzen und Steinen ab. Nach gut fünf Wochen ist sie etwa 4 cm lang. Die Hinterbeine beginnen zu wachsen. Erst danach entwickeln sich die Vorderbeine. Bei Molchen entwickeln sich zuerst die Vorderbeine. Danach bilden sich die Kiemen zurück, und die Lungen beginnen zu atmen.

Vom Wasser ans Land – der Frosch

Nach etwa zwölf Wochen hat sich aus der Kaulquappe ein etwa 2 cm langer Frosch entwickelt. Diesen Gestaltwandel bezeichnet man als **Metamorphose.** Der junge Frosch geht jetzt an Land. Er ernährt sich von Insekten, Würmern und Schnecken. Nach drei Jahren können sich Grasfrösche fortpflanzen. Sie werden über zehn Jahre alt.

Einheimische Amphibien bestimmen

Wenn du den Namen einer Tierart bestimmen willst, kannst du einen **Bestimmungsschlüssel** benutzen. Dieser enthält Beschreibungen besonderer Merkmale und manchmal auch Abbildungen.

Wie gehst du vor, wenn du zum Beispiel den Namen einer Lurchart bestimmen willst? Beginne beim Startpunkt. Du kannst dich dann jeweils zwischen zwei Möglichkeiten entscheiden. Erkennst du die Merkmale richtig, gelangst du von Entscheidung zu Entscheidung schließlich zum Namen der Tierart.

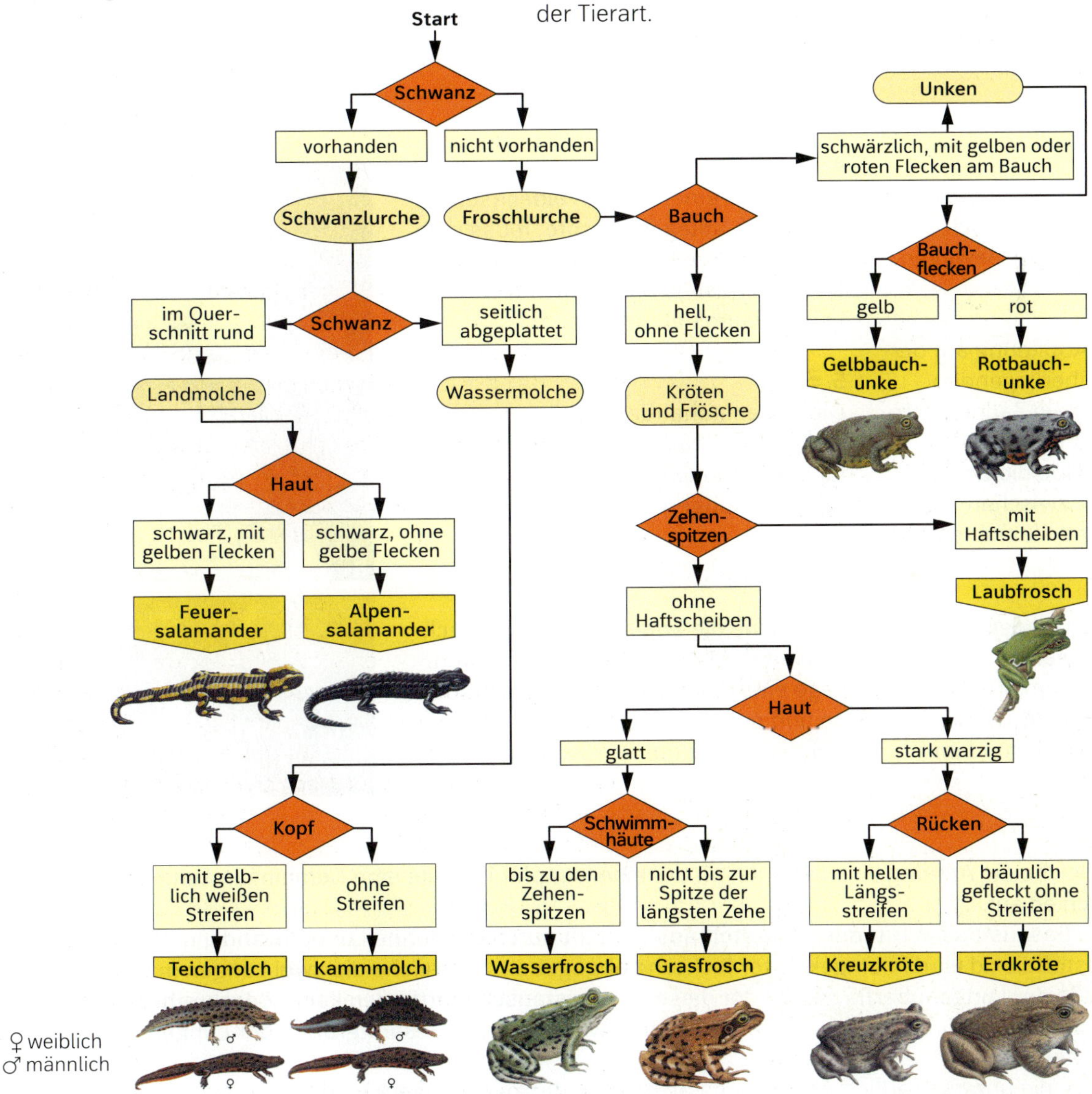

1. Ⓐ
Arbeitet paarweise zusammen und betrachtet die beiden Pinnwände Froschlurche und Schwanzlurche.
a) Bestimmt mithilfe dieses Bestimmungsschlüssels die Artnamen der dort abgebildeten Lurche.
b) Schreibt einen Bestimmungsweg für den Bergmolch. Notiert jede einzelne Entscheidung.

2. Ⓐ
Gib an, wodurch sich Schwanzlurche von Froschlurchen unterscheiden.

3. Ⓐ
Nenne ein Merkmal, durch das sich Frösche und Kröten unterscheiden.

Die Reptilien

1. (A)
Beschreibe anhand der Abbildung, wie sich Eidechsen fortbewegen.

2. (A)
In der Abbildung auf der gegenüberliegenden Seite ist ein Zauneidechsenpaar dargestellt. Beschreibe die Unterschiede zwischen Weibchen und Männchen.

3. (Q)
Erstelle von der Zauneidechse einen Steckbrief. Informiere dich dazu auch in Tierbüchern, Lexika und im Internet.

4. (A)
Wenn man einen Garten eidechsenfreundlich anlegen möchte, muss man auf bestimmte Merkmale achten. Notiere typische Merkmale für den Lebensraum der Eidechsen.

5. (A)
Die nebenstehenden Abbildungen A, B, C zeigen Stationen aus der Entwicklung von Zauneidechsen. Beschreibe die Abbildungen.

6. (A)
Vergleiche die Entwicklung der Eidechsen mit der Entwicklung von Lurchen. Lege eine Tabelle für jede Tiergruppe an und notiere Unterschiede und Gemeinsamkeiten.

A

B

C

7. (A)
a) Vergleiche die Atmung eines Reptils mit der einer Amphibie. Liste eine Gemeinsamkeit und einen Unterschied auf.
b) Beim Gasaustausch tritt der Sauerstoff aus der Luft durch die dünne Lungenwand ins Blut über, Kohlenstoffdioxid wird in umgekehrter Richtung abgegeben. Vergleiche die zwei Lungen in Bezug auf die Größe der Lungenoberfläche, an der dieser Gasaustausch stattfinden kann. Beschreibe, wie die unterschiedlichen Größen erreicht werden, selbst wenn sich die Gesamtgrößen der Lungen nicht unterscheiden.
c) Erkläre die unterschiedlichen Leistungsfähigkeiten der zwei Lungentypen.

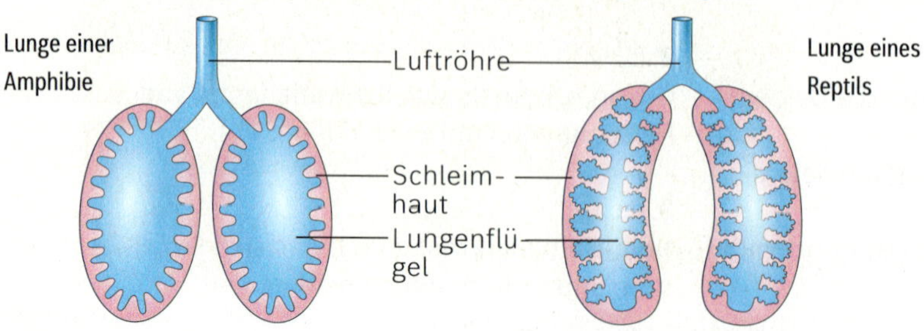

TIPP
Nutze zur Bearbeitung dieser Aufgabe das Erschließungsfeld Bau und Funktion.

1 Zauneidechsen: Weibchen links, Männchen rechts

Wie Eidechsen sich ernähren

Eidechsen können gut sehen und hören. Besonders gut entwickelt ist ihr Geruchssinn. Mit ihrer Zunge, die sie in kurzer Abfolge hervorstrecken, können sie ihre Beutetiere riechen.
Hat eine Eidechse durch das „Züngeln" ein Beutetier wahrgenommen, stößt sie blitzschnell zu und verschlingt im Sprung das unzerkaute Beutetier.
Zauneidechsen fressen hauptsächlich Fliegen, Heuschrecken, Würmer und Spinnen.

Eidechsen

An warmen und trockenen Sommertagen kann man manchmal Zauneidechsen beobachten, wie sie sich schnell fortbewegen. Die kurzen Beine stehen seitlich am Körper, der Bauch berührt fast den Boden. Mit schlängelnden Körperbewegungen kriechen die Eidechsen flink auf dem Boden und auch an Mauern und Bäumen. Eidechsen gehören in die Klasse der **Reptilien.**

Reptilien haben eine Haut aus vielen festen **Hornschuppen.** Sie schützt vor Austrocknung und Verletzungen. Weil dieser Schuppenpanzer nicht mitwächst, müssen sich Eidechsen von Zeit zu Zeit häuten. Unter der abgestreiften Haut hat sich bereits wieder eine neue Haut gebildet.

Wie alle Reptilien atmen Eidechsen mithilfe ihrer **einfach gekammerten Lunge.** Durch zahlreiche Einfaltungen ist die Oberfläche im Inneren der Lunge vergrößert. So kann gleichzeitig mehr Sauerstoff aus der Luft ins Blut gelangen und Kohlenstoffdioxid abgegeben werden. Die leistungsfähige Lunge versorgt das Tier mit genügend Sauerstoff.

Eidechsen sind wechselwarme Tiere

Bei warmem, sonnigem Wetter können sich Eidechsen schnell und ausdauernd bewegen. Bei niedrigen Temperaturen ist auch ihr Körper kalt und starr. Die Eidechsen sind **wechselwarm.** Den Winter überstehen sie in ihrem Versteck in **Winterstarre.**

Fortpflanzung

Zauneidechsen leben als Einzelgänger. Nur zur Fortpflanzungszeit sind Weibchen und Männchen für kurze Zeit zusammen. Das Männchen gibt bei der Begattung die Samenzellen in den Körper des Weibchens ab. Dort findet dann die Befruchtung der Eizellen statt. Daher spricht man hier von **innerer Befruchtung.**
Etwa vier Wochen nach der Paarung legt das Weibchen an einer warmen Stelle im Boden fünf bis 15 Eier ab. Anschließend verscharrt es das Gelege. Die Eier werden durch die Wärme des Bodens ausgebrütet. Sie sind von einer weichen, schützenden Haut umgeben. Die Entwicklung dauert etwa acht Wochen. Nach dem Schlüpfen sind die jungen Eidechsen sofort selbstständig und können allein nach Nahrung suchen.

2 Häutung der Zauneidechse

Schlangen sind Reptilien

A

B

C

1. Ⓐ
Beschreibe anhand der Fotos A-C die verschiedenen Möglichkeiten der Fortbewegung einer Ringelnatter.

2. Ⓐ
Erkläre anhand des Informationstextes und der Abbildung den Ablauf der Fortbewegung einer Ringelnatter.

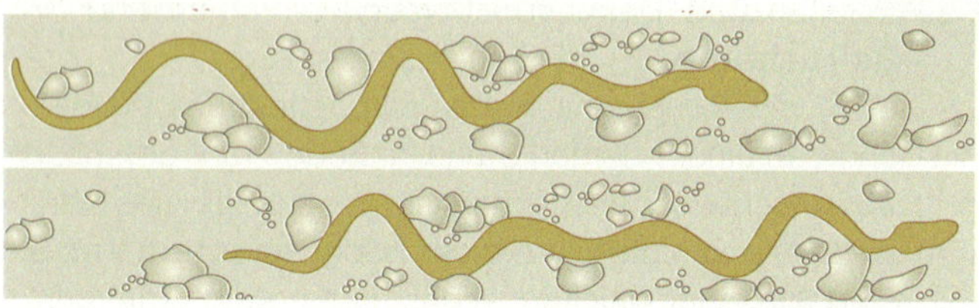

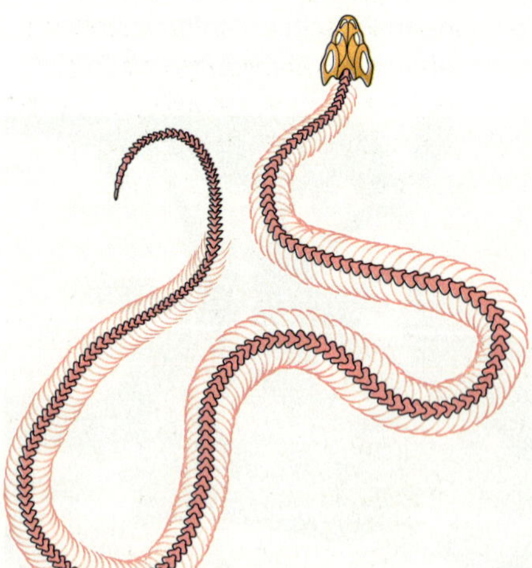
A

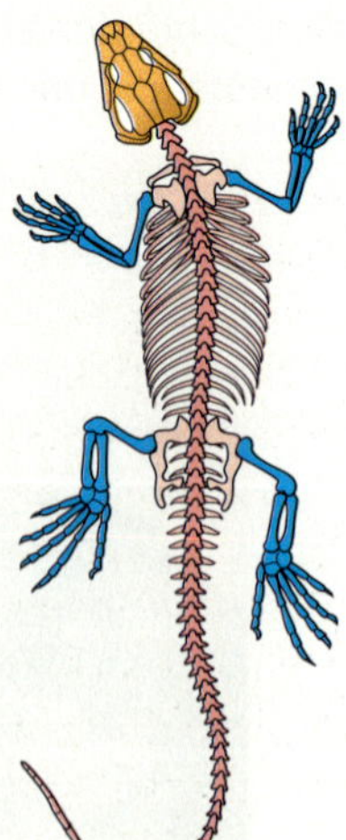
B

3. Ⓐ
a) Vergleiche das Skelett einer Schlange (A) mit dem Skelett einer Eidechse (B). Notiere Gemeinsamkeiten und Unterschiede.
b) Erkläre die Unterschiede mithilfe des Erschließungsfeldes Bau und Funktion.

4. Ⓐ
Eidechsen und Schlangen sind Wirbeltiere. Erkläre diese Aussage anhand der Abbildungen A und B.

5. Ⓐ
Vergleiche die Ernährungsweise der Ringelnatter mit der Kreuzotter.

Auch Schlangen sind Reptilien

Ebenso wie die Echsen gehören auch Schlangen zu den Reptilien. Bei uns leben Ringelnatter, Schlingnatter und Kreuzotter. Sie sind selten geworden und stehen unter Naturschutz. Wird eine Schlange beim Sonnenbaden überrascht, schlängelt sie sich lautlos davon. Wie kann sie sich ohne Beine so wendig fortbewegen?

Fortbewegung der Schlangen

Schlangen haben eine Wirbelsäule mit vielen beweglichen Wirbeln und Rippenpaaren. Seitlich am Körper verlaufen starke Muskeln. Sie bewegen beim „Schlängeln" die Rippen nacheinander nach vorne. Dabei werden die Schuppen auf der Bauchseite aufgerichtet, in den unebenen Boden gestemmt und verankert.
Werden die Schuppen anschließend wieder angelegt, schiebt sich der Schlangenkörper nach vorn. Schlangen brauchen also eine raue Oberfläche zur Fortbewegung. Auf Glas würden sie hin und her rutschen, ohne vorwärtszukommen.

1 Kreuzotter**. A** Schlängelbewegung;
B Kopf mit Giftzähnen; **C** Kopfskelett.

Ernährung der Ringelnatter

Ringelnattern erkennt man an den hellen Flecken hinter dem Kopf. Sie werden bis zu 150 cm lang. Ringelnattern können nicht nur auf dem Boden kriechen, sondern auch in Sträuchern und Bäumen klettern und mit seitlichen Schlängelbewegungen schwimmen und tauchen.

Ringelnattern leben meist in feuchten Gebieten. Sie ernähren sich hauptsächlich von Fröschen, Molchen und kleineren Fischen. Hat eine Ringelnatter beispielsweise einen Frosch wahrgenommen, nähert sie sich lautlos und stößt dann plötzlich mit dem Kopf zu. Die nach hinten gerichteten Zähne packen den Frosch fest. Die Beute wird unzerkaut verschlungen.

Kreuzottern sind Giftschlangen

Eine Kreuzotter erkennt man an dem dunklen Zickzackband auf dem Rücken. Sie ist eine Giftschlange und wird 85 cm lang. Meist lauert die Kreuzotter unbeweglich auf Beute, zum Beispiel eine Maus. Kommt ein Beutetier in ihre Reichweite, beißt sie mit ihren **Giftzähnen** blitzschnell zu. Bevor sie zubeißt, richten sich in ihrem Oberkiefer zwei Giftzähne auf, die sonst in einer Hautfalte verborgen sind. Beim Schlangenbiss wird Gift durch eine kleine Öffnung in den Zähnen in die Beute gespritzt. Das Gift ist für die Maus tödlich.
Die Kreuzotter verschlingt auch Beutetiere, die größer als ihr Kopf sind. Dazu kann sie Ober- und Unterkiefer „aushängen". Das ist nur möglich, weil die beiden Hälften ihres Unterkiefers vorn nur durch ein elastisches Band miteinander verbunden sind. Sie können deshalb seitlich auseinanderweichen und unabhängig voneinander bewegt werden. Auf diese Weise kann sich das Maul so vergrößern, dass das Beutetier durchpasst. Durch schiebende Bewegungen wird es nach und nach verschlungen. Kreuzottern sind **lebend gebärende** Reptilien. Die Jungen besitzen schon bei der Geburt voll entwickelte Giftdrüsen und Giftzähne.

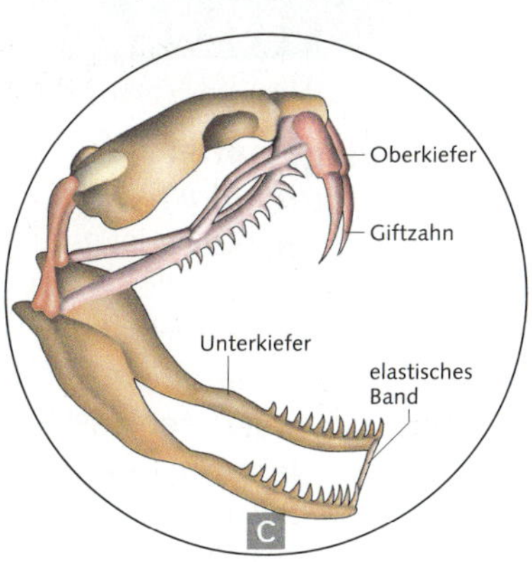

Reptilien Luxemburgs

PINNWAND

1. ≡ Q

Recherchiere Informationen zur Waldeidechse. Erstelle einen Pinnzettel passend zu den anderen auf dieser Seite.

Blindschleiche
(Anguis fragilis)

Merkmale: unterschiedlich gefärbt, meist mit dunklem Streifen auf dem Rücken; Körper mit glänzenden Schuppen bedeckt

Lebensweise: frisst Regenwürmer und Schnecken; lebt an Waldrändern und Parkanlagen; dämmerungsaktiv

Zauneidechse
(Lacerta agilis)

Merkmale: größte einheimische Eidechsenart; kurzer Kopf; kurze Beine; rundliche Schnauze; Männchen im Frühjahr grün gefärbt

Lebensweise: frisst Insekten und Spinnen; lebt an Wegrändern und in warmen, trockenen Wiesen; tagaktiv

Mauereidechse
(Podarcis muralis)

Merkmale: lange, kräftige Beine; spitze Schnauze; Färbung sehr unterschiedlich, meist bräunlich

Lebensweise: frisst Insekten und Spinnen; lebt in der Nähe von trockenen, warmen Mauern und Felsen; tagaktiv

Ringelnatter
(Natrix natrix)

Merkmale: meist grau bis braun gefärbt; Unterseite heller gefärbt; Oberseite mit dunklen Flecken; helle Färbung im Nacken gefolgt von einem dunklen Streifen; ungiftig

Lebensweise: frisst Amphibien; lebt oft in der Nähe von Gewässern an Orten mit vielen Versteckmöglichkeiten, aber auch an Waldrändern; tagaktiv

Schlingnatter
(Coronella austriaca)

Merkmale: Oberseite grau bis braun mit paarigen Flecken; dunkler Streifen vom Nasenloch bis zum Hals; auffälliger oft herzförmiger Nackenfleck; Unterseite schwarz oder rötlich gefärbt; ungiftig

Lebensweise: frisst Eidechsen Insekten; lebt in warmen, trockenen Gebieten mit Felsen; tagaktiv

Reptilien bestimmen

Wenn du wissen möchtest, wie ein Tier heißt, kannst du einen **Bestimmungsschlüssel** benutzen. Hier werden besondere Merkmale von Tieren genau beschrieben. Manchmal helfen dir auch Abbildungen.

So gehst du vor: Beginne beim Startpunkt. Du kannst dich dann jeweils zwischen zwei Möglichkeiten entscheiden. Erkennst du die Merkmale richtig, gelangst du von Entscheidung zu Entscheidung schließlich zum Namen der Tierart.

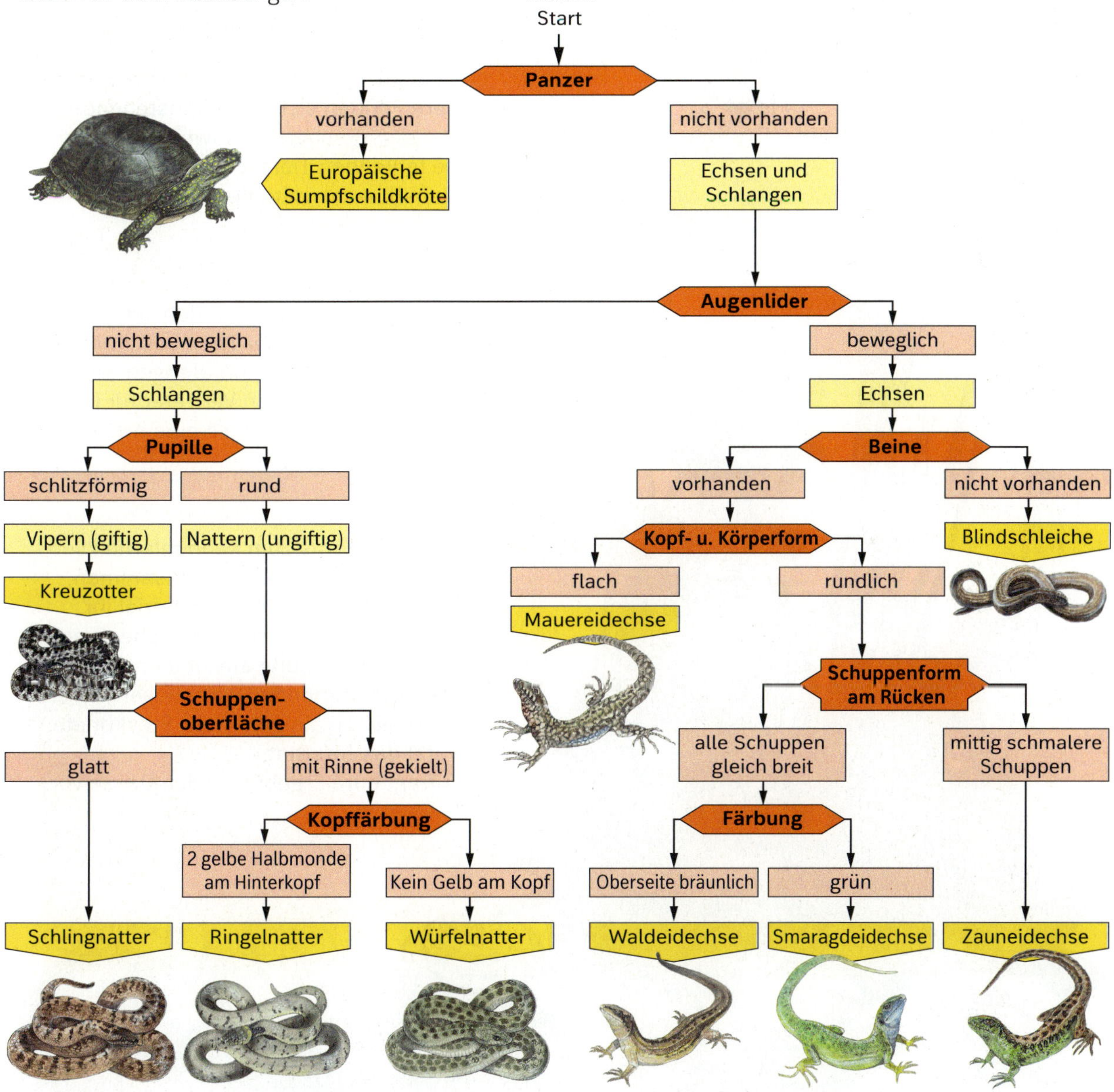

1. Ⓐ
Schreibe einen Bestimmungsweg für die Ringelnatter. Notiere jede einzelne Entscheidung.

2. Ⓐ
Gib an, wodurch sich Eidechsen von Schlangen unterscheiden.

3. Ⓠ
Recherchiere Informationen zur Blindschleiche und erstelle einen Steckbrief. Erkläre auch, warum sie keine Schlange ist.

Wirbellose Tiere in unserem Umfeld

1. ≡ A
Hier sind viele wirbellose Tiere abgebildet. Die Tierarten oder Tiergruppen sind nummeriert. Ordne den im Text genannten Wirbellosen die richtigen Ziffern zu.

2. ≡ Q
Nicht zu allen abgebildeten wirbellosen Tieren finden sich im nebenstehenden Text entsprechende Hinweise. Bestimme die fehlenden Tiere, zum Beispiel den Weberknecht, mithilfe von Bestimmungsbüchern.

3. ≡ A
Im Informationstext werden sechs Gruppen wirbelloser Tiere beschrieben, die du auch in den Abbildungen wiederfindest. Nenne einen Vertreter für jede Gruppe, zu dem es auch eine Abbildung gibt.

4. ≡ V
a) Bildet Teams zum Kennenlernen von wirbellosen Tieren. Stellt zusammen, welches Untersuchungsmaterial ihr benötigt. Sucht euch einen Lebensraum in eurer Umgebung aus und ermittelt die dort vorkommenden wirbellosen Tiere.
b) Erstellt zu einigen Arten Steckbriefe. Nutzt das Internet.
c) Tragt eure Ergebnisse der Klasse vor.

Wirbellose Tiere

Wenn Menschen nach Tierarten gefragt werden, denken viele zuerst an Wirbeltiere wie Säugetiere oder Vögel. Doch nur etwa 5 % aller Tierarten gehören zu den Wirbeltieren. 95 % aller Tierarten gehören zu den **wirbellosen Tieren.**

Insekten

Bei einem Gang entlang einer Wiese kann man verschiedene wirbellose Tiere beobachten. Es gibt dort Schmetterlinge, Honigbienen und Hummeln, die von Blüte zu Blüte fliegen. Schwebfliegen „stehen" wie Hubschrauber über den Pflanzen und landen plötzlich auf einer Blüte. Libellen mit großen Augen und schlankem Hinterleib fliegen über die Wiese. Sie jagen kleine Beutetiere. Marienkäfer fressen Blattläuse. Eine Streifenwanze saugt Pflanzensäfte aus einem Pflanzenstängel. Ein Grünes Heupferd stößt sich mit den beiden kräftigen Sprungbeinen und ausgebreiteten Flügeln ab und landet ein paar Meter weiter auf einer anderen Pflanze. Im Gras sitzt ein metallisch grünblau gefärbter Moschusbock. So verschieden die Tiere auch aussehen, sie alle sind Insekten und haben sechs Beine. Weltweit kennt man etwa 1,5 Millionen Arten und ständig werden neue entdeckt.

Spinnentiere

Am Wegrand springt ein kleines Tier fort, das zunächst wie ein Insekt aussieht. Bei genauem Hinsehen entdeckt man jedoch acht Beine. Dies ist ein Kennzeichen für Spinnentiere. Es handelt sich um eine Springspinne. Sie baut kein Fangnetz, sondern erbeutet ihre Opfer im Sprung.

Krebstiere

Unter Steinen verborgen sitzen lichtscheue 5 mm bis 15 mm große Asseln, die vorwiegend von Pflanzenresten leben. Der ursprüngliche Lebensraum dieser Krebstiere dürfte vor vielen Millionen Jahren das Wasser gewesen sein. Auch der Wasserfloh gehört zu den Krebstieren.

Tausendfüßer

Ebenfalls unter Steinen leben Steinläufer. Sie gehören zu den Tausendfüßern. Ihr Körper ist in Kopf und Rumpf gegliedert. Jeder ihrer 15 Körperringe besitzt ein Beinpaar. Steinläufer sind Räuber, die Asseln und Spinnentiere erbeuten. Sandschnurfüßer dagegen haben etwa 50 Körperringe mit jeweils zwei Beinpaaren. Sie ernähren sich von Pflanzen- und Tierresten.

Weichtiere

An einem feuchten Ort kriecht eine Bänderschnecke. Sie gehört wie Wasserschnecken und Teichmuscheln zu den Weichtieren, die eine Kalkschale bilden.

Ringelwürmer

Der Regenwurm mit dem aus einzelnen Ringen bestehenden Körper lebt im Boden. Er gehört zu den Ringelwürmern.

2 Wirbellose Tiere:
A Springspinne,
B Assel,
C Steinläufer,
D Bänderschnecke,
E Regenwurm

1 Wirbellose Tiere in ihren Lebensräumen

Wirbellose Tiere im Überblick

1. ≡ (A)
Notiere mögliche Kriterien, nach denen wirbellose Tiere eingeteilt werden können.

2. ≡ (Q)
Weichtiere und Ringelwürmer sind ein Tierstamm. Recherchiere zum Stamm der Gliederfüßer und notiere die Tiergruppen auf dieser Seite, die diesem Stamm angehören.

Etwa 95 % aller Tierarten auf der Welt gehören zu den Wirbellosen. Sie unterscheiden sich von Wirbeltieren dadurch, dass sie keine Wirbelsäule haben.
Man findet die Wirbellosen in allen Ökosystemen der Erde. Zu den wirbellosen Tieren gehören zum Beispiel die **Stämme** der Plattwürmer, Stachelhäuter, Weichtiere, Ringelwürmer, Nesseltiere, Schwämme und der artenreiche Stamm der Gliederfüßer.

1 Gewöhnlicher Tintenfisch

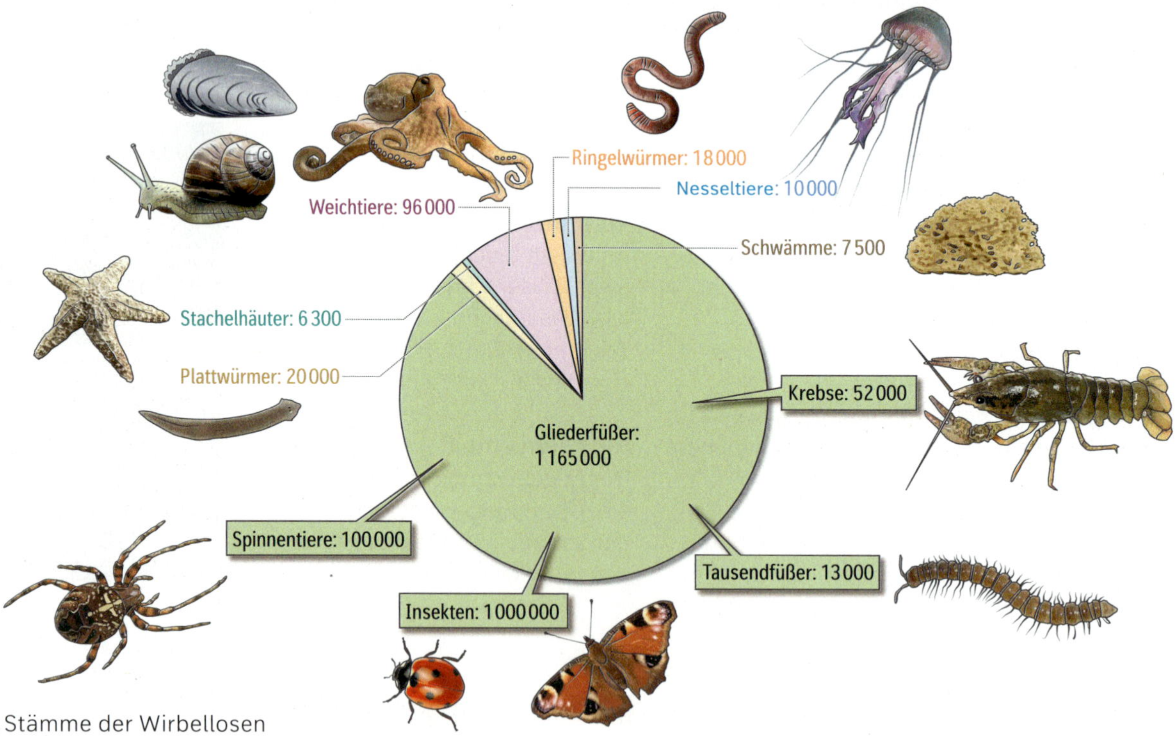

2 Stämme der Wirbellosen

Der Stamm der Gliederfüßer

Zu den Gliederfüßern gehören die **Klassen** der Spinnentiere, Krebse, Insekten und Tausendfüßer. Sie haben ein schützendes Außenskelett. Das Außenskelett besteht aus Chitin. Die Gliedmaßen der Gliederfüßer sind in mehrere Abschnitte unterteilt. Das gibt ihnen diesen Namen.
Meist betrachtet man die verschiedenen Klassen einzeln, da sie sich stark voneinander unterscheiden.

Der Stamm der Nesseltiere

Quallen und Korallen gehören zu den Nesseltieren. Nesseltiere leben oft im Meer, aber auch im Süßwasser. Sie haben einen Körper aus einer Außenschicht, einer Stützschicht und einer Innenschicht. Die Schichten umgeben den Magen-Darm-Trakt. Sie haben häufig Tentakel, mit denen sie Beutetiere fangen.

Der Stamm der Ringelwürmer

Der Regenwurm gehört zu den Ringelwürmern. Der Körper der Ringelwürmer ist in viele einzelne Segmente unterteilt. Wir erkennen sie als Ringe.

Der Stamm der Weichtiere

Schnecken, Muscheln und Kopffüßer, zu denen die Tintenfische gehören, sind Weichtiere. Sie haben einen wenig gegliederten Körper und besitzen oft eine Kalkschale, um ihre Organe zu schützen.

Tiergruppen	Beispiele	Merkmale
1 Weichtiere **Körpergliederung:** äußerlich ungegliederter Körper; Kopf Fußsack, Mantel, Eingeweide	 Weinbergschnecke, Tintenfisch, Große Wegschnecke, Teichmuschel	• Keine Beine • Mit oder ohne Gehäuse • Flacher, schleimiger Fuß • Atmungssystem: einfache Lungen, Kiemen oder Hautatmung • Blutkreislauf: meist offen • Nervensystem: Nervenknoten, Gehirn bei Tintenfischen
2 Insekten **Körpergliederung:** Kopf, Brust, Hinterteil	 Maikäfer, Tagpfauenauge, Taufliege, Honigbiene, Marienkäfer	• 3 Beinpaare • 2 Fühler • Meist mit Flügeln • Larven sehen ganz anders aus • Außenskelett • Atmungssystem: Tracheen • Blutkreislauf: offen • Nervensystem: Strickleiternervensystem
3 Spinnentiere **Körpergliederung:** Kopf-Brust-Stück + Hinterteil	 Kreuzspinne, Weberknecht, Gemeiner Holzbock (Zecke)	• 4 Beinpaare • Keine Fühler • Keine Flügel • Außenskelett • Atmungssystem: Tracheen • Blutkreislauf: offen • Nervensystem: Strickleiternervensystem
4 Krebstiere **Körpergliederung:** Kopf-Brust-Stück + Hinterteil	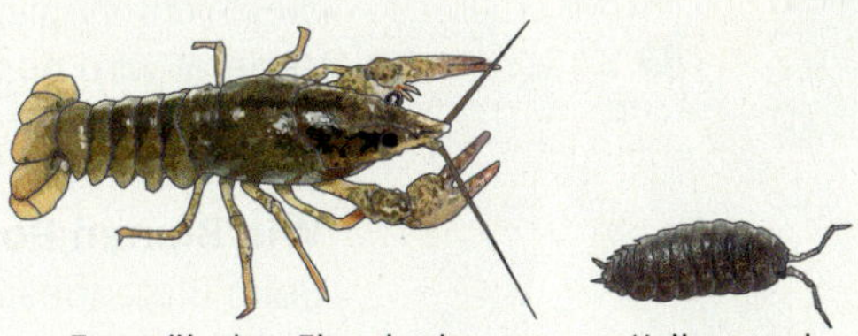 Europäischer Flusskrebs, Kellerassel, Strandkrabbe	• 5 – 10 Beinpaare • Fühler • Keine Flügel • Außenskelett • Atmungssystem: Kiemen • Blutkreislauf: offen • Nervensystem: Strickleiternervensystem
5 Tausendfüßer **Körpergliederung:** Kopf und Rumpf	 Hundertfüßer, Doppelfüßer	• Viele Beinpaare • Fühler • Langgestreckter Körper • Außenskelett • Atmungssystem: Tracheen • Blutkreislauf: offen • Nervensystem: Strickleiternervensystem
6 Ringelwürmer **Körpergliederung:** Segmente	 Regenwurm, Wattwurm, Blutegel	• Keine Beine • Keine Augen • Gleichförmiger Körperbau • Atmungssystem: Hautatmung • Blutkreislauf: geschlossen • Nervensystem: Strickleiternervensystem

3 Merkmale wirbelloser Tiere im Überblick

Stamm der Gliederfüßer – Die Honigbiene, ein Insekt

1. (A)
a) Woran erkennst du, dass Bienen Insekten sind? Nenne typische Merkmale.
b) Beschreibe die besonderen Baumerkmale und Organe der Bienen und deren Aufgaben. Nimm die Abbildung und den Informationstext zu Hilfe und erstelle eine Tabelle.

2. (V)
Untersuche eine tote Biene mit der Lupe und vergleiche sie mit der Abbildung. Fertige eine Skizze an und beschrifte.

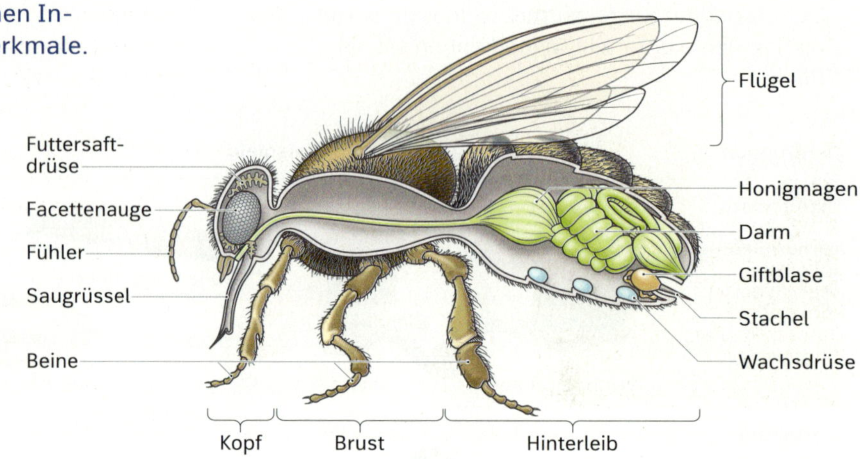

Körperbau der Honigbiene

Betrachtet man eine Biene mit einer Lupe, erkennt man die Gliederung des Körpers in Kopf, Brust und Hinterleib. Am **Kopf** sitzen die großen, halbkugeligen Augen. Auf ihrer Oberfläche ist ein regelmäßiges Sechseckmuster zu erkennen. Jedes Sechseck ist ein Einzelauge. Solche aus vielen Einzelaugen zusammengesetzten Augen heißen **Facettenaugen** oder Netzaugen. Bienen können mit ihren Augen sehr gut Blütenfarben wahrnehmen.

Mit den beiden **Fühlern** können Bienen tasten und riechen. Um an den Nektar am Blütenboden zu gelangen, benutzen Bienen ihren **Saugrüssel.** Er wird ausgeklappt. Der Nektar wird dann mit der Spitze, dem so genannten Löffelchen, aufgeleckt und durch den Rüssel aufgesaugt.

Am **Brustabschnitt** sitzen vier dünnhäutige Flügel und drei Beinpaare. Die Brust ist durch eine bewegliche Verbindung mit dem **Hinterleib** verbunden. Hier liegt der **Honigmagen,** in dem der Nektar gesammelt wird.

1 Sammelbein der Biene: **A** mit Pollen, **B** ohne Pollen von außen

Auch der Darm sowie der **Stachelapparat** mit dem Stachel, den Giftdrüsen und der Giftblase befinden sich hier. Der Stachel besteht aus zwei aneinandergelegten Stechborsten mit Widerhaken. Er ist eine wirksame Waffe gegen andere Insekten und kann aus ihrem Körper unbeschädigt herausgezogen werden. Beim Stich in die menschliche Haut ist dies nicht möglich. Der Stachelapparat wird aus dem Hinterleib herausgerissen. Die Biene stirbt.

Wie Bienen Pollen sammeln

Beim Blütenbesuch bleiben klebrige Pollenkörner im Pelz der Biene haften. Während des Fluges kämmt sie mit den Vorderbeinen den Pollen ab und schiebt ihn zu den Hinterbeinen. Zwischendurch wird er mit Nektar angefeuchtet. An der Außenseite der Hinterbeine, die auch als **Sammelbeine** bezeichnet werden, befinden sich die Körbchen. Dies sind von Borsten umgebene Vertiefungen, in denen der Pollen gesammelt und zum Bienenstock transportiert wird. Dort füllen die Bienen die Pollenpakete in die Vorratszellen der Waben.

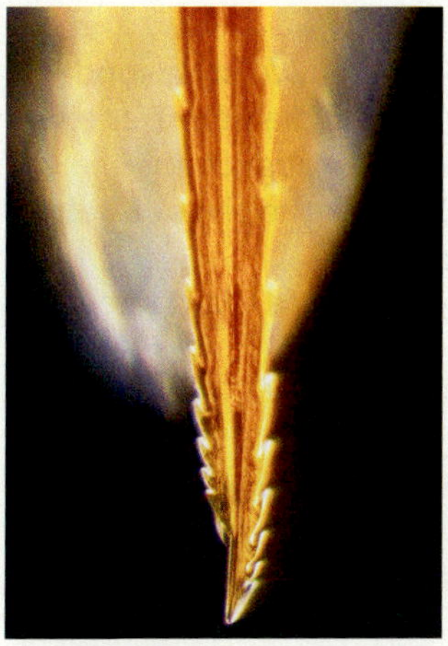

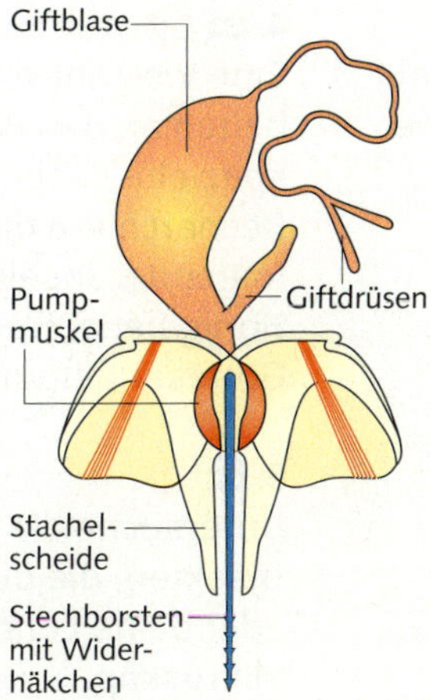

3. Ⓐ
a) Beschreibe, wie der Stachelapparat einer Honigbiene aufgebaut ist.
b) Erläutere, welche Bedeutung er für eine Biene hat.

4. Ⓐ
Beschreibe, wie sich Bienen mithilfe von Bienentänzen verständigen können.

5. Ⓐ
Vergleiche Königin, Drohne und Arbeitsbiene. Stelle in einer Tabelle die jeweiligen Aufgaben und die Körpermerkmale dieser Bienen zusammen.

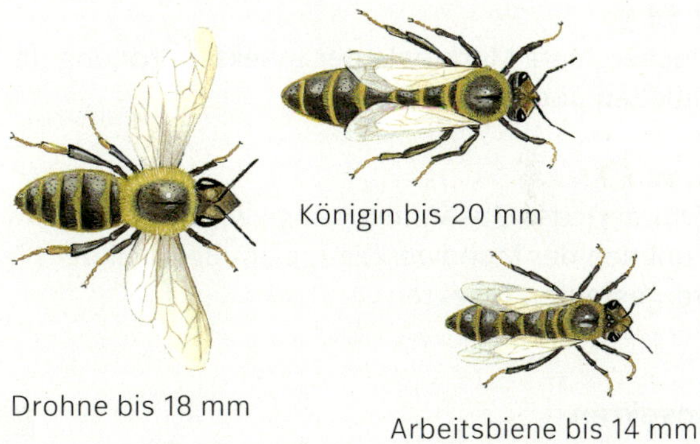

Der Bienentanz

Haben Bienen eine lohnende Futterquelle entdeckt, geben sie die Informationen über Entfernung und Richtung an ihre Stockgenossinnen weiter. Dazu verwenden sie eine Art Zeichensprache, den **Bienentanz.** Beim Schwänzeltanz bewegen die Tiere ihren Hinterleib hin und her und laufen dabei in der Dunkelheit des Stockes schräg auf den senkrecht hängenden Waben.

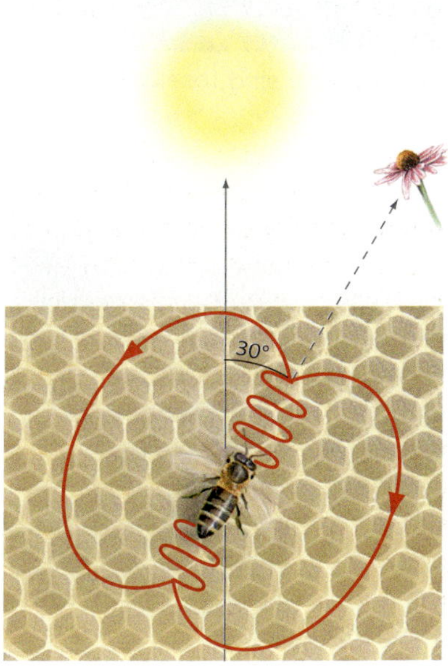

2 Bienentanz

Die anderen Arbeiterinnen ertasten die Richtung und die Geschwindigkeit dieser Bewegungen mit den Fühlern. Je schneller der Tanz ist, desto näher ist die Futterquelle. Der ertastete Winkel wird auf die Richtung in Vergleich zum Sonnenstand übertragen.
Außerdem riecht die tanzende Biene nach der Futterquelle und gibt Kostproben aus ihrem Honigmagen ab.

Mitglieder des Bienenstaates

Bei einem Blick in einen Bienenstock sieht man mehrere nebeneinander hängende, senkrechte Holzrahmen. In diese Rahmen haben Bienen ihre **Waben** aus Wachs gebaut. Die Waben bestehen aus einigen tausend sechseckigen Zellen. Auf ihnen drängen sich Bienen dicht an dicht.
Meistens sind es **Arbeiterinnen,** die kleinsten Mitglieder des Bienenvolkes. Bis zu 50 000 können es im Sommer sein. Sie sind Weibchen, haben aber zurückgebildete Eierstöcke und sind daher unfruchtbar. Nur in den Sommermonaten findet man noch einige hundert männliche Tiere im Bienenstock, die **Drohnen.** Sie tragen zur Fortpflanzung bei, indem sie junge Königinnen begatten. Nach der Begattung sterben die Drohnen.
Eine einzelne große Biene mit langem, schlankem Hinterleib ist die **Königin.** Sie ist meist von einer Schar Arbeiterinnen umgeben. Sie wird von diesem Hofstaat umsorgt. Die Königin legt von Mai bis Juni täglich etwa 1500 bis 2000 Eier, etwa jede Minute ein Ei. Die unterschiedlichen Aufgaben aller Bienen des Volkes sind aufeinander abgestimmt.
Eine solche Gemeinschaft von Insekten wird als **Insektenstaat** bezeichnet.

Insekten lassen sich ordnen

1. Ⓐ
Nutze das Erschließungsfeld Vielfalt, indem du die auf dieser Seite vorgestellten Insektenordnungen in einer Tabelle vergleichst.

Insektenordnung	Mundwerkzeuge	Beinform	Beispiel
...	...	...	...

2. Ⓠ
Recherchiere Merkmale der Insektenordnung der Libellen und notiere diese.

3. Ⓐ
Erläutere den Zusammenhang zwischen Bau und Funktion der Mundwerkzeuge am Beispiel der hier vorgestellten Insekten.

4. Ⓠ
Eine Vielzahl von Insekten weist Besonderheiten an den Beinen auf, die dem Tier eine spezielle Lebensweise ermöglichen.
Recherchiere die Besonderheiten der Beine folgender Insekten:
Honigbiene, Hundefloh, Rote Waldameise, Gottesanbeterin.

5. Ⓠ
Untersuche die Beine und Flügel von toten Insekten, die du draußen gefunden hast oder deine Lehrkraft mitbringt, unter dem Mikroskop.
Erstelle eine mikroskopische Zeichnung.

Insekten

Insekten begegnen uns überall auf der Erde. Man schätzt, dass es mehrere Millionen Arten gibt. Damit diese Artenvielfalt überschaubar wird, ordnet man sie nach bestimmten Merkmalen.
Ordnet man Insekten nach ihrer Verwandtschaft miteinander, kann man unter anderem Käfer, Schmetterlinge, Zweiflügler und Hautflügler unterscheiden. Das sind die vier größten Ordnungen der Insekten. Es gibt ungefähr 350 000 Käferarten und ungefähr 160 000 Arten von Schmetterlingen, Zweiflüglern und Hautflüglern.
Auffällige Merkmale, nach denen man Insekten unterscheiden kann, sind zum Beispiel die Mundwerkzeuge und Beinformen. Sie sind je nach Lebens- und Ernährungsweise des Insekts unterschiedlich geformt.

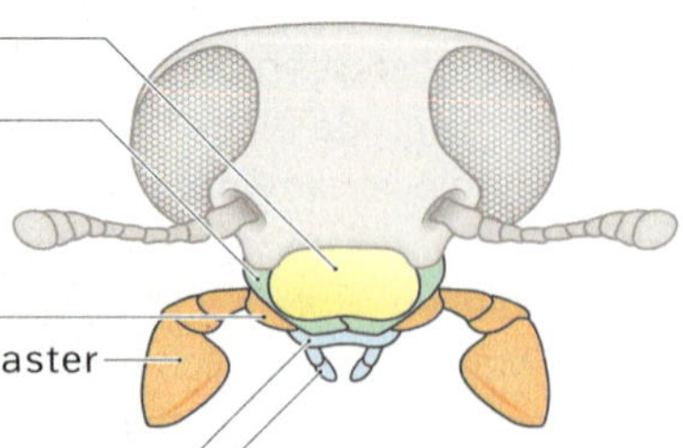

2 Beißend-kauende Mundwerkzeuge eines Käfers

1 Marienkäfer, Ameisen und Blattläuse sind Insekten

Käfer

Käfer bilden die artenreichste Ordnung unter den Insekten. Ihre Vorderflügel sind zu festen Deckflügeln umgebildet, die sich schützend über die häutigen Hinterflügel legen. Diese wirken als Tragflächen. Viele Käfer haben beißend-kauende Mundwerkzeuge. Marienkäfer ernähren sich von Blattläusen, die sie mit ihren kräftigen Mundwerkzeugen töten und zerkauen. Mit ihren sechs Beinen können sie sich an dünnen Ästen festhalten.

3 Marienkäfer

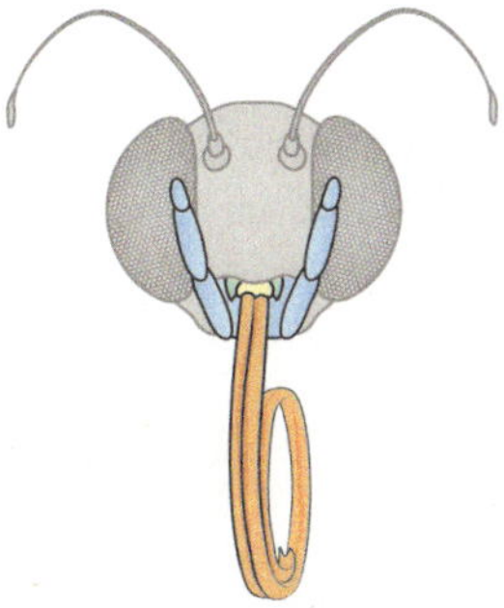
4 Saugende Mund-werk-zeuge eines Schmetterlings

Schmetterlinge

Schmetterlinge besitzen zwei Paar Flügel. Die Flügel sind von vielen kleinen, farbigen Schuppen bedeckt, die durch die Brechung des Lichts schillern.
Die Mundwerkzeuge sind als ausrollbare Saugrüssel ausgebildet. So können die Schmetterlinge den Nektar aus langen Blütenröhren saugen. Auch Schmetterlinge haben, wie alle Insekten, sechs Beine. Das vordere Beinpaar benutzen sie allerdings fast ausschließlich zum Putzen ihrer Fühler und Facettenaugen.

5 Schwalbenschwanz

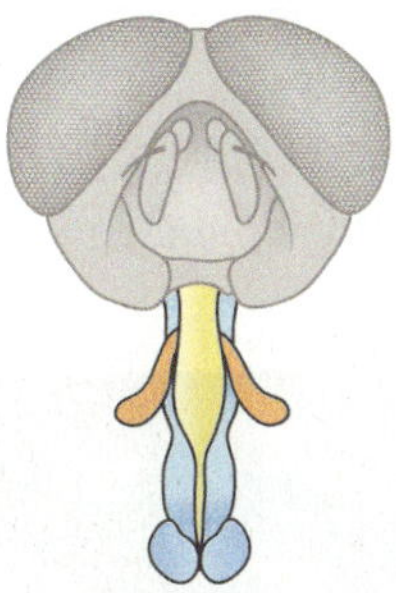
6 Tastend-saugende Mundwerkzeuge der Stubenfliege

Zweiflügler

Die Stubenfliege gehört zu den Zweiflüglern. Sie besitzen ein häutiges Flügelpaar. Die Hinterflügel sind zu kleineren Schwingkölbchen umgebildet. Mit den Schwingkölbchen nimmt die Stubenfliege Luftbewegungen wahr.
Die Mundwerkzeuge der Stubenfliege dienen zum Auflecken von Flüssigkeiten. Es sind saugend-leckende Mundwerkzeuge, die man auch Tupfrüssel nennt. Mit ihren behaarten Beinen sondert die Fliege eine klebrige Flüssigkeit ab, mit denen sie sich auch auf glatten Oberflächen festhalten kann.

7 Stubenfliege

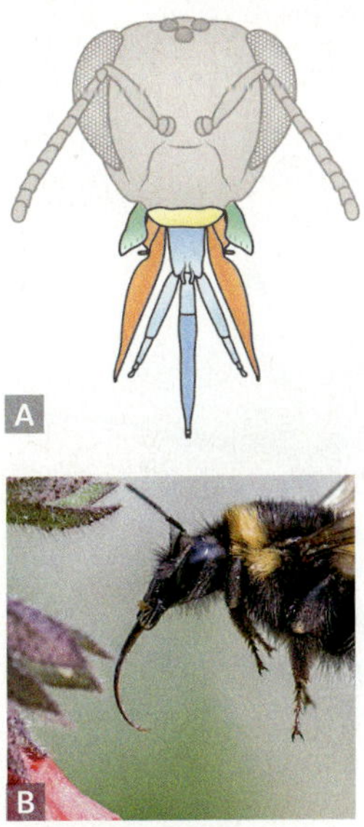

8 Leckend-saugende Mundwerkzeuge der Honigbiene. **A** Schema; **B** Biene im Anflug auf eine Blüte

Hautflügler

Die Honigbiene gehört zu den Hautflüglern. Die vier Flügel der Hautflügler sind meistens durchsichtig und häutig.
Die Honigbiene hat leckend-saugende Mundwerkzeuge. Mit ihrem Rüssel kann sie den Nektar aus flachen Blüten auflecken und saugen.
Das hintere Beinpaar der Honigbienen hat eine besondere Bedeutung für das Sammeln von Pollen. Diese beiden Sammelbeine sind teilweise besonders breit und an der Innenseite mit Haarborsten besetzt. Damit kann die Honigbiene Pollen von ihrem behaarten Körper bürsten. Am Unterschenkel der hinteren Beine hat die Biene jeweils eine Vertiefung, das Körbchen. Darin kann die Honigbiene große Mengen an Pollen sammeln und zum Bienenstock bringen.

9 Honigbiene

Angepasstheiten von Insekten

1. Erkläre, warum ein Grünes Heupferd besser springen als schwimmen kann.

2. Ordne den Beinen in den Bildern A-C die Begriffe Schwimmbein, Grabbein und Sprungbein zu.

3. Erläutere, wie die Insektenbeine an die Lebensweise der jeweiligen Insekten angepasst sind.

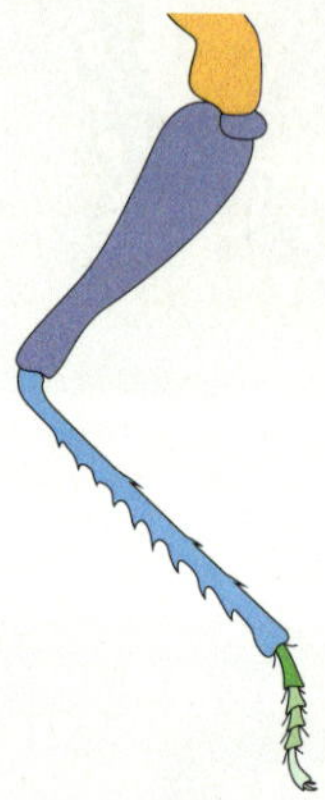

A

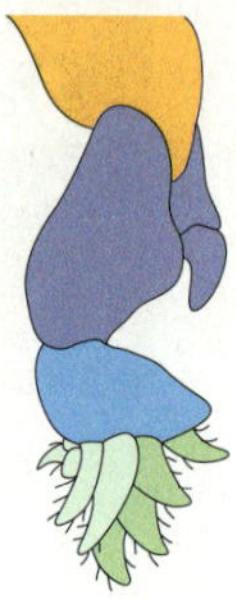

B

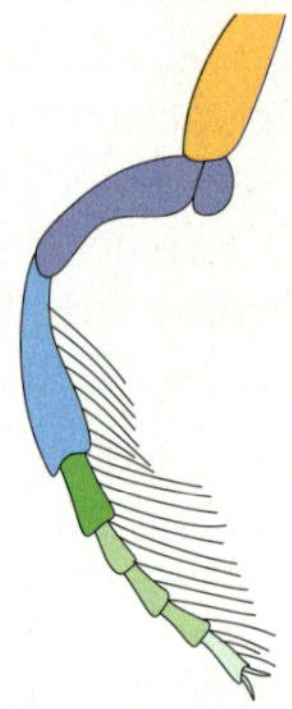

C

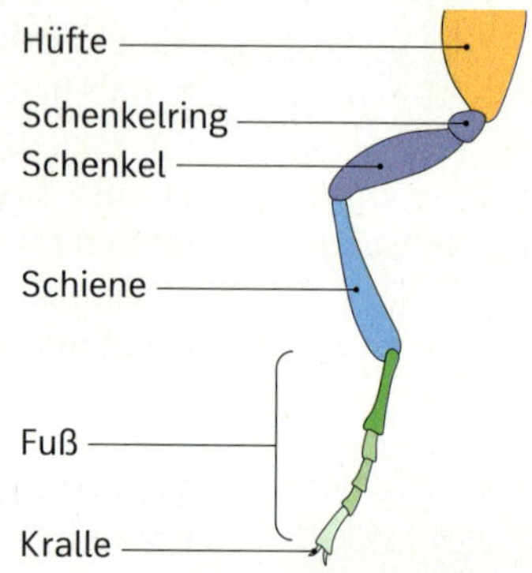

Grundbauplan

Beine der Insekten

Insekten haben sechs Beine. Diese bestehen aus mehreren Gliedern, die beweglich miteinander verbunden sind. Die **Hüfte** ist das erste Glied, welches direkt an der Brust ansetzt. Der **Schenkelring** verbindet die Hüfte mit dem **Schenkel**. Danach folgt die **Schiene** und der **Fuß**. Am Ende des Fußes setzt noch die **Kralle** an.

Der Grundbauplan der Beine aller Insekten ist gleich. Dieser bildet das **Laufbein**. Je nach Lebensweise des Insekts sind manche Beine besonders geformt.

1 Ameise

2 Gelbrandkäfer

3 Maulwurfsgrille

4 Günes Heupferd

Das Schwimmbein

Das **Schwimmbein** ist ein an die Fortbewegung im Wasser im Wasser angepasstes Insektenbein. Der Schenkel und die Schiene sind im Vergleich zum Laufbein bogenartig verformt. An der Unterseite befinden sich feine Borsten. Der im Wasser lebende Gelbrandkäfer besitzt verlängerte Schwimmbeine, die er wie ein breites Paddel benutzt.

Das Grabbein

Das **Grabbein** ist breiter und kräftiger gebaut als das Laufbein. So bietet es der Erde genug Widerstand und wird beim Graben nicht verletzt. Die Maulwurfsgrille benutzt ihre zu Grabbeinen umgestalteten Vorderbeine wie eine Schaufel, um sich durch den Boden zu graben.

Das Sprungbein

Beim **Sprungbein** sind der Schenkel und die Schiene stark verlängert. Zusätzlich ist der Schenkel des Sprungbeins breiter gebaut als beim Laufbein. Hier setzen starke Muskeln an, die Insekten wie zum Beispiel dem Grünen Heupferd oder auch dem Floh weite Sprünge ermöglicht.

Einheimische Insekten

Große Erdhummel
(Bombus magnus)
Merkmale: Vorder- und Hinterflügel dünnhäutig und durch Häkchen miteinander verbunden · Körper schwarz behaart mit gelben Ringen und weißer Hinterleibsspitze
Lebensweise: Staaten bildendes Insekt · lebt in Erdlöchern · Wehrstachel

Siebenpunkt-Marienkäfer
(Coccinella septempunctata)
Merkmale: harte, rote Vorderflügel mit je vier Punkten · bei geschlossenen Flügeln verschmelzen die vorderen beiden Punkte zu einem Punkt
Lebensweise: frisst Blattläuse · überwintert unter Baumrinden oder in Mauerritzen

Silberfischchen
(Lepisma saccharina)
Merkmale: abgeplatteter Körper mit silbrigen Schuppen · flügellos · Hinterleib mit zarten Borsten
Lebensweise: lebt in Wohnungen und Kellerräumen · nagt zum Beispiel an Tapeten und Büchern · nachtaktiv

Blaugrüne Mosaikjungfer
(Aeshna cyanea)
Merkmale: dünnhäutige, gleich große und nicht miteinander verbundene Vorder- und Hinterflügel · gelb-grüner Brustabschnitt · schlanker Hinterleib
Lebensweise: lebt an stehenden und langsam fließenden Gewässern · jagt und frisst Insekten

Gemeine Viehbremse
(Tabanus bromius)
Merkmale: große Vorderflügel · Hinterflügel als Schwingkölbchen ausgebildet · Hinterleib dunkel mit gelblichen Flecken · goldgrün schillernde Augen
Lebensweise: Weibchen stechen Menschen und Tiere, um Blut zu saugen · Männchen ernähren sich von Nektar · bevorzugt feuchte Gebiete

1. Suche dir ein Insekt auf dieser Pinnwand aus. Recherchiere Angepasstheiten dieser Art.

PINNWAND

Strategien zum Überleben

1. Ⓐ
Nicht jedes Blatt in Südostasien gehört zu einer Pflanze. Erläutere diese Aussage.

2. Ⓠ
Erstelle vom Wandelnden Blatt einen Steckbrief. Nutze dazu u. a. das Internet. Beschreibe, wie perfekt sich dieses Insekt vor möglichen Feinden tarnt.

3. Ⓠ
a) Stabheuschrecken sind Tarnkünstler. Begründe diese Aussage mit der Abbildung links.
b) Erstelle einen Steckbrief von einer Stabheuschrecken-Art. Nutze das Internet.

4. Ⓠ
Der Hornissenschwärmer: wehrhaft oder harmlos? Informiere dich und berichte.

1 Schwebfliege

2 Abendpfauenauge

3 Spannerraupe

4 Hornissenschwärmer

5 Wandelndes Blatt

Bei einigen Insektenarten haben sich im Verlauf der zurückliegenden Jahrmillionen vielfältige Strategien entwickelt, die vor dem Gefressenwerden schützen.
Durch die auffallend schwarzgelbe Bänderung ihres Hinterleibs, einer **Warntracht,** machen die wehrhaften Wespen und Hornissen auf sich aufmerksam.
Die nicht gefährlichen Schwebfliegen imitieren dies. Aufgrund ihrer schwarz-gelben **Schutzwarntracht** werden sie von möglichen Fressfeinden gemieden.
Das Abendpfauenauge, ein Nachtfalter, ist tagsüber durch die braune Färbung der Vorderflügel gut getarnt, die er über die Hinterflügel legt. Wird er durch Feinde beunruhigt, klappt er blitzschnell seine Flügel aus und zeigt leuchtend blaue Augenflecke auf den Hinterflügeln. Der Angreifer schreckt zurück, und diesen Augenblick nutzt der Falter zur Flucht. Diese **Schrecktracht** erhöht die Chance zu überleben.
Manche Insekten besitzen eine **Tarntracht.** Sie haben die Form von Zweigen, Blättern, Halmen oder Dornen. Wenn eine Spannerraupe, die Raupe eines Schmetterlings, die Form eines Ästchens aufweist, wird sie als mögliches Beutetier leicht übersehen. Ähnlich ist es beim Wandelnden Blatt, das zu den tropischen Heuschrecken zählt. Es sieht ähnlich aus wie die Blätter, von denen diese Pflanzenfresser leben.
Alle diese Schutzeinrichtungen sind jedoch kein absoluter Schutz vor Feinden. Aber die am besten angepassten Insekten haben die größten Chancen zu überleben und somit ihre Eigenschaften an ihre Nachkommen zu vererben.

Insekten bestimmen

Um zu bestimmen, zu welcher Gruppe ein Insekt gehört, verwendet man einen **Bestimmungsschlüssel.**

Man beginnt beim Startpunkt und kann sich anschließend jeweils zwischen zwei Möglichkeiten entscheiden. So gelangt man schließlich zur gesuchten Insektengruppe.

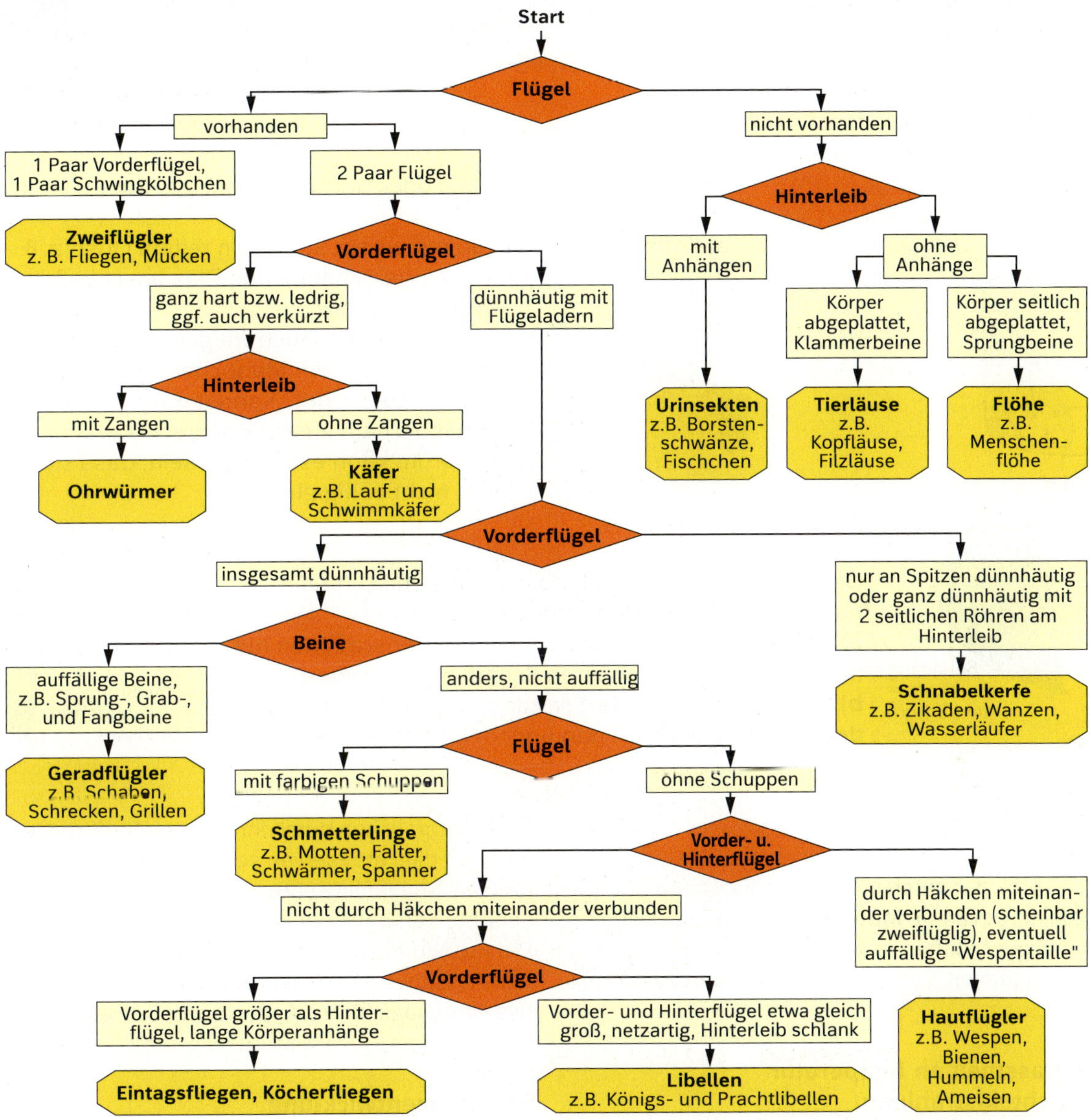

1. ≡ Ⓐ

a) Bestimme mithilfe des Bestimmungsschlüssels, zu welcher Insektengruppe die Insekten auf der nebenstehenden Seite gehören.

b) Stelle an einem Beispiel deinen Bestimmungsweg vor.

2. ≡ Ⓐ

Liste nach dem Bestimmungsschlüssel die Merkmale von zwei Insektengruppen auf.

3. ≡ Ⓠ

Stelle zu einer Insektengruppe zwei Arten vor.

METHODE

Jeder ist anders - das kann von Vorteil sein

1. Ⓐ

a) Obwohl die abgebildeten Käfer alle zur gleichen Art – dem Zweipunkt-Marienkäfer – gehören, zeigen sie auffällige Unterschiede. Beschreibe sie.

b) Überlege, welche Vorteile die unterschiedliche Grundfärbung haben könnte. Berücksichtige dabei, dass Insekten wechselwarme Tiere sind.

2. Ⓐ

Im Herbst treten in Küche oder Garten oft winzige, nur 2–3 mm große Fruchtfliegen auf.

a) Ködere einige Fliegen mit einem Stück von reifem Obst (z. B. Banane, Pfirsich, Pflaume). Verschließe das Glas anschließend mit Watte oder Gaze.

b) Betrachte die Fruchtfliegen mit der Lupe. Wie unterscheiden sich Männchen und Weibchen (z. B. Größe, Farbe)? Kannst du Unterschiede auch innerhalb eines Geschlechts erkennen?

c) Warum kann es sinnvoll sein, dass sich die Tiere nicht völlig gleichen?

3. Ⓐ

Die Abbildung links zeigt, dass chemische Gifte die meisten Schadinsekten sicher abtöten.

a) Erläutere, warum in den folgenden Generationen nur noch die weiß gezeichneten Schädlinge auftreten.

b) Wie könnte verhindert werden, dass sich die veränderten Schadinsekten nun ungehemmt vermehren?

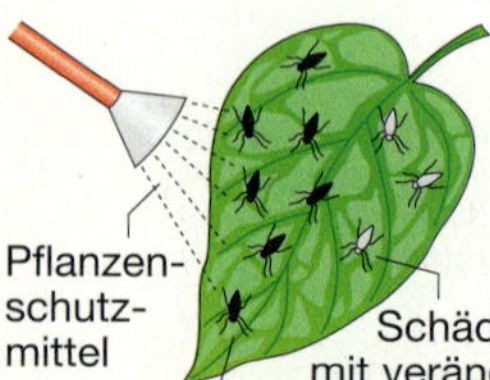

Nicht alle sind gleich

Tiere einer Art sind nur auf den ersten Blick „alle gleich“. Mitunter treten im Erbgut zufällige Veränderungen, so genannte **Mutationen** auf, die zu veränderten Eigenschaften, z. B. zu Unterschieden im Aussehen führen. Diese **Variabilität** kann von Vorteil sein.

Angepasstheit an Temperatur und Lichteinstrahlung

Die Färbung der Flügeldecken fällt bei Zweipunkt-Marienkäfern sehr unterschiedlich aus. Dies hat weder mit dem Geschlecht noch mit dem Alter etwas zu tun. Die mit 15 % eher seltene schwarze Variante ist in den Sommermonaten im Vorteil. Da ihre dunkel gefärbten Flügeldecken das Sonnenlicht stark aufnehmen, kommen die wechselwarmen Tiere schneller auf „Betriebstemperatur“ und haben mehr Zeit für die Fortpflanzung. Im Winter hingegen ist die höhere Körpertemperatur von Nachteil: Schwarze Käfer verbrauchen durch ihre höhere Stoffwechselaktivität die Fettreserven schneller und verhungern leichter. Im Frühling erwachen daher vor allem rot gefärbte Käfer aus der Winterstarre.

Die Ausbildung unterschiedlicher Varianten in Erbgut und Aussehen ist somit eine wichtige Grundlage für die Angepasstheit einer Art an die Umwelt.

Resistenzentwicklung

Was für die Insekten vorteilhaft ist, erweist sich bei der Schädlingsbekämpfung oft als Nachteil. Veränderungen im Erbgut können dazu führen, dass gegen Schadinsekten eingesetzte Gifte ihre Wirkung verlieren. Oft bilden einzelne Tiere Stoffe, die die Schädlingsbekämpfungsmittel in ihrem Körper unschädlich machen. Diese Erscheinung nennt man **Resistenz.** Wissenschaftler sind deshalb ständig bemüht, neue und weiterhin wirksame Insektizide zu entwickeln.

Bionik

Was ist Bionik?

Der Begriff **Bionik** setzt sich aus den Wörtern **Bio**logie und Tech**nik** zusammen. Man versteht darunter ein Arbeitsgebiet, in dem Forscherinnen und Forscher die Natur gezielt untersuchen, um dort Anregungen zur Lösung von technischen Fragestellungen zu finden.

Dies betrifft beispielsweise die technische Gestaltung von Oberflächen, die Fortbewegung, die Stabilität von Strukturen oder das Zusammenfügen unterschiedlicher Stoffe. So wird zum Beispiel die Hautoberfläche von Haien und Delfinen untersucht, die einen sehr geringen Strömungswiderstand im Wasser aufweisen. Die Ergebnisse tragen dazu bei, den Treibstoffverbrauch von Booten und Flugzeugen zu verringern.
Bei der Erfindung des Klettverschlusses war die Frucht der Klette Vorbild. Sie verhakt sich zur Verbreitung im Fell von Säugetieren. Auch wirbellose Tiere liefern viele Anregungen für die Struktur und Funktion von Gebrauchsgegenständen.

1 Wasser auf einem Blatt und auf Autolack

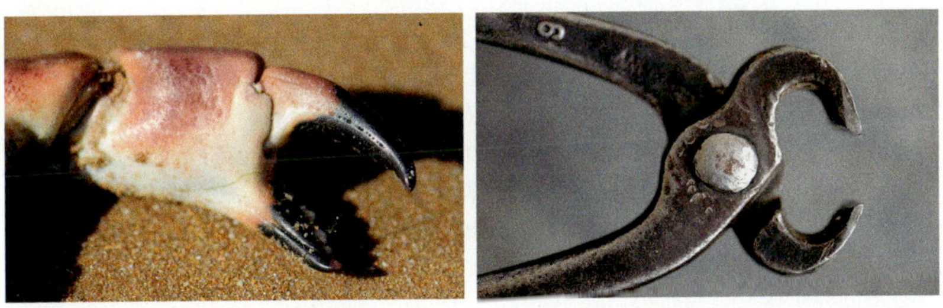

2 Krebsschere und Zange

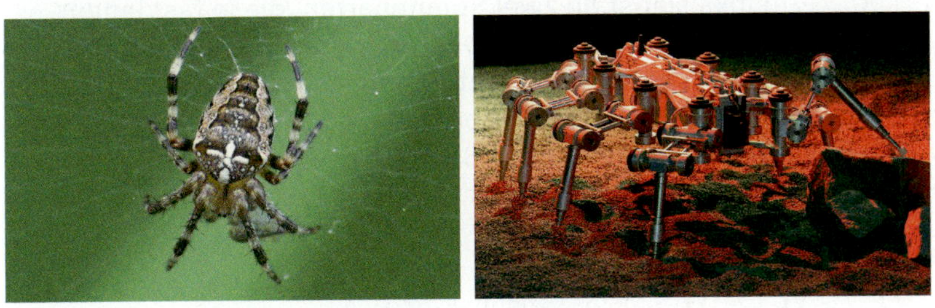

3 Spinne und achtbeiniger Roboter

Oberflächeneigenschaften

Einige Blätter zeigen auf ihrer Oberfläche wasserabweisende Eigenschaften. Diese Eigenschaften macht man sich in der Technik zunutze. So werden etwa Autolacke entwickelt, die diese wasserabweisenden Eigenschaften nachbilden.

Werkzeuge

Viele Werkzeuge, die wir häufig nutzen, wurden den Eigenschaften von Tieren nachempfunden. So sind Zangen den Scheren der Krebse nachempfunden, mit denen diese sehr kräftig greifen, Dinge festhalten oder abtrennen können.

Fortbewegung

Ein Forschungsbereich der Bionik befasst sich mit der Verbesserung von Robotern. Das Laufverhalten von Insekten und Spinnen wird untersucht, um den Roboterantrieb zu optimieren. Insektenfühler dienen als Vorbilder für ihre Tastsysteme, um Hindernissen ausweichen zu können.

STREIFZUG

1. ≡ Ⓐ
Nenne Beispiele für Gebrauchsgegenstände, die sich in Aufbau und Funktion an Körpermerkmalen wirbelloser Tiere orientieren.

2. ≡ Ⓐ
Begründe, warum Insekten als Vorbilder für die Entwicklung von Robotern eine wichtige Rolle spielen.

3. ≡ Ⓠ
Informiere dich über weitere Anwendungsbereiche der Bionik und stelle ein Beispiel vor.

Die Kreuzspinne ist ein Spinnentier

1. Ⓐ
Erkläre folgende Aussage:
„Das Spinnennetz ist die einzige Alarmanlage, die Einbrecher meldet und auch verhaftet."

2. Ⓥ
a) Betrachte im Garten, an einer Hecke oder am Waldrand das Netz einer Kreuzspinne. Am Morgen erleichtern Tautropfen das Auffinden.
b) Notiere Höhe und Durchmesser des Netzes. Schätze den Abstand der Fäden.
c) Ist die Spinne nicht sichtbar, verfolge den Signalfaden am Netzrand bis zu dem Versteck der Spinne.

3. Ⓐ
Vergleiche die Kreuzspinne mit einer Honigbiene. Notiere zwei Gemeinsamkeiten und zwei Unterschiede der Tiere.

4. Ⓥ
a) Geht im Schulgelände auf „Spinnensafari" und sucht nach Spinnen und Spinnennetzen.
b) Fotografiert die Spinnen und Spinnennetze.
c) Gestaltet mit euren Fotos eine Ausstellung. Präsentiert eure Ergebnisse.

5. Ⓐ
a) Beschreibe, wie die Kreuzspinne ihr Netz baut. Verwende die in der Abbildung unten genannten Begriffe.
b) Stelle eine Vermutung an, warum die Spinne die Hilfsspirale wieder auffrisst.
c) Schätze, wie lang der Faden ist, den die Spinne für ein Netz verbaut.

6. Ⓠ
Links siehst du zwei Spinnenarten, die in fast jedem Haus zu finden sind: Die Hauswinkelspinne und die Zebraspringspinne. Informiere dich und erstelle Steckbriefe. Beschreibe dabei auch das Beutefangverhalten der beiden Spinnenarten.

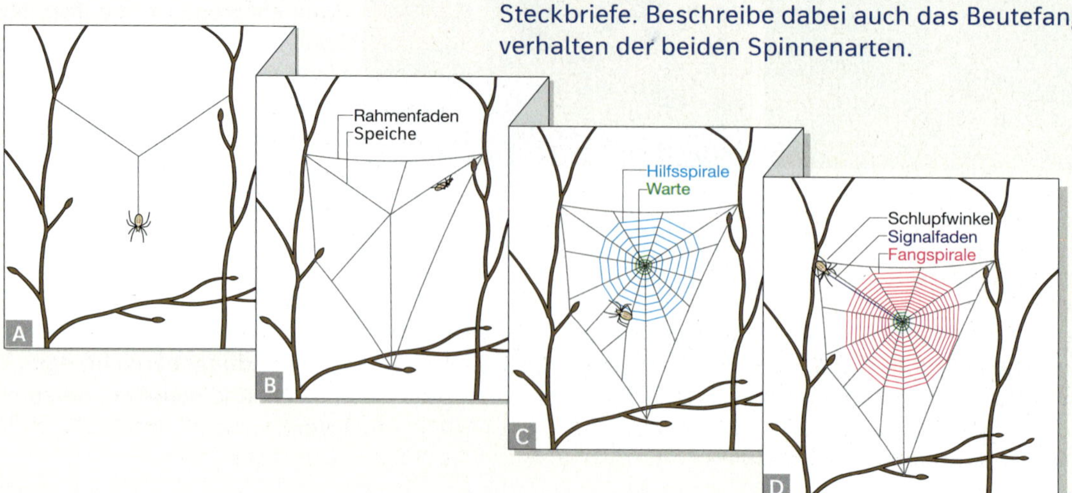

1 Kreuzspinne

Verhalten und Körperbau

Sie laufen fast lautlos über den Boden, seilen sich an langen Fäden ab, fangen ihre Beute in Netzen und lähmen sie mit Gift. Wegen ihrer Lebensweise und ihres fremdartigen Aussehens sind Spinnen vielen Menschen unheimlich.
Die heimische **Kreuzspinne** verdankt ihren Namen einer kreuzförmigen Fleckenzeichnung auf dem rot-braunen Hinterleib.
Der Spinnenkörper besteht aus dem **Kopf-Brustabschnitt** und einem sackförmigen, ungegliederten **Hinterleib.** An der Brust sitzen als typisches Merkmal aller Spinnen acht lange, gegliederte Beine. Die meist nachtaktiven Spinnen können gut tasten, riechen und schmecken.

Beutefang mit Netzen

Als typische **Webspinne** fängt die Kreuzspinne ihre Beute in Netzen. Aus sechs **Spinnwarzen** am Hinterleib tritt eine Flüssigkeit aus, die an der Luft sofort zu einem Spinnfaden erhärtet. Mit den Beinen, die zahlreiche Häkchen und Krallen besitzen, werden die hauchdünnen Fäden zu einem festen, dickeren Faden versponnen. Innerhalb einer halben Stunde baut die Spinne daraus ihr **Radnetz.**
Der **Spinnfaden** selbst hat je nach Bedarf unterschiedliche Eigenschaften. Rahmen und Speichen des Netzes bestehen aus trockenen Fäden. Die Fäden der Fangspirale jedoch sind klebrig. Nur in ihnen verfangen sich Insekten.

2 Kreuzspinne im Netz

Beutefangverhalten

Bei gutem Wetter überwacht die Spinne das fertige Netz von dessen Zentrum aus, der **Warte.** Bei trübem Wetter lauert sie oft in einem nahegelegenen Versteck, das mit dem Netz durch einen **Signalfaden** verbunden ist. Verfängt sich etwa eine Fliege im Netz, nimmt die Spinne die Erschütterungen mit den Beinen wahr. Sofort stürzt sie sich auf die Beute und untersucht sie mit ihren **Kiefertastern.**
Durch einen Biss der mächtigen **Giftklauen** wird das Insekt gelähmt. Da Spinnen ihre Beutetiere nicht zerkleinern können, presst die Kreuzspinne einen Verdauungssaft durch die Wunde. Dieser verflüssigt das Körperinnere, sodass die Spinne den vorverdauten Nahrungsbrei aufsaugen kann. Man nennt dies **Außenverdauung.**
Die leere Chitinhülle des Opfers wird anschließend aus dem Netz entfernt. Bei einem Nahrungsüberangebot umspinnt die Spinne die Beutetiere und nutzt sie als Nahrungsreserve.

Spinnen sind nützlich

Alle Spinnen leben räuberisch. Sie fangen in ihrem Leben zahlreiche Insekten.
Damit erfüllen sie eine wichtige Aufgabe für die Natur und den Menschen.

Der Europäische Flusskrebs ist ein Krebstier

1. (A)
Erstelle einen Steckbrief des Europäischen Flusskrebses.

2. (Q)
Notiere mögliche Schutzmaßnahmen für Flusskrebse.

3. (A)
Beschreibe mithilfe der Abbildung 2 die Fortbewegung des Flusskrebses im Wasser.

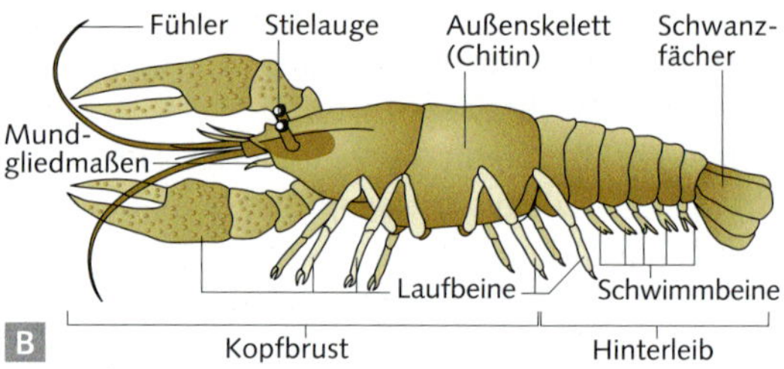

1 Flusskrebs. **A** Flusskrebs; **B** äußerer Körperbau (Schema)

Gefährdeter Lebensraum

Am Boden sauberer Gewässer lebt der **Europäische Flusskrebs.** Dieser einheimische Süßwasserkrebs ist durch Gewässerverschmutzungen und eine Pilzkrankheit immer seltener geworden. Ende des 19. Jahrhunderts wurde der Amerikanische Flusskrebs in weiten Teilen Europas angesiedelt und verdrängte den einheimischen Europäischen Flusskrebs fast vollständig.

Bau und Funktion

Am auffälligsten an dem 12 bis 15 cm langen Europäischen Flusskrebs ist das feste **Außenskelett,** der Krebspanzer. Er besteht aus Chitin und Kalk. Der Panzer verleiht dem Körper Schutz und stützt ihn zugleich. Da er starr ist, kann er nicht mitwachsen. Deshalb häutet sich der junge Krebs drei- bis viermal im Jahr.
Krebse gliedern sich in die starre **Kopfbrust** und den beweglichen **Hinterleib.** An der Kopfbrust befinden sich Stielaugen, Mundwerkzeuge, Fühler und fünf Beinpaare. Die Gliedmaßen bestehen aus beweglich miteinander verbundenen Gliedern. Daher stammt auch der Begriff **Gliederfüßer.** Das vorderste Beinpaar ist zu Scheren umgebildet. Am Hinterleib sitzen fünf Paar Schwimmbeine. Das Körperende bildet ein Schwanzfächer, an dem sich auch die Kiemen zur Atmung befinden.

Dann geht der Europäische Flusskrebs auf Nahrungssuche. Dabei schreitet er mit seinen Laufbeinen langsam vorwärts. Die kräftigen Scheren dienen zum Ergreifen und Zerkleinern der Nahrung, wie zum Beispiel Schnecken, Muscheln, Insektenlarven und kleine Fische. Das Tier reagiert auf die kleinste Erschütterung mit Flucht durch ruckartiges Rückwärtsschwimmen. Dazu bewegt es seinen Hinterleib blitzschnell nach vorn. Durch dieses Rückstoßprinzip erreicht der Flusskrebs große Geschwindigkeiten und kann vor seinen Feinden fliehen.

Lebensweise

Tagsüber hält sich der Europäische Flusskrebs zwischen den Steinen und Wurzeln der Uferregion auf. Erst in den Abendstunden verlässt das nachtaktive Tier sein Versteck.

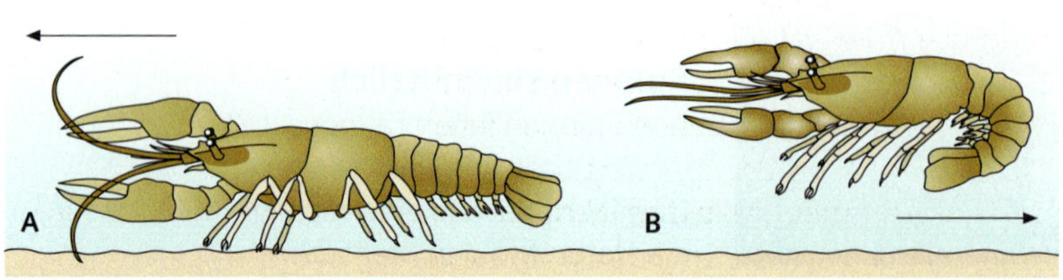

2 Fortbewegung. **A** laufend; **B** schwimmend

Fortpflanzung

Im Spätherbst paaren sich die Flusskrebse. Nach der Begattung legt das Weibchen etwa 200 klebrige Eier, die es an seinen Hinterleib heftet und in ein Versteck bringt. Dort entwickeln sich die befruchteten Eier zu winzigen Krebsen.

Der Wasserfloh – ein Kleinkrebs

1. Ⓐ
Erläutere die Bedeutung der Wasserflöhe für fischreiche Gewässer.

2. Ⓐ
In einem neu angelegten Teich findet man schon nach wenigen Wochen Wasserflöhe. Begründe.

3. Ⓥ
Betrachte einen Wasserfloh unter dem Mikroskop. Beschreibe, was du siehst.

4. Ⓐ
Beschreibe Besonderheiten der Fortpflanzung von Wasserflöhen.

Leben im Wassertropfen

Betrachtet man einige Wassertropfen aus einem Teich oder Tümpel unter dem Mikroskop, kann man verschiedene Kleinstlebewesen erkennen. Ein typisches Kleinstlebewesen ist der Wasserfloh. In den warmen Sommermonaten bevölkert dieser Kleinkrebs unsere stehenden Gewässer in großer Anzahl.

Bau und Funktion

Der gesamte Körper der drei Millimeter kleinen Tiere wird mit Ausnahme des Kopfes von einer zweiklappigen, muschelartigen Schale, dem **Außenskelett,** umschlossen. Es besteht aus Chitin und schützt die Organe. An der Bauchseite ist das Außenskelett geöffnet. Am Kopf liegen die beiden Augen. Sie setzen sich aus vielen kleinen Einzelaugen zusammen. Man nennt sie daher **Facettenaugen.** Auffällig sind die beiden Ruderantennen. Sie ragen weit in das Wasser hinein. Durch ihre ruckartigen Bewegungen sieht es aus, als würden die Tiere hüpfen. Daher stammt der Name Wasserfloh.

Lebensweise

An der Bauchseite ragen aus dem Außenskelett fünf Beinpaare mit abgeflachten Füßen heraus. Diese Blattfüße werden in schneller Folge auf und ab bewegt und erzeugen so einen Wasserstrom. Die Borsten an den Enden der Füße filtern aus dem Wasser Algen und andere Nahrung heraus und fächeln sie zum Mund. Enthält das Wasser viele Grünalgen, gelangen sie in den Verdauungskanal und färben ihn grün. Dann ist seine Lage in der Mitte des Körpers deutlich sichtbar. Die Beine tragen auch die **Kiemen.** Sie entnehmen dem Wasser Sauerstoff, der mit dem Blut durch den Körper transportiert wird. Krebstiere haben einen offenen Blutkreislauf. Für den Transport sorgt das schnell schlagende Herz.

Fortpflanzung

Im unteren Rückenteil der weiblichen Wasserflöhe befindet sich der Brutraum mit Eiern, in denen junge Wasserflöhe heranreifen. Die Eier sind durch **ungeschlechtliche Fortpflanzung** aus unbefruchteten Eizellen entstanden. Schon nach einer Woche bilden auch diese Wasserflöhe unbefruchtete Eier, weshalb Wasserflöhe oft in großen Massen auftreten. Sie sind alle weiblich. Erst im Spätsommer bilden sich auf die gleiche Weise auch Männchen, die sich mit den Weibchen paaren. Durch diese geschlechtliche Fortpflanzung werden aus befruchteten Eizellen die **Wintereier** gebildet. Sie haben eine feste Schale und können Trockenheit und Kälte überstehen. Im nächsten Frühjahr entwickeln sich daraus erneut weibliche Wasserflöhe. Wintereier bleiben im Gefieder der Wasservögel haften und gelangen so in neue Gewässer.

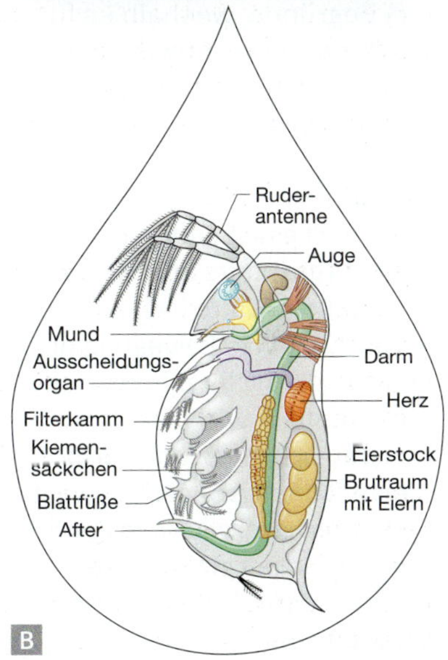

1 Wasserfloh. **A** im Wassertropfen; **B** innerer Bau

Der Stamm der Weichtiere: Die Weinbergschnecke

1. ≡ V

a) Richtet ein Schneckenterrarium wie in untenstehender Abbildung ein und besetzt es mit einer oder mehreren Gehäuseschnecken, z. B. Bänderschnecken. Setzt es keiner direkten Sonnenbestrahlung aus. Führt regelmäßig Feuchtigkeit zu und ersetzt von Zeit zu Zeit die Futterpflanzen.
b) Betrachte den Bau einer Gehäuseschnecke und beobachte ihr Verhalten. Berichte über die Ergebnisse.
c) Begründe, weshalb es für Schnecken wichtig ist, dass das Terrarium ständig feucht gehalten wird.

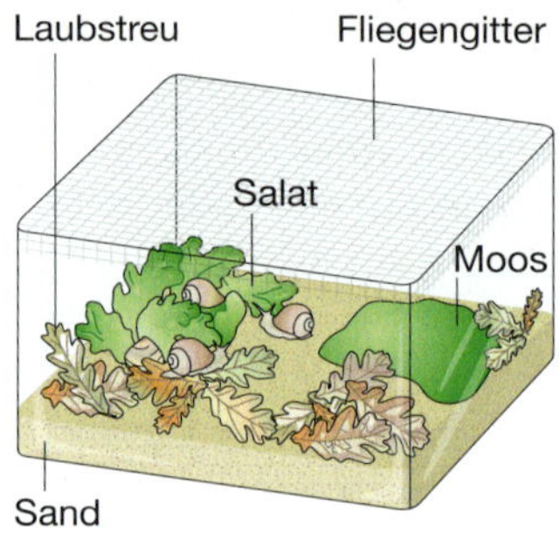

2. ≡ V

a) Lasst eine Schnecke auf einer Glasplatte kriechen und richtet die Platte langsam auf. Beschreibt die Bewegung der Schnecke mit ihrer Kriechsohle.
b) Ermittelt, wie viele Zentimeter sich die Schnecke in einer Minute vorwärtsbewegt.
c) Berechnet, wie viele Zentimeter sie bei gleicher Geschwindigkeit in einer Stunde vorankäme.

3. ≡ A

Erkläre, warum sich eine Schnecke nicht verletzt, wenn sie über eine Rasierklinge kriecht.

1 Weinbergschnecke

Ein Leben im Schneckentempo

Nachts und bei regnerischem Wetter kommen Schnecken aus ihrem Versteck. Die größte unserer einheimischen Gehäuseschnecken ist die Weinbergschnecke. Sie besitzt ein kugelförmiges, bis zu fünf cm großes, helles **Gehäuse** aus Kalk. Es ist weißgrau bis bräunlich und nur schwach gebändert. Langsam kriecht die Schnecke über den feuchten Boden und an Pflanzen empor. Von hinten nach vorn verlaufende, wellenförmige Muskelbewegungen der Kriechsohle schieben das Tier vorwärts. Dabei hinterlässt es eine silbrige Schleimspur. Diesen Schleim scheidet die Schnecke aus dem **Fuß** aus, so dass ihre breite Kriechsohle immer auf einer feuchten Schleimbahn gleitet. Die Schleimspuren finden wir häufig am Wegesrand.

Bau der Gehäuseschnecke

Am Kopf der Weinbergschnecke befinden sich zwei Paar **Fühler.** Am oberen längeren Paar sitzen zwei einfach gebaute Augen, mit denen die Weinbergschnecke Hell und Dunkel sowie Umrisse erkennen kann. Mit dem kürzeren, nach unten gerichteten Tastfühlerpaar wird die Nahrung geprüft. Beide Fühlerpaare kann sie einziehen. Die Weinbergschnecke ernährt sich von Pflanzen. Mit einer **Raspelzunge,** auf der viele tausend rückwärts gerichteter Zähnchen angeordnet sind, schabt die Schnecke die Pflanzen wie mit einer Feile ab und zerreibt sie am festen Oberkiefer. Die Nahrung gelangt in den Magen und Darm, der zusammen mit anderen Organen im spiralig aufgewundenen Eingeweidesack im Gehäuse liegt.

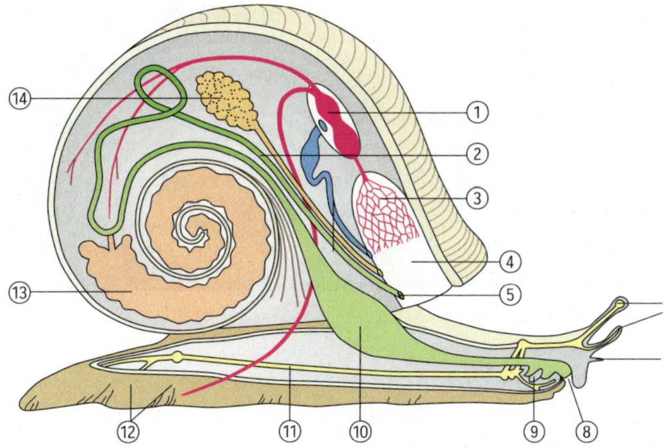

2 Bau einer Gehäuseschnecke. ① Herz, ② Darm, ③ Lunge, ④ Atemloch, ⑤ After, ⑥ Fühler mit Augen, ⑦ Tastfühler, ⑧ Mundöffnung, ⑨ Raspelzunge, ⑩ Magen, ⑪ Nervensystem, ⑫ Fuß und Kriechsohle, ⑬ Mitteldarmdrüse, ⑭ Zwitterdrüse

3 Lebensabschnitte. **A** Paarung; **B** Eiablage; **C** junge Schnecken

Der Eingeweidesack wird vom Mantel bedeckt, der Kalk für das Gehäuse absondert. Am Mantelrand entdeckt man eine Öffnung, das **Atemloch.** Es führt zur Mantelhöhle. Hier verlaufen Blutgefäße, die den Sauerstoff aufnehmen. Anschließend fließt das Blut zum Herzen. Es wird im Körper verteilt und umspült frei die Organe. Schnecken haben einen **offenen Blutkreislauf.** Zusätzlich atmen sie mit ihrer feuchten Körperoberfläche. Alle Schnecken gehören zum Tierstamm der **Weichtiere.**

Fortpflanzung

Schnecken besitzen sowohl männliche als auch weibliche Fortpflanzungsorgane. Sie sind **Zwitter.** In der Zwitterdrüse bilden sich im Frühsommer zugleich Samen- und Eizellen. Wenn sich zwei paarungsbereite Schnecken treffen, pressen sie ihre Kriechsohlen aneinander. Beide Tiere übertragen dann Samenzellen in die vorne rechts am Kopf liegende Geschlechtsöffnung des Partners. Sie werden in der Samentasche gespeichert. Jetzt reifen Eizellen heran, die nach einem Monat durch Samenzellen aus der Samentasche befruchtet werden. Dann graben die Schnecken mit dem Fuß ein Erdloch und legen dort Eier ab. Nach vier Wochen schlüpfen die Jungschnecken.

Lebensweise

Weinbergschnecken leben in lichten Wäldern, Gärten, auf Wiesen sowie in Weinbergen. An Land lebende Gehäuseschnecken müssen sich vor Austrocknung schützen und sind deshalb meistens nachts oder bei Regen unterwegs. Schnecken sind **Feuchtlufttiere.** Bei trockener Witterung und zur Überwinterung verschließen sie ihren Gehäuseeingang mit einem Deckel

Der Stamm der Ringelwürmer: Der Regenwurm

HINWEIS
Achte darauf, dass die Tiere nicht zu Schaden kommen! Bringe sie baldmöglichst in die Natur zurück!

1. V
Lege einen Regenwurm auf eine Glasplatte.
a) Beobachte und beschreibe, wie er sich bewegt.
b) Erkläre, woran du das Vorderende und das Hinterende des Regenwurms erkennst.
c) Lasse den Wurm über Filterpapier kriechen und achte auf Geräusche. Erkläre, wodurch sie zustande kommen.

2. A
Erläutere die Fortbewegung des Regenwurms mithilfe der Abbildung rechts.

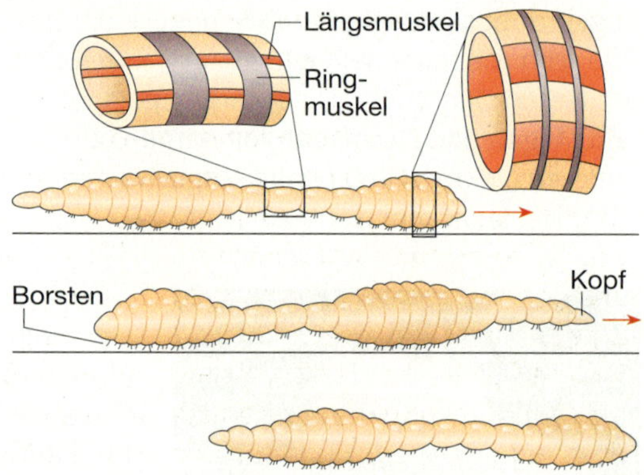

3. V
a) Setze aus Plexiglasscheiben und Holzleisten ein „Wurmarium“ zusammen. Alternativ kannst du ein großes Glas verwenden.
b) Fülle abwechselnd schichtweise Sand und Gartenerde ein. Lege welkes Laub oder Gras auf die oberste Schicht. Setze etwa 5 Regenwürmer hinein. Beobachte.
c) Umhülle den Behälter mit einem Karton oder Tuch. Halte die Erde mäßig feucht.
d) Zeichne oder fotografiere die Schichtung jede Woche. Achte auch auf Veränderungen an der Oberfläche.
e) Erläutere die Bedeutung der Aktivität der Würmer in der Natur.

4. V
Lasse den Regenwurm in ein Glasrohr von 1 – 2 cm Durchmesser kriechen.
Schiebe eine Pappröhre über das Glasrohr und halte den Wurm einige Minuten im Dunkeln. Verschiebe dann die Pappröhre so, dass das Vorderende des Wurmes dem Licht ausgesetzt ist.
a) Beschreibe die Reaktion des Wurms.
b) Erkläre, warum der Wurm so reagiert.
c) Beobachte, ob das Hinterende des Wurms genauso reagiert und erkläre deine Beobachtung.

5. V
Lege den Wurm auf eine Unterlage. Ziehe mit einem Pinsel einen Halbkreis mit verdünntem Essig um das Vorderende des Wurms.
Wiederhole mit Zucker- und Salzlösung. Beobachte und erläutere die Reaktionen des Regenwurms.

6. Q
a) Vergleiche den Bau eines Regenwurms mit dem einer Blindschleiche. Nutze hierzu auch die Abbildung 1 auf der folgenden Seite. Erstelle eine Tabelle.
b) Erkläre die Bedeutung des Gürtels.
c) Erkläre in diesem Zusammenhang auch den Begriff Zwitter.

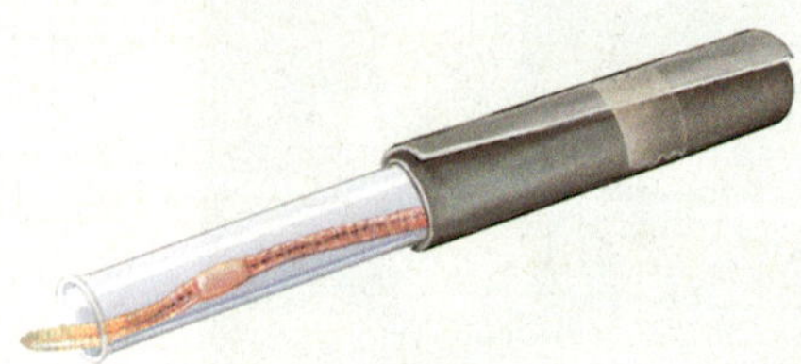

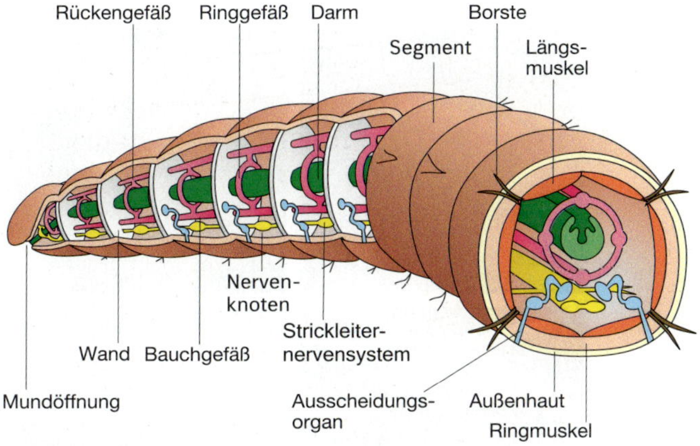

1 Regenwurm (Körperbau)

Regenwürmer verbessern den Boden

Regenwürmer helfen bei der Zersetzung von organischen Stoffen. Sie ziehen Blätter und Pflanzenreste in ihre Gänge. Sobald das Pflanzenmaterial vermodert ist, wird es zusammen mit den Mineralien des Bodens gefressen. Ihren Kot setzen die Würmer in kleinen Häufchen an der Erdoberfläche ab. Gleichzeitig sorgen sie mit ihren Röhren für eine Durchlüftung des Bodens. So tragen Regenwürmer durch ihre Bewegung unter der Erde zur Bodenverbesserung und zur Bildung von **Humus** bei.

Fortbewegung ohne Beine

Zur Fortbewegung nutzen sie den **Hautmuskelschlauch.** Er besteht aus einer äußeren Ringmuskel- und einer inneren Längsmuskelschicht. Ziehen sich die vorderen Ringmuskeln zusammen, wird dieser Teil des Wurmes lang und dünn. Der Wurm streckt sich und sein Vorderteil wird vorgeschoben. Ziehen sich anschließend die Längsmuskeln zusammen, wird das Vorderende kurz und dick. Das Körperende wird nachgezogen. Um ein Zurückgleiten zu verhindern, besitzt der Wurm an jedem **Körperabschnitt** vier Paar nach hinten gerichtete Borsten.

Körperbau

Der Körper ist in viele gleichgroße Segmente aufgeteilt, die Ringe. Würmer mit vielen gleichartigen Segmenten sind **Ringelwürmer.** Im Inneren wird der Körper vom Darm durchzogen. Der Hauptstrang des Nervensystems liegt bei ihnen auf der Bauchseite. Es ist das Bauchmark. In jedem Segment liegen eng beieinander zwei Nervenknoten, die miteinander verbunden sind. Zwei längs verlaufende Nervenstränge stellen den Kontakt zu den übrigen Nervenknoten her. Diese Form des Nervensystems heißt wegen ihres Aussehens **Strickleiternervensystem.**

Regenwürmer atmen durch die gesamte Hautoberfläche. Da dies nur bei feuchter Hautoberfläche möglich ist, müssen Regenwürmer in feuchter Erde leben. Regenwürmer sind **Feuchtlufttiere.**

Fortpflanzung

Regenwürmer haben in einigen Segmenten ihres Vorderkörpers sowohl männliche als auch weibliche Geschlechtsorgane. Sie sind **Zwitter.**

Bei der Paarung außerhalb des Bodens legen sich zwei Würmer Gürtel an Gürtel zusammen. Der Gürtel bildet eine Schleimhülle, die beide Würmer miteinander verbindet. Danach erfolgt die gegenseitige Übertragung der Samenzellen. Sie werden zunächst in der **Samenblase** gespeichert. Bei der Eiablage im Boden entsteht um den Gürtel herum erneut ein Schleimring, aus dem sich der Regenwurm rückwärts herauszieht. Dabei wird jeweils ein Ei abgegeben und mit einer Samenzelle aus der Samenblase befruchtet.

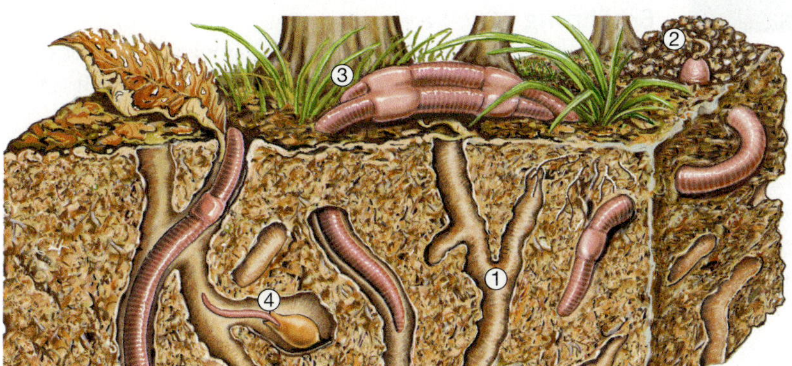

Die Schleimhülle verfestigt sich zu einem schützenden Kokon.
Darin entwickelt sich dann ein junger Regenwurm, der nach drei bis vier Monaten schlüpft.

2 Regenwürmer. ① Wohnröhre, ② Kothäufchen, ③ Paarung, ④ schlüpfender Regenwurm

Der Stamm der Nesseltiere: Korallen und Quallen

1. Q
Notiere natürliche und vom Menschen verursachte Gefahren für Korallen.
Recherchiere im Internet.

2. Q
a) Benenne die rechts abgebildeten Tiere.
b) Ordne zu, welche davon Nesseltiere sind.

3. A
Beschreibe das Beutefangverhalten einer Qualle.

4. A
Beschreibe die Entwicklung einer Qualle mithilfe von Abbildung 5 und der Informationen auf der nächsten Seite.

A

B

C

D

Korallen

Tauchen fasziniert die Menschen schon seit langer Zeit. Die farbenfrohen Lebewesen im Meer wirken auf uns vertraut und doch gleichzeitig fremd und besonders. Korallen, die zu den Nesseltieren gehören, wirken zunächst eher wie Pflanzen in den vielfältigsten Formen und Farben. Daher nennt man diese Tiere auch Blumentiere.

1 Korallenriff

Bau einer Koralle

Der Körper einer Koralle besteht aus einer Außenschicht und einer Innenschicht. Zwischen diesen Schichten befindet sich eine Stützschicht. Diese sogenannten Korallenpolypen haben eine zylindrische Form.
An der Oberseite besitzen sie Tentakeln mit giftigen Nesseln. Korallen bilden große Kolonien. Die einzelnen Tiere bleiben mit den Fußscheiben miteinander verwachsen.

An der Unterseite eines Korallenstocks scheiden die Korallen Kalk aus, der sich nach und nach zu einem Riff auftürmt. Hier entstehen lange Röhren, in die sich die Korallen bei Gefahr zurückziehen können.

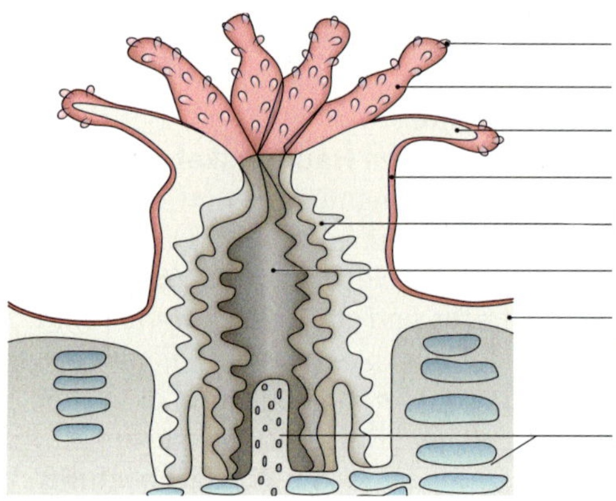

2 Bau eines Korallenpolypen

Ernährung

Mithilfe ihrer Tentakel fangen Korallen kleine Fische oder tierisches Plankton. Die Beutetiere werden durch Gift getötet. Innerhalb gesunder Korallenriffe gibt es genug Nahrung. Leider führen die zunehmende Verschmutzung der Meere sowie die globale Erwärmung zum Absterben dieser farbenfrohen Tiere.

Fortpflanzung

Viele Korallen pflanzen sich sowohl geschlechtlich als auch ungeschlechtlich fort. Sie sind Zwitter. Einmal im Jahr geben Korallen Eizellen und Samenzellen gleichzeitig in das Wasser ab. Es kommt zur äußeren Befruchtung.

Quallen

Vielleicht sind dir beim Badeurlaub schon einmal Quallen im Meer oder am Strand begegnet. Leicht und fast durchsichtig bewegen sie sich durchs Wasser. Sie gehören, wie die Korallen, zu den Nesseltieren.

3 Ohrenqualle

Bau der Quallen

Auch bei den Quallen liegt zwischen der Innen- und der Außenschicht eine gallertige Stützschicht. Im Inneren befindet sich der hohle Magen-Darm-Trakt. Mithilfe ihres meist durchsichtigen Schirmes schweben die Quallen frei im Wasser. Lange Tentakel dienen zur Nahrungsaufnahme und zur Fortbewegung.
Sie bewegen sich mithilfe des Rückstoßprinzips. Die Qualle streckt ihren Körper und zieht ihn danach wieder zusammen.

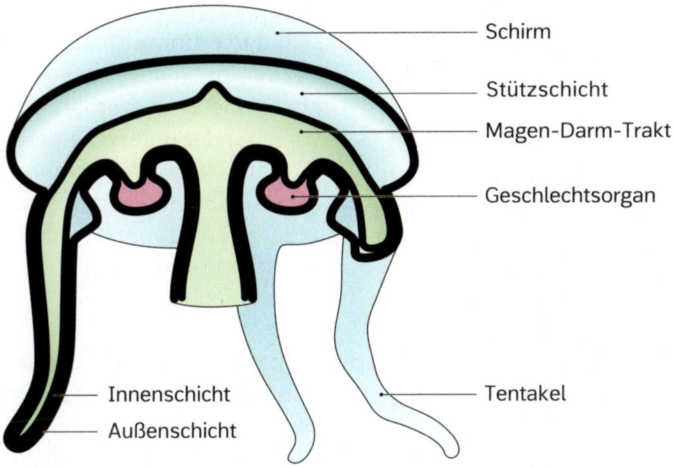

4 Bau einer Qualle

Ernährung

Quallen ernähren sich von kleinen Fischen, kleinen Krebsen und Plankton. Sie fangen ihre Beutetiere mit den Fangarmen. In den Fangarmen befinden sich zahlreiche **Nesselkapseln**, die ein Nervengift enthalten. Berührt ein Beutetier die Fangarme, explodiert die Nesselkapsel, sodass ihr Gift freigesetzt wird. Dadurch tritt beim Beutetier eine schnelle Lähmung ein, die oft zum Tod führt.
Mithilfe der langen Fangarme wird das Beutetier zur Mundöffnung der Qualle transportiert. Im Magen-Darm-Trakt wird die Nahrung durch Verdauungssäfte verdaut.

Fortpflanzung und Entwicklung

Betrachtet man eine Qualle von oben durch ihren durchsichtigen Schirm kann man oft vier ringförmige Geschlechtsorgane erkennen. Im Gegensatz zu den Korallen sind Quallen entweder männliche oder weibliche Tiere.
Bei der Paarung gibt das Männchen die Samenzellen in das Wasser ab. Das paarungsbereite Weibchen entlässt die Eizellen ebenfalls in das Wasser. Dort kommt es zur äußeren Befruchtung.

Die befruchtete Eizelle wächst zu einer Larve heran. Diese setzt sich zum Beispiel an einem Stein im Wasser fest. Aus der Larve entsteht dann zunächst ein Polyp. Nach einiger Zeit entwickelt sich der Polyp durch Abschnürung zu einer Qualle. Diese kann sich dann frei im Wasser bewegen.

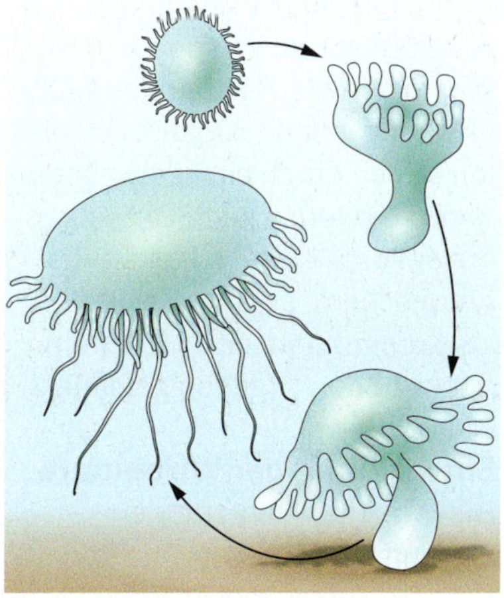

5 Entwicklung einer Qualle

Tiere und ihre Lebensräume

Wirbeltiere
Alle Wirbeltiere besitzen eine Wirbelsäule, die aus miteinander verbundenen Wirbeln besteht. Zusammen mit den Gelenken ermöglichen die Muskeln die Körperbewegung.
Ein Vogel beispielsweise besitzt ein Herz, das Blut in einem geschlossenen Blutkreislauf durch den Körper pumpt.
Ein Vogel atmet mit einer Lunge. In dieser geht der Sauerstoff ins Blut über und wird danach im Körper verteilt.

Wirbellose Tiere
Wirbellose Tiere besitzen keine Wirbelsäule und auch kein innenliegendes Skelett. Der Körper eines Insekts ist von einer festen, elastischen Hülle umgeben. Einem Außenskelett aus Chitin. An der Innenseite der Chitinhülle setzen Muskeln an, mit denen sich das Insekt bewegt. Insekten besitzen einen offenen Blutkreislauf. Das Blut wird in einem offenen Herzschlauch gesammelt und von dort in den Körper verteilt. Das Blut umspült direkt die inneren Organe. Insekten atmen durch ein verzweigtes Röhrensystem. Durch Öffnungen in der Körperhülle, sogenannten Atemlöchern, gelangt Sauerstoff ins Körperinnere und wird dann direkt zu den Organen geleitet.

Entwicklung der Wirbeltiere
Die Wirbeltiere entstanden ursprünglich aus den Quastenflossern. Einige dieser Art entwickelten neben ihren Kiemen ein Schwimmblasen-Lungen-Organ, mit dessen Hilfe sie kurze Zeit an Land atmen konnten.
Ichthyostega gilt als das erste Tier, das für längere Zeit an Land leben konnte.

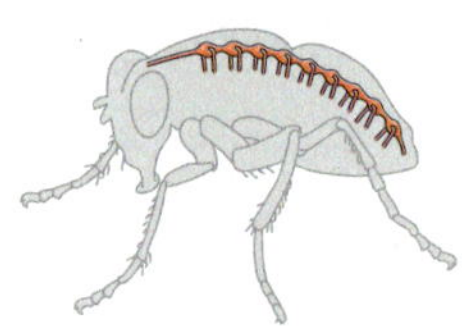

Kräfte
Die Fortbewegung der Fische im Wasser sowie der Vögel in der Luft erfolgt aufgrund der verschiedenen Kräfte, denen sie ausgesetzt sind: Gewicht, Auftrieb, Antrieb und Wasserwiderstand oder Luftwiderstand. Jeder Körper hat ein Gewicht. Die Auftriebskraft drückt die Tiere nach oben, der Antrieb wirkt dem Wasser- oder Luftwiderstand entgegen.

Lebensräume
Lebensräume sind Bereiche, die sich durch Umweltbedingungen wie Temperatur, Feuchtigkeit, Licht- und Bodenverhältnisse voneinander unterscheiden.
Es gibt eine große Vielzahl an Lebensräumen auf der Erde. Jeder Lebensraum bietet bestimmten Lebewesen optimale Lebensbedingungen.

Anpassung an die unterschiedlichen Lebensräume
Wirbellose Tiere sind genau wie Wirbeltiere an die jeweiligen Lebensräume, in denen diese vorkommen angepasst. Diese Angepasstheit wird an unterschiedlichen Stellen sichtbar. Vögel besitzen beispielsweise hohle Knochen, um so fliegen zu können. Die unterschiedlichen Insektenbeine sind an die jeweilige Lebensweise des Insektes angepasst, besitzen jedoch alle den gleichen Grundbauplan.

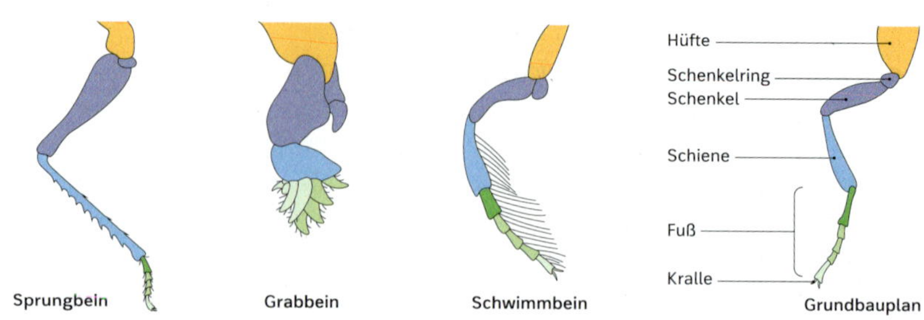

Tiere und ihre Lebensräume

Wirbeltiere

Kannst du schon ...

... die Klassen der Wirbeltiere nennen? (S. 56 – 59)
... verschiedene Gebisse von Säugetieren unterscheiden und in Zusammenhang mit ihrer Ernährungsweise beschreiben? (S. 62 – 63)
... Merkmale der Vögel und typische Verhaltensweisen benennen? (S. 74 – 75)

Kannst du schon ...

... die Anpassung der Fische an ihren Lebensraum erklären? (S. 86 – 87)
... die Angepasstheit der Amphibien an ihren Lebensraum erklären? (S. 94 – 95)
... die Entwicklung von Amphibien beschreiben? (S. 98)
... typische Reptilien Luxemburgs nennen? (S. 104)

Zeig, was du kannst!

1. A
Erkläre, warum die stromlinienförmige Körperform für Fische von Vorteil ist.

2. A
Beschreibe die Funktion der Schwimmblase.

3. A
Ordne den Ziffern 1-4 in der Abbildung die richtigen Begriffe zu: Kiemenblättchen, Kiemenbogen, Blutgefäß, Kiemenreuse.

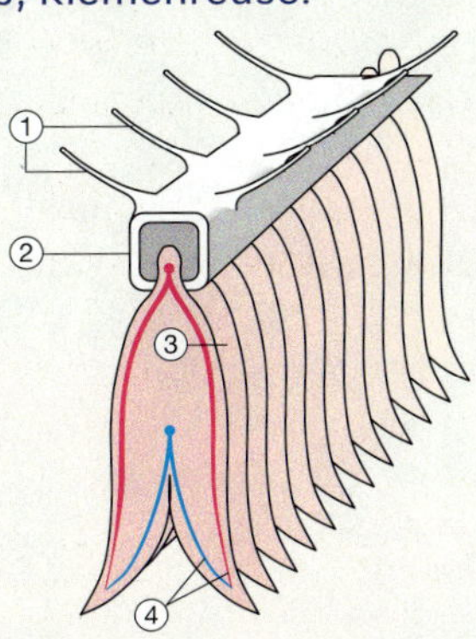

4. A
Erkläre den Begriff Metamorphose am Beispiel der Entwicklung der Frösche.

Zeig, was du kannst!

5. A
a) Benenne die Federn A-C.
b) Nenne ihre Funktionen.

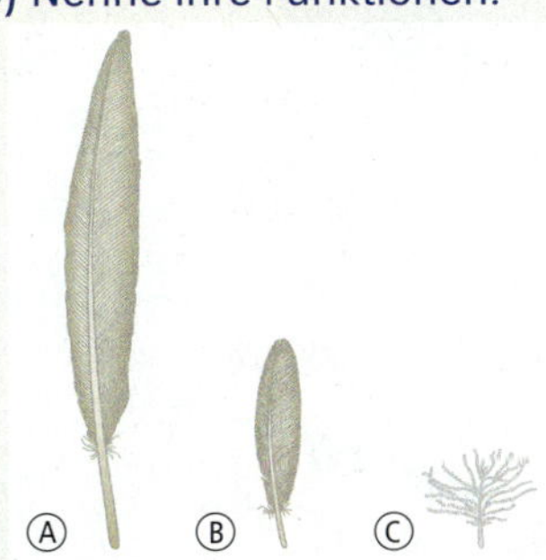

6. A
Nenne Flugformen der Vögel.

7. A
Gib an, wodurch sich Eidechsen von Schlangen unterscheiden.

8. A
Beschreibe das Nagetiergebiss des Eichhörnchens mithilfe der Abbildung.

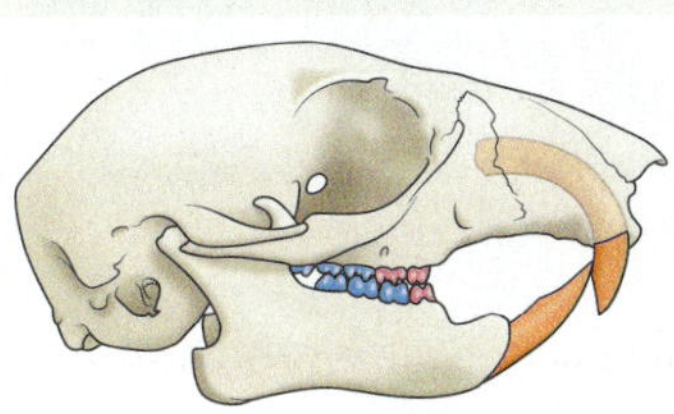

Wirbellose Tiere

Kannst du schon ...

... die Unterschiede zwischen Wirbeltieren und Wirbellosen beschreiben? (S.54; 108 – 109)
... die Angepasstheiten von Insekten an ihre jeweilige Lebensweise beschreiben? (S. 114)
... einheimische Insekten bestimmen? (S. 117)
... das Beutefangverhalten der Kreuzspinne beschreiben? (S. 120 – 121)

Zeig, was du kannst!

9. A
Nenne das wichtigste Merkmal, das Wirbeltiere von Wirbellosen unterscheidet.

10. A
Beschreibe die Lebensweise und das Fortpflanzungsverhalten eines Regenwurms.

11. A
Erläutere, was man unter einem offenen und einem geschlossenen Blutkreislauf versteht.

12. A
Erläutere, wie die unterschiedlichen Insektenbeine an die Lebensweise der jeweiligen Insekten angepasst sind.

13. A
Begründe, warum Insekten häufig als Vorbilder in der Robotertechnik eine wichtige Rolle spielen.

Pflanzen und ihre Lebensräume

Warum sind Blätter grün?

Wie entwickeln sich aus Samen ganze Pflanzen?

Wie entsteht aus einer Blüte eine Frucht wie die Kirschfrucht und welche Funktion haben Früchte?

Wir betrachten und untersuchen Pflanzen

1.
a) Grabt zwei kleine, häufig vorkommende Pflanzen aus der Umgebung der Schule vorsichtig aus. Nehmt sie mit ins Klassenzimmer.
b) Vergleicht die Pflanzen miteinander. Welche Teile haben alle Pflanzen gemeinsam?

2.
a) Zeichnet eure Pflanzen oder den Klatschmohn sorgfältig ab und beschriftet die einzelnen Teile. Der Text hilft euch, die passenden Begriffe zu finden.
b) Stellt eure Pflanzen in der Klasse vor. Wenn ihr den Namen nicht wisst, könnt ihr in einem Bestimmungsbuch nachschlagen.

1 Klatschmohn

3.
Plant einen Versuch, mit dem ihr zeigen könnt, dass die Pflanze in ihrem Stängel Wasser nach oben zu den Blättern und Blüten leitet.
Führt den Versuch durch.

> **TIPP**
> Verwendet weiß blühende Pflanzen wie ein Fleißiges Lieschen. Wasser kann mit Tinte gefärbt werden.

4.
Unten ist ein Versuchsaufbau dargestellt, mit dem die Verdunstung von Wasser bei einer Pflanze nachgewiesen werden kann. Baut den Versuch nach und stellt den Aufbau an einen hellen Standplatz im Klassenzimmer. Beobachtet den Versuch einige Tage und haltet fest, was sich verändert hat. Erklärt eure Beobachtungen.

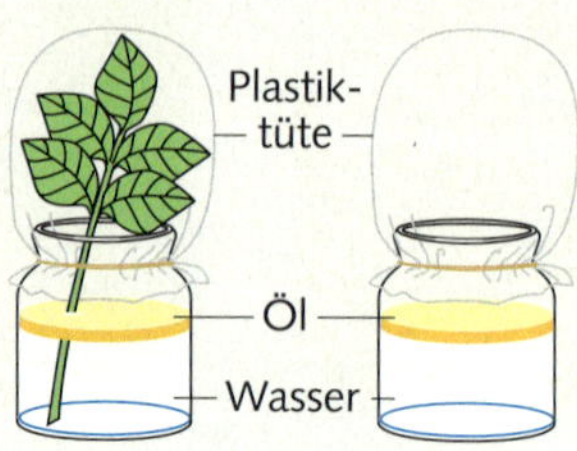

Blütenpflanzen
Alle Teile der Pflanzen, die über dem Boden zu sehen sind, bilden den **Spross.** Er besteht aus der Sprossachse, den Blättern und den Blüten. Alle Pflanzen, die diesen Grundbauplan zeigen, sind **Blütenpflanzen.** Aus den **Blüten** entwickeln sich Früchte und Samen.

Beim Klatschmohn nennt man die Sprossachse **Stängel.** Er ist grün wie bei allen **krautigen Pflanzen.**

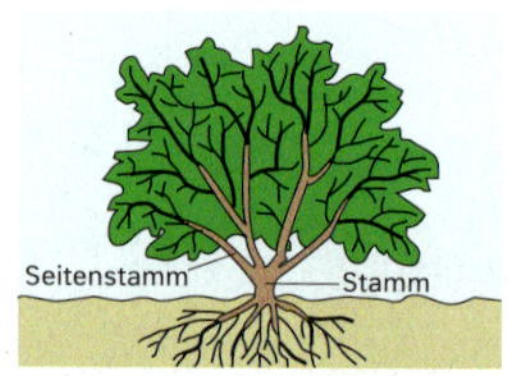

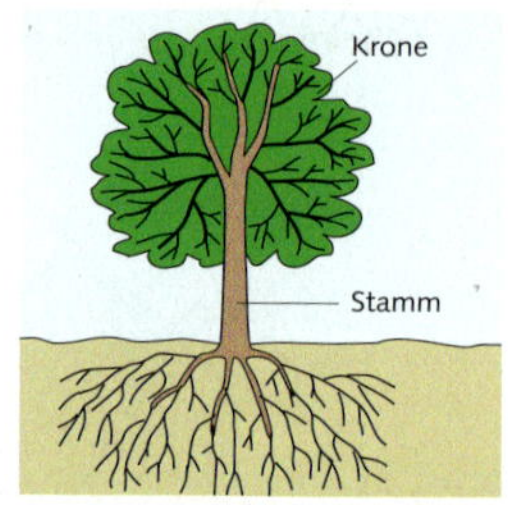

Bei **Sträuchern** verzweigt sich die verholzte Sprossachse kurz über dem Boden in mehrere verholzte Seitenstämme.
Auch **Bäume** haben eine verholzte Sprossachse, den Stamm. Oben befindet sich die Baumkrone mit Ästen und Zweigen.

In der Sprossachse verlaufen die **Leitungsbahnen,** in denen Wasser, Mineralstoffe und Nährstoffe transportiert werden.

Blätter
In den **Blättern** verzweigen sich die Leitungsbahnen. Man kann sie als Blattadern sehen. An den Blattunterseiten befinden sich winzige **Spaltöffnungen.** Durch sie verdunstet die Pflanze Wasser. Mithilfe von Sonnenlicht, Wasser und Kohlenstoffdioxid aus der Luft stellen Pflanzen in den grünen Blättern Nährstoffe her, die sie zum Wachsen benötigen. Außerdem bilden sie Sauerstoff, den alle Lebewesen zum Atmen brauchen. Diesen Vorgang bezeichnet man als **Fotosynthese.**

Wurzeln
Die **Wurzel** besteht häufig aus einer Hauptwurzel und vielen Nebenwurzeln mit feinen Wurzelhaaren. Sie verankert die Pflanze im Boden und nimmt Wasser und Mineralstoffe aus dem Boden auf.

Worin unterscheiden sich Pflanzen voneinander?

Tulpe *(Tulipa)*

Rosskastanie *(Aesculus hippocastanum)*

Gemeine Hasel *(Corylus avellana)*

1. Ⓐ
Eine Tulpe, eine Rosskastanie und ein Haselstrauch unterscheiden sich voneinander. Nenne einige Merkmale. Lies dazu den Text auf der nebenstehenden Seite.

2. Ⓠ
Ordne die Pflanzen auf dieser Seite in unterschiedliche Gruppen. Nenne weitere Pflanzen, die deiner Meinung nach zu den einzelnen Gruppen gehören. Begründe deine Zuordnungen.

3. Ⓠ
a) Suche im Umfeld deiner Schule nach Pflanzen, die zu einer der von dir gefundenen Gruppen gehören. Große Pflanzen kannst du fotografieren, kleine Pflanzen kannst du sammeln und pressen und dir ein Herbarium anlegen.
b) Finde die Namen deiner Pflanzen mithilfe eines Bestimmungsbuches heraus. Dort gibt es auch zusätzliche Informationen. Gestalte Plakate zu den Pflanzengruppen.

PINNWAND

Margerite *(Leucanthemum vulgare)*

Schwarzer Holunder *(Sambucus nigra)*

Apfelbaum *(Malus domestica)*

Die Fotosynthese

1. ≡ Ⓐ
„Alle Lebewesen auf der Erde würden ohne das Sonnenlicht verhungern.“ Erläutere diese Aussage.

2. ≡ Ⓐ
Beschreibe den Vorgang der Fotosynthese mithilfe der Abbildungen und des Textes. Beachte dabei,
- welche Stoffe benötigt und gebildet werden,
- wo die Energie herkommt und wo sie gespeichert wird.

3. ≡ Ⓥ
Prüfe mit dem Stärketest, welche Lebensmittel Stärke enthalten. Teste zum Beispiel aufgeschnittene Stücke von: Apfel, Banane, Kartoffel, Maiskorn oder Zwiebel.

STÄRKETEST
Wie du Stärke nachweisen kannst, steht auf der Seite „Methode: Versuche planen, durchführen und protokollieren“.

4. ≡ Ⓥ
Untersuche, ob Licht zur Stärkebildung in Blättern notwendig ist.
a) Stelle dazu eine Pflanze einen Tag lang dunkel. Umwickle dann ein Blatt der Pflanze an einer Stelle mit Alufolie und stelle die Pflanze anschließend einige Stunden in helles Licht.
b) Lege das Blatt in siedendes Wasser und anschließend in heißen Spiritus, bis das Chlorophyll entzogen ist.
c) Spüle das Blatt unter Wasser ab, beträufle es mit Iodlösung und beobachte die Verfärbung an den verschiedenen Stellen.
d) Schreibe ein Versuchsprotokoll.

ACHTUNG
Spiritus ist leicht entzündlich. Nicht mit offener Flamme arbeiten. Schutzbrille tragen.

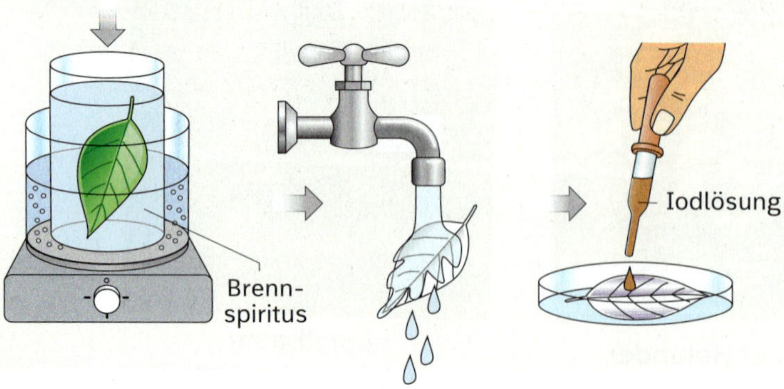

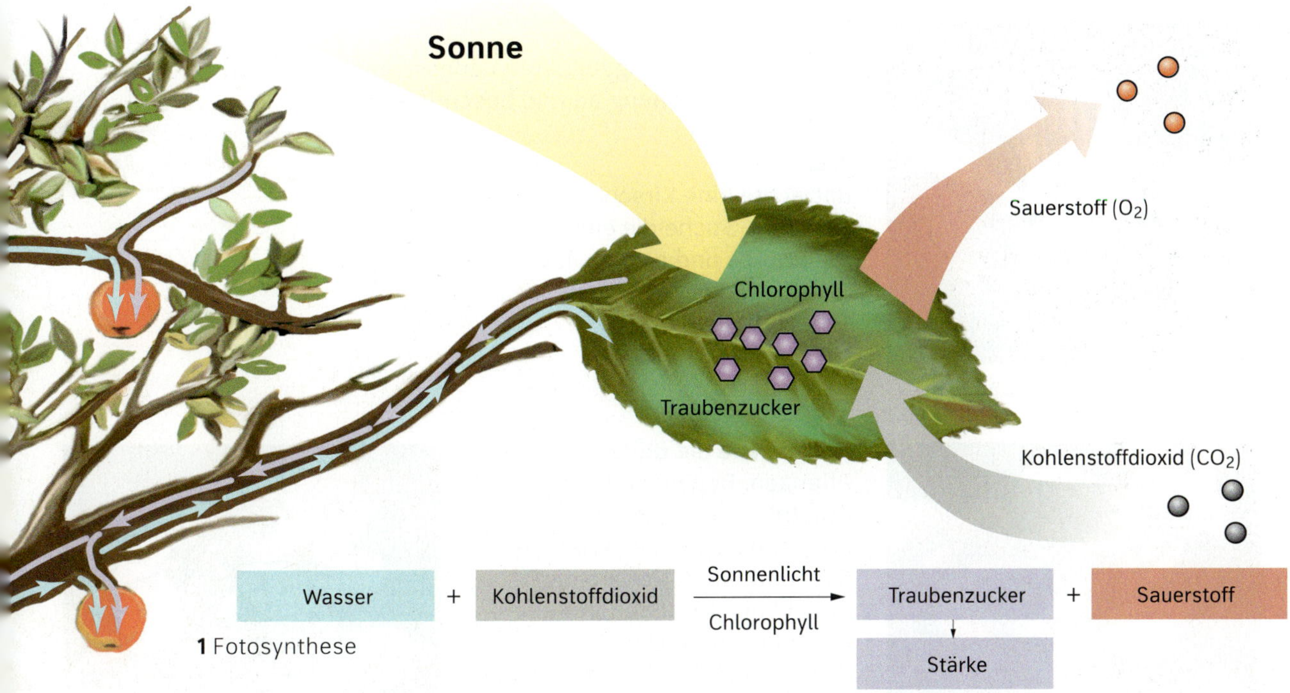

1 Fotosynthese

Was im Blatt passiert

Anders als Tiere können Pflanzen ihre Nahrung selbst produzieren. Das geschieht vor allem in den grünen Laubblättern.
Dort befindet sich der grüne Blattfarbstoff, das **Chlorophyll.** Mit seiner Hilfe nutzen die Pflanzen die **Energie** des **Sonnenlichts** zur Herstellung von Traubenzucker. Im Traubenzucker ist dann ein Teil der Energie aus dem Sonnenlicht gespeichert.

Als Ausgangsstoffe zum Aufbau von Traubenzucker benötigt die Pflanze Wasser und Kohlenstoffdioxid. Wasser wird über die Wurzeln aufgenommen und gelangt über die Leitungsbahnen ins Blattinnere. Das Blatt nimmt über Spaltöffnungen, kleine Öffnungen in den Blattflächen, das Gas Kohlenstoffdioxid direkt aus der Luft auf.

Einen Aufbauvorgang bezeichnet man auch als **Synthese.** Weil die Pflanze dabei das Sonnenlicht (griechisch: photos = Licht) nutzt, spricht man von **Fotosynthese.** Neben Traubenzucker entsteht bei der Fotosynthese auch noch Sauerstoff. Das Blatt gibt ihn über die Spaltöffnungen direkt an die Luft ab.

Energiereiche Nährstoffe werden gespeichert

Aus dem Traubenzucker und den Mineralstoffen, die Pflanzen mit dem Wasser aus dem Boden aufnehmen, können sie alle **Nährstoffe** aufbauen, die sie selbst zum Leben und Wachsen brauchen. In Wurzeln, Früchten und Knollen werden energiereiche Nährstoffe gespeichert. Zucker finden wir in vielen Früchten. In Kartoffeln oder Getreide wird der Zucker in Form von **Stärke** gespeichert. Stärke setzt sich aus vielen einzelnen Zuckerbausteinen zusammen. Aus Traubenzucker stellen die Pflanzen auch Zellulose her. Sie ist der wichtigste Baustoff der Pflanzen und der Hauptbestandteil von Holz. Die Energie aus dem Traubenzucker wird auch genutzt, um weitere energiereiche Stoffe wie Fette und Eiweiße aufzubauen.

Nahrung für Tiere und Menschen

Pflanzen erzeugen mithilfe der Sonnenenergie die Nährstoffe, von denen auch Tiere und Menschen leben und sich mit Energie versorgen. Außerdem bilden sie den Sauerstoff, den Tiere und Menschen zur Atmung brauchen.

Untersuchungen an Blüten

1 Längsschnitt Kirschblüte

1. A

Fertige von dem abgebildeten Längsschnitt der Kirschblüte eine Zeichnung an und beschrifte diese.

2. V

Betrachte eine Kirschblüte mit der Lupe. Suche die einzelnen Blütenteile und notiere ihre Anzahl. Stelle die Ergebnisse in einer Tabelle dar.

Anzahl	Kirsche	Raps
Kelchblätter	...	...
Kronblätter	...	...
Staubblätter	...	...
Stempel	...	...

2 Apfelblüte

3. V

Untersuche die Blüten anderer Pflanzen. Beginne mit einer Apfelblüte, einer Rapsblüte oder einer Blüte des Wiesen-Schaumkrauts. Notiere die Anzahl der gefundenen Blütenteile und vergleiche sie mit deinen Aufzeichnungen über die Kirschblüte aus Versuch 2. Beschreibe Ähnlichkeiten und Unterschiede.

3 Blüte Wiesen-Schaumkraut

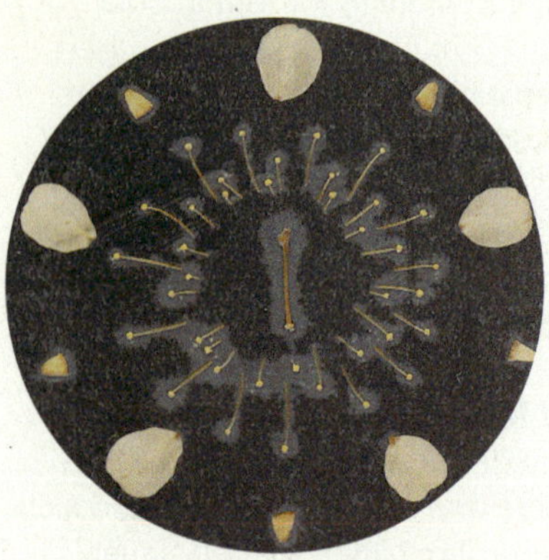

4 Legebild einer Kirschblüte

4. V

Fertige von einer Kirschblüte ein Legebild an. Du brauchst eine Lupe, eine Pinzette, ein Stück Klebefolie (8 cm x 8 cm) und schwarzen Zeichenkarton. Lege die Folie mit der Klebeseite nach oben auf den Tisch. Nimm die Pinzette, zupfe von deiner Blüte nach und nach die Teile ab und ordne sie auf der Folie an, so wie in der Abbildung dargestellt. Drücke sie leicht an. Drehe nun die Klebefolie mit den daran haftenden Blütenteilen um und klebe sie auf den Zeichenkarton.

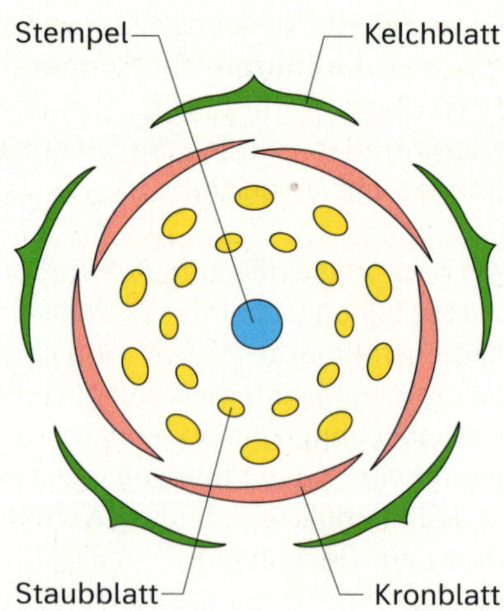

5 Blütengrundriss

5. A

Erstelle einen Blütengrundriss oder ein Blütendiagramm. Zeichne dazu die Anordnung der Blütenteile und kennzeichne sie farblich.

Im Frühjahr blühen die Kirschbäume. An einzelnen Kirschblüten kann man gut erkennen, wie sie gebaut sind.

Kelch- und Kronblätter

Die äußere Hülle besteht aus fünf grünen **Kelchblättern.** Sie sitzen am Rand des kelchförmigen Blütenbodens und schützen bei Knospen das Blüteninnere. Wenn die Blüten geöffnet sind, sieht man die fünf weißen **Kronblätter.** Sie locken Bienen und andere Insekten an.

Staubblätter

Im Blüteninneren befinden sich etwa 30 fadenförmige **Staubblätter.** Jedes Staubblatt besteht aus einem **Staubfaden** und einem **Staubbeutel** an der Spitze. Im Staubbeutel wird der Blütenstaub oder **Pollen** gebildet. Er besteht aus winzig kleinen Pollenkörnern, aus denen sich die männlichen Geschlechtszellen entwickeln. Staubblätter sind daher die männlichen Blütenorgane.

Fruchtblätter

In der Mitte der Blüte befindet sich der **Stempel.** Er wird auch **Fruchtblatt** genannt. Die klebrige **Narbe,** der **Griffel** und der verdickte **Fruchtknoten** lassen sich deutlich unterscheiden. Wenn man den Stempel längs aufschneidet, kann man die Samenanlage erkennen. Sie enthält eine **Eizelle.** Der Stempel ist also das weibliche Blütenorgan. Aus ihm entwickelt sich später die Kirsche.
Viele Blüten scheiden am Blütenboden eine zuckerhaltige Flüssigkeit, den **Nektar,** aus. Er lockt Insekten an. Nektar und Pollen sind wichtige Nahrungsquellen für Insekten.

6 Kirschblüte: **A** Blütenzweig, **B** Knospe, **C** Blüte

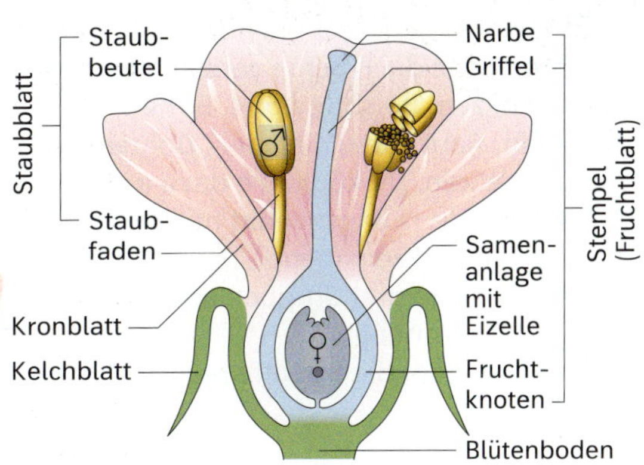

7 Schema der Kirschblüte

Von der Blüte zur Frucht

1. Ⓐ
a) Beschreibe den Vorgang der Bestäubung bei einer Kirschblüte.
b) Notiere die nächsten Entwicklungsschritte bis zur reifen Kirsche.

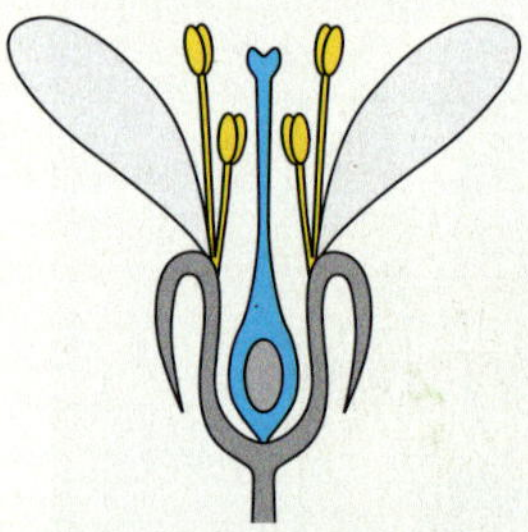

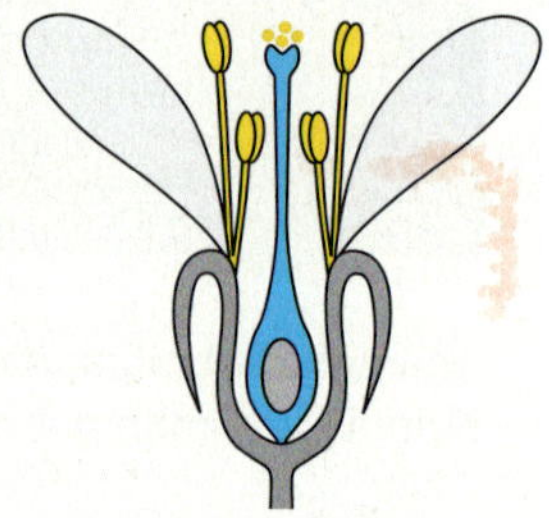

2. Ⓐ
In welchem Jahr gibt es wohl die beste Kirschernte? Begründe deine Meinung.
Jahr 1: Der Frühling ist warm, aber sehr regnerisch und windig.
Jahr 2: Der Frühling ist warm. In der Zeit der Kirschblüte gibt es mehrere Nächte mit starkem Frost.
Jahr 3: Der Frühling ist warm und der Wind weht nur schwach.

3. Ⓐ
Es gibt Pflanzen, die durch den Wind bestäubt werden. Zu ihnen gehört zum Beispiel die Hasel, die bereits im Februar blüht. Die Laubblätter entwickeln sich erst später.
a) Begründe, warum diese zeitliche Abfolge für die Pflanze sinnvoll ist.
b) Nenne andere Pflanzen, die durch den Wind bestäubt werden.

4. Ⓥ
a) Untersuche die Früchte verschiedener Pflanzen, zum Beispiel Äpfel, Birnen, Mandeln, Aprikosen, Kirschen, Bohnen oder Stachelbeeren. Ihr könnt sie dazu aufschneiden, den Längsschnitt mit der Lupe betrachten und zeichnen.
b) Ordnet sie in drei Gruppen und begründet eure Zuordnung.
Tipp: Verwendet die Begriffe rechts.

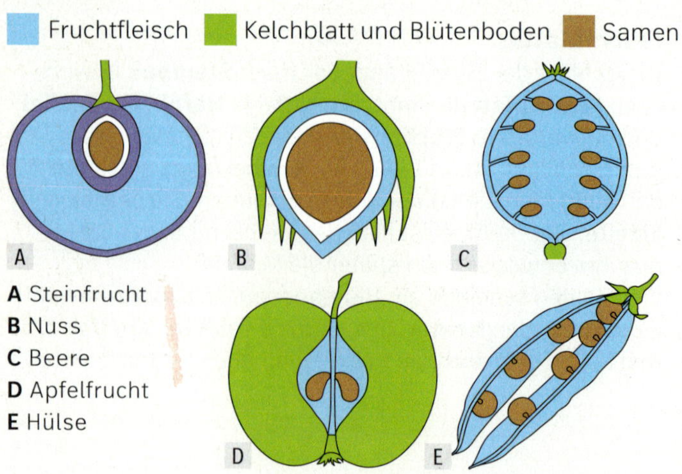

Bestäubung

Bei der Nahrungssuche fliegen Bienen von Blüte zu Blüte. Dabei besuchen sie über einen längeren Zeitraum hinweg nur Blüten einer Pflanzenart. An ihren behaarten Körpern bleiben viele Pollenkörner haften. Bei weiteren Blütenbesuchen tragen sie die Pollenkörner auf die klebrige Narbe anderer Blüten der gleichen Art. Diesen Vorgang nennt man **Bestäubung.**
Zu den Pflanzen, die durch Insekten wie die Biene bestäubt werden, gehören viele Obstbäume, Sträucher und Wildkräuter.

1 Bestäubung und Befruchtung

Befruchtung

Nach der Bestäubung keimen die Pollenkörner auf der Narbe. Mithilfe des Mikroskops kann man erkennen, dass sich aus jedem Pollenkorn ein Pollenschlauch entwickelt. Dieser wächst durch den Griffel bis ins Innere des Fruchtknotens. Der Pollenschlauch, der am schnellsten wächst, dringt in die Samenanlage ein. Hier öffnet er sich und setzt eine männliche Geschlechtszelle frei. Sie verschmilzt mit der Eizelle. Das Verschmelzen des männlichen Zellkerns mit dem Zellkern der weiblichen Eizelle nennt man **Befruchtung.**

2 Entwicklung der Früchte

Eine Kirsche entwickelt sich

In den Wochen nach der Befruchtung entwickelt sich aus der Blüte die **Frucht**, zum Beispiel eine Kirsche. Zuerst werden die Kronblätter der Blüte braun und fallen ab. Der Griffel und die Narbe vertrocknen. Der Fruchtknoten wird immer dicker und man erkennt mit der Zeit die Kirsche. Am Anfang ist sie noch grün. Aus der Wand des Fruchtknotens entwickeln sich die glatte Außenhaut, das rote Fruchtfleisch und der harte Kirschkern. Im Inneren des Kirschkerns hat sich aus der Samenanlage mit der befruchteten Eizelle der **Samen** gebildet. Gelangt ein Kirschkern in den Boden, kann daraus ein neuer Kirschbaum heranwachsen.

3 Reife Kirschen

Aus Samen entwickeln sich Pflanzen

1. A

Beschreibe, wie sich aus Samen Pflanzen entwickeln.

2. V

Beschreibe, wie der Samen einer Feuerbohne aufgebaut ist. Lege dazu Samen der Feuerbohne etwa zwei Tage lang ins Wasser. Untersuche die gequollenen Samen mit der Lupe. Entferne die Schale vorsichtig mit einem Küchenmesser. Klappe dann die beiden Hälften auseinander und betrachte die Innenseiten. Zeichne und beschrifte.

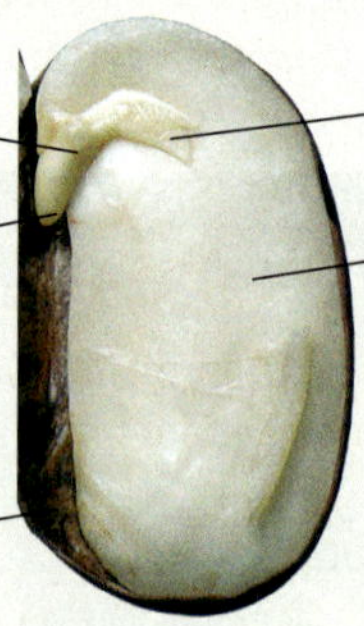

3. V

Überlege dir Versuche, mit denen du herausfinden kannst, welche der Bedingungen Wasser, Wärme, Erde, Licht und Luft für die Keimung eines Samens notwendig sind. Begründe dein Vorgehen. Führe die Versuche durch und beschreibe die Ergebnisse.

4. A

a) Ordne den Ziffern 1-3 an der Abbildung in deinem Hefter die Begriffe Wachstum, Quellung und Keimung zu.

b) Beschreibe die Entwicklung einer Feuerbohne aus einem Samen mithilfe der Abbildung. Nutze die Begriffe Quellung, Keimung und Wachstum.

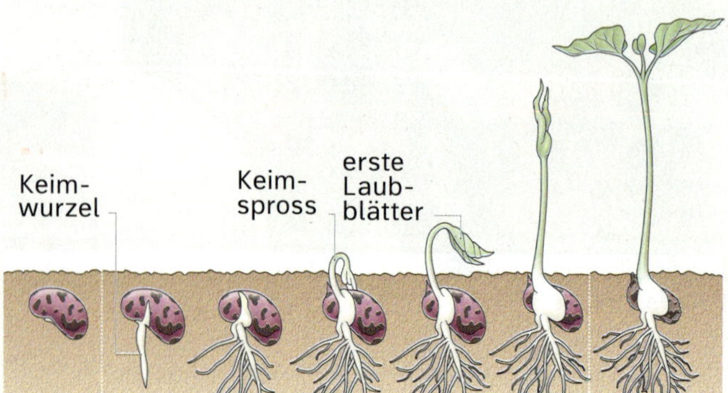

Bau eines Samens

Aus den Blüten von Feuerbohnen entwickeln sich Früchte mit Samen, die **Bohnen.** In trockenem Zustand kann ein Samen lange Trockenzeiten oder Frost ohne Schaden überstehen. Wenn er aber in Wasser oder feuchte Erde gelegt wird, nimmt er Wasser auf und wird größer. Diesen Vorgang nennt man **Quellung.**

Öffnet man eine aufgequollene Bohne und klappt dann die Hälften auseinander, sieht man im Inneren ein kleines Pflänzchen, den **Embryo.** Er besteht aus zwei winzigen Laubblättern, der Keimwurzel und dem Keimstängel.
Die beiden weißlichen Hälften der Bohne werden **Keimblätter** genannt. Sie speichern die Nährstoffe, die zur Keimung nötig sind.

Der Samen keimt

Die Keimung vollzieht sich ohne Licht in der feuchten Erde. Nach einigen Tagen platzt die Samenschale auf und die **Keimwurzel** bricht durch. Sie dringt senkrecht in die Erde ein und bald bilden sich Seitenwurzeln. Erst jetzt streckt sich der **Keimstängel** und wächst aus der Samenschale heraus nach oben. Nach einigen Tagen durchbricht der Keimstängel mit den Laubblättern die Erdoberfläche.

Die Pflanze wächst

Nach der Keimung beginnt die Bohnenpflanze zu wachsen. Sie bildet grüne Blätter und nutzt jetzt das Sonnenlicht zur Fotosynthese.
Blütenpflanzen wie die Feuer-Bohne haben zwei Keimblätter. Deshalb nennt man sie auch **zweikeimblättrige** Pflanzen. Die Samen anderer Pflanzen, zum Beispiel der Gräser, haben nur ein Keimblatt. Sie sind **einkeimblättrig.**

Die Entwicklung von Pflanzen

Keimung
In jedem Samen befindet sich ein Embryo, aber nicht alle Samen entwickeln sich zu neuen Pflanzen. Wenn sie jedoch unbeschadet in feuchte Erde gelangen, können sie keimen. Der Embryo im Samen wird dann größer und entwickelt sich zum Keimling. Dazu verbraucht er die Nährstoffe, die im Samen gespeichert sind.

Wachstum
Wenn der Keimling die Erdoberfläche durchbricht, werden die Laubblätter grün. Ab dann kann sich die junge Pflanze durch Fotosynthese selbst ernähren und zu einer neuen Pflanze mit neuen Blüten heranwachsen.

Bestäubung und Befruchtung
In den Blüten befinden sich die weiblichen und die männlichen Fortpflanzungsorgane der Pflanze. Die Staubblätter bilden Pollenkörner, die bei der Bestäubung durch Wind oder Insekten auf die Narbe des Stempels gelangen. Bei der Befruchtung verschmilzt die weibliche Eizelle in der Samenanlage mit einer männlichen Geschlechtszelle aus einem Pollenkorn.

Samen werden verbreitet
Die Samen der meisten Pflanzen werden durch den Wind, durch Tiere oder durch Wasser verbreitet. Manche Pflanzen, wie das Springkraut, verbreiten sich von selbst. Wenn ihre Früchte reif sind, trocknen sie aus und brechen auf. Die Samen werden herausgeschleudert.

Entwicklung von Früchten und Samen
Nach der Befruchtung entwickelt sich aus der Blüte die Frucht mit den darin enthaltenen Samen. In den Früchten und Samen werden Nährstoffe gespeichert, welche die Pflanze bei der Fotosynthese gebildet hat.

1. A
a) Beschreibe die Rolle von Insekten für die Fortpflanzung von Sonnenblumen.
b) Stelle dar, wie sich aus Blüten Früchte und Samen entwickeln.

2. A
a) Beschreibe, wie sich aus Samen Pflanzen entwickeln.
b) Erkläre, warum nicht aus jedem Samen eine neue Pflanze entsteht.

Wie verbreiten sich Pflanzen?

1. A

Betrachte die beiden Abbildungen.

a) Beschreibe, was du siehst und stelle einen Zusammenhang zwischen den beiden Fotos her.

b) Begründe, warum man an Straßenrändern oder auf Mauern oft einzelne Löwenzahnpflanzen sieht.

2. V

a) Betrachte eine Löwenzahnfrucht mit der Lupe und zeichne. Ordne jedem Teil der Frucht eine Funktion zu.

b) Betrachte den unteren Teil der Frucht ohne das Schirmchen mit einer Lupe. Überlege dir einen Versuch, mit dem du die Bedeutung deiner Entdeckung demonstrieren kannst. Tipp: Benutze mehrere Löwenzahnfrüchte ohne Schirmchen, ein Blatt Papier und ein Wolltuch.

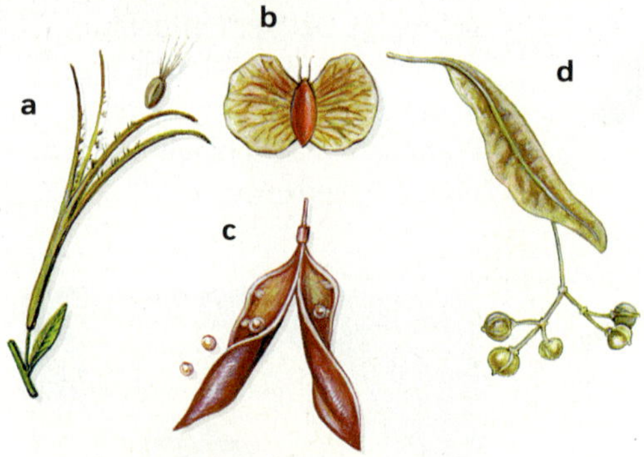

3. V

Viele Früchte werden durch den Wind verbreitet.

a) Sammele Flugfrüchte von Bäumen und führe Flugversuche durch. Beschreibe die Flugeinrichtungen der Früchte.

b) Zeichne einige Flugfrüchte und erstelle Steckbriefe der dazugehörenden Pflanzen.

c) Erstelle Protokolle zu den Flugversuchen.

4. Q

Benenne die vier links abgebildeten Arten. Benutze dazu ein Bestimmungsbuch.

5. A

Unten siehst du Früchte von Klette (A), Eberesche (B) und Hasel (C). Diese werden durch Tiere verbreitet. Beschreibe, wie die Verbreitung der gezeigten Früchte geschieht. Benenne Tiere, die dafür infrage kommen.

6. Q

Nenne weitere Pflanzenarten, deren Früchte auf die gleiche Weise verbreitet werden.

A

B

C

Samenverbreitung
Überlege dir, was passieren würde, wenn alle Samen von Pflanzen senkrecht zu Boden fielen und dort keimen würden. Die kleinen Pflanzen stünden so dicht, dass sie weder ausreichend Licht noch Wasser oder Mineralstoffe bekämen. Deshalb sind die Samen oder Früchte von Pflanzen mit den unterschiedlichsten Einrichtungen ausgestattet, die den Transport und das Keimen in einiger Entfernung von der Mutterpflanze ermöglichen.

Verbreitung durch den Wind
Die Samen von Pflanzen wie dem Löwenzahn oder vieler Bäume werden durch den Wind verbreitet. Ihre Früchte besitzen fallschirmartige oder flügelartige Fortsätze. Nach der Landung verhaken sie sich auf dem Untergrund, keimen und wachsen zu einer neuen Pflanze heran.

Selbstverbreitung
Pflanzen wie Ginster, Springkraut oder Bohnen verbreiten sich von selbst. Wenn ihre Früchte reif sind, trocknen sie aus und brechen auf. Die Hüllen der Früchte verdrehen sich dabei und schleudern die Samen heraus.

Verbreitung durch Tiere
Manche Früchte wie Kletten haben kleine Widerhaken, mit denen sie sich am Fell von Tieren verhaken. Andere Früchte locken Vögel und andere Tiere mit leuchtenden Farben und zuckerhaltigem Fruchtfleisch an. Die Tiere fressen dann die Früchte. Die in den Früchten liegenden Samen haben unverdauliche Schalen und werden mit dem Kot der Tiere an anderer Stelle ausgeschieden.

Auch Ameisen tragen zur Samenverbreitung bei. Veilchensamen haben beispielsweise nahrhafte Anhängsel. Wenn die Ameisen die Samen zu ihrem Bau schleppen, fressen sie unterwegs das Anhängsel und lassen den Samen liegen.

Andere Tiere wie Eichhörnchen oder Eichelhäher, die im Herbst Nüsse als Wintervorrat vergraben und sie dann später nicht mehr wiederfinden, tragen ebenfalls zur Samenverbreitung bei.

Verbreitung durch Wasser
Einige Pflanzen wie die Sumpfdotterblume haben Schwimmfrüchte. Sie enthalten Luft und können mit der Strömung weit fortgetrieben werden. Auch Kokosnüsse mit ihrer harten, wasserfesten Schale werden über das Wasser verbreitet.

A

B

C

D

1 Verbreitung bei Pflanzen:
A Verbreitung durch Wind beim Löwenzahn
B Selbstverbreitung beim Springkraut,
C Verbreitung durch Tiere (Eichhörnchen)
D Verbreitung durch Wasser bei der Sumpfdotterblume

Die Hecke als Lebensraum

1. Ⓐ
Abbildung 1 zeigt eine Auswahl typischer Heckenbewohner. Ordne den Tieren die Namen aus der Liste richtig zu.

2. Ⓐ
Gib für die gezeigten Tiere an, wie sie die Hecke nutzen, zum Beispiel als Nahrungsquelle, Brutplatz, Unterschlupf oder anderes.

3. Ⓐ
Ordne die Tiere in Abbildung 1 nach Wirbeltieren und wirbellosen Tieren. Nutze dazu die Methode: „Tiere beobachten und bestimmen wie die Profis“.

4. Ⓥ
Kleine Tiere könnt ihr von Bäumen und Sträuchern schütteln.
a) Betrachtet die Tiere möglichst mit einer Lupe. Beschreibt das Verhalten und besondere Eigenschaften der Tiere.
b) Bestimmt die Namen einiger Tiere.

5. Ⓠ
Erstellt Steckbriefe zu Pflanzen und Tieren, die ihr draußen beobachtet habt, oder zu Tieren aus Abbildung 1.

HINWEIS
Haltet Tiere zur Beobachtung nur für kurze Zeit gefangen. Behandelt sie vorsichtig. Setzt sie dort wieder aus, wo ihr sie gesammelt habt.

6. Ⓐ
a) Nenne die Farben, die die Früchte vieler Heckensträucher haben.
b) Erkläre den Vorteil dieser Farben.

7. Ⓥ
a) Markiert an einer Hecke mit Maßband und Pflöcken Abschnitte von je 10 m Länge. Bestimmt in Kleingruppen, welche Bäume und Sträucher dort wachsen.
b) Dokumentiert eure Ergebnisse in einer Skizze wie im Beispiel unten. Zeichnet zum Beispiel 1 m als 2 cm.
c) Vergleicht die verschiedenen Heckenabschnitte.

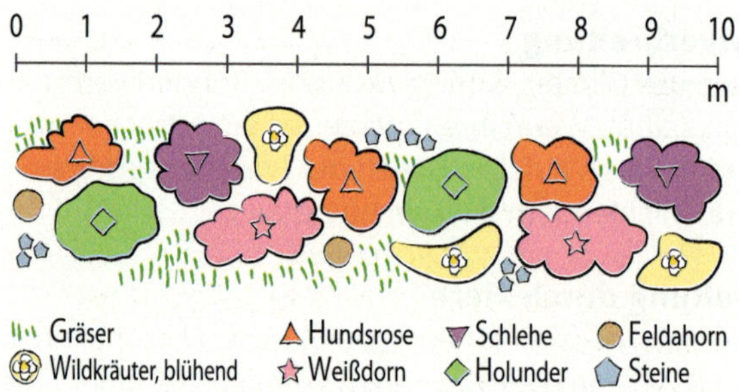

8. Ⓥ
a) Messt mithilfe geeigneter Messgeräte Temperatur, Lichtstärke und Windgeschwindigkeit in unterschiedlichen Abständen zur Hecke. Messt zum Beispiel in 0 m, 5 m, 10 m und 20 m Abstand. Haltet die Messwerte in einer Messtabelle wie unten abgebildet fest.
b) Formuliert als Ergebnis, welche Einflüsse der Hecke auf die Temperatur, die Lichtstärke und die Windgeschwindigkeit sich in den Messwerten zeigen.

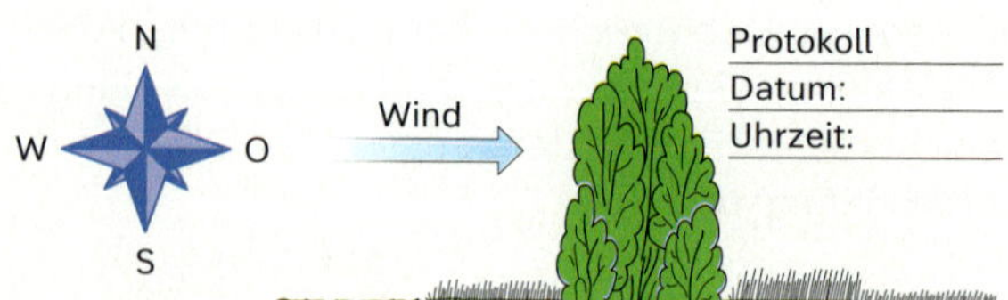

Messpunkte	1	2	3	4	5
Temperatur					
Windgeschwindigkeit					

Hecken bieten Schutz und sind Lebensraum

Hecken finden wir in Städten und Dörfern sowie an Weg- und Feldrändern auf dem Land. Sie bieten **Sichtschutz** und halten den **Wind** ab. Das dichte Blattwerk filtert Staub und **Abgase** aus der Luft. Einen gewissen **Lärmschutz** bieten Hecken auch. Hecken sind aber auch ein vielfältiger Lebensraum für Pflanzen und Tiere. In naturnahen Wildhecken hat man bis zu hundert Pflanzenarten und tausend Tierarten gezählt.

Tiere der Wildhecke
Neuntöter, Erdkröte, Igel, Hermelin, Schnirkelschnecke, Zaunkönig, Laufkäfer, Kleiner Fuchs, Goldammer, Rötelmaus

Pflanzen und Tiere in Hecken

In älteren Wildhecken wachsen Sträucher wie Hasel und Holunder, Weißdorn und Schlehe. Am Boden wachsen Kräuter wie Klette und Taubnessel. Auch Moose, Flechten und Pilze lassen sich finden. Manche Sträucher wie Weißdorn, Heckenrose und Schlehe schützen sich durch Dornen und Stacheln vor Tierfraß.

Dennoch dienen Heckenpflanzen vielen Tieren als **Nahrungsquelle.** Wildbienen, Hummeln und Schmetterlinge leben vom Nektar und Pollen der Blüten. Die leuchtend rot oder schwarz-blau gefärbten Früchte von Schneeball, Weißdorn oder Felsenbirne locken Vögel an, die sie gerne fressen. Damit verbreiten die Tiere die Samen der Sträucher. Eichhörnchen und Rötelmaus können mit ihren scharfen Nagezähnen Haselnüsse öffnen.
In der Hecke finden Sing- und Wachholderdrossel, Goldammer und Zaunkönig geschützte **Nistplätze.** Igel, Kröten und Blindschleichen suchen **Unterschlupf** vor Fressfeinden oder ein Winterquartier. Der seltene Neuntöter, das Hermelin oder räuberische Laufkäfer hingegen nutzen die Hecke als **Jagdrevier.**

1 Artenvielfalt in einer Wildhecke

Der Baum als Lebensraum

1. Q

a) Fertige nach den Mustern in Bild 1 die noch fehlenden Kurzsteckbriefe an.
b) Zeichne auf eine große Pappe den Umriss eines Baumes. Gestaltet aus den Steckbriefen und weiterem Bildmaterial eine Collage vom „Lebensraum Baum“.

2. A

Beschreibe, wie Eichhörnchen, Eichelhäher, Eichenwickler und Eichengallwespe den Lebensraum Eiche nutzen.

3. A

Stelle in einer Tabelle zusammen, wie unterschiedliche Tierarten die Eiche als Lebensraum nutzen, ohne sich dabei gegenseitig Konkurrenz zu machen.

Teil der Eiche	genutzt von	genutzt als
Baumkrone	Trauerschnäpper	Ausguck zur Insektenjagd
Baumstamm		

4. V

Untersuche im Sommer oder Frühherbst Eichengallen (A). Die kugelförmigen Gebilde, die sich auf der Unterseite vieler Eichenblätter finden, sind durch die Eiablage der Eichengallwespe (B) entstanden.
Zeichne und beschrifte einen Querschnitt.

A

B

5. V

Beobachte Vögel von einer ruhigen Position aus – möglichst mit dem Fernglas. Nutze die Methode: „Tiere beobachten wie die Profis“.

6. Q

Die vom Grünspecht gezimmerten Bruthöhlen finden schon bald „Nachmieter“. Recherchiere und beschreibe, wie andere Tiere verlassene Spechthöhlen nutzen.

Lebensraum Baum
Jeder Baum, ob im Wald, im Park, am Straßenrand oder im Garten, bietet vielen Tieren **Nahrung, Unterschlupf** und **Brutraum.**

Die Eiche
Auf einer Eiche finden beispielsweise Eichhörnchen und Eichelhäher nahrhafte Eicheln. Die Raupen des Braunen Bärs oder des Eichenwicklers ernähren sich von Eichenblättern. Eichengallwespen legen ihre Eier in Eichenblätter, die daraufhin die Larven über Eichengallen ernähren.

Konkurrenz vermeiden
Viele Tiere sind auf besondere Bereiche der Eiche **spezialisiert.** So machen sie sich untereinander weniger **Konkurrenz:**

- Der Trauerschnäpper nutzt die obersten Äste der Baumkrone und fängt von dort aus Insekten im Flug.
- Die Blaumeise sammelt in der Baumkrone Insekten von den Blättern ab.
- Der Maikäfer frisst bevorzugt junge Eichenblätter.
- Der nachtaktive Waldkauz nutzt die Eiche am Tag als Ruheplatz.
- Der Baumläufer läuft am Baumstamm empor und sucht in den Ritzen der Borke nach Insekten und deren Larven.
- Die Waldmaus legt ihren Bau im dichten Geflecht der Wurzeln an.

1 Lebensraum Eiche

Nahrungsbeziehungen im Wald

A

1. Q

a) Wie heißen die abgebildeten Bewohner des Waldes? Zu welchem von ihnen gehört der Ausschnitt des Steckbriefes?

b) Finde heraus, wie die einzelnen Tierarten leben und erstelle weitere Steckbriefe.

B

C

D

E

F

Aussehen:	kräftiger Schnabel, ...
Nahrung:	in Rindenspalten verborgene Insekten und Insektenlarven; benötigt im Winter ausreichend Baumsamen
Fressfeinde:	zählt zur Nahrung von Sperber und Waldkauz
Brutraum:	Altbaumbestände mit hoch gelegenen Bruthöhlen
Spezialisierung:	kann kopfüber den Stamm hinunterklettern; entdeckt so auch Beute, die sich in nach oben abstehender Borke versteckt
Überwinterung:	Jahresvogel (Standvogel)

2. A

a) Im Ökosystem Wald sind viele Lebewesen durch „Fressen und Gefressenwerden" miteinander verknüpft. Schreibe aus Bild 2 mehrere Nahrungsketten heraus. Schreibe wie im folgenden Beispiel: Fichtenzapfen > Specht >...

b) Das Foto unten zeigt die beiden letzten Glieder einer Nahrungskette: ... > Wildkaninchen > Bussard. Wie könnte der Anfang der Nahrungskette ausgesehen haben? Notiere sie vollständig.

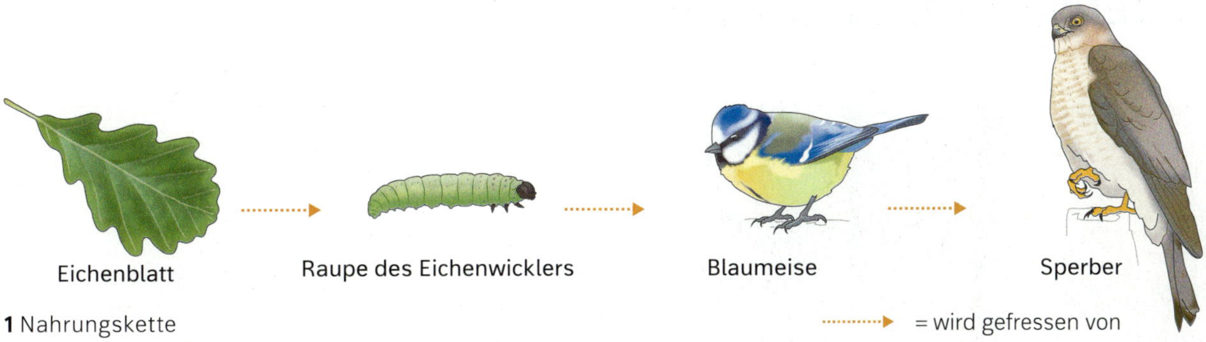

1 Nahrungskette

Der Wald – Lebensraum für viele Tiere

Mischwälder bieten vielen Tierarten Nahrung, Wohnraum und Versteck. Hier können beispielsweise bis zu 70 Vogelarten nebeneinander leben, weil sie den gemeinsamen Lebensraum nutzen, ohne sich gegenseitig Konkurrenz zu machen. Der Buntspecht zum Beispiel zimmert Brut- und Wohnhöhlen in morsche Stämme, während die Blaumeise verlassene Höhlen als „Nachmieter" bezieht. Seine Nahrung sucht der Specht unter der Borke, die Blaumeise an den Zweigen.

Wer frisst wen? – Nahrungsketten

Pflanzen nutzen die Energie der Sonne zur Produktion von Nährstoffen. Sie brauchen die Nährstoffe zum Überleben und Wachsen. Pflanzen bilden die Lebensgrundlage für alle Menschen und Tiere.
An den Blättern einer Eiche fressen hellgrüne Raupen. Sie sind aus den Eiern des Eichenwicklers geschlüpft. Dass die Raupen nicht gleich ganze Bäume kahlfressen, ist unter anderem den Blaumeisen zu verdanken. Sie hüpfen auf der Suche nach Insekten von Ast zu Ast, entdecken die nahrhaften Raupen und fressen sie. Blaumeisen stehen auf dem „Speisezettel" des Sperbers. Stehen Lebewesen so in einer Räuber-Beute-Beziehung zueinander, dass eines dem anderen als Nahrung dient, nennt man dies eine **Nahrungskette.**

Nahrungsnetze

Blaumeisen fressen neben Raupen auch Spinnen und Pflanzensamen. Sie selbst werden nicht nur vom Sperber, sondern auch von Waldkauz und Baummarder erbeutet. Der Baummarder wiederum frisst neben Singvögeln auch Eichhörnchen und Waldmäuse. Meist hat ein Tier also mehrere Beutetiere und selbst auch verschiedene Fressfeinde. Diese vielseitigen Verknüpfungen einzelner Nahrungsketten bilden ein **Nahrungsnetz.**

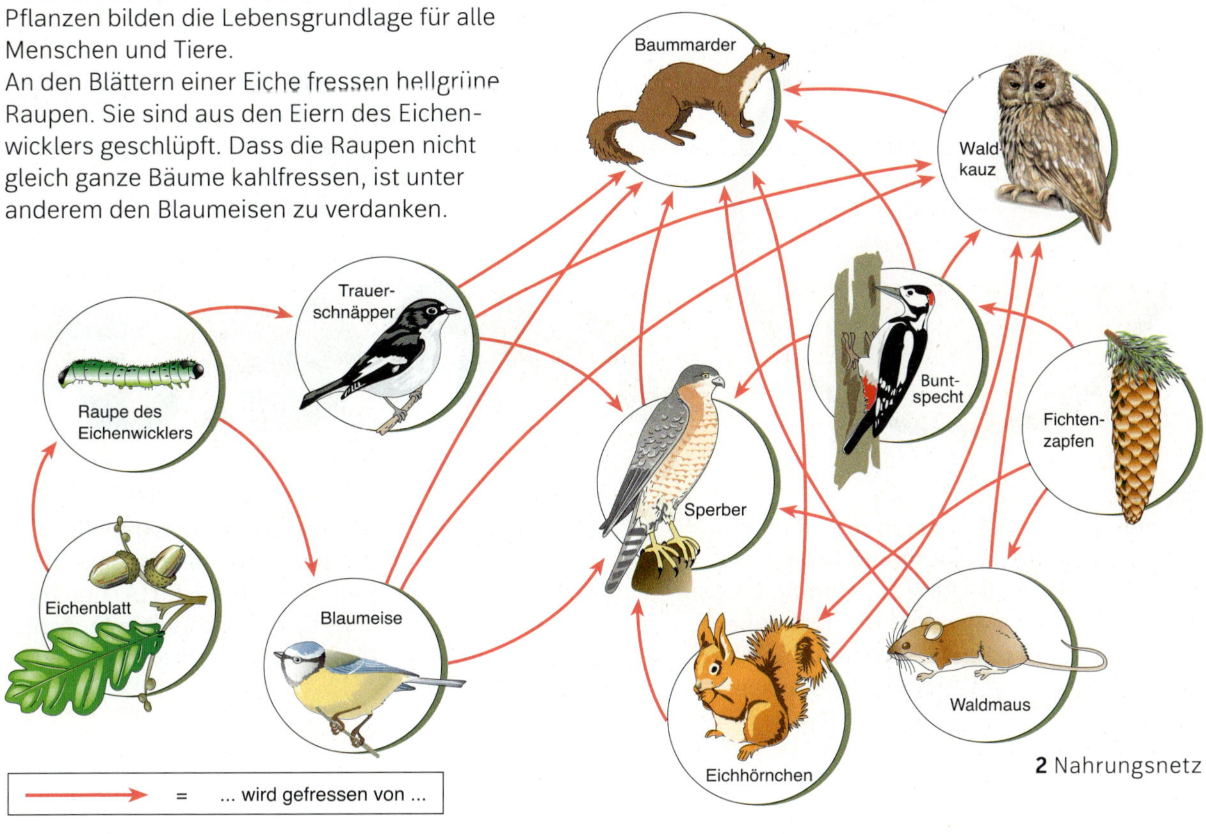

2 Nahrungsnetz

Unterwegs im Laubwald

1. A
Beschreibe den Unterschied zwischen den links abgebildeten Laubwäldern.

2. A
Erstelle eine Tabelle zur Schichtung des Waldes.
a) Nenne aus jeder Schicht zwei Pflanzen und zwei Tiere.
b) Erläutere, wie welches Tier die jeweilige Schicht nutzt.

3. Q
Recherchiere Informationen zu einem der im Text erwähnten Tiere. Fertige einen Steckbrief an und stelle dein Ergebnis vor.

4. Q
Macht mit der Klasse einen Lerngang durch den Wald. Ihr könnt euch auch an das zuständige Forstamt oder die Jägerschaft wenden und einen Termin ausmachen. Überlegt, was ihr mitnehmen müsst.

A B

5. V
An einem gefällten Baumstamm könnt ihr das Alter eines Baumes bestimmen. Jeweils ein heller und ein dunkler Ring zusammen entsprechen dem Zuwachs eines Jahres. Der äußere Jahresring ist der jüngste. Ermittelt das Alter eines Baumes. Vergleicht eure Ergebnisse.

6. Q
In Laubwäldern kommen zwei unterschiedliche Baumarten vor, die in ihrem Namen die Bezeichnung „-buche“ tragen, die Hainbuche (A) und die Rotbuche (B). Beschreibe die Unterschiede. Achte dabei auf Blätter, Blüten und Früchte. Lege dazu eine Tabelle an.

In jedem Laubmischwald lässt sich eine gewisse Ordnung erkennen, die sich auch bei anderen Waldtypen wiederholt. Die Tiere nutzen die Stockwerke eines Waldes auf unterschiedliche Weise. So können alle gemeinsam darin leben.

Wurzelschicht

In der untersten Schicht des Waldes, der **Wurzelschicht,** sind Bäume und Sträucher mit den Wurzeln in der Erde verankert. Sie haben dadurch festen Halt und können über die Wurzeln Wasser und Mineralstoffe aufnehmen. In der Wurzelschicht wächst auch das Fadengeflecht der Pilze, deren Fruchtkörper man am Waldboden sieht. Die Wurzelschicht ist mit Laub bedeckt, das von Regenwürmern und anderen Bodenlebewesen zersetzt wird. Dadurch entsteht ständig neue mineralstoffreiche Erde. Wildschweine suchen im Laub nach Eicheln und Bucheckern. Sie durchwühlen die Schicht und mischen sie mit dem Waldboden. Unter der Erdoberfläche leben zum Beispiel Rötelmäuse und Käferlarven.

Moosschicht

Auf dem Waldboden in der **Moosschicht** wachsen verschiedene Moosarten. Moose werden zwar nur wenige Zentimeter hoch, erfüllen im Wald aber wichtige Aufgaben. Sie speichern Regenwasser und geben es nur langsam an den Boden ab. Viele Kleintiere wie Schnecken, Käfer, Spinnen und Ameisen suchen hier Nahrung und Unterschlupf.

Krautschicht

Die **Krautschicht,** in der verschiedene Gräser und Wildkräuter zu finden sind, wird etwa 1 m hoch.

1 Stockwerke im Laubmischwald

Auch Farne und Keimlinge von Bäumen wachsen hier. Die Zusammensetzung der Kräuter hängt von den Lichtverhältnissen ab. Pflanzen wie das Buschwindröschen blühen bereits früh im Frühling. Insekten wie Wildbienen, Fliegen und Schmetterlinge finden in den Blüten Nahrung.

Strauchschicht

In der **Strauchschicht** leben nur Arten, die Schatten vertragen, zum Beispiel Hasel, Holunder, Faulbaum und junge Laubbäume. Je mehr Licht durch die Baumkronen dringt, umso üppiger wachsen sie. Die Sträucher erreichen eine Höhe von etwa 5 m. Besonders auffällig ist eine schmale Zone von Sträuchern am Waldrand. Sie bremst den Wind und schützt den Wald so vor dem Austrocknen. Einige Vogelarten wie Buchfink und Zilpzalp nisten in dieser Schicht. Raupen, die sich von den Blättern ernähren, sind ihre Beutetiere.

Baumschicht

Die **Baumschicht** überragt alle anderen Stockwerke des Waldes. Sie kann bis zu 40 m hoch werden. Die Baumkronen der Eichen und Rotbuchen sind häufig höher als die der anderen Baumarten. Ganz oben in den Wipfeln nisten Habicht und Mäusebussard. Hier sind sie vor Feinden wie dem Baummarder meist geschützt. In der Baumrinde finden Kleiber und Baumläufer Insekten und andere Kleintiere als Nahrung. Der Buntspecht holt mit seiner klebrigen Zunge Käfer und Larven aus Bohrgängen im Holz.

Bäume und Sträucher in unserem Umfeld

PINNWAND

Gemeine Hasel
(Corylus avellana)
Höhe: bis 6 m
Blätter: einfach, herzförmig, gesägter Rand
Frucht: Haselnuss
Besonderheit: reife Nüsse wichtige Tiernahrung

Gemeine Fichte
(Picea abies)
Höhe: bis 40 m
Nadeln: stachelig spitz, einzeln stehend
Zapfen: bis 15 cm, hängend
Besonderheit: häufig verwendetes Bauholz

Waldkiefer
(Pinus sylvestris)
Nadeln: bis 8 cm, paarweise
Zapfen: etwa 6 cm, eiförmig
Besonderheit: häufig verwendetes Bau- und Möbelholz

Europäische Lärche
(Larix decidua)
Höhe: bis 30 m
Nadeln: kurz und weich, in Büscheln
Zapfen: 2 cm, eiförmig, stehend
Besonderheit: Nadeln werden im Herbst abgeworfen

Bergahorn
(Acer pseudoplatanus)
Höhe: bis 25 m
Blätter: einfach, fünflappig, gesägter Rand
Frucht: zwei geflügelte Nussfrüchte
Besonderheit: Propellerflieger

1. ≡ A
Ordne die Steckbriefe den passenden Abbildungen zu.

2. ≡ Q
Für zwei Bäume fehlen die Steckbriefe. Hier sind die „Baumdetektive“ gefragt.
Tipp: Methode „Wie Baumdetektive vorgehen“.

3. ≡ A
Ordne die auf dieser Pinnwand abgebildeten Pflanzen Sträuchern, Laubbäumen oder Nadelbäumen zu.

4. ≡ Q
Fertige für Bäume aus dem Umfeld der Schule Steckbriefe an.

Die Gemeine Rosskastanie
(Aesculus hippocastanum)
Höhe: bis 25 m
Kronendurchmesser: bis 10 m
Anzahl der Blätter: etwa 250 000
Fläche der Blätter: 2500 m^2
Wasserverdunstung: 250 l pro Tag
Holzproduktion: 500 g pro Tag
Sauerstoffproduktion: 45 t in den ersten 25 Wachstumsjahren

5. A
Viele Früchte von Heckensträuchern haben leuchtende Farben. Erkläre die Funktion dieser Farben.

6. V
Bereitet in Gruppen eine „Baumrallye“ vor und führt sie durch.
a) Markiert auffällige Bäume und Sträucher des Schulgeländes mit Nummernkärtchen.
b) Tragt die Nummern auf einer Übersichtszeichnung des Schulgeländes ein.
c) Die Teilnehmenden der Rallye suchen die so markierte Gehölze und versuchen sie zu bestimmen wie die „Baumdetektive“. Tipp: Methodenseite „Wie Baumdetektive vorgehen“.

7. V
a) Suche Bäume mit einer interessanten Borke.
b) Befestige weißes Papier am Stamm, zum Beispiel mit Papierklebeband.
c) Rubbele mit Wachskreide oder Zeichenkohle vorsichtig über das Blatt.
d) Lass deine Mitschülerinnen und Mitschüler die Bäume mithilfe deiner Zeichnung wiederfinden.

Heckensträucher mit Früchten

Weißdorn *(Crataegus monogyna)*

Sanddorn *(Hippophae rhamnoides)*

Schwarzdorn *(Prunus spinosa)*

Heckenrose *(Rosa corymbifera)*

Schwarzer Holunder *(Sambucus nigra)*

Häufige Baumarten in Luxemburgs Wäldern

Aufteilung der Waldfläche in Luxemburg nach Baumarten

Fichte	21 %
Kiefer	3 %
Andere Nadelbäume	8 %
Buche	30 %
Eiche	27 %
Andere Laubbäume	11 %

1. A

a) Ordne die Abbildungen der Blätter und Früchte (A – F) mithilfe der Beschreibungen den passenden Baumarten zu.
b) Warum ist die rechte Hälfte fast aller Bäume kahl gezeichnet? Warum nicht bei der Fichte? Erläutere.

2. A

Erstelle ein Kreisdiagramm, das die Aufteilung der Waldfläche in Luxemburg nach Baumarten zeigt.

3. A

Auf mehr als der Hälfte der Waldflächen in Luxemburg wachsen Nadelbäume. Informiere dich über die Gründe für den Nadelholzanbau. Gibt es auch Nachteile?

PINNWAND

Gemeine Fichte
(Picea abies)
Höhe: bis 60 m
Blütezeit: Mai–Juni
Rinde: rötlich bis grau
Blätter: ca. 2 cm lange Nadeln
Früchte: 10 cm – 15 cm lange, hängende Zapfen

Ökologie / Besonderheiten
auf lehmigen oder sandigen Böden · in der Zeit der Winterruhe kaum Stoffwechsel · kann durch Einlagerung von Zucker in ihre Zellen Temperaturen von minus 60 °C überleben (Gefrierpunkterniedrigung) · oft in enger Lebensgemeinschaft mit Pilzen

Schwarzerle
(Alnus glutinosa)
Höhe: bis 35 m
Blütezeit: März–April
Rinde: dunkelgrau bis schwarz
Blätter: oval mit gesägtem Rand
Früchte: in kleinen Zapfen

Ökologie / Besonderheiten
bevorzugt feuchte Gegenden, z. B. an Bachläufen, im Moor oder in Auwäldern · Rinde wurde früher zum Schwarzfärben von Leder gebraucht (daher der Name) und aus den Zapfen wurde schwarze Tinte hergestellt · sehr wasserbeständiges Holz, wird daher gerne im Schiffsbau eingesetzt

Bergahorn
(Acer pseudoplatanus)
Höhe: bis 40 m
Blütezeit: April–Mai
Rinde: hell braun-grau und glatt
Blätter: 2 kleine und 3 große Lappen
Früchte: Spaltfrüchte mit Flügeln (segeln drehend zu Boden)

Ökologie / Besonderheiten
auf feuchten, nährstoffreichen Böden, auch in Au- oder Gebirgswäldern · Laub verrottet schnell und wird dabei zu gutem Humus, dient daher der Bodenverbesserung · liefert besonders gutes Holz für Möbel und Musikinstrumente · Ahornsirup ist der Saft des Ahorns, der nach dem Anritzen der Rinde austritt

Europäische Lärche
(Larix decidua)
Höhe: bis 50 m
Blütezeit: März–Mai
Rinde: am jungen Baum grünlich und glatt, beim älteren tief gefurcht und grau
Blätter: Büschel mit 10 – 60 Nadeln
Früchte: Zapfen ca. 4 cm x 2 cm

Ökologie / Besonderheiten
bevorzugt Lehmboden und braucht viel Licht, würde ohne Eingriff des Menschen daher fast überall von anderen Bäumen wie z.B. Kiefern und Fichten verdrängt · kann auch auf mäßig trockenen Böden gut überleben · wirft die Nadeln im Herbst ab · kann Temperaturen von minus 40 °C, aber auch sommerliche Hitze vertragen

Hainbuche (Weißbuche)
(Carpinus betulus)
Höhe: bis 25 m
Blütezeit: April
Rinde: grau, dünn und glatt
Blätter: 2 – 4 cm breit, bis 10 cm lang, eiförmig mit Spitze, Rand doppelt gesägt
Früchte: einsamige Nuss

Ökologie / Besonderheiten
gerne in feuchten Laubmischwäldern · jede einzelne Nuss ist mit einem dreilappigen flügelförmigen Blatt versehen, wird erst im Herbst abgeworfen und dann mit dem Wind verbreitet · sehr hartes und schweres Holz

Stieleiche
(Quercus robur)
Höhe: bis 40 m
Blütezeit: Mai
Rinde: zunächst glatt und grau-grün, später rissig und graubraun
Blätter: 10 cm – 15 cm lang mit 5 – 6 Buchten
Früchte: Eicheln an bis zu 4 cm langen Stielen

Ökologie / Besonderheiten
Eicheln dienen verschiedenen Tieren als Nahrung und werden so verbreitet · bildet sehr tief reichende Pfahlwurzeln aus, daher sehr sturmfest · kann harte Böden bewurzeln und tiefes Grundwasser erreichen · das Holz ist sehr hart und widerstandsfähig und vielseitig verwendbar · kann bis zu 800 Jahre alt werden

Einheimische Laubbäume bestimmen

Erste Hinweise

Im Umfeld deiner Schule wachsen viele Bäume und Sträucher. Um ihre Namen herauszufinden, erhältst du hier einige Tipps, die dir die Arbeit erleichtern.

Entscheide zuerst, ob du einen **Baum** mit nur einem Stamm oder einen **Strauch** mit vielen Stämmen vor dir hast.

Manche Bäume oder Sträucher kannst du bereits an ihrer **Wuchsform** erkennen. So hat zum Beispiel eine Eiche eine breit ausladende Krone und knorrige Äste. Eine Fichte dagegen hat eine viel schlankere Krone und ihre Äste wachsen bogenförmig nach oben.

Die Bäume kannst du aufgrund ihrer flachen oder ihrer nadelförmigen Blätter entweder den **Laubbäumen** oder den **Nadelbäumen** zuordnen.

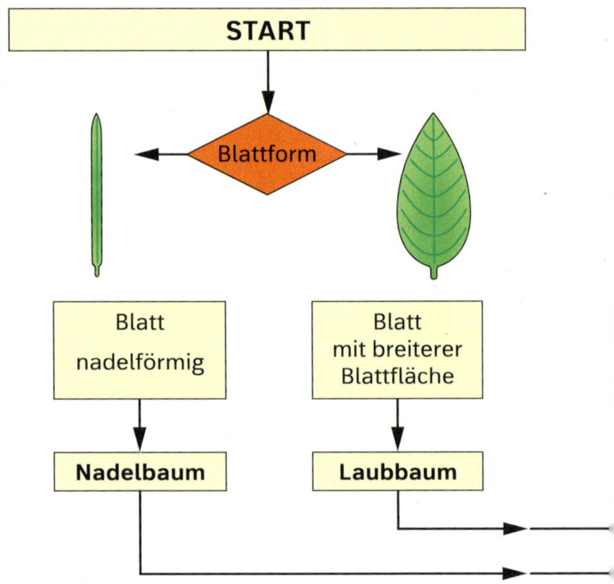

2 Bestimmungsschlüssel für Bäume

Blätter verraten viel

Als echter Baumdetektiv wirst du dir dann die **Blätter** genauer ansehen. Entscheide, ob dein Baum **einfache** oder **zusammengesetzte** Blätter hat. Betrachte dann die **Blattformen** genauer und auch die **Blattränder.**

Ermittlungen abschließen

Anhand dieser Merkmale kannst du die Namen einiger einheimischer Bäume herausfinden, wenn du den **Bestimmungsschlüssel** benutzt.

Wenn du die Namen hier nicht findest oder mehr über die Pflanzen herausfinden möchtest, kannst du zusätzlich ein **Bestimmungsbuch** (z.B. "Main éischt Bestemmungsbuch") oder **Bestimmungsapps** (z.B. "Seek") verwenden.

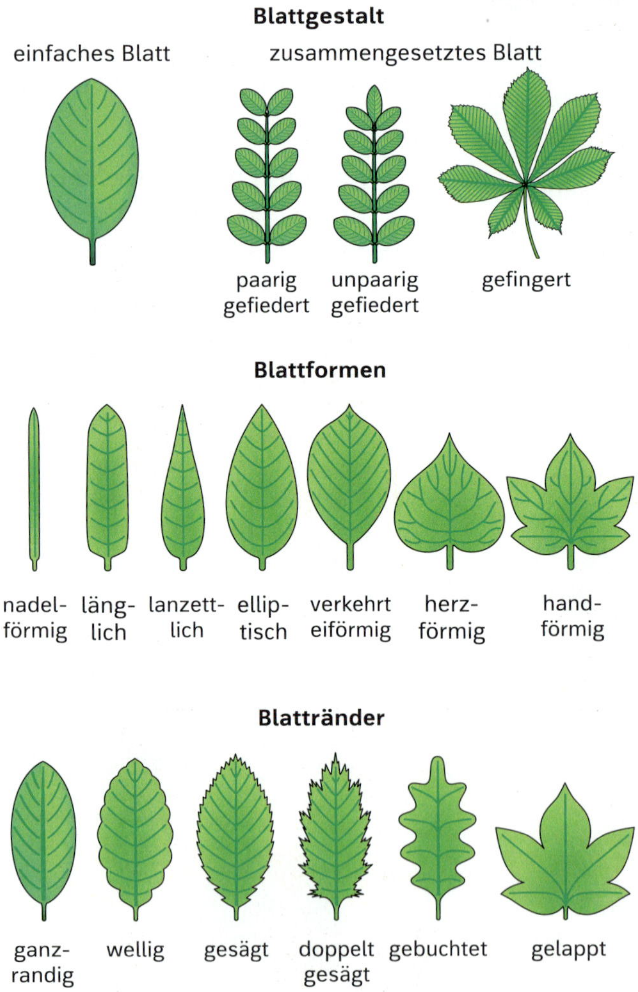

1 Blattmerkmale

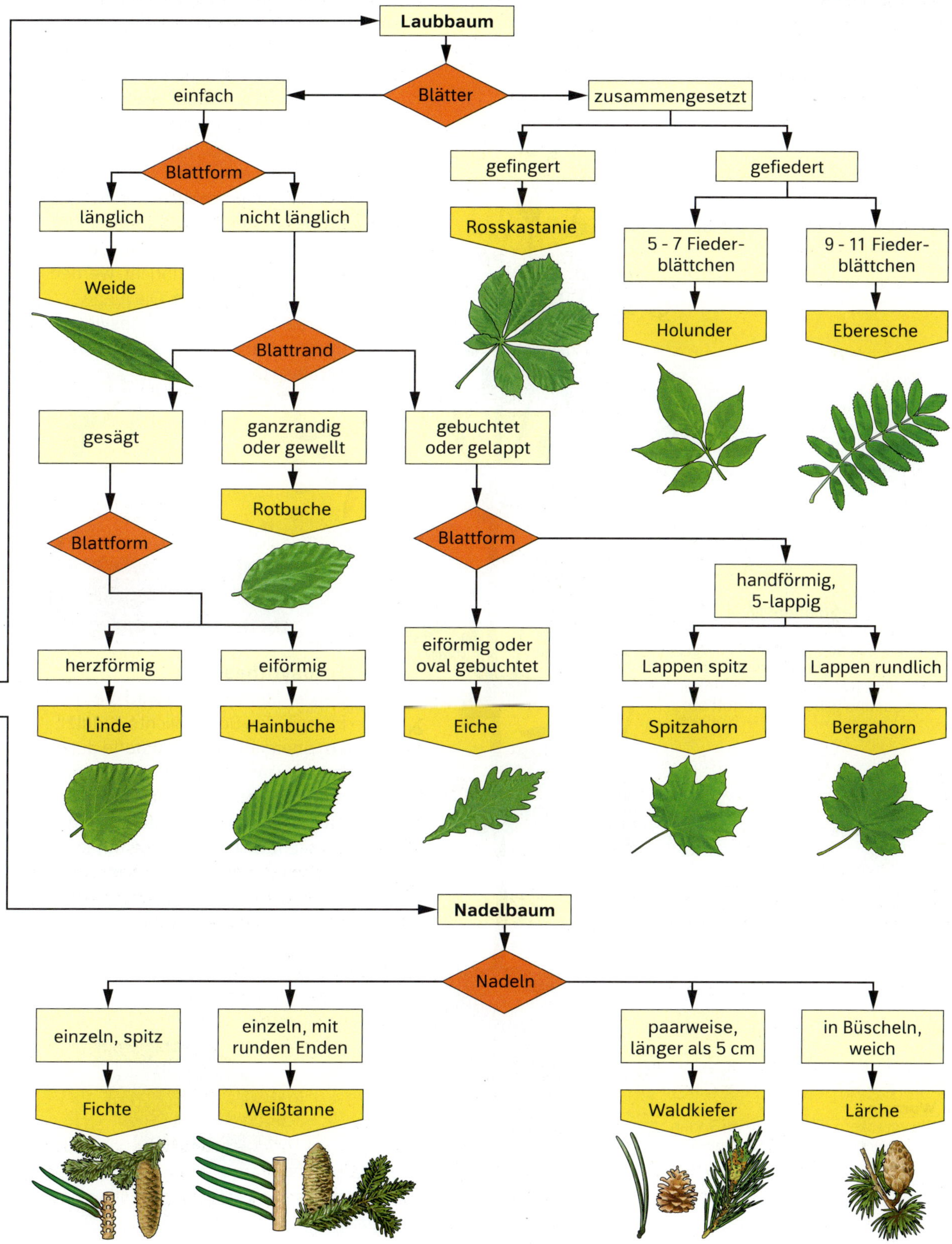
Laubbaum
Blätter
einfach
zusammengesetzt
Blattform
länglich
nicht länglich
Weide
gefingert
Rosskastanie
gefiedert
5 - 7 Fiederblättchen
Holunder
9 - 11 Fiederblättchen
Eberesche
Blattrand
gesägt
ganzrandig oder gewellt
Rotbuche
gebuchtet oder gelappt
Blattform
herzförmig
Linde
eiförmig
Hainbuche
Blattform
eiförmig oder oval gebuchtet
Eiche
handförmig, 5-lappig
Lappen spitz
Spitzahorn
Lappen rundlich
Bergahorn
Nadelbaum
Nadeln
einzeln, spitz
Fichte
einzeln, mit runden Enden
Weißtanne
paarweise, länger als 5 cm
Waldkiefer
in Büscheln, weich
Lärche

Pflanzen und ihre Lebensräume

Pflanzenorgane

Die Abbildung zeigt die Organe, aus denen Blütenpflanzen aufgebaut sind. Jedes Organ hat eine Funktion oder sogar mehrere Funktionen.

Blüten
Sie sind aus Kelch-, Kron-, Staub- und Fruchtblättern aufgebaut. bilden Keimzellen und sorgen f die Bestäubung und Befruchtu

Früchte
Sie entwickeln sich aus bestäubten Blüten. Sie enthalten Samen und verbreiten diese.

Laubblätter
In den grünen Blättern findet die Fotosynthese statt. Dabei werden mithilfe des Sonnenlichtes energiereiche Nährstoffe hergestellt. Laubblätter nehmen Kohlenstoffdioxid auf und geben Sauerstoff ab.

Sprossachse
Die Sprossachse kann ein verholzter Stamm oder ein krautiger Stängel sein. Sie trägt Blätter, Blüten und Früchte. Wasser und Mineralstoffe werden in ihr nach oben geleitet, Zucker und andere Nährstoffe nach unten und in die Früchte transportiert.

Wurzeln
Sie verankern die Pflanze im Boden und nehmen Wasser und Mineralstoffe auf.

Die Entwicklung von Pflanzen

Nach der Befruchtung entwickelt sich aus der Blüte eine Frucht mit Samen. Die Samen werden von selbst, durch den Wind, Tiere oder Wasser verbreitet. Im Samen befindet sich ein Embryo. Fällt der Samen auf feuchte Erde, kann er keimen. Der Embryo entwickelt sich mithilfe der im Samen gespeicherten Nährstoffe zum Keimling. Wenn der Keimling die Erdoberfläche durchbricht, werden die Laubblätter grün. Die junge Pflanze betreibt dann Fotosynthese und kann zu einer neuen Pflanze heranwachsen.

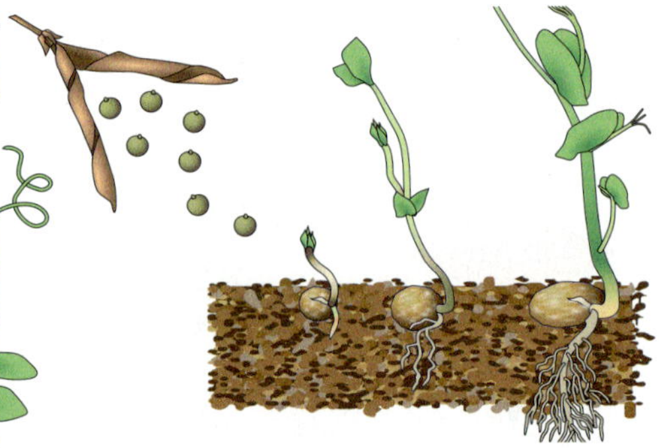

Fotosynthese

Bei der Fotosynthese wird die Energie des Sonnenlichts genutzt, um energiereiche Nährstoffe aufzubauen. Dafür ist der grüne Blattfarbstoff Chlorophyll in den Chloroplasten nötig. Aus Kohlenstoffdioxid und Wasser entstehen Sauerstoff und Traubenzucker (Glukose). Mithilfe der darin gespeicherten Energie werden Stärke und andere Nähr- und Baustoffe aufgebaut.

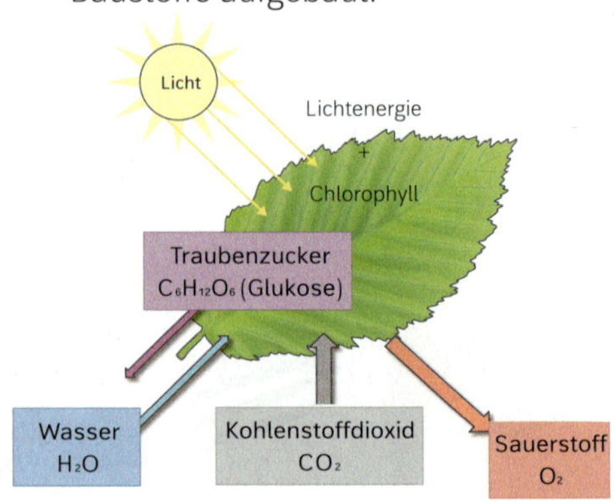

Pflanzen und ihre Lebensräume

Merkmale und Lebensbedingungen von Pflanzen

Kannst du schon ...

... den Bau einer Blütenpflanze beschreiben? (S. 134)
... die Funktionen der einzelnen Bestandteile einer Blütenpflanze erklären? (S. 134)
... die Fotosynthese erklären? (S. 136 – 137)
... Blüten untersuchen und Legebilder von ihnen anfertigen? (S. 138 – 139)
... die Entwicklung von der Blüte zur Frucht beschreiben? (S. 140 – 141)
... die verschiedenen Möglichkeiten der Verbreitung von Pflanzen beschreiben? (S. 144 – 145)

Zeig, was du kannst!

1. A
Benenne die verschiedenen Pflanzenteile aus der Abbildung und beschreibe jeweils ihre Funktionen.

2. A
a) Ordne den Ziffern in der Abbildung die entsprechenden Begriffe zu.
b) Nenne die Aufgaben der einzelnen Blütenteile.

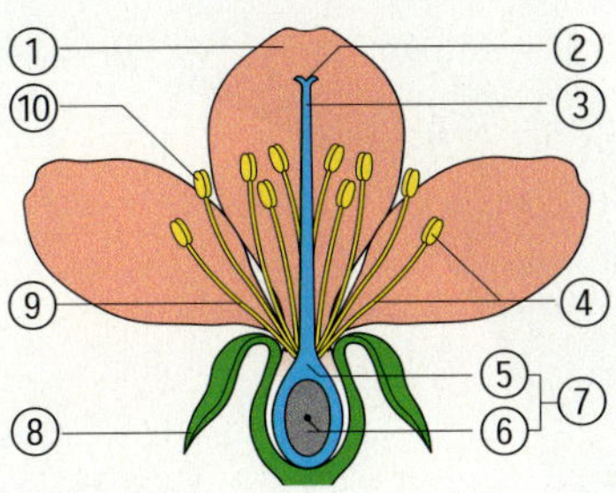

3. A
Schreibe eine Anleitung zum Erstellen eines Legebildes. Ergänze sie mit Fotos oder einem von dir angefertigten Legebild.

4. A
Plane Experimente, mit denen du untersuchen kannst, unter welchen Voraussetzungen Samen keimen.

Bäume und Sträucher sind Lebensräume

Kannst du schon ...

... den Unterschied zwischen Bäumen und Sträuchern erklären? (S. 134)
... typische Tier- und Pflanzenarten nennen, die eine Hecke als Lebensraum nutzen? (S. 146 – 147)
... typische Tier- und Pflanzenarten nennen, die einen Baum als Lebensraum nutzen? (S. 148 – 149)
... häufige Baumarten in Luxemburgs Wäldern nennen? (S. 156 – 157)
... einige einheimische Laubbäume bestimmen? (S. 158 – 159)

Zeig, was du kannst!

5. A
Ordne den Ziffern in der Abbildung der Feuerbohne die richtigen Begriffe zu.

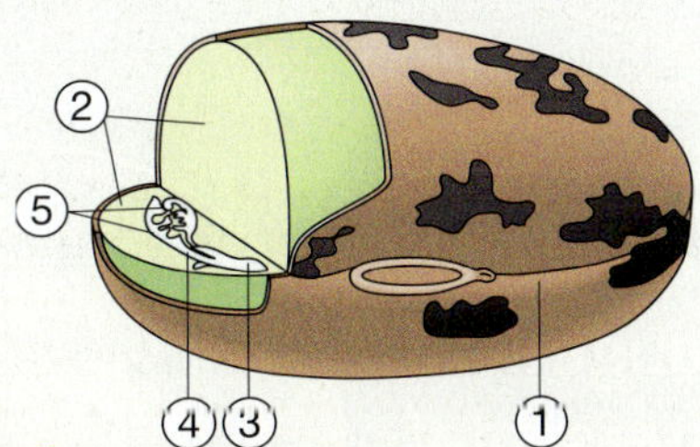

6. A
a) Beschreibe die Keimung der Gemüsebohne.
b) Notiere die mit Ziffern gekennzeichneten Teile der Gemüsebohne.

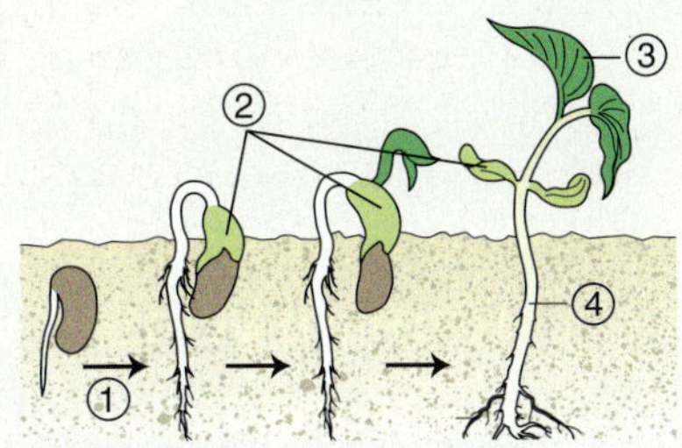

7. A
Nenne die Ausgangsstoffe und Produkte der Fotosynthese.

8. A
Erläutere die Bedeutung der Fotosynthese für das Leben auf der Erde.

LERNCHECK

Überwinterung

Wie können manche Pflanzen so früh im Jahr blühen?

Wie können manche Säugetiere im Winterschlaf überleben?

Wie ernähren sich verschiedene Tiere im Winter, wenn ihre Nahrungsgrundlage fehlt?

Wenn der Winter kommt

1. ≡ A
Beschreibe die Entstehung von Jahreszeiten mithilfe der Abbildung rechts.

2. ≡ A
Beschreibe die Lebensbedingungen der Pflanzen und Tiere im Winter.

3. ≡ A
a) Begründe, warum Laubbäume im Herbst ihre Laubblätter abwerfen müssen, um den Winter zu überstehen.
b) Erkläre, warum Nadelbäume auch als immergrüne Pflanzen bezeichnet werden.

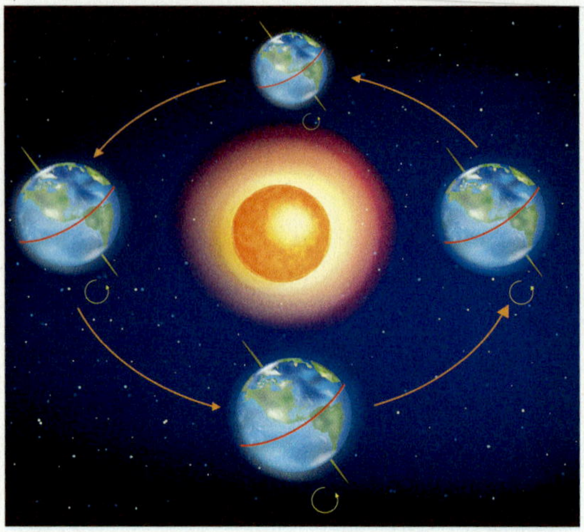

Entstehung von Jahreszeiten

Die Erde ist eine Kugel im Weltraum, die sich um sich selbst dreht. Die Achse, um die sie sich dreht, steht leicht schräg. Ist der Nordpol zur Sonne geneigt, sind die Tage bei uns länger und die Sonne steht höher am Himmel. Dann ist bei uns Sommer. Ein halbes Jahr später zeigt der Nordpol von der Sonne weg. Die Tage sind kürzer und die Sonne steht meist tief. Dann ist bei uns Winter.

Lebensbedingungen im Winter

Im Winter verändern sich die Lebensbedingungen der Tiere und Pflanzen. Wenn durch den Verlauf der Sonne im Winter die Tage immer kürzer werden, geht die Sonne immer etwas später auf und etwas früher unter. Sie steigt auch nicht mehr so hoch. Dadurch nimmt die Stärke der Sonneneinstrahlung ab. Nur wenig Licht und Wärme kommen noch am Boden an. Häufig gefriert der Boden.

Laubfall als Vorbereitung auf den Winter

Im Sommer bilden die grünen Blätter bei der Fotosynthese mithilfe von Licht aus Wasser und Kohlenstoffdioxid Nährstoffe. Die Nährstoffe werden in der Pflanze verteilt und zum Beispiel in den Früchten gespeichert. Zudem verdunstet ein Baum über die Blätter täglich viele hundert Liter Wasser, das er mit seinen Wurzeln der Erde entnimmt.
Im Winter aber können Blätter für einen Baum lebensgefährlich werden: der Boden ist oft gefroren, so dass die Bäume kein Wasser mehr aufnehmen können. Sie müssten „verdursten“, wenn weiterhin Wasser aus den Blättern verdunsten würde. Außerdem würde das Wasser in den Blättern ebenfalls gefrieren und die feinen Leitungsbahnen zerstören.

Ohne Blätter ist der Baum auch bei Schneefall gut geschützt. Der Schnee würde ansonsten auf den Blättern liegen bleiben. Dies könnte dazu führen, dass der Baum unter dem schweren Gewicht zusammenbricht.
Bevor der Winter kommt, verlieren die Laubbäume daher im Herbst ihre Blätter. Man bezeichnet dies auch als **Laubfall**.
Nadelbäume sind hingegen **immergrüne Pflanzen.** Sie verlieren ihre schmalen Laubblätter, die **Nadeln,** im Winter nicht. Diese haben eine geringe Oberfläche und sind von einer wasserundurchlässigen Wachsschicht überzogen. Sie verdunsten nur wenig Wasser und überstehen den Frost. Nadelbäume betreiben ganzjährig Fotosynthese.
Viele kleinere Pflanzen sterben im Winter ab.

1 Ein Laubbaum im Winter

Ablauf des Laubfalls bei Laubbäumen

Dort, wo sich die Blätter vom Zweig lösen werden, wächst zunächst eine **Trennschicht** aus Korkzellen, die später das Eindringen von Wasser verhindert. Wenn die Blätter vom Blattrand her zu trocknen beginnen, hängen sie nur noch lose an dieser „Sollbruchstelle“. Jetzt genügt ein Windstoß und die Blätter fallen ab. Sie hinterlassen gut sichtbare Blattnarben. Zur Ausbildung der Trennschicht werden Energie und Baustoffe benötigt, die über Leitungsbahnen transportiert werden. Knicken blatttragende Äste oder Zweige ab, wird der Transport unterbrochen, die Trennschicht kann sich nicht vollständig ausbilden und die Blätter fallen nicht ab.
Bevor die Blätter abfallen, baut der Baum den grünen Farbstoff in den Blättern ab. Die Abbauprodukte transportiert er in den Stamm und die Wurzeln. Dort stehen sie für den erneuten Blattaustrieb im nächsten Frühjahr zur Verfügung. Zurück bleiben gelbe und rote Farbstoffe, die sich auch im Sommer schon in den Blättern befinden, aber von Blattgrün überdeckt werden.

2 Rosskastanie im Herbst

Was in den Knospen steckt

Nach dem Laubfall beginnt die Winterruhe. In den Knospen sind aber bereits wieder Blätter und Blüten angelegt. Im Winter umhüllen harte, ledrige Knospenschuppen die zarten Sprossteile und schützen sie vor dem Austrocknen sowie vor Nässe und Krankheitserregern. Im Inneren der Knospen befinden sich haarige Fasern. Sie schützen die Sprossteile vor Kälte.

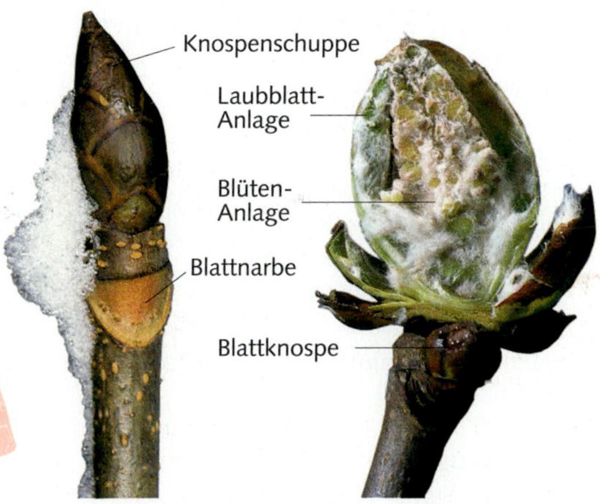

3 Kastanienknospen im Winter: **A** Zweigende mit Knospen, **B** Blütenknospe (Längsschnitt)

Tiere im Winter

Auch für die Tiere verändern sich im Winter die Lebensbedingungen. Sie müssen Kälte und Frost überstehen. Außerdem brauchen sie ausreichend Nahrung, um zu überleben, finden aber meistens nur noch wenig Nahrung. Die Pflanzen, von denen sie sich ernähren, wachsen im Winter nicht oder tragen keine Früchte. Kleine Beutetiere halten sich in Verstecken auf und können schlecht gejagt werden. Tiere überwintern unterschiedlich. Bei Vögeln unterscheidet man zwischen Zug- und Standvögeln. Säugetiere sind winteraktiv, halten Winterschlaf oder Winterruhe. Wechselwarme Tiere fallen in Winterstarre.

Vorbereitung auf den Winter – Strategien bei Tieren

Manche Tierarten fressen sich dicke **Fettpolster** an. Andere Arten legen sich **Nahrungsvorräte** für den Winter an. Tiere wie das Eichhörnchen oder der Eichelhäher sammeln Vorräte. Der Eichelhäher kann eine Eichel im Schnabel transportieren und bis zu zehn weitere im Kehlsack. Er versteckt sie im Boden oder Rindenspalten. Da er nicht alle Verstecke wiederfindet, können viele Eicheln auskeimen und zu neuen Bäumen heranwachsen. Viele Tiere suchen vor dem Winter Plätze, an denen sie vor der Kälte geschützt überwintern können. Vögel schützen sich vor Kälte, indem sie ihr Gefieder aufplustern. Dabei gelangt mehr Luft zwischen die Federn. Aber nicht alle Vögel bleiben im Winter in Luxemburg.

4 Eichelhäher

Zugvögel und Standvögel

A

1. Ⓐ
Erstelle einen Steckbrief des Kranichs (A). Beachte dabei besonders den allgemeinen Körperbau, die Form des Schnabels und die Farbe des Federkleides.

2. Ⓐ
Vergleiche den Körperbau des Kranichs (A) mit dem einer Graugans (B) und eines Graureihers (C).

B

C

3. Ⓠ
Überlege, welchen Gefahren Kraniche ausgesetzt sind, sowohl in ihren Sommer- und Winterquartieren als auch auf ihrer Reise.

4. Ⓐ
Es gibt Zugvögel und Standvögel.
a) Vergleiche die Überwinterungsstrategien der Zug- und Standvögel. Gehe auf Vor- und Nachteile ein.
b) Nenne jeweils drei Arten, die zu den Zug- oder Standvögeln gehören.

5. Ⓐ
Im Flug kann man den Kranich leicht von anderen Vögeln unterscheiden. Vergleiche die Flugbilder der drei abgebildeten Vögel.

6. Ⓠ
In den letzten Jahren hat die Anzahl der Kraniche stark zugenommen. Versuche herauszufinden, woran das liegt.

7. Ⓠ
a) Recherchiere weitere Zugvögel.
b) Erkläre, warum die Zugvögel nicht das ganze Jahr in ihren Winterquartieren bleiben.

8. Ⓠ
Recherchiere zur Vogelfütterung im Winter. Nenne Vor- und Nachteile und erkläre, worauf man dabei achten sollte.

Körperbau und Lebensweise des Kranichs

250 000 Kraniche leben zurzeit in Westeuropa. Der lateinische Name *Grus grus* ist wahrscheinlich vom Ruf des Kranichs abgeleitet. Kraniche sind im Stand 1,20 m groß, wiegen 4 – 6 kg und haben eine Flügelspannweite von bis zu 2,2 m. Sie leben vor allem in flachen Feuchtgebieten oder Verlandungszonen von Seen. Die Lebenserwartung von Kranichen beträgt etwa 20 Jahre. Ein Kranichpärchen bleibt ein Leben lang zusammen. Kraniche ernähren sich von Insekten, Regenwürmern, Schnecken, Amphibien und Mäusen, aber auch von pflanzlicher Nahrung.

Der Kranich ist ein Zugvogel

Ende Oktober – Anfang November kündigen tausende durchziehende Kraniche in Luxemburg den nahenden Winter an. Man hört dann den Ruf des Kranichs, der wie *„Kruu, kruu"* klingt und ihm den luxemburgischen Namen „Krukert" eingebracht hat. Am Himmel erscheinen dann Gruppen von mehreren hundert Tieren in typischer Flugform auf dem Weg nach Süden. Da der Kranich nicht in Luxemburg überwintert, sondern in den Süden zieht, ist er ein **Zugvogel**. Etwa 280 000 Tiere werden jährlich auf ihrer Wanderschaft gezählt. Ungefähr 80 000 überwintern in Frankreich, 200 000 in Spanien und Portugal.
Andere Beispiele für Zugvögel, die im Winter in wärmere Regionen ziehen, sind Störche und Schwalben. Der weite Weg der Zugvögel ist voller Anstrengungen und Gefahren, aber dafür weichen sie dem Winter und der Kälte aus. In ihren Winterquartieren finden sie deutlich mehr Nahrung als bei uns. Dafür müssen sie im Frühjahr erneut die anstrengende lange Reise machen.

Der Flug des Kranichs

Kraniche sind Ruderflieger, die beim Flug ihre Schwingen langsam, aber kräftig schlagen. Die Flughöhe beträgt in der Regel zwischen 200 und 1500 m. Die größten Strecken legen sie jedoch im Gleitflug zurück. Dabei suchen sie immer wieder günstige Aufwinde, welche sie in Höhen bis zu 1500 m tragen, bevor sie ihren Gleitflug fortsetzen können. Ihre Fluggeschwindigkeit liegt im Schnitt bei 40 $\frac{km}{h}$, kann aber bei günstigen Windverhältnissen durchaus 100 – 120 $\frac{km}{h}$ erreichen. So können sie etwa die Distanz von Rügen zu den Pyrenäen in 24 Stunden zurücklegen.

2 Meisen sind Standvögel

Standvögel

Vögel plustern sich bei niedrigen Temperaturen auf und halten so besonders viel Luft zwischen ihren Federn fest. Luft ist ein schlechter Wärmeleiter und dient daher als Isolierschicht. So verringern die Tiere den Wärmeverlust und sparen dadurch Energie. Daunenjacken funktionieren nach dem gleichen Prinzip. Dennoch müssen Vögel im Winter regelmäßig auf Nahrungssuche gehen. Wir können das zum Beispiel bei Amseln, Meisen oder Rotkehlchen gut beobachten. Diese Vögel bleiben im Winter bei uns, man nennt sie **Standvögel.** Auch Eichelhäher, die Eicheln als Vorrat für den Winter verstecken, sind Standvögel.

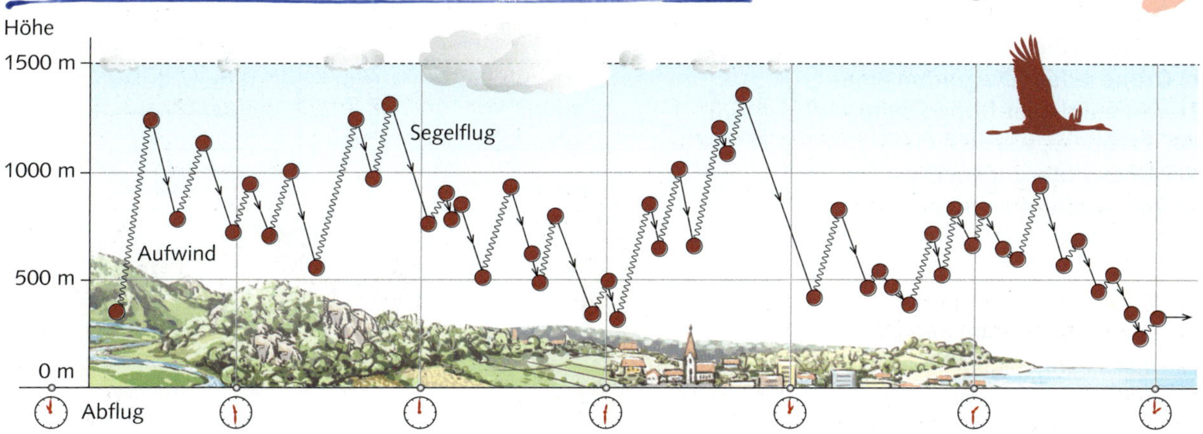

1 Der Flug des Kranichs

Überwinterung in der Tierwelt

1. Ⓐ
Erkläre, warum man Eichhörnchen im Winter manchmal beobachten kann, Igel hingegen nie.

2. Ⓐ
Vergleiche Winterschlaf, Winterruhe und Winterstarre in einer Tabelle.

3. Ⓐ
a) Beschreibe mithilfe des untenstehenden Diagramms den Zusammenhang zwischen Außentemperatur und Körpertemperatur bei gleichwarmen und wechselwarmen Tieren.
b) Erkläre, weshalb sich Zauneidechsen im Gegensatz zu vielen anderen Tieren im Herbst keinen „Winterspeck“ anfressen.

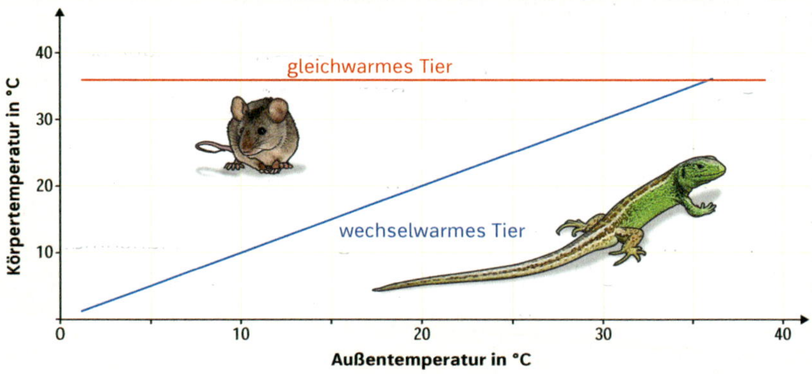

4. Ⓠ
Obwohl Igel unter Naturschutz stehen und nicht aus der Natur entnommen werden dürfen, sollen sie unter bestimmten Umständen im Winter im Haus gehalten werden.
a) Recherchiere im Internet und sammle Tipps, wie Igel im Haus überwintern können.
b) Stelle deine Ergebnisse in einem Kurzvortrag vor.

5. Ⓐ
Die Diagramme rechts zeigen, wie sich Körpertemperatur und Herzfrequenz von zwei verschiedenen Tierarten im Jahr ändern.
a) Erkläre, woran du erkennst, dass keines der Tiere wechselwarm ist.
b) Beschreibe beide Diagramme und vergleiche sie.
c) Ordne jedem Diagramm eine Tierart auf dieser Doppelseite zu. Erläutere, wie sich die Art der Überwinterung im Diagramm wiedererkennen lässt.

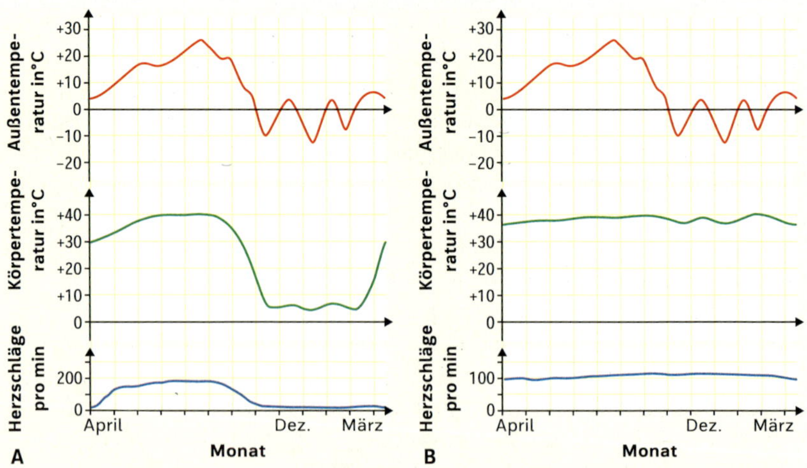

6. Ⓐ
Rechts sind das Sommerfell (A) und das Winterfell (B) eines Hermelins abgebildet.
Vergleiche das Sommer- und Winterfell mithilfe der Bilder.

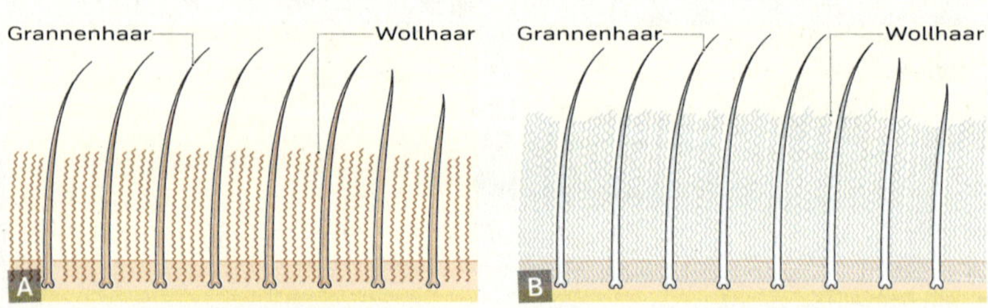

Winteraktive Säugetiere

Rehe, Hirsche, Wildschweine und Füchse sind auch im Winter aktiv, finden aber nur wenig Nahrung. Daher fressen sie im Sommer und im Herbst so viel wie möglich. Dadurch bekommen sie eine dicke **Fettschicht,** die isoliert und in der viel Energie gespeichert ist. Dennoch müssen die Tiere im Winter Energie sparen, um nicht zu verhungern. Sie bewegen sich möglichst wenig. Außerdem bekommen sie schon im Herbst ein dickes **Winterfell,** das zwischen seinen langen Haaren viel Luft festhält und so als Isolierschicht dient. Beim Hermelin unterscheidet sich das Winterfell zusätzlich auch in der Farbe vom Sommerfell: Das weiße Winterfell dient im Schnee als Tarnung.

1 Füchse sind winteraktiv

Winterschlaf

Manche Säugetiere „verschlafen" den Winter. Zum Beispiel überwintern Igel in Laubhaufen und Feldhamster in Schlafkammern unter der Erde. Fledermäuse suchen sich frostgeschützte Höhlen.
Winterschlaf ist kein normaler Schlaf. Pulsschlag und Atmung sind im Vergleich zum Sommer stark verringert. Die Körpertemperatur sinkt bis auf 5 °C ab. Das spart Energie, sodass die Tiere monatelang von ihren im Herbst angefressenen Fettreserven leben können. Das Aufwachen im Frühjahr dauert Stunden oder Tage. Wenn es zu kalt wird oder wenn man sie stört, erwachen Winterschläfer auch im Winter. Dann muss der Körper aufgeheizt werden, was viel Energie verbraucht. Manchmal reichen die Energiereserven dann nicht bis zum Frühjahr, sodass die Tiere schließlich verhungern oder erfrieren.

2 Igel halten Winterschlaf

Winterruhe

Andere Säugetiere, wie das Eichhörnchen, verschlafen zwar einen Großteil des Winters, dabei nehmen Körpertemperatur und die Zahl der Herzschläge aber nur minimal ab. So wacht das Eichhörnchen im Winter von Zeit zu Zeit kurz auf, um Nüsse, Eicheln und Bucheckern zu fressen, die sie im Herbst gesammelt und versteckt haben. Sie müssen sich daher nicht so umfangreiche Fettreserven anlegen wie Winterschläfer und können auch Störungen besser verkraften.

3 Eichhörnchen halten Winterruhe

Winterstarre

Wechselwarme Tiere wie Insekten, Kriechtiere, Lurche oder Fische kühlen aus, sobald die Umgebungstemperatur sinkt. Sie können sich dann nicht mehr bewegen, sondern fallen in Winter- oder Kältestarre. Alle Lebensaktivitäten, also zum Beispiel Atmung, Stoffwechsel und der Herzschlag, werden nahezu eingestellt. Dies ist die energiesparendste Form, den Winter zu verbringen. Diese Tiere müssen daher keine Energiereserven anlegen. Aber sie brauchen Verstecke, in denen es nicht zu kalt wird. Denn wenn die Tiere bei tiefen Temperaturen einzufrieren drohen oder wenn sie von Fressfeinden gefunden werden, wachen sie nicht auf und können nicht flüchten.
Einige wechselwarme Tierarten haben eine Art Frostschutzmittel im Körper und können Temperaturen unter 0 °C überleben. Ein extremes Beispiel ist der Zitronenfalter, der kurzzeitig Temperaturen von –20 °C übersteht.

4 Hecht in Winterstarre

Wärmedämmung

LERNEN IM TEAM

Eine gute **Wärmedämmung** soll verhindern, dass ein Körper Wärme abgibt und dadurch abkühlt. Eine gute Wärmedämmung kann aber auch verhindern, dass ein Körper Wärme aufnimmt und dadurch wärmer wird. Wärmedämmung soll also einen unerwünschten Wärmeübergang verzögern. Einige Möglichkeiten der Wärmedämmung werdet ihr in diesem Projekt kennen lernen.

1 Diese Stoffe stehen als Dämmmaterial zur Auswahl.

TEAM 1
Kaltes soll kalt bleiben

Ein Kühlschrank muss gut wärmegedämmt sein. Findet heraus, welche Stoffe sich zur Wärmedämmung beim Kühlschrank eignen. Stellt 250 ml-Bechergläser in je ein 1000 ml-Becherglas. Füllt den Raum zwischen den Seitenwänden und Böden mit einem Stoff aus dem Angebot von Bild 1 aus. Gebt dann in jedes 250 ml-Glas 3 Eiswürfel und deckt die Gläser mit einem Uhrglas ab. Schreibt die Reihenfolge auf, in der die Eiswürfel schmelzen. Welche Stoffe eignen sich also gut zur Wärmedämmung beim Kühlschrank?

2 Wärme ist unerwünscht.

TEAM 2
Warmes soll warm bleiben

Wenn ein Backofen gut wärmegedämmt ist, muss er nicht so oft nachheizen. Welche Stoffe eignen sich zur Wärmedämmung beim Backofen?
Stellt 250 ml-Bechergläser in je ein 1000 ml-Becherglas. Füllt den Raum zwischen den Seitenwänden und Böden mit einem Stoff aus dem Angebot von Bild1 aus. Gebt dann in jedes 250 ml-Glas 200 ml Wasser von 60 °C und deckt die Gläser mit einem Uhrglas ab. Messt nach je 4 min die Wassertemperaturen in den Gläsern und tragt die Werte in die Tabelle ein. Welche Stoffe würdet ihr für die Wärmedämmung beim Backofen nehmen? Zeichnet ein Temperatur-Zeit Diagramm. Nimmt die Temperatur regelmäßig ab? Wie könnt das feststellen?

	Temperatur in °C nach				
Dämmstoff	4 min	8 min	12 min	16 min	20 min
1	...	...	...	...	...
2	...	...	...	...	
3	...	...	...		
4	...	...	...		
5	...	...			
6	...	...			
7	...				

3 Wärme wird unterschiedlich abgegeben.

TEAM ❸

Wärmedämmung in der Natur

Wildschwein, Amsel, Pinguin und viele andere Tiere müssen im Winter auch bei sehr niedrigen Temperaturen ihre Körpertemperatur auf einem bestimmten Wert halten.
Wie gelingt ihnen das?

Wildschwein

a) Gebt in ein großes Becherglas Eiswasser. Füllt ein großes Reagenzglas mit Wasser, ein zweites mit der gleichen Menge weichem Kokosfett. Steckt in beide Reagenzgläser ein Thermometer und stellt sie in das Becherglas mit Eiswasser. Messt nach 8 min die Temperatur des Eiswassers, des Fetts und des Wassers in den Reagenzgläsern. Erklärt die Messergebnisse.
Wie schützt sich also das Wildschwein vor Wärmeverlust? Welche anderen Tiere schützen sich im Winter ähnlich?
Zeichnet ein Temperatur-Zeit Diagramm. Nimmt die Temperatur regelmäßig ab?

4 Der Wildschweintrick

Amsel

b) Füllt zwei 250 ml-Erlenmeyerkolben mit 40 °C warmem Wasser. Verschließt die Kolben mit je einem Gummistopfen, in dem ein Thermometer steckt. Lasst einen Kolben im Raum stehen. Stellt den zweiten Kolben in eine mit Daunen gefüllte Frischhaltetüte und bindet sie am Kolbenhals zu. Lest nun nach jeweils 5 min die Temperaturen ab und vergleicht. Erklärt die Ergebnisse.
Wie schützt sich also die Amsel vor Wärmeverlust?
Informiert euch, wie sich andere Tiere im Winter schützen.
Zeichnet ein Temperatur-Zeit Diagramm. Nimmt die Temperatur regelmäßig ab?

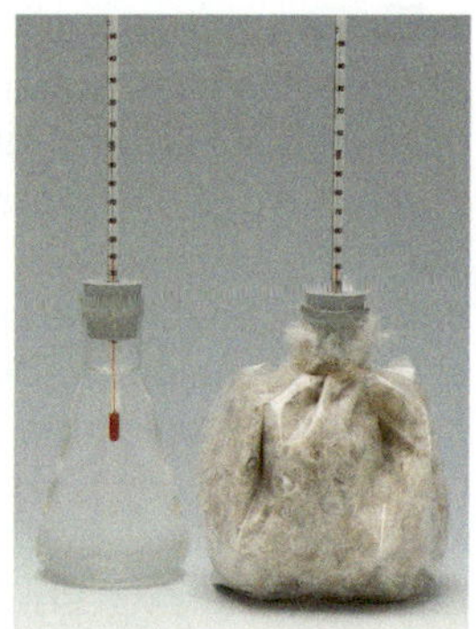

5 Der Amseltrick

Pinguin

c) Pinguine leben in einer sehr kalten Umgebung, der Antarktis. Eisstürme überstehen sie, indem sie sich in großen Gruppen zusammenstellen. Regelmäßig ändern sie ihren Platz von außen nach innen und umgekehrt. Für dieses Verhalten gibt es eine Erklärung, die ihr in diesem Versuch erforschen sollt.
Reagenzgläser werden mit warmem Wasser (40 °C bis 50 °C) gefüllt. Sie stehen für die Pinguine.
Plant und beschreibt eure Vorgehensweise.
Führt die nötigen Messungen durch, um das Verhalten der Pinguine zu erklären.
Zeichnet ein Temperatur-Zeit Diagramm. Nimmt die Temperatur regelmäßig ab?

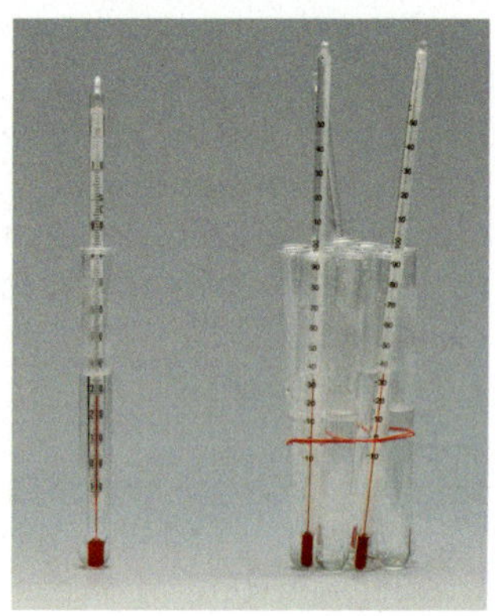

6 Der Pinguintrick

Wenn der Frühling kommt

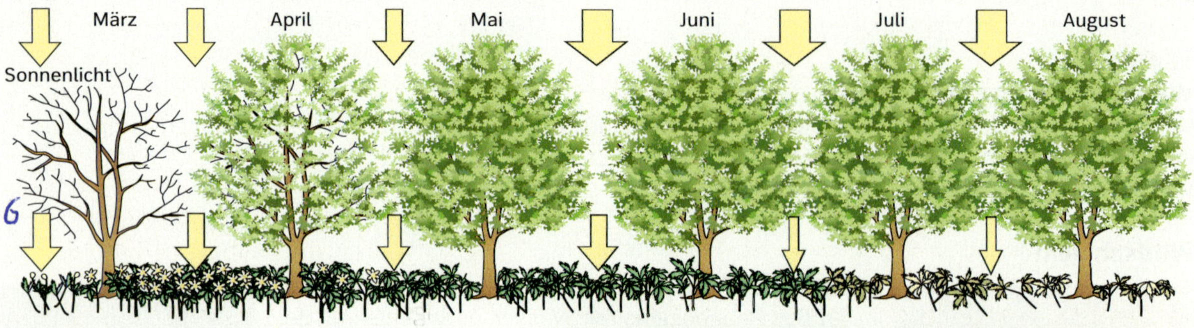

1. ☰ (A)
a) Erläutere anhand von Abbildung 1 auf der rechten Seite, warum es Frühblühern gelingt, so früh im Jahr zu blühen.
b) Nenne Vorteile, die Frühblüher dadurch haben. Nutze dazu die Abbildung oben.

2. ☰ (A)
a) Benenne das abgebildete Speicherorgan.
b) Nenne drei Frühblüher, die dieses Speicherorgan haben.

3. ☰ (V)
a) Schneide eine Tulpenzwiebel und die Sprossknolle eines Krokus der Länge nach durch. Fertige eine beschriftete Zeichnung an.
b) Vergleiche die Zwiebel mit der Knolle.
c) Untersuche die beiden Speicherorgane auf darin gespeicherte Nährstoffe.

4. ☰ (A)
Beim Hello Spring-Projekt beschäftigt man sich mit dem Wandel der Natur im Frühjahr. Beschreibe mithilfe des Textes Veränderungen in der Pflanzen- und Tierwelt.

5. ☰ (Q)
Informiere dich auf *www.hellospring.lu* über das Hello Spring-Projekt.
Mache dir Notizen, um deinen Mitschülern das Projekt in einem Kurzvortrag vorstellen zu können.

6. ☰ (A)
Benenne die auf dieser Seite abgebildeten typischen Tier- und Pflanzenarten des Frühlings (A-H).

A

B

C

D

E + F

G

H

7. ☰ (A)
a) Beschreibe den Verlauf der Durchschnittstemperatur in Luxemburg im Jahr 2021 mithilfe des Diagramms.
b) Erkläre, welchen Einfluss die Temperatur auf das Erwachen der Natur im Frühjahr hat.

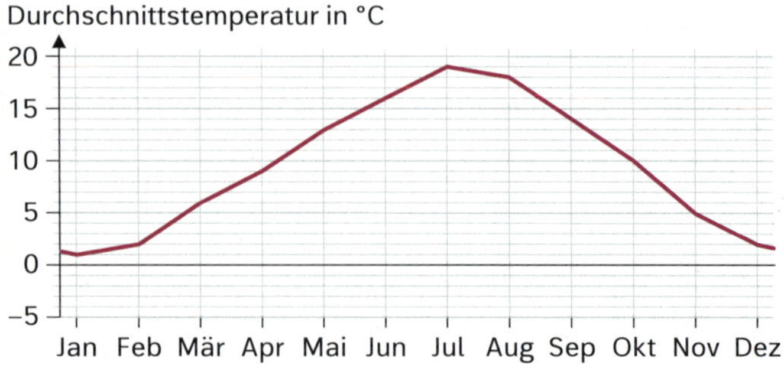

Erste Frühlingsboten: die Frühblüher

Bereits Ende Januar durchbrechen die Sprossspitzen der Schneeglöckchen den Boden. Wenig später blühen Krokusse, Scharbockskraut und Buschwindröschen. Sie alle sind **Frühblüher**. Obwohl Temperatur und Sonnenlicht noch nicht ausreichen, um die Pflanzen mit Nährstoffen zu versorgen, verfügen sie über Energie, um wachsen zu können. Wie ist das möglich?
Sie haben im Sommer, Herbst und Winter als Zwiebeln im Boden überdauert. Zwiebeln sind **Speicherorgane.** Die darin gespeicherten Nährstoffe liefern den Schneeglöckchen Energie. Damit können sie schon zeitig im Frühjahr Blüten und Blätter ausbilden. Sie geben sogar Wärme an ihre Umgebung ab. Dadurch schmilzt der Schnee über ihnen. Beim Austreiben werden die gespeicherten Nährstoffe aufgebraucht. Die daraus neu gebildeten grünen Blätter nutzen Sonnenlicht, um Nährstoffe zu bilden, die in neuen Zwiebeln für das nächste Jahr gespeichert werden.
Da zu Beginn des Frühlings die Bäume und Sträucher noch keine Blätter haben, erreicht zu dieser Zeit noch besonders viel Licht den Boden, das die Frühblüher nutzen können.

Auch mithilfe anderer Speicherorgane können Frühblüher Nährstoffe speichern und früh austreiben. Beim Krokus ist der unterirdische Stängel zu einem Speicherorgan umgebildet. Es ist eine dicke, rundliche **Sprossknolle.** Wenn nach der Blütezeit die grünen Blätter folgen, werden die gebildeten Nährstoffe in Tochterknollen gespeichert. Das Scharbockskraut hat seine Nährstoffe in **Wurzelknollen** gespeichert. Wurzelknollen sind keulenförmig verdickte Wurzeln. Bei Buschwindröschen und Schlüsselblumen ist das Speicherorgan ein unterirdischer Stängel, der **Erdspross.** Er wächst waagerecht unter der Erde.

1 Frühblüher mit verschiedenen Speicherorganen

Die Natur erwacht: Das Hello Spring-Projekt

Im Frühjahr verändert sich die Natur sichtbar: wir können typische Frühblüher sehen und beobachten, wie sich an Bäumen und Sträuchern erst Knospen und später Blätter und Blüten bilden. Viele Tierarten, die zuvor nicht zu sehen waren, werden wieder sichtbar. Grund für dieses Erwachen der Natur ist die Veränderung der Umwelt: Die Tage werden länger, sodass mehr Licht auf die Erde fällt, und es wird langsam wärmer. Tiere wie der Igel erwachen aus dem Winterschlaf. Andere, wie das Eichhörnchen, halten keine Winterruhe mehr. Wechselwarme Tiere, wie Eidechsen, kommen aus ihren Verstecken. Zugvögel, wie der Kranich, kehren aus dem Süden zurück und überfliegen Luxemburg. Amphibien wandern zu ihren Paarungsgebieten und Insekten, die den Winter als Eier, Larven oder Puppen überdauert haben, entwickeln sich. Im späteren Frühling beginnt für viele Tiere die Paarungszeit.

2 Logo des Hello Spring-Projekts

Auch deine Klasse kann am alljährlichen **Hello Spring-Projekt** teilnehmen, um sich genauer mit dem Erwachen der Natur im Frühjahr zu beschäftigen.

Ziel des Projekts ist es, den Wandel der Natur in Luxemburg im Frühjahr zu dokumentieren. Im Rahmen des Projektes suchen, beobachten und dokumentieren die Schülerinnen und Schüler in Luxemburg mithilfe eines Artenindex ausgewählte Tier- und Pflanzenarten und erfassen den Temperaturanstieg im Frühjahr. Protokolliert und gesammelt werden alle Beobachtungen auf der Projekt-Plattform auf *www.hellospring.lu*.
Dazu kann auch die Hello Spring-App genutzt werden.

Überwinterung

Überwinterung von Pflanzen

Über die Blätter verdunsten Pflanzen viel Wasser. Ist der Boden gefroren, können sie kein Wasser aufnehmen. Sie würden „verdursten" und vertrocknen. Durch das Abwerfen der Blätter im Herbst wird die Verdunstung eingestellt. Frühblüher überwintern mithilfe unterirdischer Speicherorgane. Dazu gehören Zwiebeln, Sprossknollen, Wurzelknollen oder Erdsprosse. In diesen Speicherorganen speichern sie zu Beginn des Sommers Nährstoffe und können deshalb bereits zu Beginn des Frühjahrs im nächsten Jahr ihre Blätter und Blüten entwickeln.

Überwinterung gleichwarmer Tiere

Säugetiere wie der Fuchs bekommen im Winter beim Fellwechsel ein dichtes, wärmendes Winterfell. Bei einigen Arten hat es eine andere Farbe als das Sommerfell. Vor der Kälte im Winter schützt zusätzlich eine dicke Fettschicht. Aktive Überwinterer wie Rehe und Wildschweine bleiben im Winter aktiv und finden noch Nahrung. Winterruher wie das Eichhörnchen verschlafen einen Großteil der kalten Jahreszeit. Sie erwachen aber zeitweise und fressen von ihren im Herbst angelegten Nahrungsvorräten. Winterschläfer wie der Igel halten an geschützten Plätzen einen Winterschlaf. Während des Winterschlafs sind Herztätigkeit, Körpertemperatur und Atmung herabgesetzt. Notwendige Energie für die Körperfunktionen liefert eine dicke, im Herbst angefressene Fettschicht.

Zugvögel und Standvögel

Standvögel wie Dompfaff, Amsel und Meise bleiben auch im Winter hier in ihren Brutgebieten. Sie ernähren sich hauptsächlich von Pflanzensamen, Beeren und Früchten.

Die meisten bei uns heimischen Vögel sind Zugvögel. Sie fliegen im Herbst in ihre Überwinterungsgebiete. Im Frühjahr kehren sie zurück. Während des Vogelzugs orientieren sie sich am Sonnenstand, an der Landschaft und dem Erdmagnetfeld.

Überwinterung wechselwarmer Tiere

Wechselwarme Tiere, dazu gehören Insekten, Fische, Reptilien und Amphibien, suchen im Herbst frostsichere Verstecke auf und fallen in Kältestarre. Dabei passt sich die Körpertemperatur der Außentemperatur an. Alle Körperfunktionen sind stark herabgesetzt. So verbraucht der Körper kaum Energie.

Überwinterung von Pflanzen

Kannst du schon …

... erklären, warum Laubbäume im Herbst ihre Blätter abwerfen? (S. 164 – 165)
... typische Frühblüher benennen? (S. 172 – 173)
... die verschiedenen Speicherorgane unterschiedlicher Frühblüher nennen? (S. 172 – 173)

Zeig, was du kannst!

1 A
Nenne drei Frühblüher und ihre jeweiligen Speicherorgane.

2. A
Erkläre die Funktion der Speicherorgane.

3. A
Erkläre, warum Frühblüher vor allem im Laubwald zu finden sind.

4. A
Beschreibe, wie die Laubfärbung im Herbst zustande kommt.

5. A
Erläutere, warum der Laubabwurf von Pflanzen im Herbst eine Anpassung an den Winter ist.

6. A
Stelle eine Vermutung an, warum Nadelbäume ihre Blätter, die Nadeln, im Herbst nicht abwerfen müssen.

Überwinterung von Tieren

Kannst du schon...

... erklären, warum Zugvögel im Winter Luxemburg verlassen? (S. 165 – 167)
... verschiedene Strategien von Tieren beschreiben, um in Luxemburg überwintern zu können? (S. 165, 168 – 169)

Zeig, was du kannst!

7. A
Erkläre die Begriffe Winterruhe, Winterschlaf, Winterstarre, aktive Überwinterung.

8. A
Bei Kälte begegnen dir im Freien keine Eidechsen. Nenne Gründe dafür.

9. A
Ordne den Tieren die passende Überwinterungsstrategie zu: Eichhörnchen, Igel, Frosch, Rotfuchs, Zitronenfalter, Zauneidechse, Reh, Fledermaus, Siebenschläfer.

10. A
Ordne dem Diagramm die Überwinterungsstrategie zu.

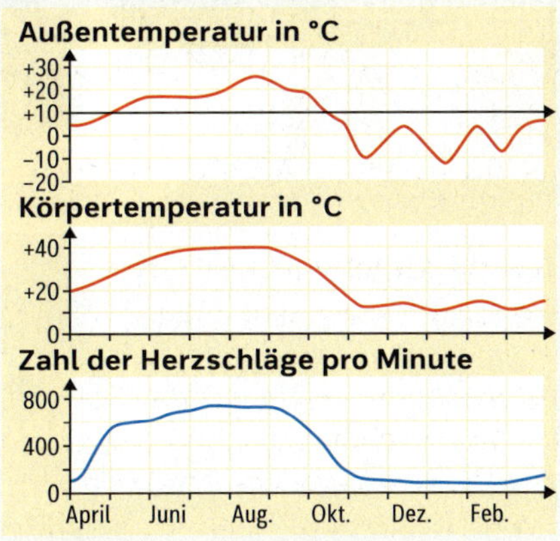

11. A
Erkläre die Begriffe Zugvogel und Standvogel.

12. A
Erläutere an einem Beispiel die Bedeutung der Wärmedämmung für Tiere im Winter.

Zusammenleben von Menschen, Tieren und Pflanzen

Wie nutzen wir Tiere und Pflanzen?

Welche Rechte haben Tiere?

Wie schaden wir unserer Umwelt und wie können wir sie schützen?

Besuch auf einem Bauernhof

1 Moderner Milchviehbetrieb

1. Ⓐ
In Abbildung 1 kannst du erkennen, wie ein moderner Milchviehbetrieb aussieht. Beschreibe den Aufbau des Milchviehbetriebs mithilfe der Abbildung.

2. Ⓐ
a) Beschreibe das Diagramm in Abbildung 2.
a) Leite eine Aussage aus der Abbildung ab.

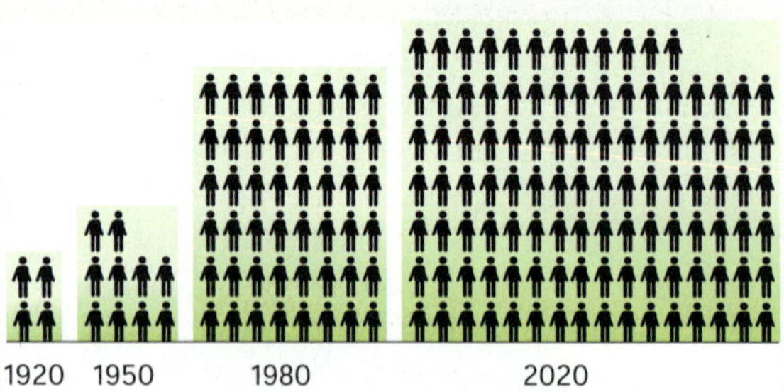

2 Anzahl der von einem Landwirt ernährten Menschen (1920-2020)

Landwirtschaft früher und heute

Früher diente die Landwirtschaft hauptsächlich der Selbstversorgung. Ein Landwirt ernährte nur wenige Personen, zuerst seine eigene Familie.
Heute versorgt ein Landwirt über 140 Personen. Das geht nur mit spezialisierten Großbetrieben. Auf großen Ackerflächen werden Getreide, Gemüse oder Obst angebaut.
Andere Betriebe halten große Bestände an Nutztieren, zum Beispiel Schweine, Rinder oder Hühner. Dennoch arbeiten dort nur wenige Personen, denn Maschinen erleichtern die Arbeit.

Ökologische Landwirtschaft

Durch Züchtung und den Einsatz von Dünger und Pflanzenschutzmitteln wurden die Erträge deutlich gesteigert.
Heute betreiben manche Betriebe ökologische Landwirtschaft und verzichten auf Pflanzenschutzmittel und künstlichen Dünger. Die Tiere werden mit Futter aus eigener Erzeugung gefüttert und nicht ständig im Stall gehalten. Das ist aufwendiger und macht die Produkte teurer, aber auch umweltfreundlicher.

Pädagogische Bauernhöfe

Pädagogischer Bauernhof

Ein pädagogischer Bauernhof ist ein meist ökologisch arbeitender landwirtschaftlicher Betrieb, der nicht nur auf den Anbau verschiedener Pflanzen oder die Haltung von Tieren ausgelegt ist, um damit einen Gewinn zu erzielen. Zusätzlich gibt es auch ein pädagogisches Angebot.
So sollen Kinder und Jugendliche etwas über die verschiedenen Tätigkeiten auf einem Bauernhof lernen. Sie werden dabei begleitet, beispielsweise bei der Herstellung eines Produkts, wie Käse, mitzuwirken, Obst und Gemüse zu ernten oder Tiere zu pflegen. Durch Mitmachen und Anfassen kann intensiv gelernt werden und ein Bewusstsein für einen nachhaltigen Umgang mit Ressourcen und eine artgerechte Tierhaltung geschaffen werden.

Aktivitäten auf dem pädagogischen Hof

Auf pädagogischen Bauernhöfen können Kinder und Jugendliche das Leben auf dem Land kennenlernen, die Natur erleben und viel über Landwirtschaft lernen. Sie können Tiere füttern, pflegen und beobachten, im Stall helfen und lernen, wie man Pflanzen anbaut und pflegt. Viele pädagogische Bauernhöfe bieten auch andere Aktivitäten wie Reitunterricht, Wandern oder Bogenschießen und teilweise auch Reittherapie an. Im Rahmen von Führungen erfahren die Besucher alles über die Arbeit auf dem Bauernhof und die Produkte, die hier hergestellt werden. Zusätzlich bietet ein pädagogischer Bauernhof oft einen Imbiss an, in dem man typische regionale Speisen probieren kann – natürlich alles frisch vom Hof!

1. ≡ A
Erkläre, was ein pädagogischer Bauernhof ist.

2. ≡ A
Vergleiche mithilfe des rechten Pinnzettels ökologische und konventionelle Landwirtschaft in einer Tabelle.

3. ≡ Q
Recherchiere verschiedene pädagogische Bauernhöfe in Luxemburg. Notiere Orte und mögliche Aktivitäten.

4. ≡ Q
Plant in Gruppen einen Tag auf einem pädagogischen Bauernhof. Stellt diesen in der Klasse vor.

Ökologische Bauernhöfe

Auf pädagogischen Bauernhöfen wird meistens ökologische Landwirtschaft betrieben. Diese unterscheidet sich von der konventionellen Landwirtschaft in einigen Bereichen. Der Boden wird nicht tief gepflügt, sondern nur gelockert. Wenn Gülle verwendet wird, darf nur der Mist der eigenen Tiere genutzt werden. Die Futterpflanzen für die Tierhaltung werden selbst erzeugt. Pflanzliche Abfälle und tierischer Mist werden frisch oder als Kompost zurück auf den Acker gebracht. Pestizide sind verboten. Parasiten und Unkraut werden mithilfe umweltschonender Methoden, wie Nützlingen, bekämpft. Für die Feldarbeit ist mehr Personal und Zeit nötig und die Erträge sind geringer, weil nur mit natürlichen Düngern gearbeitet wird. Ökologisch gemästete Nutztiere wachsen langsamer und benötigen mehr ökologisch angebautes Futter, bis sie Schlachtgewicht erreichen. Lebensmittel aus der ökologischen Landwirtschaft sind daher teurer als Lebensmittel aus der konventionellen Landwirtschaft.

Rund um das Rind

1 Rinderrassen: **A** Schwarzbunte, **B** Charolais

1. Ⓐ
a) Vergleiche die beiden Rinderrassen in Bild 1. Nenne Körpermerkmale, in denen sich die Rinder deutlich unterscheiden.
b) Schließe von den Unterschieden auf die Nutzung.

2. Ⓠ
Für das Rind haben wir unterschiedliche Namen wie Kalb, Färse, Ochse, Kuh, Stier oder Bulle. Recherchiere die Bedeutung der unterschiedlichen Bezeichnungen. Berichte.

3. Ⓐ
Bild 2 A zeigt ein Rind, das auf der Weide liegt und wiederkäut.
Beschreibe mithilfe von Bild 2 B und des Textes, wie Rinder Gras fressen.

Vom Urrind zum Zuchtrind
Vor mehr als 6000 Jahren hat der Mensch Auerochsen gezähmt. Sie wurden zu Nutztieren. Diese Wildform ist inzwischen ausgestorben. Heute züchtet man verschiedene **Rinderrassen** mit unterschiedlichen Eigenschaften.
In der Milchwirtschaft werden Milchrinder wie die Schwarzbunte bevorzugt. Dagegen setzen Mastrinder wie das Charolais-Rind besonders schnell und viel Fleisch an. Es gibt aber auch Rassen, die für beides geeignet sind, sogenannte Zweinutzungsrinder wie die Rotbunte.

Rinder sind Pflanzenfresser
Da die Pflanzennahrung der Rinder vergleichsweise nährstoffarm ist, benötigen sie besonders große Mengen – bis zu 70 kg am Tag.
Rinder haben ein typisches **Pflanzenfressergebiss.** Die Backenzähne sind als breite Mahlzähne ausgebildet. Beim Fressen umfassen Rinder mit der Zunge ein Grasbüschel und drücken es mit den Schneidezähnen des Unterkiefers gegen die Hornleiste des Oberkiefers. Mit einem kurzen Ruck des Kopfes reißen sie das Grasbüschel dann ab.
Die Gebissform von Rindern unterscheidet sich deutlich von der eines Fleischfressergebisses oder der des Allesfressergebisses eines Schweins.

Rinder sind Wiederkäuer
Rinder schlucken ihre Nahrung unzerkaut. Sie gelangt zunächst in den **Pansen.** Hier werden die Pflanzen von Bakterien zersetzt. Aus dem Pansen gelangt die Nahrung dann in den **Netzmagen.** Von hier werden kleine Futtermengen zurück ins Maul befördert. Sie werden dort mit Speichel vermischt und zwischen den großen Backenzähnen zermahlen. Ihre Oberfläche hat harte Schmelzfalten und wirkt dadurch wie eine Reibe. Nach dem Grasen liegen die Rinder auf der Weide und kauen die Nahrung. Sie sind **Wiederkäuer.**

Rinder liefern Milch
Neugeborene Kälber ernähren sich in den ersten Wochen ausschließlich von der Milch der Mutterkühe. Auch für den Menschen ist Milch ein wichtiges Nahrungsmittel. Milch und Milchprodukte sind ein wertvoller Lieferant für Nährstoffe, Vitamine und Mineralstoffe.
Kühe geben nur Milch, wenn sie zuvor gekalbt haben. Sie produzieren aber weiter Milch, wenn sie regelmäßig gemolken werden.

4. ☰ Ⓐ
Beschreibe den Weg der Pflanzennahrung durch die Mägen des Rindes. Verwende dazu die Fachbegriffe aus dem Schema in Bild 3.

5. ☰ Ⓠ
Heute spricht man von sogenannten „Hochleistungskühen".
a) Informiere dich über die Entwicklung der Tagesproduktion einer Milchkuh in den letzten Jahren.
b) Nenne mögliche Folgen.

Je weiter die Geburt eines Kalbs zurückliegt, desto weniger Milch wird jedoch im Euter gebildet. Heute übernehmen spezielle Maschinen das Melken der Kühe. Die Milch wird in einem Milchtank gelagert. Da sie leicht verderblich ist, wird sie auf 4 °C heruntergekühlt.

Verarbeitung der Milch

Die Milch wird mit einem Kühlwagen in die Molkerei transportiert. Hier wird sie überprüft, erwärmt und gereinigt. Die Fettkügelchen in der Milch werden zerkleinert, damit sie sich gleichmäßig in der Milch verteilen (die Milch wird homogenisiert). Anschließend wird die Milch kurz erhitzt, um Krankheitserreger wie Bakterien abzutöten. So wird sie länger haltbar. Dann wird die Milch abgefüllt oder zu Butter, Joghurt, Käse, Quark und anderen Produkten weiterverarbeitet. Im Supermarkt stehen die Milchprodukte meist im Kühlregal. H-Milch (Haltbarmilch) muss nicht gekühlt werden, da sie durch Ultrahocherhitzen haltbar gemacht wurde.

2 Rind: **A** wiederkäuend, **B** Zunge

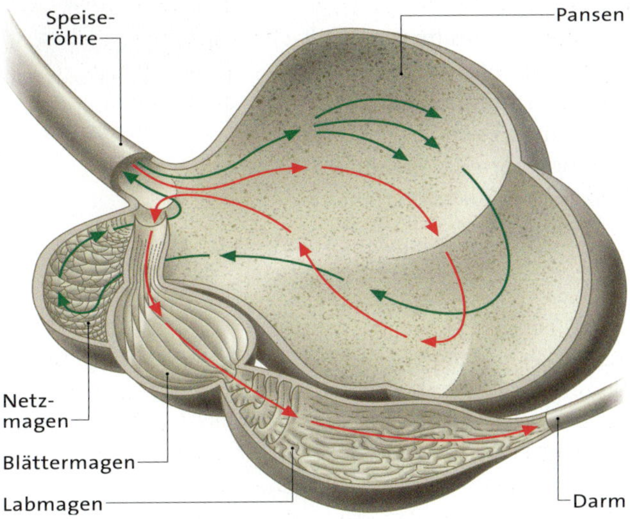

3 Weg der Nahrung durch die verschiedenen Mägen des Rindes

Tiere haben Rechte

1 Hausschweine in Freilandhaltung

1. ≡ (A)

a) Beschreibe natürliche Verhaltensweisen von Hausschweinen.

b) Beschreibe und vergleiche mithilfe der Abbildungen und des Textes die Freilandhaltung (Bild 1) und die Mastbetriebshaltung (Bild 4) von Hausschweinen.

c) Beurteile, welche Haltungsform eher den natürlichen Bedürfnissen von Hausschweinen entspricht.

d) „Ich kaufe grundsätzlich Fleisch nur dort, wo es am billigsten ist.“ Nehmt Stellung zu dieser Aussage.

2. ≡ (Q)

a) Informiere dich über Haushühner und beschreibe deren natürliches Verhalten.

b) Recherchiere die unterschiedlichen Haltungsformen von Hühnern. Bewerte, inwieweit sie dort ihr natürliches Verhalten ausleben können.

c) Erläutere mithilfe von § 2 aus dem deutschen Tierschutzgesetz, warum die Hühnerhaltung in engen Einzelkäfigen in Europa inzwischen verboten ist. Nenne Gründe, die für dieses Verbot sprechen.

2 Hühnerhaltung: **A** Freilandhaltung, **B** Käfighaltung, **C** Bodenhaltung, **D** ökologische Haltung

3. ≡ (A)

a) Benenne mithilfe der Abbildung 3 die Informationen, die man dem Stempel auf Eiern entnehmen kann.

b) Nenne Vorteile, die du als Verbraucher dadurch hast.

3 Eiercode

4. ≡ (Q)

a) Informiere dich in Supermärkten oder auf dem Wochenmarkt, aus welchen Haltungsformen und Herkunftsländern die Eier kommen. Notiere auch die Preise der angebotenen Eier.

b) Erkläre die Preisunterschiede für Eier aus den unterschiedlichen Haltungsformen.

c) Erläutere, wie du als Verbraucher Einfluss auf die Haltungsform von Hühnern nehmen kannst.

Hausschweine haben Bedürfnisse

Hausschweine leben wie ihre wilden Artgenossen, die Wildschweine, in Familienverbänden und brauchen sehr viel Platz. Sie sind Allesfresser und ernähren sich sowohl von Pflanzen als auch von kleineren Bodentieren und Aas.

Bei Hausschweinen in der **Freilandhaltung** kannst du beobachten, dass sie in Gruppen über die Weide ziehen und mit ihrer Schnauze in der Erde nach Nahrung wühlen. Sie suhlen sich gern im Schlammbad, um sich abzukühlen. Ist der Schlamm getrocknet, suchen sie nach geeigneten Scheuermöglichkeiten. Das Scheuern entfernt Schlamm und lästiges Ungeziefer. Schweine sind dennoch sehr saubere Tiere. In ihren eigenen Mist würden sie sich nie legen. In Freilandhaltung können Schweine ihr natürliches Verhalten zeigen.

Hausschweine in Mastbetrieben

Für große Mastbetriebe spielen andere Aspekte eine wichtige Rolle. Um die Kosten für die Fleischproduktion möglichst gering zu halten, werden die Tiere in engen Buchten gehalten. **Mastschweine** sind so gezüchtet, dass sie schnell viel Fleisch ansetzen. Nach einem halben Jahr im Mastbetrieb wiegen sie durchschnittlich 110 kg und sind damit so schwer, dass ihre Beine das Gewicht kaum tragen können. Sie werden mit Viehtransportern zu einem Schlachthof transportiert.

Transporte werden auch aus anderen Gründen durchgeführt. Meist werden Nutztiere nicht im selben Stall geboren, in dem sie anschließend gehalten werden. Während ein Betrieb Ferkel produziert, hat sich ein anderer Betrieb auf die Schweinemast spezialisiert. Die Trennung der Tiere wirkt sich negativ auf ihr Sozialgefüge aus und führt oft zu Verhaltensstörungen.

Tiere haben Rechte

Die artgerechte Tierhaltung wird durch **Tierschutzgesetze** geregelt. Es gilt nicht nur für Haustiere, sondern auch für alle Nutztiere, die in Zucht- oder Mastbetrieben gehalten werden.

Der Mensch trägt Verantwortung

Beim Einkaufen solltest du beachten: Die Art der Schweinehaltung und die Größe des Mastbetriebes haben Einfluss auf die Qualität und den Preis von Fleisch und Fleischprodukten.

4 Schweinebuchten

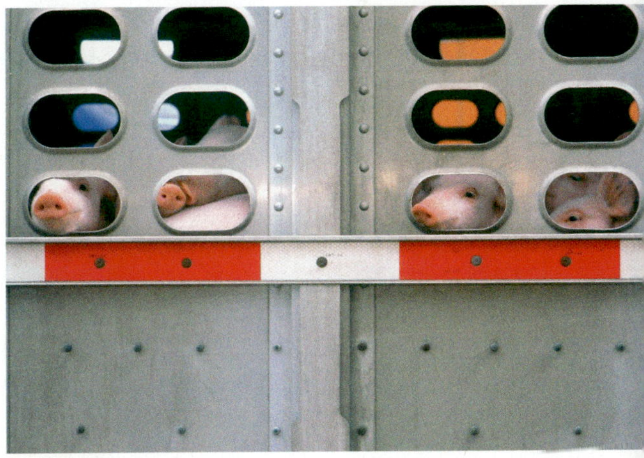

5 Schweinetransport

§ 2 Tierhaltung

Wer ein Tier hält, betreut oder zu betreuen hat,
1 muss das Tier seiner Art und seinen Bedürfnissen entsprechend angemessen ernähren, pflegen und verhaltensgerecht unterbringen,
2 darf die Möglichkeit des Tieres zu artgemäßer Bewegung nicht so einschränken, dass ihm Schmerzen oder vermeidbare Leiden oder Schäden zugefügt werden,
3 muss über die für eine angemessene Ernährung, Pflege und verhaltensgerechte Unterbringung des Tieres erforderlichen Kenntnisse und Fähigkeiten verfügen.
(Auszug aus dem deutschen Tierschutzgesetz)

Getreide – Grundlage für viele Lebensmittel

1. Ⓐ
Beschreibe anhand der Abbildungen und der Texte auf der nebenstehenden Seite die Getreidearten. An welchen Merkmalen kannst du sie unterscheiden?

2. Ⓐ
Getreidearten liefern die wichtigsten Grundnahrungsmittel für den Menschen. Erstelle eine Mindmap zum Thema „Getreide und daraus hergestellte Produkte". Benutze dazu die Informationen auf der nebenstehenden Seite.

3. Ⓐ
Welche Teile des Weizenkorns werden für Vollkornmehl verwendet, welche für Auszugsmehl? Welche Vorteile hat Vollkornmehl für die Ernährung? Halte einen kurzen Vortrag.

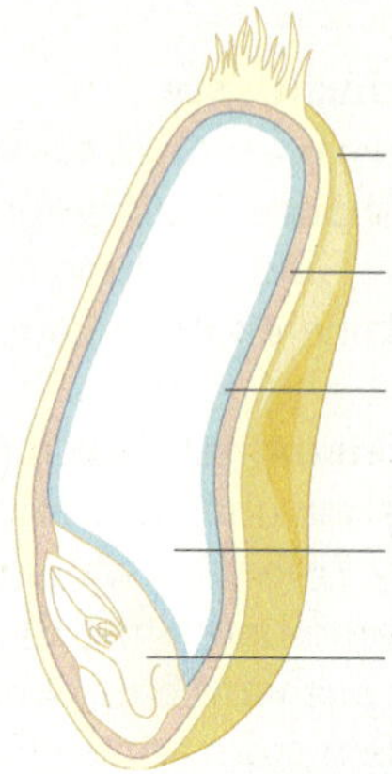

A

B

4. Ⓐ
Abbildung A zeigt eine Urform des gezüchteten Weizens (B). Beschreibe und vermute, wie die heutigen ertragreichen Getreidesorten entstanden sein könnten. Welche Merkmale hat der Mensch im Verlauf seiner Zuchtversuche ausgewählt?

5. Ⓠ
Auch Hirse (C) und Reis (D) zählen zu den Gräsern, die für die menschliche Ernährung von Bedeutung sind. Erstelle Steckbriefe zu beiden Pflanzen.

C

D

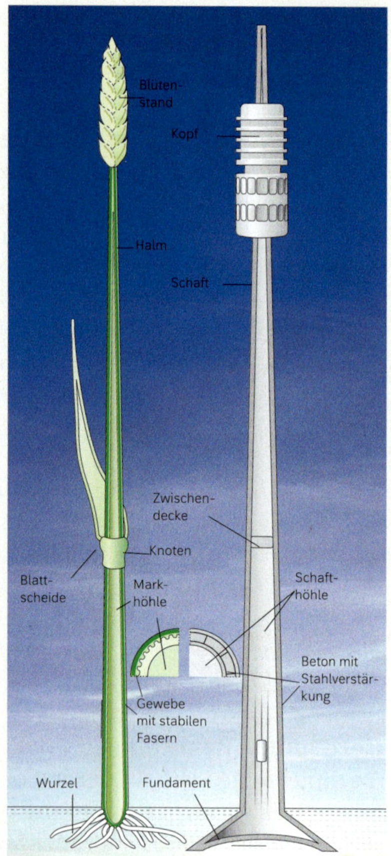

6. Ⓐ
Für Techniker sind Getreidehalme Vorbilder für Bauwerke wie Fernsehtürme. Vergleiche Getreidehalm und Turm. Schreibe auf, welche Ähnlichkeiten bestehen.

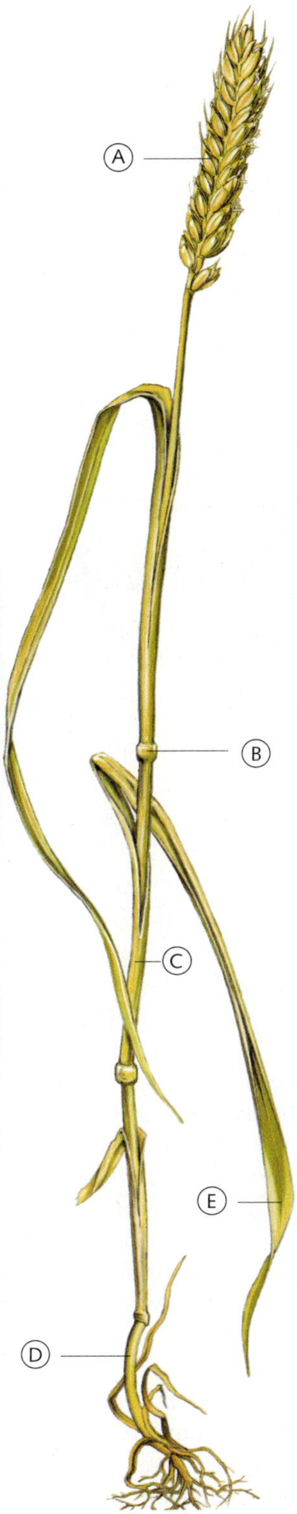

1 Weizenpflanze:
A Ähre, **B** Knoten,
C Blattscheide,
D Halm, **E** Blatt

Körner dienen unserer Ernährung

Seit mehr als 6000 Jahren baut der Mensch **Getreide** an. Genutzt werden vor allem die **Körner.** Mehr als ein Drittel unseres gesamten Nahrungsbedarfs wird aus ihnen gedeckt. Die Körner der Getreidepflanzen speichern Stärke.

Getreide gehört zu den Gräsern

Die Getreidearten gehören zu den **Gräsern**. An einer Weizenpflanze erkennt man alle Merkmale der **Gräser**. Der lange dünne Stängel, der **Halm**, ist wegen seiner elastischen Fasern im Innern so biegsam, dass er an seinem oberen Ende eine große Ähre tragen kann, ohne abzuknicken. Er ist innen hohl. Knoten, die dicke Querwände bilden, machen den Halm sehr stabil. Die Umwicklungen des Blattes um den Stängel nennt man **Blattscheiden**. Sie vergrößern die Stabilität zusätzlich.

Vom Korn zum Getreideprodukt

Zu Mehl vermahlen lassen sich Getreidekörner vielfältig nutzen. Das aus **Weizen** hergestellte Mehl wird für helles Brot, Nudeln, Gries und Backwaren bevorzugt verwendet. Bei der Mehlherstellung werden Samenschale und Keimling ausgesiebt, man spricht dann vom Auszugsmehl. Beim Sieben gehen viele für die Ernährung wertvolle Bestandteile wie Vitamine, Eiweißstoffe und Ballaststoffe verloren. Dies geschieht nicht, wenn das ganze Korn zu Vollkornmehl vermahlen wird.

Roggen dient ebenfalls als Brotgetreide. Produkte der **Gerste** sind Malz zur Herstellung von Bier und Malzkaffee sowie Graupen. **Hafer** wird zur Herstellung von Haferflocken und als Viehfutter genutzt. In Südostasien gehört **Reis** zu den wichtigsten Grundnahrungsmitteln. Eine weitere Getreideart ist die **Hirse.** Sie liebt wie der Reis die Wärme. Ihre Hauptanbaugebiete liegen in Afrika und Asien. Der **Mais,** eine alte Nahrungspflanze der Indianer, gehört ebenfalls zu den Getreidearten. Er wurde wie die Kartoffel von den Spaniern von Südamerika nach Europa gebracht. Mais wird in Europa vorwiegend als Viehfutter angebaut.

Züchtung und Auslese

Menschen haben gezielt Wildgräser angebaut und daraus erste Kulturformen unserer heutigen Getreidearten gezüchtet. Züchtungsziele waren mehr und größere Körner in einer Ähre auf festem Stängel. Die Körner geeigneter Pflanzen wurden ausgelesen und anschließend weiterkultiviert. So entstanden durch Züchtung Getreidearten, die an unterschiedliche Klima- und Bodenbedingungen angepasst sind.

2 Getreidearten

Von der Wildpflanze zur Nutzpflanze

1. Q
Nenne Gründe, warum Menschen Tiere und Pflanzen züchten.

2. A
Erkläre die Auslesezüchtung am Beispiel des Kohlrabis (Abbildung A).

3. A
Durch Auslesezüchtungen entstanden aus dem Wildkohl zahlreiche Kohlsorten. Trage in eine Tabelle die in Abbildung 1 auf der rechten Seite abgebildeten Kohlsorten und das jeweils geänderte Organ ein.

vom Wildkohl zum Kohlrabi

A

4. A
Die Abbildung B zeigt eine Kohlsorte, bei der das gleiche Organ wie beim Blumenkohl durch Züchtung verändert wurde.
a) Wie heißt die Kohlsorte?
b) Welches Organ wurde besonders gezüchtet?

B

Saisonkalender für Obst und Gemüse (Ausschnitt)

Monat	1	2	3	4	5	6	7	8	9	10	11	12
Äpfel	gutes Angebot	gutes Angebot	gutes Angebot	gutes Angebot	geringes Angebot	geringes Angebot	geringes Angebot	Hauptsaison	Hauptsaison	Hauptsaison	gutes Angebot	gutes Angebot
Himbeeren	kein lokales Angebot	kein lokales Angebot	kein lokales Angebot	kein lokales Angebot	kaum ein Angebot	gutes Angebot	Hauptsaison	Hauptsaison	gutes Angebot	kaum ein Angebot	kein lokales Angebot	kein lokales Angebot
Kürbis	geringes Angebot	kein lokales Angebot	kein lokales Angebot	kein lokales Angebot	kein lokales Angebot	kein lokales Angebot	geringes Angebot	gutes Angebot	Hauptsaison	Hauptsaison	Hauptsaison	gutes Angebot
Tomaten	geringes Angebot	geringes Angebot	geringes Angebot	gutes Angebot	gutes Angebot	gutes Angebot	Hauptsaison	Hauptsaison	Hauptsaison	Hauptsaison	gutes Angebot	geringes Angebot
Wirsing	geringes Angebot	geringes Angebot	kaum ein Angebot	kaum ein Angebot	Hauptsaison	Hauptsaison	kaum ein Angebot	kaum ein Angebot	Hauptsaison	Hauptsaison	Hauptsaison	gutes Angebot
Zuckermais	kaum ein Angebot	kein lokales Angebot	kein lokales Angebot	kein lokales Angebot	kein lokales Angebot	kaum ein Angebot	gutes Angebot	Hauptsaison	Hauptsaison	Hauptsaison	geringes Angebot	geringes Angebot
Zwiebel	gutes Angebot	gutes Angebot	gutes Angebot	gutes Angebot	gutes Angebot	Hauptsaison	Hauptsaison	Hauptsaison	Hauptsaison	Hauptsaison	gutes Angebot	gutes Angebot
Rosenkohl	Hauptsaison	gutes Angebot	geringes Angebot	kaum ein Angebot	kein lokales Angebot	kein lokales Angebot	kein lokales Angebot	kein lokales Angebot	geringes Angebot	Hauptsaison	Hauptsaison	Hauptsaison

kein lokales Angebot; Hauptsaison; gutes Angebot; geringes Angebot; kaum ein Angebot

C

5. A
Links (Abbildung C) ist ein Saisonkalender für Obst und Gemüse abgebildet.
a) Nenne heimische Sommer- und Wintergemüse.
b) Nenne ganzjährige Obst- und Gemüsesorten.
c) Erkläre den Vorteil des regionalen und saisonalen Einkaufens. Du kannst dich auch auf https://regional-saisonal.lu/lb/ informieren.

D

6. Q
Auch bei den Blumen haben Menschen aus Wildformen viele Kulturformen gezüchtet. So gibt es Tulpen in vielen Farben und Formen (Abbildung D).
Recherchiere zu den Nachteilen von gezüchteten Blumen im Gegensatz zu Wildblumen. Gehe dabei auch auf die Bedeutung von Wildblumen für die Honigbiene ein.

Aus Wildpflanzen werden Nutzpflanzen

Der **Wildkohl** ist ein Beispiel dafür, wie aus einer Wildpflanze eine Nutzpflanze entstanden ist. Wildkohl wurde schon vor mehr als 4000 Jahren angebaut. Der Mensch bemerkte dabei wahrscheinlich einige Wildkohlpflanzen, die einen dickeren Stängel oder besonders schmackhafte Blätter hatten. Diese Pflanzen wählte er für seine Ernährung aus und baute sie bevorzugt an.

Auslesezüchtung

Die Auslesezüchtung fängt also mit dem Anbau von bestimmten Wildpflanzen an. Nur die Nachkommen der Wildpflanzen, bei denen die gewünschten vorteilhaften Eigenschaften wie zum Beispiel die Größe oder der Geschmack besonders deutlich ausgebildet sind, werden für den weiteren Anbau ausgewählt. Über Samen werden die ausgewählten Pflanzen vermehrt und erneut ausgesät. Dieser Vorgang erfolgt über viele Jahrzehnte.

Der Wildkohl und einige Zuchtformen

Mithilfe der Auslesezüchtung gelang es dem Menschen, zahlreiche neue Kohlsorten zu züchten, die jedoch kaum noch Ähnlichkeit mit dem Wildkohl haben.
Aus Wildkohlpflanzen mit besonders wohlschmeckenden Blättern züchtete der Mensch den **Grünkohl.** Aus Pflanzen mit verkürzten und verdickten Nebentrieben entstand der **Rosenkohl.** Bei der Züchtung des **Blumenkohls** und des **Brokkolis** waren Pflanzen mit dickfleischigen Blüten das Zuchtziel. Der **Kohlrabi** wurde aus Formen des Wildkohls gezüchtet, die besonders dicke Stängel ausgebildet hatten.

Vielfalt der Sorten

Aus vielen weiteren Wildpflanzen hat der Mensch Nutz- und Zierpflanzen gezüchtet. Aus der Wildform des Apfels entstand durch Auslesezüchtung eine fast unüberschaubare Vielfalt von Apfelsorten. Besonders auffällig ist die Vielfalt der Sorten auch bei Blumen, zum Beispiel bei **Rosen.** Die Rosen, die hier in den Blumenläden zu kaufen sind, stammen allerdings nur selten aus heimischen Kulturen. Rosen und viele andere Blumenarten werden vor allem in den Entwicklungsländern in Afrika, Asien und Südamerika angebaut. Von dort gelangen die Schnittblumen mit Transportflugzeugen zunächst auf den weltgrößten Blumenmarkt nach Amsterdam und werden von da aus auf die verschiedenen europäischen Länder verteilt.

Regional und saisonal einkaufen

Das Angebot an heimischem Obst und Gemüse wechselt mit den Jahreszeiten. Viele Gemüsesorten sind ganzjährig im Laden verfügbar, da sie auch aus anderen Ländern importiert werden. Produkte mit langen Transportwegen sind oft weniger frisch und ihr Transport benötigt viel Energie. Für importierte Produkte fällt mehr klimaschädliches Kohlenstoffdioxid an. Es ist also umweltfreundlicher, regional und saisonal einzukaufen.

1 Wildkohl und Zuchtformen: **A** Blumenkohl, **B** Rosenkohl, **C** Grünkohl, **D** Kohlrabi

Vom Acker auf den Tisch

1. Ⓐ
Die Abbildung 1 zeigt verschiedene Wege, die die Sonnenenergie vom Maisfeld bis auf unseren Teller nehmen kann.
a) Beschreibe diese Wege mit eigenen Worten.
b) Ergänze die Beschreibung durch weitere Beispiele.

2. Ⓐ
Mais wird nicht nur für die menschliche Ernährung genutzt. Auch Wildschweine, Rebhühner oder Feldmäuse und ihre Fressfeinde leben davon. Außerdem wird Mais zur Herstellung von Biogas angebaut, zum Beispiel um Häuser zu heizen oder Strom zu erzeugen.
Übertrage Abbildung 1 als Flussdiagramm in deinen Ordner und ergänze es. Nutze dabei die obigen Informationen.

3. Ⓐ
a) Zähle die Zutaten auf, die auf dem Brötchen zu sehen sind.
b) Verfolge für jede Zutat den Weg der Energie zurück bis zum Sonnenlicht.

1 Energiefluss vom Acker auf den Tisch

Warum müssen wir essen?

„Ich habe Hunger!" Dieses Grundgefühl signalisiert uns regelmäßig, dass unser Körper wieder „auftanken" muss. Die **Nahrung** versorgt uns nicht nur mit Vitaminen, Mineralstoffen und Baustoffen, die uns gesund halten und unseren Körper aufbauen und erneuern. Sie liefert uns auch die zum Leben notwendige **Energie.** Alle Organe wie Gehirn, Herz oder auch die Verdauungsorgane brauchen Energie, um zu funktionieren. Energie ist auch für Bewegungen nötig und zur Produktion von Körperwärme.

2 Nahrungsmittel aus Pflanzen und Tieren

Woher kommt die Energie?

Energie gewinnt der Körper aus den **Nährstoffen.** Dazu gehören **Stärke** und verschiedene Arten von **Zucker.** Diese Stoffe werden als **Kohlenhydrate** zusammengefasst. Auch **Eiweiße** und **Fette** liefern Energie, Fette sogar besonders viel.

Wo kommen die Nährstoffe her?

Nährstoffe sind in den Nahrungsmitteln enthalten, die wir aus pflanzlichen und tierischen Produkten herstellen. So essen wir Kartoffeln, Gemüse oder Popcorn oder stellen Brot aus Weizen her. Oder wir essen zum Beispiel Fisch, Fleisch, Eier, Milch oder Milchprodukte.

Wie kommt die Energie in die Pflanzen?

Die Pflanzen nutzen über die **Fotosynthese** die Energie des Sonnenlichtes, um Zucker und Stärke aufzubauen. Auch Fette und Eiweiße können sie mit dieser Energie produzieren.

Wie kommt die Energie in die Tiere?

Hühner, Kühe oder Schweine fressen Pflanzen und nehmen so über die pflanzlichen Nährstoffe Energie auf. Dabei nehmen sie ungefähr 10% der in den Pflanzen enthaltenen Energie auf.
Fressen Tiere Fleisch, wird die Energie über die sogenannte **Nahrungskette** noch eine oder zwei Stufen weitergereicht, kommt aber ursprünglich auch von den Pflanzen.
Die in der Nahrung enthaltene Energie wird von Stufe zu Stufe immer geringer, weil immer nur 10% der zuvor enthaltenen Energie von einer Stufe zur anderen weitergegeben werden können (Abbildung 1).

1%

Energiefluss von der Sonne bis zum Menschen

So verläuft der Weg der Energie vom Sonnenlicht über die Fotosynthese der Pflanzen und die Nahrungskette bis zu uns Menschen.

Gefahren für Amphibien

PINNWAND

Straßen in Laichgebieten
Während der Laichwanderung ziehen Amphibien von den Winterquartieren zu den Laichgewässern. Oft müssen sie dabei vielbefahrene Straßen überqueren. Dabei werden jedes Jahr Tausende von Amphibien überfahren.

Schutzmaßnahmen
Straßensperren und Krötenzäune verhindern, dass die Amphibien überfahren werden. An den Zäunen müssen die Tiere eingesammelt und über die Straße getragen werden. Langfristig helfen Tunnelröhren, die unter der Straße hindurchführen.

Tourismus und Freizeitsport
Amphibien werden durch Freizeitaktivitäten wie Baden und Camping gestört oder vertrieben. Viele ursprüngliche Uferlandschaften wurden zerstört.

Schutzmaßnahmen
Uferzonen können als Naturschutzgebiete ausgewiesen werden. Tiere dürfen nicht gestört werden. Das Fangen von Amphibien ist verboten. Auch ihr Laich darf nicht entfernt werden.

Trockenlegen von Feuchtgebieten
Durch Industriegebiete, Wohnsiedlungen und intensiv betriebene Landwirtschaft wurden viele Feuchtgebiete vernichtet. Dünger und Pflanzenschutzmittel reichern sich in Böden und Gewässern an.

Schutzmaßnahmen
Den Amphibien müssen Ersatzlebensräume angeboten werden. Dazu gehören auch Schul- oder Gartenteiche. Informationen dazu gibt es bei Naturschutzbehörden, den Stadt- oder Gemeindeverwaltungen oder bei Umweltschutzgruppen.

1. ≡ A
Nenne mögliche Gefahren für Amphibien.

2. ≡ Q
Informiere dich über Krötenzäune und weitere Schutzprojekte für Amphibien in Luxemburg.

3. ≡ A
a) Beschreibe mithilfe der nebenstehenden Abbildung die Wanderung der Grasfrösche.
b) Begründe ihr Wanderungsverhalten.

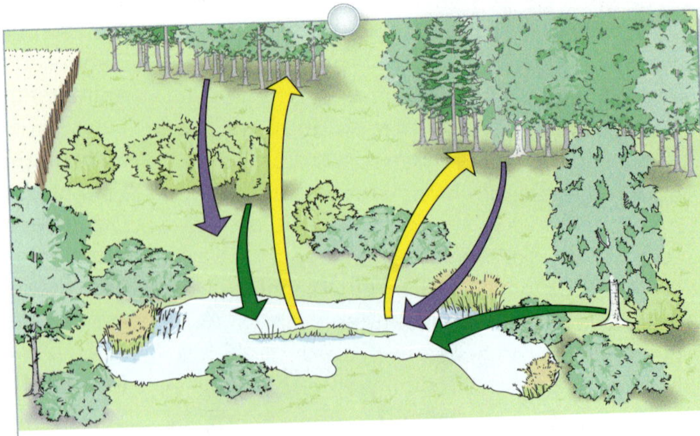

Wanderung der Grasfrösche
- grüner Pfeil: Laichwanderung im März
- gelber Pfeil: Sommerwanderung im Mai
- violetter Pfeil: Herbstwanderung im September

Wir schützen Amphibien

1 Wandernde Erdkröten

Die meisten Amphibien wandern im Frühling von ihren Winterquartieren zu den Laichgewässern. Viele von ihnen werden dabei überfahren. Um den Lurchen zu helfen, könnt ihr mit der Naturschutzbehörde oder einer Naturschutzgruppe (Natur&ëmwelt oder Sicona) zusammenarbeiten. Erkundigt euch nach Betreuern eines Krötenzaunes. Überlegt euch, wie ihr über eure Arbeit berichten könnt. Ihr könnt zum Beispiel Plakate erstellen. Verwendet dazu eure Steckbriefe, Notizen, Zeichnungen, Karten und Fotos.

TEAM 1

Amphibien bestimmen

Begleitet die Betreuer eines Krötenzauns bei der Arbeit. Helft beim Einsammeln und Bestimmen der Amphibien. Zeichnet oder fotografiert die Tiere. Fertigt Steckbriefe an. Folgende Fragen helfen euch bei der Arbeit:

- Wie lassen sich verschiedene Arten unterscheiden?
- Welche auffälligen Merkmale weisen sie auf?
- Welche Unterschiede gibt es zwischen männlichen und weiblichen Tieren?

TEAM 2

Einen Krötenzaun erkunden

Befragt einen Betreuer, der sich um den Krötenzaun kümmert, über die Anlage eines solchen Zaunes. Macht euch Notizen, fertigt Zeichnungen an oder fotografiert. Folgende Fragen könnten gestellt werden:

- Wie werden Amphibien gefangen?
- Wie viele Tiere sind es zum Beispiel in einer Woche?
- Warum steht der Fangzaun nur auf einer Straßenseite?
- Welchen Einfluss hat das Wetter auf die Wanderung der Amphibien?

TEAM 3

Den Lebensraum der Amphibien erkunden

Durchstreift mit einem Betreuer die Landschaft beiderseits der Straße, an der ein Krötenzaun aufgebaut ist. Sucht nach am Boden wandernden Amphibien. Passt auf, dass ihr nicht auf die Tiere tretet. Lasst euch das Winterquartier und das Laichgewässer zeigen. Macht euch Notizen, fotografiert und zeichnet Karten.

Folgende Fragen helfen euch bei der Arbeit:

- Wie weit liegen Winterquartier und Laichgewässer auseinander?
- Wie sieht das Laichgewässer aus?
- An welchen Stellen wurde der Laich abgelegt?
- Wie sieht der Laich aus?
- Wie verhalten sich männliche und weibliche Amphibien?

HINWEIS

Denkt daran: Bei der Arbeit an Straßen immer eine Warnweste anziehen!

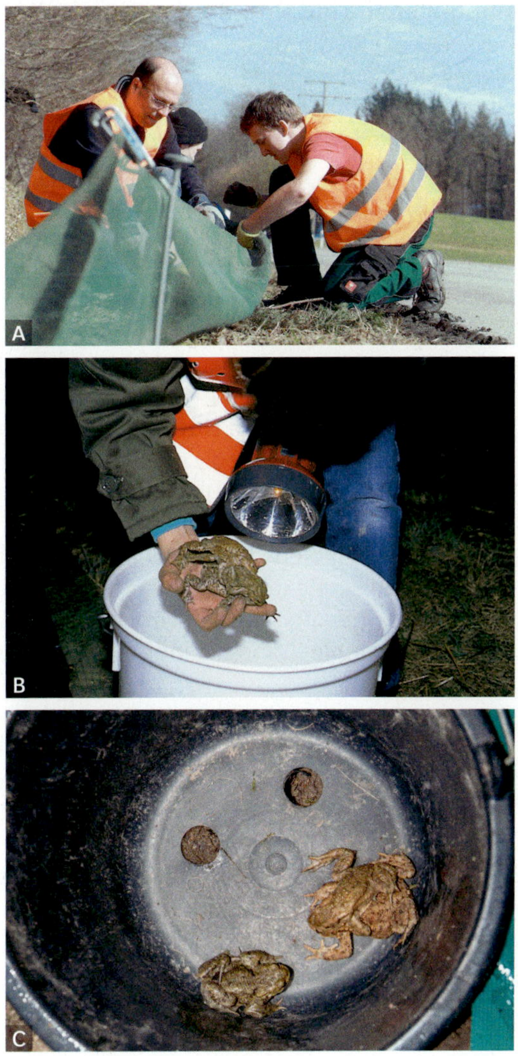

2 A – C Arbeit am Krötenzaun

LERNEN IM TEAM

Honigbienen – gefährdete Nutztiere

1. Ⓐ
Beim Begriff "Nutztier" denken viele zunächst an Rinder oder Schweine.
a) Erkläre, warum man auch Honigbienen als Nutztiere bezeichnen kann.
b) Bewerte die Bedeutung von Bienen als Nutztiere.

2. Ⓠ
Nenne Produkte wie Lebensmittel, Arzneien oder Kosmetika, die von Honigbienen stammen oder von Honigbienen hergestellte Materialien enthalten.
Recherchiere.

3. Ⓐ
Erkläre, warum Monokulturen in der Landwirtschaft und von den Bauern eingesetzte Pestizide große Gefahren für Honigbienen darstellen.

4. Ⓠ
Recherchiere im Internet zur Varroamilbe. Erstelle einen Steckbrief dieser Tierart.

Honigbienen sind Nutztiere

Bei schönem Wetter fliegen pausenlos Honigbienen vom Bienenstock auf Nahrungssuche. Auf ihrem Flug besuchen sie unzählige Blüten der gleichen Art. Dabei tragen sie in ihrem Pelz Pollen von einer zur anderen Blüte. Die Pollenkörner bleiben an den klebrigen Narben der Stempel hängen. Damit ist die Blüte bestäubt.
Obstbäume und andere wichtige Nutzpflanzen sind bei der Bestäubung auf Bienen angewiesen. Beladen mit Pollen an den Sammelbeinen und Nektar im Honigmagen kehren die Bienen wieder in den Stock zurück. Dort wird der Nektar zu Honig verarbeitet, in Waben gelagert und später vom Imker geerntet.
Honigbienen sind wichtige **Nutztiere.** Sie brauchen zum Überleben viele unterschiedliche Pflanzenarten.

1 Bienenstöcke

Wildbienen und Bienensterben

Neben der Honigbiene gibt es weitere, wildlebende Bienenarten. Einige leben wie die Honigbiene in einem Bienenstaat, die meisten sind jedoch Einzelgänger. Sie leben oft nur einige Wochen lang. Viele Wildbienenarten sind gefährdet.
Durch die Landwirtschaft werden Wiesen mit verschiedenen Pflanzenarten durch Felder mit **Monokulturen** ersetzt. Auf diesen Feldern wird nur noch eine Pflanzenart angebaut, wie der Raps. Wenn er verblüht ist, finden die Bienen keine Nahrung mehr.
In der Landwirtschaft werden auch **Pestizide** eingesetzt. Durch diese Gifte sterben Schädlinge, aber auch die Bienen.
Parasiten, wie die **Varroamilbe**, sind eine weitere Ursache für das Bienensterben.

2 Die Varroa-Milbe ernährt sich von Körperflüssigkeiten der Bienenlarven (im Bild) und Bienen

Insekten schützen – Insekten beobachten

Insekten spielen für den Menschen in vielerlei Hinsicht eine bedeutende Rolle. Viele Nutzpflanzen werden von Insekten bestäubt. Außerdem produzieren Insekten Stoffe wie Honig und Seide. In der Natur sind sie wichtiger Bestandteil von Nahrungsketten. Deshalb ist es sinnvoll, Insekten zu schützen und ihnen Nist- und Versteckmöglichkeiten anzubieten. Dabei lassen sich viele interessante Beobachtungen machen.

TEAM ❶
Unterschlupf für Ohrwürmer

Umwickelt ein Knäuel Holzwolle oder Stroh locker mit Bindedraht. Zieht das Drahtende durch das Abflussloch eines Blumentopfes, sodass sich das Knäuel im Topf befindet. Hängt diesen Topf dann kopfüber in einen Obstbaum in die Nähe einer Blattlauskolonie. Achtet darauf, dass der Topfrand an einem Ast oder dem Stamm anliegt.

Beobachtungsauftrag: Kontrolliert nach einigen Tagen, ob Ohrwürmer eingezogen sind. Überprüft, ob sich die Anzahl der Blattläuse verändert.

TEAM ❷
Nisthilfen für Wildbienen und Wespen

Einzeln lebende Wildbienen und manche Wespen sind Hohlraumbrüter. Sie legen ihre Eier zusammen mit einem Nahrungsvorrat für die Larven in längliche Hohlräume.

- Bohrt in Stücke aus Hartholz (zum Beispiel Buche oder Eiche) Löcher von 3 mm bis 10 mm Durchmesser und 3 cm bis 10 cm Tiefe. Hängt sie an sonnigen Stellen auf und achtet darauf, dass sie vor Regen geschützt sind.
- Als Alternative könnt ihr Bündel aus Schilf-, Stroh- oder Bambushalmen aufhängen.

Beobachtungsauftrag: Überprüft regelmäßig, ob sich Insekten eingenistet haben. Notiert, wann die ersten Löcher bezogen und verschlossen wurden.

TIPP
Wenn ihr einseitig verschlossene Glasröhrchen in die Bündel einbindet, könnt ihr die Larvenentwicklung beobachten.

TEAM ❸
Schmetterlingswiesen

Wenn ihr einen sonnigen Platz auf dem Schulgelände oder im Garten habt, dann könnt ihr dort eine Wiese für Schmetterlinge anlegen. Pflanzen, die bei Schmetterlingen beliebt sind, sind zum Beispiel Lavendel, Oregano, Pfefferminze, Salbei und Sommerflieder. Begehrte Futterpflanzen für viele Raupen sind Brennnesseln und Disteln. Falls ihr nicht genügend Platz für eine Wiese habt, könnt ihr auch Blumenkübel mit Pflanzerde füllen und so einen Miniatur-Garten für Schmetterlinge anlegen.

Beobachtungsauftrag: Beobachtet, ob die Schmetterlinge eine Vorliebe für bestimmte Pflanzenarten haben.

LERNEN IM TEAM

Gefährdete Tierarten in Luxemburg

Fischotter *(Lutra lutra)*

Lebensraum: Saubere, fischreiche Gewässer mit Sand- und Kiesbänken; Ufer mit Bäumen, Gebüsch und dichter Pflanzenzone
Ursachen des Rückgangs: Verfolgung als „Fischräuber" und Pelztier; intensive Nutzung der Flusstäler; Verschmutzung der Gewässer; Beseitigung des Uferbewuchses
Schutzmaßnahmen: Wiederherstellen naturnaher Bäche und Flüsse, Verbesserung der Wasserqualität; Einschränkung des Bootssports, Angelns und Campens an Gewässern mit Ottervorkommen

Schwalbenschwanz *(Papilio machaon)*

Lebensraum: Offenes Gelände wie Felder, Wiesen und Gärten mit Doldengewächsen wie Wilde Möhren, Kümmel, Dill, Gelbe Rübe, Bibernelle und andere Blütenpflanzen
Ursachen des Rückgangs: Einsatz von chemischen Spritzmitteln und Dünger in der Landwirtschaft, sodass die Futterpflanzen der Raupen verdrängt werden.
Schutzmaßnahmen: Erhaltung ungespritzter und ungedüngter Ackerrandstreifen; Zunahme der Pflanzenvielfalt durch brach liegende Felder

Europäischer Biber *(Castor fiber)*

Lebensraum: Ströme wie z. B. Donau, Elbe und deren Nebenflüsse; Auwälder mit Pappeln und Weiden
Ursachen des Rückgangs: Ausrottung durch Menschen, um Heilmittel, Parfüm oder Pelze zu gewinnen; Abholzung der Auwälder; Kanalisierung und Verunreinigung der Flüsse
Schutzmaßnahmen: Wiederherstellung geeigneter, naturnaher Lebensräume; durch Biberreservate nimmt die Anzahl wieder zu

1. A
Nenne gemeinsame Ursachen für den Rückgang von Fischotter und Biber.

2. A
Beschreibe die Ansprüche, die ein Schwalbenschwanz an seinen Lebensraum stellt.

3. Q
Recherchiere zur Roten Liste Luxemburgs. Nenne einige gefährdete Tierarten.

Was ist eine Rote Liste?

In den Roten Listen werden Tier- und Pflanzenarten veröffentlicht, die durch den Einfluss des Menschen gefährdet sind. Sie brauchen besonderen Schutz. Es sind darin folgende Stufen der Gefährdung genannt: Als **ausgestorben** gelten Arten, die bei uns verschwunden sind. **Vom Aussterben bedroht** sind Arten, deren Überleben unwahrscheinlich ist, wenn keine Schutzmaßnahmen ergriffen werden. Bei **stark gefährdeten** und **gefährdeten Arten** wird danach unterschieden, wie weit die Bestände zurückgegangen sind. **Selten** sind Arten, die in einem bestimmten Gebiet nicht mehr auftreten, woanders aber noch vorkommen.

Gefährdete Pflanzenarten in Luxemburg

PINNWAND

Gelbe Teichrose *(Nuphar lutea)*

Lebensraum: Stehende und langsam fließende, nährstoffarme Gewässer
Ursachen des Rückgangs: Wasserverunreinigung durch Dünger und andere Nährstoffe; Wellenschlag von Motorbooten; Ufernutzung durch Viehweiden und Badestellen
Schutzmaßnahmen: Reinhaltung der Bäche, Seen und Teiche; Schutz der See- und Flussufer; Einschränkung des Bootsverkehrs

1. A
Begründe, warum es wichtig ist, die Lebensräume seltener Pflanzen zu schützen.

2. A
Stelle aus dem Kreisdiagramm eine Rangfolge der verschiedenen Ursachen für die Verdrängung der Pflanzen auf. Nenne jeweils ein Beispiel zu jeder Ursache.

3. Q
Recherchiere, wie Naturschützer und Landwirte zusammenarbeiten können, um seltene Pflanzen zu erhalten.

Was die Wildpflanzen verdrängt

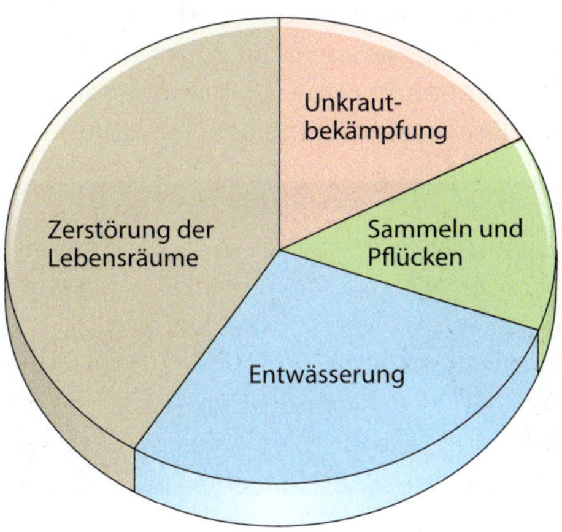

Kornrade *(Agrostemma githago)*

Lebensraum: Früher weitverbreitetes Wildkraut in Getreideäckern besonders im Roggen
Ursachen des Rückgangs: Mechanische und chemische Unkrautbekämpfung; Überdüngung der Felder; verbesserte Saatgutreinigung mit Auslese der giftigen Samen
Schutzmaßnahmen: Erhaltung nicht gespritzter Ackerrandstreifen; Ansiedlung auf Feldern in Freilichtmuseen oder Botanischen Gärten

Geflecktes Knabenkraut *(Dactylorhiza maculata)*

Lebensraum: Orchidee auf feuchten Wiesen und Flachmooren
Ursachen des Rückgangs: Häufiges Mähen und Düngen der Feuchtwiesen; Trockenlegung der Wiesen durch Gräben und Rohre; Ausgraben und Sammeln
Schutzmaßnahmen: Erhaltung der Feuchtwiesen als Naturschutzgebiete; schonendes, spätes Mähen

Die Tier- und Pflanzenwelt in Luxemburg ändert sich

1. Ⓐ
Begründe, ob der Klimawandel die Tier- und Pflanzenwelt in Luxemburg begünstigt oder ihr schadet.

2. Ⓐ
Beschreibe direkte und indirekte Eingriffe des Menschen in die Tier- und Pflanzenwelt in Luxemburg.

3. Ⓐ
Erkläre die Begriffe Neozoen, Neophyten und invasive Arten.

4. Ⓐ
Nenne Nachteile solcher invasiven Arten für den Menschen.

Der Mensch verändert das Klima

Das Klima verändert sich. Die Hauptursache für den Klimawandel ist der vom Menschen verursachte Anstieg von Kohlenstoffdioxid in der Atmosphäre, was zu einer Erwärmung führt. Viele Pflanzen und Tiere sind an ein bestimmtes Klima angepasst. Das bekannteste Beispiel ist der Eisbär. Wo soll er im Packeis Robben jagen, wenn es immer weniger Eis gibt? Die Folgen für ihn sind verheerend.

Eingriffe in die Tier- und Pflanzenwelt Luxemburgs

Mit der Zunahme der globalen Temperaturen ergeben sich auch in Luxemburg Veränderungen für die Tier- und Pflanzenwelt. Besonders gefährdet sind Bewohner von Feuchtgebieten. Bäche und Weiher trocknen aus und ihre Bewohner verlieren ihre Lebensräume. Darunter leiden besonders ohnehin bereits gefährdete Amphibien, wie Kröten und Frösche. Andere Arten können durch den Klimawandel ihr Verbreitungsgebiet vergrößern. So brütet der aus dem Mittelmeerraum stammende Bienenfresser mittlerweile auch in Luxemburg.

1 A Gelbbauchunke (gefährdet), **B** Bienenfresser

Der Mensch greift aber auch direkt in die Tier- und Pflanzenwelt Luxemburgs ein. Werden Pflanzen in Gärten und Parks als Zier- und Nutzpflanzen gepflanzt, können sie sich vermehren und verwildern. So konnten sich Pflanzen in Luxemburg ansiedeln, die hier ursprünglich nicht heimisch waren. Auch Tiere wurden vom Menschen eingeschleppt. So wurden Tiere wie der Nerz und der Waschbär wegen ihrer Felle in Pelztierfarmen gehalten, was seit 2018 in Luxemburg verboten ist. Einige Waschbären konnten jedoch vor vielen Jahren aus den Pelztierfarmen entkommen oder wurden freigelassen. So konnte sich der Waschbär in Luxemburg ansiedeln.

Gewinner sind neue Arten

Neozoen und **Neophyten** sind die Tier- und Pflanzenarten, die natürlicherweise nicht in Luxemburg beheimatet sind, jedoch durch die Einwirkung des Menschen hier heimisch werden. Manche von ihnen verdrängen einheimische Arten, sodass sie als **invasiv** bezeichnet werden. Oft können sich diese Arten schneller vermehren als die einheimischen Arten, sind auf die selben Nahrungsquellen angewiesen, sodass kaum noch Nahrung für die heimischen Arten bleibt, oder sie sind anpassungsfähiger, während die heimischen Arten mit den veränderten Umweltbedingungen schlecht zurechtkommen. Solche invasiven Arten stellen daher eine Gefahr für die heimische Artenvielfalt dar. Ein Neozoon ist die Feuerlibelle. Sie ist sehr aggressiv und verdrängt einheimische Arten. Ein anderes Beispiel ist die Dreikantmuschel. Durch massenhafte Vermehrung verdrängt auch sie einheimische Süßwassermuscheln. Manche Neubürger können auch dem Menschen gefährlich werden. Die Asiatische Tigermücke ist Überträger verschiedener Krankheitserreger, wie beispielsweise dem Dengue-Virus oder dem Zika-Virus. Die aus Nordamerika stammende Ambrosiapflanze ist ein Neophyt. Ihre Pollen können beim Menschen heftige Allergien auslösen. Wärmeliebende Arten wie der Bienenfresser kommen aus dem Süden nach Luxemburg.

2 Dreikantmuschel

Invasive Arten in Luxemburg

1. Ⓐ
Nenne für jede vorgestellte Art ihren ursprünglichen Lebensraum.

2. Ⓐ
Erkläre, warum Wildtiere wie Waschbär und Nilgans gut in Städten in Luxemburg leben können.

3. Ⓠ
Recherchiere weitere Neozoen und Neophyten in Luxemburg. Notiere ihren Lebensraum, ihre Lebensweise und Arten, die sie verdrängen.

Nilgans *(Alopochen aegyptiaca)*

Herkunft: feuchte Gebiete in Afrika
Lebensweise: Nilgänse wurden vom Menschen in Parkanlagen gebracht. Wenn sie sich in Städten an Gewässern ansiedeln, verteidigen sie ihre Lebensräume aggressiv. Die Tiere verunreinigen mit ihrem Kot die Wiesen in Freibädern oder in Grünanlagen.

Feuerlibelle *(Crocothemis erythraea)*

Herkunft: Afrika, Mittelmeerraum, Indien
Lebensweise: Die Feuerlibelle benötigt viel Wärme und Gewässer mit vielen Pflanzen, dann vermehrt sie sich stark.

Ambrosiapflanze *(Ambrosia artemisiifolia)*

Herkunft: Nordamerika
Lebensweise: An warmen und trockenen Standorten kann sich die Ambrosiapflanze sehr stark ausbreiten.

Waschbär *(Procyon lotor)*

Herkunft: Wälder in Nordamerika
Lebensweise: Waschbären leben in Mischwäldern, können sich aber auch in Städten ansiedeln. In Städten leben Waschbären in verlassenen Gebäuden oder auf Dachböden. Dort zerstören sie oft die Dachisolierung oder verschmutzen den Dachboden mit Kot und Urin. Sie sind sehr intelligent, geschickte Kletterer und vor allem dämmerungs- und nachtaktiv.

PINNWAND

Naturschutzgebiete in Luxemburg

1. Ⓐ
a) Nenne Beispiele für die Zerstörung von Lebensräumen und bedrohte Tier- und Pflanzenarten.
b) Nenne Lebensräume, die in Luxemburg besonders stark bedroht sind.

2. Ⓠ
Erstelle einen Steckbrief über ein Schutzgebiet in deiner Gemeinde.
Notiere die Lebensräume sowie die bedrohten Pflanzen- und Tierarten, die man in diesem Schutzgebiet finden kann.

Naturschutzgebiete schützen die Artenvielfalt

Luxemburg besitzt trotz seiner kleinen Landesfläche aufgrund geologischer und landschaftlicher Vielfalt eine große Artenvielfalt. Durch Eingriffe des Menschen in die Natur, wie durch den Bau von Siedlungen und Straßen sowie durch die Intensivierung der Land- und Forstwirtschaft, sind viele Lebensräume mit den hier lebenden Pflanzen- und Tierarten bedroht. Um die Natur zu erhalten, sind Schutzgebiete von großer Bedeutung.
In **Naturschutzgebieten** werden Lebensräume zur Erhaltung einheimischer bedrohter Tier- und Pflanzenarten rechtlich gegen Störung oder Zerstörung gesichert. Oft sind diese Gebiete ebenfalls wegen ihrer landschaftlichen oder geologischen Eigenarten von Bedeutung.

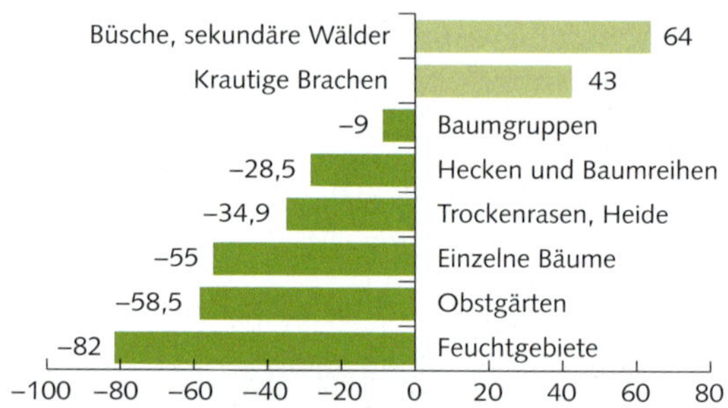

1 Veränderung verschiedener Lebensräume in den letzten 40 Jahren in Luxemburg (in Prozent)

2 Schutzgebiete in Luxemburg: **A** ehemalige Tagebaugebiete im Süden, **B** Baggerweihergebiet im Moseltal

NATURA 2000-Schutzgebiete

Die Verpflichtungen zum Schutz der Biodiversität in Rio (1992) führten in Europa zu einem EU-weiten Netz an Schutzgebieten: dem **NATURA 2000**-Netzwerk.
In Luxemburg sind mittlerweile 17,07% der Landesfläche Natura 2000-Schutzgebiete.
Darunter befinden sich 48 Habitat-Schutzgebiete (Lebensraum-Schutzgebiete) und 12 Vogelschutzgebiete.

3 Naturschutzgebiete

Nationale Naturschutzgebiete

Naturschutzgebiete (Réserves naturelles) sind oft kleinere Lebensräume (Biotope), welche bedrohten Tier- und Pflanzenarten Schutz bieten. Diese Schutzgebiete sind durch spezielle Gesetze vor Störungen oder Zerstörung gesichert, z. B. das Baggerweihergebiet „Haff Réimech“ und der Orchideen-Trockenrasen „Arnescht“ bei Niederanven.
2,57% der Landesfläche in Luxemburg sind solche nationalen Naturschutzgebiete. Zusätzlich gibt es Naturparks.

Naturparks in Luxemburg

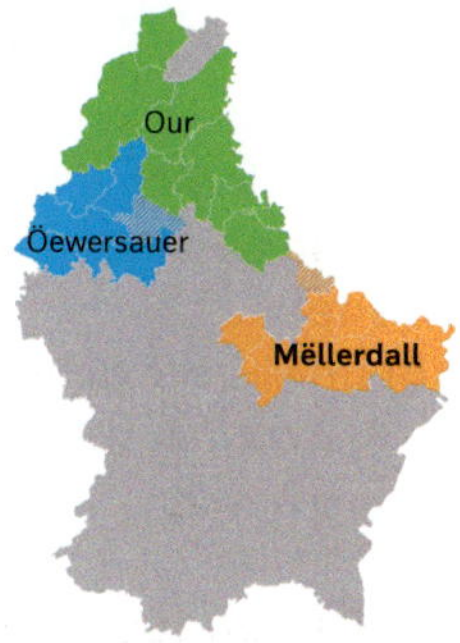

1. A
Erkläre in eigenen Worten, was ein Naturpark ist.

2. A
Bildet Dreiergruppen. Jedes Gruppenmitglied informiert sich über einen anderen Naturpark in Luxemburg. Anschließend stellt ihr euch die Naturparks gegenseitig vor. Ergänzt, falls möglich, eigene Informationen.

PINNWAND

Was ist ein Naturpark?

Die Naturparks unterstützen die nachhaltige Entwicklung von ländlichen Räumen. Dabei werden gesellschaftliche, ökologische und wirtschaftliche Interessen berücksichtigt. Ein Naturpark ist also weder ein eingezäuntes Schutzgebiet noch ein Tierpark oder Nationalpark, in welchem nur der Naturschutz Vorrang hat.

Naturpark Öewersauer

NATURPARK ÖEWERSAUER

Leitthema: Wasser
Gründungsdatum: 6.4.1999
Fläche/Einwohner: 230 km²/16.500
Lage: Im Nordwesten Luxemburgs.
Beschreibung: Herzstück der Region, die Besuchern als Erholungsgebiet dient, ist ein 3,8 km² großer Stausee. Er dient als Trinkwasserspeicher für 80 % der Bevölkerung Luxemburgs. Die Obersauer und ihre Nebenflüsse durchziehen das Gebiet und haben Felsentäler in die Schieferlandschaft gegraben, die wichtig für die Tier- und Pflanzenwelt sind.
Ziel: Förderung der nachhaltigen Regionalentwicklung im Einklang mit Wasserschutz.

Naturpark Our

Leitthema: Landschaft
Gründungsdatum: 9.5.2005
Fläche/Einwohner: 420 km²/ 24.000
Lage: Im Norden in den Ardennen.
Beschreibung: Im Naturpark Our gibt es Hochebenen und Felstäler, die die Flüsse Our und Clerve in das Schiefergestein gegraben haben. Die Feuchtgebiete und Flusstäler sind Lebensräume vieler bedrohter Pflanzen- und Vogelarten.
Ziel: Förderung der nachhaltigen Regionalentwicklung im Einklang mit Natur- und Landschaftsschutz.

Natur- & Geopark Mëllerdall

Naturpark Mëllerdall Geopark

Leitthema: Geologie
Gründungsdatum: 17.3.2016
Fläche/Einwohner: 256 km²/26.000
Lage: Vom Zentrum bis in den Osten Luxemburgs.
Beschreibung: Die vielen Mühlen entlang der Flüsse und Bäche geben dem Natur- & Geopark Mëllerdall seinen Namen („Tal der Müller“). Die Gegend zeichnet sich durch den Luxemburger Sandstein aus. Die Region wird durch Felsen, Täler und Plateaus geprägt.
Ziel: Förderung der nachhaltigen Regionalentwicklung im Einklang mit dem geologischen Erbe.

Naturschutz fängt vor der Haustür an

1. A

a) Betrachte den Oberlauf und den Unterlauf des Baches in Abbildung 1. Notiere Unterschiede.
b) Beurteile die Lebensqualität für Pflanzen und Tiere in beiden Lebensräumen.

2. Q

Drei Schüler stehen vor einem verwitterten Schild. Es ist nicht mehr zu lesen, wie Besucher sich im Wald verhalten sollen. Entwirf ein neues Schild mit den wichtigsten Hinweisen zum richtigen Verhalten im Wald.

A

B

C

D

3. Q

a) Wähle ein gefährdetes heimisches Wildtier aus der Roten Liste Luxemburgs, zum Beispiel Biber (A), Zwergfledermaus (B), Kiebitz (C) oder Wildkatze (D).
Finde heraus, weshalb sein Bestand gefährdet ist und schlage Schutzmaßnahmen vor.
b) Überlege, wer sich durch diese Schutzmaßnahmen beeinträchtigt fühlen könnte und begründe dies.

4. Q

Recherchiere auf der Internetseite www.centredesoins.lu, wie du dich beim Fund eines Wildtiers verhalten solltest.

5. A

Erkläre, warum die Arbeit von Naturschutzverbänden so wichtig ist.

6. Q

Zeichne einen Garten, in dem sich Igel, Frösche, Kröten, Insekten und verschiedene Vögel wohlfühlen. Informiere dich zuerst über die Lebensweise und die Bedürfnisse dieser Tiere.

7. Q

a) Stelle ein Naturschutzgebiet in deiner Umgebung vor. Berichte, welche besonderen Regeln in diesem Gebiet gelten.
b) Erkläre, warum dieser Lebensraum unter besonderem Schutz steht.

Bach ist nicht gleich Bach

Wenn du dem Bachlauf auf dieser Seite folgst, siehst du in Abbildung 1B, dass der Bach in diesem Bereich, dem **Unterlauf,** sehr gradlinig verläuft. Die Ufer sind gemäht und das Wasser kann sehr schnell fließen. Rechts und links liegen Viehweiden und stark gedüngte Wiesen. Die Ausscheidungen der Tiere und Düngerreste werden mit dem Regen in den Bach gespült. Lebewesen sind in diesem Teil kaum zu finden, da sie diese Verschmutzung nicht vertragen.

Abbildung 1A zeigt den **Oberlauf** des Baches. Auch er war früher begradigt. Vor Jahren hat jedoch eine Naturschutzorganisation in mühevoller Arbeit den Bach **renaturiert,** das heißt, wieder in seinen alten Zustand versetzt. Der Bach schlängelt sich jetzt natürlich durch die Landschaft. Steine liegen im Bachbett. Die angrenzenden Flächen werden weder als Viehweide noch als Ackerfläche genutzt. Damals haben Schülerinnen und Schüler einer benachbarten Schule Schwarzerlen gepflanzt. Die Wurzeln befestigen das Ufer und bieten gleichzeitig Halt und Versteckmöglichkeiten für Fische und andere Bachbewohner. Die Baumkronen spenden Schatten. Das Laub bietet eine Nahrungsgrundlage für Tiere im Bach.

Naturschutzarbeit ist notwendig

Natürliche Lebensräume verschwinden, wenn neue Gebäude oder Straßen gebaut werden. So werden natürliche Lebensräume von Pflanzen und Tieren eingeschränkt oder vernichtet. Hier setzt **Naturschutzarbeit** an.
Manche Menschen machen auf diese Entwicklung aufmerksam und sorgen sich um die Pflege und den Erhalt von Lebensräumen. Sie setzen sich dafür ein, dass die natürliche Vielfalt der Pflanzen und Tiere in ihren Lebensräumen erhalten bleibt.

Selbst aktiv werden

Auch du kannst dich in Naturschutzprojekten engagieren und dazu beitragen, dass Lebensräume für Pflanzen und Tiere geschützt und erhalten werden. Umwelt- und Naturschutzverbände, wie natur&ëmwelt, bieten Aktionen für Kinder und Jugendliche an: So werden beispielsweise Gärten naturnah gestaltet und bieten Igeln und anderen Tieren Nahrung und Überwinterungsmöglichkeiten. Selbst gebaute und aufgehängte Fledermauskästen bieten den Tieren ungestörte Schlafplätze.

1 Bachlauf: **A** renaturierter Oberlauf, **B** begradigter Unterlauf

Renaturierung der Alzette

1. Ⓐ
Nenne den Grund, aus dem die Alzette in der Vergangenheit begradigt wurde.

2. Ⓐ
Beschreibe die negativen Auswirkungen der Begradigung eines Flusses wie der Alzette.

3. Ⓐ
a) Erkläre den Begriff "Renaturierung".
b) Beschreibe die Renaturierung der Alzette.

4. Ⓐ
Stelle eine Vermutung an, ob die Renaturierung auch negative Folgen haben kann.

Begradigung der Alzette

Wie die Our ist auch die Alzette ein Zufluss der Sauer. Sie ist 73 km lang und fließt durch Luxemburg und Frankreich. Die Alzette wird am Anfang der Nationalhymne Luxemburgs besungen:

> **Wou d'Uelzecht durech d'Wisen zéit,**
> **Duerch d'Fielsen d'Sauer brécht [...]**
> **Onst Heemechtsland dat mir sou déif**
> **An onsen Hierzer dron.**

1 Auszug der ersten Strophe der Nationalhymne Luxemburgs

2 Begradigte Alzette

Wie im Lied beschrieben zog sich die Alzette früher in natürlichen Schlangenlinien durch die umliegenden Wiesen hindurch. Doch wie viele Flüsse wurde auch die Alzette vom Menschen begradigt. Dabei wurde ein künstliches, gerades Flussbett gebaut und die Alzette darin umgeleitet. So wurden die feuchten Wiesen des Alzettetals trockengelegt, um sie landwirtschaftlich besser nutzen zu können.

Neben dem veränderten Aussehen der Landschaft bringt die Begradigung des Flusses Probleme mit sich, die damals nicht bedacht wurden. Bei starkem Regen steigt der Wasserstand schnell an, weil das Wasser nicht mehr in die umliegenden Wiesen abfließen und dort teilweise versickern kann. Die Folge sind Hochwasser, welche die umliegenden Siedlungen stark beschädigen können. Auch die erhöhte Fließgeschwindigkeit im künstlichen Flussbett ist problematisch, da sich Pflanzen und Tiere nicht mehr so gut im Fluss ansiedeln können. Das wirkt sich negativ auf die Artenvielfalt und Wasserqualität aus.

Renaturierung der Alzette

Mittlerweile ist ein anderes Bewusstsein für die Natur und ihren Schutz entstanden. Um die Probleme zu lösen, die durch die Begradigung der Alzette entstandenen sind, wird heute versucht, sie wieder in ihren ursprünglichen, natürlichen Zustand zurückzuversetzen. Dies bezeichnet man als **Renaturierung.**

3 Nach der Renaturierung

Die Renaturierung ist noch nicht abgeschlossen, doch sie wirkt sich bereits positiv aus. Die Alzette konnte vielerorts wieder zu ihrem natürlichen Lauf zurückkehren und kann bei Hochwasser über die Ufer treten. Der Wasserpegel ist auf einen natürlicheren Stand gesunken. Die Wasserqualität hat sich verbessert und einige Tier- und Pflanzenarten, die hier bereits als ausgestorben galten, werden wieder im und entlang des Flusses gefunden.

4 Die Azurjungfer wird wieder gesichtet.

Naturschutz an der Kalborner Mühle

1. A
Beschreibe, wie die Kalborner Mühle für den Naturschutz genutzt wird.

2. A
Erkläre, warum Umweltbildung, wie durch Exkursionen an der Kalborner Mühle, so wichtig für den Naturschutz ist.

3. A
a) Erläutere den Lebenszyklus der Bachmuschel mithilfe von Abbildung 2.
b) Recherchiere den Begriff "Parasitismus". Erkläre den Begriff und erläutere, warum die Bachmuschel als Parasit der Elritze, einer Fischart, anzusehen ist.
c) Erläutere, wie die Zucht von Bachmuscheln ablaufen könnte. Gehe auch auf mögliche Schwierigkeiten ein.

Die Kalborner Mühle

Die Our ist ein 96 km langer Nebenfluss der Sauer zwischen Luxemburg und Deutschland. Im Nordosten Luxemburgs liegt im Tal der Our die Kalborner Mühle. Sie ist seit 1997 im Besitz der Naturschutzorganisation **natur&ëmwelt.** Daher wird die Kalborner Mühle seit einigen Jahren für den Naturschutz in Luxemburg genutzt. Ein Wassererlebniszentrum sowie eine Muschelaufzuchtstation sind entstanden.

1 Kalborner Mühle

Das Wassererlebniszentrum

Im Jahr 2016 wurde das Wassererlebniszentrum (WEZ) als Zentrum für Umweltbildung eröffnet. Es befindet sich inmitten eines Natura 2000-Naturschutzgebietes und bietet beste Voraussetzungen, um die Our als Ökosystem zu erforschen. Das WEZ wird von Schulen, Universitäten und Vereinen genutzt. Wassertiere können (vorrübergehend) gefangen und unter dem Binokular beobachtet und bestimmt werden. Anhand der gefundenen Tierarten kann die Gewässergüte der Our bestimmt werden. Auch eine Entnahme von Wasserproben und deren mikroskopische Untersuchung, eine Wanderung mit Erforschung der umliegenden Natur und eine Führung durch die Muschelzuchtstation sind möglich.

Muschelzuchtstation an der Kalborner Mühle

In der Muschelzuchtstation an der Kalborner Mühle werden die bedrohten Tierarten **Flussperlmuschel (Margaritifera margaritifera)** und **Bachmuschel (Unio crassus)** nachgezüchtet. Das Ziel der Arbeit der Muschelzuchtstation ist es, die Wahrscheinlichkeit des Überlebens der bedrohten Muschelarten zu erhöhen. Dazu werden die Muscheln zunächst unter geschützten Bedingungen gezüchtet. Sobald sie eine Größe erreicht haben, in der sie nicht mehr eingegraben leben, werden die Muscheln wieder im Fluss ausgewildert. Hier leben sie dann im Flussbett. Um die Muscheln erfolgreich züchten zu können, muss zunächst ihr Lebenszyklus verstanden werden.

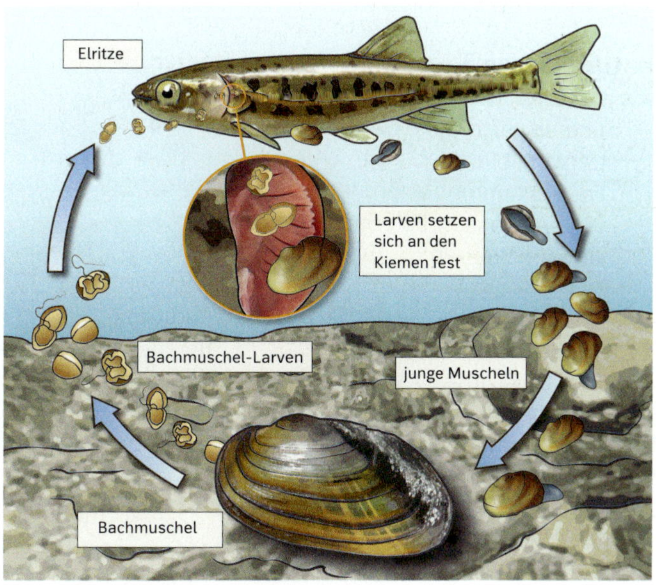

2 Lebenszyklus der Bachmuschel

Neben der Muschelzucht werden an der Kalborner Mühle verschiedene Maßnahmen durchgeführt, um die Qualität der Our als Lebensraum für verschiedene Wasserorganismen zu verbessern.

Gewässergüteklassen und typische Zeigerorganismen

PINNWAND

Güteklasse 1

- sauberes, mineralsalzarmes Wasser mit hohem Sauerstoffgehalt (etwa 10 $\frac{mg}{l}$)
- zahlreiche Arten von Algen in geringer Anzahl
- wenig Kleintiere

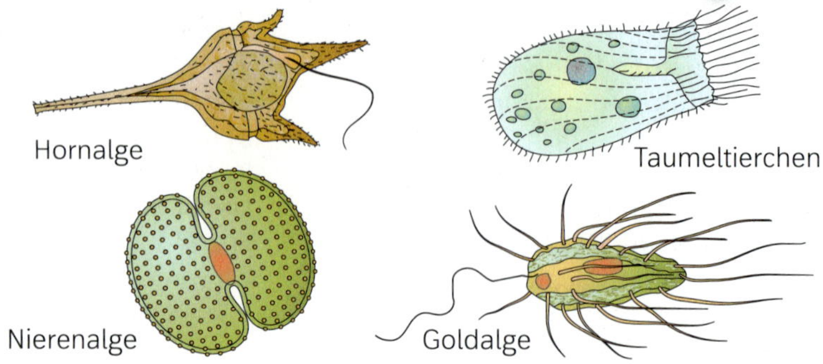

Güteklasse 2

- mäßig verunreinigtes Wasser
- Sauerstoffversorgung gut (etwa 6 $\frac{mg}{l}$)
- sehr große Artenvielfalt und große Dichte von Algen, Wimperntierchen und Rädertieren
- reicher Pflanzenwuchs
- Wasserpflanzenbestände bedecken größere Flächen

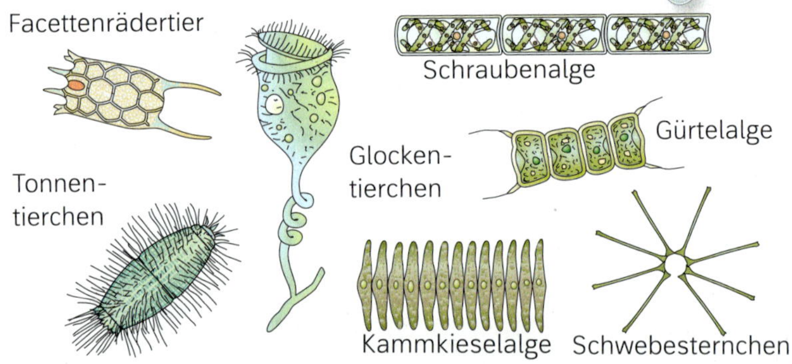

Güteklasse 3

- stark verschmutztes Wasser mit meist niedrigem Sauerstoffgehalt (etwa 4 $\frac{mg}{l}$)
- Faulschlammablagerungen
- viele Abwasserbakterien und Wimperntierchen

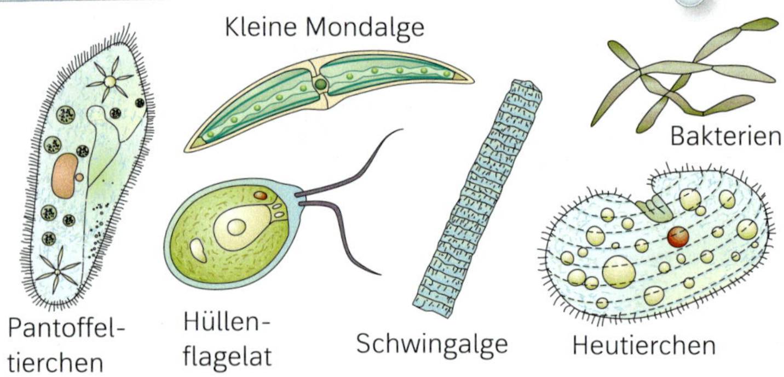

Güteklasse 4

- übermäßig verschmutztes Wasser
- Sauerstoff über lange Zeit in sehr niedrigen Konzentrationen (etwa 0 $\frac{mg}{l}$ bis 2 $\frac{mg}{l}$)
- Fäulnisprozesse herrschen vor
- Besiedelung durch Fäulnis- und Schwefelbakterien
- Geißeltierchen und Wimperntierchen

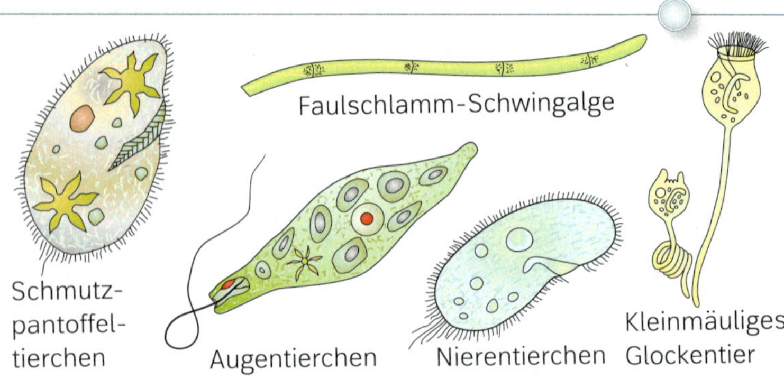

Eine Mindmap erstellen am Beispiel "See"

Wozu dient eine Mindmap?

Ihr sollt zu einem Thema, zum Beispiel Ökosystem See, einen kurzen Vortrag halten. Ihr habt viele Informationen zu diesem Thema gesammelt. Diese müsst ihr zunächst aufschreiben und ordnen. Dazu könnt ihr eine Art „Gedankenlandkarte“, eine **Mindmap,** erstellen. Ihr könnt die Mindmap zum Beispiel zur Weiterarbeit am Thema oder als Stichwortzettel verwenden.

Eine Mindmap hilft euch also dabei,
- Informationen und Ideen zu Notizen zu machen,
- Ideen, Informationen und Gedanken zu ordnen,
- Inhalte eines Textes besser zu behalten,
- etwas vorzutragen,
- einen Text zu formulieren.

So entsteht eine Mindmap

1. Sammelt Stichworte zu einem Thema und notiert sie unsortiert, wie sie euch einfallen.
2. Legt ein DIN-A4- oder ein DIN-A3-Blatt quer.
3. Schreibt das Thema in die Mitte des Blattes und kreist es farbig ein.
4. Zeichnet nun vom Thema ausgehend „Äste“ in verschiedenen Farben für mögliche Gliederungspunkte. Gebt jedem Ast einen treffenden Namen.
5. An jeden „Ast“ könnt ihr jetzt noch weitere „Zweige“ zeichnen.
6. Schreibt an jeden „Zweig“ weitere Ideen, die euch zu den Begriffen an den Ästen einfallen.
7. Alle Begriffe können mit Bildern oder Symbolen ergänzt werden. Das hilft, sich später wieder an die eigenen Ideen oder Gedanken zu erinnern.

Eine Mindmap kann jederzeit erweitert werden.

Erstellen mehrere Schülerinnen und Schüler jeweils eine Mindmap, können diese ganz unterschiedlich aussehen.

1. ≡ Ⓐ
Übertrage die unten abgebildete Mindmap zum Thema Ökosystem See auf ein DIN-A3-Blatt und ergänze sie.

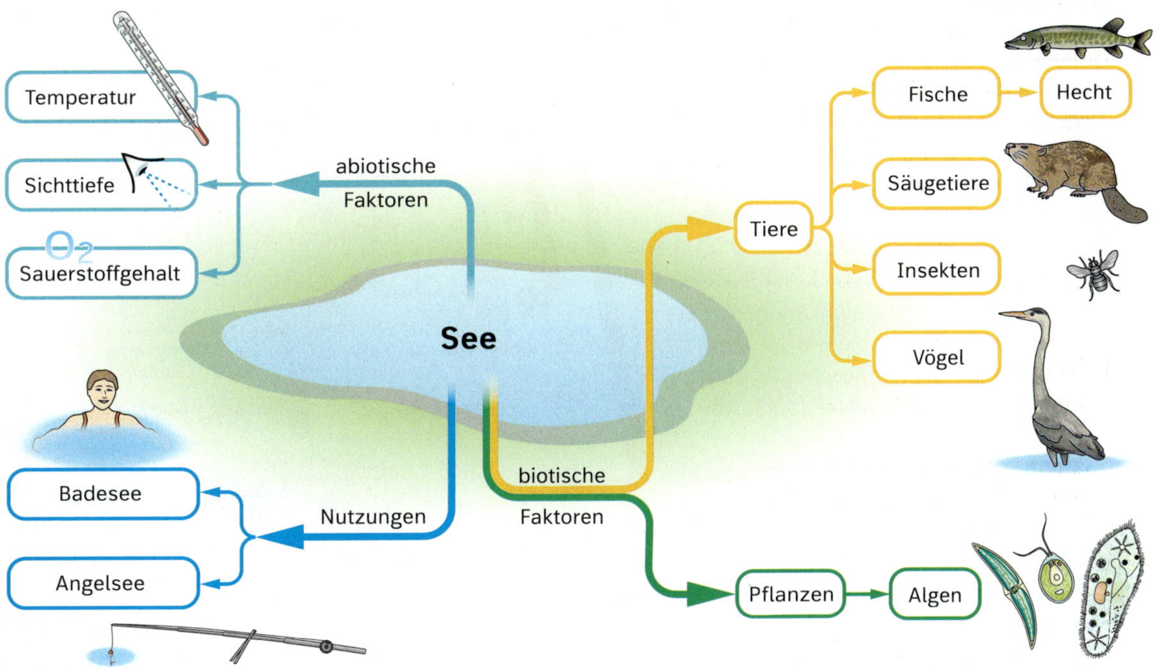

Die Kläranlage – verschmutztes Wasser wird gereinigt

1. ☰ Ⓐ
Beschreibe, was bei der mechanischen Reinigung aus dem Abwasser entfernt wird.

2. ☰ Ⓐ
Stelle zusammen, welche Trennverfahren bei der mechanischen Reinigung angewendet werden.

3. ☰ Ⓐ
Erläutere die weitere Behandlung der in den einzelnen Stufen abgetrennten Stoffe.

4. ☰ Ⓐ
Beschreibe die biologische Reinigung.

5. ☰ Ⓠ
Schätze die Folgen eines Ausfalls einer großen Kläranlage ab.

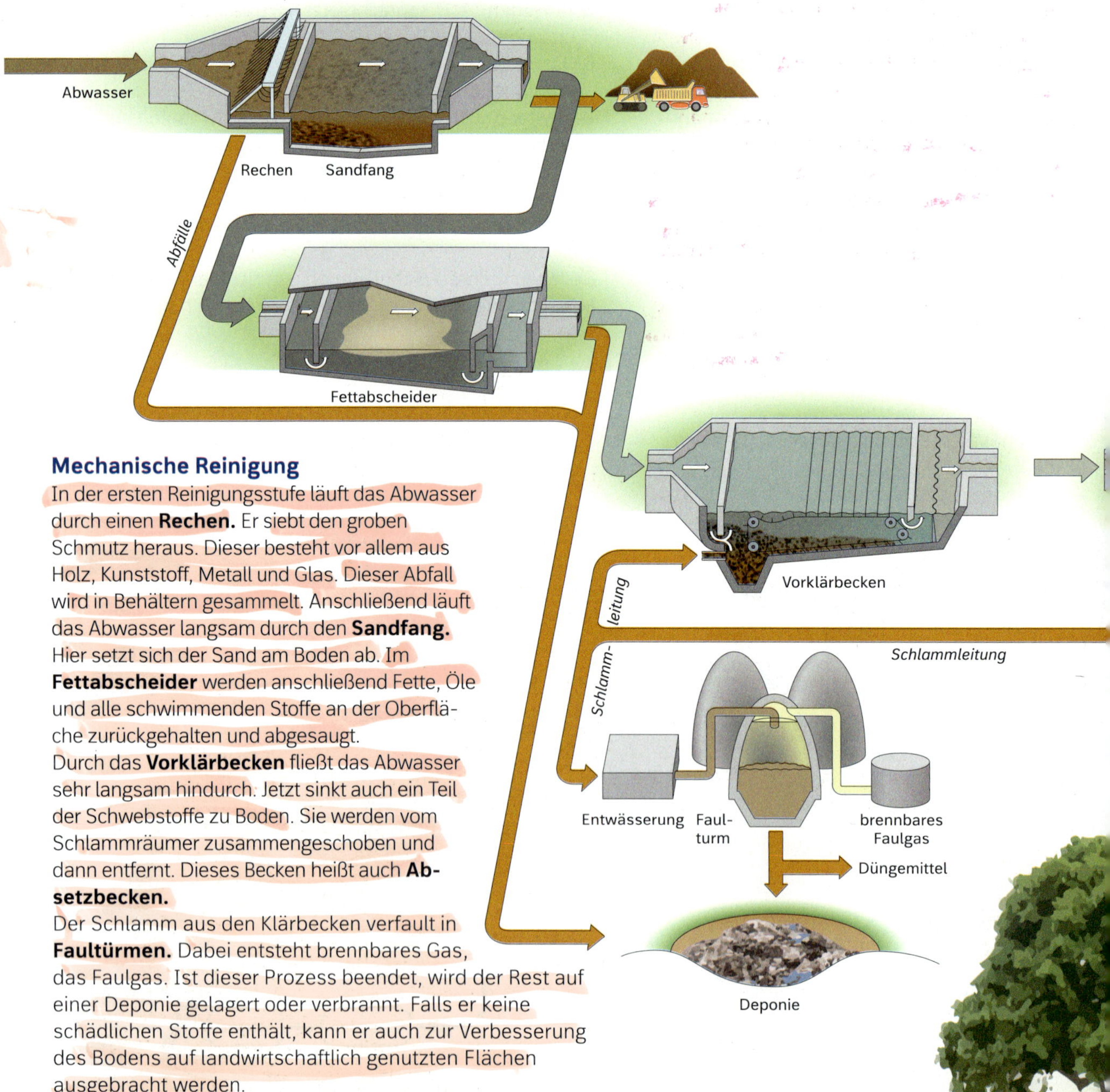

Mechanische Reinigung

In der ersten Reinigungsstufe läuft das Abwasser durch einen **Rechen.** Er siebt den groben Schmutz heraus. Dieser besteht vor allem aus Holz, Kunststoff, Metall und Glas. Dieser Abfall wird in Behältern gesammelt. Anschließend läuft das Abwasser langsam durch den **Sandfang.** Hier setzt sich der Sand am Boden ab. Im **Fettabscheider** werden anschließend Fette, Öle und alle schwimmenden Stoffe an der Oberfläche zurückgehalten und abgesaugt.
Durch das **Vorklärbecken** fließt das Abwasser sehr langsam hindurch. Jetzt sinkt auch ein Teil der Schwebstoffe zu Boden. Sie werden vom Schlammräumer zusammengeschoben und dann entfernt. Dieses Becken heißt auch **Absetzbecken.**
Der Schlamm aus den Klärbecken verfault in **Faultürmen.** Dabei entsteht brennbares Gas, das Faulgas. Ist dieser Prozess beendet, wird der Rest auf einer Deponie gelagert oder verbrannt. Falls er keine schädlichen Stoffe enthält, kann er auch zur Verbesserung des Bodens auf landwirtschaftlich genutzten Flächen ausgebracht werden.

Biologische Reinigung

Das Abwasser wird im **Belebungsbecken** durch Kleinstlebewesen wie Bakterien weiter gereinigt. Die im Abwasser immer noch reichlich vorhandenen Schwebstoffe und viele der gelösten Stoffe dienen den Bakterien als Nahrung. Im Belebungsbecken verbleibt das Abwasser viele Stunden lang. Dabei wird es ständig von unten belüftet und bewegt. So erhalten die Kleinstlebewesen den lebensnotwendigen Sauerstoff. Bei diesen idealen Bedingungen vermehren sie sich und bilden einen flockigen **Belebtschlamm.**
Aus dem Belebungsbecken wird ständig ein Teil des Belebtschlamms in ein **Nachklärbecken** gepumpt. Dort wird er nicht mehr belüftet und nicht bewegt. Die Kleinstlebewesen sinken nach unten. Viele sterben ab, denn es fehlen ihnen Sauerstoff und Nährstoffe. Am Boden des Beckens setzt sich der Schlamm ab. Er wird mit einem Schieber in die vertiefte Mitte des Beckens geschoben. Ein Teil davon wird in das Belebungsbecken zurückgepumpt, der andere Teil kommt in den Faulturm.

neutralisieren

Chemische Reinigungsstufe

In fast allen Kläranlagen werden aus dem Abwasser auch noch die Phosphorverbindungen entfernt. Dies geschieht entweder ganz am Anfang oder nach der biologischen Reinigungsstufe. Eisensalze fällen die Phosphate aus.

Alles geklärt?

Das geklärte Abwasser läuft dann über den Rand des Nachklärbeckens in eine Rinne. Jetzt darf es in einen Fluss oder Bach eingeleitet werden. Das aufnehmende Gewässer heißt **Vorfluter.** Bei guten Kläranlagen hat das gereinigte Abwasser nahezu Trinkwasserqualität.

Wohin mit dem Schmutz?

Die von den Rechen zurückgehaltenen Abfälle werden in Müllverbrennungsanlagen verbrannt. Der Sand aus dem Sandfang wird deponiert. Öl, Fett und andere Schwimmstoffe aus dem Fettabscheider werden ebenfalls verbrannt. Der Schlamm aus den Vor- und Nachklärbecken wird entwässert und ebenfalls in den Faulturm gepumpt. Der ausgegorene Klärschlamm wird meistens als Dünger auf Ackerflächen verwendet.

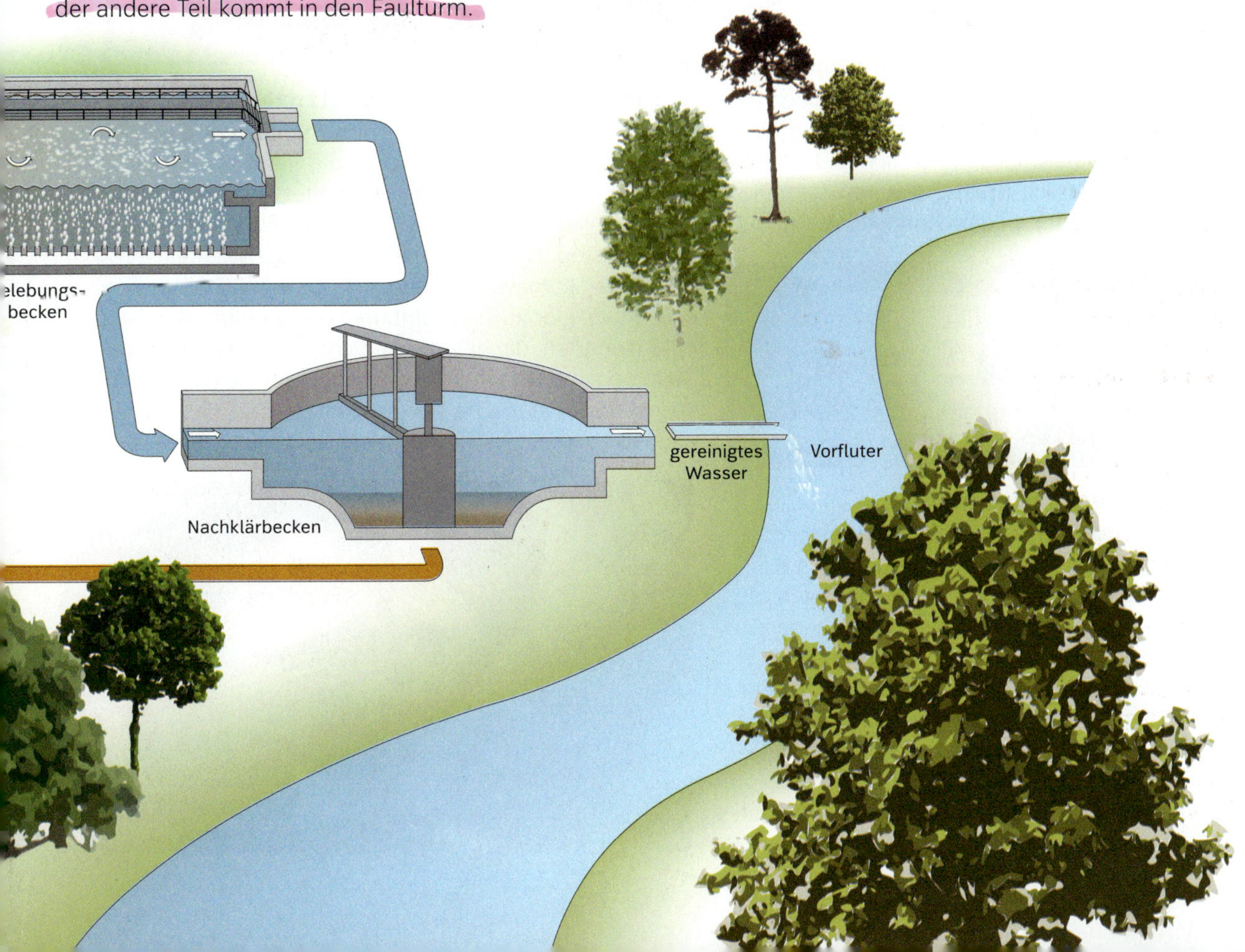

Zusammenleben von Menschen, Tieren und Pflanzen

Der Mensch nutzt Tiere und Pflanzen

Der Mensch nutzt schon seit langer Zeit viele verschiedene Tiere und Pflanzen für die Bereitstellung von Nahrungsmitteln. Pflanzen und Tiere wurden so gezüchtet, dass sie immer mehr den Bedürfnissen entsprechen. So geben Milchkühe zum Beispiel viel mehr Milch als Urrinder, andere Rassen liefern sehr viel Fleisch für die Ernährung des Menschen. Das angebaute Getreide hat größere und schwerere Körner als ursprüngliche Sorten. Oft bringen solche Züchtungen auch Nachteile mit sich, wie gesundheitliche Folgen für die Tiere und Menschen oder ökologische Probleme, etwa wenn viele Monokulturen angelegt oder gezüchtete Blumen weniger Nektar für Bestäuber liefern. Ökologische Landwirtschaft und das saisonale und regionale Einkaufen von Obst und Gemüse können dem entgegenwirken.

Naturschutz in Luxemburg

Veränderungen in natürlichen Lebensräumen gefährden dort lebende Pflanzen und Tiere. Durch die Einrichtung von Naturschutzgebieten und Naturparks wird versucht, Pflanzen, Tiere und Lebensräume zu schützen. Nicht mehr genutzte Flächen, bebaute Ufer oder begradigte Bäche können wieder in naturnahe Lebensräume umgewandelt werden. Außerdem gibt es Maßnahmen, um die Luftverschmutzung durch Kraftfahrzeuge und Industrie zu verringern.

Tiere haben Rechte

Nicht nur Menschen, sondern auch Tiere haben Rechte. Diese Rechte werden durch Tierschutzgesetze festgelegt und müssen geschützt werden. Das gilt für Nutztiere wie auch für Haustiere. Wir Menschen tragen eine Verantwortung dafür, dass die Rechte der Tiere gewahrt werden. Daher sollte man auch beim Einkaufen darauf achten, wie die Tiere gehalten werden, deren Fleisch wir kaufen. Weniger Fleisch zu kaufen und dafür bessere Haltungsformen zu bevorzugen, ist eine Möglichkeit.

Veränderung der Tier- und Pflanzenwelt

Die Tier- und Pflanzenwelt in Luxemburg verändert sich durch Eingriffe des Menschen in die Natur. Indem der Mensch die Landschaft bewirtschaftet, verändert er sie. Dadurch wird der Lebensraum von vielen Tieren verändert oder zerstört. Dies hat Folgen für die Artenvielfalt.
Durch den Klimawandel oder Einschleppung durch den Menschen gibt es in Luxemburg bereits einige Tier- und Pflanzenarten, die hier früher nicht heimisch waren. Diese Neozoen und Neophyten verdrängen oft die heimischen Arten. Viele heimische Tier- und Pflanzenarten sind deshalb bereits gefährdet.

Zusammenleben von Menschen, Tieren und Pflanzen

Der Mensch nutzt Tiere und Pflanzen

Kannst du schon ...

... erklären, was ökologische Landwirtschaft von konventioneller Landwirtschaft unterscheidet? (S. 178 – 179)

... beschreiben, wie aus dem Urrind die heutigen Rinderrassen entstanden sind? (S. 180 – 181)

... die Bedeutung von Getreide für die Ernährung des Menschen beschreiben? (S. 184 – 185)

Zeig, was du kannst!

1. ≡ (A)
Erkläre, was ein pädagogischer Bauernhof ist.

2. ≡ (A)
Definiere den Begriff Nutztier und nenne drei Beispiele für Nutztiere in Luxemburg.

3. ≡ (A)
a) Erkläre, warum Rinder auch als Wiederkäuer bezeichnet werden.
b) Beschreibe den Weg der Nahrung durch die Mägen des Rinds.

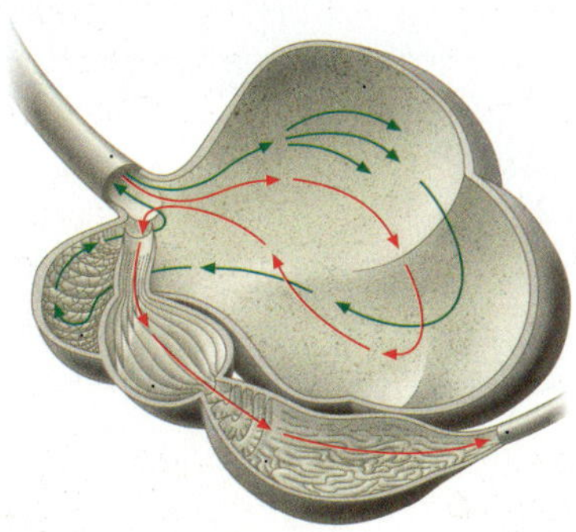

4. ≡ (A)
Erläutere, warum auch wir Menschen mit unserer Nahrung Energie zu uns nehmen, die ursprünglich von der Sonne stammt.

5. ≡ (A)
Beschreibe Vor- und Nachteile der Züchtung vieler verschiedener Pflanzen- und Tierarten.

Naturschutz in Luxemburg

Kannst du schon ...

... Gefahren für heimische Tierarten nennen? (S. 190, 192, 194 – 197)

... beschreiben, wie sich die heimische Tier- und Pflanzenwelt in den letzten Jahren verändert hat? (S. 196)

... beschreiben, wie sich die Einrichtung von Naturschutzgebieten positiv auf die Natur auswirken kann? (S. 198 – 201)

Zeig, was du kannst!

6. ≡ (A)
Nenne Gründe für die abnehmende Artenvielfalt in Luxemburg.

7. ≡ (A)
Erkläre Unterschiede zwischen Naturschutzgebieten und Naturparks.

8. ≡ (A)
Notiere Verhaltensregeln für einen Besuch im Naturschutzgebiet.

9. ≡ (A)
Erläutere den Einfluss des Anbaus von Monokulturen, wie auf einem Rapsfeld, und des Einsatzes von Pestiziden auf das Bienensterben.

10. ≡ (A)
a) Nenne die verschiedenen Becken einer Kläranlage.
b) Beschreibe die Funktionen der verschiedenen Becken.
c) Erläutere den Unterschied zwischen biologischer und chemischer Reinigungsstufe.

Unbelebte Umwelt

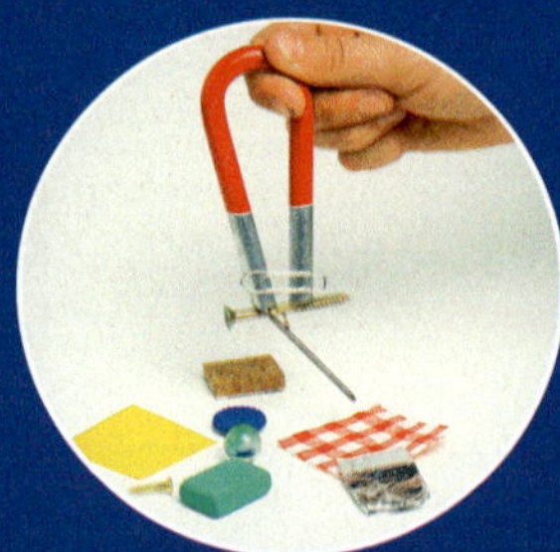

Wie bestimmt man Stoffeigenschaften?

Was sind Aggregatzustände?

Wie unterscheiden sich Reinstoffe und Stoffgemische?

Körper und Stoffe

1. Q
Bringe unterschiedliche Gegenstände mit, die alle aus dem gleichen Stoff bestehen.

2. A
Nenne gleichartige Gegenstände, die aus verschiedenen Stoffen bestehen können.

3. A
Zähle Beispiele für die verschiedenen Bedeutungen des Begriffs Stoff auf.

4. A
Der Begriff Körper wird in der Alltagssprache für unterschiedlichen Dinge benutzt. Nenne einige Beispiele.

5. A
a) Erstelle eine Tabelle mit Körpern und Stoffen. Ordne folgende Begriffe ein: Ball, Zink, Flasche, Eisen, Wasser, Fahrrad, Sauerstoff, Lineal.
b) Ergänze um fünf eigene Beispiele.

Alle Materialien sind Stoffe

Ob zu Hause, in der Schule oder beim Sport: Überall findest du Gegenstände aus vielen verschiedenen Materialien. Diese Materialien werden in den Naturwissenschaften **Stoffe** genannt. Damit sind grundsätzlich alle Materialien gemeint, die es gibt.

Gleiche Körper

Gegenstände werden in den Naturwissenschaften als **Körper** bezeichnet. Körper können aus verschiedenen Stoffen bestehen. So kann eine Kugel aus Porzellan, Keramik, Glas, Holz, Metall oder Kunststoff bestehen. Der Stoff, aus dem ein Stuhl hergestellt wird, kann Holz, Kunststoff oder Metall sein.

Gleiche Stoffe

Umgekehrt können aus dem gleichen Stoff unterschiedliche Körper hergestellt werden. Blumenvasen, Milchflaschen, Spiegel, Fensterscheiben oder Glühlampen bestehen häufig aus dem gleichen Stoff, aus Glas. Aus dem Stoff Holz können Buntstifte, Bilderrahmen, Möbel, Zäune oder Fußböden gefertigt werden.

Stoffe können fest, flüssig oder gasförmig sein

Im Chemielabor finden sich verschiedene Stoffe: feste Stoffe wie Schwefel, Kochsalz, Zucker oder Holzkohle, Flüssigkeiten wie Säuren, Laugen, Alkohol, und Gase wie Sauerstoff oder Kohlenstoffdioxid.

Stoffe lassen sich ordnen

Stoffe können in Klassen geordnet werden. Dabei können zum Beispiel die Verwendung oder die Herkunft Ordnungskriterien sein. So sind **Nährstoffe** alle Stoffe, die der Körper zum Leben braucht. **Naturstoffe** sind Stoffe, die in der Natur vorkommen, während **Kunststoffe** künstlich hergestellt werden müssen. Auch chemische Eigenschaften können Ordnungskriterien sein, zum Beispiel bei Metallen, Edelgasen oder allen **Brennstoffen.** Viele Stoffe im Chemielabor sind **Gefahrstoffe,** die bei falschem Umgang der Gesundheit schaden.

1 Gleiche Körper aus unterschiedlichen Stoffen

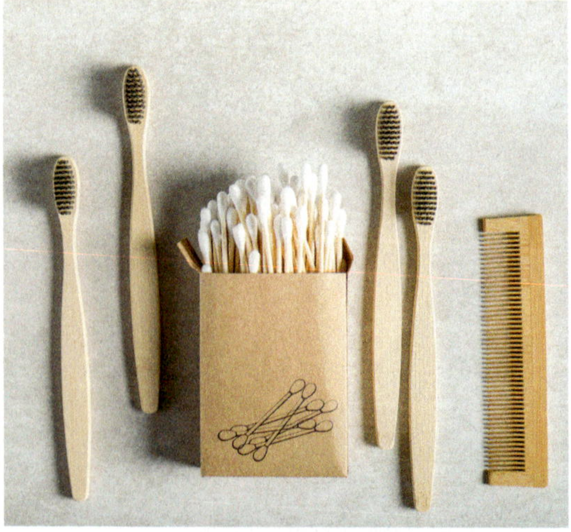

2 Unterschiedliche Körper aus demselben Stoff

Eigenschaften mit den Sinnesorganen feststellen

1.
a) Benenne die Farben der Stoffe, aus denen die Körper in Bild 3 A bestehen.
b) Benenne die Gerüche der Stoffe und Lebensmittel in Bild 3 B.
c) Benenne die Geschmacksrichtungen der Lebensmittel in Bild 3 C.

2.
a) Bringe Lebensmittel mit besonderem Geschmack in die Schule. Lasse eine Mitschülerin oder einen Mitschüler mit verbundenen Augen kosten und die Lebensmittel erraten.
b) Nenne Besonderheiten, die dir bei den unterschiedlichen Geschmacksrichtungen auffallen.

ACHTUNG
Geschmacksproben müssen in der Schulküche durchgeführt werden.

3.
Beschreibe einen Stoff dieser Seite genau. Erstelle dazu einen Steckbrief.

Zitrone

Farbe: gelb
Geschmack: sauer
Geruch: ...

1 Stoffe unterscheiden sich: **A** in ihrer Farbe, **B** in ihrem Geruch, **C** in ihrem Geschmack.

Mit den Sinnen erkennen

Um Stoffe unterscheiden zu können, musst du ihre Eigenschaften beschreiben. Dazu kannst du deine Sinnesorgane wie Augen, Nase, Zunge oder Hände einsetzen.

Sehen

Die Eigenschaft **Farbe** erkennst du mit den Augen. Eine Zitrone ist gelb, Grillkohle ist schwarz, Schnee weiß, Blut rot und Gras grün.

Riechen

Einige Stoffe kannst du auch sofort an ihrem **Geruch** erkennen. Ähnlich riechende Stoffe sind kaum voneinander zu unterscheiden. Außerdem gibt es Stoffe, an denen du nicht riechen darfst, weil sie gesundheitsschädlich oder giftig sind.

ACHTUNG
Den Geruch von Stoffen aus der Chemie darfst du nur durch vorsichtiges Zufächeln feststellen.

Schmecken

Stoffe aus der Chemie darfst du nicht mithilfe der Zunge auf ihren **Geschmack** testen. Ungefährlicher ist das bei Lebensmitteln. Dort sind Geschmacksproben sehr wichtig. Werden jedoch Lebensmittel im naturwissenschaftlichen Fachraum für einen Versuch benötigt, darfst du sie nicht mehr essen. Im Fachraum gilt ein generelles Essensverbot.

Fühlen

Manche Stoffe fühlen sich kalt an, wie zum Beispiel Metalle. Andere sind eher warm, wie zum Beispiel Holz. Fährst du mit den Fingern über einen Apfel, fühlt er sich glatt an, ein Pfirsich eher rau.

Stoffeigenschaften untersuchen

1. V
Untersuche gleich große Stücke Aluminiumblech und Zinkblech.
a) Lege für beide Stoffe Steckbriefe an.
b) Beschreibe die Eigenschaften, die du mithilfe deiner Sinnesorgane feststellen kannst.
c) Ritze jedes Blech mit dem anderen. Beschreibe deine Beobachtung.
d) Ritze das Aluminiumblech und das Zinkblech jeweils mit einem Bleistift, einem Eisennagel und einem Stahlnagel. Vergleiche die Ergebnisse.

2. V
a) Finde heraus, welche der folgenden Stoffe sich in Wasser lösen: Kochsalz, Öl, Zucker, Natron, Aluminium.
b) Erstelle eine Tabelle.

Stoff	löslich	nicht löslich

3. V
Erhitze nacheinander ein kleines Stück Aluminium und ein kleines Stück Zink auf einem Verbrennungslöffel in der blauen Brennerflamme. Beschreibe deine Beobachtungen.

4. Q
Finde mithilfe des Internets oder einem Lexikon mehr über Aluminium und Zink heraus. Ergänze die Steckbriefe aus Aufgabe 1.

5. V
Prüfe mit einem Magneten, ob Körper aus Aluminium, Zink, Eisen, Glas, Kunststoff und Kochsalz magnetisch sind.

6. V
Halte nacheinander kleine Stücke von Aluminium, Zink, Holz und Papier mithilfe einer Tiegelzange in die blaue Brennerflamme. Prüfe, ob sich die Stoffe entzünden.

7. V
Fülle eine Glaswanne mit Wasser. Überprüfe, ob ein Zinkblech, ein Glasstab, ein Holzstück, Kunststoff und Kochsalz im Wasser schwimmt oder untergeht.

8. Q
a) Finde heraus, um welchen Stoff es sich bei dem Steckbrief in Bild 1 handelt.
b) Suche Informationen aus dem Internet oder Lexikon und erweitere den Steckbrief.

Steckbrief

Farbe:	silbergrau
Geruch:	geruchlos
Härte:	härter als Zink
Löslichkeit:	nicht wasserlöslich
Wärmeleitfähigkeit:	gut
elektrische Leitfähigkeit:	ja
Magnetisierbarkeit:	ja
Schwimmfähigkeit:	nein
Stoff:	

1 Steckbrief

9. Q
a) Die Siedetemperatur von Wasser beträgt 100 °C. Recherchiere die Siedetemperatur von Wasser
- in einem Schnellkochtopf,
- auf einem hohen Berg.

b) Finde heraus, warum sich in diesen Fällen die Siedetemperatur ändert.

Sinnesorgane genügen nicht

In unserem Alltag begegnen wir immer wieder Stoffen, die sich sehr ähnlich sind. In der Küche und im Labor könnte es Probleme geben, wenn Stoffe gleich aussehen und die Aufbewahrungsgefäße vielleicht nicht mehr richtig beschriftet sind.
Es gibt verschiedene Verfahren, mit denen die Eigenschaften von Stoffen genauer untersucht werden können (Bild 3). Sie lassen sich in einem **Steckbrief** zusammenfassen (Bild 1).

Härte

Durch Ritzen ermittelst du, wie hart ein Stoff ist. Willst du die **Härte** von Stoffen miteinander vergleichen, kannst du sie wechselseitig ritzen.

Löslichkeit

Eine weitere wichtige Eigenschaft von Stoffen ist die **Löslichkeit** in Wasser.
Kochsalz, Alkohol oder Süßstoff lösen sich wie die Brausetablette in Bild 2 in Wasser. Öl, Eisen oder Schwefel lösen sich darin nicht. Neben Wasser gibt es noch andere Lösungsmittel wie Alkohol oder Benzin.

2 Brausetablette löst sich in Wasser.

Magnetische Wirkung

Mit einem Magneten kannst du überprüfen, ob ein Körper **magnetisch** ist. Körper die Eisen, Nickel oder Kobalt enthalten, zeigen diese Eigenschaften. Für alle anderen Metalle trifft dies nicht zu. Es gibt auch magnetisierbare Körper, diese bleiben an einem Magneten hängen. Sie lassen sich magnetisieren, indem du sie mit einem Magneten bestreichst. Nun sind sie selbst zu einem Magneten geworden.

Brennbarkeit

Um herauszufinden, ob ein Stoff brennbar ist, musst du ihn in eine Brennerflamme halten. Glas und Gold brennen nicht in der Brennerflamme, Holz, Benzin und Alkohol hingegen schon. Bei den meisten Metallen hängt die **Brennbarkeit** davon ab, wie fein die Stoffe verteilt sind. Eisenwolle brennt. Ein kompaktes Stück Eisen brennt nicht.

Elektrische Leitfähigkeit

Mit einem Versuchsaufbau wie in Bild 4 stellst du fest, ob ein Stoff den elektrischen Strom leitet oder nicht. Metalle leiten den Strom. Sie sind **elektrische Leiter.** Steine, Porzellan und die meisten Kunststoffe leiten den elektrischen Strom nicht. Sie sind **Nichtleiter.**

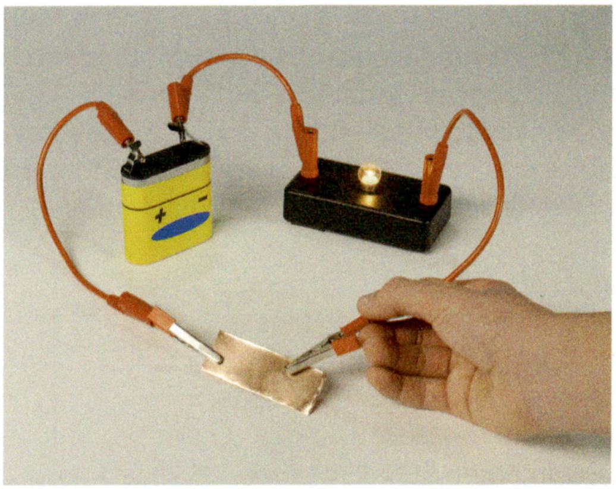

4 Elektrische Leitfähigkeit prüfen.

Dichte

Die Dichte ist ein wichtiger Parameter in der Chemie und Physik, da sie oft verwendet wird, um die Identität oder Zusammensetzung von Stoffen zu bestimmen. Um die Dichte eines Stoffes zu berechnen, muss zuerst seine **Masse** und sein **Volumen** bestimmt werden. Die Dichte wird in der Regel in Kilogramm pro Kubikmeter ($\frac{kg}{m^3}$) angegeben.

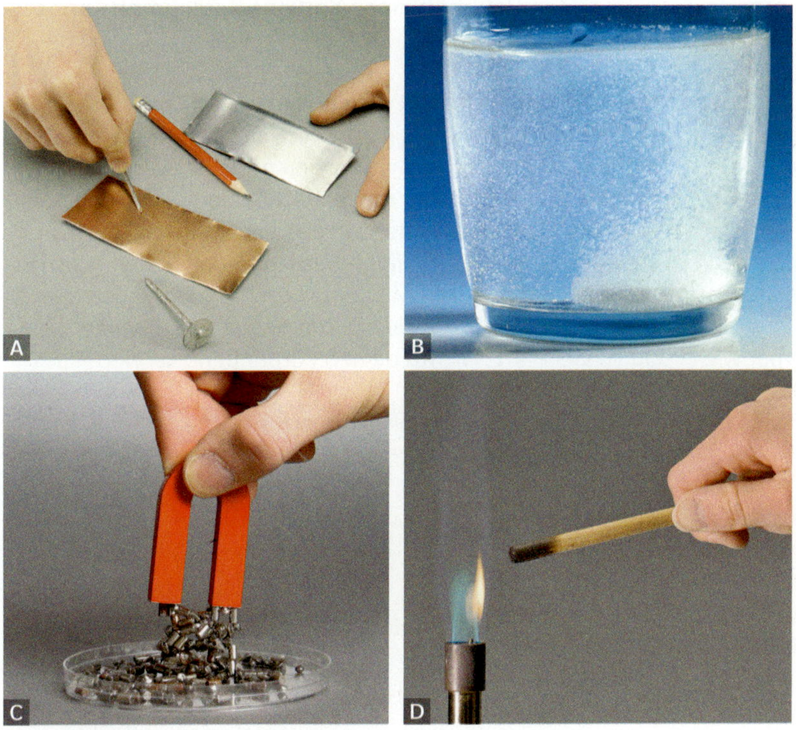

3 Stoffeigenschaften prüfen: **A** Härte, **B** Löslichkeit, **C** Magnetische Wirkung, **D** Brennbarkeit

Schmelztemperatur

Stoffe sind bei Raumtemperatur fest, flüssig oder gasförmig. Diese Zustandsformen werden als Aggregatzustand bezeichnet. Werden feste Körper erwärmt, können sie **schmelzen.** Sie werden dann flüssig. Die Temperatur, bei der ein fester Stoff flüssig wird, heißt **Schmelztemperatur**. Solche Werte kannst du Tabellen entnehmen.

Siedetemperatur

Werden flüssige Stoffe erhitzt, fangen sie an zu **sieden.** Die Temperatur, bei der sie gasförmig werden, heißt **Siedetemperatur.**

HINWEIS

Am Ende des Buches findest du eine Tabelle mit Schmelz- und Siedetemperaturen zu wichtigen Stoffen.

Jeder Körper hat ein Volumen

1. V

a) Schätze die Länge ℓ, die Breite b und die Höhe h eines Paketes. Schätze sein Volumen V.

b) Miss nun Länge, Breite und Höhe des Paketes und berechne sein Volumen. Vergleiche und beurteile die Ergebnisse mit deinen Schätzungen aus a).

2. V

Miss mit einem 10 ml-Messzylinder eine bestimmte Menge Wasser ab. Fülle es in einen 25 ml-Messzylinder und in einen 50 ml-Messzylinder. Lies jeweils das Volumen ab und vergleiche. Beurteile mit welchem Gefäß der Wert am genauesten bestimmen werden kann.

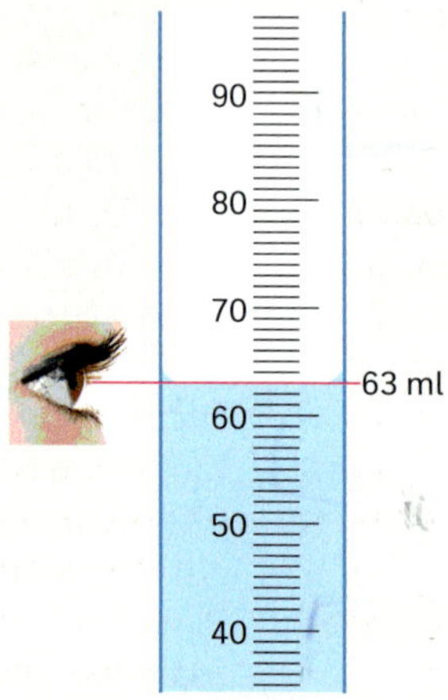

1 Richtiges Ablesen

3. V

a) Bestimme nacheinander das Volumen folgender Körper mit der Differenzmethode: Stein, Schlüssel, Anspitzer und Radiergummi.

b) Begründe den Namen Differenzmethode.

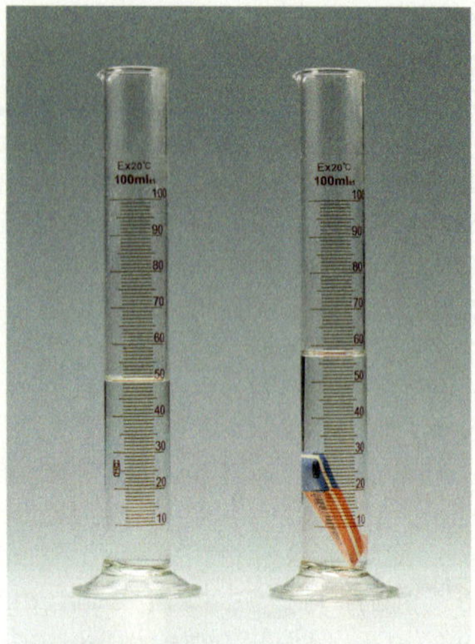

2 Differenzmethode

4. A

Begründe, warum du mit der Differenz- oder der Überlaufmethode das Volumen eines Kieselsteins bestimmen kannst.

5. V

Überlege dir einen Versuch, mit dem du das Volumen eines Korkens bestimmen kannst.

Volumen als wichtige Körpereigenschaft

Jeder Körper braucht seinen Platz. Der Raum, den er beansprucht, heißt **Volumen V.** Eine kleine Fliege hat ebenso ein Volumen wie ein großes Flugzeug, nur braucht sie weniger Platz. Die Worte klein oder groß reichen natürlich nicht aus, um das Volumen anzugeben. Du musst messen, wenn du das Volumen genau bestimmen möchtest. Feste Körper wie der Ziegelstein behalten stets ihre Form, wenn nicht eine Kraft darauf einwirkt. Daher bleibt das Volumen gleich.

Füllst du eine Flüssigkeit aus einer Flasche in ein Glas, so hat der Körper eine andere Form. Die Größe des Volumens bleibt dabei erhalten. Gase können als Körper ihre Form und gleichzeitig ihr Volumen verändern. Sie nehmen immer den gesamten Raum ein, der ihnen zur Verfügung steht. Deshalb lässt sich das Volumen nur angeben, wenn du das Gefäß ausmisst, in dem das Gas enthalten ist.

Ein Körper verdrängt den anderen

Wenn beim Handballspielen zwei Spielerinnen zusammenstoßen, merken sie leicht: Wo ein Körper ist, kann kein zweiter sein. Ein Körper müsste schon dem anderen weichen. Bei Flüssigkeiten gilt das auch: Wenn du dich in die Badewanne legst, steigt Wasser an den Seiten hoch. Es gibt so viel Raum frei, wie dein Körper braucht. Auch die Luft weicht aus, wenn du ein Zimmer betrittst. Wieder hast du so viel Platz, wie für deinen Körper benötigt wird.

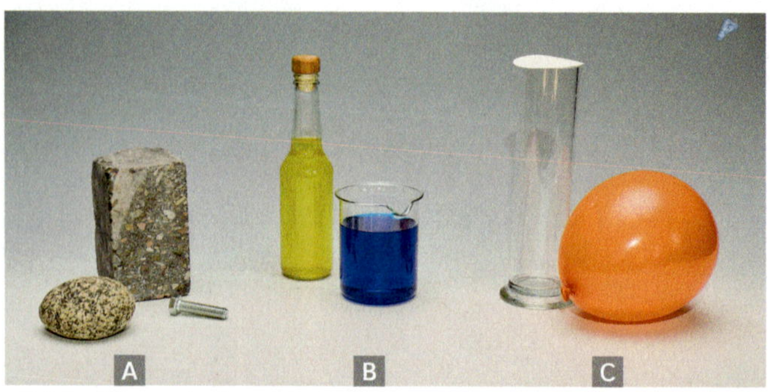

3 Alle Körper haben ein Volumen: **A** feste Körper, **B** flüssige Körper, **C** gasförmige Körper

Das Volumen wird gemessen

Das Volumen **V** eines Ziegelsteins oder eines Paketes lässt sich leicht bestimmen, weil beide Körper die Form eines Quaders haben. Das Volumen einer Flüssigkeit kannst du mit einem Messzylinder bestimmen. Dazu gießt du die Flüssigkeit hinein, stellst den Messzylinder auf eine waagerechte Fläche und liest in der Höhe des Flüssigkeitsspiegels das Volumen ab. Der Flüssigkeitsspiegel zieht sich am inneren Rand des Gefäßes nach oben. Den richtigen Wert des Volumens erhältst du, wenn du an der tiefsten Stelle des Flüssigkeitsspiegels abliest (Bild 1).

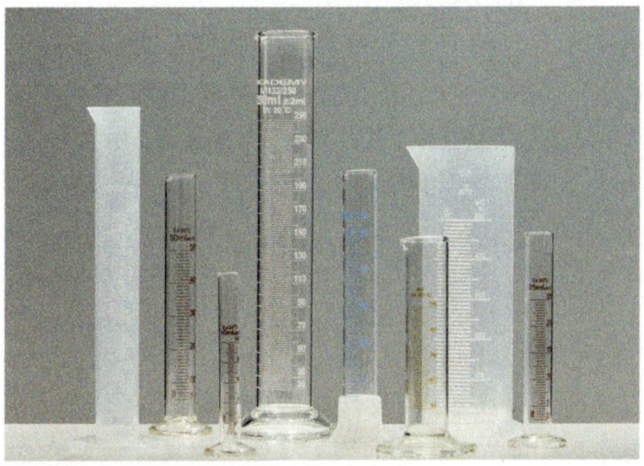

4 Messgeräte für Flüssigkeiten

Die verschiedenen Einheiten des Volumens

Allgemein wird das Volumen **V** von Körpern in Kubikmeter (m^3), Kubikdezimeter (dm^3), Kubikzentimeter (cm^3) oder Kubikmillimeter (mm^3) angegeben. Das Volumen von Flüssigkeiten oder Gasen wird in Hohlmaßen angegeben: Liter (l), Zentiliter (cl) oder Milliliter (ml).

Das Volumen unregelmäßiger fester Körper

Das Volumen eines Kieselsteins kannst du mit einem Messzylinder bestimmen. Du füllst zunächst so viel Wasser ein, dass der Stein vollständig untertauchen kann. Dann liest du das Wasservolumen ab. Danach tauchst du den Stein vorsichtig ins Wasser und liest den neuen Wasserstand ab. Du erhältst das Volumen des Steins mit der **Differenzmethode** (Bild 2A). Bilde dazu die Differenz aus den Werten der zweiten und der ersten Messung.

Du kannst das Volumen des Kieselsteins auch mit der **Überlaufmethode** messen. Dazu füllst du ein Überlaufgefäß so lange mit Wasser, bis es überläuft. Dann stellst du einen Messzylinder unter den Ablauf. Nun hängst du den Stein ganz hinein und fängst das verdrängte Wasser auf. Das Volumen des aufgefangenen Wassers ist so groß wie das Volumen des Steins (Bild 2B).

Eine Formel für das Volumen

Das Volumen eines Quaders

Ein Ziegelstein ist ein Quader. Du kannst sein Volumen bestimmen, indem du dessen Länge **ℓ,** Breite **b** und Höhe **h** misst. Dann musst du rechnen.

Das Volumen **V** ist das Produkt aus Länge mal Breite mal Höhe:

Volumen = Länge · Breite · Höhe.

Dafür kannst du kurz schreiben:

$\mathbf{V = \ell \cdot b \cdot h}$.

Volumen des Ziegelsteins:

V = 23 cm · 11 cm · 6 cm = 1518 cm^3.

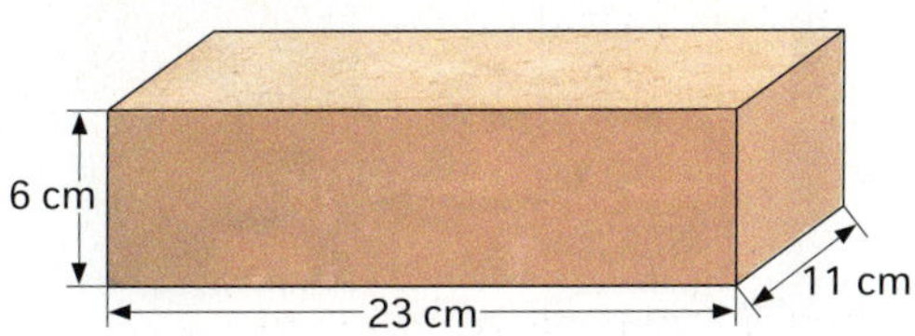

5 Die Maße eines Ziegelsteins

Größen und ihre Maßeinheit

Die Ausdrücke Volumen, Länge, Breite, Höhe heißen **Größen.** Zu einer Größe gehören der gemessene **Zahlenwert** und die **Maßeinheit,** zum Beispiel 3 cm oder 5 l oder 40 cm^3.

Bei der Berechnung des Volumens musst du alle 3 Größen in der gleichen Maßeinheit schreiben.

Volumeneinheiten

1 Kubikmillimeter	1 mm^3	
1 Kubikzentimeter	1 cm^3	= 1000 mm^3
1 Kubikdezimeter	1 dm^3	= 1000 cm^3
1 Kubikmeter	1 m^3	= 1000 dm^3
1 Milliliter	1 ml	
1 Zentiliter	1 cl	= 10 ml
1 Liter	1 l = 100 cl	= 1000 ml

HINWEIS

1 l = 1 dm^3; 1 ml = 1 cm^3

Jeder Körper hat eine Masse

1. Ⓐ
a) Schätze, wie viel Reiskörner die gleiche Masse ergeben wie
- eine Büroklammer,
- eine Tintenpatrone,
- ein Radiergummi.

b) Bestimme die Masse der Büroklammer, der Tintenpatrone, des Radiergummis und von 20 Reiskörnern und überprüfe deine Schätzung.

2. Ⓐ
Beschreibe, wie du im Supermarkt auf einer elektronischen Waage die Masse von fünf Äpfeln bestimmen kannst.

3. Ⓐ
a) Erkundige dich, welche Waagen ihr zu Hause habt.
b) Sieh nach, wie groß die Masse eines Körpers jeweils sein darf, damit du ihn noch mit der Waage bestimmen kannst.

4. Ⓐ
a) Ein Wägesatz enthält folgende Wägestücke: ein 1 g-, zwei 2 g-, ein 5 g- und ein 10 g-Stück. Notiere welche Massen du damit bestimmen kannst.
b) Welche Wägestücke müsste der Wägesatz haben, damit du einen Körper mit einer Masse von 119 g wiegen kannst.

5. Ⓐ
Beschreibe, wie du die Masse folgender Tiere bestimmen könntest:
a) Hund oder Katze;
b) Papagei oder Wellensittich.

6. Ⓐ
Du hast zwei Körper, die ungefähr die gleiche Masse haben. Du hast aber keine Waage. Im Keller findest du Bretter, Nägel, Fäden, Waschpulver und Werkzeug.
Überlege dir eine Möglichkeit, wie du genau feststellen kannst, welcher der beiden Körper die größere Masse hat.

Masse des Körpers bestimmen

Die Masse eines Körpers wird mit dem Formelzeichen ***m*** abgekürzt. Die Masse kennzeichnet den Stoffgehalt eines Körpers.

MASSEEINHEITEN

1 Milligramm	1 mg	
1 Gramm	1 g	= 1000 mg
1 Kilogramm	1 kg	= 1000 g
1 Tonne	1 t	= 1000 kg

Die Masse eines Körpers wird mit einer Waage gemessen. Du kennst sicherlich die Personenwaage oder die elektronische Waage.

1 Eine elektronische Waage

Massenvergleich

Es gibt Waagen wie die Balkenwaage (Bild 2), die keinerlei Anzeigen haben. Wenn du damit eine Masse bestimmen willst, brauchst du einen Vergleichskörper, von dem du die Masse kennst. Solche Vergleichskörper befinden sich in einem **Wägesatz.**
Um einen Körper zu wiegen, legst du ihn auf eine Waagschale der **Balkenwaage.** Auf die andere Schale legst du so viele Wägestücke, bis die Waage im Gleichgewicht ist. Dazu musst du so lange kleinere oder größere Wägestücke auflegen, bis der Zeiger der Waage in der Mitte der Skala zur Ruhe kommt.
Die Werte der einzelnen Wägestücke brauchst du nun nur noch zu addieren. Die Summe ergibt dann die Masse des Körpers. Mit einer Balkenwaage vergleichst du also die Masse des Körpers mit der Gesamtmasse aller Wägestücke auf den Waagschalen.

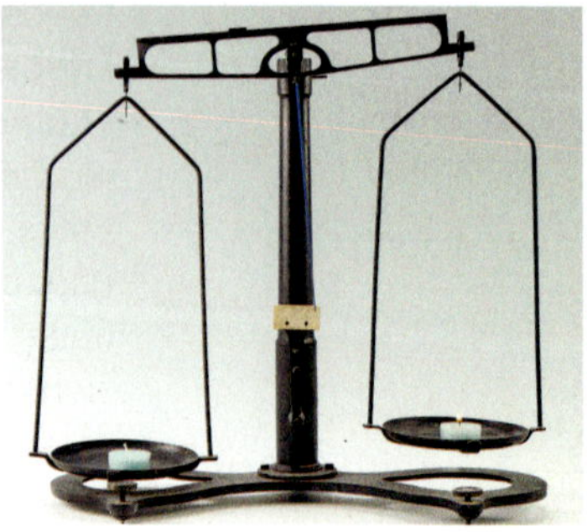

2 Balkenwaage

3 Wägesatz

Der Kraftmesser

1. Ⓐ
Beschreibe den Aufbau eines Kraftmessers.

2. Ⓥ
Stelle am Kraftmesser die Nulllage ein. Belaste ihn nun nacheinander mit gleich schweren Wägestücken. Lies die Kraft ab. Erstelle eine Tabelle.

Wägestücke	1	2	
Masse in g	100		
Kraft in N			

3. Ⓐ
Bestimme Masse und Gewicht eines Stücks Plastilin. Verforme das Stück und wiederhole die Messungen. Beschreibe deine Beobachtungen.

4. Ⓐ
a) Lies aus dem Diagramm in Bild 1 die zugehörige Masse für 7 N und 3 N ab.
b) Welche Kraft wirkt, wenn die Masse 150 g, 350 g oder 650 g am Kraftmesser hängt?

5. Ⓐ
Begründe, warum Kraftmesser nur zum Messen von Kräften innerhalb ihres Messbereiches eingesetzt werden dürfen.

6. Ⓐ
a) Berechne welcher Gewichtskraft 3,5 kg entsprechen.
b) Berechne welcher Masse 7,2 N entsprechen.

Aufbau eines Kraftmessers

In der Hülle eines Kraftmessers befindet sich eine Schraubenfeder, die von einer Skala umgeben ist. Das Ende der Feder schaut als Haken unten aus der Hülle heraus. Es gibt außerdem eine Schraube zur Nullpunkteinstellung.

Die Gewichtskraft

Hängst du einen Gegenstand an einen Kraftmesser, so kannst du beobachten, dass die Feder sich verlängert. Auf den Gegenstand wirkt eine **Gewichtskraft F_G,** die in Newton (N) gemessen wird.
Eine Gewichtskraft F_G erfahren alle Körper durch die **Erdanziehungskraft,** die in Richtung des Erdmittelpunktes wirkt.

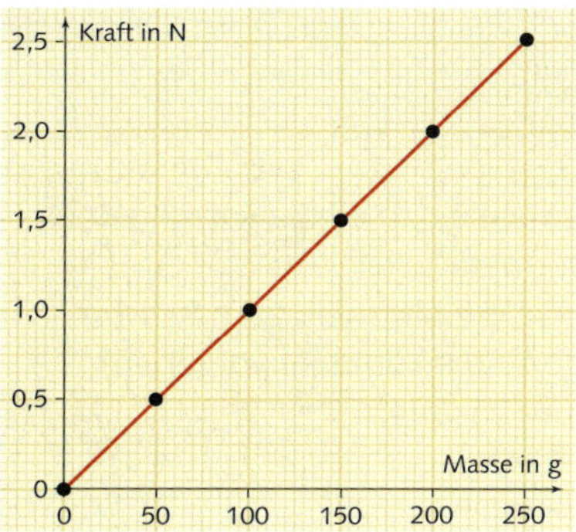

1 Masse-Kraft-Diagramm

Messen mit dem Kraftmesser

Ein angehängtes Wägestück mit einer Masse von 100 g wirkt auf einen Kraftmesser mit einer Gewichtskraft von ungefähr F_G = 1 N. Daraus folgt, dass eine Masse von 1 kg auf der Erde ungefähr einer Gewichtskraft von 10 N entspricht.
Die Masse eines Körpers ist überall gleich. Die Gewichtskraft ändert sich mit dem Ort.
So erfährt die gleiche Masse von 100 g auf dem Mond auch eine Gewichtskraft, die jedoch 6 mal kleiner ist als auf der Erde.

Der Messbereich

Der Bereich zwischen 0 N und der größten Kraft, die am Kraftmesser jeweils abgelesen werden kann, wird **Messbereich** genannt.

Wird der Kraftmesser zu stark belastet, wird er überdehnt. Er zieht sich dann nach der Belastung nicht in seine ursprüngliche Länge zurück und ist anschließend unbrauchbar.

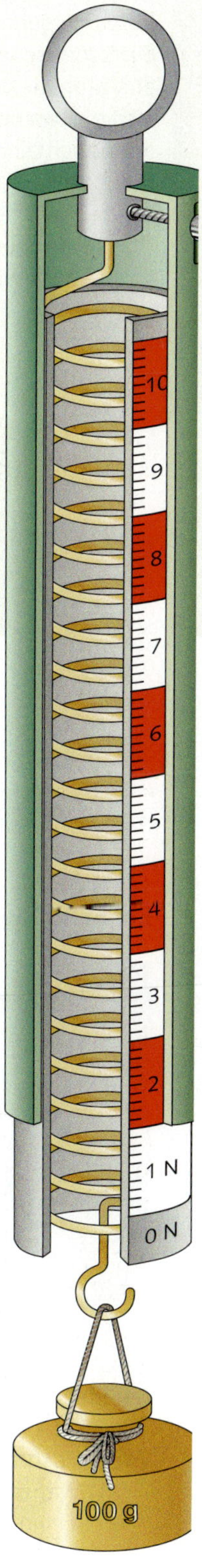

2 Kraftmesser

Schwimmen

Ein Stein geht im Wasser unter. Ein Schiff schwimmt, obwohl es aus Stahl besteht. Ein Fisch kann sich nah an der Wasseroberfläche oder auch dicht über dem Meeresboden aufhalten. Manche Tiere können sich sehr schnell im Wasser fortbewegen. Boote und Fische haben ähnliche Formen.

LERNEN IM TEAM

TEAM 1
Was schwimmt?

Betrachtet die Gegenstände und überlegt, welche schwimmen und welche nicht. Schreibt eure Vermutungen auf und führt danach den Versuch durch.
Sucht zu Hause weitere Gegenstände, bringt diese mit und findet heraus, ob sie schwimmen oder versinken.
Wählt Gegenstände aus verschiedenen Materialien und in unterschiedlichen Größen. Haltet eure Beobachtungen schriftlich fest, damit ihr später mit den anderen Teams über eure Ergebnisse reden könnt.

TEAM 2
Ein Schiff aus Metall?

Lasst eine leere Teelichthülle auf dem Wasser schwimmen. Beladet euer „Schiff" vorsichtig mit Münzen, ohne dass es umkippt.
Wie weit könnt ihr das Teelicht beladen, ohne dass es sinkt? Warum kann ein Schiff aus Metall schwimmen, obwohl eine gleich schwere Metallkugel untergeht?

TEAM 3
Schwimmen Murmeln?

Ihr habt Knetmasse und einige verschieden große Glasmurmeln.
Gelingt es euch, die Murmeln zum Schwimmen zu bringen? Wie könnt ihr vorgehen? Beschreibt eure Lösung.

TEAM 4
Ein Ei schwebt im Wasser

Ihr braucht zwei Eier, Salz, Wasser und zwei schlanke Bechergläser. Befüllt ein Becherglas halbvoll mit Wasser und legt vorsichtig ein Ei hinein. Befüllt das andere Becherglas ebenfalls mit Wasser und verrührt vier Teelöffel Salz darin. Legt das zweite Ei in das Salzwasser. Beobachtet. Wenn ihr das Ei im Salzwasser vorsichtig mit Leitungswasser begießt, könnt ihr das Ei mitten in der Flüssigkeit schweben lassen. Verändert den Versuch so, dass das Ei in verschiedenen Höhen schwebt. Findet eine Erklärung für das Schweben des Eis.

TEAM 5
Luftblase unter Druck

Ihr braucht eine große Getränkeflasche aus Kunststoff mit Schraubverschluss und ein Reagenzglas. Füllt die Flasche bis zum Rand mit Wasser. Füllt das Reagenzglas etwa zu zwei Dritteln mit Wasser und bringt es mit der Öffnung nach unten in die Wasserflasche, ohne dabei viel Wasser zu verlieren.
Das Reagenzglas soll in der Flasche schwimmen. Schraubt die Flasche nun fest zu. Drückt die Flasche seitlich zusammen und beobachtet, was passiert. Versucht das Reagenzglas in der Mitte der Flasche zum Schweben zu bringen.

LERNEN IM TEAM

TEAM 6
Boot mit Schiffschraube

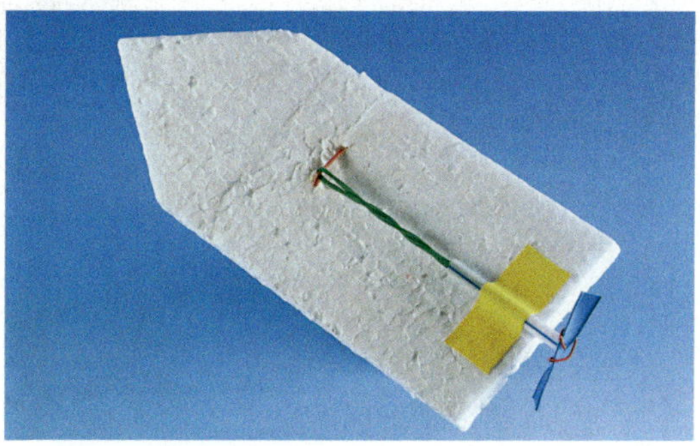

Ihr habt Schaumstoff, Haushaltsgummis, Büroklammern, Klebeband, Trinkhalme und Gefrierbeutelklammern zur Verfügung.
Baut ein Boot mit einem Gummimotor und einer Schraube. Lasst das Boot in einer größeren Wanne schwimmen. Beobachtet die Bewegung des Bootes. Erklärt, warum das Boot vorwärts fährt.

TEAM 7
Auf die Form kommt es an

Teilt Knetmasse in gleichschwere, nicht zu kleine Stücke. Verwendet zur Kontrolle eine Waage. Modelliert Formen, die in einem Eimer unterschiedlich schnell sinken. Messt mit einer Stoppuhr die Sinkzeiten.
Welche Formen sinken besonders schnell? Formt jetzt Körper, welche besonders langsam sinken.
Vergleicht eure Körper mit der Form von Fischen und Booten.

Die Dichte bestimmen

1. V

a) Suche fünf Körper aus unterschiedlichen Stoffen aus. Die Körper sollen nicht breiter als 3 cm sein.
b) Übertrage die Tabelle 3 in dein Heft und fülle die Spalten 1 und 2 für die fünf Körper aus.
c) Bestimme jeweils die Masse *m* der Körper und trage die betreffenden Werte in Spalte 3 der Tabelle ein.
d) Bestimme das Volumen *V* der Körper nach der Differenzmethode oder nach der Überlaufmethode. Gib dazu einen Tropfen Spülmittel ins Wasser. Die Körper müssen ganz im Wasser eintauchen. Trage die gemessenen Werte jeweils in Spalte 4 ein.
Hinweis: 1 ml ≙ 1 cm^3
e) Berechne die Werte für die Spalte 5.

2. V

a) Nimm zwei Körper jeweils aus dem gleichen Stoff, zum Beispiel aus Kupfer oder aus Knetmasse. Bestimme ihre Dichte. Verfahre dabei wie in den Versuchen 1 b) bis e).
b) Beschreibe, was dir bei den Werten in Spalte 5 der Tabelle auffällt.

3. V

a) Bestimme die Dichte von Wasser und die Dichte von Olivenöl.
b) Schütte anschließend beide Flüssigkeiten zusammen. Beschreibe und erkläre das Verhalten der beiden Flüssigkeiten.

4. A

a) Begründe mit der Dichte der Stoffe, welche Stoffe auf dem Wasser schwimmen und welche Stoffe untergehen.
b) Nenne die Körper aus Versuch 1, die auf Wasser schwimmen.

5. Q

In der Technik wird die Dichte auch in $\frac{kg}{dm^3}$ angegeben. Begründe, warum der Wert zahlengleich dem Wert in $\frac{g}{cm^3}$ ist.

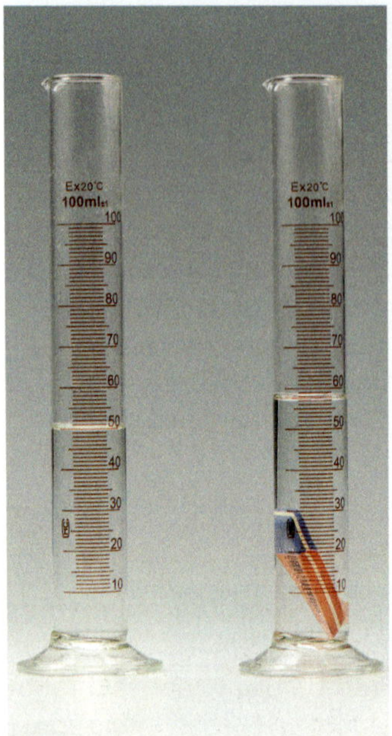

1 Differenzmethode

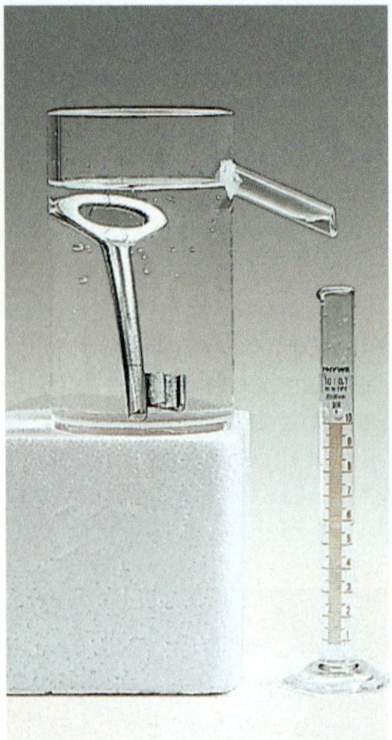

2 Überlaufmethode

Körper	Stoff	Masse *m* in g	Volumen *V* in cm^3	Dichte $\rho = \frac{m}{V}$ in $\frac{g}{cm^3}$
Ring	Silber	8,4	0,8	8,4 : 0,8 = 10,5
…	…			

3 Tabelle zur Bestimmung der Dichte einiger Stoffe

Bestimmen von Masse und Volumen eines Körpers

Jeder Körper hat eine Masse **m** und ein Volumen **V.** Diese beiden Größen kannst du mit geeigneten Verfahren bestimmen.

Bestimmen der Dichte eines Stoffes

Der Quotient aus der Masse *m* eines Körpers und seines Volumens **V** heißt **Dichte.** Sie hat die Einheit $\frac{g}{cm^3}$.

$$\rho = \frac{m}{V}$$

Die Dichte hat für jeden Stoff einen bestimmten Wert. Sie wird mit ρ (griechischer Buchstabe: rho) bezeichnet.

Stoffe mit unterschiedlichen Dichten

Ob ein fester Körper in einer Flüssigkeit schwimmt oder untergeht, hängt von der Dichte der Stoffe ab.

Schwimmen, steigen, schweben, sinken

1. A
Nenne Stoffe, die
a) auf dem Wasser schwimmen,
b) im Wasser auf den Grund sinken.

2. A
Erkläre die Begriffe Schwimmen, Steigen, Schweben, Sinken. Verwende dafür die Fachausdrücke Masse, Volumen und Dichte.

3. A
Erkläre den Zusammenhang zwischen Masse, Volumen und Dichte. Bilde Je-desto-Sätze.

4. Q
a) Erkläre warum man auf dem Toten Meer liegend die Zeitung lesen kann.
b) Nenne eine Flüssigkeit, in der eine Stahlkugel mit einer Dichte von 7,87 $\frac{g}{cm^3}$ schwimmt.

5. Q
Erkläre, wie ein Taucher mithilfe seiner Tarierweste die Zustände Schwimmen, Steigen, Schweben und Sinken erzeugen kann.

> **HINWEIS**
> Nutze die Tabelle am Ende des Buches für Aufgabe 4 b).

Masse und Dichte

Ob ein Körper auf dem Wasser schwimmt oder auf den Grund sinkt, hängt von der Dichte des Körpers ab. 10 ml Wasser haben ein Volumen von 10 cm³ und haben eine Masse von 10 g. Bei gleichem Volumen haben andere Körper eine andere Masse als Wasser (Bild 1A). Bei gleicher Masse haben die Körper ein anderes Volumen als Wasser (Bild 1B).

1 Volumen und Masse beschreiben die Dichte:
A gleiches Volumen – unterschiedliche Masse,
B gleiche Masse – unterschiedliches Volumen

Schwimmen und steigen

Hat ein Körper mit gleichem Volumen eine **kleinere** Masse als Wasser, so ist seine Dichte kleiner (z.B. Kork, Styropor, viele Arten von Kunststoff). Er **schwimmt** auf dem Wasser. Massive Körper aus Holz oder Kork schwimmen. Wird ein solcher Körper mit gleichem Volumen und kleinerer Masse unter Wasser gedrückt, **steigt** er wieder an die Oberfläche.

Sinken

Hat ein Körper mit **gleichem Volumen** eine **größere Masse** als Wasser, so ist seine Dichte größer: er sinkt im Wasser (z.B. Stein, Eisen, Kirschbaumholz).
Seine Dichte ist auch größer, wenn er die **gleiche Masse** hat: sein **Volumen** ist dann **kleiner**.

Gleiche Dichte wie Wasser

Hat eine Körper mit gleichem Volumen die **gleiche** Masse wie Wasser, hat er auch die gleiche Dichte. Ein solcher Körper **schwebt** im Wasser. Kein Stoff hat exakt die gleiche Dichte wie Wasser. Um im Wasser zu schweben, kann das Volumen eines Körpers mit einer größeren Dichte durch Luft vergrößert werden. Seine Masse bleibt annähernd dieselbe. Dann ist die Dichte des Gesamtkörpers insgesamt kleiner. Der Körper schwebt. Dieses Prinzip wenden Taucher an, die in einer bestimmten Tiefe Fische beobachten wollen. Verschiedener Fische vergrößern ihre Schwimmblase, um ihre Dichte zu verringern.

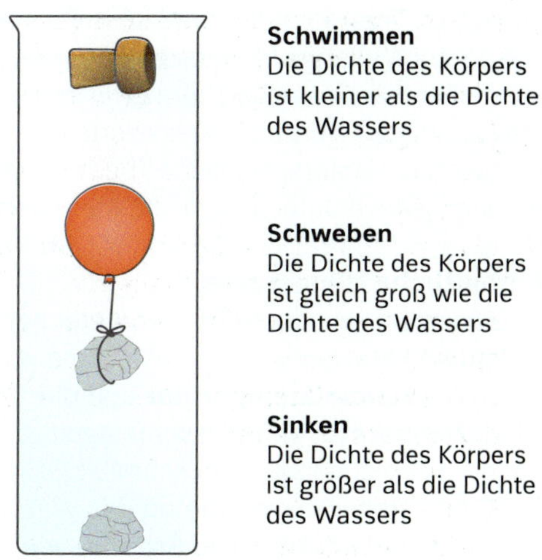

2 Der Zustand hängt von der Dichte ab.

Die Celsius-Skala

HINWEIS
Am einfachsten ist es, den Abstand zuerst in 10 gleiche Teile zu teilen und jedes dieser 10 Teile erneut in 10 Teile aufzuteilen.

1.
Überlege dir eine Möglichkeit, ein Thermometer zu bauen, das Temperaturen von 0 °C bis 100 °C anzeigt. Stelle deinen Vorschlag vor.

2.
a) Fülle ein hohes Becherglas mit 50 ml Wasser. Halte ein Thermometer ohne Skala so in das Becherglas, dass es den Boden des Becherglases nicht berührt. Erhitze das Wasser bis zum Sieden und beobachte dabei die Flüssigkeitssäule des Thermometers.
b) Markiere die höchste Stelle, bis zu der die Flüssigkeitssäule des Thermometers gestiegen ist, mit einem wasserfesten Filzstift.

3.
a) Halte das Thermometer aus Versuch 2 in das Auslaufrohr eines Trichters und fülle den Becher des Trichters mit zerstoßenem Eis. Warte, bis die Flüssigkeitssäule im Thermometer ihre Höhe nicht mehr verändert.
b) Markiere die Stelle am Thermometer, bis zu der die Flüssigkeitssäule gesunken ist, mit einem wasserfesten Filzstift.
c) Erläutere deine Beobachtung.

4.
Schreibe an die untere Markierung 0 °C und an die obere Markierung 100 °C. Teile den Abstand zwischen den beiden Markierungen in 100 gleiche Teile ein (Bild 3).

5.
Stelle mehrere Bechergläser mit Wasser unterschiedlicher Temperaturen bereit. Miss die Wassertemperatur in jedem dieser Bechergläser
a) mit dem Thermometer mit der selbst hergestellten Skala,
b) mit einem gekauften Thermometer.
c) Vergleiche die Ergebnisse der beiden Messungen miteinander. Deute mögliche Abweichungen.

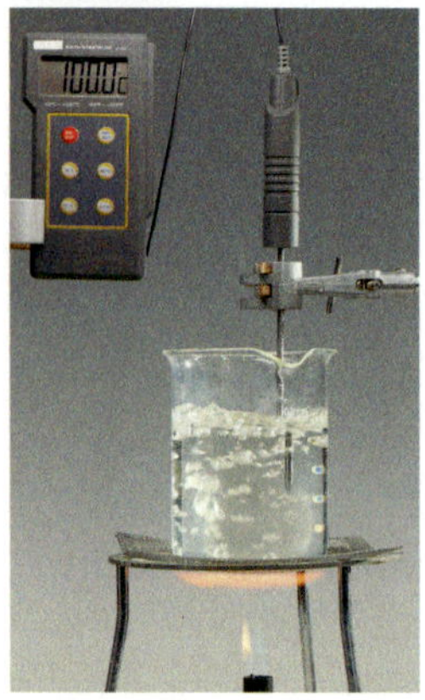
1 Die Siedetemperatur

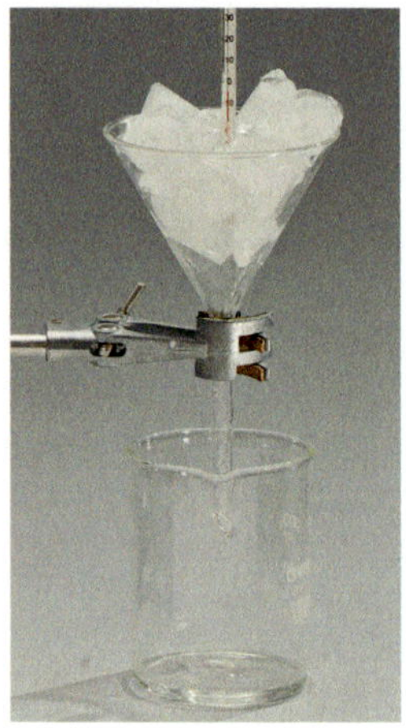
2 Die Schmelztemperatur

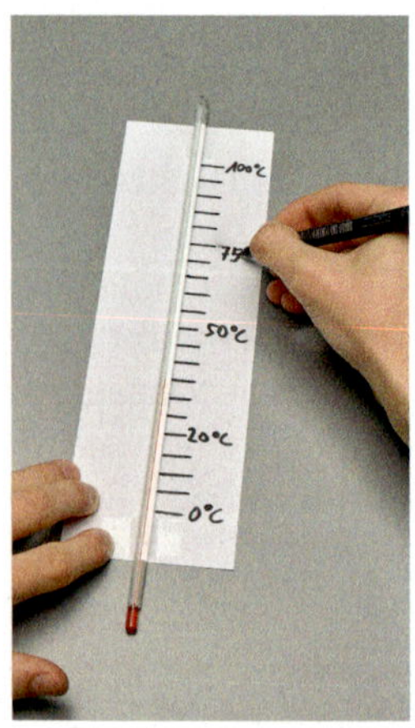

3 Dazwischen 100 Teile

Unterschiedliche Messwerte
Die ersten Thermometer hatten unterschiedliche Skalen. Solange für verschiedene Messungen immer dasselbe Thermometer verwendet wurde, waren die Messwerte vergleichbar. Unterschiedliche Thermometer ergaben jedoch unterschiedliche Messwerte.

Einheitliche Messwerte
In Europa werden heute Thermometer mit der **Celsius-Skala** verwendet. Diese Skala wird durch die **Schmelztemperatur** und die **Siedetemperatur** von Wasser festgelegt. Bei der Schmelztemperatur schmilzt Eis. Bei der Siedetemperatur verdampft das Wasser. Bei gleichem Luftdruck sind Schmelz- und Siedetemperatur von Wasser auf der ganzen Erde gleich. Sie werden daher **Fixpunkte** genannt.

Bei 0 °C und 100 °C ist lange noch nicht Schluss
Die Schmelztemperatur des Wassers wird mit 0 °C und die Siedetemperatur mit 100 °C bezeichnet. Das Zeichen °C bedeutet Grad Celsius. Der Abstand zwischen diesen Temperaturen ist auf der Celsius-Skala in 100 gleiche Teile eingeteilt.

Damit auch Temperaturen über 100 °C und unter 0 °C gemessen werden können, wird die Celsius-Skala nach oben und unten mit gleicher Einteilung fortgesetzt. Temperaturen unter 0 °C werden mit einem Minuszeichen angegeben, zum Beispiel – 5 °C.

Messen von Temperaturen

1. A
Beschreibe ein Flüssigkeitsthermometer. Nenne die Aufgaben der einzelnen Teile.

2. V
a) Suche in deiner Umgebung möglichst viele unterschiedliche Orte, an denen du die Temperatur messen kannst. Schätze zuerst die Temperatur, bevor du sie misst. Schreibe sie auf. Notiere danach auch die gemessenen Werte.
b) Vergleiche die Werte miteinander. Erkläre die Unterschiede.
c) Stelle die gemessenen Werte in einem Säulendiagramm dar. Benutze dazu die Methode „Messen und die Werte anschaulich darstellen“.

3. A
Vergleiche ein Flüssigkeitsthermometer mit einem digitalen Thermometer. Finde Vorteile und Nachteile im Aufbau und bei der Benutzung heraus.

4. A
Nenne Beispiele, bei denen es wichtig ist, eine bestimmte Temperatur genau einzuhalten.

5. Q
a) Recherchiere, mit welcher besonderen Angabe Lufttemperaturen an kalten Wintertagen gekennzeichnet werden.
b) Nenne weitere Beispiele für diese Art der Temperaturangabe.

6. A
In Wetterberichten wird oft die „gefühlte Temperatur“ genannt. Sie kann bis zu zehn Grad von den vorausgesagten Temperaturen abweichen. Erläutere den Begriff „gefühlte Temperatur“.

Thermometer

Mit deinem Temperatursinn kannst du keine genauen Temperaturen angeben. Du musst ein Messgerät einsetzen, mit dem du Temperaturen messen kannst, ein **Thermometer.**

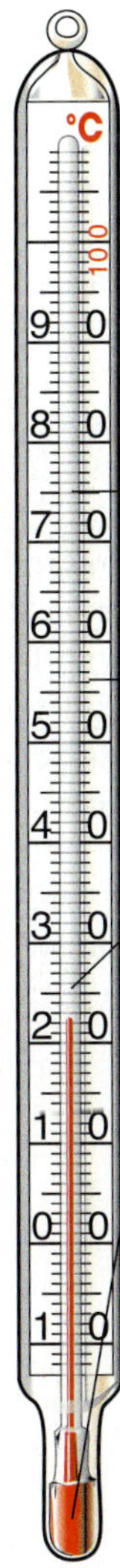

ACHTUNG
Flüssigkeitsthermometer bestehen aus Glas und sind zerbrechlich!

Flüssigkeitsthermometer

Glaskörper: Ein Glasrohr schützt die inneren Bauteile.

Steigrohr: In einem dünnen Glasrohr befindet sich farbige Flüssigkeit, die sich auf und ab bewegen kann.

Skala: Sie besteht aus vielen Strichen unterschiedlicher Länge. Neben jedem 10. Strich steht eine Zahl.

Thermometerflüssigkeit: Sie ist der Zeiger des Thermometers. An ihrem Ende wird die Temperatur abgelesen

Vorratsbehälter: Er ist mit einer farbigen Flüssigkeit gefüllt und mit dem Steigrohr verbunden. Er ist der Messfühler des Thermometers.

Digitale Thermometer

Außer analogen Thermometern wie Flüssigkeitsthermometern gibt es auch **digitale Thermometer.** Diese funktionieren mit Elektrizität und benötigen deshalb eine Batterie.

Messen und Ablesen von Temperaturen

- Tauche den Messfühler vollständig in die Flüssigkeit ein.
- Warte beim Messen, bis sich die Thermometerflüssigkeit nicht mehr bewegt.
- Schaue beim Ablesen der Temperatur senkrecht auf die Skala.
- Nimm beim Ablesen der Temperatur das Thermometer nicht aus der Flüssigkeit heraus.

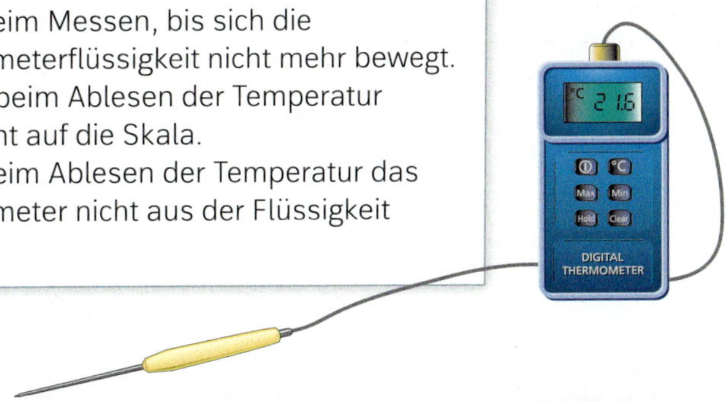

Thermometer und ihre Skalen

STREIFZUG

1 DANIEL FAHRENHEIT (1686 – 1736)

2 ANDERS CELSIUS (1701 – 1744)

3 WILLIAM THOMSON, LORD KELVIN (1824 – 1907)

Fahrenheit

DANIEL FAHRENHEIT aus Danzig lernte die ersten Thermometer in Amsterdam kennen. Er verbesserte diese, indem er Glasrohre mit einer regelmäßigen Einteilung herstellte. Als unteren Fixpunkt (0 °F) wählte er die tiefste Temperatur, die er erzeugen konnte. Die Körpertemperatur des gesunden Menschen wählte er als oberen Fixpunkt (96 °F). Die **Fahrenheit-Skala** wird heute noch in den USA verwendet. Temperaturen der Fahrenheit-Skala werden in Grad Fahrenheit angegeben: 1 °F.

Celsius

ANDERS CELSIUS aus Schweden entwickelte die Celsiusskala, die du von vielen Thermometern kennst. Als unteren Fixpunkt legte er die Schmelztemperatur, als oberen Fixpunkt die Siedetemperatur von Wasser fest. Den Abstand zwischen den beiden Fixpunkten teilte er in 100 gleich große Teile ein. Die Schmelztemperatur von Wasser beträgt 0 °C, die Siedetemperatur 100 °C.
Die Temperaturen der **Celsius-Skala** werden in Grad Celsius angegeben: 1 °C.

Kelvin

WILLIAM THOMSON aus Großbritannien fand heraus, dass die tiefstmögliche Temperatur – 273 °C beträgt. Er benutzte die Celsius-Skala und verschob deren Nullpunkt. Auf diese Weise gibt es keine negativen Werte in seiner Skala. Die von ihm eingeführte absolute Temperaturskala wurde **Kelvin-Skala** genannt. Er wurde für seine wissenschaftlichen Leistungen als LORD KELVIN in den Adelsstand erhoben. Temperaturen der Kelvin-Skala werden in Kelvin angegeben: 1 K.

Umrechnung der Skalen

- Celsius in Fahrenheit: °F = °C * 1,8 + 32
- Celsius in Kelvin: K = °C + 273 K
- Fahrenheit in Celsius: °C = (°F - 32) * 5/9
- Kelvin in Celsius: °C = K - 273 °C

1. ☰ Ⓐ
Suche die beiden Fixpunkte der Fahrenheit-Skala und lies ab, welchen Temperaturen diese auf der Celsius-Skala entsprechen.

2. ☰ Ⓐ
Lies die Temperaturwerte jeweils auf der anderen Skala ab:
a) in °F: 20 °C, 40 °C, – 10 °C
b) in °C: 50 °F, 80 °F, 120 °F
c) in K: 60 °C, 0 °C, – 20 °C
d) in °C: 280 K, 360 K, 30 K

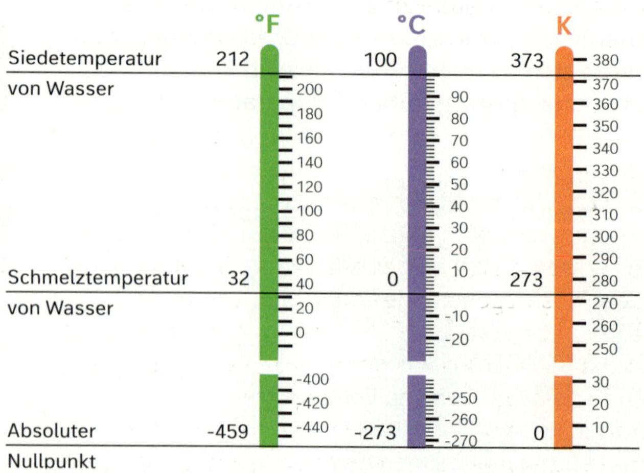

4 Thermometerskalen: Fahrenheit-Skala, Celsius-Skala, Kelvin-Skala

Infrarot zeichnet Bilder und wärmt

1 A IR-Aufnahme, **B** Farbaufnahme

Die Infrarot-Fotografie

Alle Gegenstände und Lebewesen Strahlen Energie ab. Einen Teil dieser Energiestrahlen verspüren wir als Wärme. Diese Strahlung ist für unser Auge unsichtbar. Es handelt sich um Infrarotstrahlung.
Infrarotstrahlen sind Wärmestrahlen. Sie können auf zwei Arten zum Fotografieren genutzt werden: Entweder sendet der Körper direkt Infrarotlicht in die Kamera oder das Infrarotlicht wird von einer Lampe ausgesendet und vom Körper reflektiert.
Als Wärmestrahlung tritt Infrarotlicht immer auf. Dieses IR-Licht muss nahe am Rot des Spektrums liegen.
Zum Fotografieren der Wärmestrahlung wird ein Infrarot-Filter benutzt, der nur IR-Strahlung durchlässt. Infrarotkameras sind mit einem Sensor ausgestattet, der sichtbares und infrarotes Licht aufzeichnen kann. Somit kann man die Bilder eines Gegenstandes oder einer Person im sichtbaren und im IR-Licht miteinander vergleichen (siehe Bild 1 A und B). Das Objektiv der Kamera kann dasselbe sein wie zum herkömmlichen Fotografieren.
Mit Infrarotaufnahmen lassen sich Wärmeverluste an Häusern sichtbar machen. Die unterschiedlichen Temperaturen werden durch unterschiedliche Farben erkennbar. So werden Energielecks sichtbar.

Infrarot-Aufnahmen in der Nacht

Mithilfe der Infrarotstrahlung können auch Bewegungen von Menschen und Tieren im Dunkeln wahrgenommen werden (Bild 2). Dabei werden die von den Lebewesen ausgesandten IR-Strahlen von speziellen Digitalkameras aufgenommen und als Bilder auf einem Leuchtschirm dargestellt.
Pflanzen strahlen ebenfalls Infrarotstrahlung ab. Dadurch lassen sich beispielsweise Anbauflächen oder Waldschäden überwachen.

2 Nächtliche Wanderer

Infrarot als Wärme

In der Medizin wird Infrarot-Strahlung zur Behandlung eingesetzt. Sie dringt tief in das Gewebe ein, hemmt Entzündungen und fördert die Durchblutung der Haut. So wird sie bei der Behandlung von Nasennebenhöhlenentzündungen, bei Muskelverspannungen, rheumatischen Erkrankungen und Mittelohrentzündungen genutzt.
IR-Strahlung wird auch in der Tierhaltung verwendet. Die Infrarotlampe wärmt in Aufzuchtställen Küken und Ferkel (Bild 3).

3 Ferkel unter Rotlicht

1. A
Nenne Beispiele, wo Infrarot-Lampen zum Wärmen eingesetzt werden.

2. Q
Informiere dich, wo Wärmebildkameras eingesetzt werden.

Wasser – fest, flüssig, gasförmig

1. V
a) Gib einen Eiswürfel in ein 100 ml-Becherglas. Stelle das Becherglas auf eine Ceranplatte oder auf ein Keramik-Drahtnetz mit einem Gasbrenner darunter. Erhitze mit kleiner blauer Flamme, bis das Becherglas leer ist.
b) Beobachte alle Vorgänge und notiere sie.

2. A
Erkläre, woraus du schließt, dass bei Versuch 1 Wasserdampf entstanden ist. Bedenke, Wasserdampf ist unsichtbar.

3. A
Zähle Nahrungsmittel auf, die mit siedendem Wasser zubereitet werden.

4. A
a) Flüssiges Wasser hat andere Eigenschaften als festes Wasser. Nenne die Unterschiede.
b) Gasförmiges Wasser hat andere Eigenschaften als flüssiges Wasser. Nenne auch hier die Unterschiede.

5. A
Nenne Beispiele aus dem Alltag, wo Wasser in seinen verschiedenen Aggregatzuständen genutzt wird.

6. A
Gib die Alltagsnamen für festes und gasförmiges Wasser an.

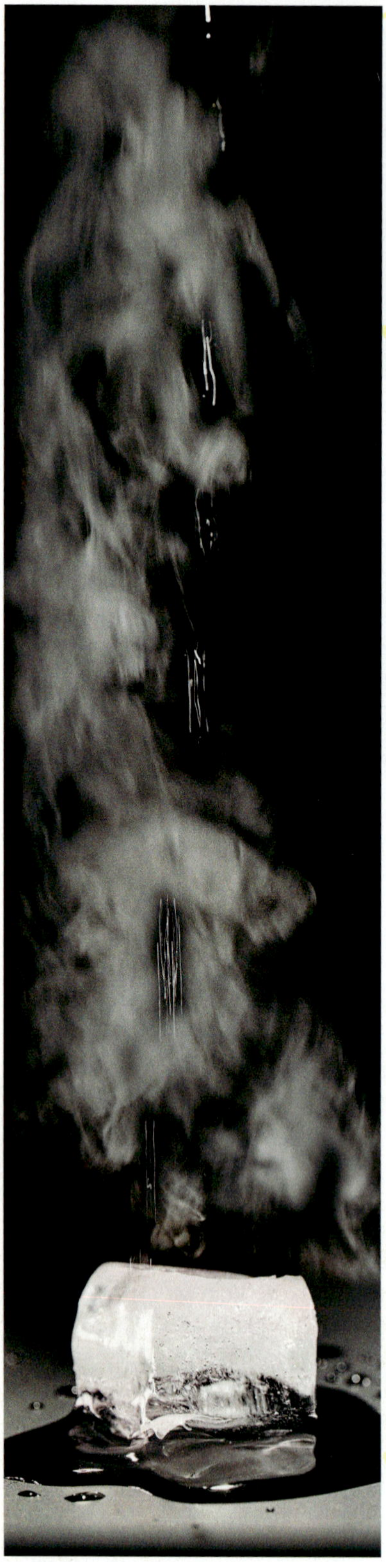

1 Heißes Wasser tropft auf Eis.

Aggregatzustände

Heißes Wasser tropft auf einen Eisblock und höhlt ihn aus. Wasser fließt heraus, Wasserdampf steigt auf. Den kannst du nicht sehen, denn Wasserdampf ist unsichtbar. Du siehst nur den feinen Nebel, der daraus entsteht.

Hier zeigt sich das Wasser in seinen drei verschiedenen Zustandsformen:
- **fest**
- **flüssig**
- **gasförmig**

Diese drei Zustandsformen sind die **Aggregatzustände** des Wassers.

Schmelztemperatur

Ob ein Stoff fest, flüssig oder gasförmig ist, hängt von seiner Temperatur ab.

Du weißt, dass Wasser unter 0 °C Eis bildet. Beim Erwärmen des Eises schmilzt es bei 0 °C. Es wird flüssig.
0 °C ist die **Schmelztemperatur** des Wassers. Bei dieser Temperatur geht Wasser vom festen in den flüssigen Zustand über.

Siedetemperatur

Beim weiteren Erwärmen siedet das Wasser bei 100 °C und wird zu Wasserdampf.

100 °C ist die **Siedetemperatur** des Wassers. Bei dieser Temperatur geht das Wasser vom flüssigen in den gasförmigen Aggregatzustand über.

Schmelzen und Erstarren

1. V
Fülle ein Reagenzglas zur Hälfte mit klein geschnittenem Kerzenwachs. Stelle das Reagenzglas in ein Becherglas mit etwa 60 °C warmem Wasser. Miss die Temperatur des Wachses im Abstand von 20 s, bis es vollständig geschmolzen ist (Bild 2A). Notiere die Messwerte in einer Wertetabelle.

2. V
Nimm das Reagenzglas mit dem geschmolzenen Wachs aus dem Wasserbad. Lass es an der Luft abkühlen. Miss die Temperatur des Kerzenwachses im Abstand von 20 s. Notiere die Messwerte. Bewege das Thermometer vorsichtig, damit es nicht im Wachs festklebt (Bild 2B).

3. A
Zeichne mit den Messwerten aus den Versuchen 1 und 2 ein Zeit-Temperatur-Diagramm. Vergleiche die Versuchsergebnisse.

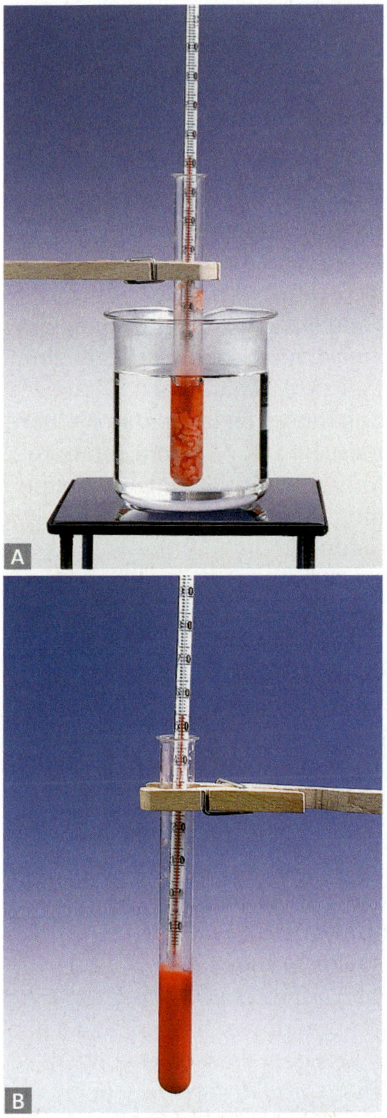

2 Kerzenwachs: **A** Schmelztemperatur, **B** Erstarrungstemperatur

Die Erstarrungstemperatur

„Temperatur um 0 °C – Glatteisgefahr." Bei dieser Meldung im Verkehrsfunk weiß jeder Verkehrsteilnehmer, was ihn auf der Straße erwartet.

Du weißt, dass Wasser bei 0 °C zu Eis erstarrt. 0 °C ist die **Erstarrungstemperatur** von Wasser. Sie ist gleich der Schmelztemperatur. Beim Wasser wird meistens vom Gefrieren statt vom Erstarren gesprochen. Deshalb wird die Temperatur 0 °C auch **Gefrierpunkt** des Wassers genannt.

Stoffeigenschaft

Schmelz- und Erstarrungsvorgänge kannst du nicht nur beim Wasser beobachten. In der Küche wird Fett in der Fritteuse geschmolzen. Es erstarrt wieder beim Abkühlen.
Aus geschmolzener Schokolade kannst du eine Tortenglasur oder mit kleinen Förmchen sogar Pralinen gießen.

Schmelz- und Erstarrungstemperaturen lassen sich für viele Stoffe sehr genau messen. Sie sind eine wichtige messbare **Stoffeigenschaft.** Dadurch können die Stoffe voneinander unterschieden werden.

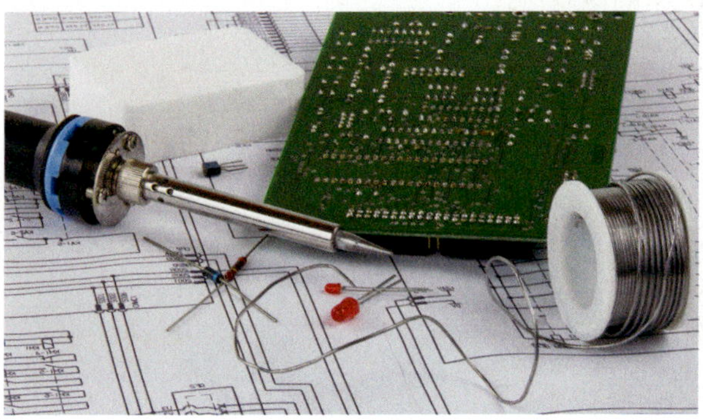
1 Geschmolzenes Lötzinn erstarrt.

3 Aus flüssiger Schokolade werden Pralinen.

Verdampfen und Kondensieren

1. V
Gib Wasser und ein Siedesteinchen in ein Becherglas. Erhitze bis zum Sieden. Beobachte alle Veränderungen im Wasser. Miss die Temperatur des Wassers während des Siedens. Beschreibe deine Beobachtungen.

2. V
Gib 100 ml Wasser und ein Siedesteinchen in einen Erlenmeyerkolben. Verschließe den Erlenmeyerkolben mit einem durchbohrten Stopfen, in dem ein etwa 40 cm langes Glasrohr steckt (Bild 1). Bringe das Wasser zum Sieden und beobachte die Vorgänge im Glasrohr.

3. V
Halte einen kalten Gegenstand in Wasserdampf. Beschreibe, was du beobachtest. Vorsicht! Der Gegenstand wird sehr heiß.

4. V
Erhitze Wasser in einem Becherglas auf etwa 85 °C. Lösche die Brennerflamme.
Fülle ein Reagenzglas zu einem Viertel mit Spiritus und gib ein Siedesteinchen hinzu. Stelle das Reagenzglas in das Becherglas (Bild 3). Miss die Temperatur vom Spiritus einige Minuten lang. Beschreibe deine Beobachtung.

5. A
In der Tabelle 2 sind die Schmelz- und Siedetemperaturen einiger Stoffe zusammengestellt. Nenne jeweils die Aggregatzustände der Stoffe bei Raumtemperatur (20 °C).

6. A
Gib für jeden Stoff aus der Tabelle 2 an, zwischen welchen Temperaturen er den flüssigen Aggregatzustand hat.

7. Q
Erkläre, warum die Glühfäden in Glühlampen aus dem Metall Wolfram hergestellt werden.

ACHTUNG
Siedesteinchen verhindern, dass das siedende Wasser aus dem Gefäß herausspritzt!

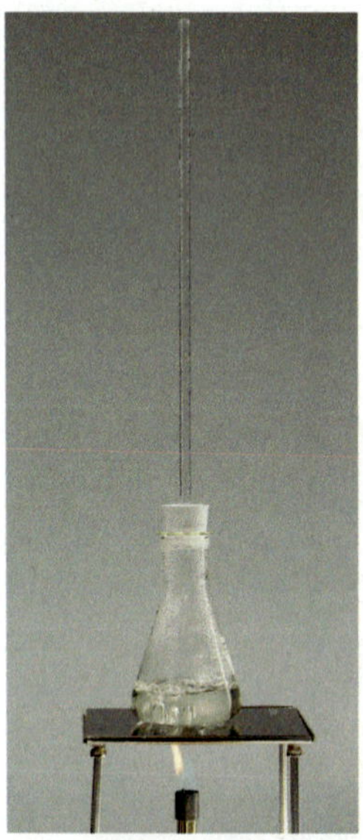
1 Verdampfen und Kondensieren von Wasser

Wasser verdampft
Wenn du auf dem Küchenherd Wasser erhitzt, kannst du leicht feststellen, ob es siedet. Das Wasser bewegt sich dann heftig und verdampft. Der Wasserdampf bildet am Boden des Topfes große Blasen. Diese steigen an die Oberfläche.

Wasserdampf kondensiert
Hältst du ein kaltes Becherglas in Wasserdampf, so bilden sich schnell Wassertropfen. Der Wasserdampf wird am Glas abgekühlt und wird dabei zu flüssigem Wasser, er kondensiert. Das Becherglas wird sehr heiß, denn Wasser kondensiert bei 100 °C. Die **Kondensationstemperatur** des Wassers ist gleich der Siedetemperatur.

Stoff	Schmelztemperatur	Siedetemperatur
Sauerstoff	−218 °C	−183 °C
Methan (Erdgas)	−182 °C	−161 °C
Alkohol (Spiritus)	−114 °C	78 °C
Wasser	0 °C	100 °C
Schwefel	119 °C	444 °C
Kochsalz	801 °C	1440 °C
Quecksilber	−39 °C	357 °C
Zinn	232 °C	2270 °C
Gold	1064 °C	3080 °C
Eisen	1537 °C	2730 °C
Wolfram	3400 °C	5900 °C

2 Schmelz- und Siedetemperaturen einiger Stoffe

Stoffeigenschaft
Bei jedem Stoff stimmen Siedetemperatur und Kondensationstemperatur überein. Jedoch haben unterschiedliche Stoffe auch unterschiedliche Kondensations- und Siedetemperaturen. Spiritus hat eine tiefere Siedetemperatur als Wasser, die von Eisen liegt bedeutend höher. Jeder Stoff hat seine eigene Siedetemperatur. Sie ist eine wichtige Stoffeigenschaft.

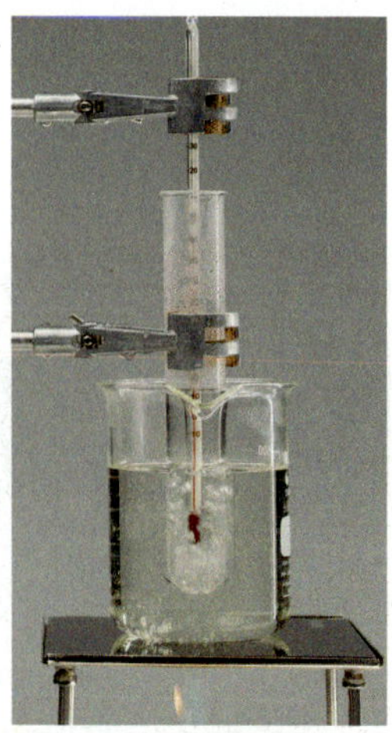
3 Bestimmung der Siedetemperatur von Spiritus

Aggregatzustände im Teilchenmodell

1. Ⓐ
Erkläre die Aggregatzustände und ihre Übergänge am Beispiel der brennenden Kerze.

2. Ⓐ
Nenne den Aggregatzustand des Waches im weißen Rauch der ausgeblasenen Kerze. Beachte, dass Wachsdampf unsichtbar ist.

3. Ⓐ
Erkläre mit dem Teilchenmodell, warum Flüssigkeiten keine feste Form haben, sondern sich jedem beliebigen Gefäß anpassen.

4. Ⓐ
Lässt du eine Parfümflasche offen stehen, so breitet sich der Duft des Parfüms im ganzen Raum aus. Erkläre diesen Vorgang mithilfe des Teilchenmodells.

Aggregatzustände lassen sich mit dem Teilchenmodell erklären

Stoffe bestehen aus kleinen unsichtbaren Teilchen. Mithilfe dieser Modellvorstellung lässt sich das Verhalten eines Stoffes im festen, flüssigen und gasförmigen Zustand erklären.

Am Beispiel einer Wachskerze soll dies erklärt werden. Die Kerze hat längere Zeit gebrannt und wurde gerade ausgeblasen.

Teilchen im festen Wachs

Im **festen** Wachs der Kerze sind die Teilchen regelmäßig angeordnet. Sie liegen so dicht nebeneinander, dass sie sich nicht frei bewegen können. Sie können aber an ihren Plätzen ein wenig hin und her schwingen.

Teilchen im flüssigen Wachs

Im **flüssigen** Kerzenwachs werden die Wachsteilchen nicht mehr so fest zusammengehalten. Sie sind nicht mehr regelmäßig angeordnet. Im flüssigen Kerzenwachs sind die Teilchen in ständiger Bewegung. Sie können jetzt jeden beliebigen Platz in der Flüssigkeit einnehmen. Je heißer das Kerzenwachs ist, umso heftiger bewegen sich die Teilchen.

Teilchen im gasförmigen Wachs

Wird das Wachs noch heißer, verdampft es, das Wachs wird **gasförmig.** Durch die Wärmezufuhr hat die Bewegung der Wachsteilchen stark zugenommen. Durch diese schnelle Bewegung entfernen sie sich weit voneinander. Jeder Zusammenhalt zwischen den Wachsteilchen ist verlorengegangen. Sie verteilen sich in der Luft.

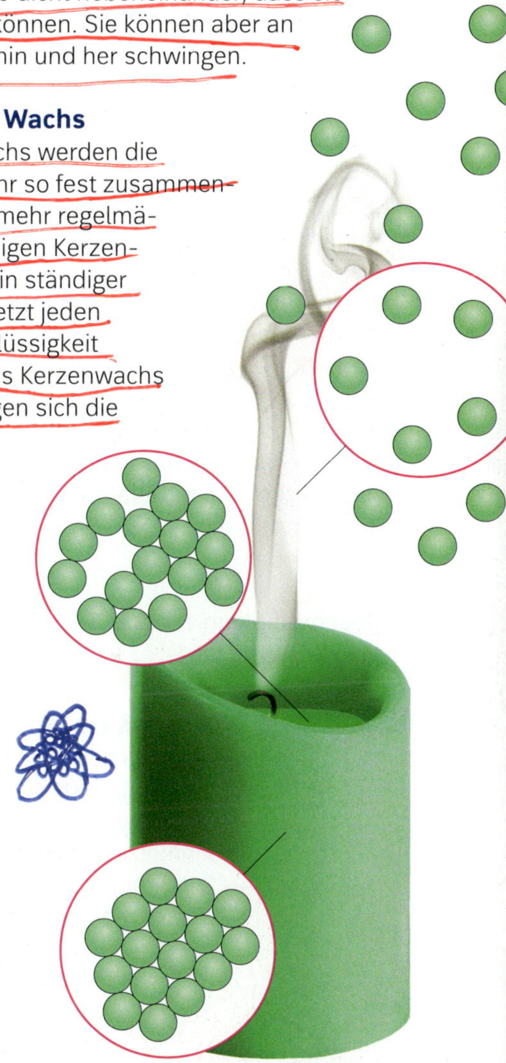

2 Die drei Zustandsformen von Kerzenwachs im Teilchenmodell

1 Die Aggregatzustände und die Zustandsänderungen bei Kerzenwachs

Auf direktem Wege von fest zu gasförmig

1. V
Unter dem Abzug: Gib in ein großes Reagenzglas etwas Indigo. Spanne das Reagenzglas am Stativ ein. Erhitze den Boden mit der Brennerflamme. Protokolliere deine Beobachtungen.

2. A
Erkläre, warum du den Geruch eines Duftspenders wahrnehmen kannst, obwohl es sich um einen Feststoff handelt.

3. A
Beschreibe die Sublimation von Trockeneis mithilfe des Teilchenmodells.

4. A
Beschreibe und erkläre die Vorgänge in Bild 1.

1 Iod sublimiert und resublimiert.

Wo ist das Eis geblieben?
Vielleicht hast du es schon einmal beobachtet: Eine kleine Wasserpfütze ist über Nacht zu Eis gefroren. Doch nach einigen Tagen ist das Eis verschwunden. Es kann nicht geschmolzen sein, denn die Temperatur lag immer unter 0 °C. Nach und nach ist das Eis an der Oberfläche zu Wasserdampf geworden.

Von fest zu gasförmig
An der Eisoberfläche haben sich die fest miteinander verbundenen Wasserteilchen im Eis von den anderen Wasserteilchen getrennt. Sie sind als Wasserdampf in die Luft entwichen. In der Luft haben sie sich dann verteilt. Das gefrorene Wasser hat den Aggregatzustand flüssig übersprungen.

Dieser direkte Übergang vom festen in den gasförmigen Zustand heißt **Sublimation.** Eis sublimiert zu Wasserdampf.

Auch Iod sublimiert. Wird festes Iod erhitzt, entsteht unmittelbar violetter Ioddampf (Bild 1).

Es geht auch umgekehrt
Bei Frost bildet sich oft Reif. Oberflächen überziehen sich mit einer Schicht aus glitzernden Eiskristallen. Diese Eiskristalle sind direkt aus dem Wasserdampf in der Luft entstanden.

Der Übergang von gasförmig zu fest heißt **Resublimation.** Auch Ioddampf resublimiert an einer gekühlten Oberfläche (Bild 1).

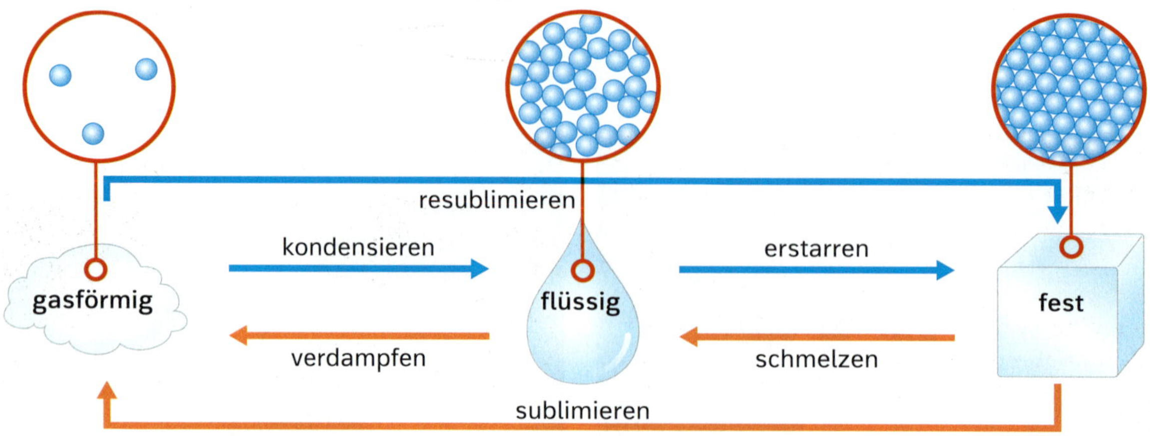

2 Die Aggregatzustände und ihre Übergänge

Von fest zu gasförmig und zurück

Kometenschweif

In der Kälte des Weltraums hat der **Komet** keinen Schweif. Es gibt nur einen festen Kern aus Staub, Eis und anderen Stoffen. Nähert sich der Komet der Sonne, erwärmt er sich. Es bildet sich Wasserdampf durch die Sublimation von Eis, dabei werden auch große Mengen Staub frei. Das ist dann der Staubschweif des Kometen.

Gefriertrocknung

Durch **Gefriertrocknung** lassen sich viele Stoffe wie Lebensmittel, Kaffee und auch Blutplasma schonend haltbar machen. Für löslichen Kaffee wird trinkfertiger Kaffee tiefgefroren. Der gefrorene Kaffee kommt in eine Apparatur, die luftleer gepumpt wird. Der Druck sinkt, wodurch das gefrorene Wasser sublimiert.

Raureif

Wird feuchte Luft durch einen Kälteeinbruch stark abgekühlt, bilden sich Eiskristalle auf Ästen, Grashalmen, Hochspannungsleitungen und vielen anderen Gegenständen. Es entsteht **Raureif.**

Trockeneis

Wird das gasförmige **Kohlenstoffdioxid** auf etwa −80 °C abgekühlt und der Druck verringert, geht es in den festen Aggregatzustand über, es resublimiert. Festes Kohlenstoffdioxid wird **Trockeneis** genannt. Es wird zum Kühlen, aber auch in Nebelmaschinen eingesetzt. Zusammen mit Wasser lässt sich ein Nebel erzeugen, der besonders fein und dicht ist. Er ist schwerer als Luft und breitet sich deshalb dicht über dem Boden aus.

1. ≡ Ⓐ
Beschreibe, wie der lange Staubschweif eines Kometen zustande kommt.

2. ≡ Ⓐ
Beschreibe, auf welche Weise du Früchtemüsli herstellen würdest.

3. ≡ Ⓠ
Erläutere, weshalb festes Kohlenstoffdioxid auch als Trockeneis bezeichnet wird.

4. ≡ Ⓐ
Erkläre, warum ein Kühlschrank vereist.

Stoffgemische und Reinstoffe im Haushalt

1. V

a) Schütte etwas Kräutersalz auf einen Bogen Papier, streiche es glatt und betrachte es mit einer Lupe. Notiere, wie viele unterschiedliche Bestandteile du erkennen kannst.

b) Sortiere mit einem Spatel oder einer Pinzette die Einzelteile zu kleinen Haufen. Benenne, woraus die einzelnen Haufen bestehen.

2. Q

a) Lies die Inhaltsangaben auf den Verpackungen von Kakaogetränkepulver, Jodsalz, Backmischungen, Fertigsuppen und Reinigungsmitteln. Notiere aus wie vielen Bestandteilen diese Mischungen jeweils bestehen.

b) Lies die Inhaltsangaben von Getränken wie Mineralwasser, Cola und Fitnessgetränken. Gib jeweils an, ob es sich um Stoffgemische oder um einen einzelnen Stoff handelt.

3. V

a) Schütte auf ein Blatt Papier Häufchen mit Salz, Zucker, Vollkornmehl, Weizenmehl, Backpulver, Weinstein, Citronensäure und Waschpulver. Beschreibe das Aussehen dieser Stoffe.

b) Betrachte die Stoffe mit einer Lupe und nenne die sichtbaren Unterschiede. Nenne, ob es sich um ein Stoffgemisch oder um einen einzelnen Stoff handelt.

c) Fasse die Ergebnisse in einer Tabelle zusammen.

Stoff	Einzelstoff oder Stoffgemisch?
Salz	…
…	

1 Stoffgemische: **A–B** Mineralwasser, **C–D** Kräutersalz, **E–F** Geschirrspül-Pulver

Stoffgemische

In der Küche findest du viele Stoffgemische. Die Backmischung für den Nusskuchen beispielsweise besteht aus verschiedenen festen Bestandteilen. Einige davon, wie die Nüsse, kannst du leicht erkennen.

Reinigungsmittel wie das Pulver für die Geschirrspülmaschine sind ebenfalls aus mehreren festen Stoffen zusammengesetzt.

Im Orangensaft sind feste und flüssige Bestandteile gemischt. Im Fensterreiniger bilden Alkohol und Wasser mit weiteren Stoffen ein flüssiges Stoffgemisch. Mineralwasser ist ein Stoffgemisch aus der Flüssigkeit Wasser und dem Gas Kohlenstoffdioxid.

2 Zucker ist ein Reinstoff.

Reinstoffe

Sind Stoffe einheitlich aufgebaut, werden sie als Reinstoffe bezeichnet. Sie haben überall die gleichen Eigenschaften.

In der Natur enthalten Reinstoffe immer Verunreinigungen, die je nach Verwendung entfernt werden müssen.

Zucker ist ein typischer Reinstoff. Seine einzelnen Kristalle haben die gleiche Farbe und Härte. Sie unterscheiden sich nur geringfügig in ihrer Form und Größe.

Reiner Alkohol und destilliertes Wasser sind flüssige Reinstoffe. Gasförmige Reinstoffe wie Sauerstoff oder Kohlenstoffdioxid sind oft in Stahlflaschen abgefüllt.

Die Jagd nach dem reinen Stoff

STREIFZUG

So rein wie möglich

Einen vollkommen reinen Stoff herzustellen ist fast unmöglich. Doch bestimmte Stoffe, die in der Industrie verwendet werden, dürfen nur sehr gering verunreinigt sein.
Besonders viel Aufwand wird zur Gewinnung von reinstem **Silicium** betrieben. Dieser Stoff spielt bei der Herstellung von Solarzellen und von Computer-Chips die entscheidende Rolle.

Reines Silicium

Das Silicium wird aus Quarzsand gewonnen. Danach muss es noch aufwändig gereinigt werden. Es wird geschmolzen und kristallisiert zu einem großen, zylinderförmigen Kristall. Er wird zur Weiterverarbeitung in hauchdünne Scheiben geschnitten. Dieses reine Silicium enthält nur noch geringe Verunreinigungen – etwa so viel, als wäre auf einem Fußballfeld, das mit weißen Reiskörnern bedeckt ist, nur noch ein einziges schwarzes Korn zu finden.

3 Quarzsand als Rohstoff

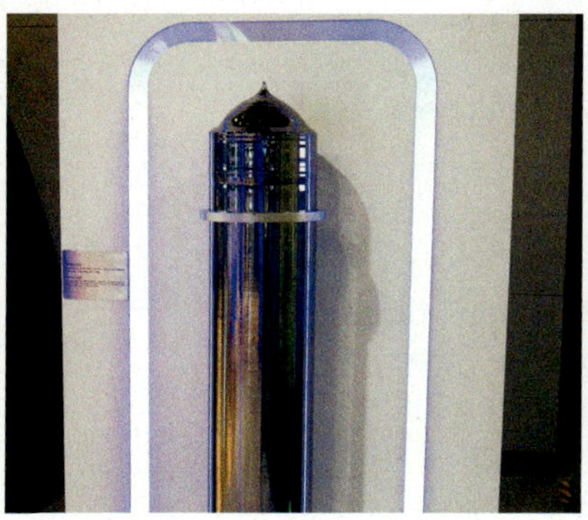

4 Silicium-Kristall

5 Endprodukt Computer-Chip

Stoffgemische

Milch – kein Reinstoff

Milch sieht aus wie ein Reinstoff. Tatsächlich ist die Milch von Natur aus ein Gemisch aus Wasser, Fett, Milchzucker, Eiweiß und Mineralstoffen wie Calcium. Die Bestandteile bilden eine Emulsion. Die Milchsorten unterscheiden sich vor allem in ihrem Fettgehalt.

Staubige Luft

Beim Hervorholen alter Bücher oder Ausschütteln von Decken, die lange gelegen haben, staubt es sehr. Der Staub besteht vor allem aus Hautschuppen und Blütenstaub. Er mischt sich mit der Luft. Besonders gut ist der Staub im Sonnenlicht zu sehen. In der Technik spielt der Schutz vor Stäuben eine große Rolle. Sie können gesundheitsgefährdend sein.

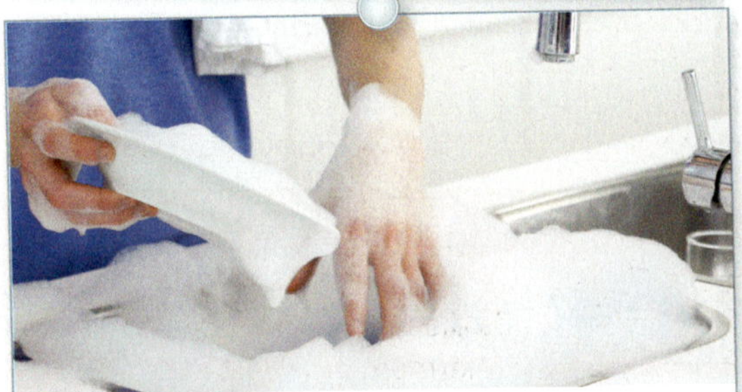

Schaum

Mit Seife und Wasser kannst du Schaum herstellen. In dieser Mischung schließt die Flüssigkeit Luftblasen ein.

Rezept für haltbare Seifenblasen:
Verrühre 1 g Tapetenkleister in 40 ml warmem Wasser, bis du keine Klümpchen mehr siehst. Löse 40 g Neutralseife und 20 g Zucker in 360 ml Wasser auf. Gib die beiden Lösungen zusammen und verrühre sie gut. Lass das Gemisch anschließend einen Tag ruhen. Mit einem kleinen Drahtring kannst du Seifenblasen machen.

Homogene Gemische

Sind in einem Gemisch die einzelnen Stoffe auch mit stärkster Vergrößerung nicht zu erkennen, handelt es sich um homogenes Gemisch.
Ein Beispiel ist in Wasser gelöstes Kochsalz.
Der Begriff *homogen* stammt aus dem Griechischen und bedeutet "gleichartig".

Heterogene Gemische

Enthält ein Gemisch Stoffe, die mit dem bloßen Auge erkennbar sind, wie zum Beispiel mit Sand aufgewühltes Meerwasser, handelt es sich um ein heterogenes Gemisch.
Das Wort *heterogen* stammt aus dem Griechischen und bedeutet "verschiedenartig".

1. ≡ A
Überlege bei jedem der drei Beispiele, ob es sich um Gemische aus Feststoffen, Gasen oder Flüssigkeiten handelt. Übertrage nebenstehende Tabelle in dein Heft und ergänze sie mit der Spalte "homogen/heterogen".

Gemisch	Aggregatzustand der Bestandteile	Beispiel
Gemenge	...	Erde
Lösung	fest in flüssig	Zuckerwasser
Lösung	flüssig in flüssig	Weinbrand
Lösung	gasförmig in flüssig	Mineralwasser
Suspension	fest in flüssig	Wasserfarbe
Rauch	...	staubige Luft
Emulsion	...	Milch
Nebel	flüssig in gasförmig	Nebel
Gasgemisch	gasförmig in gasförmig	Luft
Schaum	...	Badeschaum

Siedetemperaturen von Reinstoffen und Gemischen

Brennspiritus und Wasser sehen gleich aus. Beide Flüssigkeiten sind farblos. Nur durch Betrachten kannst du den Stoff nicht bestimmen. Dein Auge kann dir also nicht helfen. Stellst du weitere Eigenschaften im Steckbrief zusammen, wirst du feststellen, dass der Geruch auf unterschiedliche Flüssigkeiten hinweist.
Um Wasser und Brennspiritus eindeutig unterscheiden zu können, kannst du die Siedetemperatur bestimmen. Die Siedetemperatur ist eine messbare Eigenschaft von Stoffen.

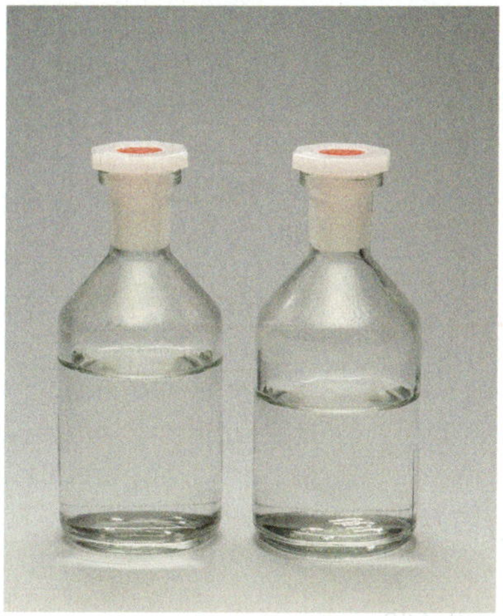

1 Brennspiritus oder Wasser?

Material

- Schutzbrille, feuerfeste Unterlage, Gasbrenner
- Bechergläser (150 ml, 400 ml), Reagenzglas
- Siedesteinchen, Thermometer, Rührstab
- Wasser, Brennspiritus

Bestimmung der Siedetemperatur von Wasser

Gib 100 ml Wasser und zwei Siedesteinchen in ein 150 ml-Becherglas. Halte in die Mitte des Becherglases ein Thermometer und lies die Ausgangstemperatur ab. Erhitze das Wasser bis zum Sieden. Miss dabei ständig die Temperatur und trage die Werte in einem Abstand von 30 s in eine Tabelle ein. Beende den Versuch, wenn sich keine Veränderung mehr zeigt. Übertrage die Werte aus der Tabelle in ein Zeit-Temperatur-Diagramm.

Bestimmung der Siedetemperatur von Brennspiritus

Fülle ein 400 ml-Becherglas zur Hälfte mit Wasser und erhitze es auf 90 °C. Stelle die Brennerflamme ab. Gib in ein Reagenzglas 10 ml Brennspiritus und ein Siedesteinchen. Halte es in das heiße Wasser. Miss die Temperatur im Abstand von 30 s, bis der Brennspiritus siedet. Beobachte die Temperatur noch weitere 2 min. Trage die Werte in eine Tabelle ein. Übertrage die Werte anschließend in das Zeit-Temperatur-Diagramm von Versuch 1.

Bestimmung der Siedetemperatur eines Gemisches

Gib 20 ml Brennspiritus und zwei Siedesteinchen in ein 150 ml-Becherglas. Fülle 80 ml Wasser hinzu und mische beide Flüssigkeiten mit einem Rührstab. Halte in die Mitte des Becherglases ein Thermometer und lies die Ausgangstemperatur ab.
Erhitze das Gemisch und miss dabei im Abstand von 30 s die Temperatur. Setze den Versuch noch weitere 3 min fort, auch nachdem das Gemisch zu sieden begonnen hat. Trage die gemessenen Werte in eine Tabelle ein. Übertrage die Werte aus der Tabelle in das Zeit-Temperatur-Diagramm von Versuch 1 und Versuch 2.

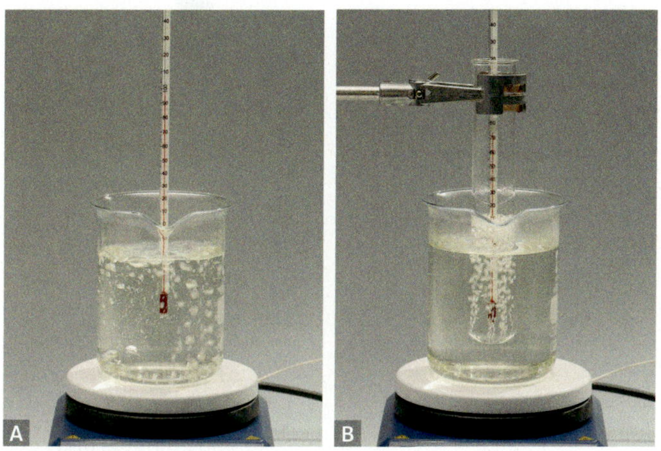

2 Bestimmung der Siedetemperatur: **A** von Wasser, **B** von Brennspiritus

1. (A)

a) Vergleiche die Temperaturkurven aus den Versuchen 1 bis 3 und stelle Unterschiede fest.

b) Erläutere, woran du erkennst, dass es sich bei einem untersuchten Stoff um einen Reinstoff handelt.

Herstellen von Stoffgemischen

1.

a) Probiere in der Schulküche kleine Mengen Zucker, Citronensäure, Natron und Vanillinzucker. Beschreibe, wie diese Stoffe schmecken.
b) Stelle daraus ein schmackhaftes Brausepulver her. Gib zwei Teelöffel Zucker in eine Schüssel. Mische die anderen Bestandteile in kleinen Mengen hinzu. Notiere die zugegebenen Mengen. Rühre gut um. Probiere zwischendurch die Mischung.
c) Vergleiche deine Mischung mit fertigem Brausepulver. Fehlt noch etwas?
d) Fasse dein Ergebnis zusammen. Schreibe dein Rezept für Brausepulver auf.
e) Vergleiche dein Rezept mit denen deiner Mitschülerinnen und Mitschüler.

2.

a) Stelle Orangensaft selbst her. Presse dazu zwei bis drei Orangen aus. Achte darauf, dass du auch Fruchtfleisch erhältst.
b) Beschreibe deine Beobachtung, wenn du den Orangensaft eine Weile stehen lässt.
c) Verdünne den Saft mit Wasser und wiederhole Versuch b). Vergleiche die Beobachtungen.

3.

a) Gib etwas Speiseöl in ein Reagenzglas und füge Zitronensaft hinzu. Beschreibe das Aussehen des Gemisches. Verschließe die Öffnung mit dem Daumen, schüttle kräftig und beschreibe nun das Gemisch. Lass es einige Mi nuten stehen und vergleiche.
b) Wiederhole Versuch a) und gib Eigelb dazu. Schüttle kräftig. Beschreibe das Gemisch. Lass es einige Minuten stehen.
c) Wiederhole Versuch b), füge aber Spülmittel statt Eigelb hinzu.
d) Fasse deine Ergebnisse zusammen.

Verrühren und Mischen

Speisen erhalten fast immer erst ihren typischen Geschmack, wenn mehrere Stoffe miteinander vermischt und verarbeitet werden.

1 Ein Milchshake ist ein Gemisch.

Milchshake als Gemisch

Aus Obst, Zucker und Milch lässt sich ein leckerer Milchshake herstellen. Die einzelnen Bestandteile müssen erst zerkleinert und dann gut verrührt werden. Für die Zubereitung ist ein Mixer hilfreich.

Suspension

Bevor du dir Orangensaft in dein Glas schüttest, solltest du die Flasche gut schütteln. Das Fruchtfleisch hat sich nämlich nach längerem Stehen auf dem Boden abgesetzt. Saft und Fruchtfleisch zusammen ergeben eine **Suspension.**

Emulsion

Es gibt Flüssigkeiten, die sich nicht mischen lassen. Die Fettaugen auf der Hühnerbrühe verschwinden nur kurzzeitig, wenn du die Brühe umrührst. Nach einer Weile schwimmt das Fett wieder oben. Wenn du Geschirr nur mit Wasser spülst, löst sich das Fett nicht richtig.

Ein Emulgator hilft

Hier hilft das Spülmittel. Es ist ein Stoff, mit dem sich Fett mit Wasser dauerhaft mischen lassen. Er sorgt für die feine Verteilung der sonst nicht mischbaren Flüssigkeiten. Es entsteht eine **Emulsion.** Das Spülmittel ist der **Emulgator.**

2 In der Salatsoße sind Öl und Essig klar getrennt.

Emulsionen selbst gemacht: Mayonnaise und Handcreme

Mayonnaise

Nicht nur auf Pommes frites schmeckt die Mayonnaise gut, sondern auch mit frischen Salaten und in Kartoffel- und Nudelsalat.

Zutaten

- 1 frisches Ei
- 1 Esslöffel Zitronensaft
- 1 Teelöffel Senf
- ¼ Teelöffel Salz
- ¼ l Pflanzenöl
- 1 Prise Pfeffer
- 1 Prise Zucker

Verrühre alle Zutaten bis auf das Öl mit einem Schneebesen zu einer glatten Masse. Gib das Öl unter ständigem und gleichmäßigem Rühren erst tropfenweise, dann esslöffelweise hinzu.

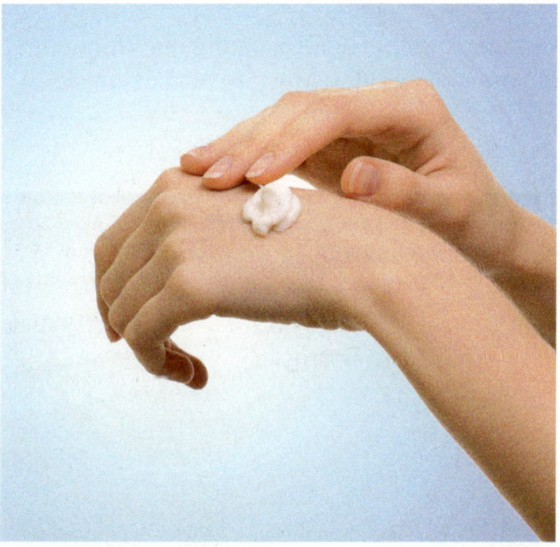

Handcreme

In der Kosmetik spielen Emulsionen eine große Rolle. Cremes sind meist Gemische aus Wasser und Öl, denn die Haut benötigt beides. So lassen sich auch pflegende Stoffe auf die Haut und in die Haut übertragen.

Zutaten

- 6 g Sesam- oder Sojaöl
- 1,5 g Bienenwachs
- 30 ml destilliertes Wasser
- 2,5 g Tegomuls 90S (Emulgator)
- 1 g Cetylalkohol

mögliche Zusätze

- 2 Tropfen Parfümöl
- 20 Tropfen Euxyl

Die Zutaten erhältst du in Apotheken. Gib Öl und Wachs zusammen mit dem Emulgator Tegomuls und dem Cetylalkohol in ein Becherglas. Erwärme es auf etwa 70 °C. Erhitze in einem zweiten Becherglas das destillierte Wasser auf die gleiche Temperatur. Gib nun unter ständigem Rühren in kleinen Portionen das Wasser in das Öl-Wachs-Gemisch.

Um den Alkohol hineinzurühren, muss die gut verrührte Emulsion auf 30 °C abgekühlt sein, sonst verfliegen die Stoffe zu schnell. Dies gilt auch für Parfümöl, falls dies gewünscht ist.

Ohne Konservierungsstoffe ist die Creme höchstens drei Monate haltbar. Deshalb solltest du unbedingt das Herstellungsdatum auf die Dose schreiben.
Du kannst auch 20 Tropfen Euxyl als Konservierungsstoff hinzufügen, um die Haltbarkeit zu verlängern.

Wasser als Lösungsmittel

1. V
a) Gib einige Kristalle Kaliumpermanganat in einen Standzylinder, der mit Wasser gefüllt ist.
b) Beschreibe, was im Zylinder geschieht.

2. A
Erkläre, warum sich Lösevorgänge bei Salz und Zucker nicht so gut beobachten lassen wie beim Kaliumpermanganat.

3. A
Beschreibe, wie du beweisen kannst, dass Salz oder Zucker nicht verschwunden sind, nachdem sie sich in Wasser aufgelöst haben.

4. Q
Finde möglichst viele Stoffe oder Stoffgemische, die sich in Wasser lösen. Stelle sie in einer Übersicht zusammen.

5. A
Erkläre, warum alle Lebewesen Wasser aufnehmen müssen.

6. Q
a) Recherchiere, wie Pflanzen Mineralsalze aus dem Boden aufnehmen.
b) Beschreibe die Rolle, die das Wasser dabei spielt.

7. Q
Informiere dich über den Wasserbedarf eines großen Getränkeherstellers.

8. A
Erläutere die Rolle, die das Wasser bei der Körperpflege spielt, zum Beispiel beim Händewaschen.

9. A
Beschreibe, wozu das Wasser bei der Reinigung unserer Wohnungen genutzt wird.

Lösungen

Wasser löst Salz und Zucker und viele andere Stoffe. Es ist das wichtigste **Lösemittel** in der Natur, also für Menschen, Tiere und Pflanzen, und ebenso in der Technik.

Salz als **gelöster Stoff** und Wasser als Lösemittel bilden zusammen eine **Lösung.** Eine Lösung ist klar und durchsichtig.

Wasser in Industrie und Haushalt

In der Industrie werden bei der Herstellung von Getränken große Mengen Wasser gebraucht. Auch die Reinigung von Mehrwegflaschen erfordert viel Wasser. Es löst die Verschmutzungen und transportiert sie ab.

Auch in der chemischen Industrie, zum Beispiel bei der Herstellung von Wasch- und Spülmitteln, dient Wasser als Lösemittel. In der Kosmetikindustrie und bei der Herstellung von Arzneimitteln wird ebenfalls Wasser eingesetzt.

Beim Geschirrspülen und bei der Reinigung der Wohnung wird ebenfalls Wasser in großen Mengen als Lösemittel benötigt.

1 Reinigung von Mehrwegflaschen

2 Kaliumpermanganat löst sich in Wasser

3 Reinigungsmittel im Haushalt

Gesättigte Lösungen

1. V
Finde heraus, wie viel Kupfersulfat sich in 50 ml Wasser löst. Gib dazu das Wasser in ein Becherglas und wiege das Becherglas mit dem Wasser. Füge dann unter ständigem Rühren so lange portionsweise kleine Mengen Kupfersulfat hinzu, bis sich nichts mehr auflöst. Wenn die ersten Kristalle am Boden liegen bleiben, bestimme erneut die Masse des Becherglases mit der Lösung. Berechne, wie viel Gramm Kupfersulfat sich gelöst haben.

2. A
Berechne aus Versuch 1, wie viel Gramm Kupfersulfat sich in 100 ml Wasser lösen.

3. V
Wiederhole den Versuch 1 mit Kochsalz und berechne die Menge, die sich in 100 ml Wasser löst.

4. V
Gib zu einer Salzlösung mit Bodensatz erneut etwas Wasser und rühre um. Beschreibe deine Beobachtung.

5. A
Stelle eine Vermutung auf, wie du aus einer Lösung mit Bodensatz wieder eine Lösung ohne Bodensatz machen kannst.

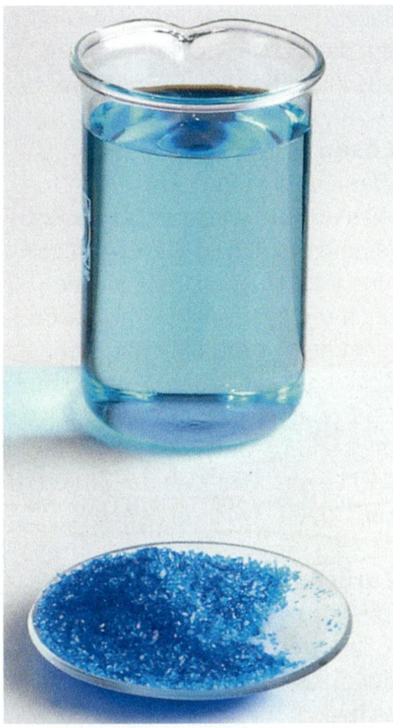

1 Ungesättigte Lösung

Gesättigt und ungesättigt

Kupfersulfat ist ein Salz. Es besteht aus blauen Kristallen. Wird etwas davon in Wasser gegeben, löst es sich. Es entsteht eine blasse, hellblaue Lösung. Sie ist klar und durchsichtig.
Auch bei weiterer Zugabe löst sich das Kupfersulfat im Wasser auf. Dabei wird die blaue Farbe der Lösung kräftiger. Solange die Lösung noch weiteres Salz aufnimmt, wird sie als **ungesättigte Lösung** bezeichnet.

Wenn sich kein Kupfersulfat mehr lösen kann, bleiben die Kristalle auf dem Boden des Gefäßes liegen. Es bildet sich ein **Bodensatz.** Jetzt ist die Lösung satt. Sie wird **gesättigte Lösung** genannt.

Von unterschiedlichen Stoffen brauchst du unterschiedliche Mengen, um jeweils eine gesättigte Lösung herzustellen.

2 Gesättigte Lösung

Stoffe bestehen aus Stoffteilchen

1. V
Nimm ein Stück grobes Steinsalz und betrachte es durch die Lupe. Zerkleinere das Salz schrittweise im Mörser in immer kleinere Stücke. Betrachte das Salz nach jeder Zerkleinerung durch eine Lupe oder durch ein Mikroskop. Beschreibe deine Beobachtungen.

2. V
a) Fülle ein 100 ml-Becherglas etwa zur Hälfte mit Wasser. Gib einen Spatel Kochsalz in das Wasser. Beschreibe deine Beobachtungen.
b) Gib die Lösung aus a) in eine Petrischale. Stelle sie für einige Zeit an einen ruhigen und warmen Platz. Protokolliere deine Beobachtungen.

3. V
Wiederhole Versuch 2 erst mit Würfelzucker und danach mit Kandiszucker. Vergleiche deine Beobachtungen mit denen aus Versuch 2.

4. A
Erkläre, warum sich Salz aus einer Salzlösung wiedergewinnen lässt.

5. A
Beschreibe, wie du feststellen kannst, dass in Salzwasser unsichtbare Salzteilchen vorhanden sind.

1 Zucker in verschiedenen Formen: **A** Grober Kandiszucker, **B** feiner Kandiszucker, **C** Haushaltszucker, **D** Puderzucker

Zucker in der Küche
Neben Kandiszucker für den Tee benutzt du im Haushalt noch anderen Arten und Formen von Zucker. Es gibt Kandiszucker, Haushaltszucker sowie ganz feinen Puderzucker (Bild 1).

Zerkleinern
Betrachtest du zerkleinerte Kandiszuckerstücke mit der Lupe, so kannst du erkennen, dass sie aus ähnlich aussehenden Kristallen aufgebaut sind. Dies ist auch bei den anderen Zuckersorten der Fall. Unter dem Mikroskop erkennst du, dass sogar der Puderzucker aus kleinen Kristallen besteht.

Lösen
Wenn du den Puderzucker in Wasser löst, wird der Zucker noch feiner verteilt. Die Zuckerteilchen sind jetzt so klein, dass du sie auch mit dem besten Mikroskop nicht mehr sehen kannst. Der Zucker ist aber noch vorhanden. Das zeigt der süße Geschmack der Lösung. Durch Zerkleinern und Lösen lässt sich der Zucker in sehr kleine Teilchen zerteilen.

Zurückgewinnen
Lässt du das Wasser der Zuckerlösung verdunsten, kristallisiert der Zucker wieder aus. Es bildet sich ein Bodensatz aus Zucker. Der Zucker war also nicht verschwunden, sondern hat sich in winzige, nicht mehr sichtbare Teilchen im Wasser gelöst.

Was du beim Zucker feststellen kannst, gilt auch für alle anderen Stoffe: Sie bestehen aus sehr kleinen Teilchen, die als **Stoffteilchen** bezeichnet werden.

Lösungsvorgänge im Stoffteilchenmodell

1. Ⓐ
Übertrage die Zeichnungen in dein Heft und ergänze auch zu Bild 3 die Anordnung der Stoffteilchen.

2. Ⓐ
Erkläre den Lösevorgang von Kochsalz mithilfe des Stoffteilchenmodells.

3. Ⓐ
Beschreibe das Mischen von zwei Flüssigkeiten mit dem Stoffteilchenmodell. Fertige dazu eine Zeichnung an.

4. Ⓐ
Beschreibe die Rückgewinnung von Kochsalz mithilfe des Stoffteilchenmodells.

Stoffteilchenmodell

Kandiszucker wird in Tee gegeben. Nach und nach löst sich der Kandis im Tee. Es bilden sich Schlieren. Mit der Zeit wird das Zuckerstück immer kleiner.

Das Lösen des Kandis kann noch beschleunigt werden, indem der Tee umgerührt wird.

Sobald das Teewasser den Kandiszucker vollständig gelöst hat, ist vom Kandis nichts mehr zu sehen. Eine süß schmeckende Zuckerlösung ist entstanden.

Die Vorgänge beim Lösen von Zucker in Wasser lassen sich mit dem **Stoffteilchenmodell** erklären.

Nach dieser Modellvorstellung bestehen alle Stoffe, also auch der Zucker, aus kleinsten Teilchen, den **Stoffteilchen.**

Die Stoffteilchen werden vereinfacht als kleine Kugeln dargestellt. Sie sind so klein, dass du sie auch mit dem Mikroskop nicht mehr sehen kannst.

Vor dem Lösen

Im festen Zuckerkristall liegen die Zuckerteilchen dicht nebeneinander und sind fest an ihre Plätze gebunden (Bild 1). Die Wasserteilchen sind nicht an feste Plätze gebunden. Sie können sich frei bewegen.

Lösen

Die Wasserteilchen drängen sich nach und nach zwischen die Zuckerteilchen im Kristall (Bild 2). So werden die Zuckerteilchen aus dem Kristall herausgelöst und können sich zwischen den Wasserteilchen frei bewegen. Immer weiter dringen die Wasserteilchen in den Zuckerkristall hinein und lösen die Zuckerteilchen heraus, bis alle gelöst sind.

Alles ist gelöst

Sobald die Wasserteilchen alle Zuckerteilchen aus dem Kristall herausgelöst haben, ist vom Zucker nichts mehr zu sehen (Bild 3). Weil sich die Wasserteilchen ständig bewegen, verteilen sich die Zuckerteilchen im Laufe der Zeit gleichmäßig in der Lösung.

1 Fester Zuckerkristall vor dem Lösen

2 Der Zuckerkristall löst sich.

3 Der Zucker hat sich vollständig gelöst.

Trennen von Stoffgemischen

1. V
Stelle in einem Becherglas ein Gemisch aus 100 ml Wasser, Sand und Gartenerde her.
a) Nenne die Art des Gemisches.
b) Trenne das Gemisch. Verwende dazu einen Trichter, einen Filter und einen 250 ml-Erlenmeyerkolben. Bereite den Filter wie in Bild 1 vor.
c) Stelle eine Vermutung auf, weshalb die Flüssigkeit erst schnell und dann immer langsamer durch den Filter läuft.

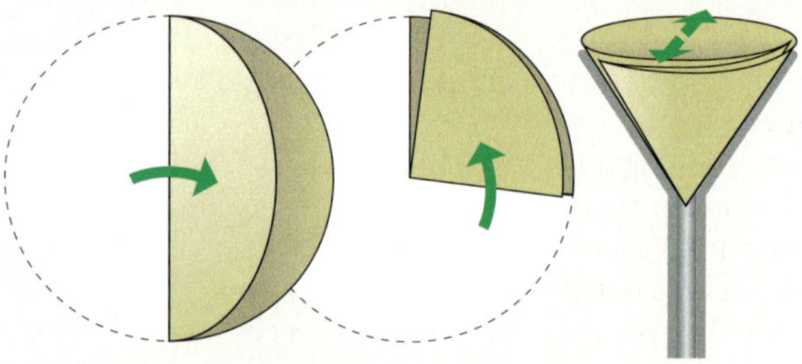

1 So wird das Filterpapier gefaltet.

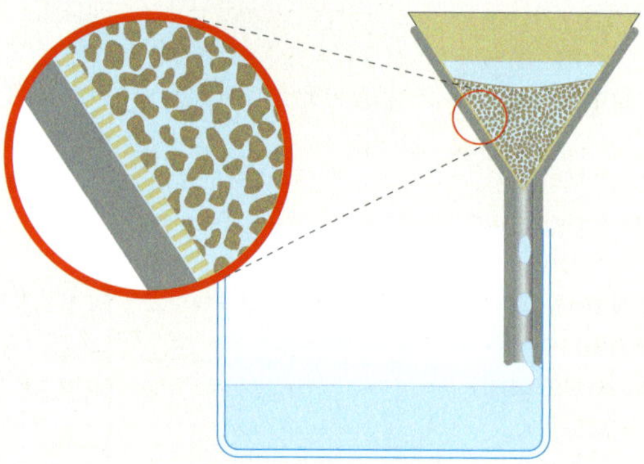

2 So funktioniert Filterpapier.

2. A
Beschreibe, wie das Trennverfahren mithilfe eines Filters funktioniert. Nutze dazu Bild 2.

3. A
Stelle eine Vermutung an, wie eine Wäscheschleuder funktioniert.

4. V
Mische in einer Schale Eisennägel mit Messing- oder Kupfernägeln. Überlege, wie du dieses Gemisch trennen kannst. Plane einen Versuch und führe ihn durch.

5. V
Fülle in die Gläser einer Handzentrifuge jeweils trüben Apfelsaft, Orangensaft, Kokosmilch und eine Emulsion aus Wasser, Öl und Eigelb. Drehe nun kräftig an der Kurbel. Beschreibe, wie die Flüssigkeiten nach dem Zentrifugieren aussehen.

ACHTUNG
Du darfst während des Drehens auf keinen Fall in den Drehbereich der Gläser kommen!

3 Im Schleudergang werden Wasser und Wäsche getrennt.

4 Staubmaske

Sedimentieren

Viele Suspensionen lassen sich sehr einfach trennen. Du lässt das Gemisch ruhig stehen, sodass die Feststoffe auf den Grund sinken. Dieses Absetzen heißt **Sedimentieren.**
In großen Mengen findet dies in den Meeren statt, auf deren Grund sich verschiedene Feststoffe wie Sand ablagern. Diese Ablagerungen heißen **Sedimente.** In langen Zeiträumen verfestigen sie sich zu Sedimentgesteinen.

Dekantieren

In manchen Ländern wird zur Zubereitung von Kaffee das Kaffeepulver direkt mit heißem Wasser übergossen. Das Pulver sinkt mit der Zeit nach unten und setzt sich als Sediment ab.
Die Flüssigkeit, die darüber steht, wird getrunken. Du könntest sie auch vorsichtig abgießen. Dieser Vorgang heißt **Dekantieren.**

Sieben und Filtrieren

Sinken die Feststoffe in der Suspension nicht auf den Grund oder sind sie sehr fein verteilt, musst du das Gemisch **sieben** oder **filtrieren.** Ein **Sieb** eignet sich nur bei groben Feststoffteilchen. In der Küche werden Siebe zum Waschen von Salat oder zum Abgießen von Nudeln verwendet. Um kleine Feststoffteilchen von Flüssigkeiten zu trennen, ist **Filterpapier** notwendig. Der Kaffeefilter hält das Kaffeemehl zurück, es bildet den **Rückstand.** Die filtrierte Flüssigkeit, der trinkfertige Kaffee, ist das **Filtrat.** Mit Papierfiltern werden auch Feststoffteilchen aus der Luft gefiltert. Du findest sie im Staubsauger oder im Motorraum des Autos als Luftfilter. Heimwerker sollten beim Abschleifen von Holz oder von Lackfarben wegen der Gesundheitsgefahren Staubmasken tragen.

Zentrifugieren

Einige Gemische lassen sich trennen, indem sie im Kreis geschleudert werden. Eine Wäscheschleuder, wie in Bild 2, erreicht 2000 Umdrehungen in der Minute. Das Wasser und die Wäsche werden an den Rand gedrückt. Das Wasser fließt durch kleine Löcher nach draußen. Auch beim Obstentsaften wird diese Methode verwendet. Wird der Behälter mit dem Gemisch sehr schnell gedreht, teilt sich das Gemisch darin auf. Dieser Vorgang heißt **Zentrifugieren.** Auf diese Weise wird in der Molkerei die leichtere Sahne von der Milch getrennt. Sie schwimmt oben. Für medizinische Zwecke gibt es Laborzentrifugen, die sich hunderttausendmal in der Minute drehen. Darin sind Gläser aufgehängt. Durch die hohe Geschwindigkeit werden die schwereren Teile an den Boden gedrückt.

Magnetscheiden

Eisen ist ein häufig verwendeter Werkstoff. Seine Wiederverwertung spart Kosten. Auf einem Schrottplatz fallen bei der Verwertung von Altautos außer Eisen noch Metalle wie Aluminium und Kupfer an. Deshalb läuft der zerkleinerte Metallschrott über eine **Magnetscheidetrommel.** Die Eisenteile bleiben an der Trommel haften, während die anderen Metalle weiter transportiert werden.

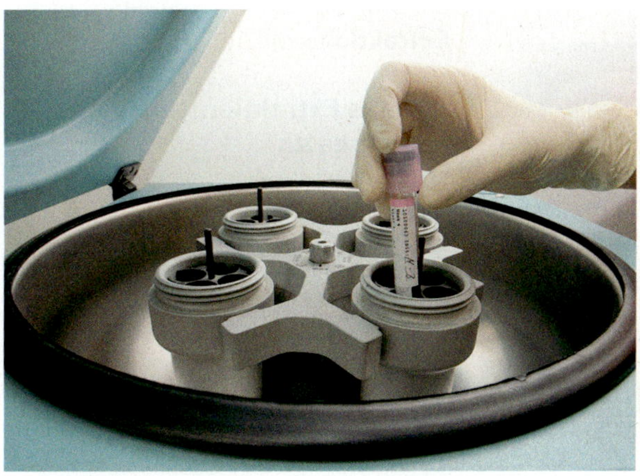

5 Laborzentrifuge

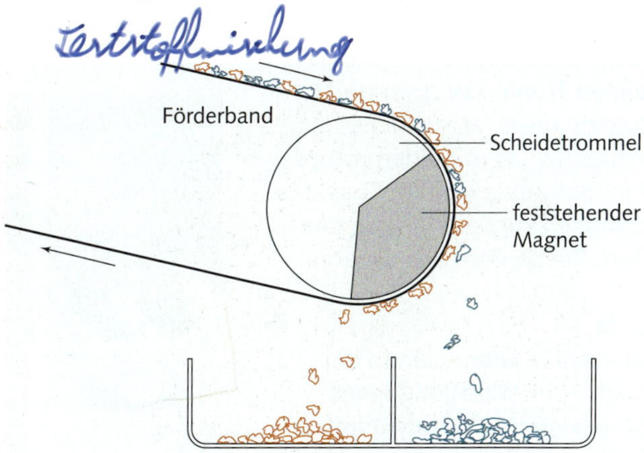

6 Magnetscheider in der Müllsortieranlage

Extrahieren – ein besonderes Trennverfahren

1 Blattzellen

1.

a) Zerschneide mit einer Schere einige frische grüne Laubblätter. Gib sie zusammen mit etwas Sand in einen Mörser und zerreibe sie mit einem Pistill. Übergieße den Brei mit 3 ml bis 5 ml Spiritus und reibe nochmals eine Minute. Dekantiere die Lösung und filtriere sie in einen Erlenmeyerkolben. Beschreibe das Filtrat. Stelle eine Vermutung an, wozu es verwendet werden könnte.

b) Fülle ein Reagenzglas etwa fingerbreit mit dem Filtrat. Gib einige Tropfen Wasser und 6 ml Benzin dazu. Verschließe das Reagenzglas mit einem Stopfen. Schüttele kräftig. Lass das Gemisch kurze Zeit ruhig stehen. Beschreibe das Ergebnis.

2.

a) Plant in Teams einen Versuch zur Herstellung eines blau-violetten Gemüsesaftes.

b) Besprecht eure Planungen und führt den Versuch durch.

3.

Hänge einen Teebeutel für roten Früchtetee in kaltes Wasser. Beobachte etwa 10 min und fertige eine Zeichnung an.

2 Herstellen einer Blattgrünlösung

Stoffe werden herausgelöst

Tee und Kaffee sind zwei Flüssigkeiten, die durch Herauslösen von Duft-, Farb- und Aromastoffen hergestellt werden.

Das heiße Wasser löst diese Stoffe aus den trockenen Teeblättern oder aus den gemahlenen Kaffeebohnen heraus.

Auch aus einigen Gemüsesorten kannst du mit Wasser Farbstoffe herauslösen. Dieser Vorgang heißt **Extraktion.** Die Flüssigkeit, die die Stoffe herauslöst, ist das **Extraktionsmittel.**

Auf das Extraktionsmittel kommt es an

Manche Stoffe lösen sich nur in bestimmten Extraktionsmitteln. Mithilfe von Spiritus kannst du den grünen Farbstoff aus Blättern herauslösen.

Die gelben Blattfarbstoffe dagegen lösen sich in Benzin. Dadurch lassen sie sich voneinander trennen.

Gelöste Stoffe zurückgewinnen

1. ≡ V
a) Stelle eine Salzlösung her und dampfe sie in einer Abdampfschale ein.
Vorsicht: Beim Erwärmen kann Salz herausspritzen!
Stelle den Brenner ab, bevor das letzte Wasser verdampft ist.
Notiere die Beobachtungen, die du während des Versuches gemacht hast.
b) Betrachte den weißen Stoff auf dem Boden mit einer Lupe. Vergleiche ihn mit Kristallen von Speisesalz.

2. ≡ V
Löse je einen Spatel Kochsalz, Alaun, Kupfersulfat und gelbes Blutlaugensalz unter leichtem Erwärmen in jeweils 5 ml destilliertem Wasser. Gieße die Salzlösungen in Uhrgläser und lass sie einige Tage ruhig stehen. Beschreibe deine Beobachtungen und fertige Zeichnungen an.

1 Eine Salzlösung wurde eingedampft

3. ≡ Q
Recherchiere an welchen Küsten Salz in Salzgärten gewonnen wird.

4. ≡ A
Eindampfen ist ein Trennverfahren. Nenne die Art von Gemischen, die damit getrennt werden kann.

2 Salzgärten

Salz zurückgewinnen
Bleibt eine Salzlösung längere Zeit stehen, so **verdunstet** das Wasser. Salz bleibt zurück.

Verdunsten
Die Salzbauern am Meer müssen lange warten, bis das Wasser aus den Becken verdunstet ist und sie das Salz zusammenschieben können. Bei diesem Verfahren entstehen große Salzkristalle.

Eindampfen
Schneller geht es durch **Eindampfen.** Dabei wird das salzhaltige Wasser erhitzt. Das Wasser verdampft und zurück bleibt das weiße Kochsalz.

Destillation – reines Wasser aus Lösungen

1 Wasser verdampft.

2 Noch geht viel Wasser verloren.

1. V

a) Stelle eine Lösung aus 100 ml Wasser, einigen Tropfen blauer Tinte und zwei Spateln Salz her. Erhitze dieses Gemisch in einem Stehkolben bis zum Sieden. Beobachte dabei besonders den Hals des Kolbens (Bild 1). Fertige eine Zeichnung zu deinen Beobachtungen an.
b) Erhitze erneut und versuche den austretenden Wasserdampf mithilfe einer Glasscheibe aufzufangen (Bild 2). Vorsicht: Der Wasserdampf ist heiß! Auch die Scheibe darf nur am Rand angefasst werden.
c) Beurteile, wie gut dieses Verfahren geeignet ist, um Wasser aus einer Lösung zurückzugewinnen.
d) Erläutere, wie du erkennen kannst, dass das aufgefangene Wasser kein Salz mehr enthält. Plane dazu einen Versuch und führe ihn durch.

2. V

a) Verschließe den Kolben aus Versuch 1 mit einem Gummistopfen, in dem ein langes, gebogenes Glasrohr steckt (Bild 3). Stelle ein kleines Becherglas unter die Öffnung des Glasrohres. Erhitze erneut und beobachte die Vorgänge im Kolben sowie im Glasrohr.
b) Befeuchte Papierhandtücher oder anderes saugfähiges Papier. Umwickle damit das Glasrohr (Bild 4). Erhitze erneut bis zum Sieden. Beende den Versuch, wenn das feuchte Papier zu dampfen beginnt.
c) Zeige, dass das aufgefangene Wasser reines Wasser ist.
d) Vergleiche die Ergebnisse der Versuche 1 und 2.

3. A

a) Beschreibe die Destillation mit dem Liebigkühler (Bild 5).
b) Erkläre, was mit dem Kühlwasser passiert, während es durch den Liebigkühler strömt.

4. A

Beschreibe, wodurch das Verfahren zur Gewinnung von destilliertem Wasser in den Bildern von 1 bis 5 verbessert wird.

Die Destillation

Beim **Destillieren** wird aus einer Lösung eine Flüssigkeit verdampft und anschließend abgekühlt. Der Dampf kondensiert und wird als Flüssigkeit wieder aufgefangen.

Auf die Kühlung kommt es an

Je besser bei der Destillation gekühlt wird, desto größer ist die aufgefangene Flüssigkeitsmenge, das **Destillat.** Hierfür wird der Liebig-Kühler benutzt.
Wasser, das durch Destillation gewonnen wurde, heißt **destilliertes Wasser.** Es ist reines Wasser und enthält weder Salze noch andere Verunreinigungen.

Andere Lösungen trennen

Die Destillation ist eines der wichtigsten und ältesten Trennverfahren der Chemie. Außer Salzwasser lassen sich auch andere Lösungen durch Destillieren trennen. In großen Industrieanlagen, den Erdöl-Raffinerien, wird Erdöl destilliert, um Benzin, Dieselkraftstoff und weitere Produkte zu erhalten.

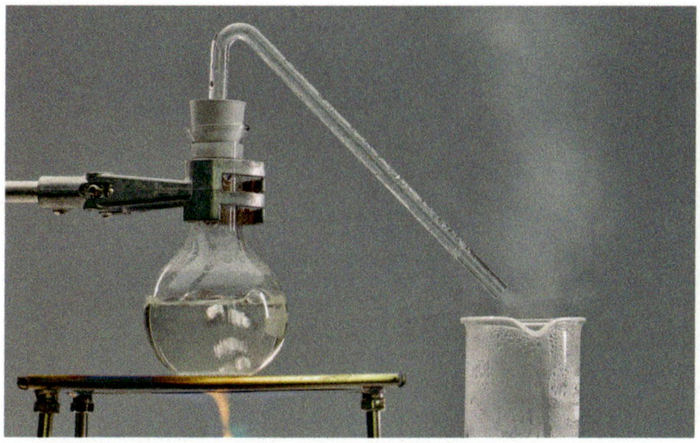

3 Bringt das gebogene Rohr eine Verbesserung?

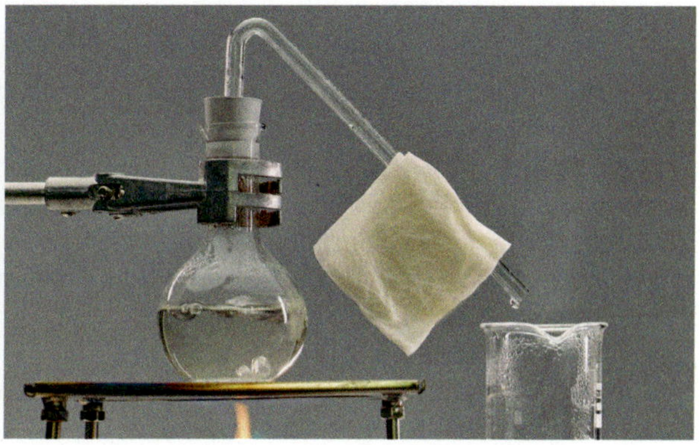

4 Ein gekühltes Rohr erhöht die Wassermenge.

Innen warm und außen kalt

Der **Liebig-Kühler** ist ein wichtiges Glasgerät im Chemielabor. Das kalte Wasser im äußeren Rohr kühlt den Dampf im inneren Rohr ab. Im Innenrohr strömt der Dampf dem Kühlwasser im äußeren Rohr entgegen. Der Dampf kondensiert und wird als Destillat aufgefangen. Das Kühlwasser erwärmt sich dabei. Der Liebig-Kühler ist ein **Gegenstromkühler.**

INFORMATION

JUSTUS FREIHERR VON LIEBIG (1803–1873) war schon mit 19 Jahren Professor für Chemie in Gießen.
Er entdeckte viele neue Stoffe, zum Beispiel Chloroform. Viele seiner Entdeckungen fanden eine industrielle Anwendung, unter anderem der von ihm entwickelte Liebig-Kühler. LIEBIG gilt außerdem als Begründer der modernen Düngelehre.

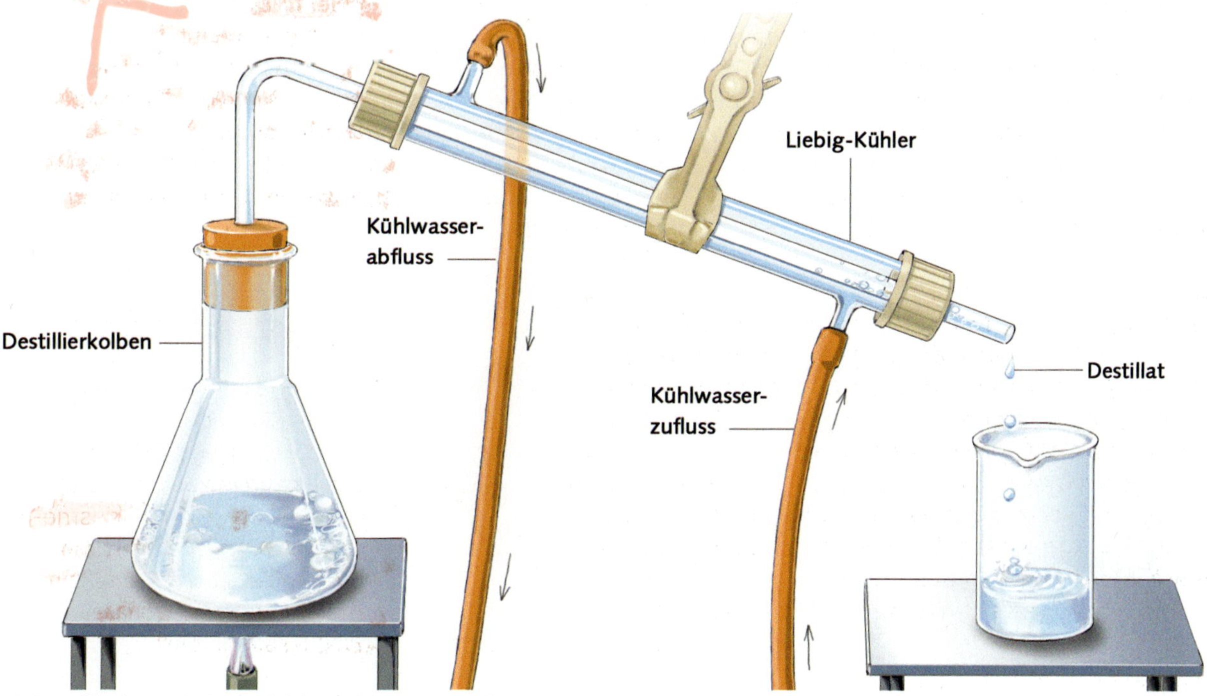

5 Destillation mit dem Liebig-Kühler

Papierchromatographie

1. V

a) Male mit einem schwarzen wasserlöslichen Filzstift einen dicken Punkt in die Mitte eines runden Filterpapiers. Teile ein weiteres Filterpapier in vier Teile. Drehe aus einem der Viertel einen Docht und stecke ihn durch die Mitte des schwarzen Punktes. Lege dann den Rundfilter auf den Rand einer halb mit Wasser gefüllten Petrischale. Achte darauf, dass nur der Docht ins Wasser taucht. Beobachte, was geschieht. Beende den Versuch, wenn das Wasser kurz vor dem Rand des Rundfilters angekommen ist.

b) Vergleiche deinen Rundfilter mit anderen. Beschreibe Gemeinsamkeiten und Unterschiede.

c) Wiederhole Versuch a) mit anderen Filzstiften.

2. V

Wiederhole Versuch 1a) mit schwarzer und blauer Tinte. Beschreibe jeweils deine Beobachtungen.

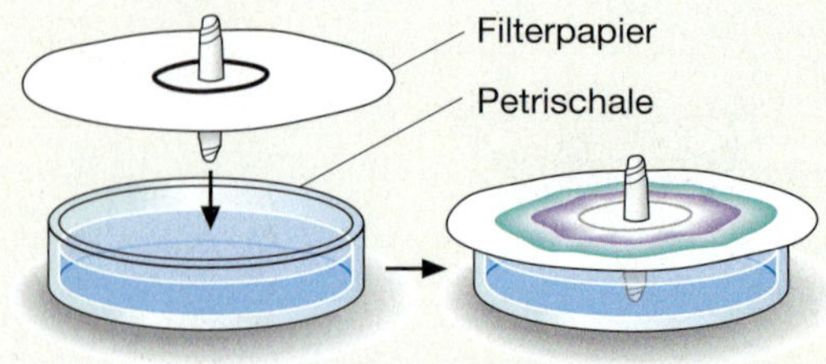

1 Versuchsaufbau zur Chromatographie

3. V

Vergleiche die Chromatogramme verschiedener Filzstiftfarben. Nenne die Farben, die Reinstoffe sind.

4. A

Stelle eine Vermutung auf, wie sich ein Chromatogramm von den Farben eines „Permanent"-Filzstiftes herstellen lässt.

Farbstoffe lassen sich trennen

Schwarz ist nicht gleich schwarz. Schwarze Stifte schreiben unterschiedlich. Durch ein einfaches Trennverfahren, die **Papierchromatographie,** kannst du herausfinden, woran das liegt.

Dabei wird ein Farbfleck auf Filterpapier mithilfe einer Flüssigkeit in seine Bestandteile getrennt. Du erkennst danach auf dem Filterpapier deutlich, dass der schwarze Farbstoff aus verschiedenen Farbstoffen zusammengesetzt ist.

Wie funktioniert die Trennung?

Die Trennung beruht darauf, dass sich einige Farbstoffe gut in Wasser oder anderen Flüssigkeiten lösen. Sie wandern mit dem Wasser als **Fließmittel** schnell und weit.

Andere Farbstoffe haften besser am Papier und sind deshalb langsamer. Das so entstandene Bild heißt **Chromatogramm.**

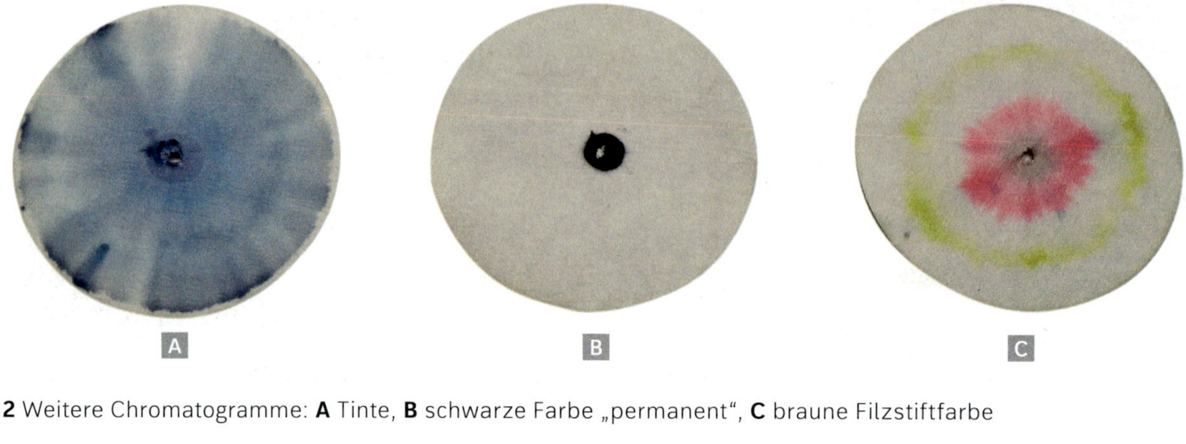

2 Weitere Chromatogramme: **A** Tinte, **B** schwarze Farbe „permanent", **C** braune Filzstiftfarbe

Anwendungen der Trennverfahren

PINNWAND

Sedimentieren und Dekantieren

Schleudern und Zentrifugieren

Magnetscheiden

Filtrieren

1. (A)
Nenne die Stoffeigenschaften, die bei den Trennverfahren jeweils genutzt werden. Lege dazu eine Tabelle an.

Eindampfen

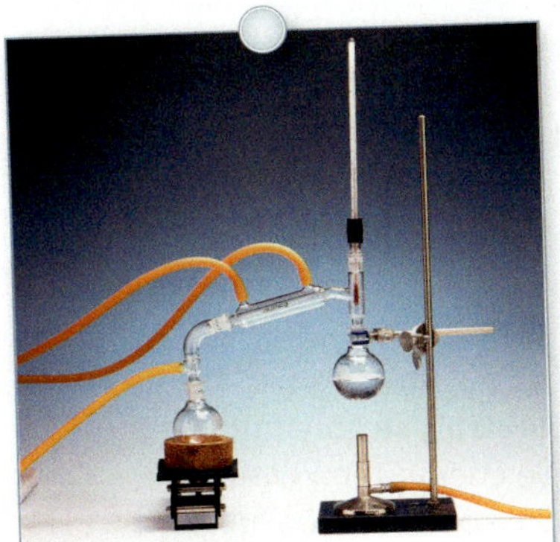

Destillieren

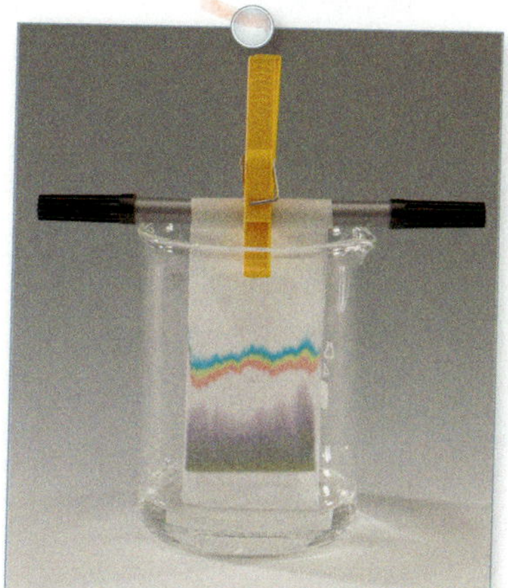

Chromatographieren

Extrahieren

Analyse – Aus Wasser entstehen zwei Gase

1.

a) Fülle den Hofmannschen Wasserzersetzungsapparat mit entmineralisiertem Wasser. Diesem muss zuvor etwas Schwefelsäure zugesetzt werden, damit es elektrisch leitet. Verbinde die Elektroden mit dem Pluspol und dem Minuspol eines Stromversorgungsgerätes und stelle eine Gleichspannung von 20 V ein. Beschreibe deine Beobachtungen an den Elektroden.

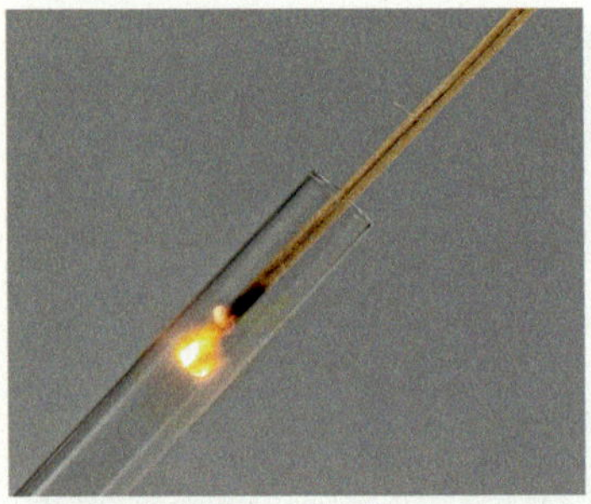

1 Glimmspanprobe

b) Entnimm das Gas, das sich über dem Pluspol angesammelt hat. Untersuche es mit der Glimmspanprobe (Bild 1). Bestimme das Gas.

c) Entnimm das Gas über dem Minuspol. Verschließe die Öffnung des Reagenzglases mit dem Daumen. Öffne es dann kurz vor einer Flamme (Bild 3). Beschreibe was im Reagenzglas geschieht. Benenne das Gas.

2.
Beschreibe eine Elektrolyse.

3.
Begründe, warum die beiden Gase unterschiedlich aufgefangen werden.

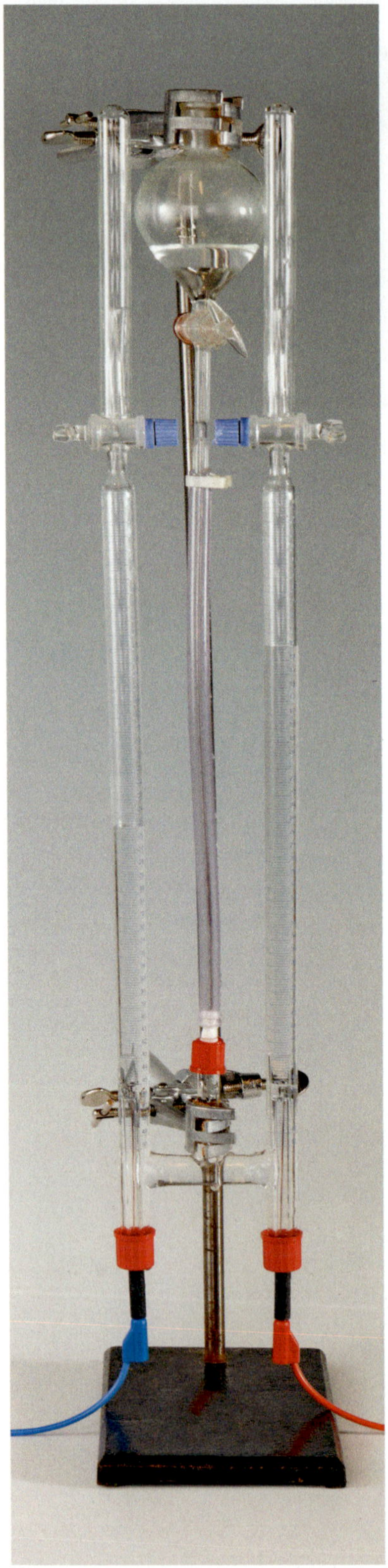

2 Wasserzersetzungsapparat nach Hofmann

Der Zersetzungsapparat

Die Elektroden eines mit Wasser gefüllten Hofmannschen Wasserzersetzungsapparates sind mit dem Pluspol und dem Minuspol eines Stromversorgungsgerätes verbunden.
Beim Anlegen einer Gleichspannung entstehen aus dem Wasser zwei Gase.
Am **Pluspol** des Apparates entsteht **Sauerstoff (O_2),** der durch die **Glimmspanprobe** nachgewiesen wird.
Am **Minuspol** sammelt sich ein brennbares Gas. Es wird als **Wasserstoff (H_2)** bezeichnet und lässt sich mit der **Knallgasprobe** nachweisen. Es bildet sich doppelt so viel Wasserstoff wie Sauerstoff.

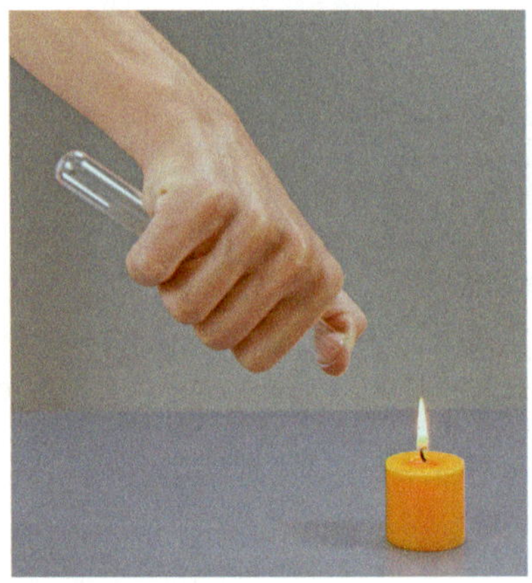

3 Knallgasprobe

Analyse und Elektrolyse

Die Untersuchung eines Stoffes oder die Zerlegung in seine Bestandteile heißt **Analyse.** Geschieht die Analyse mithilfe von Elektrizität, wird dieser Prozess **Elektrolyse** genannt.
Die chemische Verbindung Wasser wird dabei in die Elemente Wasserstoff und Sauerstoff zerlegt.

Synthese – Wasserstoff verbrennt zu Wasser

1. V
Wasserstoff befindet sich in einem mit einem Stopfen verschlossenen Reagenzglas (Bild 1). Beschreibe das Aussehen des Wasserstoffs. Prüfe und beschreibe den Geruch.

2. V
Halte ein mit Wasserstoff gefülltes, verschlossenes Reagenzglas in der Nähe der Brennerflamme schräg nach unten und öffne es (Bild 2). Was beobachtest du? Beschreibe auch die Veränderungen im Reagenzglas.

3. V
Gib ein Stück Watesmo-Papier in das Reagenzglas aus Versuch 2. Notiere deine Beobachtungen.

4. A
Erkläre, welcher Stoff beim Verbrennen von Wasserstoff entsteht.

5. A
Nenne die korrekte chemische Bezeichnung der Verbindung H_2O, die üblicherweise als Wasser bezeichnet wird.

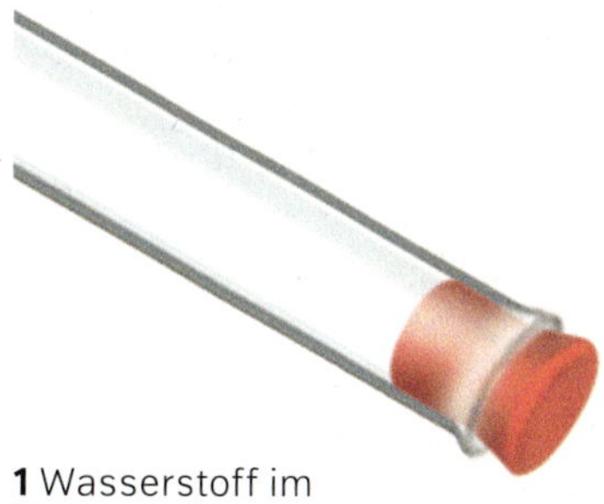

1 Wasserstoff im Reagenzglas

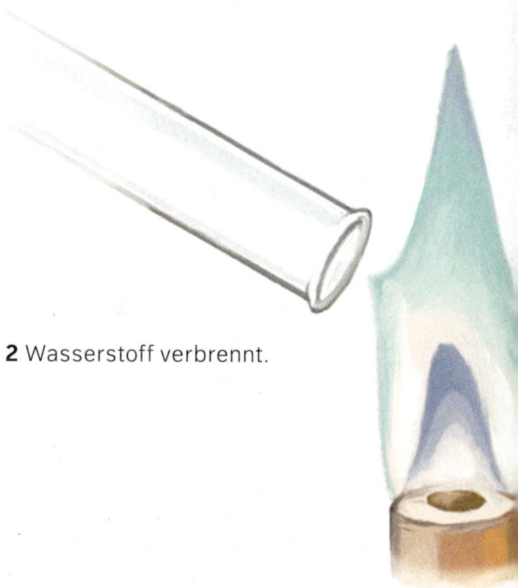

2 Wasserstoff verbrennt.

Wasserstoff	+	Sauerstoff	→	Wasser
$2\ H_2$	+	O_2	→	$2\ H_2O$
				Energie wird frei

Wasserstoff reagiert mit Sauerstoff

Wasserstoff ist das leichteste aller Elemente. An der Luft verbrennt es mit farbloser, heißer Flamme. Gemische aus Wasserstoff und Luft sind gefährlich, denn sie explodieren schon beim kleinsten Funken. Darauf beruht die **Knallgasprobe** als Wasserstoffnachweis. Reiner Wasserstoff in einem Reagenzglas verbrennt mit ruhiger Flamme. Ein **Wasserstoff-Luft-Gemisch** verbrennt dagegen explosionsartig mit pfeifendem Knall. Es entsteht Wasser, das durch die Hitze als Dampf vorliegt.

Zwei Gase bilden eine Flüssigkeit

Wenn Wasserstoff verbrennt, verbindet er sich mit dem Sauerstoff der Luft. Es entsteht Wasser. Dabei wird Energie frei. Diese **Synthese,** also die Bildung von Wasser aus den Elementen, ist der entscheidende Nachweis dafür, dass Wasser eine chemische Verbindung nur aus Wasserstoff und Sauerstoff ist.

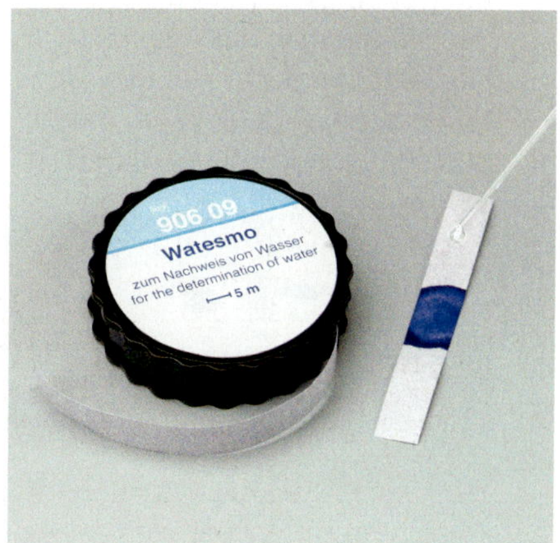

3 Watesmo-Papier färbt sich bei Kontakt mit Wasser blau.

Das leichteste Gas der Welt

Als leichtestes Gas wurde Wasserstoff früher zum Befüllen von Ballons und Luftschiffen verwendet. Wegen seiner Brennbarkeit ist er heute weitgehend durch Helium ersetzt worden. Wetterforscher schicken aber weiterhin mit Wasserstoff gefüllte Ballons in große Höhen, da Wasserstoff wesentlich billiger ist als Helium.

Elemente und Verbindungen

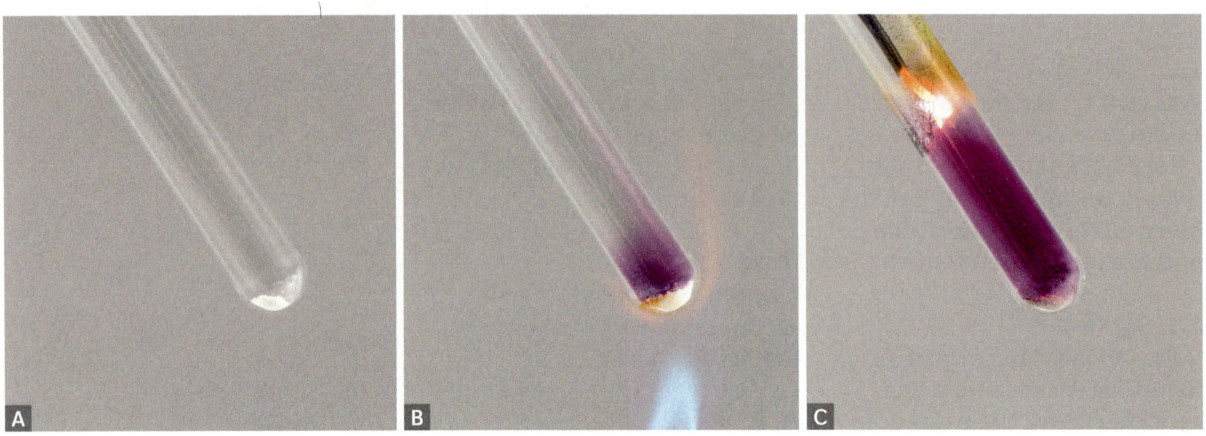

1 A Die Verbindung Diiodpentoxid wird erhitzt: **B** Es entsteht die Elemente Iod und **C** Sauerstoff.

1. A

In Bild 1 wird weißes Diiodpentoxidpulver in einem schwer schmelzbaren Reagenzglas erhitzt. Dabei entstehen zwei Stoffe.
b) Benenne und beschreibe die beiden Stoffe, die bei dieser Reaktion entstanden sind.

2. A

Beschreibe mithilfe der Reaktion in Bild 1 den Unterschied zwischen einem Element und einer Verbindung.

3. A

Ordne folgende Stoffe in einer Tabelle nach Element und Verbindung: Schwefel, Kohlenstoffdioxid, Zink, Kupfersulfid, Eisenoxid, Natrium, Fett, Silberoxid

Diiodpentoxid wird zerlegt

Diiodpentoxid ist ein weißer Feststoff. Es ist ein Reinstoff, der sich durch die üblichen Trennverfahren wie Filtrieren oder Sedimentieren nicht weiter zerlegen lässt. Wird das Pulver jedoch kräftig erhitzt, entsteht daraus ein lilafarbenes Gas. Es handelt sich um Iod. Hältst du einen glimmenden Holzspan in das Reagenzglas, flammt dieser auf. Die Glimmspanprobe zeigt an, dass auch Sauerstoff entstanden ist.

Elemente und Verbindungen

Beim Erhitzen wurde das Diiodpentoxid durch eine chemische Reaktion in die beiden Stoffe Iod und Sauerstoff zerlegt. Diese beiden Stoffe lassen sich durch andere chemische Reaktionen oder Trennverfahren nicht weiter zerlegen. Solche Stoffe heißen chemische **Elemente.**
Stoffe wie das Diiodpentoxid, die sich durch chemische Reaktionen in Elemente zerlegen lassen, heißen **Verbindungen.**

Kupfersulfid wird hergestellt

Schwefel ist ein gelber Feststoff. Kupfer ist ein rötliches Metall. Beides sind Elemente. Werden sie zusammen erhitzt, entsteht ein bläulich schwarzer Feststoff, das Kupfersulfid.

Analyse und Synthese

Die Zerlegung einer Verbindung in seine Elemente wird **Analyse** genannt. Die Herstellung einer Verbindung aus Elementen heißt **Synthese**.

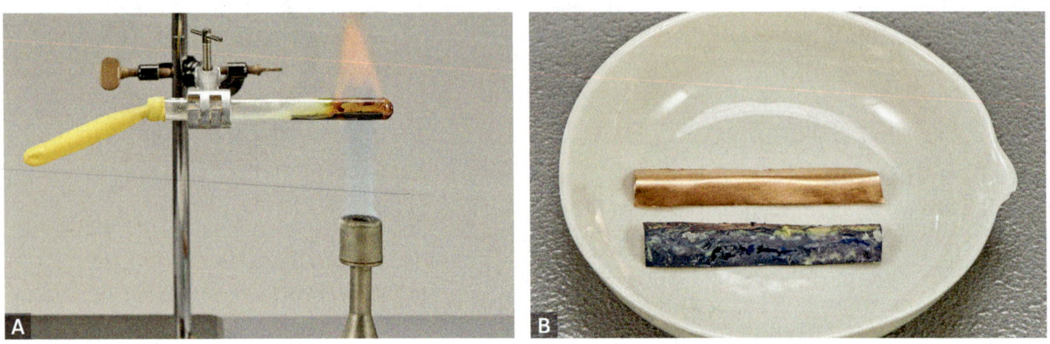

2 A Die zwei Elemente Schwefel und Kupfer werden erhitzt. **B** Die Verbindung Kupfersulfid ist entstanden.

Es gibt nur wenige Elemente
Bisher wurden über einhundert Elemente entdeckt. Das ist sehr wenig im Vergleich zur Anzahl der Verbindungen.
Einige Elemente hast du schon kennengelernt: Metalle wie Silber, Magnesium, Aluminium, Eisen und Kupfer oder Nichtmetalle wie Schwefel und Kohlenstoff. Das sind Feststoffe, wie die Mehrzahl der Elemente. Gasförmige Elemente sind zum Beispiel Sauerstoff und Stickstoff. Nur Quecksilber und Brom sind bei Raumtemperatur flüssig.

Es gibt zahllose Verbindungen
In der Natur kommen nur wenige Elemente auch als Elemente vor. Fast alle Stoffe, die in der Natur zu finden sind, sind Verbindungen aus mehreren Elementen.

Das trifft auf Gesteine und Mineralien ebenso zu wie auf die Pflanzen und alle bekannten Nahrungsmittel. Auch Erdöl, Erdgas, Farbstoffe, Kunststoffe und Arzneimittel sind Verbindungen. Und täglich kommen neue Verbindungen hinzu, die in den Chemielabors hergestellt werden.

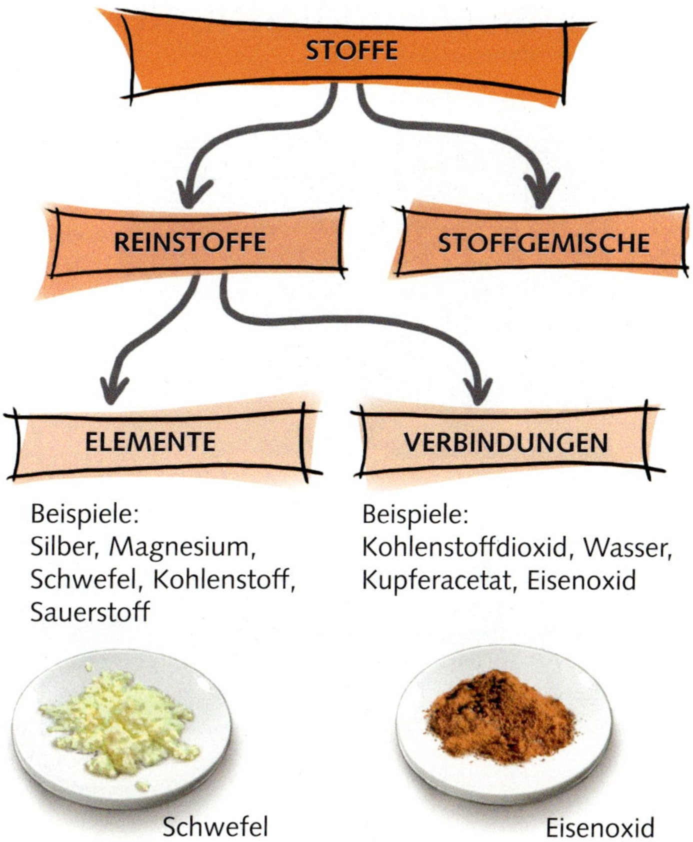

3 Einteilung der Stoffe

Lässt sich Blei in Gold umwandeln?

Der Traum der Alchimisten
Im Mittelalter versuchten manche Alchimisten, Metalle wie Blei oder Kupfer in Gold umzuwandeln. Dies ist ihnen aber niemals gelungen.

4 Alchimisten beim Experimentieren

Heute wissen wir, warum das nicht möglich ist. Blei und Gold sind Elemente. Ein Element lässt sich aber nicht in ein anderes Element umwandeln. Manche Alchimisten verkauften sogar ihre „Rezepturen zur Goldherstellung“. Sie befanden sich aber oft auf der Flucht, denn sie wurden für die wertlosen Rezepturen mit dem Tode bestraft, wenn sie gefasst wurden. Allerdings entdeckten die Alchimisten bei ihren Versuchen viele neue chemische Reaktionen und dadurch auch neue Stoffe. Beispiele dafür sind Phosphor und Schwefelsäure. Sie erfanden auch chemische Geräte und Arbeitstechniken.

Chemische Industrie in Luxemburg (eine Auswahl)

PINNWAND

Das Industrieareal in **Colmar-Berg** ist das vielseitigste Werk, das **Goodyear** außerhalb der Vereinigten Staaten betreibt. Mit ca. 3150 Mitarbeitern ist Goodyear der zweitgrößte industrielle Arbeitgeber in Luxemburg. Neben dem Hauptwerk, in dem Reifen für Lkw- und Erdbewegungsmaschinen produziert werden, werden in der Gießerei Formen für Vulkanisierungspressen entwickelt und angefertigt. Außerdem wird in einem Forschungszentrum an weiteren Innovationen gearbeitet und auf dem Circuit Goodyear werden Reifentests und Fahrsicherheitstrainings durchgeführt.

Einige Ausgangsstoffe zur Reifenherstellung

Kautschuk

Schwefel

Stahldraht

1. Q
Recherchiere, in welchem Land die größte Menge Naturkautschuk produziert wird.

2. Q
Recherchiere, was man unter Vulkanisation versteht. Beschreibe kurz das Verfahren.

Der Standort **DuPont Luxemburg** wurde 1962 in den Gemeinden **Contern** und **Hesperingen,** in der Nähe der Stadt Luxemburg und ihres Flughafens, gegründet. **DuPont** ist ein Unternehmen, das wissenschaftliche Verfahren zur Problemlösung einsetzt und somit nachhaltige Lösungen schafft.
DuPont Teijin Films, ein Joint Venture von **DuPont** und **Teijin**, ist ein weltweit tätiger Hersteller von PET- und PEN-Polyesterfolien.

3. A
Recherchiere, wo PET- und PEN-Polyesterfolien eingesetzt werden.

Folien von DuPont

Bei der Firma **Circuit Foil Sàrl** in **Wiltz** werden hochreine Kupferabfälle in großen Tanks mit Hilfe von Schwefelsäure und Sauerstoff zersetzt. Die blaue Kupfersulfat-Lösung, die daraus entsteht, wird anschließend durch Elektrolyse wieder in hochreine Kupferfolie umgewandelt. Später wird die Folie in elektronischen Schaltungen verwendet.

Vom Rohmaterial zum fertigen Produkt

Kupferabfälle

Kupfersulfat-Lösung

Kupferfolie

Computerplatine

4. A
Erkläre, was man unter Elektrolyse versteht.

5. A
Erkläre die Begriffe Gleichstrom und Wechselstrom.

6. A
Erläutere, warum in der Elektrotechnik Kupfer eingesetzt wird.

7. A
Erkläre den Begriff „Recycling".

Grundstoffe zur Farbenherstellung

Bei **Peinture Robin** in **Useldange** werden viele verschiedene Farbsorten hergestellt:
1. Farben, die für Malerarbeiten in Privathäusern oder Industrieanlagen benutzt werden
2. Lacke für die Auto- und die Chemieindustrie
3. Spezialgemische für die Reifenindustrie (z. B. **Goodyear**), für speziell haftende Sicherheitsanstriche (Zebrastreifen oder feuerhemmend) und für Hinweisschilder

Schutz für Fassaden und Maschinen

8. A
Beschreibe, wozu man Farben allgemein benutzt.

9. A
Erkläre, warum es spezielle Rostschutzfarben gibt.

„Rout Bréck" in Luxemburg-Stadt

Hinweisschild

Gestaltung von Innenräumen

DALTONS Atommodell

1 Chemische Reaktion als Umgruppierung von Atomen

1. V Demonstrationsversuch
Ein Gemisch aus 6 g Zink und 3 g Schwefel wird unter dem Abzug auf einer feuerfesten Platte entzündet.

2. A
Beschreibe deine Beobachtungen aus Versuch 1 und erkläre sie.

3. A
Erkläre, warum es sich bei DALTONS Überlegungen zum Aufbau der Stoffe um eine Modellvorstellung handelt.

4. A
a) Erkläre, was bei einer chemischen Reaktion mit den Atomen passiert.
b) Was kannst du über Masse und Größe der Atome der verschiedenen Elemente aussagen?

DALTONS Atommodell

Zu Beginn des 19. Jahrhunderts suchte der englische Naturforscher JOHN DALTON (1766–1844) nach einer Erklärung für das Verhalten von Stoffen bei chemischen Reaktionen. Aufgrund seiner Beobachtungen veröffentlichte er 1806 seine Modellvorstellung über den Aufbau der Stoffe:

❶ Alle Stoffe sind aus kleinsten, kugelförmigen Teilchen aufgebaut, den Atomen.
❷ Atome sind unveränderbar und unteilbar. (atomos, griechisch: unteilbar).
❸ Alle Atome eines Elements haben die gleiche Größe und die gleiche Masse.
❹ Die Atome unterschiedlicher Elemente unterscheiden sich in ihrer Größe und Masse. Es gibt genauso viele Atomarten, wie es Elemente gibt.
❺ Bei einer chemischen Reaktion bleiben die Atome erhalten. Sie werden neu angeordnet.

Atome werden umgeordnet

Wie schwer und wie groß ein Atom ist, konnte DALTON noch nicht ermitteln. Aber sein Atommodell eignet sich gut, den Aufbau von Elementen und Verbindungen auf der **Teilchenebene** zu beschreiben. Die Vorgänge bei chemischen Reaktionen werden dabei als Umgruppierung von Atomen beschrieben. Das kann am Beispiel der Reaktion von Zink und Schwefel gezeigt werden (Bild 1).

Zink und Schwefel reagieren zu Zinksulfid. Das Metall Zink besteht aus Zink-Atomen, das Nichtmetall Schwefel aus Schwefel-Atomen. In beiden Feststoffen sind die Atome regelmäßig angeordnet. Bei der Reaktion werden sowohl die Zink- als auch die Schwefel-Atome durch die zugeführte Energie angeregt, sich neu zu ordnen.
Sie bilden nun zusammen die Verbindung Zinksulfid. Bei einer chemischen Reaktion entstehen also keine neuen Atome. Es werden auch keine Atome zerstört. Die bereits in den Ausgangsstoffen vorhandenen Atome werden nur getrennt und ordnen sich neu und regelmäßig an. Sie bilden nach der Umgruppierung den neuen Stoff.

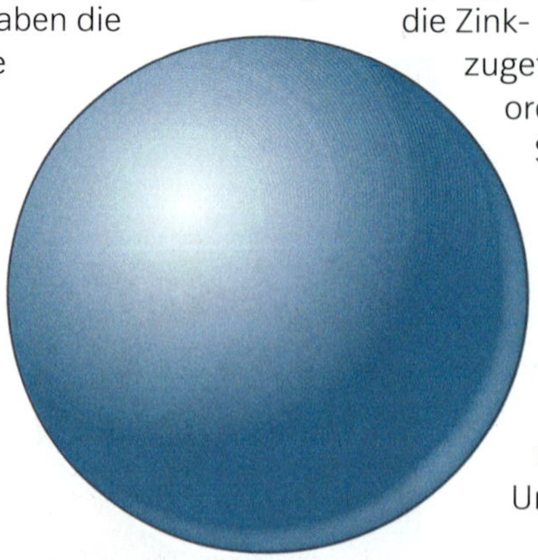

2 Atommodell von DALTON

DALTONS Atommodell und die Anordnung der Atome

1. ≡ V
Baue mit Zellstoffkugeln die Modelle folgender Stoffe: Argon, Eisen, Kohlenstoffdioxid, Stickstoff.

2. ≡ V
Baut in Teams mit Zellstoffkugeln ein Modell der Verbindung Magnesiumoxid. Ihr benötigt 32 kleine, weiße und 32 große, weiße Zellstoffkugeln, rote Wasserfarbe und Klebstoff. Malt die großen Kugeln rot an. Fertigt wie in Bild 2 vier Schichten mit jeweils 8 roten und 8 weißen Kugeln an.

3. ≡ A
a) Zeichne das Teilchenmodell von Kupfer.
b) Zeichne die Modelle der gasförmigen Verbindung Kohlenstoffmonooxid und des Feststoffs Eisenoxid.

Die Anordnung der Atome in den Elementen

Nur mit Hilfe von Modellvorstellungen lassen sich die unterschiedlichen Anordnungen der Atome in den Stoffen beschreiben.
In Gasen können sich die kleinsten Teilchen unabhängig voneinander bewegen. Die kleinsten Teilchen der Edelgase sind die **Edelgas-Atome.**
In anderen gasförmigen Elementen wie Sauerstoff oder Stickstoff bestehen die kleinsten Teilchen aus zwei oder mehr miteinander verbundenen Atomen. Solche Teilchen heißen **Moleküle.**
In elementaren Feststoffen wie Eisen und Phosphor liegen viele Atome dicht nebeneinander. Sie sind an festen Plätzen regelmäßig angeordnet und bilden einen **Atomverband.**

Die Anordnung der Atome in Verbindungen

In der gasförmigen Verbindung Kohlenstoffdioxid ist jeweils ein Kohlenstoff-Atom mit zwei Sauerstoff-Atomen zu einem Kohlenstoffdioxid-Molekül verbunden.
Wasser und andere Flüssigkeiten bestehen nach der Modellvorstellung der Chemie ebenfalls aus Molekülen. Im Wasser sind dabei jeweils zwei Wasserstoff-Atome mit einem Sauerstoff-Atom miteinander verbunden.
Auch Feststoffe wie Magnesiumoxid sind Verbindungen, die aus zwei oder mehr Atomarten aufgebaut sind. Die Atome sind darin regelmäßig angeordnet und nehmen feste Plätze ein.

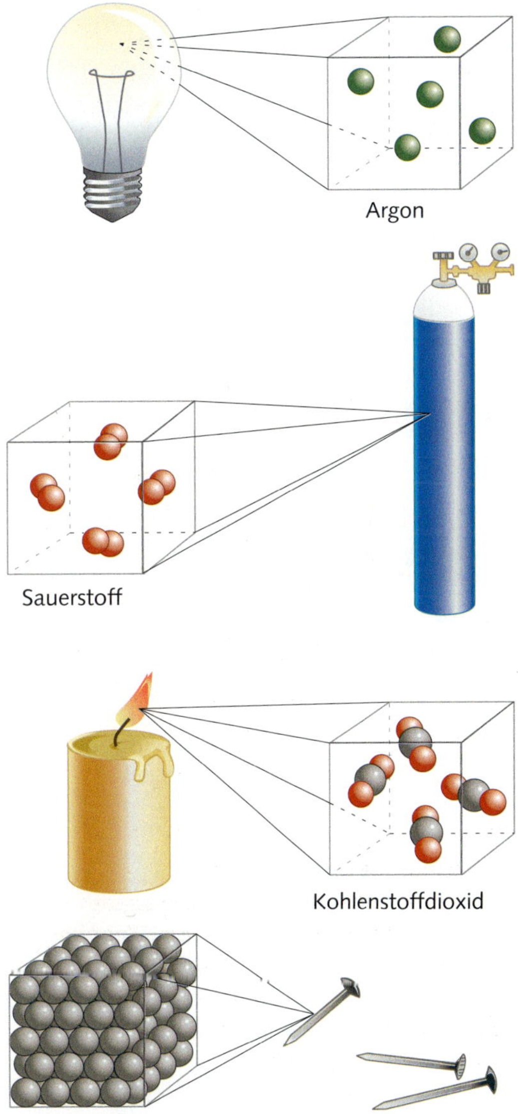

1 Atommodelle verschiedener Stoffe

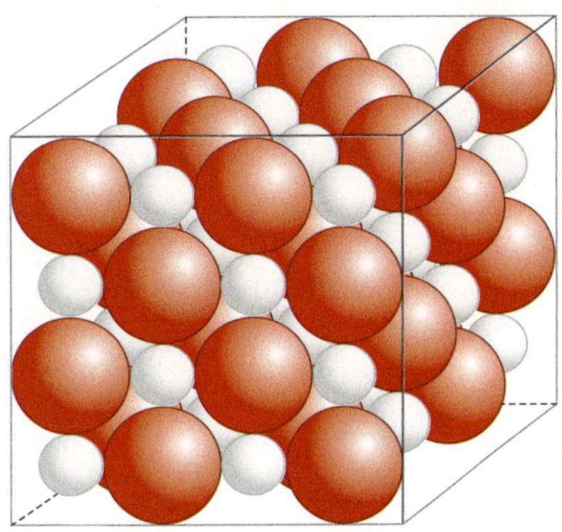
2 Atomverband von Magnesiumoxid

Unbelebte Umwelt

Stoffe und Stoffeigenschaften

In der Chemie ist ein **Stoff** das Material, aus dem etwas besteht. Stoffe erkennst du an ihren Eigenschaften. Die Bestimmung aller **Stoffeigenschaften** allein mit den Sinnesorganen ist nicht möglich. Es gibt verschiedene Verfahren, mit denen du die Eigenschaften von Stoffen untersuchen kannst.

Löslichkeit | Wärmeleitfähigkeit | elektrische Leitfähigkeit | Schmelztemperatur | Siedetemperatur | Verformbarkeit | Magnetisierbarkeit | Brennbarkeit | Dichte | Geruch | Farbe | Härte

Dichte

Die **Dichte** $\boldsymbol{\rho}$ eines Stoffes ist der Quotient aus der Masse *m* eines Körpers und seinem Volumen *V*.

$\rho = \frac{m}{V}$ Einheit: $\frac{g}{cm^3}$

Stoffteilchenmodell

Nach dem **Stoffteilchenmodell** bestehen alle Stoffe aus kleinen **Stoffteilchen.** Mithilfe dieser Modellvorstellung lassen sich die Eigenschaften von Stoffen erklären, beispielsweise die Löslichkeit von Zucker in Wasser:

Auch der Aggregatzustand eines Stoffes lässt sich mithilfe des Stoffteilchenmodells darstellen und erklären:

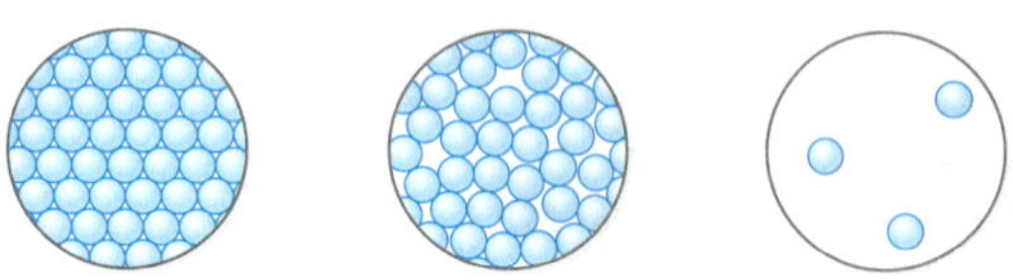

Reinstoffe und Stoffgemische

Ein Stoff kann ein **Reinstoffe** oder ein **Stoffgemische** sein. Reinstoffe sind einheitlich zusammengesetzt und haben an allen Stellen die gleichen Eigenschaften. Stoffgemische bestehen aus mindestens zwei verschiedenen Reinstoffen.

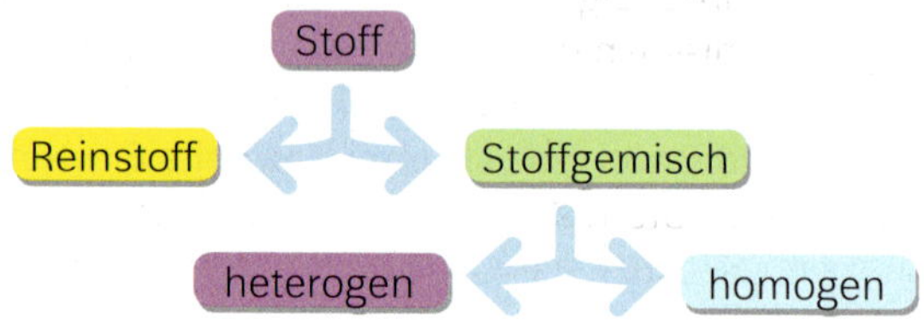

Trennverfahren für Stoffgemische

Für Stoffgemische gibt es verschiedene Trennverfahren. Die Trennung erfolgt aufgrund unterschiedlicher Eigenschaften der Stoffe. Müll besteht aus verschiedenen Müllsorten. Getrennte Müllsammlungen sind die Voraussetzung für die Wiederverwertung wertvoller Wertstoffe.

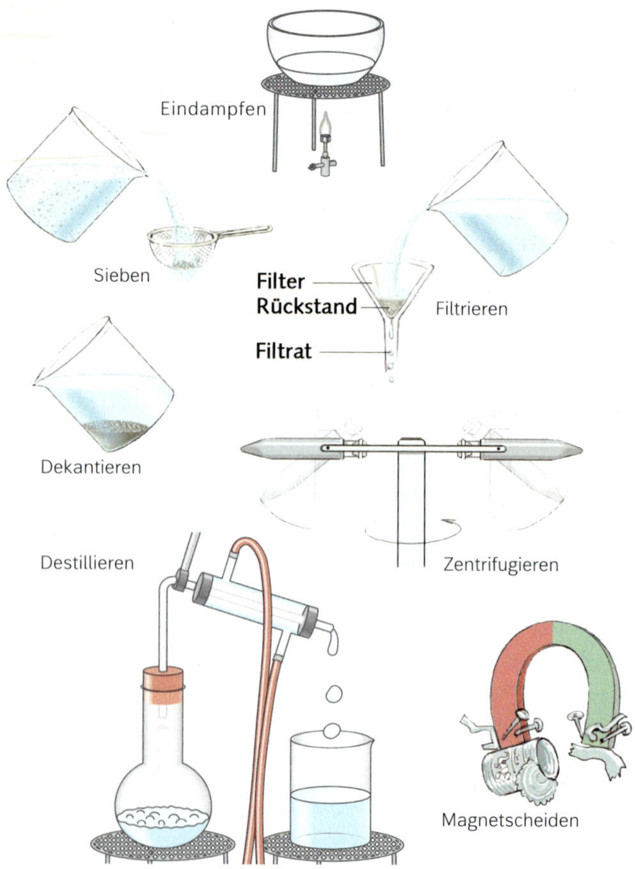

Stoffe und Stoffeigenschaften

Kannst du schon ...

... Körper und Stoffe unterscheiden? (S. 212)
... Stoffe anhand ihrer Eigenschaften beschreiben und unterscheiden? (S. 213 – 215)
... das Volumen, die Masse und die Dichte eines Stoffes bestimmen? (S. 218 – 219, 222 – 223)
... verschiedene Temperaturskalen nennen und beschreiben? (S. 224 – 226)

Zeig, was du kannst!

1. Zähle Stoffeigenschaften auf, die du mit den Sinnesorganen feststellen kannst.

2. Nenne Stoffeigenschaften, für deren Bestimmung du weitere Hilfsmittel außer den Sinnesorganen benötigst. Nenne die Hilfsmittel.

3. Rechne um:
a) 23 °C in °F
b) 18 °F in °C.

4. Erstelle Steckbriefe zweier Stoffe. Lass deine Nachbarin oder deinen Nachbarn herausfinden, um welchen Stoff es sich jeweils handelt.

Stoff 1
Farbe: ...
Geschmack: ...
Geruch: ...

Aggregatzustände und Stoffteilchenmodell

Kannst du schon ...

... die Aggregatzustände und ihre Abhängigkeit von der Temperatur beschreiben? (S. 228 – 230)
... die Aggregatzustände mithilfe des Stoffteilchenmodells beschreiben? (S. 231, 232)
... die Begriffe Sublimation und Resublimation erklären? (S. 232 – 233)
... den Lösungsvorgang eines Stoffes mithilfe des Stoffteilchenmodells erklären? (S. 243)

Zeig, was du kannst!

5. Nenne die drei Aggregatzustände.

6. Nenne Schmelz- und Siedetemperatur von Wasser.

7. Nenne einen Stoff, der am Gefrierpunkt von Wasser fest ist, einen der flüssig ist und einen der gasförmig ist.

8. Beschreibe die drei Aggregatzustände mithilfe des Teilchenmodells.

9. Beschreibe das Lösen von Zucker in Wasser mit dem Teilchenmodell

Reinstoffe, Stoffgemische und Trennverfahren

Kannst du schon ...

... Reinstoffe und Stoffgemische nennen und unterscheiden? (S. 236 – 241)
... verschiedene Trennverfahren und deren Anwendung im Alltag beschreiben? (S. 246 – 251)
... Analyse und Synthese an einem Beispiel erläutern? (S. 252 – 253)
... Element und Verbindung beschreiben? (S. 254 – 255)
... das Atommodell von Dalton beschreiben? (S. 258 – 259)

Zeig, was du kannst!

10. a) Erkläre den Unterschied zwischen Stoffgemischen und Reinstoffen.
b) Nenne je drei Beispiele.

11. Ein Stoffgemisch aus Wasser, Sand und Eisen soll getrennt werden. Beschreibe wie du vorgehst und benenne die verwendeten Trennverfahren.

12. Erläutere den Begriff Analyse am Beispiel von Wasser.

13. Nenne Beispiele für Elemente und Verbindungen.

14. Beschreibe den Unterschied zwischen einem Element und einer Verbindung.

15. Nenne die Merkmale von DALTONS Atommodell.

Energie in Natur und Technik

Was ist Energie?

Wir funktioniert ein Energiekraftwerk?

Wie helfen erneuerbare Energien bei der Vermeidung von klimaschädlichen Gasen?

Was ist Energie?

1. Ⓐ
a) Zähle unterschiedliche Energieformen auf, die du auf dieser Seite findest.
b) Finde weitere Energieformen und Beispiele, die sie veranschaulichen.

2. Ⓐ
Zeichne ein Energieflussdiagramm für eine eingeschaltete Lampe.

3. Ⓐ
Zeichne Energieflussdiagramme für folgende Vorgänge:
a) ein Sportler beim Stabhochsprung,
b) Herdplatte mit Topf in Betrieb,
c) Taschenlampe in Funktion,
d) Batterie betreibt einen kleinen Motor.

4. Ⓐ
Beschreibe jeweils den Vorgang, zu dem das folgende Energieflussdiagramm passt und nenne den Wandler.
a)

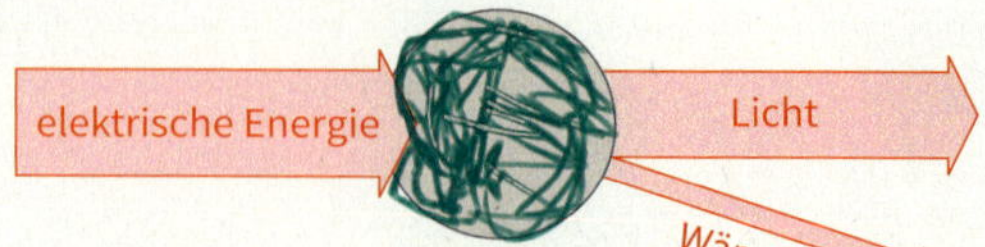

b)

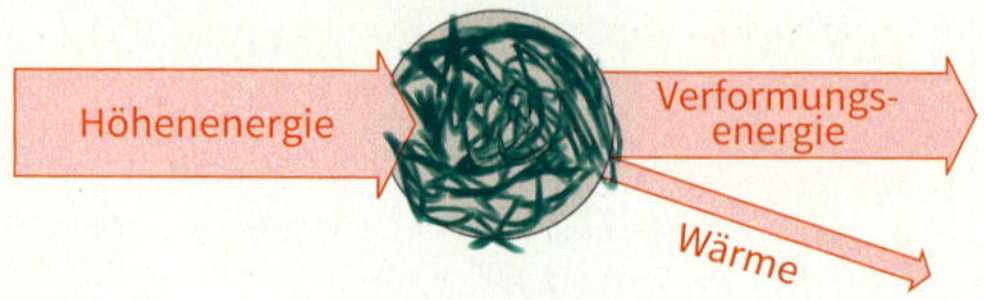

Was ist Energie?
Im täglichen Leben begegnet dir oft der Begriff **Energie.** Damit können verschiedene Dinge gemeint sein. Einmal kann Energie ein anderer Begriff für Licht, Wärme oder Schall sein, ein anderes Mal beschreibt sie die besondere Aktivität von Menschen. Es gibt also zwei verschiedene Bedeutungen: die physikalische und die umgangssprachliche. Grundsätzlich ist Energie die Fähigkeit, etwas zu verändern.

Energie trifft auf einen Wandler
Trifft Sonnenlicht auf eine Solarzelle, ist die **zugeführte Energie** das Licht. Die Solarzelle ist der **Energiewandler.** Die elektrische Energie der Solarzelle steht einem elektrischen Gerät als **abgegebene Energie** zur Verfügung. Der gesamte Ablauf lässt sich übersichtlich als **Energieflussdiagramm** darstellen. Dabei symbolisiert der Kreis den Wandler.

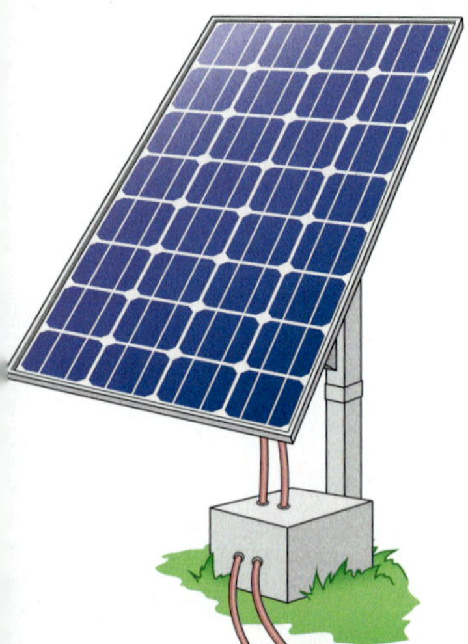

Energieentwertung
Bei jeder Umwandlung wird der Wandler warm. Diese Energie in Form von Wärme geht dem eigentlichen Prozess verloren und wird an die Umwelt abgegeben. Bei allen Energieumwandlungen findet **Energieentwertung** statt. Zusätzlich reflektieren die Solarzellen einen kleinen Teil des auftreffenden Lichtes. Dieser Anteil steht dem Wandler nicht zur Verfügung (Bild 1A).

Energieformen
Jeder Vorgang benötigt Energie. Sie kann je nach Situation in unterschiedlichen Formen dargestellt werden. Das zeigen einige Beispiele für zugeführte Energie.

Spannungsenergie
- Ein Bogen ist gespannt.
- Ein aufgeblasener Luftballon zerplatzt.

Höhenenergie
- Wasser wird in einem Stausee vorgehalten.
- Ein Bungeespringer steht auf der Absprungplattform.

Chemische Energie
- Ein Auto ist betankt.
- Ein Kind isst ein Butterbrot.

Elektrische Energie
- Du putzt dir die Zähne mit einer elektrischen Zahnbürste.
- Eine Bohrmaschine wird genutzt.

Die abgegebenen Energien sind **Bewegungsenergie** und entwertete Energie in Form von **Wärme** (Bilder 1B – D).

Mehrere Energiewandler

Oft müssen mehrere Energiewandler eingesetzt werden, um die erwünschte Energie zu erhalten. So wandelt ein Ventilator die elektrische Energie von der Solarzelle in Bewegungsenergie um. Als entwertete Energie treten Wärme und Schall auf. Um diesen Umwandlungsprozess darzustellen, helfen **ausführliche Energieflussdiagramme** (Bild 3). Die Breite der Pfeile verdeutlicht die Energiemenge, die dem jeweiligen Wandler zugeführt und von ihm abgegeben wird. Die Breite des Pfeils der zugeführten Energie entspricht dabei der Summe der Pfeilbreiten aller abgegebenen Energien.

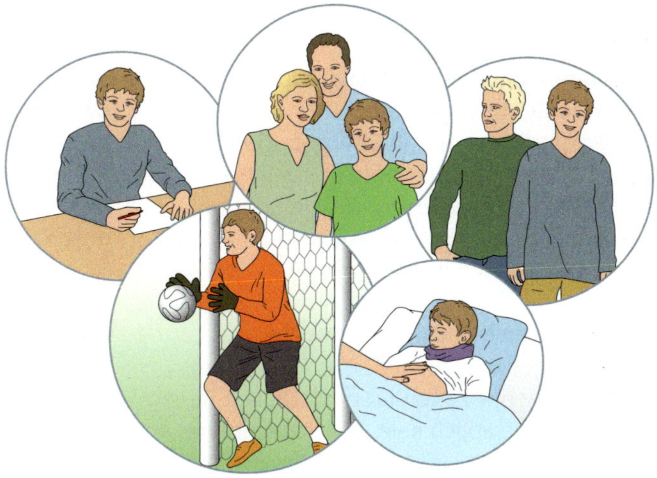

2 Es ist immer dasselbe Kind.

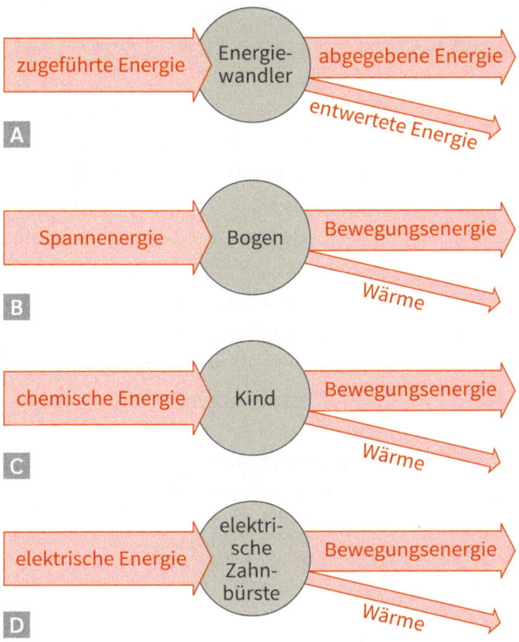

1 Energieflussdiagramm: **A** allgemein, **B** gespannter Bogen, **C** Kind isst, **D** elektrische Zahnbürste

Energie hat viele Namen

Auf den ersten Blick entsteht der Eindruck, dass es sich bei den vielen Energieformen um unterschiedliche Energien handelt. Das ist jedoch nicht so. Ein Beispiel kann das verdeutlichen.
Ein Kind deiner Klasse ist dein Klassenkamerad, es ist aber auch Sohn seiner Eltern. Im Unterricht ist es Schüler, im Fußballverein Torwart und wenn es krank ist, ist es Patient. Je nach Situation ändert sich die Bezeichnung, obwohl es sich stets um dasselbe Kind handelt.

Genauso verhält es sich bei der Energie. Durch die unterschiedlichen Energieformen kannst du dir den Energieumwandlungsprozess leichter vorstellen.
Je nach Situation ändert sich der Name der Energieform.

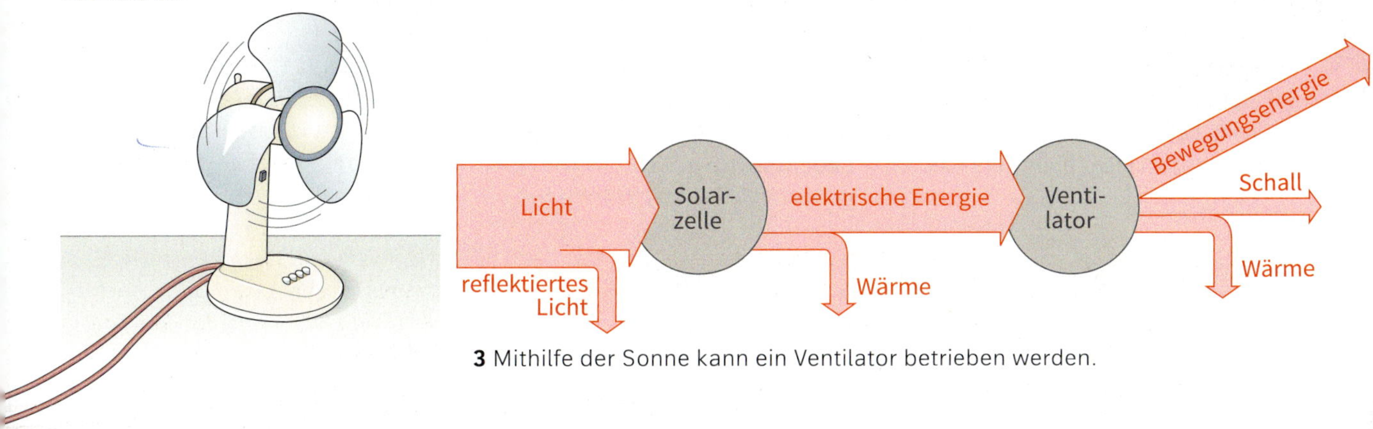

3 Mithilfe der Sonne kann ein Ventilator betrieben werden.

Was geschieht in Lichtquellen?

1. ☰ Ⓥ
a) Betätige ein Gasfeuerzeug und beschreibe deine Beobachtungen.
b) Nenne die Form von Energie, die vor dem Zünden im Feuerzeug gespeichert ist.
c) Nenne die Energien, in die die Energie aus b) danach umgewandelt wird.

2. ☰ Ⓐ
a) Erkläre den Begriff Glühlampe. Nenne dabei alle Energieformen, die bei der Lampe eine Rolle spielen.
b) Erkläre, warum Glühlampen durch LED ersetzt werden.

3. ☰ Ⓐ
Überlege, was eines Tages geschehen wird, wenn in der Sonne keine atomare Energie mehr frei wird.

Lichtquellen benötigen Energie

Jede Lichtquelle kann nur Licht aussenden, wenn ihr Energie zugeführt wird. Diese Energie kann unterschiedlich sein. Die abgegebene Energie ist immer Licht. Die Lichtquelle ist der **Energiewandler.** Beim Umwandlungsprozess wird immer Wärme abgegeben. Je weniger Wärme bei gleicher zugeführter Energie entsteht, desto mehr Licht gibt die Lichtquelle ab.

1 Verschiedene Leuchtmittel

Wie erzeugt die Kerze Licht?

Die meisten Kerzen bestehen aus **Paraffin,** einem Träger chemischer Energie. Bei einer brennenden Kerze wird das feste Paraffin flüssig und steigt im Docht auf. Das gasförmige Paraffin wird mithilfe von Sauerstoff verbrannt und erzeugt so Licht und Wärme.

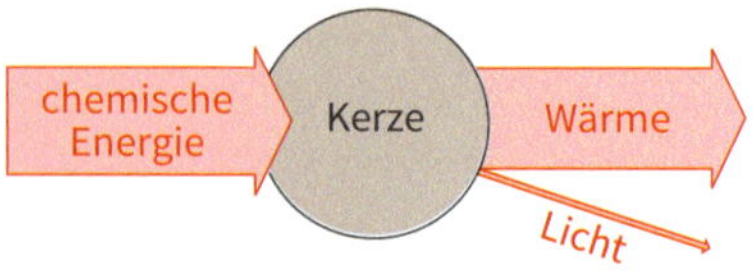

Wie erzeugt eine LED Licht?

In einer **LED** befinden sich unterschiedliche Schichten eines Materials. In diesem besonderen Material findet in einem geschlossenen Stromkreis ein elektrischer Prozess statt. Dabei entsteht Licht. Es wird auch Wärme frei.

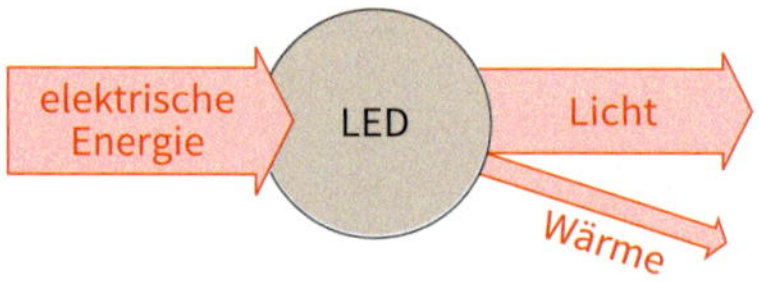

Wie entsteht Sonnenlicht?

In der Sonne läuft ein Vorgang ab, bei dem kleinste Teilchen, die Atome, miteinander verschmelzen. Die Energie, die in den Atomen enthalten ist und dabei frei wird, heißt **atomare Energie** oder **Kernenergie.** In der Sonne wird diese Energie in Licht und Wärme umgewandelt.

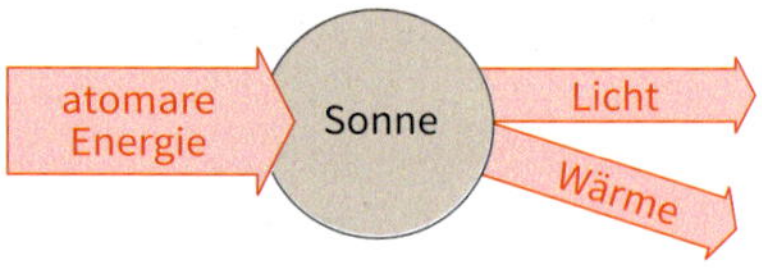

Wie erzeugt die Glühlampe Licht?

Im Glaskolben der Glühlampe befindet sich ein aufgewendelter **Wolframdraht.** Wenn er von elektrischer Energie durchflossen wird, beginnt er zu glühen. Dabei wird neben Licht auch sehr viel Wärme frei.

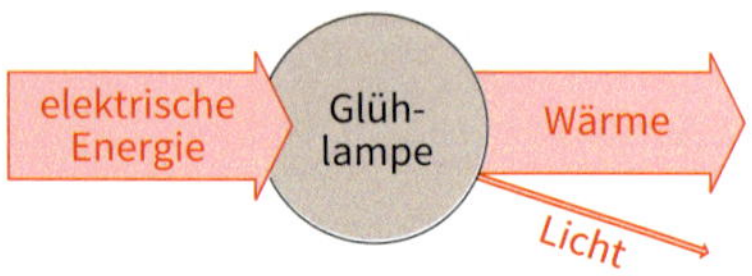

Wie entsteht in einer Leuchtstoffröhre Licht?

In einer Glasröhre befindet sich Quecksilberdampf. Wird elektrische Energie zugeführt, verändert sich der Dampf und sendet **UV-Strahlung** aus. Sie wird durch **Leuchtstoffe** in weißes Licht umgewandelt. Es wird Wärme frei.

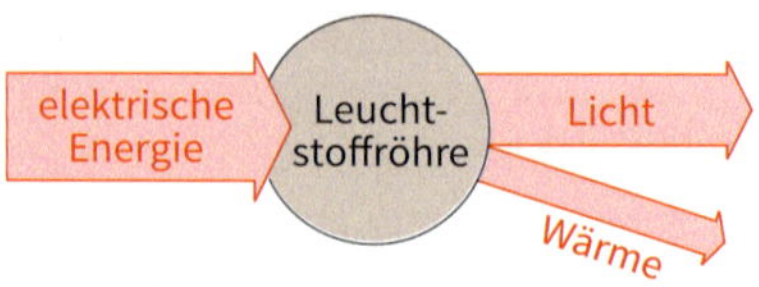

Aus Licht wird Energie anderer Form

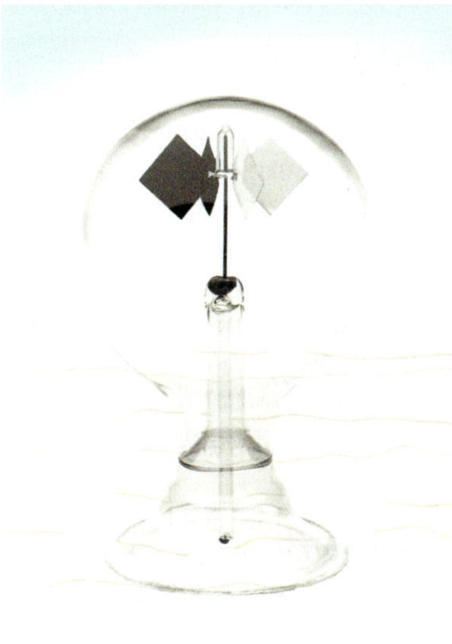

1 Lichtmühle

1. ≡ Ⓐ
a) Nenne den Energiewandler, wenn du ein Stück Zucker isst.
b) Beschreibe, aus welcher Form dabei Energie in eine andere Form umgewandelt wird.

2. ≡ Ⓐ
Erkläre, woher die Energie stammt, die du als chemische Energie zu dir nimmst, wenn du grünen Salat isst.

3. ≡ Ⓐ
a) Zähle Gegenstände auf, die mit einer Solarzelle betrieben werden. Beschreibe, in welche Formen von Energie das Licht umgewandelt wird.
b) Begründe, ob die Solarzelle ein Sender oder Empfänger ist.

Die Lichtmühle

In Bild 1 siehst du eine Lichtmühle. Sie besteht aus einem Glaskolben, in dem sich ein vierteiliges Flügelrad befindet. Jeder Flügel besitzt eine schwarze und eine silberne Seite. Aus dem Kolben ist ein Teil der Luft herausgepumpt worden.

Trifft Licht auf die schwarzen Seiten der Flügel, werden diese warm. Die Mühle beginnt sich zu drehen. Das Licht wird also durch die Mühle in Bewegungsenergie umgewandelt.

Der Parkscheinautomat

An öffentlichen Parkplätzen hast du sicher schon einmal Parkscheinautomaten gesehen, die mit Solarzellen betrieben werden (Bild 2). Diese sind nach Süden zur Sonne hin ausgerichtet. Wenn sie von der Sonne beschienen werden, entsteht in ihrem Inneren elektrische Energie für die Arbeit des Parkscheinautomaten. Die Solarzelle wandelt Licht in elektrische Energie um.

2 Parkscheinautomat mit Solarzellen

Die Fotosynthese

Neben Wasser und Mineralsalzen brauchen Pflanzen das Gas Kohlenstoffdioxid aus der Luft und vor allem Licht, um zu wachsen. Werden sie von der Sonne beschienen, wird mithilfe des grünen Blattfarbstoffes aus Wasser und Kohlenstoffdioxid Zucker. In diesem ist die Energie des Sonnenlichtes gespeichert. Die Pflanzen wandeln Licht in chemische Energie um. Dieser Vorgang heißt **Fotosynthese.** Die Pflanzen sind Nahrungsmittel für Tiere und Menschen und liefern an diese die gespeicherte Energie weiter.

3 Pflanze, die Licht aufnimmt

Die mechanischen Energieformen

1. Ⓐ
a) Ein Skifahrer steht am Hang und fährt anschließend hinunter. Erläutere, woher er die dafür benötigte Energie hat.
b) Beschreibe die Energieumwandlungen, die während der Abfahrt auftreten.
c) Am Ende des Hanges bleibt der Skifahrer nach einiger Zeit stehen. Finde eine Erklärung dafür.

2. Ⓐ
Gib an, wofür die Höhenenergie des Wassers in einem Stausee genutzt wird.

3. Ⓐ
a) Ein Blechfrosch kann enorm hüpfen. Erläutere seine Funktionsweise.
b) Beschreibe, wie du ihm Energie überträgst und wie diese Energie danach umgewandelt wird.

4. Ⓐ
Ordne jedem der folgenden Beispiele eine der drei mechanischen Energieformen zu: Lawine, gedehntes Gummiband, Spraydose, Wind, Sportbogen, Hagelkörner.

Höhenenergie

Da die Gewichtskraft F_G in Richtung Erdmittelpunkt wirkt, wird nur dann Energie übertragen, wenn ein Weg gegen die Erdanziehungskraft zurückgelegt wird. Ein Körper besitzt mehr Energie, je höher er angehoben wird. Die Energie ist im Körper enthalten. Deshalb wird diese Form von Energie **Höhenenergie** oder **Lageenergie** genannt.
Ein Fahrradfahrer, der einen Berg hochfährt, gewinnt durch die Zunahme an Höhe immer mehr Höhenenergie. Die gewonnene Höhenenergie, kann er nutzen.

Bewegungsenergie

Rollt der Radfahrer den Berg hinunter, wird die Höhenenergie wieder frei. Sie wird in **Bewegungsenergie** umgewandelt. Je höher die Geschwindigkeit des Radfahrers wird, desto größer wird auch seine Bewegungsenergie.

Spannungsenergie

Energie, die zur Verformung eines Körpers führt, speichert der Körper in Form von **Spannungsenergie** oder **Verformungsenergie.** Springst du auf das Sprungtuch eines Trampolins, verformt es sich. Es wölbt sich nach unten und besitzt nun Spannungsenergie. Entspannt sich das Sprungtuch, wird diese Energie auf dich übertragen und du wirst in die Luft geschleudert.

Energieumwandlung

Anhand der unterschiedlichen Namen der Energieformen Höhenenergie, Spannungsenergie und Bewegungsenergie erkennst du, was mit der Energie bewirkt werden kann. Mit Bewegungsenergie beispielsweise kann ein Fahrrad bewegt werden. Mit Spannungsenergie kann eine Feder gespannt werden. Erst wenn Spannungsenergie in Bewegungsenergie umgewandelt wird, wird ein Körper bewegt. Beide Energien stehen dann in **Wechselwirkung** zueinander. Bei jeder Energieumwandlung tritt Wärme auf.

1 Ganz schön anstrengend!

2 So fährt es sich bequemer!

Arbeit ist Energieübertragung

1. A
Du lernst am Tisch Vokabeln. Deine kleine Schwester klettert auf einen Stuhl. Begründe, wer von euch beiden mehr physikalische Arbeit verrichtet.

2. A
Beschreibe mehrere Situationen, bei denen du physikalische Arbeit verrichtest.

3. A
Vergleiche deinen Energieverbrauch beim Treppensteigen mit und ohne Schultasche.

4. A
Berechne die Energie, die du benötigst, um in deinem Schulhaus in das 2. Stockwerk zu gelangen.

5. A
Die Klassenzimmer der Schule bekommen neue Tische. Pia und Dana tragen 8 Tische, Ulf und Eva tragen 12 Tische in den zweiten Stock. Christian und Nicole tragen 12 Tische in den ersten Stock. Begründe, wer die meiste Energie aufgewendet hat.

Physikalische Arbeit

Du denkst bestimmt, du arbeitest, während du für eine Physikarbeit lernst und deine Freunde draußen warten. Im physikalischen Sinne arbeitest du dabei kaum. Physikalische **Arbeit** verrichtest du nur dann, wenn du auf einen Körper eine Kraft einwirken lässt und der Körper sich dadurch bewegt oder verformt. Die Kraft wirkt dabei immer in Bewegungsrichtung.

Die Hubarbeit

Die **Hubarbeit** ist eine spezielle Form der Arbeit. Sie wird verrichtet, wenn ein Körper durch die auf ihn wirkende Kraft an Höhe gewinnt. Hebst du eine Getränkekiste in den Kofferraum eines Autos, verrichtest du Hubarbeit. Je schwerer die Kiste ist, desto größer ist die Hubarbeit. Wenn du dieselbe Kiste auf die Ladefläche eines Lkws stellst, musst du sie höher heben und deshalb auch mehr Hubarbeit verrichten.

Arbeit ist Energieübertragung

Wenn du einen Körper anhebst, musst du Hubarbeit verrichten. Dazu benötigst du **Energie.** Diese mechanische Energie wird auf den Körper übertragen. Sie wird in ihm gespeichert und kann auch wieder freigesetzt werden.

Berechnung der Energiemenge

Wenn du eine Getränkekiste vom Boden in den Kofferraum hebst, musst du über diese Höhe eine Kraft einsetzten, die der Gewichtskraft der Kiste entspricht. Die dafür benötigte Energiemenge E_L berechnet sich aus der Gewichtskraft F_G und der Höhe h:

Energie = Gewichtskraft · Höhe

$$E_L = F_G \cdot h$$

Mit $F_G = m \cdot g$ ergibt sich für die Energie:

$$E_L = m \cdot g \cdot h$$

Die Einheit der Energie

Die Einheit der Energie ist Joule (J). Benannt ist sie nach dem englischen Physiker James Prescott Joule (1818 – 1889).
Die Energie von 1 J wird übertragen, wenn ein Körper mit der Gewichtskraft von 1 N um 1 m angehoben wird. Identisch mit der Einheit Joule (J) ist das Newtonmeter (Nm):

$$1\ \text{J} = 1\ \text{Nm}$$

Andere Einheiten von Energie sind auch die Kalorie (cal) und die Kilowattstunde (kWh). 1 cal entspricht etwa 4,186 J. 1 kWh entspricht 3,6 MJ (Megajoule).

1 Energieübertragung macht Durst!

Kräfte bewirken Bewegungen und Verformungen

1. V
a) Fahre mit einem Fahrrad über Asphalt. Was stellst du dabei fest?
b) Beschreibe die gleiche Fahrt mit dem Fahrrad über Glatteis.

2. A
Eine Seilbahn fährt zur Bergstation. Plötzlich fällt der Strom aus. Beschreibe, was passiert.

3. A
Beschreibe die Wirkung eines starken Windes, der auf das Segel eines Segelbootes trifft,
a) beim Segel,
b) beim Boot.

4. V
Drücke mit dem Daumen erst leicht, dann stärker auf einen Schwamm. Beschreibe wie sich der Schwamm dabei verändert.

5. V
Schließe einen Gummischlauch mit einem Winkelrohr an einem Ende an den Wasserhahn an. Lege den Schlauch hin. Beschreibe, was geschieht, wenn der Wasserhahn aufgedreht wird.

6. Q
Notiere Beispiele für weitere Kräfte, die Bewegungen oder Verformungen erzeugen.

1 Zwei Wirkungen der Windkraft

Kraft und Gegenkraft
Bei einer Fahrradfahrt musst du **Muskelkraft** aufwenden. Um schneller zu fahren, musst du mehr Kraft einsetzen. Anstrengend wird es bei Gegenwind. Hier spürst du deutlich, dass eine weitere Kraft wirkt, die **Windkraft.** Sie wirkt deiner Muskelkraft entgegen. Daher wird sie **Gegenkraft** genannt.

Gegenkraft ist notwendig
Eine **Gegenkraft** ist immer vorhanden. So kommst du beim Anfahren nur vorwärts, wenn du die Straße unter dir wegschiebst. Weil das nicht geht, bewegt sich dein Fahrrad nach vorne. Auf einer Ölspur ist Radfahren schwierig, weil fast keine Reibung auftritt. Du kommst hier kaum vorwärts.

Verschiedene Kräfte
Bewegungen können noch durch andere Kraftarten bewirkt werden. So wird durch Windkraft der Rotor eines Windrades bewegt. Eine Liftkabine wird durch die **elektrische Kraft** des Motors gegen die **Erdanziehungskraft** nach oben gezogen. Bei Stromausfall wirkt nur die Erdanziehungskraft. Jetzt müssen die Notbremsen mit ihrer Bremskraft die Kabine in ihrer Position halten.

2 Hier wirkt elektrische Kraft.

Der Rückstoß
Liegt ein Gartenschlauch mit offenem Ende ausgerollt auf dem Rasen, tanzt das Ende des Schlauches hin und her, wenn du den Wasserhahn öffnest. Hier wird durch die Kraft des ausströmenden Wassers eine Kraft auf den Schlauch ausgeübt, der sich dadurch in Gegenrichtung bewegt.

3 Wasser marsch!

Kraft kann noch mehr
Kraft kann außer Bewegung auch **Verformung** bewirken. Bei Sturm biegen sich die Bäume unter der Wirkung der Windkraft.
Knetmasse nimmt eine andere Form ein, wenn du sie mithilfe deiner Muskelkraft knetest.

Die physikalische Größe
Physikalische Kräfte werden mit **F** bezeichnet. Dabei können durch einen Zusatz am Formelzeichen, den Index, die Kräfte unterschiedlich benannt werden. So könnte für elektrische Kraft F_E, für Muskelkraft F_M geschrieben werden.
Die Maßeinheit für Kräfte ist **Newton (N).** Dieser Name wurde zu Ehren des englischen Physikers SIR ISAAC NEWTON (1643–1727) gewählt.

Kräfte ändern Bewegungen

1. Ⓐ
Du näherst dich im Ruderboot einem Anlegesteg. Beschreibe, wie du das Boot abbremst.

2. Ⓥ
Fahre mit dem Fahrrad eine Strecke mit konstanter Geschwindigkeit. Wiederhole die Fahrt, bremse und beschleunige aber möglichst oft. Erkläre, warum diese Fahrt anstrengender ist als die erste.

3. Ⓐ
Erkläre die Bewegungsänderung des Balls durch den Torwart. Suche weitere Beispiele, die zeigen, dass Bewegungsänderungen Kraft benötigen.

4. Ⓐ
Begründe, warum an Autorennstrecken zwischen Piste und Zuschauerabgrenzung Kiesflächen angelegt werden.

5. Ⓐ
a) Das Bild unten zeigt die Bremsscheibe eines Autos auf dem Prüfstand. Der Test entspricht einer Schnellbremsung bei 180 $\frac{km}{h}$. Die Scheibe wurde bis zum Stillstand abgebremst. Erkläre, warum sie glüht.
b) Beschreibe den gesamten Test. Verwende die Begriffe Kraft, Reibung, steigende und abnehmende Geschwindigkeit.

Kraft und Bewegung

Die Fahrradfahrer in Bild 1 fahren um den Sieg. Will ein Fahrer von hinten an die Spitze, so muss er schneller treten als die anderen. Er muss dafür mehr Kraft einsetzen. Hat er die Spitze erreicht, kann er mit konstanter Geschwindigkeit weiterfahren und braucht dann dafür weniger Kraft. Müssen die Fahrer wegen eines Hindernisses abbremsen, so müssen sie Bremskraft aufwenden. Die Rennfahrer brauchen zusätzlich Kraft, wenn sie schneller werden wollen oder Bremskraft, wenn sie langsamer werden wollen. Eine Bewegung ändert sich nur, wenn eine Kraft wirkt.

Reibung verursacht eine Kraft

Wenn du über einen Sandweg fährst, brauchst du eine größere Kraft als beim Fahren auf der Straße. Hier spürst du die **Reibung**, die jede Bewegung hemmt. Sie ist auf dem Sandweg größer als auf der asphaltierten Straße. Du musst mehr Kraft einsetzen, um die Reibung des Sandes zu überwinden.
Die Reibung behindert deine Bewegung. Du spürst sie schon, wenn du dein Fahrrad auf der Straße rollen lässt und keine Kraft einsetzt. Die Bewegung wird langsamer.

1 Krafteinsatz bei einem Radrennen

Energie geht nicht verloren

1. V

a) Hänge vor eine Pappwand ein Fadenpendel und lenke bei straffem Faden die Kugel parallel zur Wand aus. Markiere die Höhe, aus der du das Pendel loslässt.
b) Markiere jeweils die linken und rechten Ausschläge mit a_ℓ und a_r.
c) Vergleiche die Größe der Ausschläge a und die erreichte Höhe h nach jedem Durchgang. Begründe die Beobachtungen.
d) Benenne die Energieformen, die bei der Bewegung des Pendels auftreten.

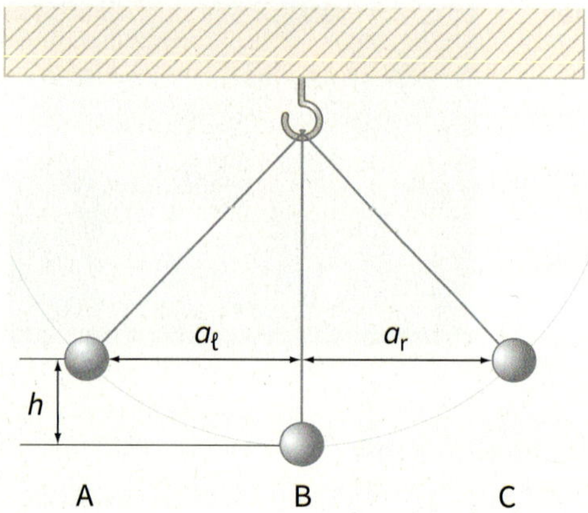

1 Fadenpendel

2. V

Fahre mit deinem Fahrrad auf einer waagerecht verlaufenden Straße mit einer Geschwindigkeit von 15 $\frac{km}{h}$.
a) Nenne die Energieumwandlungen, die während deiner Fahrt stattfinden.
b) Beschreibe, was passiert, wenn du immer mit der gleichen Kraft in die Pedale trittst.
c) Überlege, was passiert, wenn du bei Versuch a) keine Energie mehr zuführst.

3. A

a) Benenne jeweils die entwertete Energie in den Versuchen 1 und 2.
b) Formuliere einen Satz, der etwas über die Summe der beteiligten Energien beim Start und nach Ende der Versuche 1 und 2 aussagt.

Energieumwandlungen beim Fadenpendel

Beim schwingenden Fadenpendel wird stets Bewegungsenergie in Höhenenergie und Höhenenergie in Bewegungsenergie umgewandelt. Diese Umwandlungen können jeweils in einem **Energieflussdiagramm** dargestellt werden.

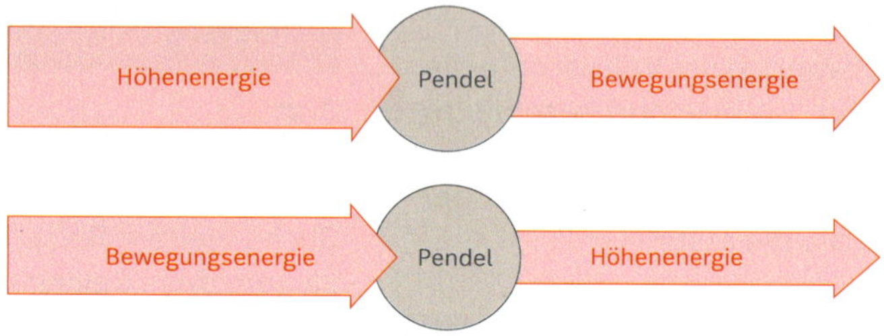

Das Pendel erreicht aber nicht mehr die Ausgangshöhe des ersten Durchgangs. Es hat nach jedem Pendeldurchgang immer weniger Höhenenergie und Bewegungsenergie.

Verschwindet Energie?

Höhenenergie und Bewegungsenergie stehen in Wechselwirkung. Dabei wird ein Teil der Höhenenergie E_H bei der Bewegung des Pendels in thermische Energie E_T, also in Wärme, umgewandelt. Das geschieht durch die Reibung an der Aufhängung und durch die Reibung mit der Luft. Entsprechend wird auch ein Teil der Bewegungsenergie E_B in thermische Energie E_T umgewandelt. Die thermische Energie als entwertete Energie steht für die Bewegung des Pendels nicht mehr zur Verfügung. Das Energieflussdiagramm muss also erweitert werden:

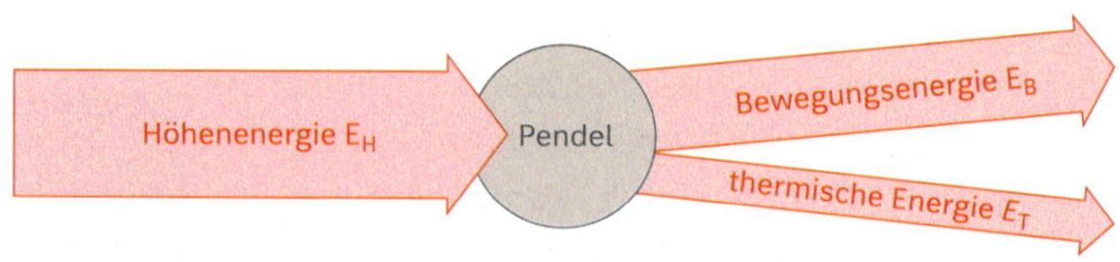

Insgesamt geht aber keine Energie verloren. Die Summe E_{ges} aller beteiligten Energien vor und nach der Energiewandlung bleibt gleich. Dieser Zusammenhang wird als **Energieerhaltungssatz** bezeichnet.

$$E_{ges\,vor} = E_{ges\,nach}$$
$$E_H = E_B + E_T$$

Energieumwandlungen

Sitzt du auf einer Schaukel, so musst du mit den Beinen Schwung holen oder dich muss jemand anstoßen, damit sich die Schaukel bewegt. Dabei wird Bewegungsenergie in Lageenergie umgewandelt und dann wieder in Bewegungsenergie. Diesen Vorgang kannst du in einem **Energieflussdiagramm** darstellen.

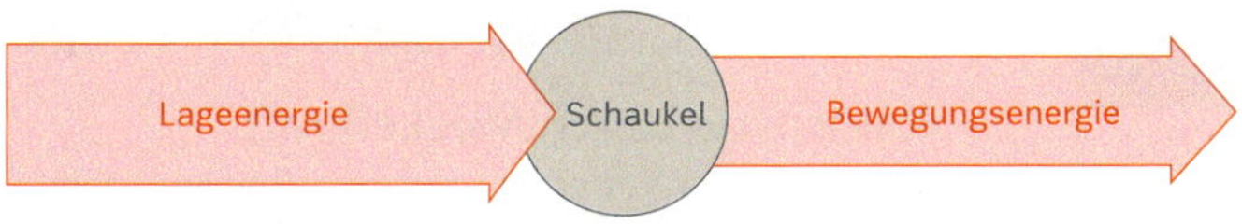

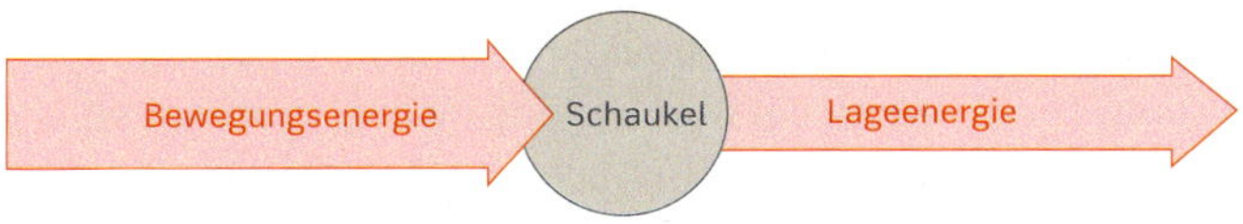

Wer wandelt die Energie um?

Zum Anstoßen der Schaukel benötigst du Energie. Diese aufgewendete Bewegungsenergie wird **zugeführte Energie** genannt. Die Schaukel ist ein **Energiewandler,** denn hier wird die zugeführte Energie in Lageenergie umgewandelt. Du gewinnst an Höhe. Die Lageenergie wird daher als **nutzbare Energie** bezeichnet.
Hat die Schaukel ihre maximale Höhe erreicht, wird ihr die dadurch erlangte Lageenergie zugeführt und erneut in die jetzt nutzbare Bewegungsenergie umgewandelt. Die Schaukel kann die Energie also in beide Richtungen umwandeln.

Verschwindet Energie?

Wird die Schaukel nicht ständig von neuem angestoßen und neue Energie zugeführt, erreicht sie jedoch immer weniger Höhe. Lage- und Bewegungsenergie nehmen mit der Zeit ab. Dabei wird ein Teil der Lageenergie E_L bei der Bewegung der Schaukel in thermische Energie E_T umgewandelt. Das geschieht durch die Reibung an der Aufhängung und durch die Reibung mit der Luft. Entsprechend wird auch ein Teil der Bewegungsenergie E_B in thermische Energie E_T umgewandelt. Die thermische Energie steht für die Bewegung der Schaukel nicht mehr zur Verfügung. Sie wird daher als **entwertete Energie** bezeichnet. Das Energieflussdiagramm muss also erweitert werden:

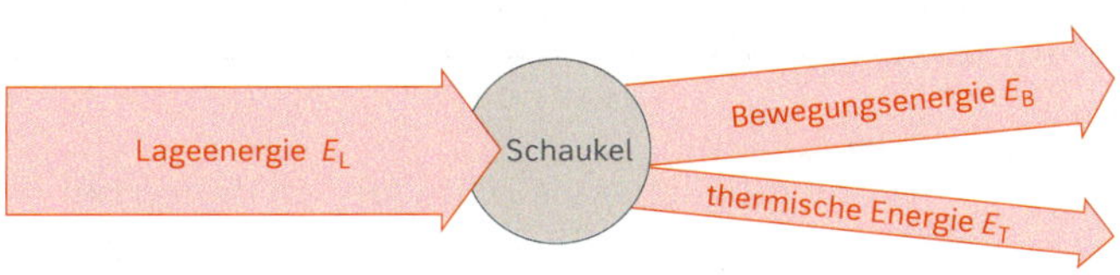

2 Die Schaukel als Energiewandler

Energieerhaltung

Insgesamt geht beim Schaukeln aber keine Energie verloren. Die Summe E_{ges} aller beteiligten Energien vor und nach der Energieumwandlung bleibt gleich. Dieser Zusammenhang wird als **Energieerhaltungssatz** bezeichnet:

$$E_{ges\ vor} = E_{ges\ nach}$$
$$E_L = E_B + E_T$$

Dieses Gesetz gilt für alle Prozesse, bei denen Energie umgewandelt wird.

PINNWAND

Generatoren sind Energiewandler

Elektrizität durch Windkraft
In Windkraftwerken wird elektrische Energie erzeugt. Sie können offshore, also auf See, und auf dem Festland errichtet werden. Da auf See regelmäßig starker Wind weht, ist die Energieausbeute bei Offshore-Anlagen höher, allerdings müssen teure Leitungen auf dem Meeresgrund verlegt werden.

Elektrizität durch Muskelkraft
Der Nabendynamo ist anders aufgebaut als die Fahrradlichtmaschine mit Reibradantrieb. Der Nabendynamo läuft immer mit. Wenn die Beleuchtung nicht eingeschaltet ist, läuft die Nabe genauso leicht wie eine einfache Vorderradnabe. Bei eingeschaltetem Licht ist die zusätzliche Last beim Nabendynamo, anders als beim Gerät mit Reibradantrieb, kaum spürbar.

Elektrizitätserzeugung im Kraftwerk
Die Welle des Rotors eines Kraftwerksgenerators ist mit der Turbine verbunden. Die Turbine im Elektrizitätswerk wird mit Wasser oder mit Dampf angetrieben. Dabei wird die Bewegungsenergie in thermische Energie und elektrische Energie umgewandelt.

Elektrizitätserzeugung im Kraftfahrzeug
Jede **Lichtmaschine** im Auto ist ein Generator. Sie wird vom Motor angetrieben. Die Lichtmaschine liefert elektrische Energie für die elektrischen Geräte des Fahrzeugs und zum Aufladen der Batterie.

1. Ⓐ
Nenne Vor- und Nachteile von Offshore-Windkraftanlagen.

2. Ⓐ
Beschreibe Unterschiede und Gemeinsamkeiten der abgebildeten Fahrradlichtmaschinen.

3. Ⓐ
Nenne möglichst viele Stellen, an denen bei einem Auto elektrische Energie benötigt wird.

Das Motor-Generator-Prinzip

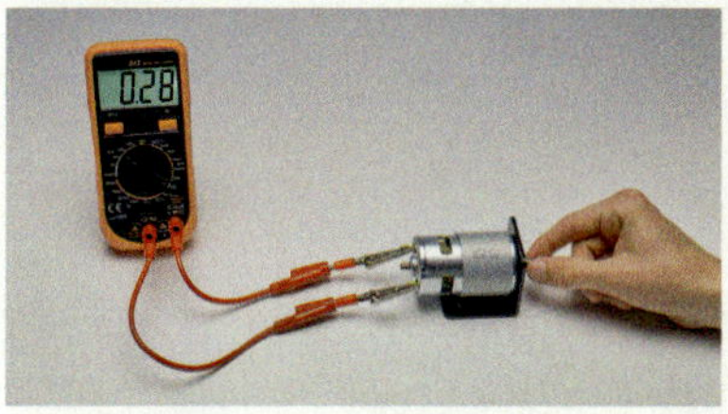

1 Ein Motor als Generator

1. ☰ V
Wähle am Messgerät den kleinsten Messbereich für Gleichspannung. Verbinde es mit dem Elektromotor und drehe an der Motorachse. Beschreibe deine Beobachtung.

2. ☰ A
Nenne Einsatzbereiche,
a) für Elektromotoren unterschiedlicher Größe.
b) für Generatoren unterschiedlicher Größe.

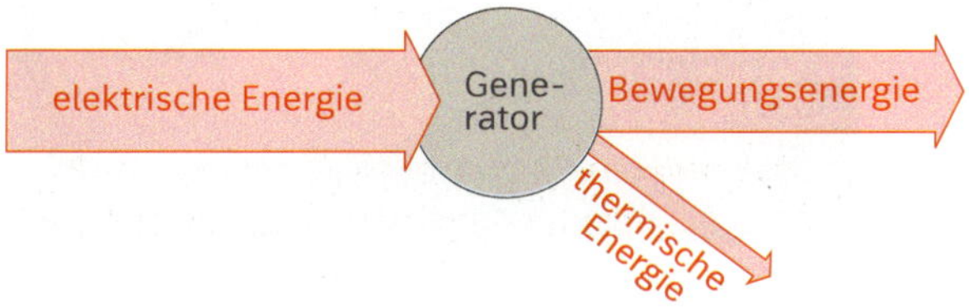

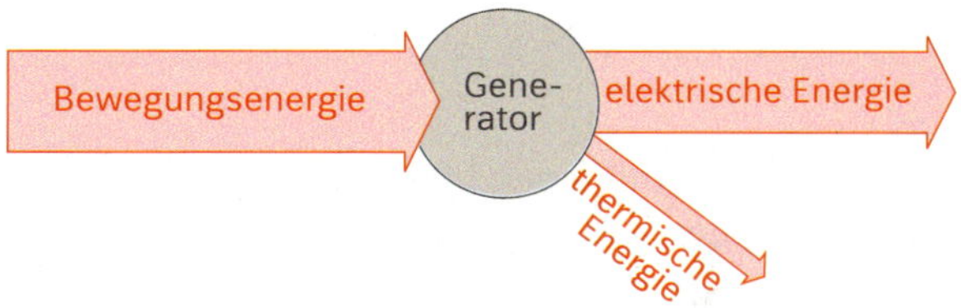

Stator und Rotor – ein Motor
Elektromotoren sind Wandler. Sie wandeln elektrische Energie in Bewegungsenergie und Wärme (thermische Energie) um.

Einsatz von Elektromotoren
Elektromotoren gibt es in vielen verschiedenen Größen. Millimeter kleine Motoren verstellen die Optik von Kameras. Mehrere Meter große Elektromotoren bewegen die Schaufelradbagger im Braunkohlebergbau.
Mit Elektromotoren hast auch du jeden Tag zu tun. Kleine Motoren drehen die Lüfter von Computern oder versetzen die elektrische Zahnbürste in Schwingung. Größere Motoren treiben Staubsauger an oder bringen Automotoren auf Startdrehzahl. Immer mehr Elektroautos sind auf den Straßen. Sie lösen mehr und mehr Verbrennungsmotoren ab. Auch Straßenbahnen nutzen Elektromotoren.

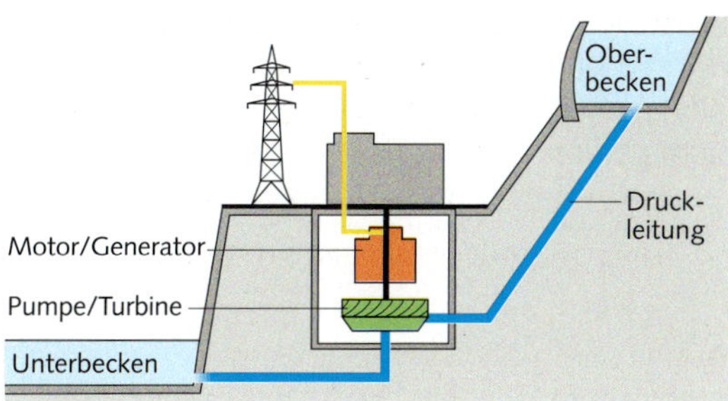

2 Ein Motor-Generator im Pumpspeicherkraftwerk

Stator und Rotor – ein Generator
Generatoren sind Wandler. Sie wandeln Bewegungsenergie in elektrische Energie und thermische Energie um.

Einsatz von Generatoren
Ebenso wie Elektromotoren werden Generatoren in unterschiedlichen Größen und für unterschiedliche Einsatzzwecke gebaut. Du kennst die Fahrradlichtmaschine, die beim Fahren elektrische Energie für die Beleuchtung liefert. Generatoren in Windkraftanlagen speisen elektrische Energie in das öffentliche Versorgungnetz ein.
Auch die elektrische Energie für die Motoren elektrischer Schiffsantriebe wird von Generatoren geliefert.

Das Pumpspeicherwerk – ein Energiespeicher
In Pumpspeicherkraftwerken wird bei Energieüberschuss im öffentlichen Energienetz Wasser in das Oberbecken gepumpt. Die Pumpen werden durch Elektromotoren angetrieben. Bei Energiebedarf werden dieselben Motoren umgeschaltet, sie arbeiten dann als Generatoren. Diese **Motor-Generatoren** wandeln die Bewegungsenergie des fallenden Wassers in elektrische Energie um (Bild 2). Elektromotor und Generator arbeiten nach demselben Prinzip. Mit dem Pumpspeicherkraftwerk in Vianden befindet sich auch in Luxemburg solch ein Energiespeicher.

Energierückgewinnung in Fahrzeugen
Die Bewegungsenergie von Fahrzeugen wird beim Bremsen vermindert. Zum Beschleunigen muss Energie zugeführt werden. Elektrisch betriebene Fahrzeuge wie Züge, aber auch Pkw mit Elektroantrieb und Elektrofahrräder können beim Bremsen elektrische Energie zurückgewinnen. Diese wird bei Zügen wieder in das Leitungsnetz eingespeist, bei Pkw und Elektrofahrrädern wird der Akku aufgeladen.

Kraftwerke im Vergleich

1. ≡ Q
Informiere dich im Internet und in Büchern über die Arbeitsweise von Kraftwerken.

2. ≡ A
Stelle die Vor- und Nachteile der Kraftwerkestypen in einer Tabelle gegenüber.

Kraftwerkstyp	Vorteil	Nachteil
Kohlekraftwerk	...	...
...	...	...

3. ≡ Q
Recherchiere mithilfe des Internets aus welchen Kraftwerkstypen der Strombedarf in Luxemburg gedeckt wird.

2 Kernkraftwerk Cattenom

Kohlekraftwerke

Kohlekraftwerke arbeiten zuverlässig rund um die Uhr. Der Wirkungsgrad von Kohlekraftwerken beträgt aber nur etwa 40 %. Die Brennstoffe sind Braunkohle und Steinkohle. Ihre Vorräte reichen aus heutiger Sicht noch für mehrere hundert Jahre.
Bei der Verbrennung von Kohle entstehen Rauchgase mit schädlichen Rückständen. Schwefel- und Stickstoffverbindungen verursachen den sauren Regen. Sie müssen in aufwendigen Reinigungsverfahren aus den Rauchgasen entfernt werden. Das Kohlenstoffdioxid trägt zu Klimaveränderungen bei.

1 Kohlekraftwerk

Kernkraftwerke

In Luxemburg selbst befinden sich keine Atomkraftwerke. Das am nächsten zur luxemburgischen Grenze gelegene Kernkraftwerk, das noch in Betrieb ist, befindet sich in Cattenom (Frankreich). Es ist seit 1986 in Betrieb.
Die Kernenergie des Urans wird durch die Kernreaktion in thermische Energie umgewandelt. Dabei wird Wasser verdampft. Der heiße Wasserdampf steigt nach oben und treibt die Schaufeln einer Turbine an. Durch die Drehbewegung wird in einem Generator elektrische Energie für die Energieversorgung gewonnen. Der Wirkungsgrad eines Kernkraftwerks beträgt etwa 35 %. Kernkraftwerke geben keine Rauchgase und kein CO_2 ab. Wegen der Sicherheitsanforderungen sind die Bau- und Betriebskosten für Kernkraftwerke sehr hoch. Als Folge des Reaktorunglücks von Fukushima im März 2011 in Japan wurde beschlossen, alle Kernkraftwerke in Deutschland bis 2022 abzuschalten. Die Endlagerung des radioaktiven Abfalls aus Kernkraftwerken ist jedoch nicht gelöst.

3 Wasserkraftwerk auf dem Niklosbierg (Mont St. Nicolas) in Vianden

4 Windkraftwerk in Kehmen-Heischent

Wasserkraftwerke

Wasserkraftwerke bestehen entweder aus Laufwasserkraftwerken in Flüssen oder Pumpspeicherkraftwerken in Gebirgen. Hier wird durch fließendes Wasser elektrische Energie erzeugt. In Luxemburg befinden sich Wasserkraftwerke in Esch/Sauer, Ettelbruck, Rosport und Grevenmacher. In Vianden ist eines der größten Pumpspeicherkraftwerke Europas. Der Fluss Our ist zwischen Stolzemburg und Vianden auf einer Länge von 8 km gestaut und bildet das Unterbecken des Werks mit einem Speichervolumen von 10 Millionen Kubikmetern Wasser. Das 280 m höher gelegene Oberbecken auf dem Nikolausberg kann bis zu 6,8 Millionen Kubikmeter Wasser speichern. 11 Generatoren stehen zur Verfügung.

Solaranlagen

Die Umwandlung von Sonnenlicht in elektrische Energie stellt für die Umwelt die geringste Belastung dar. Bei einem Wirkungsgrad von 15 % – 22 % sind die Anlagenkosten im Verhältnis zur erzeugten elektrischen Energie aber sehr hoch. Solaranlagen können allerdings schon heute dort wirtschaftlich sein, wo für die Versorgung mit elektrischer Energie lange Leitungen verlegt werden müssten.

Windkraftwerke

In Luxemburg sind Windkraftwerke ein wesentlicher Bestandteil für die Erzeugung elektrischer Energie aus erneuerbaren Energien. Im Rahmen der Förderung und Erzeugung erneuerbarer Energie liegt in der Windkraft das aktuell größte nutzbare Potential in Luxemburg. Die jährliche Energieproduktion einer Windkraftanlage neuester Generation entspricht dem Stromverbrauch von 1.400 4-Personenhaushalten.

Durch den Ausbau der bestehenden und den Bau neuer Windkraftwerke, wird die jährliche Produktion an Windenergie in Luxemburg bis zum Jahr 2025 so weit gesteigert, dass in etwa 88.000 Haushalte von vier Personen mit elektrischer Energie, die ausschließlich durch Windkraft erzeugt wird, versorgt werden können. Windkraftwerke erreichen einen Wirkungsgrad von 45 %. Sie geben keine Schadstoffe ab. Weil Wind nicht immer zur Verfügung steht, sind Anlagen im Landesinneren im Durchschnitt aber nur zu 30 % eines Jahres in Betrieb.

5 Solarkraftwerk

Von der Sonne zur Steckdose

1. ≡ (A)
a) Beschreibe, wie Kohle entsteht.
b) Nenne Auswirkungen des Kohleabbaus.

2. ≡ (A)
Erläutere mithilfe von Bild 2, wodurch der Wind entsteht, der vom Meer zum Land weht.

3. ≡ (Q)
Informiere dich, wie eine Windkraftanlage transportiert und aufgestellt wird.

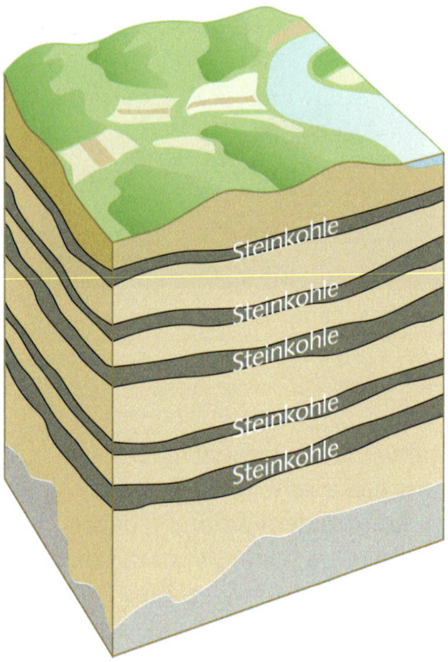

1 Entstehung von Steinkohle

Ohne Sonne keine Kohle

Vor circa 350 Mio. Jahren war der Sauerstoff- und der Kohlenstoffdioxidgehalt der Atmosphäre viel höher als heute. Die Sonne hat die Luftmassen der Erde stärker erwärmt, das Klima auf der Erde entsprach dem eines Gewächshauses. Es wuchsen gigantische Pflanzen, wie bis zu 20 m hohe Farne. Die Pflanzen speicherten die Energie der Sonne durch **Fotosynthese.** Abgestorbene Pflanzenteile versanken in sumpfigen Gebieten, verrotteten nur unvollständig und bildeten Torf. Durch den größer werdenden Druck auf tiefliegende Torfschichten und dadurch steigende Temperaturen entstand in vielen Millionen Jahren **Kohle.**

3 Kohleförderung im Tagebau

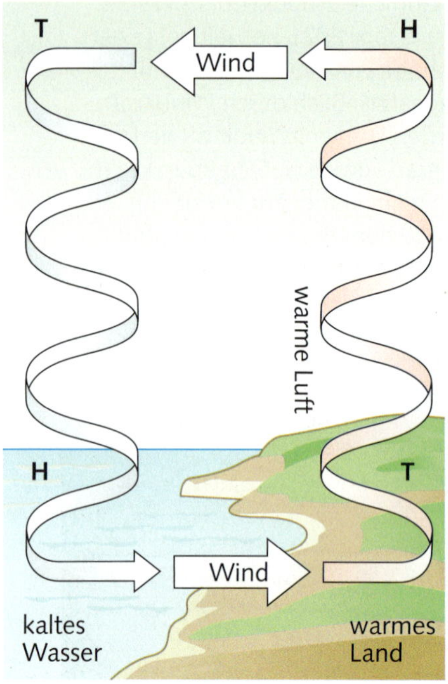

2 Entstehung von Wind

Ohne Sonne kein Wind

Die Strahlung der Sonne erwärmt Landmassen stets stärker als Wassermassen. Die Landmassen geben die Wärme wie bei einer Heizplatte an die darüber liegende Luft ab. Diese dehnt sich zunächst nach oben aus. In etwa 500 m Höhe kommt es zu einem Temperatur- und Druckausgleich zwischen der Luft über dem Meer und der Luft über dem Land. Es entsteht eine seewärts gerichtete Luftströmung. Über dem Wasser befindet sich nun mehr Luft als über dem Land. Sie wird stark zusammengedrückt und weicht als landwärts gerichtete Luftströmung aus. Der Ausgleich von Temperatur- und Druckunterschieden geschieht immer durch die Bewegung von Luftteilchen – es entsteht **Wind.**

4 Windpark Housen-Pëtschent

4. Ⓐ
Erläutere das Energieflussdiagramm eines Kohlekraftwerkes (Bild 5B).

5. Ⓐ
Erläutere das Energieflussdiagramm eines Windkraftwerkes (Bild 6B).

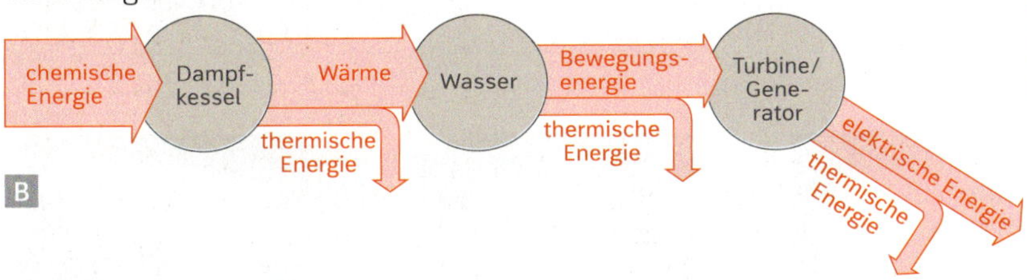

5 Steinkohlekraftwerk: **A** Hamburg-Moorburg, **B** Energieumwandlungen

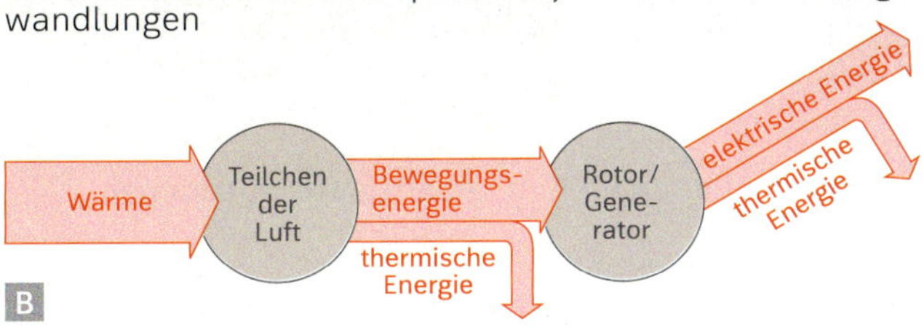

6 Windkraftwerk: **A** Windpark Rulljen-Géisdref, **B** Energieumwandlungen

Steckbrief Steinkohlekraftwerk

Ort:	Hamburg-Moorburg
Inbetriebnahme:	2014
Baukosten:	2,6 Mrd.€
Leistung:	2 × 840 MW
Fernwärme:	650 MW
Jahresenergieertrag:	11 000 GWh
Versorgte Haushalte:	etwa 4,4 Mio.
Baumaterial:	400 000 m³ Beton, 75 000 t Stahl
Fläche:	23 ha
Steinkohle:	12 000 t täglich
Energiekosten:	25 $\frac{\text{Cent}}{\text{kWh}}$

Besonderheit: zählt zu den effizientesten Steinkohlekraftwerken Europas

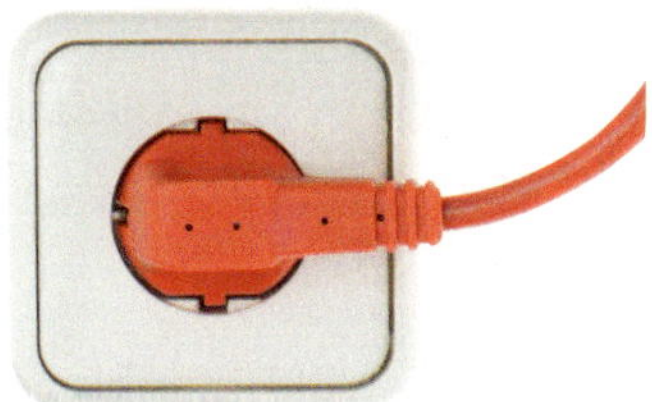

Steckbrief Windkraftwerke

Ort:	Luxemburg
In Betrieb:	7 Windparks mit 42 Anlagen
In Planung:	8 neue Windparks mit 37 Anlagen
Leistung pro Anlage:	etwa 2 MW
Jahresenergieertrag (2018):	184,5 GWh
Versorgte Haushalte:	etwa 41 000
Turm und Rotorhöhe:	192,5 m
Nabenhöhe:	135 m
Rotordurchmesser:	115 m

Stand der Informationen: 2018

Verbrennungen im Alltag

PINNWAND

Explosionsartige Verbrennungen

Feuerwerkskörper enthalten Schwarzpulver. Wenn das Schwarzpulver entzündet wird, sorgt eine dicke Schicht Papier oder Pappe dafür, dass die Verbrennungsgase einen sehr hohen Druck in der Hülle erzeugen. Der Druck sprengt schließlich die Hülle mit lautem Knall.

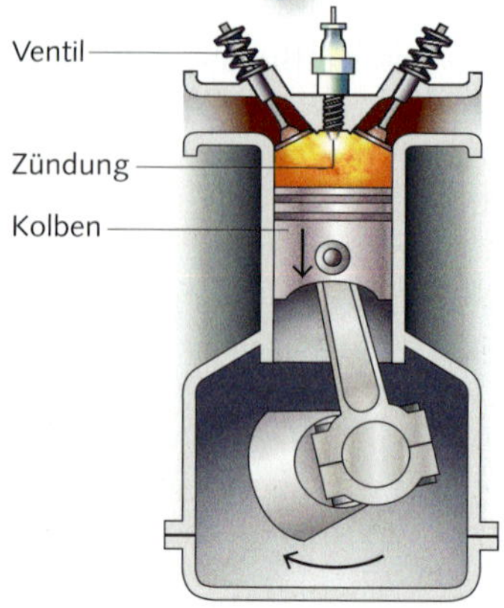

Der Verbrennungsmotor

Im Motor eines Kraftfahrzeugs wird Benzin oder Dieselöl verbrannt. Dazu wird im Zylinder ein Gemisch aus Luft und Kraftstoff gezündet. Die Explosion treibt durch die Ausdehnung der Verbrennungsgase den Kolben nach unten, wodurch die Kurbelwelle und damit das Auto bewegt werden.

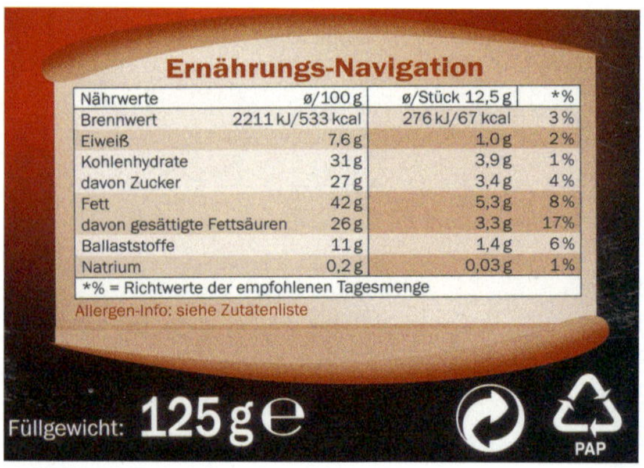

Ernährungs-Navigation

Nährwerte	ø/100 g	ø/Stück 12,5 g	*%
Brennwert	2211 kJ/533 kcal	276 kJ/67 kcal	3 %
Eiweiß	7,6 g	1,0 g	2 %
Kohlenhydrate	31 g	3,9 g	1 %
davon Zucker	27 g	3,4 g	4 %
Fett	42 g	5,3 g	8 %
davon gesättigte Fettsäuren	26 g	3,3 g	17%
Ballaststoffe	11 g	1,4 g	6 %
Natrium	0,2 g	0,03 g	1 %

*% = Richtwerte der empfohlenen Tagesmenge

Feuer im Essen?

Neben Nährstoffanteilen steht auf Etiketten ein Energiewert, auch Brennwert genannt. Er gibt die Energiemenge an, die als Wärme freigesetzt würde, wenn das Nahrungsmittel verbrannt werden würde. Eine Verbrennung mit offener Flamme findet im Körper aber nicht statt.

Gefährlicher Sonnenbrand

Ist die Haut zu lange ungeschützt der Sonne ausgesetzt, wird sie ähnlich wie bei einer Verbrennung geschädigt. Ursache ist die energiereiche Sonnenstrahlung. Eine Entzündung mit Rötung und Schmerzen ist die Folge.

1. A
Sammle weitere Beispiele für Verbrennungen im Alltag.

2. A
Trage Nährwertinformationen für fünf Lebensmittel zusammen.

3. A
Begründe, was bedeutet es, wenn ein Lebensmittel einen besonders hohen Brennwert hat.

Energie lässt sich messen

1. ☰ Ⓥ

a) Fülle ein Glaswanne wie in Bild 1 mit 1 kg Wasser (1 kg Wasser entspricht 1 l Wasser) und miss die Wassertemperatur.
b) Erhitze ein Kupferstück über der Brennerflame und lege es in das Wasser. Rühre um und miss nach 3 min wieder die Wassertemperatur.
c) Berechne, wie viel Energie das Kupferstück an das Wasser abgegeben hat.
Hinweis: 1 kg Wasser wird mit 4186 J um 1 K erwärmt.

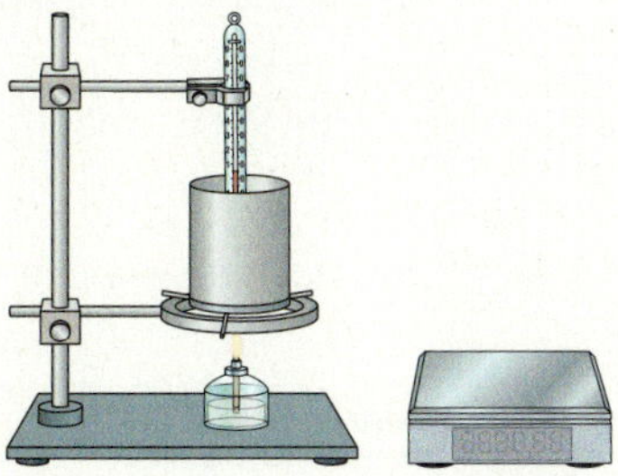

2 Bestimmung des Energiegehalts

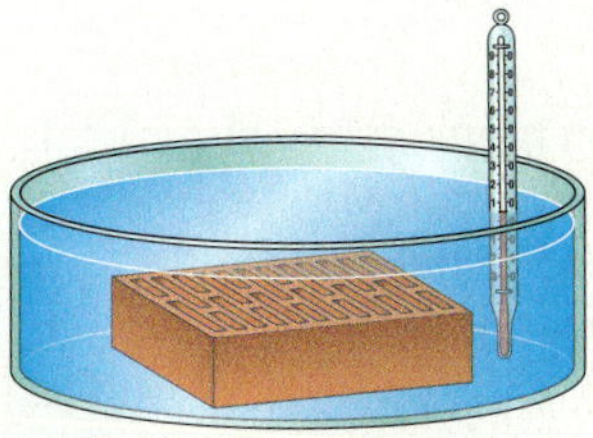

1 Wasser wird erwärmt.

2. ☰ Ⓥ

a) Mische kaltes und warmes Wasser so, dass es eine Temperatur von 20 °C erreicht. Gieße davon 1 kg Wasser in ein anderes Gefäß. Wiege einen gefüllten Spiritusbrenner. Lass Spiritus verbrennen, bis das Wasser auf 30 °C erwärmt wurde. Miss wieder die Masse des Brenners. Berechne, wie viel Spiritus verbrannt wurde.
b) Berechne, wie viel Energie der Spiritus an das Wasser abgegeben hat.
c) Berechne, wie viel Energie 1 g und 1 kg Spiritus abgeben kann.

3. ☰ Ⓐ

Erstelle eine Tabelle mit dem Energiegehalt der verschiedenen Brennstoffe aus Bild 3.

4. ☰ Ⓐ

Berechne, wie viel Wasser mit 20 930 J um 1 K erwärmt werden kann.

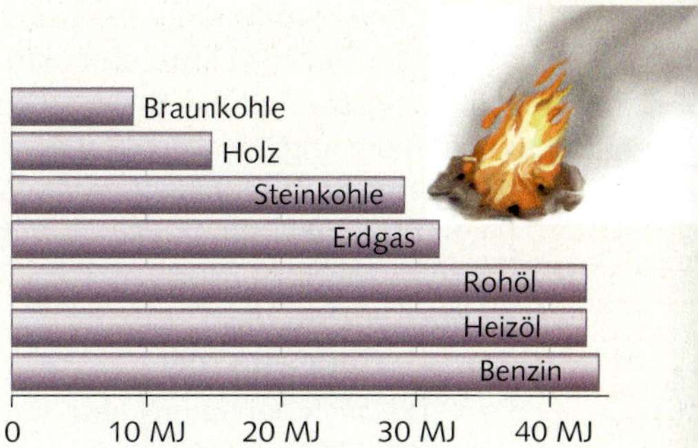

3 Heizwert von 1kg Brennstoff

UMRECHNUNG DER ENERGIEEINHEITEN

1000 J =	1 kJ (Kilojoule)
1 000 000 J =	1000 kJ
1000 kJ =	1 MJ (Megajoule)

Die Einheit der Energie

Wenn du Wasser erwärmen möchtest, kannst du ein heißes Kupferstück in kühleres Wasser legen. Die Wärme wird an das Wasser abgegeben. Das Wasser nimmt die Wärme auf und seine Temperatur steigt.

Um nun feststellen zu können, wie viel Energie in Form von Wärme dem Körper zugeführt wurde, musst du eine Möglichkeit kennen, Wärme zu messen und ein Maß für die Größe der Energie festlegen. Die Einheit der Energie ist Joule, abgekürzt J. Diese Einheit wurde zu Ehren des englischen Forschers James Prescott Joule (1818–1889) gewählt.

Um festzulegen, wie groß 1 J Energie ist, wurde Wasser benutzt und es wurde vereinbart: Zum Erwärmen von 1 kg Wasser um 1 K werden 4186 J benötigt. Dieser Wert ist historisch bedingt, daher kommt diese etwas merkwürdige Zahl zustande. Dabei entspricht 1 kg Wasser 1 l Wasser.

Der Energiegehalt von Brennstoffen

Nachdem die Einheit für Energie festgelegt ist, kannst du jetzt für verschiedene Brennstoffe die Menge der enthaltenen Energie bestimmen, die von den Wärmequellen in Wärme umgewandelt wird. Dazu brauchst du nur zu messen, um wie viel Kelvin 1 kg Wasser von 1 kg des betreffenden Brennstoffes erwärmt werden kann, wenn du diesen vollständig verbrennst.

Der Energiegehalt von 1 kg eines Brennstoffes wird Heizwert genannt (Bild 3). Nimmst du weniger Brennstoff, wie in Versuch 2, musst du die gemessene Energie auf 1 kg umrechnen.

Beim Verbrennen von Flüssigkeiten und Gasen wird der Heizwert auf 1 l oder 1 m3 dieser Stoffe bezogen.
Bei Nahrungsmitteln wird der Heizwert als Brennwert bezeichnet und gibt die Energiemenge von 1 kg eines Lebensmittels an.

Umweltprobleme durch gasförmige Oxide

STREIFZUG

Energiebedarf und Umweltschutz

Wegen des großen Energiebedarfs werden heute sehr viel Kohle und Öl verbrannt. Dadurch entstehen große Mengen von Stickstoffoxiden, Kohlenstoffoxiden und Schwefeloxiden. Diese Nichtmetalloxide gefährden uns und unsere Umwelt.

Schwefeldioxid (SO_2)

Steinkohle, Braunkohle und Erdöl enthalten **Schwefel.** Das beim Verbrennen dieser Energieträger entstehende Gas **Schwefeldioxid** führt zu saurem Regen. Um dies zu vermeiden, werden Erdölprodukte meist vor der Verbrennung entschwefelt. Bei Stein- und Braunkohle hingegen werden die Abgase durch Rauchgasentschwefelungsanlagen gereinigt. Dadurch ist der Ausstoß von SO_2 in den letzten Jahrzehnten deutlich rückläufig.

Kohlenstoffoxide

Kohlenstoffdioxid (CO_2) ist ein Gas, das auch bei natürlichen Prozessen entsteht. Es ist ein wichtiger Bestandteil der Lufthülle, denn es gibt unserer Erde einen Wärmeschutzschild. Es lässt die Sonneneinstrahlung fast ungehindert durch und verhindert gleichzeitig, dass die von der Erde abgestrahlte Wärme vollständig entweicht. Gäbe es diesen natürlichen Treibhauseffekt nicht, würde die Erde auf durchschnittlich –18 °C abkühlen.
Durch die Verbrennung von Kohle, Erdgas, Heizöl, Dieselöl und Benzin wird aber zusätzlich Kohlenstoffdioxid erzeugt. Dadurch wird das Gleichgewicht zwischen Abstrahlung und Speicherung gestört. Das führt zur ständigen weiteren Erwärmung der Erde. Die Hauptverursacher sind Kraftwerke, Straßenverkehr, Industrie und Haushalte.

Wenn der Kohlenstoff bei der Verbrennung zu wenig Sauerstoff erhält, entsteht das Gas **Kohlenstoffmonooxid (CO).** Es ist schon in kleinen Mengen sehr giftig.

1. ≡ A

a) Bringe die Luftschadstoffe in Bild 1 mengenmäßig in die richtige Reihenfolge.
b) Beurteile das Gefährdungspotenzial der Schadstoffe im Zusammenhang mit der ausgestoßenen Menge.

2. ≡ A

Errechne anhand der Prozentangaben in den Bildern 2 bis 5 die ausgestoßenen Mengen (in Tsd. t) bei ausgewählten Verursachern.

	SO_2	CO_2	CO	NO_x
In 2012 erzeugt (in Tsd. t)	427	821 700	3 290	1 269

1 Ausstoß gasförmiger Oxide in Luxemburg

Stickstoffoxide (NO_x)

Stickstoffoxide (NO_x) entstehen aus dem Stickstoff der Luft bei Verbrennungen mit hohen Temperaturen. Kraftwerke und Motoren tragen so zur Smogbildung und zum sauren Regen bei.

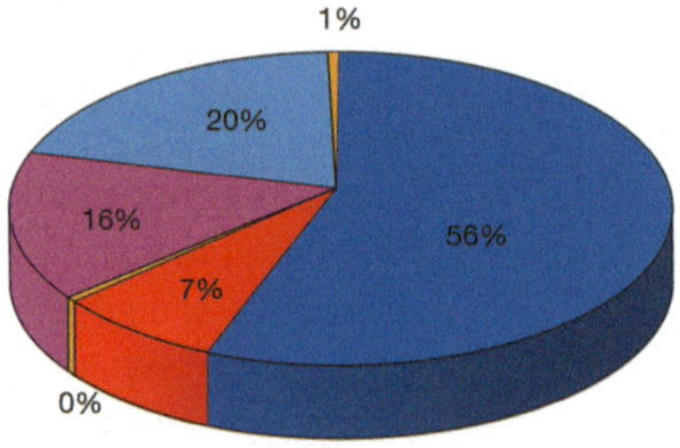

2 Anteil der Verursacher von SO_2

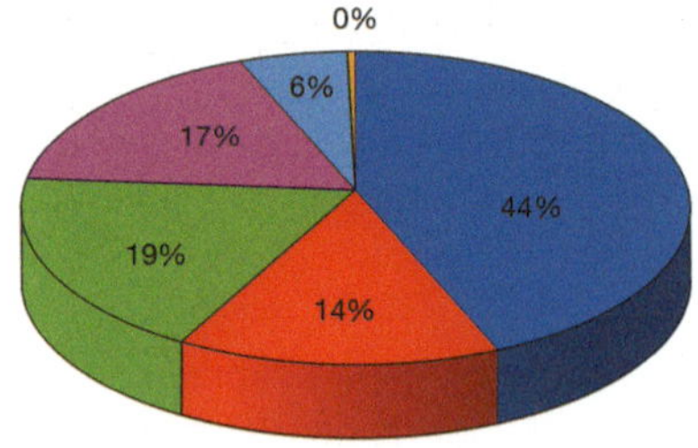

3 Anteil der Verursacher von CO_2

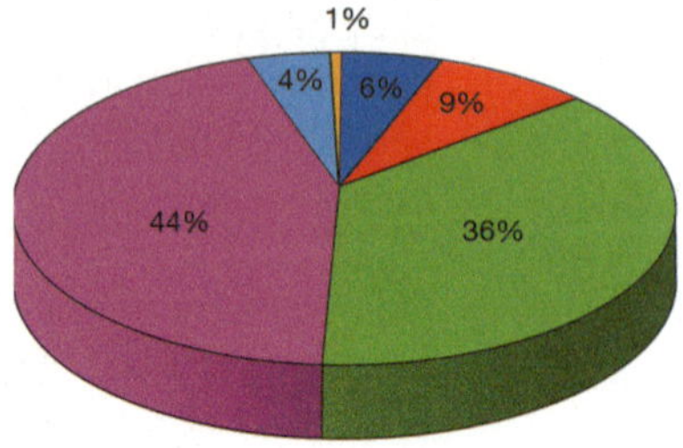

4 Anteil der Verursacher von CO

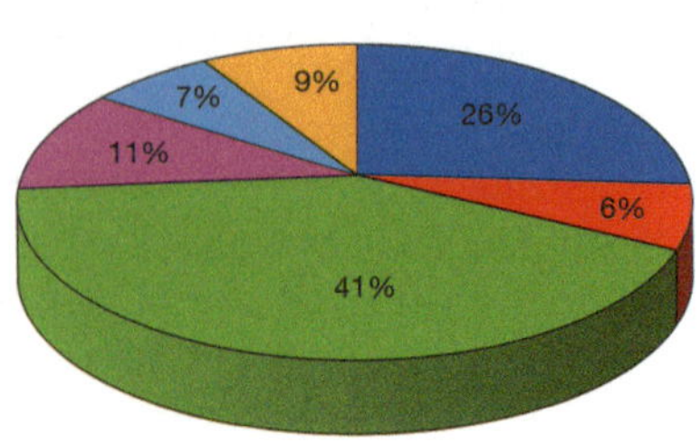

5 Anteil der Verursacher von NO_x

Gesundheitsgefahren durch gasförmige Oxide

Schwefeldioxid (SO_2)
Farbloses, stechend riechendes Gas · schwerer als Luft · entsteht bei der Verbrennung schwefelhaltiger Stoffe, vor allem bei Kohle · Hauptverursacher des „Smog“ · verbindet sich beim Atmen mit der Feuchtigkeit der Schleimhäute zu schwefliger Säure · verursacht Hustenreiz und Rachenschmerzen · Oxidation zu Schwefelsäure in der Atmosphäre möglich

Stickstoffoxide (NO_x)
Verschiedene Oxide · entstehen aus Luftstickstoff · verbinden sich mit Feuchtigkeit zu Säuren · Oxidation zu Salpetersäure möglich · reizen die Schleimhäute · beteiligt an Klimaerwärmung · Verkehr ist Hauptverursacher

Kohlenstoffdioxid (CO_2)
Farb- und geruchloses Gas · schwerer als Luft · entsteht bei allen Verbrennungsvorgängen mit Kohlenstoff, aber auch bei Gärprozessen (Weinkeller, Grünfutter-Silo) · verbindet sich in der Lunge mit roten Blutkörperchen · Sauerstofftransport wird dadurch erschwert oder unterbunden · lähmt bei einer Konzentration von 40 % in der eingeatmeten Luft in Sekunden lebenswichtige Zentren des Körpers · löst sich beim Einatmen von reinem Sauerstoff wieder von den roten Blutkörperchen

Kohlenstoffmonooxid (CO)
Farb- und geruchloses Gas · sehr giftig · leichter als Luft · entsteht bei Verbrennungsvorgängen, bei denen nicht genug Sauerstoff vorhanden ist · ist auch im Auspuffgas von älteren Benzinmotoren bis zu 3,5 % enthalten · schon bei 1 % Konzentration in der eingeatmeten Luft nach einer Stunde lebensgefährlich · starke Kopfschmerzen, Augenflimmern, Brechreiz, innere Erstickung, da sich die roten Blutkörperchen mit CO verbinden und keinen Sauerstoff mehr transportieren können · erst nach Blutaustausch ist Sauerstofftransport wieder möglich

1. A
Übertrage die Krankenkarte in dein Heft (Bild 1). Auf ihr fehlt die Diagnose. Lies die vier Zettel und ergänze danach die Diagnose auf der Krankenkarte.

2. A
Erstelle eine Krankenkarte zu einer Vergiftung durch Kohlenstoffmonooxid. Überlege mögliche Ursachen.

KRAFT, Markus

Symptome: klagt über Rachenschmerzen, Übelkeit, Hustenreiz, Schleimhäute im Rachen- und Nasenraum stark gerötet

Ursache: Einatmen von Dämpfen beim Desinfizieren von Weinfässern

Diagnose: ____________

Therapie: Säure an den Schleimhäuten neutralisieren durch Besprühen der Schleimhäute mit schwacher Lauge

1 Krankenkarte

2 Aus Kraftwerken entweichen viele gasförmige Oxide.

3 Aus Kraftfahrzeugen entweichen viele gasförmige Oxide.

Der Treibhauseffekt

1 Verursacher des zusätzlichen Treibhauseffektes

1. A
Nenne mögliche Ursachen und Folgen der Klimaveränderung.

2. A
Erkläre den Unterschied zwischen dem natürlichen und dem zusätzlichen Treibhauseffekt.

Der natürliche und zusätzliche Treibhauseffekt

Wasser, Boden und Luft werden tagsüber von der Sonne erwärmt und geben nachts die aufgenommene Energie in Form von Wärmestrahlung in Richtung Weltall ab. Da Wolken und Gase der Lufthülle ähnlich wie das Glasdach eines Gewächshauses wirken, kann nur ein Teil der Wärme ins Weltall gelangen. Zu diesen Gasen gehören Wasserdampf (H_2O) und Kohlenstoffdioxid (CO_2). Das ist der **natürliche Treibhauseffekt.** Durch ihn bleibt die Durchschnittstemperatur auf der Erde bei 15 °C. Ohne ihn würde die Durchschnittstemperatur –18 °C betragen. Seit einiger Zeit steigt die Durchschnittstemperatur der Erde. Ursache dafür, ist die vermehrte, vom Menschen verursachte Emission von Gasen, welche die Wärmeabstrahlung ins Weltall reduzieren. Sie werden Treibhausgase genannt. Hauptverursacher sind die Gase Kohlenstoffdioxid, Stickstoffoxide, Methan und Fluor-Chlor-Kohlenwasserstoffe (FCKW). Es entsteht der vom Menschen verursachte **zusätzliche Treibhauseffekt.**

Auswirkungen

Durch das verstärkte Vorhandensein dieser Gase entstehen vermehrt Unwetter, das Eis der Polregionen schmilzt ab und lässt den Meereswasserspiegel ansteigen. Viele Pflanzen und Tiere können in der dann immer wärmer werdenden Umgebung nicht mehr existieren.

Bau eines Treibhauses

1. Kleide zwei gleiche Schuhkartons mit Hartschaumplatten aus. Bringe je ein Thermometer an. Decke den zweiten Karton mit einer Glasplatte ab. Bestrahle beide Kartons 10 min mit je einer starken Reflektorlampe und lies die Innentemperaturen ab. Erkläre die Temperaturunterschiede.

2. Gib statt der Thermometer je eine Petrischale, deren Boden mit feuchter Watte bedeckt ist, in die Kartons. Gib Kressesamen auf die Watte, stelle die Kartons an einen sonnigen Platz und beobachte die Schalen zwei Wochen lang. Erkläre die Ergebnisse.

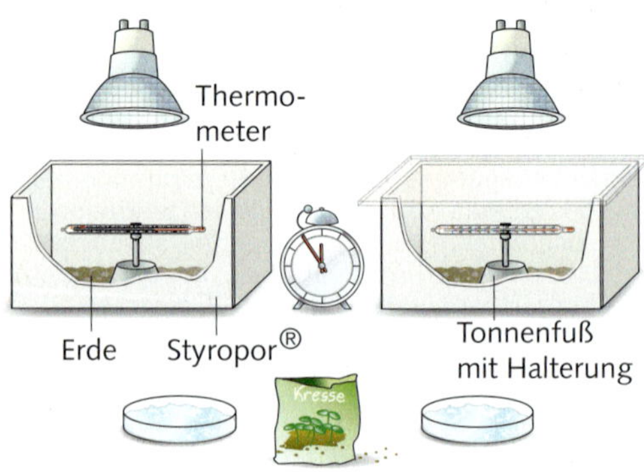

Das Ziel für alle: Weniger Kohlenstoffdioxid

CO_2-Reduzierung auch bei der Beleuchtung

Nahezu die Hälfte der elektrischen Energie wird in Deutschland in Kraftwerken durch Verbrennung von Braunkohle und Steinkohle erzeugt. Dabei entstehen große Mengen an Kohlenstoffdioxid. Es ist deshalb wichtig, elektrische Energie einzusparen. Beispielsweise wurden Glühlampen durch Energiesparlampen oder LEDs ersetzt: diese brauchen bei gleicher Helligkeit maximal ein Fünftel der elektrischen Energie. Dadurch kann der CO_2-Ausstoß verringert werden.

Sonnenkollektoren

In Sonnenkollektoren auf Dächern von Häusern wird durch Sonneneinstrahlung eine Flüssigkeit aufgeheizt, die ihre Wärme an die Heizungsanlage abgibt. So muss weniger Erdgas oder Heizöl verbrannt werden.

CO_2-Ausstoß beim Auto, Flugzeug und Bahn

Bei einem Mittelklassewagen entstehen im Durchschnitt pro Kilometer Fahrt 170 g Kohlenstoffdioxid. Bei einer Fahrt von Berlin nach München (etwa 600 km) sind das mehr als 100 kg Kohlenstoffdioxid. Für einen Flug von Berlin nach München werden etwa 90 kg Kohlenstoffdioxid pro Person erzeugt, bei einer entsprechenden Bahnfahrt etwa 30 kg.

1. A
Nenne weitere Möglichkeiten zum Einsparen von elektrischer Energie.

2. A
Nenne Möglichkeiten, wie Sonnenenergie noch genutzt werden kann.

3. A
Berechne den Ausstoß an Kohlenstoffdioxid pro Person, wenn im Auto vier Personen von Berlin nach München fahren.

Bäume als Sauerstofflieferanten

Dieser Baum nimmt an einem strahlenden Sommertag so viel Kohlenstoffdioxid auf, wie ein Mittelklassewagen bei einer Fahrt von 100 km erzeugt. Er liefert uns so viel Sauerstoff, wie zehn Menschen zum Atmen benötigen.

Viele Städte und Gemeinden haben eine Baumschutzsatzung erlassen, nach der Bäume ab einem bestimmten Umfang nur noch mit Erlaubnis gefällt werden dürfen. Werden sie gefällt, so müssen Ersatzbäume gepflanzt werden.

4. A
Berechne, wie viele Bäume an einem Sommertag den Sauerstoffbedarf von dir und deinen Mitschülern decken.

5. A
Begründe, warum eine Baumschutzsatzung sinnvoll ist.

6. A
Finde weitere Möglichkeiten, den Ausstoß von Kohlenstoffdioxid zu verringern.

Belastungen der Luft

1. Ⓐ
Nenne Luftschadstoffe. Zähle mindestens fünf auf.

2. Ⓐ
Nenne natürliche Quellen von Luftschadstoffen.

3. Ⓐ
Nenne vom Menschen verursachte Quellen von Luftschadstoffen.

4. Ⓐ
Beurteile anhand von Bild 2, wie die Emissionen von Luftschadstoffen sich für die verschiedenen Schadstoffe im Verlauf der Jahre gewandelt haben.
Hinweis: Die Werte aus dem Jahr 1990 wurden jeweils als 100% gesetzt.

1 Sensoren einer Messstation

Ein **Luftschadstoff** ist eine Luftverschmutzung, die eine schädliche Umwelteinwirkung verursachen kann. Die Herkunft eines Luftschadstoffes kann sowohl natürlich bedingt als auch vom Menschen verursacht sein.

5. Ⓐ
Beurteile anhand von Bild 3 die Überschreitungen der Informationsschwelle für Ozon seit 1995. Informiere dich über mögliche Gegenmaßnahmen.

6. Ⓐ
Erstelle aus den Werten in Bild 4 ein Säulendiagramm zur Feinstaubbelastung. Beschreibe und interpretiere das Säulendiagramm.

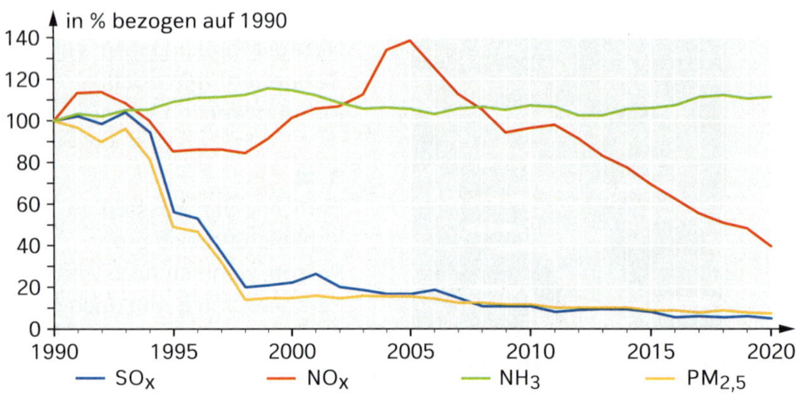

2 Luftschadstoffemissionen von 1990 bis 2020

Jahr	Messwerte in $\frac{\mu g}{m^3}$
2008	19,8
2010	20,9
2012	18,7
2014	16,1
2016	16,4
2018	13,8
2020	12,4

4 Feinstaubbelastung der Umgebungsluft in Walferdingen von 2008 bis 2020

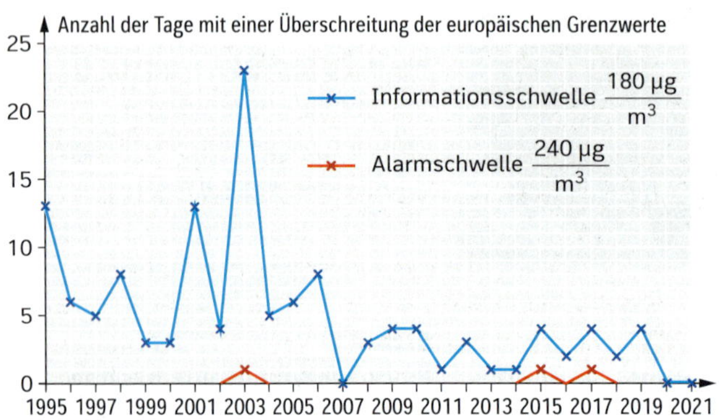

3 Ozonwertüberschreitungen am Boden

Schadstoffemission und Luftqualität

Die Belastung der Luft mit Schadstoffen in Luxemburg wird seit vielen Jahren von der luxemburgischen Umweltverwaltung (AEV) untersucht. Die Belastung mit Schwefeldioxid in Luxemburg war stark durch die Stahlindustrie beeinflusst und hat durch die Einführung neuer Herstellungsprozesse und das Ausschalten der Hochöfen stark abgenommen. Stickstoffoxide wurden nicht ganz so stark verringert. Beide Stoffe verursachen sauren Regen. Zuletzt trat die Belastung mit **Feinstaub** und **Ozon** in den Vordergrund. Sie überschreiten häufig die zugelassenen Grenzwerte. Diese Stoffe führen zu Reizungen und Erkrankungen der Atemwege.

Belastungen des Wassers

1. (A)
Nenne fünf Schadstoffe, die unser Wasser belasten.

2. (A)
Nenne fünf Beispiele für Verschmutzer des Wassers aus verschiedenen Bereichen.

3. (A)
Beschreibe mithilfe von Bild 3, wie die Phosphorbelastung im Bodensee zunahm und durch Vermeidung weiteren Eintrags wieder sank. Finde Erklärungen für den Verlauf des Diagramms.

1 Unser Wasser wird verschmutzt.

Gewässerverschmutzung ist die Verschmutzung von Oberflächengewässern wie Flüssen, Seen und Meeren oder des Grundwassers.

4. (A)
Stelle die Zahlen zur Belastung des Wassers im Rhein (Bild 4) in einem Diagramm dar und interpretiere sie.

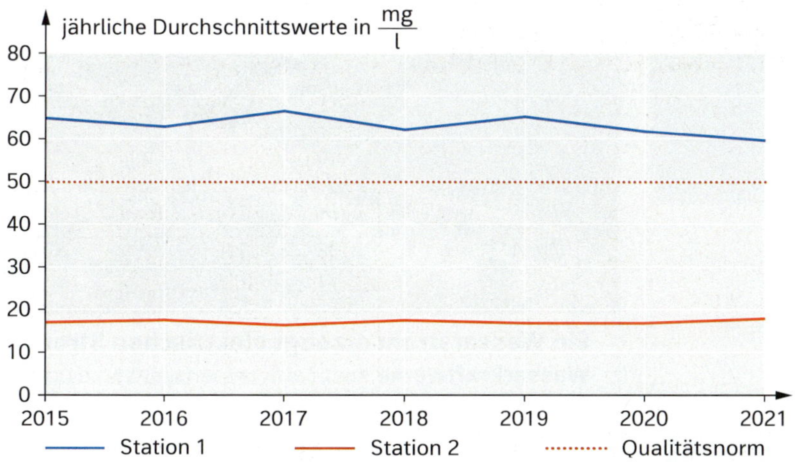

2 Entwicklung der jährlichen Nitratmesswerte zwischen 2015 und 2021 für zwei Stationen in Luxemburg

in $\frac{t}{a}$	1985	1992	2000
Blei	550	330	250
Cadmium	9	5,9	5,1
Chrom	500	220	150
Quecksilber	6	3,2	1,6
Zink	3600	1900	1400

4 Schwermetallbelastung des Rheins

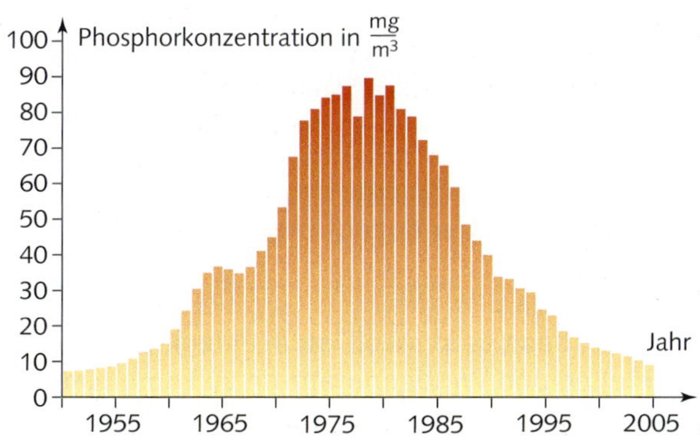

3 Phosphorkonzentration (verursacht vor allem durch Phosphate) im Wasser des Bodensees

Gewässerbelastung

Durch übermäßiges Düngen ist der Nitratgehalt von Grundwasser und damit unseres Trinkwassers ist in vielen Fällen zu hoch. **Nitrat** in Gemüsen oder anderen Lebensmitteln gefährdet die Gesundheit. Besonders gefährlich sind hohe Nitratwerte für Babys und Kleinkinder. Vor allem durch die Einleitung großer Mengen Haushaltsabwässer war der Bodensee viele Jahre stark mit **Phosphat** aus Waschmitteln belastet. Phosphat führt zur Überdüngung und starkem Algenwachstum. Abgestorbene Algen entziehen dem See viel Sauerstoff. Der See „kippt um". Viele Lebewesen wie beispielsweise Fische sterben. Durch den Bau von Kläranlagen rund um den Bodensee konnte die Situation entschärft werden. **Schwermetalle** sind giftig und sollten in der Natur nur in geringen Mengen vorkommen. Industriebetriebe leiteten in früheren Jahrzehnten große Mengen Schwermetalle in den Rhein und andere Gewässer. Sie sind nur schwer abbaubar.

Erneuerbare Energien und ihre Nutzung

PINNWAND

Regenerative Energien
Kohle, Öl, Gas und Uran reichen als Brennstoff für Kraftwerke nur noch eine begrenzte Zeit. Erdöl wird in 50 Jahren wahrscheinlich nicht mehr zu fördern sein. Da kommt uns die Natur mit Energieträgern zu Hilfe, die sich immer wieder erneuern. Solange die Sonne scheint, wird Wind wehen und Wasser in Flüssen fließen. Sonne, Wind und Wasser sind Träger von **regenerativen,** also **erneuerbaren Energien.**

Energie durch Sonne und Wind
Deutschlands ältestes Kraftwerk mit einer **Fotovoltaikanlage** steht auf der Nordseeinsel Pellworm. Es wurde nach 20 Jahren mit neuen Solarzellen ausgerüstet, die bei gleicher Sonneneinstrahlung mehr elektrische Energie abgeben. 2006 wurde eine Windkraftanlage angegliedert. Die Anlage kann bei voller Sonnenstrahlung etwa 350 Haushalte auf der Insel versorgen.

Windkraftwerke
Ein **Windkraftwerk** hat einen Rotor, der mit einem Generator verbunden ist. So wird die Bewegungsenergie der Luft in elektrische Energie umgewandelt.

Ein Wasserstrom erzeugt elektrischen Strom
Wasserkraftwerke sind Laufwasserkraftwerke oder Pumpspeicherkraftwerke an Stauseen. In beiden Kraftwerksarten wird die Bewegungsenergie des Wassers genutzt. Das bewegte Wasser treibt Turbinen an, die mit einem Generator verbunden sind.

Die Sonne macht Dampf
Im **Solarkraftwerk** von Almeria in Spanien wird das Sonnenlicht mit schwenkbaren Spiegeln auf Öl gefüllte Röhren gelenkt. Das heiße Öl erwärmt über einen Wärmetauscher Wasser. Der dabei entstehende Dampf treibt die Turbinen der Generatoren an. So wird aus der Wärme der Sonne elektrische Energie.

1. ≡ A
Nenne Vorteile und Nachteile von Windkraftanlagen.

2. ≡ A
Erkläre, warum die Spiegel des Solarkraftwerkes von Almeria drehbar angeordnet sind.

3. ≡ A
Erläutere, dass es sinnvoll ist, in einem Kraftwerk Solarzellen und Windgeneratoren zu kombinieren.

4. ≡ A
Erläutere, warum die Energie, die bei Wasserkraftwerken genutzt wird, unerschöpflich ist.

Energie aus Biomasse

Biogasanlagen können Bioabfälle nutzen. Das Biogas ist vielseitig nutzbar, Hauptbestandteil ist Methan. Mit Biogas kann vor Ort in **Biogaskraftwerken** Elektrizität gewonnen werden, auch die anfallende Wärme kann genutzt werden. In großen Anlagen wird Biogas aufbereitet und als **Bioerdgas** in das Erdgasnetz eingespeist. So kann es auch in Erdgasspeicher eingeleitet werden. Auf diese Weise lässt sich die enthaltene Energie speichern.

Energiepflanzen – ein Problem für die Umwelt

Die Anzahl der Biogasanlagen hat stark zugenommen. Damit steigt auch der Bedarf an pflanzlichen Rohstoffen. Mit Bioabfällen kann er schon lange nicht mehr gedeckt werden, in großem Umfang werden Energiepflanzen angebaut. Dazu gehört Mais, der meist in ausgedehnten **Maismonokulturen** angebaut wird. Das ist nicht unproblematisch. Die einseitige Bodennutzung erfordert massiven Einsatz von Pflanzenschutz- und Düngemittel. Zudem geht die genutzte Fläche für den Nahrungsmittelanbau verloren.

Rückbesinnung – Energiegewinnung aus Holz

In waldreichen Gebieten kann ein Teil des Energiebedarfs durch Holz gedeckt werden. Das Holz wird zerkleinert und die entstandenen Schnitzel werden mit Luft in den Kessel geblasen. **Holzhackschnitzelkraftwerke** können also ähnlich wie Gaskraftwerke gesteuert werden.
Holz enthält bei gleicher Masse weit weniger Energie als Kohle. Ein Transport über weite Strecken ist nicht rentabel. Die Kraftwerke müssen in der Nähe des Holzaufkommens errichtet werden.

Holzschnitzel aus der Plantage

In den Holzhackschnitzelkraftwerken können Holzabfälle genutzt werden. Aber auch hier decken die anfallenden Mengen den Bedarf bei weitem nicht. An den Wäldern darf kein Raubbau betrieben werden und so wird auch Holz eigens zur Energiegewinnung angebaut. Pappeln wachsen schneller als andere Bäume. In den **Holzplantagen** stehen deshalb vorwiegend Pappeln.

5. ☰ Ⓐ
Nenne Gemeinsamkeiten und Unterschiede von Biogasanlagen und Holzhackschnitzelkraftwerken.

6. ☰ Ⓠ
Recherchiere und erstelle eine Übersicht über Vor- und Nachteile von Biogasanlagen und Holzhackschnitzelkraftwerken.

7. ☰ Ⓐ
Nenne den Unterschied zwischen Solaranlagen sowie Wind- und Wasserkraftwerken einerseits und Biogasanlagen und Holzhackschnitzelkraftwerken andererseits.

Fotovoltaikanlagen sind Energiewandler

1. (A)
a) Erstelle eine Übersicht aller elektrischen Geräte mit ihren Leistungsangaben in eurem Haushalt.
b) Schätze, wie viel elektrische Energie die einzelnen Geräte in einer Woche benötigen.

2. (Q)
Recherchiere die Zahlen zum täglichen Energiebedarf der Menschheit und zum Energieangebot der Sonne.

3. (A)
Ist es sinnvoll, eine Solarzelle mit dem Licht zu beleuchten, das vorher aus der elektrischen Energie dieser Zelle erzeugt wurde? Begründe deine Antwort.

1 Solarzelle

2 Aufgeständerte Fotovoltaikanlage

3 Drehbar aufgebaute Module

Solarzelle als Energiewandler

Mit der Fotosynthese nutzen Pflanzen seit Milliarden von Jahren die Energie der Sonne. Dabei wird das Licht unmittelbar genutzt, so wie die Sonne es abgibt. Auch Menschen und Tiere nutzen diese Energie direkt, zum Beispiel bei der Vitamin D-Synthese. Eine technische Nutzung der Sonnenenergie ist über **Wandler** möglich. Einer dieser Wandler ist die **Solarzelle.** Sie wandelt Licht in elektrische Energie um.

Der Einfluss der Wärme

Mit dem Licht absorbieren die Solarzellen auch die Infrarot-Strahlung der Sonne. Die Zellen werden warm und geben dann aus physikalischen Gründen weniger elektrische Energie ab. In den Sommermonaten können sich die Solarzellen leicht auf 80 °C bis 90 °C erwärmen. Sie liefern dann bis zu einem Drittel weniger elektrische Energie.

Vom Modul zur Fotovoltaikanlage

Die Spannung einer einzelnen Solarzelle ist sehr gering. In einem **Solarmodule** werden deshalb mehrere Solarzellen in einer Reihenschaltung zusammengefasst. **Fotovoltaikanlagen** werden wiederum aus vielen Solarmodulen aufgebaut, die in einer Parallelschaltung zusammengeschaltet sind.

Ausrichtung zur Sonne

Solaranlagen müssen zur Sonne ausgerichtet werden. Die Energieausbeute ist am größten, wenn die Anlage zur Sonne einen Winkel von 90° ausweist. Drehbar aufgebaute Module können automatisch ausgerichtet werden. Fest installierte Module auf Dächern werden in einem Winkel montiert, in dem sie über alle Jahres- und Tageszeiten hinweg einen möglichst viel direkte Sonneneinstrahlung abbekommen.
Die optimale Dachneigung hängt von der geografischen Lage ab. Sie muss in nördlichen Ländern größer sein als in südlichen Ländern. In Luxemburg, wie auch in Deutschland, ist eine Dachneigung zwischen 30° und 35° günstig.
Auf Flachdächern werden die Solarmodule auf speziellen schrägen Konstruktionen aufgebaut (Bild 2). Die Module dürfen nicht zu dicht hintereinander gebaut werden, da ein Schatten die Leistung der nachfolgenden Module beeinträchtigen würde.

Pro und Contra – Anlagen erneuerbarer Energien

1. ≡ A
Nenne Argumente, die für das Pro und für das Contra der Umwandlung erneuerbarer Energie stehen
a) mit Windkraftanlagen,
b) mit Biogasanlagen.

2. ≡ A
Ordne die folgenden Argumente von Pro und Contra einander zu und diskutiere sie.

3. ≡ Q
Finde weitere Gründe für oder gegen die Energieumwandlung
a) mit Windkraftanlagen,
b) mit Biogasanlagen.

A Müllers wohnen nahe an einer Windkraftanlage. Obwohl die vorgeschriebenen Abstände eingehalten wurden, fühlen sie sich durch Schattenwurf und Geräusche der Rotorblätter gestört.

B Es wird erzählt, dass durch Windkraftanlagen viele Vögel erschlagen werden.

C Die Chefin der Ferienpension „Zur Waldesruh“ glaubt, in Zukunft ihre Appartements nicht mehr so oft vermieten zu können.

D Auf lange Sicht gehen Erdöl, Erdgas und Kohlevorräte der Erde zur Neige. Da muss Ersatz geschaffen werden.

E Viele Menschen finden Windkraftanlagen einfach hässlich.

F Der Wind ist nicht immer zuverlässig. Deshalb müssen andere Anlagen zusätzlich gebaut werden.

G Häufig wird in Biogasanlagen Mais verarbeitet. Beim Anbau der Pflanzen werden viele Düngemittel und viele Schädlingsbekämpfungsmittel eingesetzt.

H Die Anbauflächen für Energiepflanzen gehen für den Nahrungsmittelanbau verloren.

I Wissenschaftliche Studien beweisen, dass es nur sehr selten zu Vogelschlag kommt.

1 Windräder nahe am Wohnhaus

2 Eine Biogasanlage am Dorfrand

3 Maismonokultur

J Ein größerer Abstand zum Wohngebiet hätte Schattenwurf und Lärmbelästigung vermieden.

K Umfragen zeigen, dass Windräder von Touristen durchaus positiv gesehen werden.

L Häufig ist die Landschaft durch Industrie oder Hochspannungsmasten vorbelastet. Solche Anlagen sehen auch nicht schöner aus.

M Fossile Brennstoffe sind noch einige Zeit verfügbar. Ohnehin müssen Windkraftanlagen durch Kohlekraftwerke ergänzt werden.

N Stehen Windkraftanlagen still, kann zwischen den Regionen ein Ausgleich organisiert werden. Bei Bedarf kann Energiegewinnung aus Biomasse einspringen.

O Energiepflanzen aus modernen Züchtungen benötigen weniger Dünge- und Pflanzenschutzmittel.

P Bei der Produktion von Nahrungsmitteln wird viel Energie benötigt. Diese kann zum Teil durch Biogasanlagen bereitgestellt werden.

Q Biogas- und Windkraftanlagen ermöglichen eine regional autarke Energieversorgung.

R In Deutschland werden mehr Lebensmittel erzeugt als für die eigene Versorgung erforderlich ist.

Energiesparen mit Verstand

Die Glühlampe hat ausgedient

In der EU steht die Glühlampe vor dem Aus. Seit dem 1. September 2009 wurde in der EU schrittweise der Verkauf von Glühbirnen verboten und seit dem 1. September 2012 dürfen Glühlampen nicht mehr hergestellt und nicht verkauft werden. Funktionierende Lampen zu Hause dürfen aber weiter benutzt werden.

Teams 1 setzt sich mit den Vor- und Nachteilen der unterschiedlichen Lampentypen auseinander.
Team 2 untersucht den Energieverbrauch von Elektrogeräten im Betrieb und im Standby-Modus.
Die Teams 3 bis 5 untersuchen den Energiebedarf verschiedener Haushaltsgroßgeräte anhand der Hersteller-angaben auf dem EU-Label. Dabei können euch die auf den Labels angegebenen Internetadressen behilflich sein.

Ziel des Projektes ist es, zukunftsweisende Empfehlungen zu formulieren.

1 Energiesparlampe und LED-Lampe

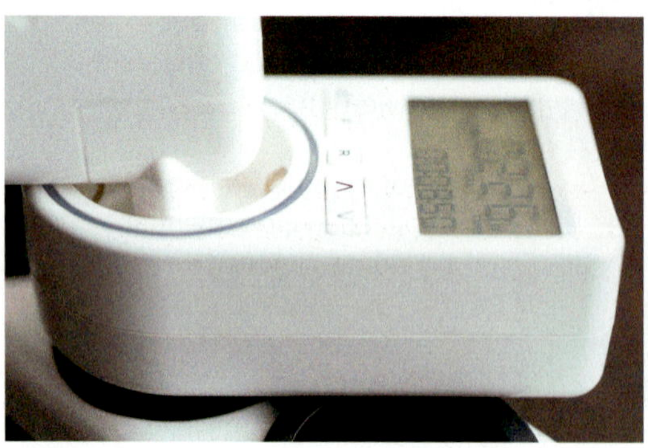

2 Ein Messgeräte um den Verbrauch von Elektrogeräten zu messen.

Wie wird Energieverbrauch berechnet?

Energieverbrauch wird in kWh (kiloWattstunde) gerechnet. So verbraucht eine Heizung mit 1000 W (1 kW) in einer Stunde (1 h): 1 kW mal 1 h = 1kWh.
Ein Toaster mit 500 W (0,5 kW) verbraucht in der gleichen Zeit: 0,5 kW mal 1 h = 0,5 kWh.

TEAM 1

LED- und Energiesparlampen

Findet Informationen zu:
- Aufbau und Funktion
- Preis
- Lebensdauer
- Energieausnutzung
- Energiebedarf
- Lichtfarbe
- Helligkeit beim Einschalten
- Entsorgungsprobleme

- Stellt die Anschaffungspreise für Glühlampen, Energiesparlampen und LED deren Lebensdauer gegenüber. Welches Leuchtmittel schneidet am besten dabei ab?
- Berechnet die Energiekosten für 1000 Betriebsstunden ohne Berücksichtigung der Anschaffungskosten für jedes der Leuchtmittel.
- Welches Leuchtmittel ist in Zukunft zu empfehlen, wenn der Klimaschutz berücksichtigt werden muss?

TEAM 2

Energieverbrauch im Standby

Nutzt ein Strommessgerät wie in Bild 2 und bestimmt damit den Verbrauch von Elektrogeräten wie z.B. Fernseher, Kaffeeautomat, PC, Scanner, Monitor, Router und Lautsprecher.
Messe den Verbrauch in verschiedenen Zuständen:
- in Betrieb
- im Standby-Modus
- im ausgeschalteten Zustand

- Berechnet den Energieverbrauch der Geräte in einem Jahr und in den unterschiedlichen Zuständen (An/Aus/Standby). Überlegt euch dabei, wie häufig die jeweiligen Geräte benutzt werden.
- Entspricht der Energieverbrauch den Angaben auf den Geräten? Verbrauchen die Geräte wirklich keinen Strom, wenn sie ausgeschaltet sind?
- Gebt eine Empfehlung, auf welche Weise der Energieverbrauch gesenkt werden kann.

Das EU-Label hilft beim Energievergleich

Beim Kauf eines neuen Haushaltsgroßgerätes lohnt es sich, die Eigenschaften verschiedener Geräte zu vergleichen. Dabei hilft das EU-Label (Bild 4). Im obersten Feld des Fensters ist der Name des Herstellers aufgeführt. Die Farbbalken kennzeichnen die Energieeffizienzklassen. A kennzeichnet sparsame Geräte, G bedeutet, dass der Energiebedarf hoch ist. Im Kasten darunter wird der Bedarf an elektrischer Energie in kWh angegeben. Die weiteren Angaben beziehen sich auf die jeweilige Funktion und spielen bei der Energiebetrachtung keine Rolle.

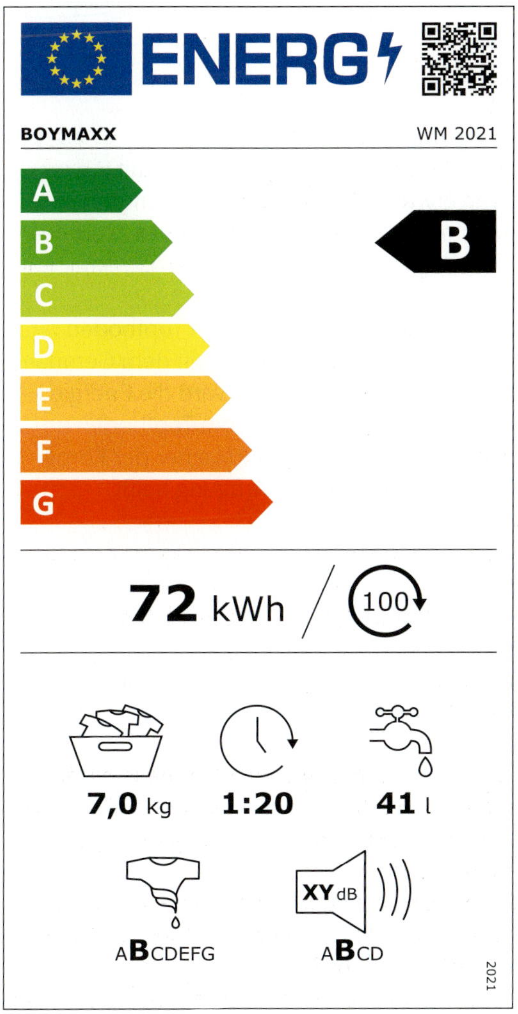

4 EU-Label für Kühlschränke

5 Haushaltsgroßgeräte

LERNEN IM TEAM

TEAM 3
Waschmaschinen

- Welchen Energiebedarf haben ältere Geräte, die zurzeit noch im Haushalt im Gebrauch sind?
- Welches neue Gerät schneidet am günstigsten beim Energievergleich ab?
- Wie groß ist der Preisunterschied zwischen dem billigsten Gerät und dem energiegünstigsten Gerät?
- Nach wie vielen kWh hat sich der Kauf eines sparsamen Gerätes ausgezahlt?

TEAM 4
Kühlschränke

Beantwortet hier die gleichen Fragen, die für Team 4 gestellt werden.

- Vergleicht je ein Gerät mit A-Label und B-Label.

TEAM 5
Elektrobacköfen

Beantwortet hier die gleichen Fragen, die für Team 4 gestellt werden.

- Vergleicht je ein Gerät mit A-Label und B-Label.

TEAMS 3 bis 5
Energieeinsparpotenzial

- Für welche weiteren Haushaltsgroßgeräte wird das EU-Label noch verlangt?
- Es wird behauptet, dass ein 4 Personen-Haushalt 70 € im Jahr durch effiziente Haushaltsgeräte einsparen kann. Stellt eine Beispielrechnung auf und überprüft diese Behauptung.

Schlussfolgerungen aus den Teamergebnissen

Wo kann mehr Energie gespart werden, beim Licht oder bei Geräten, die Wärme erzeugen oder kühlen?

Arten des Wärmetransportes

1. ☰ Ⓐ
a) Nenne die Meeresströmung, durch welche das Klima in Europa am stärksten beeinflusst wird.
b) Beschreibe die klimatischen Besonderheiten, die dadurch auftreten.

2. ☰ Ⓐ
Beschreibe, wodurch Meeresströmungen entstehen können.

3. ☰ Ⓐ
Beschreibe mithilfe von Bild 2 den Wärmetransport beim Kochen.

4. ☰ Ⓐ
Nenne für die drei Arten des Wärmetransportes weitere Beispiele.

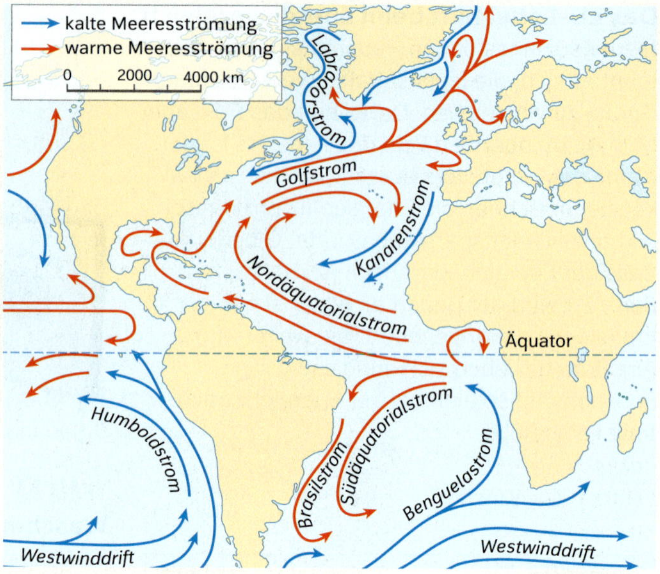

1 Meeresströmungen

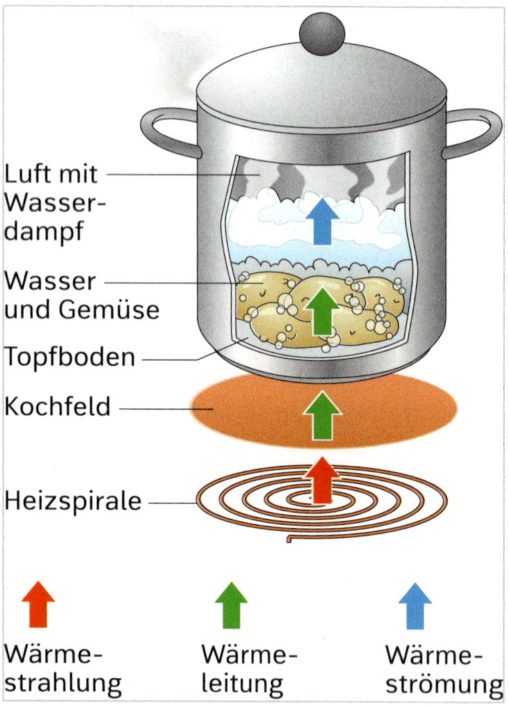

2 Wärmetransport von der Heizspirale in den Kochtopf und die Lebensmittel

Wärmeübertragung
Auf dem Kochfeld eines Herdes steht ein Topf mit Wasser und Gemüse, das erwärmt werden soll. Dazu muss die Wärme der Kochstelle zum Wasser transportiert werden.

Wärmeleitung
Das heiße Kochfeld gibt die Wärme an den Topfboden weiter. Von dort gelangt sie zum Wasser mit dem Gemüse im Kochtopf. Berühren sich alle Körper, wird die Energie vom Kochfeld an den Topfboden und vom Topfboden an das Wasser weitergegeben. Dabei wird keiner der Körper bewegt. Diese Form der Wärmeübertragung heißt **Wärmeleitung**.

Wärmeströmung
Auch das Wasser im Topf und die Luft oberhalb des Wassers nehmen Wärme auf und transportieren sie nach oben weiter. Dabei erfolgt der Energietransport durch **Wärmeströmung.**

Wärmestrahlung
Bei einem Ceranfeld wie in Bild 2 wird die Wärme von den Heizspiralen erzeugt, die sich unter dem Glaskeramikkochfeld befinden. Die Heizspiralen und das Kochfeld berühren einander nicht. Die Wärme wird von den Heizspiralen durch **Wärmestrahlung** zum Kochfeld transportiert.

Wärmeleitung

1. ☰ Ⓥ
a) Lege Streichhölzer wie in Bild 1 A auf ein Kreuz aus Eisen, Kupfer und Messing. Erhitze wie im Bild mit einer Gasflamme. Beschreibe deine Beobachtungen.
b) Erkläre, wie die Wärme von der Gasflamme zu den Streichholzköpfen gelangt.

2. ☰ Ⓥ
Fülle ein Reagenzglas mit Wasser. Gib Eiswürfel hinein und drücke sie mit einem Draht nach unten (Bild 1 B). Erhitze das Wasser am oberen Rand des Glases. Notiere Schlussfolgerungen aus deinen Beobachtungen.

3. ☰ Ⓥ
a) Stelle wie im Bild 1 C Körper aus verschiedenen Materialien in ein Glas mit heißem Wasser. Berühre nach einiger Zeit das obere Ende der einzelnen Körper. Beschreibe deine Beobachtung.
b) Sortiere die verwendeten Materialien in einer Tabelle nach guten und schlechten Wärmeleitern.
c) Trage jeweils drei weitere Körper ein.

4. ☰ Ⓐ
Stelle eine Vermutung auf, warum sich kalte Milch erwärmt, wenn sie auf dem Frühstückstisch steht.

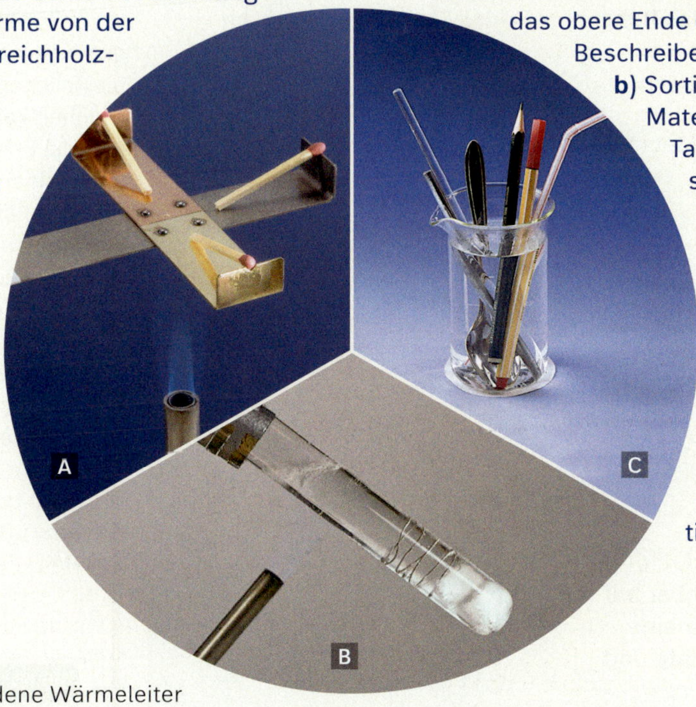

1 Verschiedene Wärmeleiter

Energieübertragung bei Wärmeleitung
Ein Metalllöffel in heißem Tee oder die Suppenkelle im Topf erwärmt sich sehr schnell. Zwischen Körpern, die einander berühren, wird die Wärme durch **Wärmeleitung** übertragen. Die Energieübertragung erfolgt immer vom wärmeren zum kälteren Körper. Die Temperaturen der Körper gleichen sich durch die Energieübertragung an. Besteht kein Temperaturunterschied mehr, endet die Wärmeleitung.

Temperaturänderung
Wird ein Körper nur an einer Stelle erwärmt, so findet innerhalb des Körpers ein Temperaturausgleich durch Wärmeleitung statt. Die Teilchen der erwärmten Stelle bewegen sich heftiger. Wenn sie mit langsameren Teilchen ihrer Umgebung zusammenstoßen, wird die Energie innerhalb des Körpers weitergeleitet. Dadurch sinkt die Temperatur der erwärmten Stelle. An den Stellen, die vorher nicht erwärmt wurden, steigt die Temperatur.

Gute und schlechte Wärmeleiter
Sind die Griffe eines Topfes aus Kunststoff, kannst du sie gefahrlos anfassen, wenn du den Topf vom Herd nimmst. Bei Metallgriffen musst du einen Topflappen benutzen. Metalle sind gute, Kunststoffe schlechte Wärmeleiter. Im Topflappen befinden sich Luftpolster, die die **Wärmeleitung** behindern. Luft ist ein schlechter Wärmeleiter.

Menschen und Tiere nutzen diese Eigenschaft der Luft aus. Katzen und Hunde bekommen in der kalten Jahreszeit ein dickeres Fell, Vögel plustern bei Kälte ihr Gefieder auf. Genau wie bei einem Skipullover werden dadurch viele Luftpolster eingeschlossen.

Flüssigkeiten als Wärmeleiter
Wasser in tiefen Seen erwärmt sich durch die Sonne nur an der Oberfläche. Je tiefer du im Gewässer tauchst, desto kühler wird es. Die gleiche Erscheinung kannst du auch bei anderen Flüssigkeiten feststellen. Flüssigkeiten sind ebenfalls schlechte Wärmeleiter.

Wärmeströmung

1. ≡ V
Einige Farbstoffkörner werden oben in ein mit Wasser gefülltes Rundrohr gegeben. Dann wird das Rohr an einer Ecke erwärmt. Beschreibe deine Beobachtung.

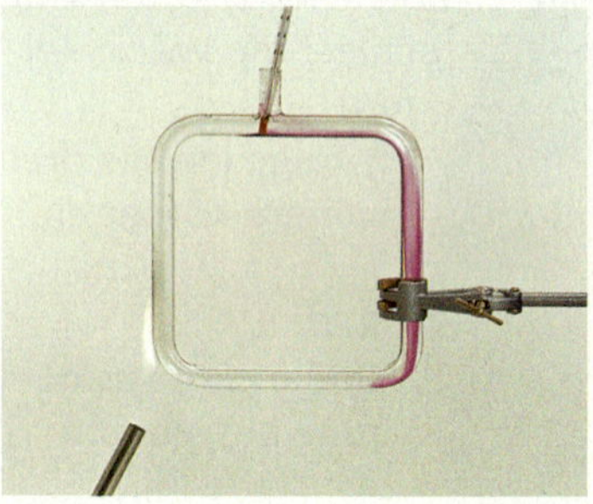

1 Wärmeströmung

2. ≡ V
Baue und hänge eine Archimedische Spirale drehbar auf einer Nadelspitze über eine Wärmequelle. Beobachte und schlussfolgere.

3. ≡ A
Stelle eine Vermutung auf, warum sich an den Wänden oberhalb von Heizkörpern dunkle Stellen bilden.

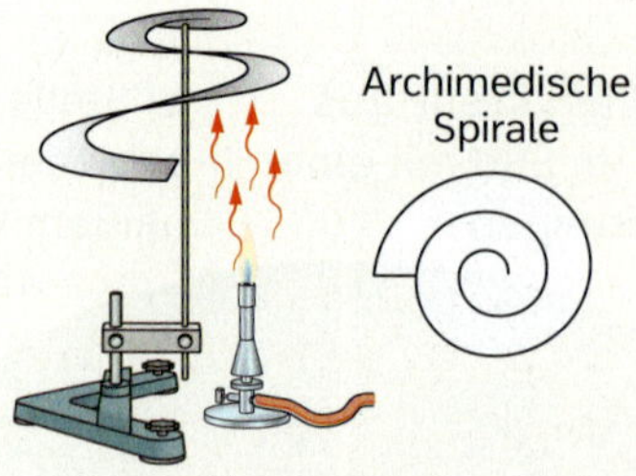

2 Archimedische Spirale

Erwärmung der Luft

Die Luft im Raum wird durch **Wärmeströmung** erwärmt. Der Heizkörper gibt seine Wärme an die Teilchen der Luft ab. Sie bewegen sich heftiger. Dabei stoßen die Teilchen mit den langsameren Teilchen kälterer Luft zusammen und die Energie wird übertragen. Dadurch erwärmt sich die Luft oberhalb des Heizkörpers, steigt auf und strömt an der Zimmerdecke zur anderen Raumseite.

Durch weitere Zusammenstöße verringert sich die Energie der Teilchen. Die Luft kühlt ab und sinkt wieder nach unten. Kalte Luft strömt am Fußboden in Richtung Heizkörper nach.

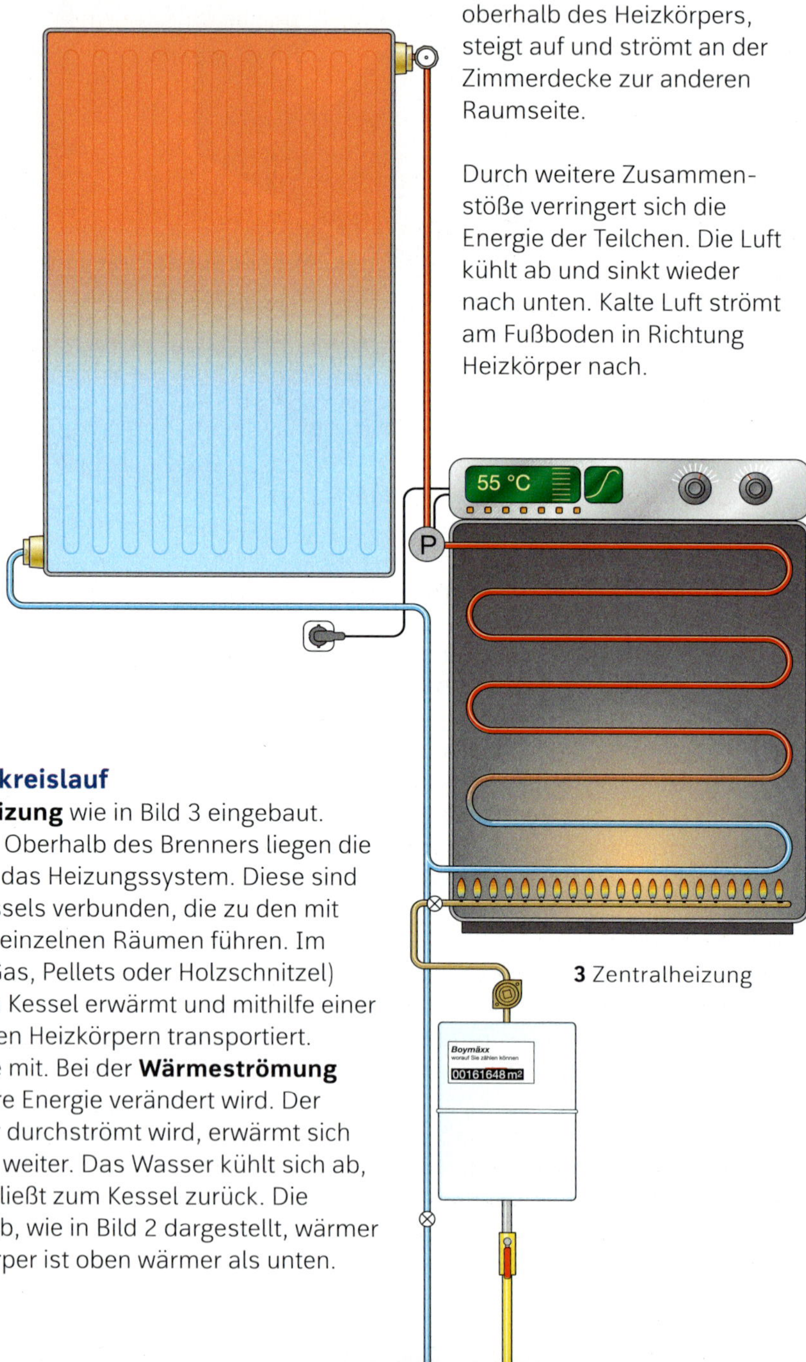

3 Zentralheizung

Die Zentralheizung – ein Wärmekreislauf

In vielen Häusern ist eine **Zentralheizung** wie in Bild 3 eingebaut. Kessel und Brenner stehen im Keller. Oberhalb des Brenners liegen die spiralförmig angeordneten Rohre für das Heizungssystem. Diese sind mit Rohrleitungen außerhalb des Kessels verbunden, die zu den mit Wasser gefüllten Heizkörpern in den einzelnen Räumen führen. Im Heizkessel wird Brennstoff (z.B. Öl, Gas, Pellets oder Holzschnitzel) verbrannt. Dabei wird das Wasser im Kessel erwärmt und mithilfe einer Pumpe durch die Rohrleitungen zu den Heizkörpern transportiert. Strömendes Wasser führt die Wärme mit. Bei der **Wärmeströmung** bewegt sich der Körper, dessen innere Energie verändert wird. Der Heizkörper, der vom warmen Wasser durchströmt wird, erwärmt sich und gibt Wärme an die Luft im Raum weiter. Das Wasser kühlt sich ab, sinkt im Heizkörper nach unten und fließt zum Kessel zurück. Die Hinleitung zum Heizkörper ist deshalb, wie in Bild 2 dargestellt, wärmer als die Rückleitung und jeder Heizkörper ist oben wärmer als unten.

Wärmestrahlung und Wärmespeicherung

1. V
Fülle zwei Reagenzgläser zur Hälfte mit Wasser und stelle sie im Abstand von 10 cm vor eine starke Reflektorlampe. Stelle wie in Bild 1 ein Blatt Papier vor das linke Glas. Miss die Temperatur des Wassers. Schalte die Lampe ein und miss nach 5 min erneut die Temperatur des Wassers. Erkläre deine Beobachtung.

2. V
Nimm zwei gleichartige Thermometer und umwickle die Thermometergefäße mit Alufolie. Berуße die Folie an einem Thermometer (Bild 2). Stelle beide Thermometer für 5 min im gleichen Abstand vor eine Reflektorlampe. Beschreibe die Temperaturänderungen.

3. V
a) Erhitze wie in Bild 3 in einem Wasserbad von 70 °C gleiche Mengen Sand, Wasser und Öl.
b) Nimm die Gläser nach 5 min aus dem Wasserbad. Stelle jedes in ein 50 ml-Becherglas mit 30 ml Wasser mit Zimmertemperatur. Miss die Temperatur alle 30 Sekunden. Nenne den Stoff, der die meiste Wärme abgegeben hat und den Stoff der vorher die meiste Wärme aufgenommen und gespeichert hatte.
c) Erstelle ein Zeit-Temperatur Diagramm mit den drei Messreihen.

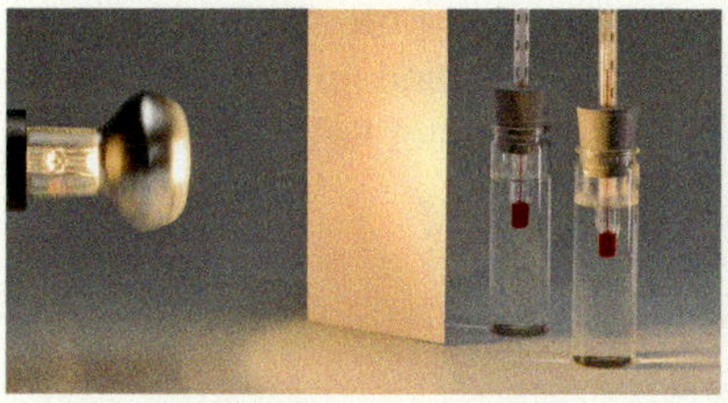
1 Erwärmung durch Strahlung

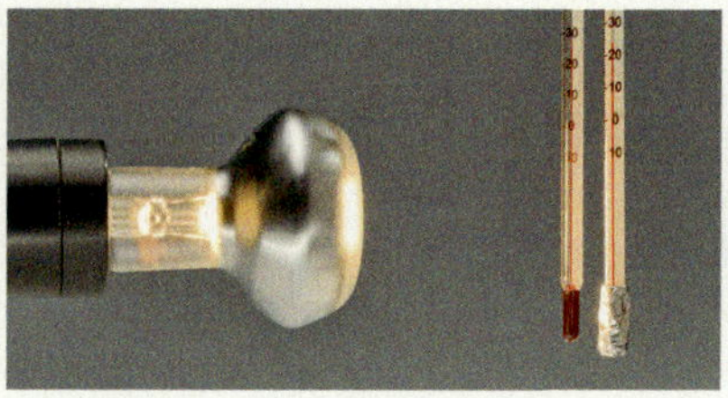
2 Hell oder dunkel?

3 Stoffe speichern Wärme.

Wie kommt Wärme von der Sonne zur Erde?

Stehst du vor einem Lagerfeuer oder Kaminfeuer, so wird die dem Feuer zugewandte Körperseite erwärmt.
Obwohl du keinen Kontakt zur Wärmequelle hast, spürst du die Wärme. Auch die Wärme, die von anderen Wärmequellen wie Herdplatte oder Glühlampe abgegeben wird, kannst du spüren, ohne dass du diese Wärmequellen berührst.

Die Sonne versorgt die Erde mit Wärme, obwohl sie 150 Millionen km entfernt ist. Zwischen Erde und Sonne befindet sich aber kein Stoff, der die Wärme transportieren könnte. Die Wärme kommt durch **Wärmestrahlung** zur Erde.

Die Wärme wird mit dem Licht der Sonne zur Erde übertragen. Trifft die Strahlung auf einen Körper mit heller oder glatter Oberfläche, so wird ein Teil davon zurückgeworfen. Dieser Teil wird **reflektiert.**

Trifft die Strahlung auf einen Körper mit dunkler oder rauer Oberfläche, so wird die auftreffende Wärme aufgenommen. Sie wird von dem Körper absorbiert. Deshalb erwärmen sich dunkle Körper in der Sonne stärker als helle Körper.

Wärme kann gespeichert werden

Wird gleichen Mengen von Stoffen wie Sand, Wasser oder Öl die gleiche Wärmemenge zugeführt, so haben sie anschließend unterschiedliche Temperaturen. Dem Wasser muss noch weiter Wärme zugeführt werden, damit es die Temperatur des Öls erlangt. Wasser kann also bei gleicher Endtemperatur wie das Öl mehr Wärme aufnehmen. Es kann mehr **Wärme speichern.**

Wasser ist zur Wärmespeicherung im Haushalt gut geeignet. Es wird bei der Heizung eingesetzt, um möglichst viel Wärme vom Heizkessel zu den Heizkörpern in den Zimmern transportieren zu können. Bestimmt hast du schon einmal an kalten Wintertagen eine Wärmflasche im Bett gehabt. Sie ist mit heißem Wasser gefüllt und hat Wärme gespeichert, die sie dann an deine kalten Füße abgibt.

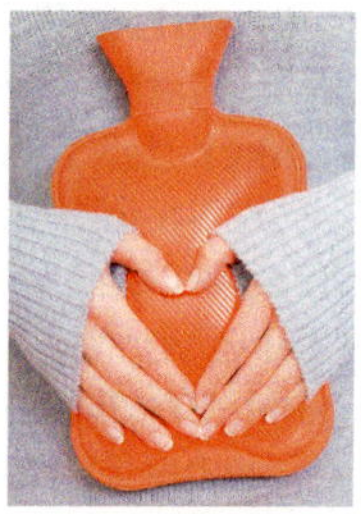
4 Wärmflasche

Energie in Natur und Technik

Arbeit ist Energieübertragung
Physikalische **Arbeit** verrichtest du, wenn du auf einen Körper eine Kraft ausübst und der Körper sich dadurch verformt oder bewegt. Gewinnt der Körper durch die auf ihn wirkende Kraft an Höhe, wird **Hubarbeit** verrichtet. Dazu wird Energie benötigt. Diese Energie wird dabei auf den Körper übertragen.

Mechanische Energie und ihre Umwandlung
Lage-, Bewegungs- und Spannungsenergie sind die Formen der **mechanischen Energie.** Sie können ineinander umgewandelt werden. Die Energien stehen in Wechselwirkung zueinander. Bei jeder Energieumwandlung wird ein Teil der Energie in **thermische Energie** umgewandelt.

Energieflussdiagramm
Bei Energieumwandlungen wird die **zugeführte Energie** durch den **Energiewandler** in die **nutzbare Energie** umgewandelt. Dabei tritt **entwertete Energie** in Form von thermischer Energie auf, die dem System als nutzbare Energie nicht mehr zur Verfügung steht. Dies äußert sich in der Abgabe von Wärme.

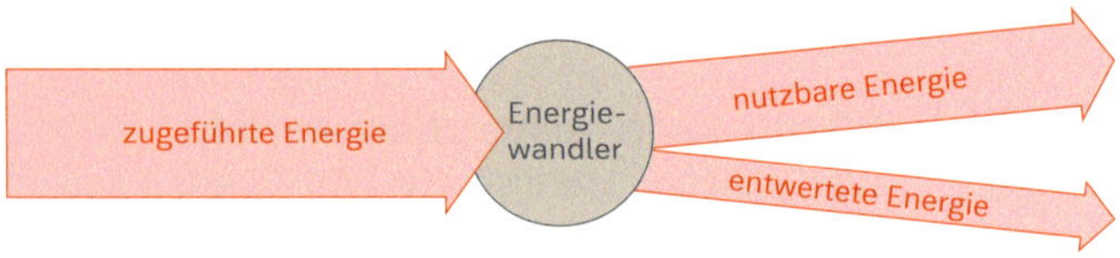

Energieerhaltung
Bei Energieumwandlungen geht keine Energie verloren. Der Gesamtbetrag aller beteiligten Energien ist immer gleich. Dies ist der **Energieerhaltungssatz.**

Energieversorgung
In Deutschland erfolgt die Versorgung mit elektrischer Energie durch **herkömmliche Kraftwerke** wie Kohle- und Kernkraftwerke und durch **Kraftwerke mit regenerativen Energien** wie Wasser-, Wind-, Biomassekraftwerke sowie Solaranlagen.

Fossile Brennstoffe
Aus der Vegetation von vor 350 Mio. Jahren sind im Laufe der Zeit durch den **Druck** die **fossilen Brennstoffe** Torf, Braunkohle, Steinkohle und Anthrazit geworden. Erdgas und Erdöl sind weitere fossile Energieträger. Durch die Verbrennung von fossilen Brennstoffen entstehen gasförmige Oxide. CO_2 ist ein Treibhausgas und trägt zur menschengemachten Erderwärmung bei.

Zusätzlicher Treibhauseffekt
Die Emission von Treibhausgasen durch den Menschen führt zu steigenden Temperaturen. Man spricht vom zusätzlichen Treibhauseffekt. Dieser führt zu weltweiten Veränderungen. Die Eiskappen um Nord- und Südpol schmelzen ab, der Meeresspiegel steigt, es gibt Dürren und Wirbelstürme. Viele bemühen sich um Nachhaltigkeit: eine sparsame, wirtschaftliche Nutzung der Ressourcen.

Erneuerbare Energie
Erneuerbare Energie wird durch Sonne, Wind und Wasser gewonnen. Nachwachsende Rohstoffe sind Pflanzen, die als **erneuerbare Energieträger** nur für Zwecke angebaut werden, die nicht der Nahrungsmittel- oder Futterproduktion dienen. Sie werden als Biomasse in Kraftwerken und zur Produktion von Kraftstoffen eingesetzt.

Wärmetransport und Wärmeleitung
Wärme kann übertragen werden. Verschiedene Formen des Wärmetransports sind Wärmeleitung, Wärmeströmung und Wärmestrahlung, durch die die Wärme der Sonne mit dem Licht zur Erde gelangt. Beim Wärmetransport wird Energie übertragen. Es gibt gute und schlechte Wärmeleiter. Luft, wie in den Topflappen oder zwischen den Federn des Rotkehlchens, ist ein schlechter Wärmeleiter. Wärme kann gespeichert werden. Im Haushalt wird dafür oft Wasser genutzt.

Energieformen

Kannst du schon ...

... die Begriffe abgegebene Energie und entwertete Energie erläutern? (S. 264 – 265)

... für Leuchtmittel Energieflussdiagramme zeichnen? (S. 266)

... die mechanische Energie beschreiben und ihre Einheit angeben? (S. 268 – 271)

... Beispiele für Energieübertragungen mithilfe eines Energieflussdiagrammes darstellen? (S. 265, 272 – 273)

Zeig, was du kannst!

1. A
Nenne drei Beispiele aus deinem Alltag, bei denen du physikalische Arbeit verrichtest.

2. A
Berechne die Energiemenge, die ein Fahrstuhl auf eine Person mit 65 kg überträgt, wenn der Fahrstuhl sie 12 m anhebt.

3. A
Nenne für die mechanischen Energieformen jeweils zwei Beispiele.

4. A
a) Stelle die Energieumwandlungen beim Bungee-Springen grafisch dar.
b) Gib jeweils die zugeführte und nutzbare Energie sowie den Energiewandler an.

5. A
Beschreibe die Aussage des Energieerhaltungssatzes in eigenen Worten.

Energienutzung

Kannst du schon ...

... Methoden zur Gewinnung elektrischer Energie nennen und Vor- und Nachteile der jeweiligen Methode erläutern? (S. 276 – 277)

... Umweltprobleme durch gasförmige Oxide nennen und Auswirkungen auf die Umwelt beschreiben? (S. 282 – 283)

... erklären, was der Begriff erneuerbare Energien bedeutet? (S. 288 – 291)

Zeig, was du kannst!

6. A
a) Nenne Geräte, die mit Elektromotoren betrieben werden.
b) Erkläre die Bauteile eines Elektromotors.

7. A
a) Nenne Methoden zur Gewinnung elektrischer Energie.
b) Erläutere jeweiligen ihre Vor- und Nachteile.

8. A
Nenne Beispiele für Verbrennungen im Alltag.

9. A
Erläutere das Motor-Generator-Prinzip am Beispiel ...
a) eines Pumpspeicherkraftwerks.
b) eines Kernkraftwerks.

10. A
Erkläre die drei Begriffe Wärmeleitung, Wärmeströmung und Wärmestrahlung an einem Beispiel.

Treibhauseffekt

Kannst du schon ...

... den Unterschied zwischen dem natürlichen und dem zusätzlichen Treibhauseffekt erklären? (S. 284)

... beschreiben, wie der Mensch zum Klimawandel beiträgt? (S. 284)

... mögliche Gegenmaßnahmen nennen? (S. 285)

... die verschiedenen Arten des Wärmetransports und der Wärmestrahlung unterscheiden und beschreiben? (S. 296 – 297)

Zeig, was du kannst!

11. A
Florian sagt: "Der Treibhauseffekt ist etwas ganz Natürliches. Daher spricht man auch vom natürlichen Treibhauseffekt. Die Erderwärmung ist also nichts neues." Nimm Stellung zu Florians Aussage.

12. A
a) Erkläre, warum mehr Menschen mit der Bahn statt mit dem Auto fahren sollten.
b) Nenne weitere mögliche Maßnahmen.

13. A
Mittlerweile kann man im Internet Bäume kaufen, die dann bei Farmern auf der ganzen Welt gepflanzt und für ökologische Landwirtschaft genutzt werden können. Erläutere, wieso sich solche Maßnahmen positiv auf das Klima auswirken können.

Reize und Sinne

Was sind
Sinnesorgane?

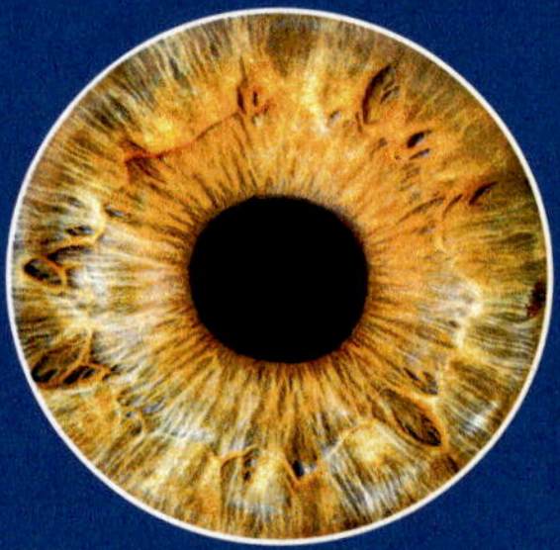

Wie helfen Brillen,
Sehschwächen
auszugleichen?

Wie breitet sich
Schall aus und wie
hören wir Musik?

Die Umwelt erleben

1. Ⓐ
Auf einer Kirmes wirken viele Sinneseindrücke auf dich ein.
a) Nenne solche Sinneseindrücke.
b) Ordne jeweils das Sinnesorgan zu, das diesen Eindruck ermöglicht.
c) Beschreibe, wie die Kirmesbetreiber versuchen, das Erlebnis der Besucher gezielt zu beeinflussen.

2. Ⓐ
Nenne Geruchs- und Geschmacksrichtungen, die dich auf einer Kirmes zum Naschen verführen könnten. Nenne auch Dinge, die du nicht magst.

3. Ⓐ
a) Schließe die Augen und stelle dir eine Kirmesszene vor. Beschreibe, was du wohl alles hören würdest.
b) Schließe danach für etwa eine Minute die Augen und achte auf alle Geräusche, die du jetzt hörst.
Schreibe sie möglichst genau auf.

4. Ⓐ
„Das Auge isst mit“ heißt es oft.
Hilf mit bei der Beschriftung der Zuckerstangen. Ordne den Zuckerstangen die richtigen Schildchen zu. Begründe deine Entscheidungen.

Blaubeere

Cola

Lakritz

Himbeere

Orange

Waldmeister

Kirsche

Eindrücke auf der Kirmes

Auf dem Weg zur Kirmes hörst du schon von Ferne die laute Musik. Da muss was los sein. Die Musik sorgt für gute Stimmung.

Kommst du näher, wirst du über Lautsprecher aufgefordert, etwas zu erleben. Bunte Lichter wecken deine Aufmerksamkeit, Gerüche verlocken dich oder stoßen dich ab. Auf dem Karussell lässt du dich in weichen Polstern nieder und hältst dich an kalten Metallgriffen fest – und los geht's.

Zusammenspiel der Sinne

Ein solches Erlebnis und auch die Orientierung in deiner Umwelt ist durch das Zusammenspiel deiner **Sinne** möglich.
Jedes **Sinnesorgan** kann jedoch nur bestimmte Reize aufnehmen.

Die Informationen über die Umwelt werden dabei in elektrische Impulse umgesetzt und durch die Nerven an das Gehirn weitergeleitet. Dort werden die Informationen verarbeitet und führen zu einer **Wahrnehmung.**

Nase und Zunge

Sie sind für die Aufnahme von Geruchs- und Geschmacksreizen zuständig. Im Gehirn werden die Eindrücke zu einer umfassenden Geruchs- und Geschmacksempfindung verarbeitet.

Die Haut

Sie ist ein besonders vielfältiges Sinnesorgan. Über die Haut nimmst du Tast-, Druck-, Wärme-, Kälte- und Schmerzreize auf. Das Gehirn sorgt dafür, dass die entsprechenden Nervenimpulse verarbeitet und als Empfindungen wahrgenommen werden.

Das Auge

Mit deinen Augen nimmst du Lichtreize auf. Mehrere Millionen Nervenzellen leiten die Informationen in Form elektrischer Impulse an das Gehirn. Hier werden sie zu Bildern verarbeitet. Es werden Farben und Formen, Entfernungen und Bewegungen erkannt.

Das Ohr

In Form von Luftschwingungen empfangen deine Ohren Schall. Die Schwingungen reizen die Sinneszellen, die dann ebenfalls Nervenimpulse verursachen, die zum Gehirn geleitet und dort verarbeitet werden. So kannst du Musik hören, Gespräche verstehen und dich im Straßenverkehr zurechtfinden.

Im Ohr befindet sich außerdem der Gleichgewichtssinn, der auf die Schwerkraft reagiert. Du brauchst ihn, um dich geordnet im Raum bewegen zu können. Auf einem Karussell wird der Gleichgewichtssinn auf eine harte Probe gestellt.

Viele Reize – eine Wahrnehmung

Die Kirmes erlebst du als frohes Fest. Hier staunst du über die Farbeffekte, hältst jemanden an den Händen und wippst im Takt der lauten Musik. Alle diese Reize beeinflussen deine Stimmung.

Gleicher Reiz – gleiche Wahrnehmung?

Aber die Stimmung kann auch deine Wahrnehmung beeinflussen. So empfindest du laute Musik als störend, wenn du dich unterhalten willst oder Ruhe brauchst.

1 Sinnesorgane: **A** Auge, **B** Ohr, **C** Nase, **D** Zunge, **E** Haut

Der Weg des Lichtes

1. V

a) Schalte im verdunkelten Klassenraum eine kleine Lampe in einer Fassung an. Beschreibe, in welche Richtung sich das Licht ausbreitet.

b) Decke eine mit kleinen Löchern versehene Alufolie über die Lampe, sodass mehrere Lichtbündel austreten können. Führe ein weißes Blatt Papier um die Lampe herum und beschreibe deine Beobachtungen.

2. V

Stelle wie in Bild 1 mehrere Blenden vor eine Lampe. Die Blenden müssen immer schmaler werden, je weiter sie von der Lampe entfernt sind. Bewege ein Blatt Papier zwischen den Blenden. Beobachte den Lichtfleck auf dem Papier und beschreibe ihn.

3. A

Zeichne in dein Heft, wie aus einem Lichtbündel durch unterschiedliche Blenden ein Lichtstrahl wird.

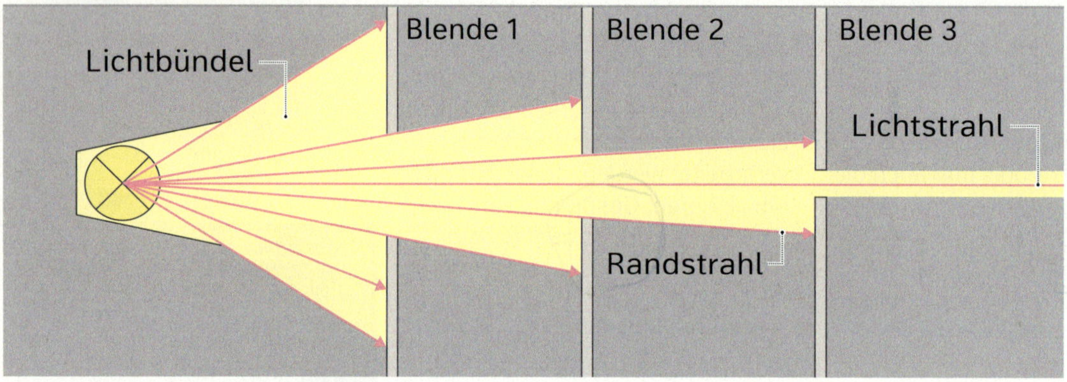

1 Das Lichtbündel wird durch Blenden immer schmaler.

Licht breitet sich aus

Eine eingeschaltete Lampe sendet Licht **in alle Richtungen** aus. Nur hinter lichtundurchlässige Gegenstände kann es nicht gelangen.

Der Weg des Lichtes

Fällt an einem dunstigen Morgen das Sonnenlicht durch die Bäume, kannst du den Lichtweg in der Luft beobachten (Bild 2). Es nimmt einen geraden Weg. Alle Lichtbündel breiten sich von der Lichtquelle **geradlinig** aus.

2 Sonnenlicht im Wald

Vom Lichtbündel zum Lichtstrahl

Um den Verlauf des Lichtes sehen zu können, wird der Lichtweg auf einer Unterlage sichtbar gemacht. Du erkennst eine klare Abgrenzung des Bündels durch gerade Linien (Bild 1). Für die Darstellung des Lichtbündels genügen diese Begrenzungslinien. Sie werden **Randstrahlen** genannt, die von der Lichtquelle ausgehen.

Soll nun der Lichtweg zeichnerisch dargestellt werden, wird das Lichtbündel innerhalb der Randstrahlen in Gedanken immer weiter verkleinert. Selbst die kleinste Blende erzeugt noch ein Lichtbündel. Die Mitte des kleinsten Lichtbündels wird **Lichtstrahl** genannt. Er ist ein **Modell,** also eine vereinfachte Darstellung des Lichtweges.

Selbst leuchtende und beleuchtete Körper

1. Erstelle eine Liste von Körpern, die sich im Fachraum befinden. Entscheide, ob diese Körper Licht aussenden können oder nicht.

2. Ordne die in den Bildern 1 bis 3 gezeigten Körper in zwei Gruppen: Körper, die Licht aussenden, und Körper, die selbst kein Licht aussenden.

3. Beschreibe Situationen, in denen Lichtquellen die Aufgabe haben, auf etwas aufmerksam zu machen.

4. Nenne Möglichkeiten der Beleuchtung, die es früher gab und die es heute gibt.

1 Verschiedene Lichtquellen

Selbst leuchtende Körper

Es gibt Körper, die unter bestimmten Bedingungen von selbst Licht abgeben können. Es sind **selbst leuchtende Körper.**

Alle selbst leuchtenden Körper sind **Lichtquellen.** Die Sonne oder eine Fackel senden wegen ihrer hohen Temperatur Licht aus. Die Glühwendel einer Glühlampe, Leuchtstofflampen oder Dioden werden durch elektrischen Strom zum Leuchten angeregt. Weitere Lichtquellen sind Kerzen und Gas- oder Petroleumlampen.

Beleuchtete Körper

Die Gegenstände in deinem Zimmer sind bei Dämmerung immer schlechter zu sehen, die Buchstaben verschwimmen vor deinen Augen. Weil sich im Zimmer keine Lichtquelle befindet, kann auch kein Licht bis zu deinem Auge gelangen. Dann schaltest du die Schreibtischlampe oder die Deckenbeleuchtung ein. Denn Tisch, Bett und Schrank müssen beleuchtet werden, damit du sie sehen kannst. Sie müssen das Licht in dein Auge umlenken. Es sind **beleuchtete Körper.** Die meisten Körper können selbst kein Licht aussenden. Sie sind nur sichtbar, weil sie das Licht einer Lichtquelle weiterleiten.

2 Selbst leuchtende Körper

3 Beleuchtete Körper

Streuung und Reflexion

1. Ⓐ
Beschreibe, was du in den Bilder 1A und 1B sehen kannst. Beschreibe den Unterschied zwischen beiden Bildern.

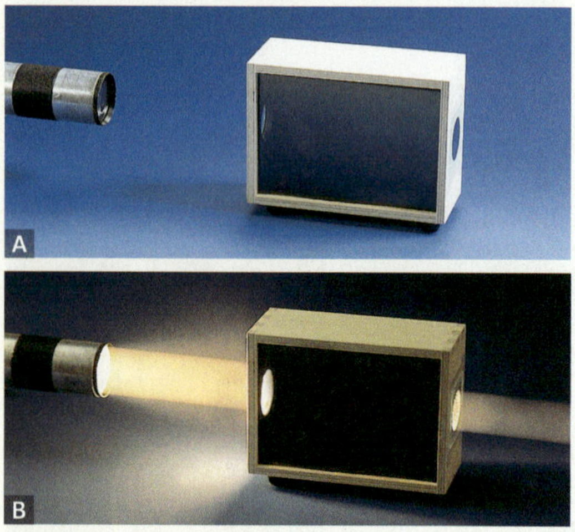

1 Licht selbst ist nicht sichtbar.

2. Ⓥ
Erhitze Wasser in einem Becherglas, bis Wasserdampf aufsteigt und sich Nebel bildet. Leuchte im verdunkelten Raum mit einer Taschenlampe in den Nebel. Beschreibe deine Beobachtungen.

3. Ⓥ
Lenke im verdunkelten Klassenraum das Licht einer Taschenlampe kurz auf das Gesicht einer Mitschülerin oder eines Mitschülers mithilfe
a) eines weißen Zeichenblocks,
b) eines Spiegels.
Schreibe deine Beobachtungen auf.

4. Ⓐ
Begründe, warum es tagsüber hell ist, auch wenn du keine Sonne sehen kannst.

5. Ⓐ
Nenne den Unterschied zwischen Streuung und Reflexion.

Licht ist unsichtbar
Du befindest dich im Kino. Es ist dunkel. Auf der Leinwand siehst du die hellen Bilder des Films. Der Projektor sendet sie mit dem Licht nach vorne. Die Luft enthält Staub. Diese Staubpartikel lenken einen Teil des Lichtes in deine Augen. Sie machen so den Weg des Lichtes sichtbar. Du siehst den Staub, das Licht selbst ist unsichtbar.

2 Die Leinwand im Kino wird beleuchtet.

Reflexion
Soll Licht in eine bestimmte Richtung gelenkt werden, eignen sich dafür glatte, glänzende Oberflächen. Ein Spiegel hat eine solche Oberfläche (Bild 3A). Er lenkt das auffallende Lichtbündel fast vollständig in eine bestimmte Richtung. Dieser Vorgang heißt **Reflexion.** Ein kleiner Teil des Lichtes wird absorbiert, der Spiegel wird dabei geringfügig erwärmt.

Streuung
Trifft Licht auf eine raue oder unebene Oberfläche, wie zerknitterte Alu-Folie in Bild 3B oder eine weiße Raufasertapete, wird es **gestreut**. Das Licht wird von der unebenen Oberfläche in alle Richtungen in den Raum gelenkt. Dieser Vorgang heißt **Streuung**.

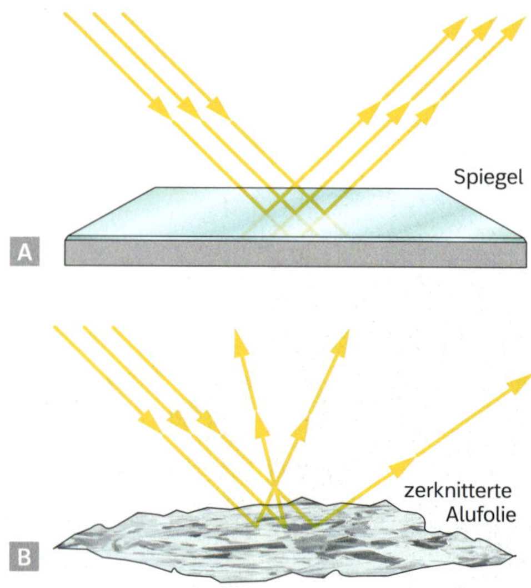

3 A Reflexion, **B** Streuung

Mehr Sicherheit durch Reflektoren

1. ≡ Q

a) Informiere dich, welche Bedeutung die Farben und Formen der Katzenaugen haben, die auf Leitpfosten montiert werden.

b) Erläutere, wo die müssen verschiedenen farbigen Reflektoren für Fahrräder jeweils montiert sein müssen.

2. ≡ A

Nenne weitere Beispiele für die Erhöhung der Verkehrssicherheit durch Reflektoren oder reflektierende Beschichtungen.

Katzenaugen

Der Engländer PERCY SHAW wurde 1934 durch die hell aufleuchtenden Augen einer Katze vor einem Unfall bewahrt. Dieses Erlebnis führte dazu, dass er noch im selben Jahr einen Rückstrahler erfand. Weil Rückstrahler in der Dunkelheit das einfallende Licht reflektieren, ähnlich wie die Augen einer Katze, heißen sie auch Katzenaugen. Von einem Rückstrahler, dem **Reflektor,** wird das einfallende Licht immer in Richtung der Lichtquelle reflektiert. Das geschieht durch eine besondere Spiegelanordnung. Jeweils drei zueinander senkrecht stehende Spiegelflächen bilden einen **Tripelspiegel** (Bild 1). In einem Reflektor sind viele dieser kleinen Tripelspiegel nebeneinander angeordnet.

Einsatz von Katzenaugen

Katzenaugen werden nicht nur als Rückstrahler für Anhänger, Fahrräder und Lkw genutzt. Sie dienen auch zur Markierung von Fahrbahnrändern. Dazu werden sie auf Schutzplanken und Leitpfosten montiert.

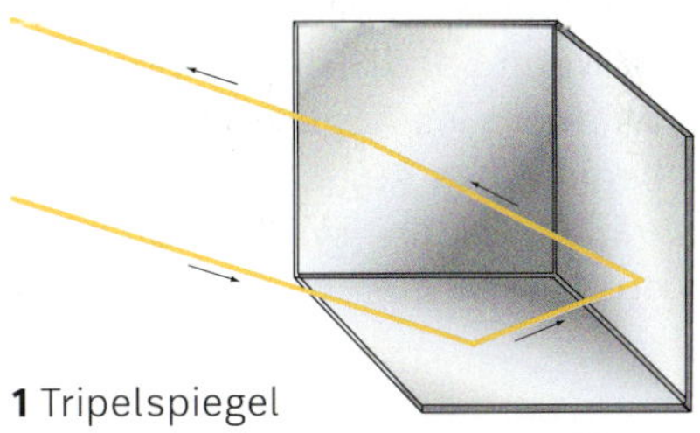

1 Tripelspiegel

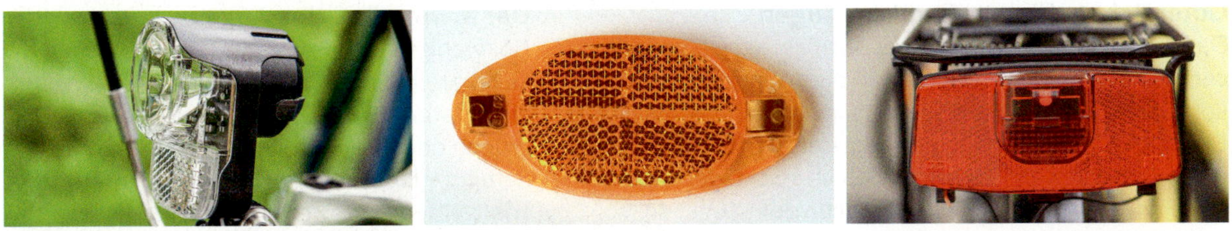

2 Reflektoren am Fahrrad

3 Gut sichtbar im Straßenverkehr

Reflexionsstreifen

Reflexionsstreifen sind so biegsam, dass sie in Kleidungsstücke eingearbeitet werden können. Sie bestehen aus einem spiegelnden Untergrund, auf dem sich winzige Kugeln aus Glas oder Kunst-stoff befinden. Durch diese Kugeln wird das einfallende Licht zurückgestreut. Über den Kugeln liegen eine durchscheinende, meist gelbe oder silbrige Folie und eine Schutzschicht.

Auch Autokennzeichen leuchten sehr hell, wenn in der Dunkelheit Licht auf sie fällt. Sie werden mit einem besonders stark reflektierenden Material beschichtet.

4 Reflektierende Katzenaugen

5 Gut sichtbar beim Einsatz

Wie wir sehen

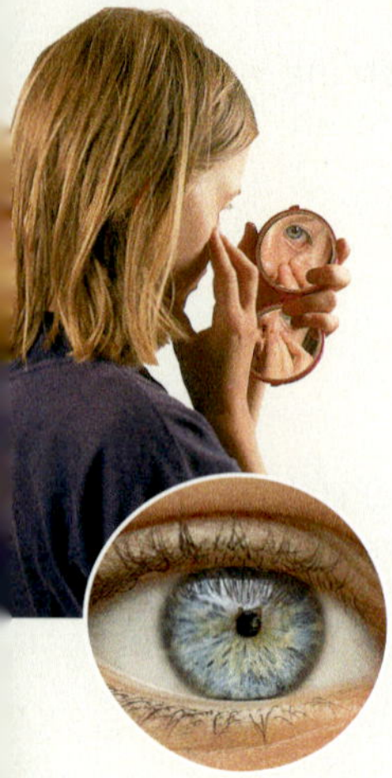

1. A

a) Nenne die Teile des Auges, die du im Taschenspiegel erkennen kannst. Fertige eine beschriftete Skizze an.

b) Nenne die Aufgaben der Teile, insbesondere ihre Schutzfunktion.

c) Beobachte im Spiegel, in welche Richtungen sich das Auge bewegen lässt.

3. A

a) Beim Weinen „läuft" dir auch die Nase. Erkläre das.

b) Wenn Sandkörnchen oder Wimpern ins Auge gelangen, beginnt das Auge heftig zu tränen. Erkläre, was dadurch erreicht wird.

2. V

Setze dir eine Schutzbrille auf. Dein Versuchspartner bläst dann mit einem Gummischlauch und Blasebalg unerwartet Luft seitlich in die Schutzbrille.

a) Beschreibe die Reaktion des Auges.

b) Erkläre den Zusammenhang zwischen der Reaktion des Auges und der Schutzfunktion der Augenlider in Alltagssituationen.

4. V

Halte die Abbildung mit ausgestreckten Armen vor deine Augen. Schließe das rechte Auge und schaue mit dem linken Auge das Kreuz an. Nähere die Abbildung langsam dem Auge. Wiederhole den Versuch mit dem anderen Auge. Schaue dabei den Kreis an. Beschreibe und erkläre.

Guter Schutz für empfindliche Augen

Das Auge ist ein wichtiges, aber auch ein sehr empfindliches Sinnesorgan. Verschiedene Schutzeinrichtungen sorgen dafür, dass das Auge stets leistungsfähig bleibt. Die Einbettung in die mit Fett ausgepolsterte, knöcherne Augenhöhle bewahrt es vor Stößen und Schlägen. Nähern sich Fremdkörper wie etwa eine Fliege dem Auge, so schließen sich blitzschnell die **Augenlider.** Dieser Schutzreflex bewahrt das Auge vor Verletzungen. Auch bei zu grellem Licht und starkem Wind kneifst du die Augen zusammen. Die Lider verhindern auf diese Weise, dass das Auge geblendet wird oder austrocknet. Die **Augenbrauen** leiten Regen- oder Schweißtropfen zu den Seiten ab. Die **Wimpern** schützen vor Staub.

Tränenflüssigkeit für klare Sicht

Die salzig schmeckende **Tränenflüssigkeit** wird in der Tränendrüse produziert. Alle 5 s bis 10 s erfolgt ein Lidschlag, der die Flüssigkeit gleichmäßig auf dem Auge verteilt. Auf diese Weise wird die empfindliche Hornhaut ständig feucht gehalten. Nur dadurch bleibt sie klar und das Auge beweglich. Würde die Hornhaut austrocknen, wäre sie bald schon trüb. Außerdem spült die Tränenflüssigkeit Schmutz und Krankheitserreger aus dem Auge. Danach fließt die Tränenflüssigkeit durch die Tränenkanäle in den Tränensack und schließlich in die Nasenhöhle. Beim Weinen musst du dir deshalb oft die Nase putzen.

Der äußere Bau des Auges

Nur wenige Teile des Auges sind von außen sichtbar. Im Zentrum erkennst du zunächst einen farbigen Ring. Wenn du von blauen, grünen oder braunen Augen sprichst, so ist damit die Farbe dieser **Regenbogenhaut,** der **Iris,** gemeint. In ihrer Mitte befindet sich eine dunkle, runde Öffnung, die **Pupille.** Hier dringt das Licht ins Auge ein. Das links und rechts von der Iris sichtbare Weiße des Auges wird von der Lederhaut gebildet. An der Vorderseite des **Augapfels** geht die Lederhaut in die durchsichtige, stark gewölbte **Hornhaut** über.

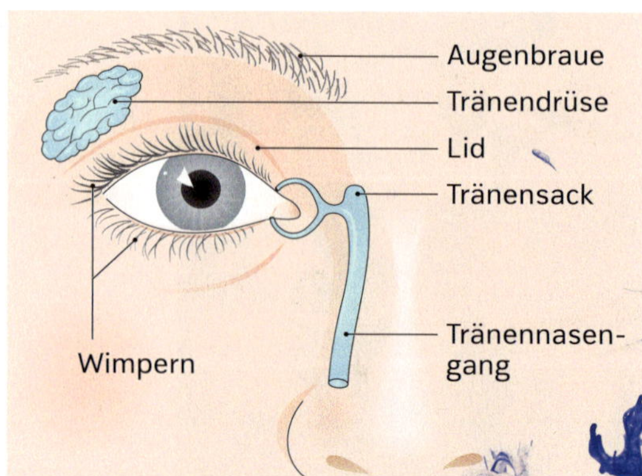

1 Auge von vorne mit Schutzeinrichtungen

Der innere Bau des Auges

Hinter der Pupille befindet sich – von außen unsichtbar – die durchsichtige **Linse.**
Das Innere des Augapfels wird vom gallertartigen, ebenfalls durchsichtigen **Glaskörper** ausgefüllt. Die Wand des Augapfels besteht aus drei Schichten: Ganz außen liegt die weiße und feste **Lederhaut.** Als schützende Kapsel gibt sie dem Auge seine runde Form.
Seitlich setzen die sechs Augenmuskeln an. Mit ihnen kann das Auge in alle Richtungen bewegt werden.
Die mittlere Schicht ist die **Aderhaut.** Ihre Blutgefäße versorgen das Auge mit Sauerstoff und Nährstoffen.
Ganz innen, dem in das Auge einfallenden Licht zugewandt, liegt die **Netzhaut.** Hier sitzen lichtempfindliche Sinneszellen. Dort, wo der Sehnerv das Auge verlässt, befinden sich keine Sinneszellen. Diese Stelle heißt **blinder Fleck.**

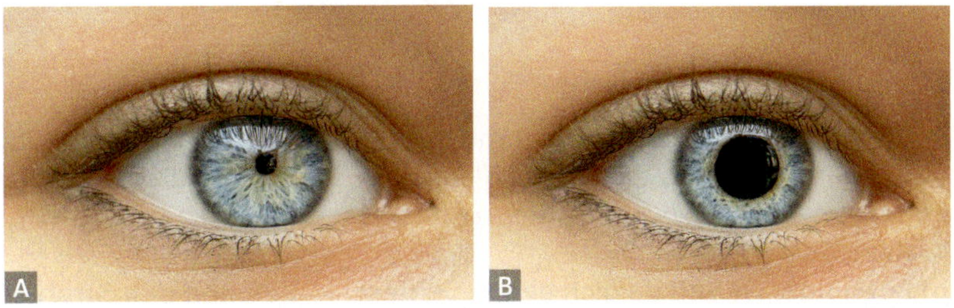

2 Die Iris regelt den Lichteinfall: **A** Hellreaktion, **B** Dunkelreaktion

Immer die optimale Lichtmenge

Die Iris regelt die Hell-Dunkel-Anpassung des Auges. Bei hellem Licht ziehen sich ringförmig verlaufende Muskeln in der Iris zusammen. Die Pupille wird dadurch kleiner, der Lichteinfall ins Auge verringert sich. Durch diesen „automatischen“ Pupillenreflex wird verhindert, dass das Auge geblendet wird. Ist wenig Licht vorhanden, reagiert das Auge umgekehrt: Die Pupille wird größer, mehr Licht kann in das Auge eindringen. Auf diese Weise können wir auch bei geringer Helligkeit und in der Dämmerung noch sehen.

Vom Auge ins Gehirn

Auf der Netzhaut entsteht ein verkleinertes, auf dem Kopf stehendes und seitenverkehrtes scharfes Bild. Von den Sinneszellen der Netzhaut wird Licht in Nervensignale umgewandelt. Diese Erregungen gelangen über den **Sehnerv** zum **Gehirn.** Das Gehirn wertet diese Informationen aus. Es erfasst die Gestalt und Form eines Gegenstands ebenso wie dessen Farben oder Bewegungen. Auch nehmen wir durch die Leistung des Gehirns ein aufrechtes Bild wahr und können bekannte Dinge und Personen erkennen.

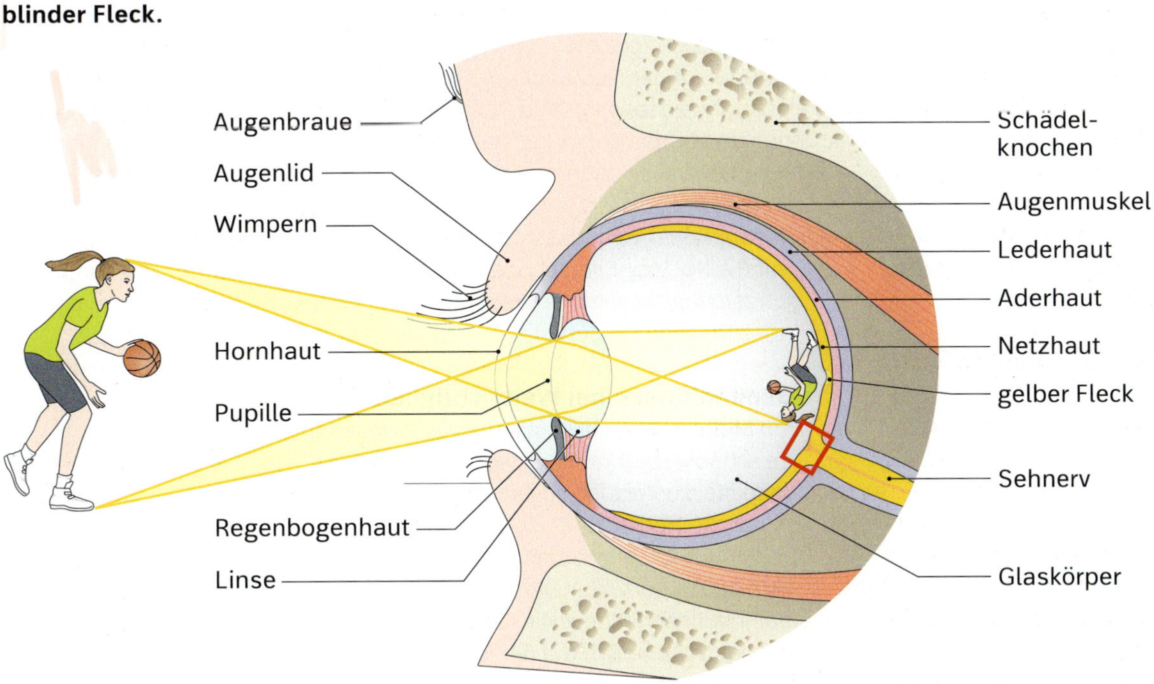

3 Innerer Bau des Auges und Sehvorgang

Linsen beheben Augenfehler

1. Ⓥ
a) Überprüfe deine Sehleistung mit dem Sehtest in Bild 6. Gib dazu aus 35 cm Entfernung an, wo sich die Öffnung des Kreises befindet.
b) Begründe, warum du dich einem Sehtest unterziehen musst, wenn du einen Führerschein erwerben willst.

Bild 3 Seite 309

2. Ⓐ
Beschreibe, wie Kurzsichtigkeit und Weitsichtigkeit durch unterschiedliche Linsen korrigiert werden kann.

3. Ⓐ
Zeichne den Strahlenverlauf einer Zerstreuungslinse und einer Sammellinse.

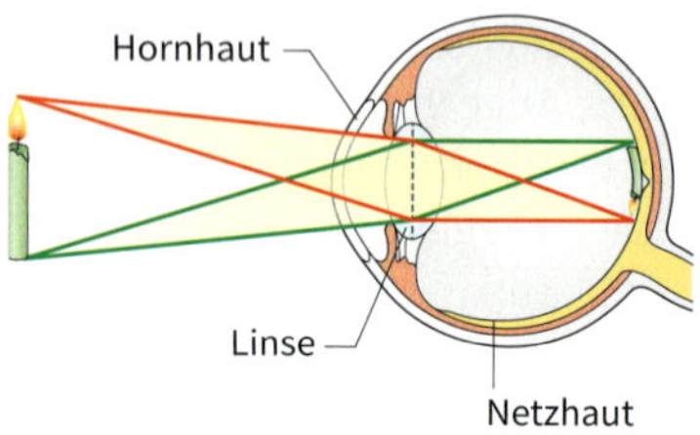

1 Bildentstehung im Auge

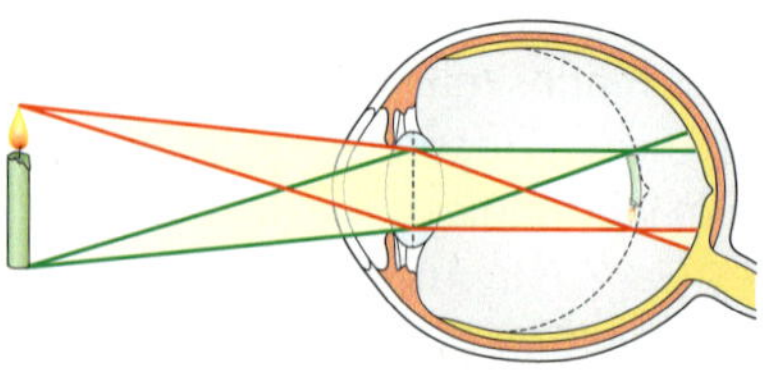

2 Kurzsichtigkeit

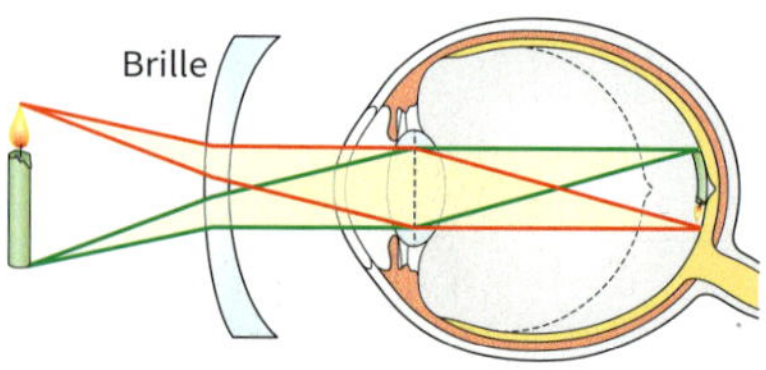

3 Kurzsichtigkeit: Zerstreuungslinsen

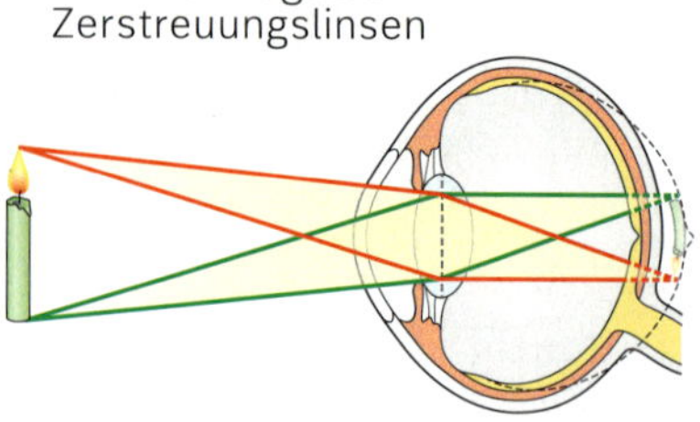

4 Weitsichtigkeit

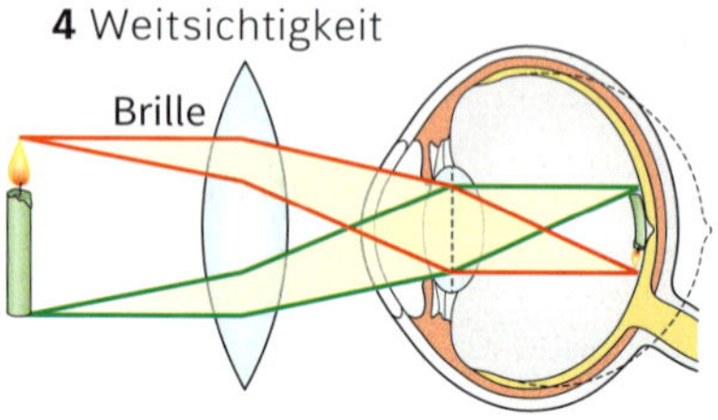

5 Weitsichtigkeit: Sammellinsen

Bildentstehung im Auge

Das menschliche Auge ist ein optisches Gerät, das mit einem Linsensystem ausgestattet ist (Bild 1). Das Licht eines Gegenstandes fällt durch die durchsichtige Hornhaut, wird durch die Sammellinse gebrochen und passiert den Glaskörper. Auf der Netzhaut entsteht ein verkleinertes, auf dem Kopf stehendes und seitenverkehrtes scharfes Bild. Mithilfe eines Sehtests wie in Bild 6 kannst du feststellen, ob du normalsichtig bist.

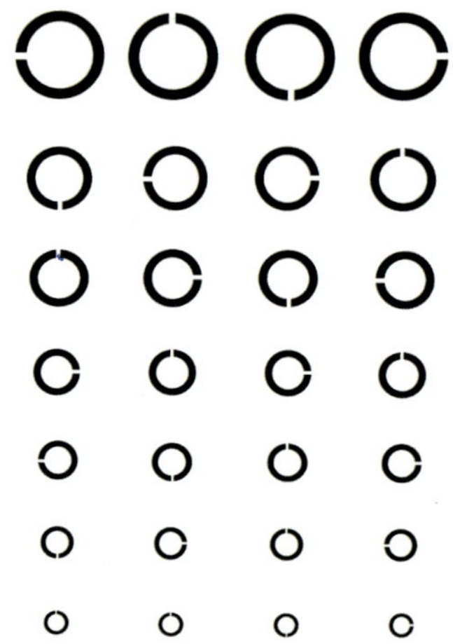

6 Sehtest

Zerstreuungslinsen bei Kurzsichtigkeit

Bei Kurzsichtigkeit werden nur nahe Gegenstände auf der Netzhaut abgebildet. Da der Augapfel zu lang ist (Bild 2), liegen die Bildpunkte vor der Netzhaut. Dadurch entsteht das Bild weiter entfernter Gegenstände vor der Netzhaut. Eine Zerstreuungslinse (Konkavlinsen) führt dazu, dass das Bild nach hinten auf die Netzhaut verschoben wird (Bild 3). Kurzsichtige Menschen benötigen eine Brille mit konkaven Gläsern.

Sammellinsen bei Weitsichtigkeit

Ein Mensch, der nur weit entfernte Gegenstände scharf sehen kann, ist weitsichtig. Da sein Augapfel zu kurz ist, liegen die Bildpunkte hinter der Netzhaut. Dadurch entsteht das Bild von nahen Gegenständen hinter der Netzhaut (Bild 4). Zur Korrektur wird eine Brille mit Sammellinsen (Konvexlinsen) benutzt (Bild 5), die das scharfe Bild auf der Netzhaut abbildet. Weitsichtige Menschen benötigen eine Brille mit konvexen Gläsern.

Kontaktlinsen ersetzen Brillen

Statt einer Brille können auch Kontaktlinsen verwendet werden. Es gibt sie in harter oder weicher Ausführung. Sie werden direkt auf die Augen gesetzt und haben dieselbe Wirkung wie eine Brille.

Du kannst die Ursachen für Fehlsichtigkeit benennen und für ihre Behebung die passenden Brillengläser zuordnen.

Optik in Berufen

1. Ⓐ
Nenne Geräte, in denen sich Linsen und Prismen befinden.

2. Ⓠ
Informiere dich über die Ausbildungsdauer der auf dieser Seite beschriebenen Berufe.

3. Ⓐ
Beschreibe das Tätigkeitsfeld einer Beleuchterin oder eines Beleuchters.

4. Ⓐ
Halte einen Kurzvortrag über einen auf dieser Seite dargestellten Beruf.

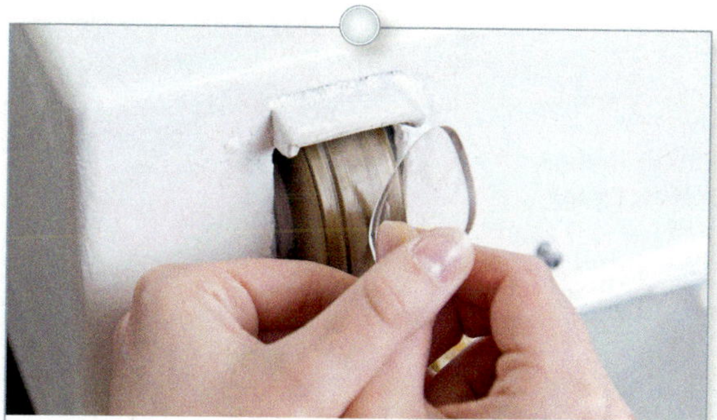

Linsen schleifen

In optischen Geräten wie Mikroskopen, Kameras oder Brillen befinden sich Bauteile aus Glas oder Kunststoff, die den Weg des Lichts verändern. Eine **Feinoptikerin** oder ein **Feinoptiker** stellt diese Bauteile in Handarbeit oder mit Maschinen her und baut sie in optische Geräte ein.

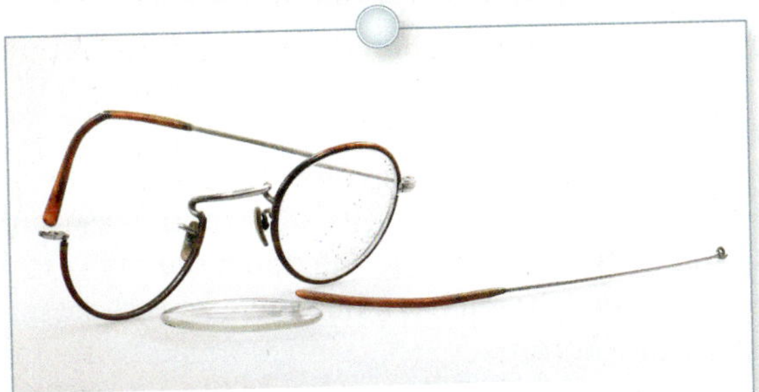

Eine Brille reparieren

Augenoptikerinnen und **Augenoptiker** beraten Kundinnen und Kunden, die eine Brille benötigen. Sie setzen die richtigen Gläser in das ausgewählte Brillengestell ein und passen es individuell an. Sie reparieren Brillen, verkaufen Kontaktlinsen und erledigen kaufmännische Tätigkeiten.

Beleuchtung bei Konzerten

Beleuchterinnen und **Beleuchter** montieren und bedienen Beleuchtungsanlagen in Theatern, in Opernhäusern, bei Filmproduktionen oder bei Konzerten. Sie setzen die künstlerische Gestaltung der Aufführung oder des Films mit der passenden Lichtgestaltung um. Voraussetzung für die Ausübung dieses Berufes ist eine Ausbildung im Bereich der Veranstaltungstechnik.

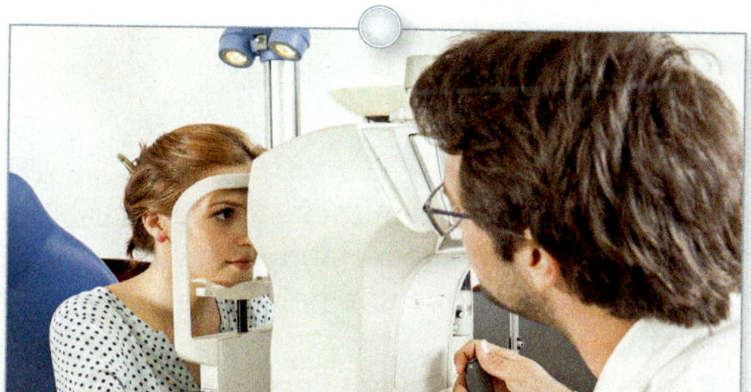

Die Augen untersuchen

Orthoptistinnen und **Orthoptisten** untersuchen in einer Augenarztpraxis die Augen mit Geräten, um Sehstörungen festzustellen und die Behandlung vorzubereiten. Die Augenärztin oder der Augenarzt legt aufgrund der Messergebnisse die Behandlungsmethode fest. Zum Aufgabenfeld der Orthoptistinnen und Orthoptisten gehören auch organisatorische und kaufmännische Tätigkeiten.

Wie wir hören

1. A
Stelle in einer Tabelle die Bestandteile des Ohres und ihre jeweilige Funktion zusammen.
Unterteile dabei in Außen-, Mittel- und Innenohr.

2. A
Beschreibe die Vorgänge im Ohr, die zur Reizung der Hörsinneszellen führen.

3. A
a) Vergleiche den Hörbereich des Menschen mithilfe der Tabelle mit den Hörbereichen der genannten Tierarten. Nenne dabei die Tiere, die die höchsten beziehungsweise tiefsten Töne hören.
b) Erkläre, warum ein Blauwal den Menschen nicht hören kann.

Art	Hörbereich (Frequenz in Hertz)
Mensch (35 Jahre)	16 Hz – 15000 Hz
Blauwal	14 Hz – 36 Hz
Hund	64 Hz – 50000 Hz
Elefant	17 Hz –10500 Hz
Katze	55 Hz – 65000 Hz
Fledermaus	10300 Hz – 115000 Hz
Delfin	150 Hz – 150000 Hz

4. V
Untersucht in Gruppen mithilfe eines Tongenerators oder einer Handy-App, wie gut Testpersonen hohe und tiefe Töne hören können.
Führt den Versuch auch mit Personen unterschiedlichen Alters durch.
a) Erhöht die Frequenz von 10 000 Hz an kontinuierlich.
b) Erniedrigt die Frequenz von 25 000 Hz an kontinuierlich. Haltet eure Beobachtungen in einer Tabelle fest.

Name	ab 10 000 Hz	ab 25 000 Hz	Alter

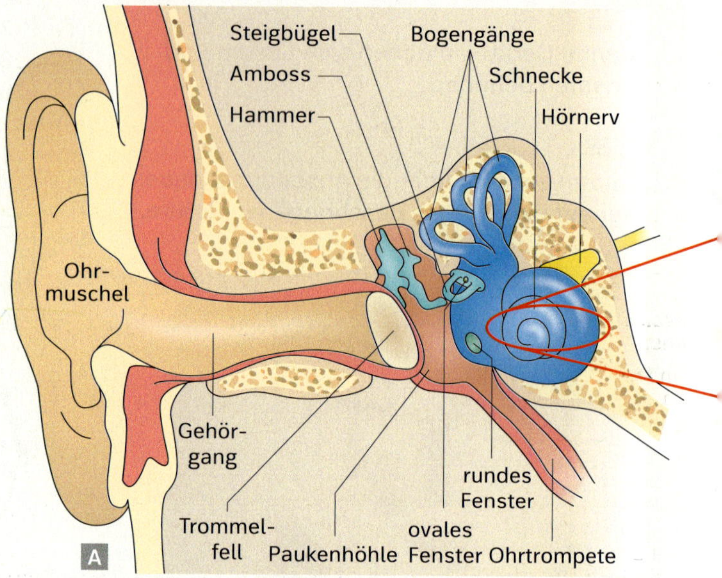

A

c) Wertet eure Beobachtungen aus, indem ihr eine Regel formuliert, wie sich die Hörfähigkeit mit zunehmendem Alter verändert. Vergleicht eure Beobachtungen auch mit der folgenden Tabelle.

Alter	Hörbereich
Jugendlicher	16 Hz – 20000 Hz
Erwachsener (35 Jahre)	16 Hz – 15000 Hz
Erwachsener (70 Jahre)	16 Hz – 5000 Hz

5. V
Mit dem folgenden Test kann überprüft werden, ob eine Störung der Schallleitung vorliegt. Schlage eine Stimmgabel an und setze sie, wie in der Abbildung angegeben, auf den Knochen hinter deinem Ohr. Wenn du nichts mehr hörst, halte die Stimmgabel vor die Ohrmuschel. Beschreibe und erkläre deine Beobachtungen.

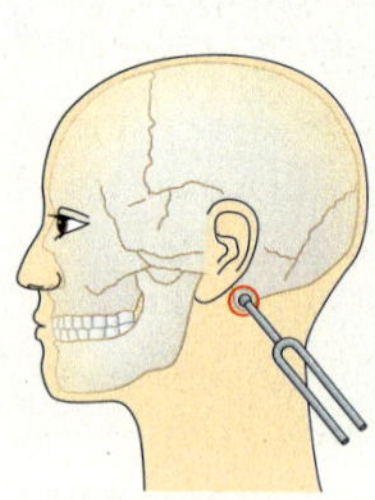

6. V
a) Plant einen Versuch, mit dem ihr zeigen könnt, dass man zum Richtungshören beide Ohren benötigt. Verwendet zur Durchführung ähnliche Gegenstände wie links in der Abbildung.
b) Führt den Versuch in Gruppen durch. Protokolliert eure Beobachtungen und vergleicht eure Ergebnisse.

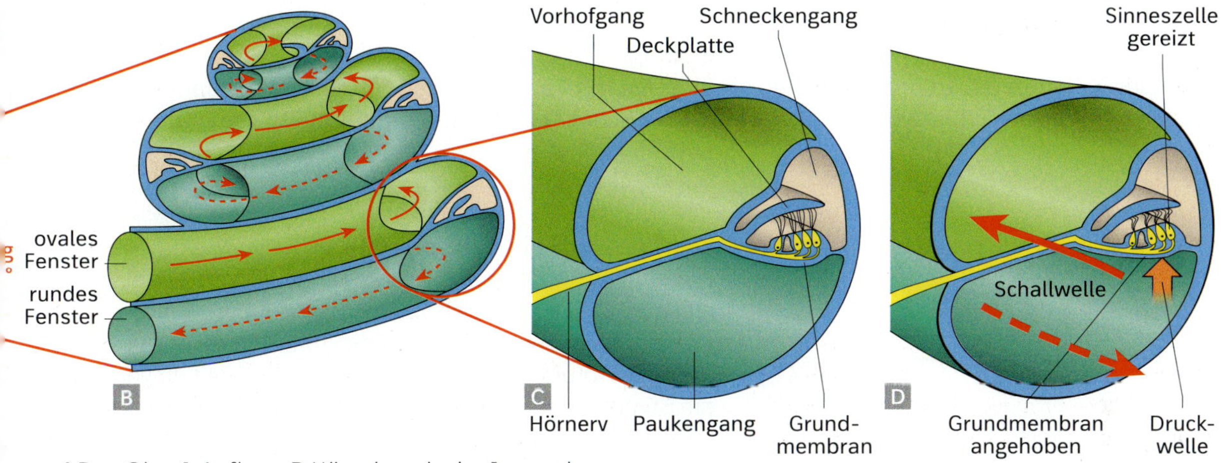

1 Das Ohr: **A** Aufbau, **B** Hörschnecke im Innenohr, **C** Querschnitt durch die Schnecke – ungereizt, **D** Querschnitt durch die Schnecke – gereizt

Schall

Unser Hörsinn nimmt Schall wahr. Schall entsteht, wenn etwas schnell schwingt, etwa eine Gitarrensaite oder die Stimmbänder. Dadurch werden die Luftteilchen in Schwingungen versetzt, die sich dann als Schallwellen durch die Luft bewegen. Je schneller etwas schwingt, umso höher ist der Ton. Das Maß für die Schwingung ist die Frequenz, die in Hertz (Hz) gemessen wird.

Schallleitung im Ohr

Das Ohr wird in drei Bereiche gegliedert: Außen-, Mittel- und Innenohr. Das **Außenohr** besteht aus der Ohrmuschel und dem Gehörgang. Es fängt den Schall ein und leitet ihn zum Trommelfell. Dieses dünne Häutchen ist wie das Fell einer Trommel quer über den Gehörgang gespannt. Auf der inneren Seite des Trommelfells, im **Mittelohr,** liegen die Gehörknöchelchen Hammer, Amboss und Steigbügel. Der Hammer liegt direkt am Trommelfell an. Wird das Trommelfell durch Schallwellen in Schwingungen versetzt, werden diese vom Hammer auf den Amboss und den Steigbügel übertragen. Der Steigbügel überträgt dann die Schwingungen über das ovale Fenster auf die im **Innenohr** liegende Hörschnecke.

Bau und Funktion der Hörschnecke

Die Hörschnecke besteht aus drei Gängen, die mit Flüssigkeit gefüllt sind. Drückt der Steigbügel auf das ovale Fenster, entstehen in der Flüssigkeit Druckwellen. Sie laufen zuerst durch den **Vorhofgang** und werden dann in den **Paukengang** weitergeleitet. Im dritten Gang, dem **Schneckengang,** befinden sich die Sinneszellen mit feinen Härchen. Durchläuft die Druckwelle den Paukengang, wird die Grundmembran, auf der sich die Sinneszellen befinden, nach oben gedrückt. Dabei stoßen die Härchen an die Deckmembran und werden gebogen. Dadurch erzeugen die Sinneszellen elektrische Impulse, die durch den Hörnerv zum Gehirn geleitet werden. Dort findet die Hörwahrnehmung statt.
Mit dem Alter wird die Grundmembran steifer und ist dann für hohe Töne weniger empfindlich. Ständige Schallüberlastung kann die Härchen schädigen und so ebenfalls Schwerhörigkeit verursachen.

Richtungshören

Aus welcher Richtung kommt der Schall?
Beim Richtungshören vergleicht das Gehirn die leicht unterschiedlichen Informationen, die von den beiden Ohren ins Gehirn gemeldet werden. Die Geräusche kommen dort leicht zeitversetzt und mit etwas unterschiedlicher Lautstärke an.

Schallsender – Schallträger – Schallempfänger

1. V
Lege deine Finger an den Kehlkopf und singe. Beschreibe deine Empfindungen.

2. V
Schlage eine Stimmgabel an und halte sie in ein Glas mit Wasser. Erkläre deine Beobachtung.

3. A
Zähle Schallquellen in deiner Umgebung auf und gib jeweils an, was schwingt und somit den Schall erzeugt.

4. V
Erzeuge mit verschiedenen Hilfsmitteln Schall, bei dem du die Schwingungen der Schallquelle sehen oder spüren kannst.

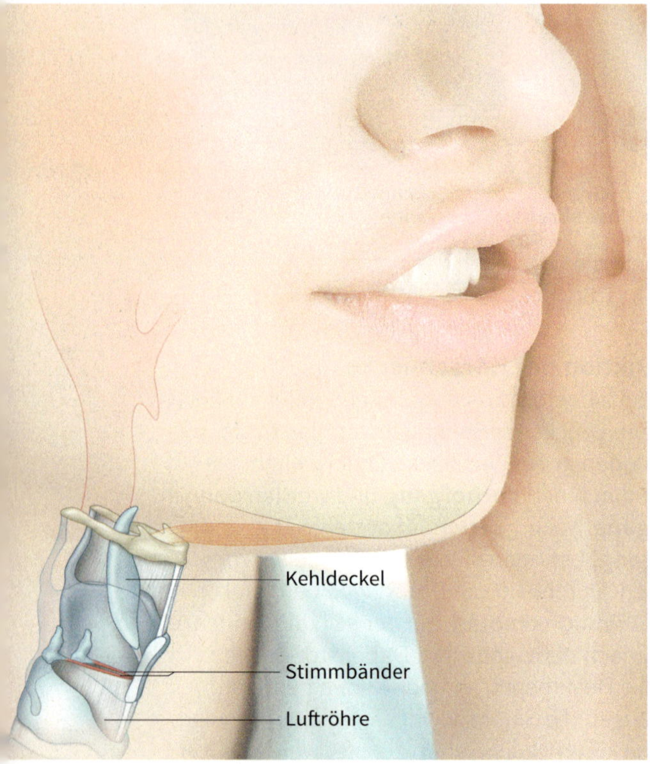

1 Die Stimmbänder schwingen.

Der Kehlkopf als Schallquelle

Der Kehlkopf enthält zwei Stimmbänder (Bild 1). Sie sind elastisch und lassen sich von Muskeln spannen und lockern. Zwischen ihnen bleibt die Stimmritze frei, durch die beim Sprechen Luft strömt. Die strömende Luft versetzt die Stimmbänder in **Schwingungen.** Mit der Stärke des Luftstroms wird die **Lautstärke** reguliert, mit der Anspannung der Stimmbänder die **Tonhöhe.**

Schallsender schwingen

Jeder Körper, der zum Schwingen angeregt wird, erzeugt Schall und wird somit zur Schallquelle. Schallquellen werden auch **Schallsender** genannt. Sie senden Informationen in Form von **Schwingungen** aus.

Wenn du auf einer Flöte spielst, schwingt die Luft in der Flöte (Bild 2 A). Bei einem Windspiel schlagen durch den Wind die Metallstäbe aneinander. Sie beginnen zu schwingen (Bild 2 B). Die schnelle Drehung der Windmühlenflächen im Wind bringt die Luft zum Schwingen (Bild 2 C). Wird die gespannte, sehr dünne Gummihaut eines Luftballons überdehnt oder durch einen spitzen Gegenstand verletzt, reißt die Gummihaut ein und zieht sich schlagartig zurück. Es entsteht eine einmalige heftige Schwingung, die du als Knall hörst (Bild 2D).

2 Schallquellen schwingen: **A** Luftsäule, **B** Metallstäbe, **C** Papierflächen, **D** Gummihaut

5. V
a) Baue aus zwei Blech- oder Kunststoffdosen und einem 5 m langen Bindfaden ein Dosentelefon. Probiere es aus und erkläre, warum es funktioniert.
b) Ersetze den Bindfaden nacheinander durch einen dünnen Metalldraht und eine Angelschnur, probiere erneut und erkläre.

6. A
Wenn ein klingelnder Wecker unter einem Glasbehälter steht, hörst du ihn trotzdem. Wird jedoch die Luft aus dem Behälter gepumpt, klingelt der Wecker immer leiser. Erkläre, warum das so ist.

7. Q
Informiere dich über den Einsatz verschiedener Mikrofone. Fertige zu einem Mikrofon einen Kurzvortrag an.

Schall braucht einen Träger

Schall breitet sich von einer Schallquelle aus, wenn um diese herum ein **Schallträger** vorhanden ist. Ein wichtiger Schallträger ist die Luft. Durch sie gelangen Musik, Worte und andere Geräusche in unsere Ohren. Schall breitet sich auch in anderen gasförmigen, flüssigen oder festen Stoffen aus. Ohne Träger ist eine Übermittlung von Informationen durch Schall nicht möglich.

Schallempfänger schwingen

Der Schall wird durch die Ohrmuschel aufgenommen und durch den Gehörgang auf das Trommelfell gelenkt (Bild 3). Das Trommelfell gerät durch den Schall in Schwingungen, die durch die Gehörknöchelchen auf die Schnecke im Ohr übertragen werden. Hier befinden sich sehr viele kleine Härchen als Empfänger des Schalls. Sie wandeln ihn in elektrische Signale um, die zum Gehirn geleitet werden. **Schallempfänger** wie Hörgerät, Mikrofon oder Schallpegelmessgerät (Bild 4) besitzen eine dünne Membran, die schwingen kann. Die durch den Schall übertragene Information wird in elektrische Signale umgewandelt.

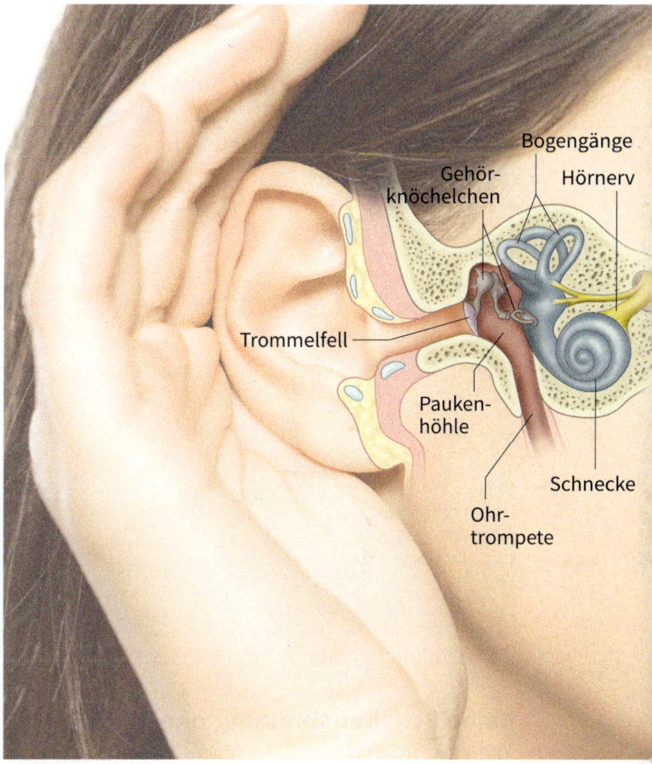

3 Das Trommelfell wird zum Schwingen gebracht.

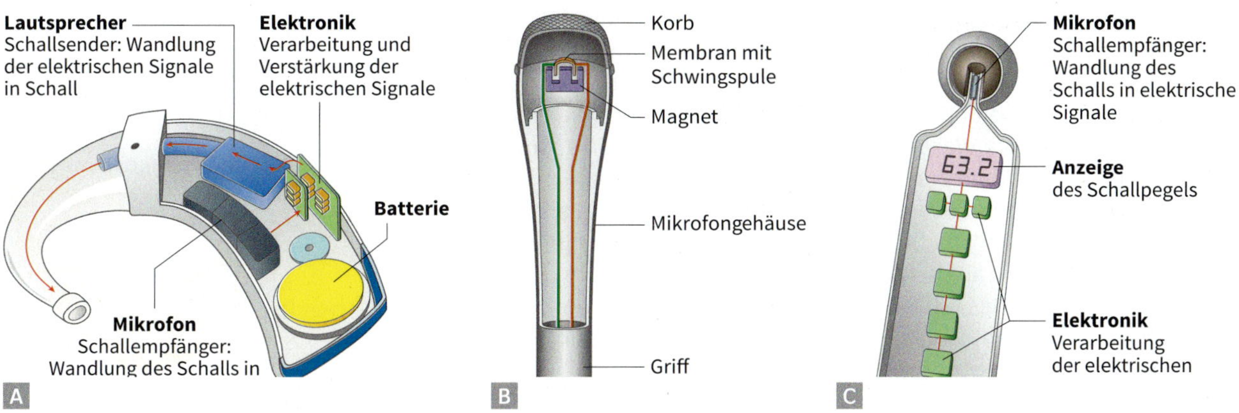

4 Eine Membran wird zum Schwingen gebracht im: **A** Hörgerät, **B** Mikrofon, **C** Schallpegelmessgerät.

Schallausbreitung

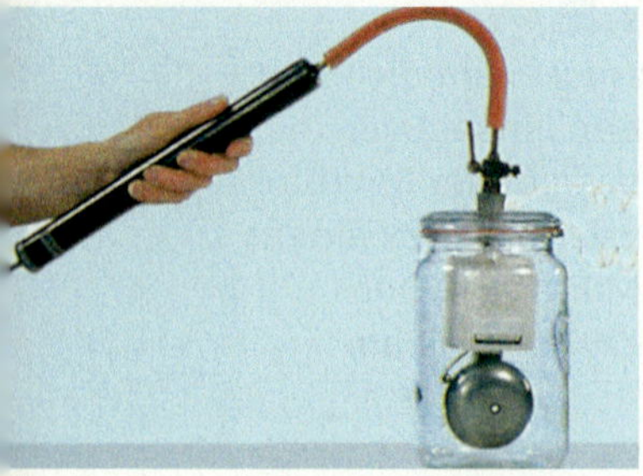

1 Hier fehlt die Luft.

1.
a) Hänge eine elektrische Klingel in ein Glasgefäß wie in Bild 1 und schalte sie an. Pumpe die Luft aus dem Gefäß und beobachte.
b) Lass langsam wieder Luft in das Gefäß strömen und beobachte erneut.
c) Erkläre deine Beobachtungen.

2.
Delfine und andere Wale haben ein gutes Gehör. Das Wasser hilft dabei, dass sie sogar kilometerweit hören können. Begründe diese Fähigkeit.

3.
a) Stellt euch zu zehnt wie in Bild 2 im Abstand von 50 m auf. Der oder die Erste in der Reihe schlägt eine Starterklappe zusammen. Hebt euren Arm, sobald ihr den Knall hört.
b) Erklärt eure Beobachtungen.

4.
Beim 100-m-Lauf startet der Zeitnehmer die Stoppuhr, sobald er sieht, wie die Starterklappe zugeschlagen wird. Berechne, wie lange es dauert, bis der Zeitnehmer den Knall der Starterklappe hört, wenn der Schall 340 m in 1 s zurücklegt.

2 Die Schallgeschwindigkeit sichtbar machen

Keine Schallausbreitung ohne Träger

Schall kann sich nur ausbreiten, wenn ein **Schallträger** wie Luft vorhanden ist. Astronauten können sich auf dem Mond ohne Mikrofon und Kopfhörer nicht unterhalten, weil es dort keine Luftteilchen gibt. Da Wasser aus Teilchen besteht, kann ein Unterwassermikrofon den Gesang der Wale für uns Menschen hörbar machen. Klopfst du an das Rohr einer Heizung, ist das Geräusch auch in anliegenden Räumen zu hören. Das Metall der Rohre besteht aus vielen eng aneinanderliegenden Metallteilchen.

Schallausbreitung braucht Zeit

Der Schall legt in Luft in einer Sekunde 340 m zurück.
Diesen Wert bezeichnet man als **Schallgeschwindigkeit.**
Andere Stoffe leiten den Schall noch schneller. In Wasser benötigt der Schall nur 1 s, um 1480 m zurückzulegen. Die Schallgeschwindigkeit hängt also vom Stoff ab, in dem sich der Schall ausbreitet.
Feste Stoffe leiten den Schall besser als flüssige und gasförmige Stoffe.

Stoff	in 1 s zurückgelegter Weg
Luft	340 m
Wasser	1480 m
Stahl	5100 m
Glas	5300 m
Fichtenholz	5500 m

3 Verschiedene Schallgeschwindigkeiten

Hoch und tief – laut und leise

1. V
Drehe an einer Spieluhr langsam die Kurbel. Beobachte und erkläre, wie die hohen und tiefen Töne entstehen.

2. V
Zeige in einem Versuch mit einem langen Lineal, wie die hohen und tiefen Töne an der Spieluhr entstehen.

3. A
Erkläre, wie sich die Schwingungen des Lineals in Versuch 2 unterscheiden.

4. V
Erzeuge mithilfe des Lineals laute und leise Töne. Erläutere die Änderung der Lautstärke.

5. V
Nutze eine Smartphone Schallpegel-App, die Schwingungen darstellen kann. Schlage Stimmgabeln mit unterschiedlicher Frequenz, unterschiedlich stark an und zeichne die Töne auf.

Hoch und tief

Klänge oder Geräusche werden umgangssprachlich fälschlicherweise oft als Töne bezeichnet. Wie hoch oder tief eine Schallart erklingt, wird allgemein durch die **Tonhöhe** angegeben. Mit einem Lineal kannst du hohe und tiefe Töne erzeugen. Je länger der schwingende Teil des Lineals ist, desto langsamer schwingt das Lineal und desto tiefer ist der erzeugte Ton. Je kürzer das Lineal ist, desto höher ist der Ton. Das Lineal schwingt dann deutlich schneller. Die schwingende Luftsäule in einer Flöte wird länger, je mehr Löcher du durch deine Finger verschließt. Der Ton wird immer tiefer.

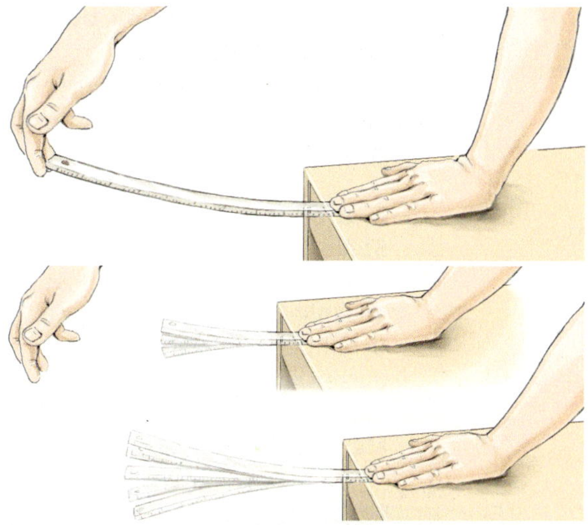

1 Hohe oder tiefe Töne – laute oder leise Töne?

Die Frequenz

Die Anzahl der Schwingungen in einer Sekunde bestimmt die Höhe des Tones. Dieses Maß für die Schwingung ist die **Frequenz.** Sie wird in **Hertz (Hz)** gemessen. Wenn ein Lineal in 1 s fünfzigmal schwingt, hat der Ton eine Frequenz von 50 Hz. Eine Schwingung in 1 s ergibt die Frequenz 1 Hz. Die Einheit Hz wurde zu Ehren des deutschen Physikers HEINRICH HERTZ (1857–1894) gewählt.

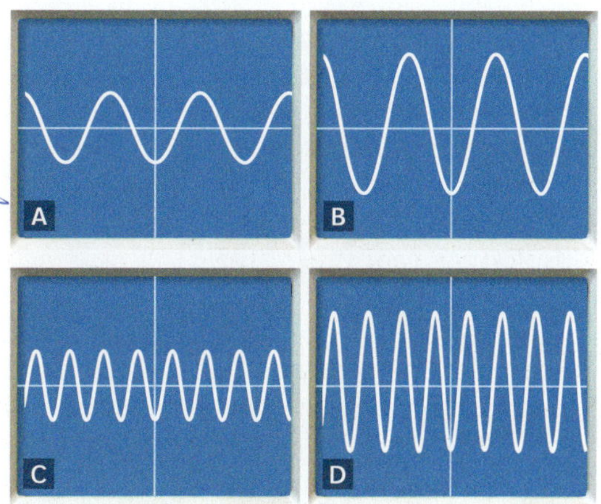

2 **A** leiser, tiefer Ton, **B** lauter, tiefer Ton, **C** leiser, hoher Ton, **D** lauter, hoher Ton

Laut und leise

Die **Lautstärke** eines Tones hängt von der **Schwingungsweite** der Schallquelle ab. Wenn du eine Gitarrensaite stark anzupfst, schwingt sie sehr weit hin und her. Der Ton ist lauter als der einer schwach angezupften Saite. Das Lineal schwingt stärker auf und ab und klingt lauter, wenn du es weiter nach unten drückst.

Die Amplitude

Die Entfernung von der Ruhelage des Lineals bis zu ihrem weitesten Ausschlag heißt **Amplitude.** Die Amplitude bestimmt die Lautstärke. Je größer die Amplitude einer Schwingung ist, desto lauter ist der Ton. Der Ton wird umso leiser, je kleiner die Amplitude wird.

Schall lässt Wände wackeln

1 Schallpegelmessgerät

1. ☰ Ⓥ

a) Miss an verschiedenen Orten in der Schule den Schallpegel mit einem Schallpegel-App oder einem Schallpegelmessgerät alle 10 s einen Wert ab und trage die Messwerte in eine Tabelle ein.

Ort	Schallpegel in dB nach		
	10 s	20 s	30 s
Pausenhalle			

b) Fertige eine Grafik an und gib an, wo es in eurer Schule besonders laut ist.

c) Gib Möglichkeiten an, dort den Schallpegel zu senken.

d) Stellt die Ergebnisse eurer Messungen auf einem Plakat dar und hängt es in der Pausenhalle aus.

2. ☰ Ⓥ

Stelle an deinem Kopfhörer deine Hörlautstärke ein. Miss anschließend wie in Bild 2 den Schallpegel und vergleiche diesen mit den Messungen deiner Mitschülerinnen und Mitschüler.

3. ☰ Ⓥ

a) Miss den Schallpegel einer angeschlagenen Stimmgabel. Vergrößere dabei den Abstand zwischen der Stimmgabel und dem Messgerät schrittweise um 10 cm.

b) Wiederhole den Versuch mit zwei Stimmgabeln gleicher Frequenz. Interpretiere die Messwerte.

c) Wähle verschiedene Materialien zur Schalldämmung aus. Finde heraus, ob die Dämmung an der Quelle, beim Übertragungsweg oder beim Empfänger am wirkungsvollsten ist.

Schallquelle	Schallpegel in dB nach		
	0 cm	10 cm	
Stimmgabel			
2 Stimmgabeln			

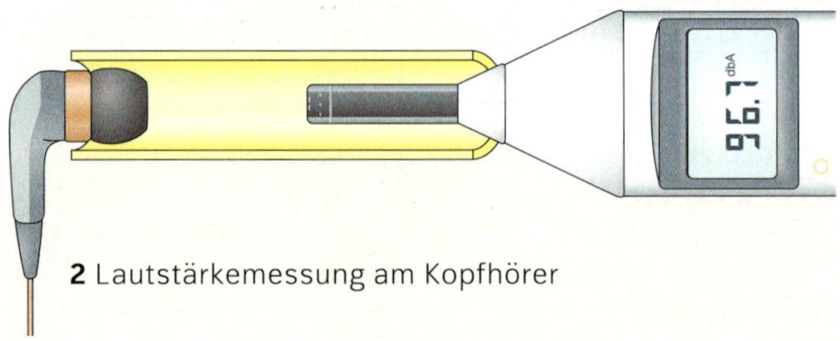

2 Lautstärkemessung am Kopfhörer

3 Lärmschutz überall

Zu laut oder nicht zu laut?

„Deine Musik ist viel zu laut!" – „Sie ist gar nicht zu laut!" Wer hat Recht?

Was laut oder leise ist, empfindet jeder Mensch anders. Für eine objektive Messung der Stärke des Schalls benötigst du ein **Schallpegelmessgerät** (Bild 1). Das Gerät enthält ein Mikrofon für den Empfang des Schalls. Eine elektronische Einrichtung verarbeitet die eingegangene Information und setzt sie in die Bewegung eines Zeigers oder in Zahlen um. Gemessen wird der **Schallpegel** in **Dezibel (dB).** Es gibt auch Apps für Smartphones, die Schallpegel aufzeichnen können.

Schutz vor Lärm

Maßnahmen zur Vermeidung von Gesundheitsschäden durch Lärm können an der Schallquelle, am Übertragungsweg des Schalls und am Schallempfänger vorgenommen werden. Ist deinen Eltern deine Musik zu laut, können sie die Anlage leiser stellen, die Türen schließen oder Gehörschutzstöpsel benutzen.

Wie viel Lärm macht krank?

1. ☰ Q

a) Recherchiere für verschiedene Geräusche die durchschnittlichen Schallpegel.
b) Gib an, welche Auswirkung die verschiedenen Schallpegel auf den Menschen haben können.

2. ☰ V

a) Protokolliere deine Hörgewohnheiten für eine Woche.

Tag	Schallart	geschätzter Schallpegel in dB	Dauer
Montag	Handballtraining		1 h
	Fernseher ist an		4 h

b) Vergleicht eure Hörgewohnheiten und diskutiert die möglichen Auswirkungen.

3. ☰ V

a) Führe an einigen Elektrogeräten aus dem Haushalt Schallpegelmessungen durch und übertrage die Messwerte in eine geeignete Tabelle.
b) Gib die Geräte an, deren dauerhafter Gebrauch für dein Gehör bedenklich ist.

4. ☰ A

Gib Möglichkeiten an, die Schallpegel der Geräte aus Versuch 3
a) am Gerät,
b) auf dem Übertragungsweg,
c) beim Empfänger zu reduzieren.

Schall-pegel in dB	mögliche Schallquelle in direkter Nähe	mögliche Auswirkung bei Dauerbelastung
160	Pistolenschuss	Schäden am Gehör bei einmaliger Einwirkung
150	Silvesterböller	
140	Düsentriebwerk	Gehörschäden bei kurzem Einwirken möglich
130	Hubschrauber	
120	Rockkonzert	Schmerzschwelle
110	Blasorchester	Schäden am Gehör möglich
100	Kreissäge	
90	Motorrad	Risiko für Herz- und Kreislaufprobleme steigt
80	Rasenmäher	
70	Staubsauger	Konzentration und Leistungsfähigkeit nehmen ab
60	Fernseher	
50	Umgangssprache	
40	Geschirrspüler	Ruhe, Schlaf und Erholung werden beeinträchtigt
30	Flüstern	
20	Uhrticken	
10	Mückensummen	Hörschwelle
0	Stille	

1 Schallquellen und ihre Schallpegel

Jede Schallquelle hat einen Schallpegel

Empfängt unser Ohr Schall mit Pegeln unter 30 dB, empfinden wir diesen als ruhig. Eine dauerhafte Belastung kann jedoch zu einer Beeinträchtigung von Schlaf führen. Wenn der Fernseher bei Zimmerlautstärke läuft, empfängst du einen Schallpegel von etwa 60 dB. Dauerhaft kann dies deine Konzentration und Leistungsfähigkeit einschränken. Ab einem langanhaltenden Schallpegel von 85 dB macht Lärm krank. Kopfhörer können Schall mit Pegeln bis zu 100 dB an die Ohren abgeben. Explodiert dicht neben dir ein Silvesterknaller, kann der kurze Empfang von etwa 150 dB zu einem Hörschaden führen. Bild 2 zeigt, wie viel Schall das menschliche Gehör in einer Woche ohne bleibende Auswirkungen verträgt.

Schallpegel	Zeit pro Woche
85 dB	40 h
90 dB	12 h
95 dB	3 h
100 dB	1 h
105 dB	18 min
110 dB	7 min
115 dB	2 min
120 dB	45 s

2 Wie viel Lärm ist gefahrlos?

Reize und Sinne

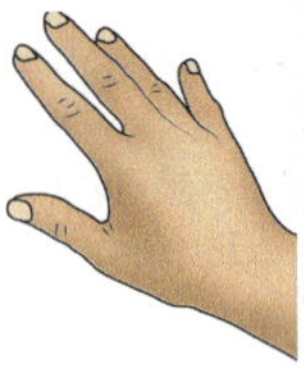

Reiz	Reizform	Sinnesorgan	Sinn
Licht	optisch	Auge	Sehsinn
Schall	akustisch	Ohr	Hörsinn
Schwerkraft	mechanisch	Gleichgewichtsorgan	Gleichgewichtssinn
Geruchsstoff	chemisch	Nase	Geruchssinn
Geschmacksstoff	chemisch	Zunge	Geschmackssinn
Druck	mechanisch	Haut	Tast- und Schmerzsinn
Kälte/Wärme	thermisch	Haut	Temperatursinn

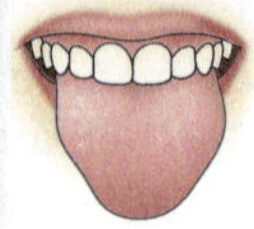

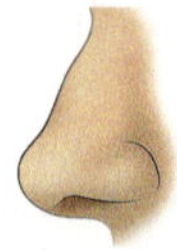

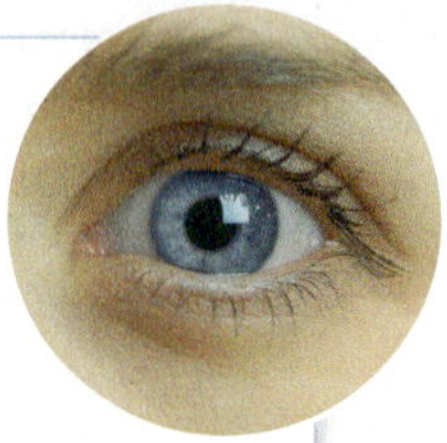

Auge

- Lederhaut
- Aderhaut
- Hornhaut
- Iris mit Pupille
- Linse
- Glaskörper
- Netzhaut mit Lichtsinneszellen
- Sehnerv

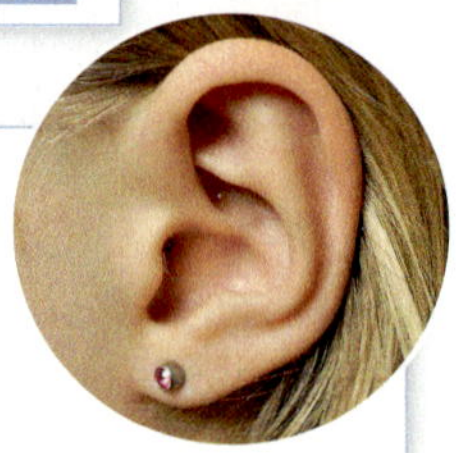

Ohr

- Außenohr: Ohrmuschel, Gehörgang, Trommelfell
- Mittelohr: Gehörknöchelchen, ovales Fenster, rundes Fenster
- Innenohr: Hörschnecke, Hörsinneszellen, Gleichgewichtsorgan

Reize und Sinne

Mit Sinneszellen in unseren Sinnesorganen können wir Reize aus unserer Umwelt aufnehmen, die anschließend im Gehirn verarbeitet werden. So entsteht unsere Wahrnehmung.

Reize sind etwa Licht und Schall. Das Sender-Empfänger-Modell kann als Erklärungshilfe für die Übertragung von Informationen dienen.

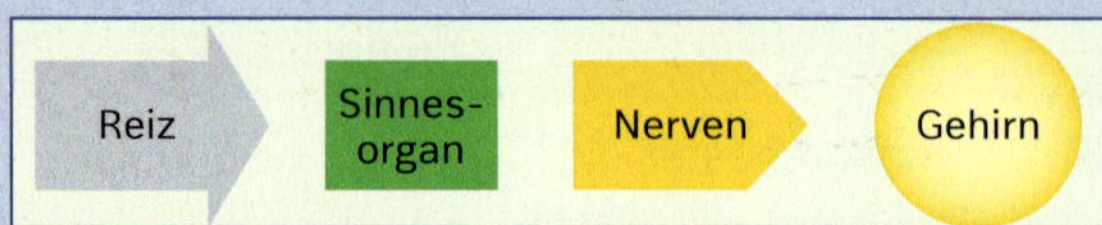

Sehfehler	Korrektur
Kurzsichtigkeit	Zerstreuungslinse
Weitsichtigkeit	Sammellinse

Schutzmaßnahmen für die Sinnesorgane

- Pausen bei der Bildschirmarbeit machen und Schutzbrille bei verschiedenen Arbeiten tragen
- Musik nicht zu laut hören, auf Konzerten Gehörschutz tragen
- keine stechend riechenden Stoffe einatmen
- die Haut vor Sonnenbrand schützen

Sinnesorgane und Sinne

Kannst du schon ...

... die verschiedenen Sinnesorgane benennen und ihnen die zugehörigen Sinne zuordnen? (S. 303)
... den Bau des Auges beschreiben? (S. 308 – 309)
... erklären, wie eine Brille Sehfehler korrigieren kann (S. 310)?
... Beispiele für Berufe nennen, die sich mit Optik beschäftigen? (S. 311)
... den Bau des Ohres beschreiben? (S. 312 – 313)
... den Hörvorgang beschreiben? (S. 314 – 315)

Zeig, was du kannst!

1. ≡ A
a) Definiere den Begriff Reiz.
b) Notiere vier Reizformen.
c) Ordne ihnen ein entsprechendes Sinnesorgan zu.
d) Erläutere das Zusammenwirken unterschiedlicher Sinne beim Eisessen.

2. ≡ A
Ordne den gekennzeichneten Teilen des Auges in einer Tabelle die Bezeichnung und deren Funktion zu.

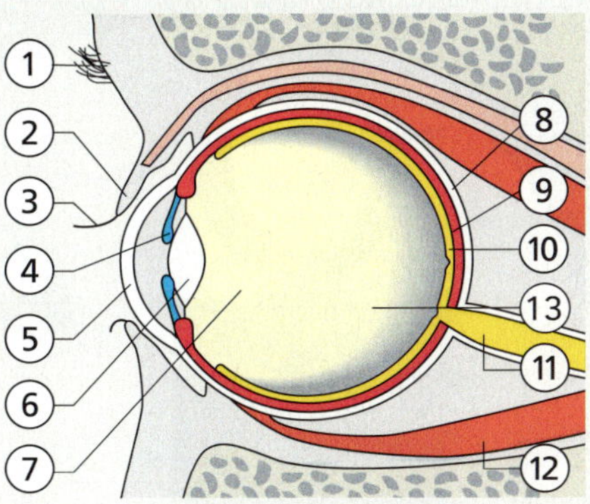

3. ≡ A
a) Nenne zwei unterschiedliche Sehfehler.
b) Ordne den Sehfehlern ihre Ursachen und Korrekturmöglichkeiten zu.

Licht und Schall

Kannst du schon ...

... die Begriffe Streuung und Reflexion anhand von Beispielen erklären? (S. 306 – 307)
... Voraussetzungen für die Ausbreitung von Schall nennen? (S. 316)
... den Zusammenhang zwischen der Frequenz und der Tonhöhe formulieren? (S. 317)
... angeben, wie die Lautstärke von der Amplitude der Schwingung abhängt? (S. 317)
... beschreiben, wie Schall gemessen wird und welche Gefahren von zu lautem Schall ausgehen? (S. 318 – 319)

Zeig, was du kannst!

4. ≡ A
Definiere die Begriffe Schallquelle, Schallträger und Schallempfänger.

5. ≡ A
Erkläre, wie Frequenz, Schwingungsweite und Amplitude unseren Höreindruck beeinflussen.

6. ≡ A
Benenne die gekennzeichneten Teile des Ohrs.

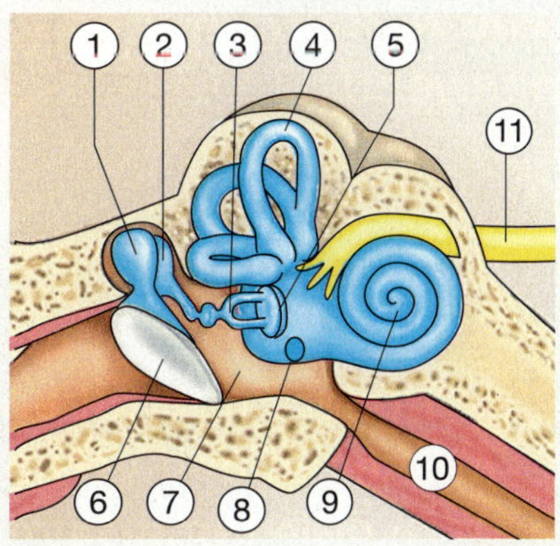

7. ≡ A
Werte die Aussage: Lärm stört, schadet und macht krank.

Erwachsen werden

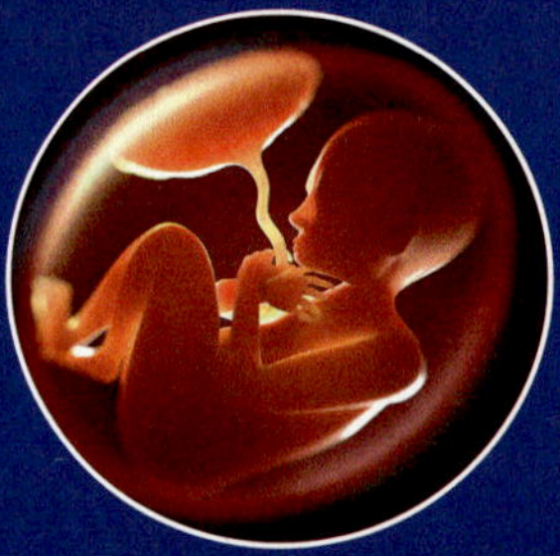

Wie entsteht ein Kind?

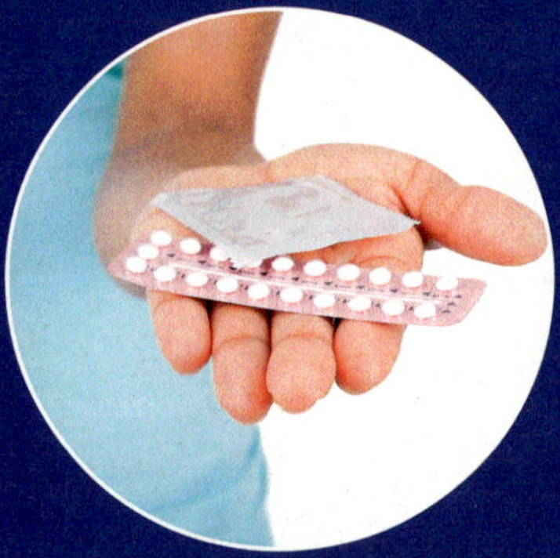

Was sind Verhütungsmittel und wie werden sie angewendet?

In der Pubertät ändern sich Aussehen und Verhalten. Was ist die Pubertät eigentlich?

Gesprächsrunde

METHODE

Bei schwierigen Themen gehen die Meinungen schnell auseinander. Will man darüber sprechen, ohne sich zu streiten, sollte man bestimmte Regeln einhalten. Mit der Hilfe klarer Regeln kommt man auch bei Gesprächsrunden mit vielen Teilnehmern zu guten Ergebnissen.

Wichtig ist, dass man sich vor dem Gespräch gemeinsam auf die Regeln einigt. Nur wer den Regeln zustimmt und bereit ist, sie einzuhalten, darf sich an dem Gespräch beteiligen. Am Ende sollte ein Ergebnis festgehalten werden: Worauf konnte man sich einigen, was bleibt zu klären?

1 In einer großen Gesprächsrunde müssen Regeln eingehalten werden.

Über Themen wie Sexualität zu reden ist nicht einfach, da diese Themen uns Menschen persönlich sehr berühren. Vielleicht fällt es euch leichter, wenn ihr eure Gespräche zunächst in einer reinen Jungen- oder Mädchenrunde führt.

2 Gespräch in einer Mädchenrunde

Manchmal kann es auch helfen, mit Experten zum Gesprächsthema zu sprechen. Wenn ihr Fragen zur Sexualität besprechen wollt, könnt ihr zum Beispiel eine Ärztin oder einen Arzt oder ExpertInnen aus Beratungsstellen zu eurer Gesprächsrunde einladen.

1. ≡ (A)
In Hannahs Klasse gibt es Streit, weil einige Schüler Mädchen der Klasse als "Lesbe" bezeichnen. Die Mädchen sind sehr verletzt, während die Jungen meinen, "Lesbe" sei doch kein "schlimmes" Wort. Diskutiert in einem Gesprächskreis, wie die Klasse den Streit beilegen kann. Formuliert einen gemeinsamen Lösungsvorschlag.

2. ≡ (A)
a) Einigt euch innerhalb eurer Klasse auf ein Gesprächsthema zur Sexualität, das ihr gerne in einer Gesprächsrunde behandeln würdet.
b) Plant den Ablauf der Gesprächsrunde und legt gemeinsam die Gesprächsregeln fest.
c) Führt die Gesprächsrunde innerhalb der Klasse durch.

GESPRÄCHSREGELN
- eine Gesprächsleitung bestimmen, die auf Einhaltung der Regeln achtet und keine eigene Meinung vertritt
- sich gegenseitig zuhören und andere ausreden lassen
- sich ruhig zu Wort melden und abwarten
- beim Thema bleiben
- in freundlichem, respektvollem Ton miteinander reden
- keine Schimpfworte benutzen
- Andere nie lächerlich machen
- auch andere Meinungen respektieren
- niemanden für seine Meinung oder Erfahrungen auslachen

Über Werte diskutieren

Ob wir etwas „richtig“ oder „falsch“ finden, sagt uns oft unser **Gewissen.** Es gibt aber auch Situationen, in denen es nur schlechte, aber keine gute Lösung gibt. Egal, was wir tun, es scheint falsch zu sein. Man spricht dann von einem **Dilemma.**
Dann sollte man darüber nachdenken, warum wir etwas „gut“ oder „schlecht“, „richtig“ oder „falsch“ finden. Hinter einer solchen Beurteilung stehen Vorstellungen über **Werte,** die wir uns im Laufe unseres Lebens aneignen. Erziehung, Gesellschaft und Religion beeinflussen dies stark. Werte können im Besitz etwa von Geld, Land oder sonstigen Dingen bestehen. Aber auch Vorstellungen und Gefühle wie Liebe, Freundschaft, Achtung des Eigentums oder die Würde des Menschen sind Werte. Ausgehend von **Grundwerten,** die die meisten Mitglieder einer Gesellschaft teilen, entwickeln sich Regeln und **Normen.** Sie erleichtern es uns in konkreten Situationen, die „richtige“ Entscheidung zu treffen.
Dilemmasituationen sind deswegen problematisch, weil Werte miteinander in **Konflikt** stehen: Um den einen Wert zu respektieren, muss man den anderen missachten. Oft löst sich das Dilemma aber auch auf, weil der eine Wert eindeutig höherrangig ist als der andere. Dies wäre etwa der Fall, wenn man stehlen müsste, um ein Menschenleben zu retten: Der Wert eines Menschenlebens ist weit höher anzusiedeln als der Wert der Achtung vor dem Eigentum.

METHODE

Zum Beispiel: Cindy
Cindy ist 20 Jahre alt und arbeitet als Hilfskraft in einer Imbissbude. Sie verdient gerade genug zum Überleben. Eines Tages lernt sie einen Mann kennen, der im Auftrag einer ausländischen Firma junge Frauen sucht, die Embryonen für ein Forschungsprojekt spenden. Bei Interesse würde Cindy zweimal im Jahr zu der Firma reisen, sich künstlich befruchten lassen und die entstehenden Embryonen spenden. Neben dem zweiwöchigen „bezahlten Urlaub“ würde Cindy pro Embryo 5000 Euro „verdienen“.

Erste Zuordnung
Formuliert das Dilemma als „Ja-Nein-Frage“, die sich in der Situation stellt. Ordnet euch jeweils einer der beiden Alternativen zu. Es entstehen zwei Gruppen.

Gruppeninterne Diskussion
Diskutiert innerhalb der Gruppen über die Hintergründe der Zuordnung.
- Warum habt ihr euch so entschieden?
- Auf welche Wertvorstellung gehen eure Entscheidungen zurück?
- Welche Werte konkurrieren, ist einer höherrangiger als der andere?
- Handelt es sich um Grundwerte oder könnte man über die Werte unterschiedlicher Meinung sein?
- Gibt es weitere Argumente für die unterschiedlichen Standpunkte?
- Welche Argumente könnte die „Gegenseite“ bringen und wie könnte man diese entkräften?

Diskussion im Plenum
Tauscht Argumente, Wertvorstellungen und Standpunkte zwischen den Gruppen aus. Bleibt dabei sachlich und bedenkt, dass es bei einem Dilemma keine einfache, eindeutig richtige oder falsche Lösung gibt.

Zweite Zuordnung
Ordnet euch nun erneut einer der beiden Alternativen zu. Wie viele haben ihre Meinung geändert? Haltet als Ergebnis das abschließende Meinungsbild, die Hauptargumente der Gruppen und vor allem die Gewichtung der dahinter stehenden Werte fest. Falls sich neue Alternativen ergeben haben, haltet sie ebenfalls fest.

1. Q
Was ist „Menschenwürde“ und was muss man tun, um sie beanspruchen zu können? Recherchiere und berichte.

2. A
Diskutiert Cindys „Dilemma“ unter der Annahme, dass sich das Forschungsprojekt mit der Herstellung
a) einer Anti-Aging-Hautcreme,
b) einer Medizin zur Heilung von Krebs bei Kindern
befasst.

Die Pubertät – eine schwierige Zeit

A

B

1. (A)
a) Beschreibe kurz die in den beiden Fotos A und B dargestellten Situationen.
b) Was könnten die Personen jeweils gerade denken? Mache Vorschläge und begründe kurz.

2. (A)
"Junge Erwachsene denken ganz anders als Kinder." Begründe diese Aussage mithilfe der Fotos A und B.

C

D

3. (A)
Die Bilder rechts (C und D) zeigen, wie sich das Leben von der Kindheit bis zum Erwachsenenalter verändert.
a) Wie unterscheidet sich das Leben eines Erwachsenen beispielsweise in Bezug auf Freiheit und Verantwortung von dem eines Kindes? Erläutere an Beispielen.
b) Nenne weitere Stichworte, die für ganz besondere Veränderungen stehen, die das Erwachsenwerden mit sich bringt und erläutere einige.

4. (A)
Im Bild rechts (E) ist eine typische Situation dargestellt, zu der es in der Pubertät kommen kann.
a) Beschreibe die im Bild dargestellte Situation.
b) Entwickle einen Lösungsvorschlag für die Situation.
c) Erkläre, warum es in der Pubertät zu solchen Diskussionen kommen kann.
d) Nenne weitere Situationsbeispiele aus deinem Alltag.

E

Mehr als Sex

In der Zeit der Pubertät werden wir geschlechtsreif, und das bringt viele Veränderungen mit sich. Die Geschlechtsorgane werden funktionstüchtig und Haare sprießen an bis dahin haarlosen Stellen. Außerdem verändert sich die Stimme. Körperform und Körpergröße lassen uns bald erwachsen erscheinen. Wer aber die Pubertät durchläuft, dem wird klar, dass es um mehr als um körperliche Veränderungen geht: Pubertät findet auch im Kopf statt.

Das neue Denken

Kinder denken auf einfachen Wegen. Bewegungsabläufe oder etwa eine Sprache lernen sie schnell, aber z.B. eine unübersichtliche Situation im Straßenverkehr zu erfassen, fällt Kindern schwerer als Jugendlichen oder Erwachsenen. Das gilt auch für die Einschätzung der Gefühle anderer Menschen. Kinder können sich zwar an einfache Umgangsregeln halten, aber sie können weniger gut abschätzen, welche Auswirkungen das eigene Tun auf die Gefühle der Mitmenschen haben könnte.

Verantwortung übernehmen

Wer erwachsen wird, übernimmt mehr und mehr die Verantwortung in vielen Bereichen. Egal, ob es sich um die eigene Ausbildung, die berufliche Laufbahn oder um partnerschaftliche Beziehungen handelt, muss man lernen, verantwortlich zu handeln. Kinder können das noch nicht – von Erwachsenen wird es nicht nur erwartet, es ist fast lebenswichtig für sie. Als erwachsener Mensch muss man also einerseits die eigenen Vorstellungen und Wünsche kennen, aber andererseits auch auf die Bedürfnisse anderer Menschen achten und diese respektieren.

Sich orientieren

In der Pubertät spielt die Auseinandersetzung mit der eigenen Sexualität und den Beziehungen zu anderen Menschen eine immer größere Rolle. Viele Jugendliche sind verunsichert und wünschen sich einen ungestörten Rückzugsort. Eltern, Geschwister, Freundinnen und Freunde sollten das respektieren. Wichtig ist aber auch der Kontakt zu Menschen, mit denen Jugendliche über ihre Probleme sprechen können.

Es ist wichtig, in sich selbst hineinzuhören und sich einige Fragen zu stellen: Mit wem geht es mir gut? Will ich überhaupt schon eine Beziehung? Bei der Beantwortung solcher Fragen solltest du dich auf keinen Fall von den Meinungen anderer Menschen beeinflussen lassen. Solche und ähnliche Fragen stellt man sich natürlich nicht nur in der Pubertät. Sie können dir in jeder Lebensphase durch den Kopf gehen. Denn Beziehungen und Sexualität entwickeln und verändern sich im Laufe des Lebens.

1 Verantwortung: **A** Partnerschaft, **B** Familie, **C** Beruf

2 Beziehungen zu anderen Menschen können sich verändern

Vielfalt in Sexualität und Partnerschaft

1 ≡ Ⓐ
Sexualität ist ein sehr intimes Thema. Hier kann es leicht dazu kommen, dass Menschen sich verletzt fühlen.
Mache Vorschläge, welche Regeln alle im Unterricht zum Thema Sexualität einhalten sollten. Begründe jeweils kurz.
Einigt euch in der Klasse auf einige verbindliche Regeln, die im folgenden Unterricht beachtet werden sollten.

5. ≡ Ⓠ
Das Foto oben stammt vom Christopher Street Day (CSD).
a) Informiere dich über Geschichte und Ziele des CSD. Erstelle eine kurze Zusammenfassung.
b) Wie würdest du solche „Events" bewerten? Begründe deine Meinung.
c) Vielleicht bist du bei deinen Recherchen auf Begriffe gestoßen, die du nicht ganz verstanden hast. Versucht die Begriffe in der Gruppe zu klären.

2. ≡ Ⓐ
a) Beschreibe, was auf den Bildern (A–D) zu sehen ist und damit dargestellt werden soll.
b) Notiere, mit welchen Reaktionen die einzelnen Paare in eurem Umfeld rechnen müssten.

3. ≡ Ⓐ
a) Bildet Gruppen und vergleicht eure Antworten zu Aufgabe 2 im Hinblick darauf, ob die Erläuterungen wertfrei formuliert sind.
b) Haltet schriftlich fest, welche wertfreien Erläuterungen am besten gelungen sind.
c) Heftet die ausgewählten Ergebnisse an eine Pinnwand.
d) Bewertet diese neu. Begründet eure Entscheidungen.

4. ≡ Ⓐ
Unten ist ein "Genderbread" abgebildet. Das Wort wurde vom englischen Begriff "Gingerbread" (Pfefferkuchenmann) abgeleitet.
a) Beschreibe, was mit dem Genderbread dargestellt wird.
b) Definiere die vier Kategorien des Genderbreads.
c) Erkläre den Unterschied zwischen der Gender-Identität und dem Gender-Ausdruck.
d) Ein Mann fühlt sich sexuell zu beiden Geschlechtern hingezogen, empfindet sich als Frau und drückt das auch aus. Beschreibe die Einstellung der Schieberegler.

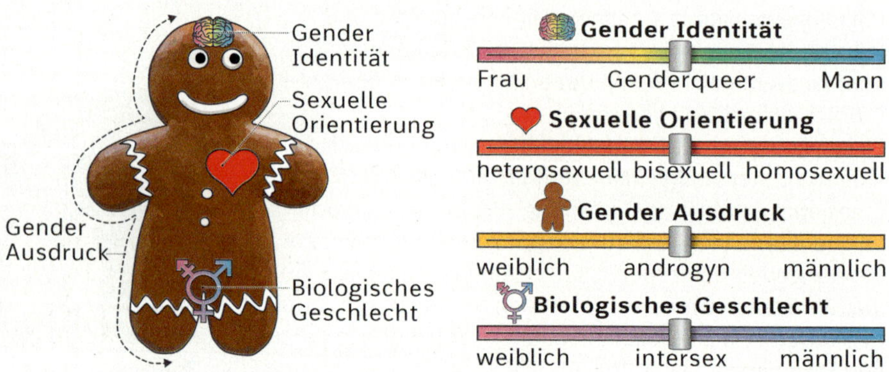

Sexualität

Streicheln, küssen, kuscheln, bestimmt hast du auch Vorstellungen davon, wie und mit wem du gerne sexuellen Kontakt haben möchtest und mit wem nicht. Im Laufe der Pubertät entwickelt sich das Bedürfnis, andere Menschen zu lieben, und zwar anders als bisher die Eltern, die Geschwister oder die besten Freunde. Die Vorstellung davon, wie diese Liebe aussehen kann – man spricht auch von der **sexuellen Orientierung** – ist bei den einzelnen Menschen sehr unterschiedlich. Auch kann sie sich im Laufe der Zeit durchaus ändern.

Biologisches und soziales Geschlecht

Das **biologische Geschlecht** eines Menschen wird durch die Erbinformationen, die Hormone und die Organe bestimmt.
Neben **männlichen** und **weiblichen** Personen gibt es auch Menschen, deren Körpermerkmale nicht eindeutig weiblich oder männlich sind. Sie sind **intersexuell**.
Das **soziale Geschlecht**, auch als **Gender** bezeichnet, kann vom biologischen Geschlecht abweichen. Die Gender-Identität gibt an, was ein Mensch über sich selbst denkt und wie er seinen eigenen Körper wahrnimmt.
Genderqueere Personen können sich also abweichend von ihrem biologischen Geschlecht als Mann oder Frau identifizieren. Sie können auch beides gleichzeitig sein oder sich weder als Mann noch als Frau identifizieren.

Formen der Sexualität

Auch wenn viele Menschen Sexualkontakte eher zu Partnern des anderen Geschlechts suchen – man spricht von **Heterosexualität** – ihre Vorstellungen davon sind im Detail mit Sicherheit unterschiedlich. Bis zu zehn Prozent der Bevölkerung fühlen sich aber eher oder ausschließlich zu Partnern desselben Geschlechts hingezogen fühlen. Man spricht dann von **Homosexualität**. Einige Menschen können sich auch sexuelle Kontakte zu Partnern beiderlei Geschlechts vorstellen. Sie sind **bisexuell**.
Queere Personen grenzen sich durch ihre sexuelle Orientierung, deren Ausdruck oder ihre Geschlechtsidentität von der zweigeschlechtlichen, heterosexuellen Norm ab.

Vielfalt statt Norm in Partnerschaften

Was gilt als sexuell attraktiv? Welche Rolle spielt die Religion beim Sex? Welche „Praktiken“ machen Spaß? Solche und ähnliche Fragen werden sehr unterschiedlich beantwortet.
Die Sexualität des Menschen folgt keiner Norm und ist auch nicht selbstgewählt. Begriffe wie „normal“ und „abnormal“ sind daher fehl am Platz. Sie können keine Argumente für oder gegen bestimmte sexuelle Orientierungen sein.
Über die Form einer Partnerschaft kann jeder Mensch frei entscheiden. So gibt es neben der Ehe auch feste Partnerschaften mit einem oder mehreren Menschen oder offene Beziehungen. Dabei gibt es keine richtigen oder falschen Beziehungsformen.
In der Europäischen Union gibt es Richtlinien, die die **Gleichbehandlung** aller Menschen, unabhängig von ihrer sexuellen Ausrichtung, sicherstellen sollen. Lebensgemeinschaften von gleichgeschlechtlichen Partnern sind der heterosexuellen Ehe in vielen Bereichen gleichgestellt. So wird Gleichbehandlung und **Toleranz** gegenüber allen Menschen angestrebt. Ob Gesetz oder nicht, in der Schule oder anderswo: Vernünftig über Sexualität zu reden kann nur gelingen, wenn man respektvoll und tolerant miteinander umgeht. Grenzen hat diese Toleranz nur dort, wo die Rechte anderer berührt werden: Wer andere sexuell belästigt oder ihnen Gewalt antut, kann dieses nicht mit seinem Recht auf "sexuelle Entfaltung" rechtfertigen.

1 Nein-Sagen

HILFE BEI SEXUELLEM MISSBRAUCH
Hilfetelefon: 485976
Internet: https://www.pfl.lu
(kostenfrei & anonym)

Nein heißt Nein

Unangenehme Anmachen, Mobbing, Zusendung von Pornografie oder andere Formen sexueller Gewalt erleben viele Jugendliche in ihrem Umfeld oder im Internet.
Du hast ein Recht auf Schutz und Hilfe. Niemand darf dich durch Worte, Blicke, Bilder oder Berührungen sexuell belästigen, erpressen oder zu etwas zwingen, dass dir unangenehm ist. Weder Erwachsene noch Gleichaltrige. Sage Nein, wehre dich und hole dir Hilfe. Oft ist es schwer, die Methoden der Täter sofort zu durchschauen. Eines ist jedoch sicher: Du hast keine Schuld.

Jungen werden zu Männern

1. A
Das Geschlecht der Babys auf dem Bild ist schwer zu erkennen. Begründe.

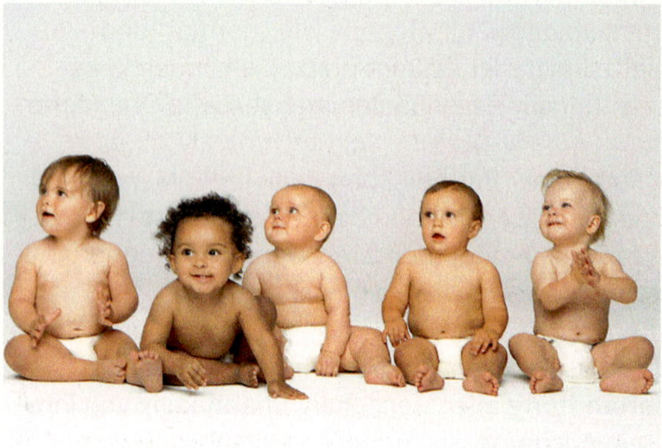

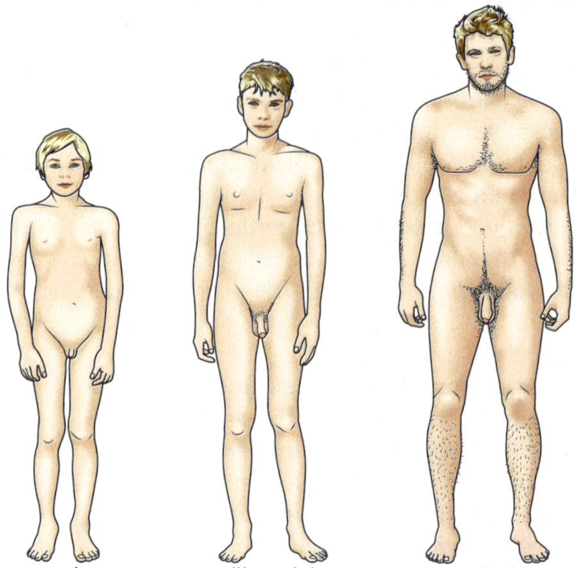

A

2. A
Definiere die Begriffe primäre Geschlechtsmerkmale und sekundäre Geschlechtsmerkmale.

3. A
a) Beschreibe, was auf den Abbildungen A und B jeweils zu sehen ist.
b) Erkläre die Aussagen der Abbildungen A und B.
c) Die Balken in Abbildung B haben links und rechts keine klaren Enden. Erkläre, was damit verdeutlicht werden soll.

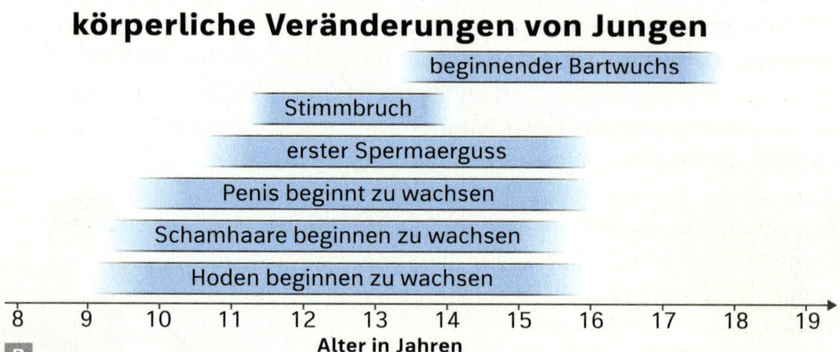

B

4. A
Beschreibe den Weg der Spermien von den Hoden bis zum Spermienerguss.

5. Q
a) Informiere dich im Internet über mögliche Ansprechpartner, an die man sich wenden kann, wenn man dringende Fragen zum Thema Sexualität hat.
b) Nenne Personen, mit denen man „einfach ´mal so“ über Sexualität reden kann.
c) Diskutiert in der Klasse über eure Ergebnisse.

6. A
Bei dem Spiel „TABU“ muss man Begriffe umschreiben, ohne bestimmte „TABU“-Wörter oder den gesuchten Begriff selbst zu benutzen. Die Mitspieler müssen den gesuchten Begriff erraten.
Bildet Gruppen von 4 Schülerinnen und Schülern. Jeweils zwei arbeiten als Team zusammen. Beschreibt Begriffe von den Folgeseiten, ohne dabei umgangssprachliche Begriffe zu benutzen. Diese sollten „TABU“, sein, wenn man über Sexualität spricht.
Ein Teammitglied erklärt eine Minute lang Begriffe, das jeweils andere Team muss möglichst viele erraten. Dann wird gewechselt. In der nächsten Runde beschreibt jeweils das andere Teammitglied die Begriffe.

Primäre Geschlechtsmerkmale

Der Körperbau kleiner Mädchen und Jungen unterscheidet sich kaum. Man erkennt ihr Geschlecht daher meist an der Kleidung oder an der Frisur. Eine sichere Unterscheidung ermöglichen die sichtbaren Geschlechtsorgane. Beim Jungen sind das der **Penis** und der **Hodensack.** Auch die inneren Geschlechtsorgane unterscheiden sich. Diese Merkmale sind von Geburt an vorhanden. Man nennt sie auch **primäre Geschlechtsmerkmale.**

Entwicklung der Geschlechtsorgane

In der Pubertät wachsen Penis und Hodensack. Im Hodensack befinden sich die beiden **Hoden.** Während der Pubertät wachsen auch sie und beginnen damit, täglich mehrere Millionen **Spermien** zu produzieren. Diese werden in den Nebenhoden gespeichert, bis es zum Spermienerguss kommt. Dabei werden sie zusammen mit Flüssigkeiten aus der Vorsteherdrüse und der Bläschendrüse durch die Spermienleiter und den Harn-Spermien-Leiter nach außen abgegeben. Der erste Spermienerguss ist ein Zeichen dafür, dass ein Junge geschlechtsreif wird.

Sekundäre Geschlechtsmerkmale

Der Körper eines Jungen verändert sich in der Pubertät deutlich: Der Bart wächst, die ersten Brusthaare und auch Achsel- und Schambehaarung erscheinen. Zudem vergrößert sich der Kehlkopf, sodass der Junge in den Stimmbruch kommt und schließlich eine tiefere Stimme bekommt.

Die Muskulatur wird kräftiger, die Knochen im Schulterbereich wachsen, während das Becken schmal bleibt. Männer bekommen eine eher kantige Körperform mit Schultern, die breiter als das Becken sind.

Anders als die primären Geschlechtsmerkmale entwickeln sich diese Merkmale erst in der Pubertät. Man nennt sie daher **sekundäre Geschlechtsmerkmale.**

Erektion

Meist ist der Penis schlaff und weich. Durch sexuelle Reize kann er versteifen. Dabei füllen sich die **Schwellkörper** im Penis mit Blut. Der Penis wird dicker und länger und richtet sich auf. Das bezeichnet man als **Erektion**. Sie tritt auch ungewollt auf, zum Beispiel im Schlaf. Eine Erektion kann auch mit einem Samenerguss verbunden sein. Dies sind natürliche Vorgänge, für die sich niemand zu schämen braucht.

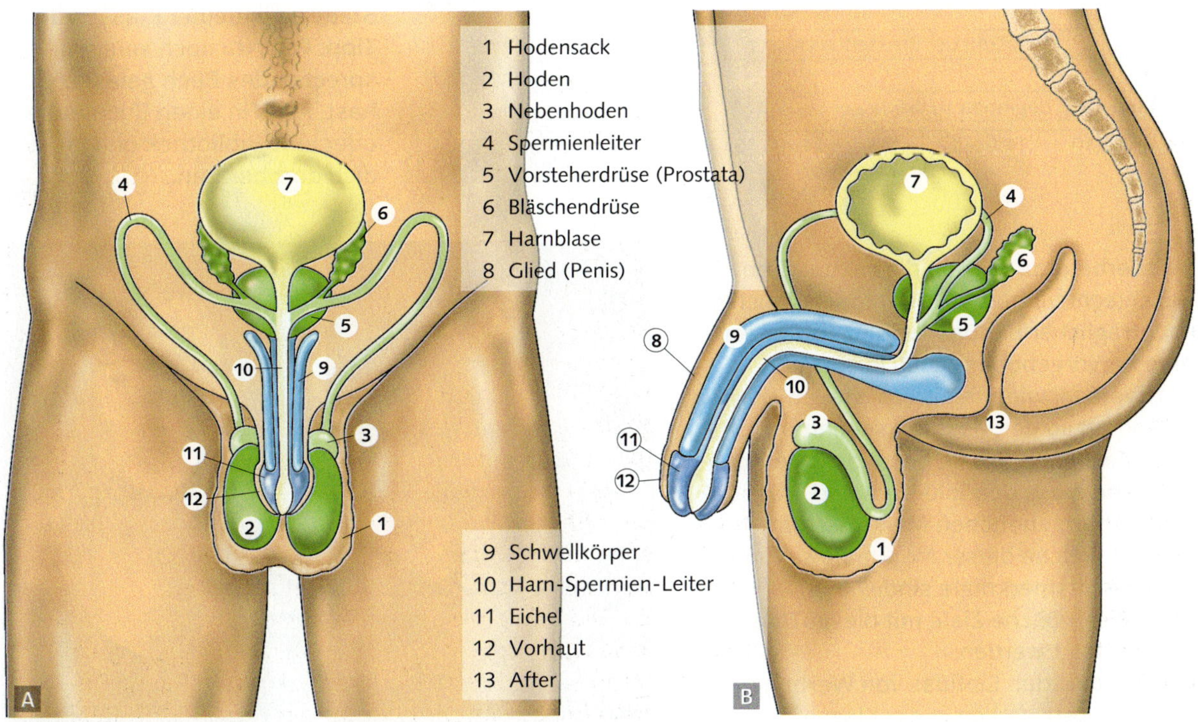

1 Männliche Geschlechtsorgane: **A** Aufsicht, **B** Längsschnitt

Mädchen werden zu Frauen

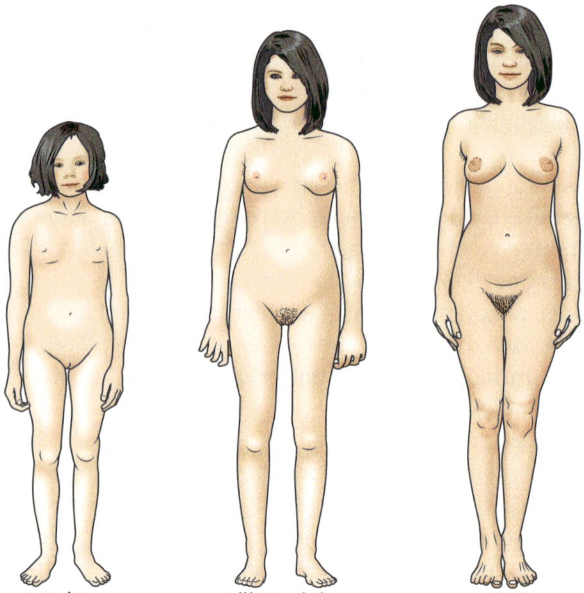

vor der Pubertät | während der Pubertät | nach der Pubertät

A

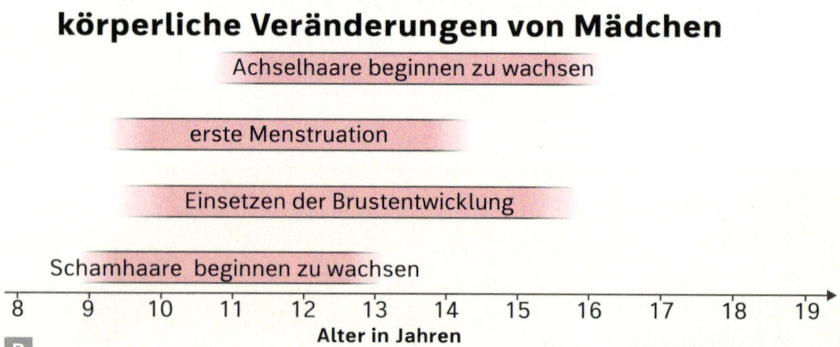

B

1.
a) Nenne die verschiedenen körperlichen Veränderungen, die während der Pubertät ablaufen.
b) Beschreibe mögliche Gefühle, die diese körperlichen Veränderungen mit sich bringen können.

2.
a) Beschreibe was auf den Abbildungen A und B jeweils zu sehen ist.
b) Beschreibe die Entwicklungsunterschiede, die du bei den Mädchen in der Abbildung links erkennen kannst.
c) Die Balken in der Abbildung B haben links und rechts keine klaren Enden.
Erkläre, was damit verdeutlicht werden soll.

3.
Viele Jugend- und Sachbücher befassen sich mit Problemen pubertierender Jugendlicher. Fasse den Inhalt eines dir bekannten Buches zusammen. Stelle es in deiner Klasse vor.
Tipp: Falls du noch kein entsprechendes Buch gelesen hast, gehe in einen Buchladen oder eine Bibliothek und lasse dich dort beraten.

4.
Bei Werbefotos werden die sekundären Geschlechtsmerkmale der Models, auch mit nachträglicher Bildbearbeitung, oft besonders hervorgehoben. Auch in sozialen Netzwerken, wie Instagram, stellen sich die Frauen oft so dar, dass sie sekundäre Geschlechtsmerkmale besonders betonen.
a) Nenne die in den Bildern A und B besonders hervorgehobenen Merkmale und erkläre, welche dieser Merkmale sekundäre Geschlechtsmerkmale sind.
b) Erkläre, welche Ziele mit dieser Darstellung verfolgt werden.
c) Diskutiert den Einfluss von Werbung und sozialen Netzwerken in der Klasse.

A

B

Primäre Geschlechtsmerkmale

Bei Mädchen sind äußerlich nur die **großen Schamlippen** und die Öffnung der **Scheide (Vagina)** sichtbar. Alle anderen primären Geschlechtsorgane liegen im Inneren des Körpers. So laufen auch viele Veränderungen während der Pubertät im Inneren des Körpers zunächst eher unbemerkt ab.

Geschlechtsorgane der Frau

Unter den **großen Schamlippen** liegen die **kleinen Schamlippen.** Sie umschließen den Kitzler, der auch **Klitoris** genannt wird. Die Harnröhre endet ebenfalls zwischen den kleinen Schamlippen. Etwas dahinter befindet sich die Scheide, die auch als **Vagina** bezeichnet wird. Die Vagina ist eine etwa 10 cm lange Röhre. Sie führt zur muskulösen **Gebärmutter**. Während der Schwangerschaft entwickelt sich hier das Kind. In den beiden **Eierstöcken** liegen rund 200 000 unreife Eizellen. Diese sind bereits bei der Geburt vorhanden.

Die Menstruation

Erst in der Pubertät werden durch Geschlechtshormone Prozesse im Körper der Frau in Gang gesetzt, die zur regelmäßigen Reifung einzelner Eizellen in den Eierstöcken führen. Sobald diese Eireifung begonnen hat, ist eine Frau geschlechtsreif. Ab diesem Zeitpunkt bekommt die Frau dann auch zum ersten Mal ihre Monatsblutung, die **Menstruation.** Die Menstruation wird auch als Periode oder Regelblutung bezeichnet.

Sekundäre Geschlechtsmerkmale

In der Pubertät beginnen die Brüste zu wachsen, das Becken und die Hüften werden breiter, die Oberschenkel rundlicher. Unter der Haut werden vermehrt Fette eingelagert, sodass sich eine insgesamt eher weiche, abgerundete Körperform entwickelt. Auch das Wachstum der Schambehaarung und der Achselbehaarung setzt während der Pubertät ein.
Diese körperlichen Veränderungen in der Entwicklung einer Frau beginnen zu verschiedenen Zeitpunkten und können von Frau zu Frau sehr unterschiedlich sein. Diese Unterschiede im Verlauf der Entwicklung einer Frau sind völlig natürlich.

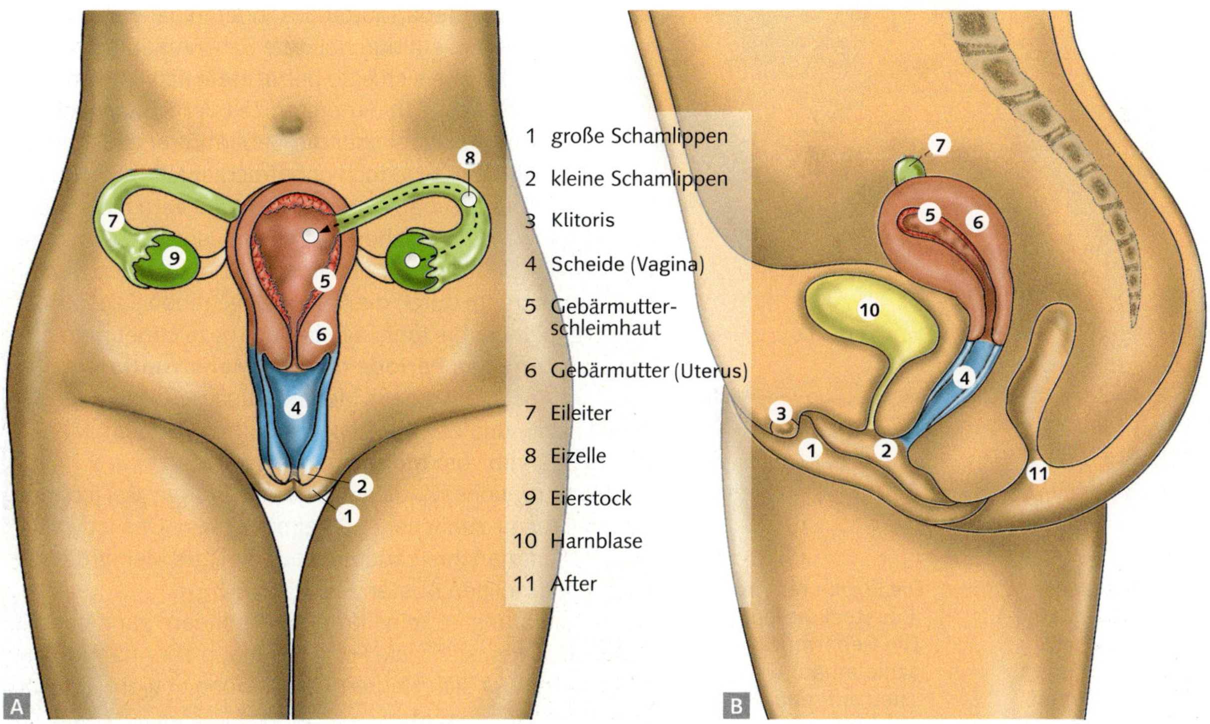

1 Geschlechtsorgane der Frau: **A** Sicht von vorne, **B** Längsschnitt von der Seite

Die erste Periode

1. A
a) Nenne die Funktion der Gebärmutter und Eierstöcke.
b) Erkläre, wie sich die Gebärmutterschleimhaut während der Periode verändert.

2. A
Erkläre, was die Menstruation ist und wie sie zustande kommt. Benutze dazu die wichtigen Begriffe dieser Seiten.

3. A
Erkläre, warum Frauen einen Tampon nicht herausnehmen müssen, um auf die Toilette zu gehen. Beachte dabei auch die Informationen zum Bau der weiblichen Geschlechtsorgane.

4. V
a) Untersuche den Aufbau und das Material bei einem Tampon und einer Binde.
b) Überlege dir, wie man herausfinden könnte, wie viel Flüssigkeit verschiedene Tampons und Binden jeweils aufnehmen können.
c) Führe den Versuch durch und erstelle ein Versuchsprotokoll.

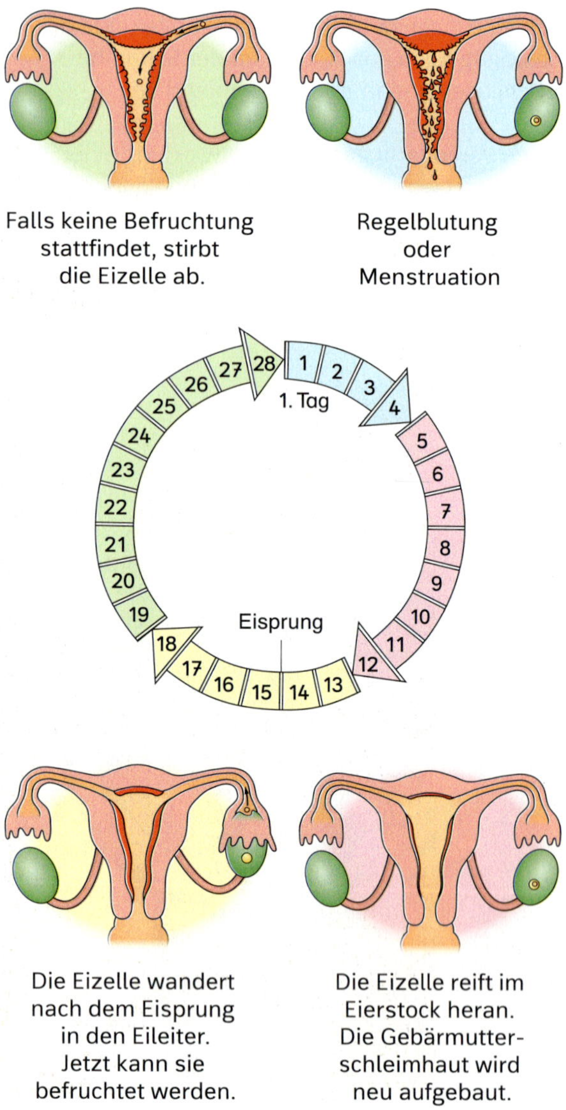

1 Ablauf von Eisprung und Regelblutung

Die Regelblutung

Für viele junge Frauen ist die erste Regelblutung ein besonderer Tag. Sie ist das sichtbare Zeichen dafür, dass die Frau nun geschlechtsreif wird und Kinder bekommen kann. Wie kommt es dazu, dass erwachsene Frauen in Abständen von etwa 28 Tagen jeweils eine kleine Menge Blut durch die Scheide (Vagina) verlieren?
Jeden Monat reift in einem der beiden Eierstöcke eine Eizelle heran. Zunächst befindet sie sich in einem Eibläschen. Schließlich platzt es auf und entlässt die Eizelle in die trichterförmige Öffnung des Eileiters. Man nennt dies den **Eisprung.** Im Laufe der folgenden Tage gelangt die reife Eizelle durch den Eileiter in die Gebärmutter. Im Inneren der Gebärmutter hat sich eine dicke, gut durchblutete Schleimhautschicht gebildet. Hier könnte sich eine befruchtete Eizelle einnisten und weiterentwickeln. In der ersten Zeit der Schwangerschaft würde der Embryo dabei über die Gebärmutterschleimhaut ernährt. Ist die Eizelle jedoch unbefruchtet, stirbt sie ab und die schwammige Gebärmutterschleimhaut wird nicht mehr benötigt. Etwa zwei Wochen nach dem Eisprung beginnt sie sich von der Gebärmutter abzulösen. Dabei werden Blut und Schleimhautreste durch die Vagina abgegeben. Diesen Vorgang, der vier bis fünf Tage dauert, bezeichnet man als **Regelblutung,** als **Periode** oder als **Menstruation.**
Direkt im Anschluss an die Menstruation reift eine neue Eizelle heran und der Kreislauf beginnt von Neuem. Man spricht deshalb vom **Menstruationszyklus.**
Der Menstruationszyklus dauert etwa 28 Tage. Bei jungen Frauen kann er zunächst unregelmäßig sein. Das ist völlig normal. Nur manche Frauen bekommen ihre Menstruation in ganz regelmäßigen Abständen.
Die Regelblutung ist keine Krankheit, sondern ganz natürlich. Dennoch fühlen sich viele Frauen schlapp oder haben Bauchschmerzen. Wer sich während der Periode unwohl fühlt, sollte sich zurückziehen dürfen.

Körperpflege bei Jungen und Mädchen

1. A
Erkläre, warum die Körperpflege während der Pubertät im Gegensatz zum Kindesalter noch wichtiger wird.

2. A
Nenne wichtige Hygienemaßnahmen bei Jungen und Mädchen.

3. A
Nenne Situationen im Alltag, bei denen man besonders auf die eigene Körperhygiene achten sollte.

4. A
Nils sagt: "Körperpflege in der Pubertät ist eigentlich nur für Mädchen wichtig". Nimm begründet Stellung zu seiner Aussage.

5. A
a) Nenne Vor- und Nachteile der verschiedenen Hygieneprodukte.
b) Erläutere, warum es besonders nachhaltig ist, wenn Mädchen oder Frauen Menstruationstassen oder Periodenslips statt Binden oder Tampons benutzen.

Körperpflege

Während der Pubertät benötigt der Körper von Jungen oder Mädchen viel Pflege. Ab der Pubertät werden die Schweißdrüsen und Talgdrüsen aktiv. So kann es leicht zu Geruchsbildung kommen. Dies gilt besonders für den Schambereich und die Achselhöhlen. Man sollte sich regelmäßig mit milder Seife waschen und ein hautfreundliches Deo verwenden, um die Geruchsbildung zu verhindern.
Bei Jungen kommt es, manchmal auch im Schlaf, zum Spermienerguss. Häufiges Waschen ist daher wichtig.
Mädchen müssen besonders während der Zeit der Regelblutung auf die Hygiene achten und die nur etwa 75 ml Blut, die sie verlieren, auffangen. Das ist mit einer Binde außerhalb oder mit einem Tampon innerhalb des Körpers möglich. Jede Frau muss für sich selbst herausfinden, womit sie besser zurechtkommt. Als Alternative zu Tampons oder Binden nutzen mittlerweile immer mehr Frauen Menstruationstassen oder spezielle, auslaufsichere Periodenslips mit saugfähigem Stoff. Diese Produkte lassen sich heiß auswaschen und sind somit wiederverwendbar. Bei Ärzten, Apotheken, Drogerien und im Internet bekommt man Informationsmaterial zur Menstruationshygiene.

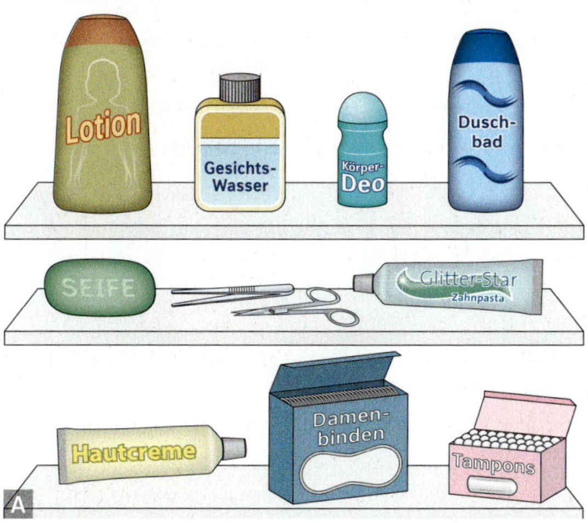

1 A Hygiene- und Pflegemittel für Jungen und Mädchen; **B** Menstruationstasse

2 Auch vor und nach dem Sport ist Hygiene wichtig.

Schwangerschaft und Geburt

1. Ⓐ
Erläutere anhand der Bilder, was bei der Befruchtung und in der frühen Keimesentwicklung geschieht.

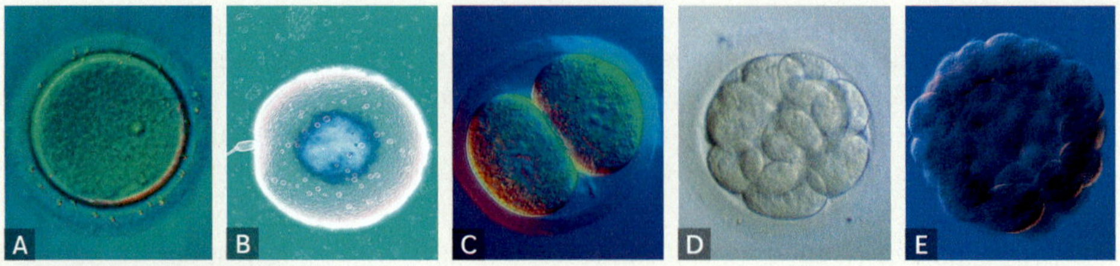

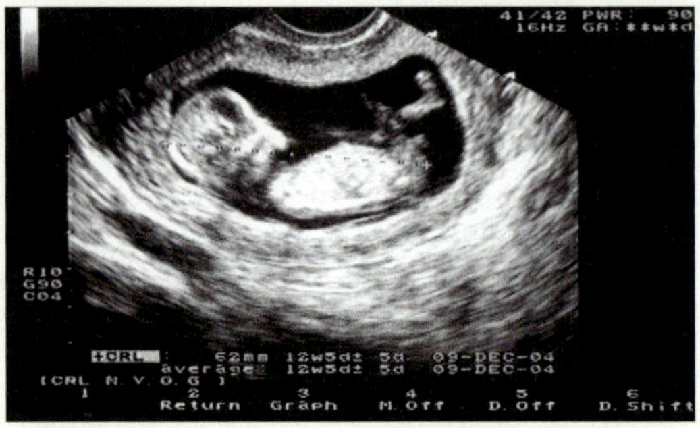

Monat	1.	2.	3.	4.	5.	6.	7.	8.	9.	10.
Körpergewicht in g	6	12	41	175	500	800	1300	2300	2900	3500
Körperlänge in cm	1	4	9	16	25	30	35	40	45	51
Sexualorgane			●···	······	······	······	······	······	······	······
Kopf	●···	······	······	······	······	······	——	——	——	——
Lunge		●···	······	······	······	······	——	——	——	——
Herz	●···	······	······	··——	——	——	——	——	——	——
Gehirn		●···	······	······	······	······	——	——	——	——
Gliedmaßen	●···	······	······	······	······	——	——	——	——	——

●······ Beginn der Entwicklung und weitere Ausprägung
—— voll entwickelt vorliegende Organe

2. Ⓐ
a) Links siehst du das Ultraschallbild eines Kindes. Beschreibe, was du auf dem Bild erkennen kannst.
b) Gib mithilfe der Tabelle und des Maßstabes das ungefähre Alter des Kindes an. Begründe die Altersangabe.
c) Heute haben Frühgeborene ungefähr ab dem 7. Monat schon eine gute Chance, zu überleben. Nenne die möglicherweise auftretenden Probleme, wenn ein Kind bereits nach 5 Monaten geboren wird.

3. Ⓠ
„Schwanger oder nicht schwanger?"
a) Nenne Anzeichen einer Schwangerschaft. Befrage dazu Eltern, Freunde oder Bekannte.
b) Erkläre die Funktionsweise eines Schwangerschaftstests.

4. Ⓐ
Stelle die Phasen der Geburt als Flussdiagramm dar, indem du den jeweiligen Vorgang stichwortartig beschreibst.

5. Ⓐ
a) Der Embryo entwickelt bis zum 7. Monat eine Lunge, zugleich liegt er in einer flüssigkeitsgefüllten Fruchtblase. Erkläre mithilfe der Abbildung, wie die Atmung und Ernährung über die Plazenta funktioniert.
b) Erläutere, wie sich Rauchen auf den Embryo auswirkt.

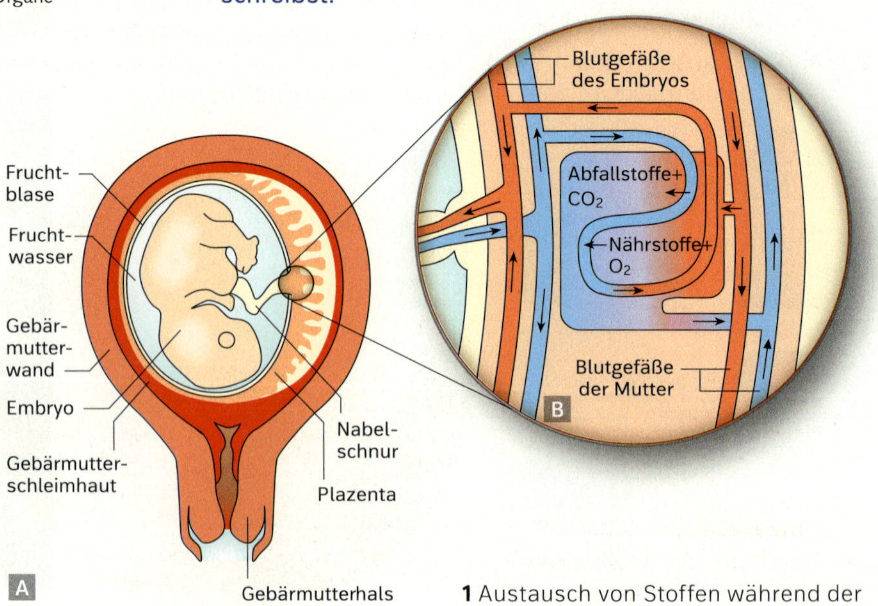

1 Austausch von Stoffen während der Schwangerschaft

Befruchtung und Einnistung

Ein Kind kann entstehen, wenn beim Geschlechtsverkehr Spermien des Mannes über Scheide und Gebärmutter in den Eileiter der Frau gelangen und dort auf eine reife Eizelle treffen. Bei einem Spermienerguss werden bis zu 200 Millionen Spermien abgegeben. Nur ein Spermium durchdringt die Zellmembran der Eizelle. Dies ist der Moment der **Befruchtung.** Die Eihülle wird dann sofort für Spermien undurchdringlich. Die Zellkerne von Ei- und Spermienzelle verschmelzen und ihre Erbanlagen kommen in einem Zellkern zusammen. Ein **Embryo** ist entstanden. Nach etwa einem Tag beginnt sich die befruchtete Eizelle zu teilen. Zunächst entsteht ein Zellhaufen, der sich dann weiter zum **Bläschenkeim** entwickelt. Er enthält einen flüssigkeitsgefüllten Hohlraum und unterschiedliche Zellen, aus denen sich die Organe des Embryos entwickeln. Der Bläschenkeim wird von **Flimmerhärchen** durch den Eileiter zur Gebärmutterschleimhaut transportiert, wo er sich einnistet.

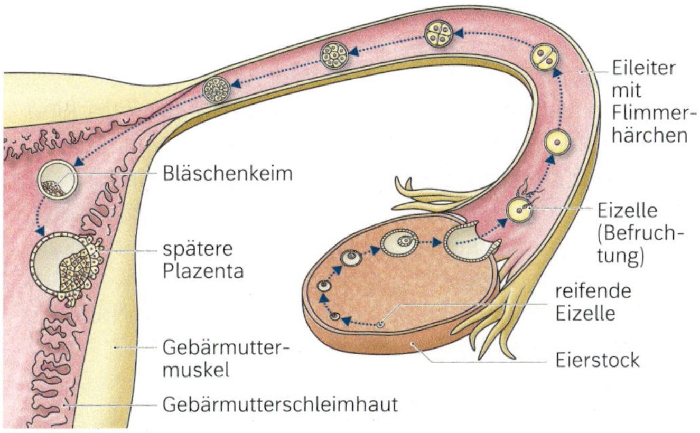

2 Befruchtung und Einnistung

Die Zellen des Keims, die Zotten, wachsen in die Gebärmutterschleimhaut ein. Mit dieser **Einnistung** beginnt die **Schwangerschaft**.

Zwillinge

Manchmal reifen zwei Eizellen gleichzeitig heran und werden von zwei Spermien befruchtet. So entstehen **zweieiige Zwillinge,** die unterschiedliches Erbgut besitzen und nicht mehr Ähnlichkeiten aufweisen als andere Geschwister. Seltener entstehen **eineiige** Zwillinge, die aus nur einer befruchteten Eizelle entstehen. Nach der ersten Teilung trennen sich die beiden Tochterzellen und entwickeln sich getrennt weiter. Die eineiigen Zwillinge besitzen identisches Erbgut, sodass sie sich oft zum Verwechseln ähnlich sehen.

Schwangerschaft und Entwicklung des Fetus

Der Embryo ist zwar zunächst noch klein und leicht, aber nach etwa 8 bis 9 Wochen sind bereits alle Organe angelegt. Von nun an wird das heranwachsende Kind **Fetus** genannt und wird nun über die Nabelschnur von der Plazenta ernährt. Nach 12 Wochen ist der Fetus ungefähr 9 cm groß und deutlich als Mensch zu erkennen. Allerdings macht der Kopf fast die Hälfte des Fetus aus. Man sieht bereits Augen, Ohren, Nase und Mund. Der Fetus hat ausgeformte Finger und Zehen mit Nägeln. Das Geschlecht ist erkennbar. All diese Entwicklungen bemerkt die Frau nicht.

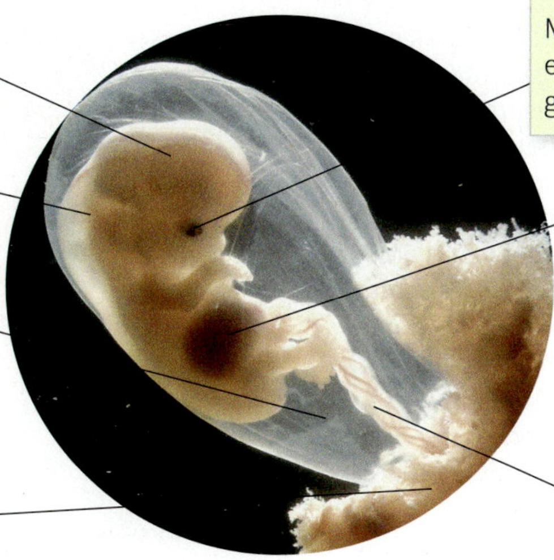

3 Embryo (7. Woche)

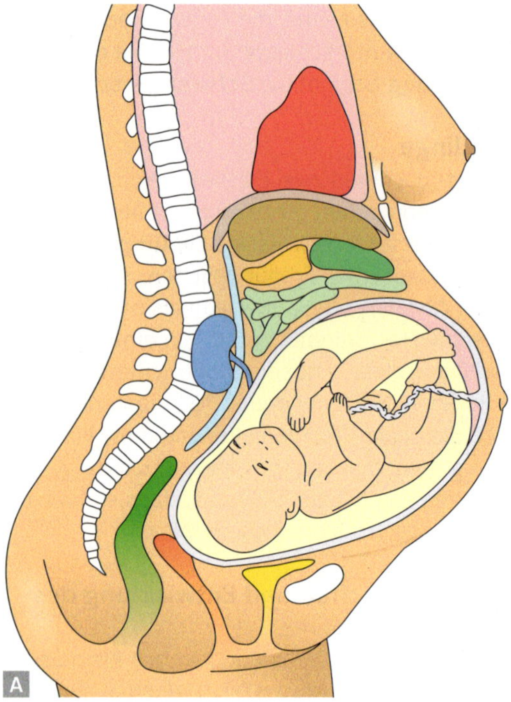

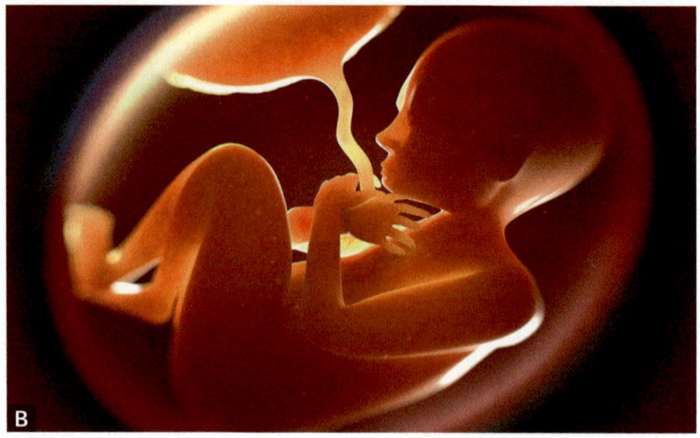

4 Fetus: **A** im Körper der Mutter (Schema), **B** im 5. Monat

Der Fetus wächst jetzt sehr schnell und ist zu Beginn des fünften Monats etwa 16 cm groß und 150 g schwer. Die Organe und Muskeln entwickeln sich weiter. Der Fetus ist vorübergehend behaart und der Körper wird bald mit einer weißen Fettschicht, der so genannten Käseschmiere, überzogen. Diese schützt die Haut vor dem Fruchtwasser. Meist kann die Mutter ab dem 5. Monat Kindsbewegungen wahrnehmen. Auf Reize wie Musik oder menschliche Stimmen reagiert der Fetus jetzt.
Nach dem 6. Monat ist die Organentwicklung mit Ausnahme der Geschlechtsorgane weitgehend abgeschlossen. Daher hat ein Kind ab dem 7. Monat gute Überlebenschancen, wenn es zu einer Frühgeburt kommt.
Im 8. und 9. Monat wachsen und reifen die Organe aus, und der Fetus nimmt weiter an Größe und Gewicht zu, wodurch das Leben für die Frau anstrengender wird. Viele Organe werden zusammengedrückt, Atemnot und Harndrang können die Folge sein.
Am Ende des 9. Monats hat sich der Fetus normalerweise mit dem Kopf nach unten gedreht. Nach durchschnittlich 270 Tagen ist der Fetus zur Geburt bereit.

Die Geburt

Zu Beginn des Geburtsvorgangs, der Eröffnungsphase, setzen Wehen ein, die durch das Zusammenziehen und Entspannen der Muskeln in der Gebärmutterwand entstehen. Sie verursachen Schmerzen. Die Wehen drücken das Kind immer tiefer in das Becken. Dadurch weitet sich der Muttermund schrittweise, die Fruchtblase platzt und das Fruchtwasser läuft über die Scheide ab.
In der darauffolgenden Austreibungsphase wird das Kind mit Presswehen aus der Gebärmutter in die Scheide und dann ans Tageslicht gebracht. Zunächst erscheint der Kopf im Scheidenausgang, dann folgt der übrige Körper. Meistens helfen in dieser Phase eine Hebamme oder ein Arzt, indem das Kind vorsichtig gedreht und gezogen wird. Das Kind atmet sofort selbstständig, sodass nun die Nabelschnur durchtrennt werden kann.
In der 3. Phase, der so genannten Nachgeburtsphase, werden die Plazenta und die leere Fruchtblase ausgestoßen. Aus dem Fetus ist ein **Säugling** geworden, der auf die Pflege von Mutter und Vater angewiesen ist.

5 Vater mit Säugling

Gesundheit für Mutter und Kind

Ernährung

Mutter und Kind benötigen eine gesunde, vitamin- und mineralstoffreiche Ernährung, zum Beispiel mit frischem Obst, Salaten, Gemüse, Milch- und Vollkornprodukten. Schwangere sollten nur wenig Koffein, das beispielsweise in Kaffee und Cola enthalten ist, zu sich nehmen, da es das Risiko für Fehlgeburten erhöhen kann. Bei Genuss von rohem Fleisch oder Rohmilchkäsesorten besteht die Gefahr einer bakteriellen Infektion, die dem Kind massiv schaden kann.

1. A
Erkläre, warum eine Schwangere auf Alkohol und Zigaretten verzichten sollte.

2. A
Eine Frau hat eine Flugreise nach Südamerika geplant, als sie feststellt, dass sie schwanger ist. Stelle die Probleme dar, die bei einer solchen Tour entstehen könnten. Erläutere.

3. A
Wie kann der Vater zu einer gesunden Entwicklung des ungeborenen Kindes beitragen?

Alkohol

Der Embryo kann Alkohol kaum abbauen. Deshalb sollten Schwangere auf Alkohol verzichten. Er kann, besonders in den ersten drei Schwangerschaftsmonaten, zu schweren körperlichen und geistigen Entwicklungsschäden beim Kind führen.

Medikamente

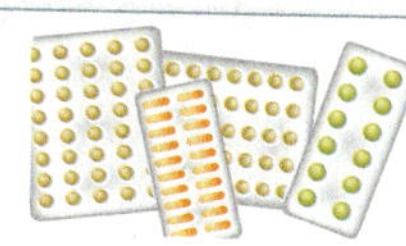

Medikamente sollten nur in Notfällen und nach Absprache mit dem Arzt eingenommen werden. Dies gilt auch für frei verkäufliche Medikamente wie Kopfschmerz-, Schlaf- oder Abführtabletten.

Reisen

Lange Reisen, besonders in exotische Fernziele, können eine Schwangere aufgrund der langen Anreise, der Temperaturunterschiede und der ungewohnten Speisen sehr belasten. Es ist in jedem Fall wichtig, auf einen ausreichenden Impfschutz und hygienische Verhältnisse zu achten.

Sport

Spazierengehen, Fahrradfahren oder Wassergymnastik sind für die Schwangere gute Möglichkeiten, sich in Bewegung zu halten und das Kind reichlich mit Sauerstoff zu versorgen. Sportarten wie Reiten oder Handballspielen, die mit Stößen und Erschütterungen verbunden sind, oder Leistungssport sind gefährlich. Auch Tauchen kann den Embryo bzw. Fetus schädigen.

Stress

Stress kann im Extremfall zu einer Minderversorgung mit Sauerstoff oder Nährstoffen führen und das Risiko einer Früh- oder Fehlgeburt erhöhen. Es ist also wichtig, auf genügend Erholungszeiten und Entspannungsphasen zu achten.

Rauchen

Nikotin ist ein Nervengift und verengt die Blutgefäße der Schwangeren. Der Embryo wird dadurch schlechter mit Sauerstoff versorgt. Kinder von Raucherinnen haben häufig ein geringeres Geburtsgewicht und neigen zu Entwicklungsstörungen.

PINNWAND

Verhütungsmittel

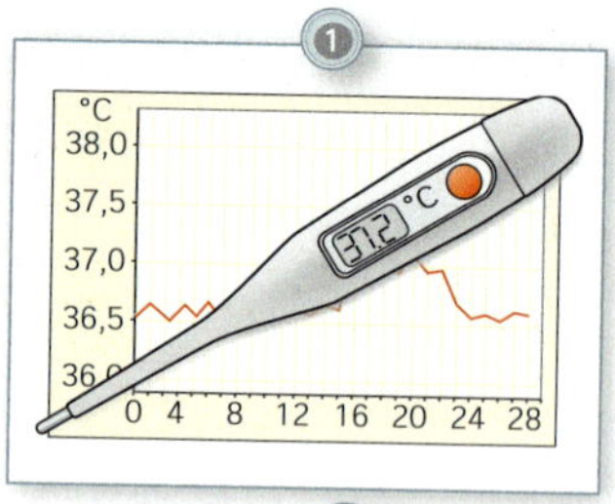

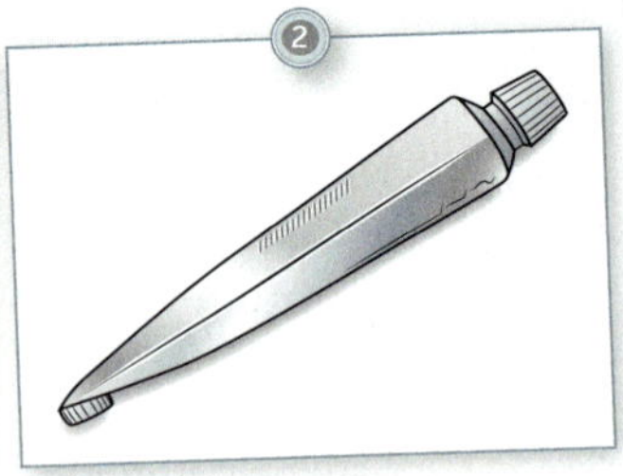

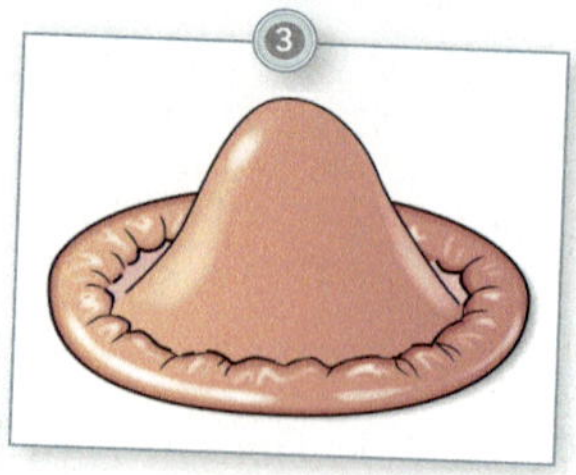

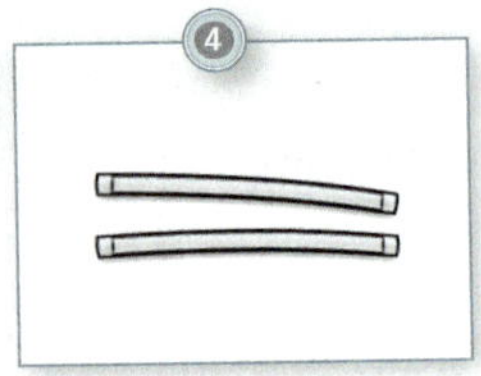

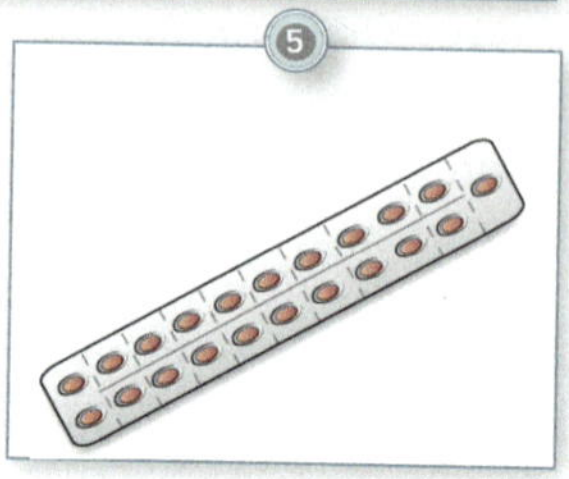

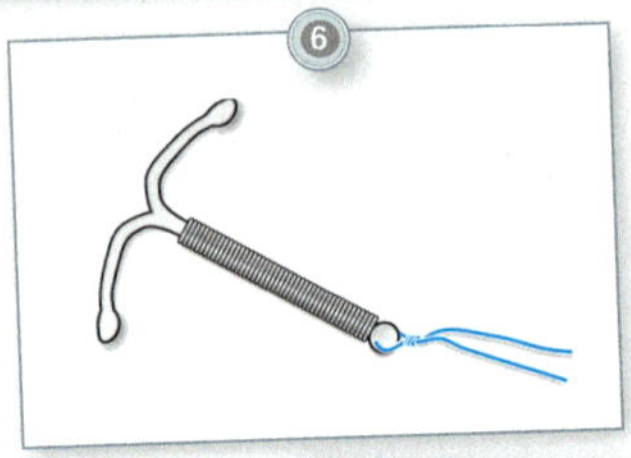

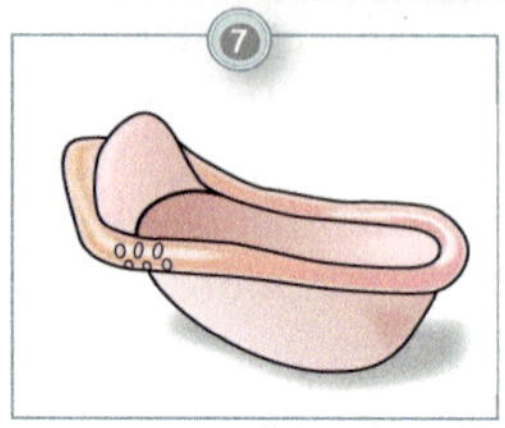

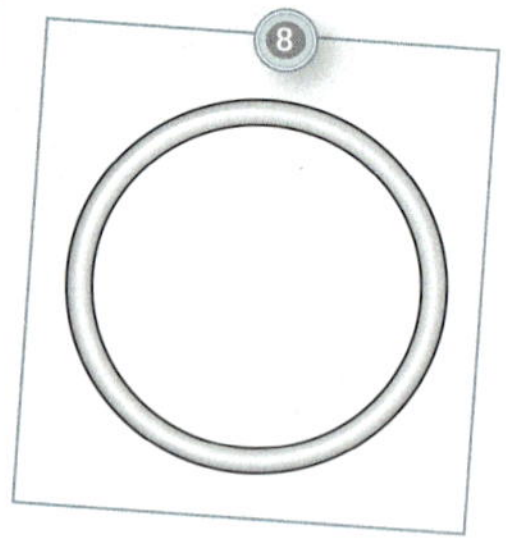

A Chemische Mittel

Gels, Cremes, Zäpfchen oder Sprays • werden kurz vor dem Geschlechtsverkehr verwendet • enthalten Substanzen, die Spermien abtöten oder an der Fortbewegung hindern • unsicher

B Kondom

dünne Haut aus Naturkautschuk, einer gummiartigen Substanz • wird vor dem Geschlechtsverkehr über den steifen Penis gezogen • verhindert, dass Sperma in die Scheide gelangt • mit etwas Übung sehr sicher • schützt als einziges Verhütungsmittel auch vor Geschlechtskrankheiten und AIDS

C+D Hormonelle Verhütungsmittel

Anti-Baby-Pille (C): Tablette, die täglich von der Frau genommen werden muss; oder **Hormonimplantat** (D): wird unter Haut gesetzt • enthalten Hormone, die den Eisprung verhindern • Nebenwirkungen sind möglich • Beratung beim Frauenarzt nötig • sehr sicher

E Temperaturmessmethode

jeden Morgen, kurz nach dem Aufwachen misst die Frau ihre Körpertemperatur • da durch den Eisprung die Körpertemperatur der Frau leicht ansteigt, lässt sich anhand der Messwerte der Zeitpunkt des Eisprungs abschätzen • in dieser Zeit muss auf Geschlechtsverkehr verzichtet werden • wird oft mit Apps kombiniert• sehr unsicher

1. ≡ Ⓐ
Ordne die Informationszettel (A – H) den Abbildungen (1 – 8) zu.

2. ≡ Ⓐ
Bewerte die Verhütungsmittel in einer Tabelle nach Eignung für Jugendliche und Sicherheit.

3. ≡ Ⓠ
Recherchiere zu Verhütungs-apps. Berichte über Vor- und Nachteile und nimm Stellung zur Aussage "Apps allein sind kein Verhütungsmittel".

F Kupferspirale

kleines Plastikteil, umwickelt mit Kupferdraht • wird vom Arzt in die Gebärmutter eingesetzt • verhindert die Einnistung der befruchteten Eizelle • Blutungen und Entzündungen sind möglich • sicher

G Vaginalring

Kunststoffring, der in die Scheide eingesetzt wird • wirkt durch Abgabe von Hormonen, ähnlich wie Pille • wird 21 Tage getragen, dann Pause mit Menstruation • dann neuer Ring eingesetzt • sehr sicher

H Diaphragma

mit Silikon bespannter Ring, der vom Arzt angepasst wird • verhindert Zusammentreffen von Spermien und Eizelle • zusätzlich muss ein Gel verwendet werden • muss vor jedem Geschlechtsverkehr mit Gel eingesetzt werden • bleibt 6-8 Stunden in der Scheide • bei richtiger Anwendung sicher, Anwendungsfehler häufig

Sexuell übertragbare Krankheiten

Geschlechtskrankheiten
Geschlechtskrankheiten sind Infektionskrankheiten, die meist durch Geschlechtsverkehr übertragen werden. Daher spricht man auch von "sexuell übertragbaren Krankheiten". Sie werden von Bakterien, Viren, Pilzen oder Einzellern hervorgerufen. Rechtzeitig erkannt, können fast alle diese Krankheiten erfolgreich behandelt werden. So lassen sich schlimme Folgeschäden meist vermeiden. Eine Ausnahme ist die Krankheit AIDS, die durch das HI-Virus verursacht wird. Sie kann bis heute nicht geheilt werden.

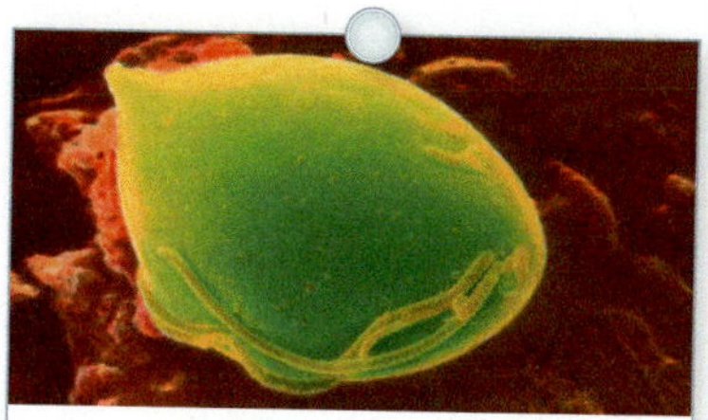

Trichomoniasis
Die Krankheit kann durch einzellige Geißeltierchen – die Trichomonaden – beim Sexualkontakt, durch unsaubere Handtücher, in Schwimmbädern oder Saunen übertragen werden. Eine Infektion führt oft zu Schmerzen beim Wasserlassen oder zu Juckreiz.

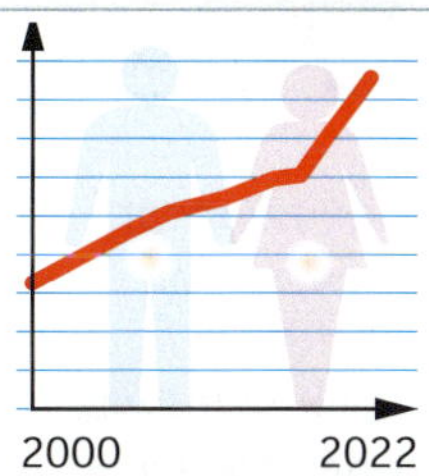

Besorgniserregender Anstieg
Seit einiger Zeit steigt die Anzahl der Menschen, die sich neu mit einer Geschlechtskrankheit infizieren, wieder an. Betroffen ist vor allem die Altersgruppe zwischen 15 und 24 Jahren.

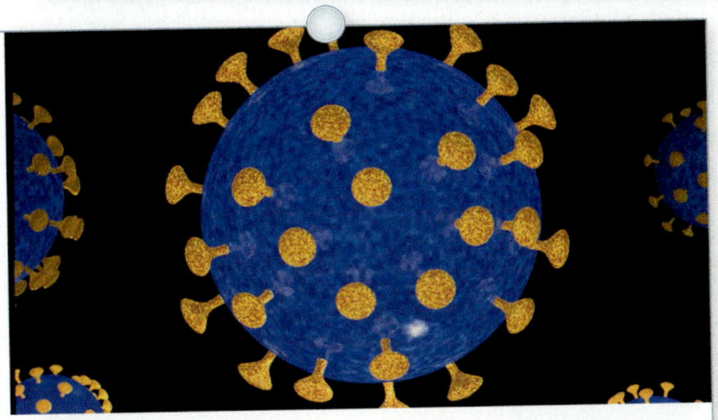

AIDS
Die Immunschwächekrankheit AIDS wird vom HI-Virus verursacht. Es befällt Zellen des Immunsystems und schwächt dieses erheblich. Unbehandelt ist AIDS tödlich. Nach einer Infektion mit dem Virus kann es Jahre dauern, bis die Krankheit ausbricht. In dieser Zeit können Infizierte andere anstecken, zum Beispiel durch ungeschützten Geschlechtsverkehr. Nur Kondome schützen.

1. A
Stelle begründete Vermutungen auf, warum sich in letzter Zeit wieder mehr Menschen mit Geschlechtskrankheiten infizieren und warum dies besonders die Altersgruppe der 15- bis 24-Jährigen betrifft.

2. Q
Auch Hepatitis B und Chlamydieninfektionen sind sexuell übertragbare Krankheiten. Recherchiere hierzu und erstelle jeweils einen Pinnzettel.

Gonorrhoe (Tripper)
Diese Bakterieninfektion verursacht Jucken in der Harnröhre, Brennen beim Wasserlassen und eitrigen Ausfluss. Bleibt die Krankheit unbehandelt, kann sie durch Verkleben der Eileiter zu Unfruchtbarkeit, aber auch zu Blutvergiftung und Herzschäden führen.

Syphilis
Syphilis wird von Bakterien verursacht und ist sehr gefährlich. Unbehandelt führt sie zum Tod. Die Krankheit verläuft in drei Stadien: Zuerst treten drei Wochen nach Ansteckung rote, centgroße, schmerzlose Geschwüre an der Infektionsstelle auf. Nach einigen Monaten erscheint als zweites Stadium ein fleckenartiger, nicht juckender Hautauschlag. Bis zu diesem Stadium ist eine Heilung möglich. Ohne Behandlung werden über mehrere Jahre im dritten Stadium verschiedene Organe schwer geschädigt.

Was ist eigentlich schön?

1. Ⓐ
Die Bilder rechts zeigen Schönheitsideale aus unterschiedlichen Zeiten.
a) Beschreibe die Unterschiede.
b) Erkläre, warum früher ein anderes Schönheitsideal galt als heute.
c) Nenne mögliche Risiken, die mit dem jeweiligen Schönheitsideal verbunden sind.

2. Ⓐ
Beschreibe und erläutere die Karikatur unten.

3. Ⓐ
Beschreibe fünf Eigenschaften, die du dir für deinen Traumfreund oder deine Traumfreundin wünschst. Ordne die Eigenschaften nach ihrer Wichtigkeit.

4. Ⓐ
a) Nenne die drei Medien, die dich am stärksten beeinflussen. Beschreibe, welche Einflüsse du als positiv und welche als negativ empfindest.
b) Nenne drei deiner Vorbilder. Beschreibe, welchen Einfluss sie auf dich haben und wie du ihn empfindest.
c) Vergleicht in der Klasse.

5. Ⓠ
Werbung kann unsere Wahrnehmung stark beeinflussen.
a) Überlege, wann und auf welchen Plattformen du von Werbung beeinflusst wirst.
b) Nenne Beispiele dafür, wann du dir schon einmal etwas gekauft hast, weil du es in der Werbung gesehen hast.

6. Ⓐ
Beschreibe anhand der Fotos A und B, wie Social Media unsere Wahrnehmung von Schönheit und einem gesunden Körper verändern kann.

A

B

Der kritische Blick in den Spiegel

Vermutlich kennst du das: Du stehst vor dem Spiegel und betrachtest dich kritisch. Haare, Haut, Po – sehe ich gut aus? Spätestens mit Beginn der Pubertät entwickeln Jugendliche ein anderes Gefühl für ihren Körper und ihr Aussehen. Sie beurteilen ihr Äußeres jetzt kritisch und überprüfen ihre Wirkung auf Andere: Komme ich gut an, bin ich attraktiv und schön?

Schönheitsideale im Wandel

Das Idealbild von Schönheit hat sich immer wieder geändert. So galten im 17. Jahrhundert Frauen mit üppigen Körperformen und typisch weiblichen Rundungen als schön. Dick zu sein war ein Statussymbol, denn nur die Wohlhabenden konnten sich satt essen. Arme Menschen waren schlank. Ähnliches galt für die Bräunung der Haut: Eine blasse Haut war Merkmal der Reichen. Arme Bauern, die draußen arbeiten mussten, hatten eine sonnengebräunte Haut. Heute dagegen gilt Bräune oft als attraktiv.

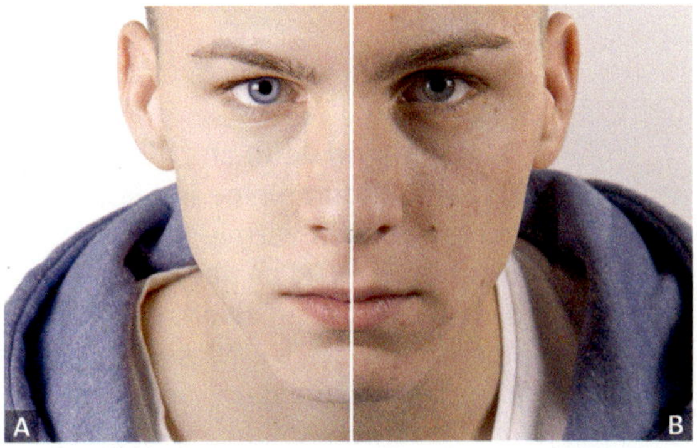

1 Werbefoto: **A** mit dem Computer bearbeitet, **B** Original

Werbung und Social Media

Viele Jugendliche sind mit ihrem Aussehen unzufrieden. Sie richten sich nach Vorbildern, die sie häufig auf Werbeplakaten, Zeitschriftenfotos oder im Internet finden. Doch diese Fotos der Models wurden mit dem Computer bearbeitet und haben oft nichts mehr mit der Realität zu tun. Hautunreinheiten wurden entfernt, die Lippen sind voller, die Augen größer und leuchtender (Bild 1). Auch die Figur der Models wird häufig verändert. Das gilt auch für Influencer auf Instagram, TikTok oder Youtube. Oft verändern sie ihr Aussehen mit Filtern und Bildbearbeitung stark. Viele halten die Körper auf den manipulierten Bildern für normal. Sie streben dann einem Ideal nach, das es in Wirklichkeit nicht gibt. Werbung und Social Media vermitteln ein falsches Bild.

Vorbilder und Ideale

In vielen Fragen zu Musik, Kleidung, Zukunftsplänen oder auch bei Moralvorstellungen und Glauben orientieren wir uns an Vorbildern und werden von den Medien beeinflusst. Dieser Einfluss kann eine Unterstützung und Bereicherung sein, aber auch negativ als Druck oder Vorschrift wirken.
Oft eifern wir Idolen wie Models, Influencern, Popstars oder Sportlern nach. Der Wunsch nach einer möglichst schlanken Figur führt dazu, dass jedes Gramm Fett negativ betrachtet wird. Doch ein zu abgemagerter Körper kann der Gesundheit sehr schaden. Auch Jugendliche, die sich einen kräftigen, muskulösen Körper wünschen, riskieren ihre Gesundheit, wenn sie zu viel Sport treiben. Unser Körperbau lässt sich nur begrenzt beeinflussen. Viele Ideale bleiben unerreichbar.

Schönheit kommt von innen

Was Menschen an anderen Menschen schön und anziehend finden, ist sehr unterschiedlich. Viele Jungen und Männer finden schlanke Models gar nicht so begehrenswert. Und der Traummann vieler Mädchen und Frauen zeichnet sich durch Humor, Aufmerksamkeit und Liebenswürdigkeit aus. Ein gut gebauter, muskulöser Körper ist ihnen weniger wichtig. Bei der Auswahl des Partners oder der Partnerin steht für viele also die Schönheit gar nicht an erster Stelle.

Ob wir einen anderen Menschen attraktiv finden, hat vor allem mit seiner Ausstrahlung zu tun. Diese beruht auf Selbstbewusstsein und einem positiven Körpergefühl. Wer sich selbst so annimmt, wie er ist, wer sich glücklich und ausgeglichen fühlt, der strahlt sozusagen von innen heraus. Kein Mensch ist perfekt. Aber Menschen, die sich selbst mögen, zeigen das auch anderen und sind dadurch sympathischer.

Schönheitsideale orientieren sich nur an äußeren Körpermerkmalen. Wer den Vorbildern aus Mode, Musik und Sport übertrieben nacheifert, verliert daher leicht den Blick für das Wesentliche. Die Persönlichkeit eines Menschen ist viel wichtiger. Deshalb ändert sich bei näherem Kennenlernen häufig die Einschätzung von Mitmenschen. Der erste Eindruck verblasst dann und die Person wird als Ganzes wahrgenommen.

2 Auch deine Freunde beeinflussen dich.

Dein Körper gehört dir!

1. Ⓐ
Sagt ein Kind deutlich „NEIN“, so kann dadurch eine Belästigung vielleicht vermieden werden. „NEIN“ zu sagen lässt sich üben. Übt zu zweit, wie ihr nachdrücklich „NEIN“ sagen könnt, etwa in einer Spielszene mit verteilten Rollen.
Tauscht euch in der Klasse über eure Erfahrungen aus.

2. Ⓐ
a) Beschreibe die Aussagen auf den Zetteln rechts.
b) Erkläre, warum für die Aussagen unterschiedliche Farben gewählt wurden. Stimmst du damit überein?
c) Formuliere eine Überschrift für die Zettel.

3. Ⓐ
a) Lies den Zeitungsartikel unten durch und beschreibe mit eigenen Worten den geschilderten Vorfall.
b) Beurteile, ob es sich dabei um eine Art von Gewalt handelt. Begründe.
c) Hast du schon von ähnlichen Fällen gehört? Wenn ja, berichte kurz.
d) Bildet Gruppen und erstellt gemeinsam einen Aktionsplan: Wie sollte man sich verhalten, wenn man Zeuge ähnlicher Vorfälle wird? Stellt eure Ideen der Klasse vor.

Meine Mutter will wissen, wie weit ich mit meinem Freund gehe.

Meine Sportlehrerin gibt mir Hilfestellung.

Ein Arzt berührt mich während der Untersuchung.

Jemand äußert sich abfällig über mich und benutzt dazu sexuelle Ausdrücke.

Unser Trainer kontrolliert, ob wir nach dem Training duschen.

Ein Bekannter meiner Eltern benimmt sich merkwürdig, sobald wir alleine sind.

Jemand bietet mir Geld dafür an, mich berühren zu dürfen, wenn ich niemanden davon erzähle.

Ich soll in ein fremdes Auto einsteigen.

Handy-Verbot an der Schule

Cottbus. Der Handyskandal an der örtlichen Schule zieht weitere Kreise. Nachdem ein Schüler während einer Klassenfahrt heimlich beim Umziehen gefilmt und das Video an andere Schüler verschickt wurde, sah sich der betroffene Schüler immer wieder mit sexistischen Äußerungen konfrontiert. „Wir sind schockiert, dass sowas an unserer Schule passieren konnte!“, sagte die Schulleiterin über das Video, welches den Schüler zwischenzeitlich nackt zeigt. „Aber die Verbreitung des Videos können wir wohl nicht mehr stoppen.“ Das bestätigt auch eine Stichprobe unserer Zeitung: Mehrere Schüler der benachbarten Schulen kennen das Video oder haben es auf ihren Geräten gespeichert. Die Eltern des betroffenen Schülers haben Anzeige erstattet und erwägen nun einen Schulwechsel ihres Kindes. Die Schulleitung reagierte mit einem Verbot jeglicher Handys an der Schule, was nicht von allen Eltern begrüßt wurde. Sie sind der Meinung, dass nach einer Lösung für einen vernünftigen Umgang mit dem Handy gesucht werden muss.

Sexualität – die andere Seite
Sexualität hat schöne und liebevolle Seiten. Aber es gibt auch eine andere Seite. Sie zeigt sich immer dann, wenn jemand mit Gewalt gezwungen wird, Dinge zu tun oder zu dulden, die er oder sie nicht will. Die Täter sind meist Männer, seltener Frauen, aber keineswegs immer „kranke Typen". Oft sind es Bekannte, Freunde oder Angehörige.

Die ganz persönliche Grenze
Was als „sexuelle Belästigung" empfunden wird, ist sehr unterschiedlich. Was für den einen okay ist, kann für andere schlimm sein. Jeder hat seine persönliche Grenze und ein Recht darauf, dass diese von allen anderen Menschen respektiert wird.
Auch das Benutzen bestimmter Wörter, das Ansehen bestimmter Bilder oder das Reden über bestimmte Dinge kann eine Grenze überschreiten. Eine sexuelle Belästigung muss also nicht immer mit „Anfassen" oder „Sex haben" verbunden sein. Manchmal versuchen jedoch Erwachsene, Kinder so unter Druck zu setzen, dass sie sexuelle Handlungen mitmachen oder zulassen. Niemand hat das Recht, so etwas zu verlangen. Jeder Erwachsene weiß das, doch manche tun es trotzdem. Sie sagen Dinge wie: „Stell dich nicht so an!" – „Das machst du doch gerne für mich!" oder „Du willst doch, dass ich dich lieb hab!". Auch das ist eine Form von Gewalt.

Du bist nicht schuld!
Oft reden die Täter dem Kind ein, es sei doch toll, so etwas mitmachen zu dürfen. Oder sie stellen es so dar, als hätte auch das Kind Spaß daran. Sie tun so, als wolle das Kind eigentlich mitmachen oder als habe es sogar darum gebeten. Aber: Es ist immer der Erwachsene, der etwas falsch macht. Und weil er das weiß, verlangt er Geheimhaltung.

1 Soziale Netzwerke – mit Vorsicht zu genießen

2 Ganz alleine?

„Nein!" sagen – ein Anfang
Es ist nicht leicht, sich gegen sexuelle Belästigungen zu schützen – aber auch nicht hoffnungslos. Ein Anfang ist, sehr deutlich „Nein!" zu sagen, wenn jemand in dieser Hinsicht etwas verlangt oder zu erzwingen versucht, was du nicht möchtest. Ein Weg, sich zu wehren, ist mit anderen Menschen zu sprechen, zu denen du Vertrauen hast.

Internet – Chancen und Gefahren
Bei Beratungsstellen und im Internet wie auf **www.bee-secure.lu** oder **www.pfl.lu** können sich Betroffene sexueller Gewalt informieren und Kontakt zu BeraterInnen aufnehmen, die ihnen helfen. Aber auch Täter nutzen das Internet. Sie sprechen zum Beispiel in sozialen Netzwerken gezielt Kinder und Jugendliche an, um sie „kennenzulernen" und später zu persönlichen Treffen zu bewegen. Dabei wird oft langsam ein scheinbares Vertrauensverhältnis aufgebaut, doch eigentlich stecken Missbrauchsabsichten dahinter. Man spricht von **Cybergrooming** oder **Grooming** (Englisch: zurechtmachen, vorbereiten). Häufig geben sich die Täter dabei selbst als Kinder oder Jugendliche aus und geben vor, deren Probleme zu verstehen.
Daher darf man im Chat nie seinen richtigen Namen, seine Telefonnummer oder andere persönliche Dinge preisgeben.
Auch sollte man sich niemals darauf einlassen, Nacktfotos von sich zu verschicken.
Auch mit einem Handy kann man Gewalt ausüben. Wenn jemand zum Beispiel einen Mitschüler heimlich auf der Toilette filmt, ist das kein harmloser Streich. Wer so etwas tut, verletzt die unantastbaren Persönlichkeitsrechte des Opfers und macht sich strafbar.

Typisch Junge – typisch Mädchen?

1. A
Beschreibe kurz die Bilder auf dieser Seite. Was ist dargestellt?

2. A
a) Versuche mit eigenen Worten zu erklären, was ein Klischee ist.
b) Erklärt, welche Bilder auf dieser Seite einem Klischee entsprechen und welche nicht.

Klischee
(von französisch cliché = Abklatsch)
Ein Klischee ist eine eingefahrene Vorstellung davon, wie etwas oder jemand ist oder sein sollte. Manche Menschen entsprechen dem Klischee aber nicht. Sie müssen oft mit dem Vorwurf leben, nicht „normal" zu sein.

3. A
Beschreibe die Probleme, mit denen du rechnen kannst, wenn du dich entgegen einem gängigen Klischee verhältst.

4. V
a) Erstelle eine Collage mit Gegenständen, die eher Frauen oder eher Männer kaufen würden.
b) Vergleicht die Collagen in der Klasse und diskutiert über eure Ergebnisse.

5. Q
Macht im Team eine Umfrage:
Welche Arbeiten im Haushalt werden üblicherweise von Frauen erledigt und welche von Männern?

6. A
Diskutiert in der Klasse, ob es heutzutage in der Gesellschaft noch Rollenbilder gibt. Bewertet diese gemeinsam.

Die kleinen Unterschiede

„Typisch Junge!" oder „Typisch Mädchen!", sicher hast du solche Bemerkungen schon einmal gehört. Viele Menschen glauben, dass sie ein Mädchen oder einen Jungen eindeutig an ihrem Verhalten erkennen können. Doch ist das wirklich so?

Sicher gibt es Unterschiede zwischen den Geschlechtern. Bis heute lässt sich aber wissenschaftlich nicht genau beantworten, welches Verhalten angeboren und welches anerzogen ist. Schon sehr kleine Kinder ahmen das Verhalten von Erwachsenen gleichen Geschlechts nach und werden darin oft von ihnen bestärkt.

Später legen Kinder großen Wert darauf, der Mädchen- oder Jungengruppe anzugehören. Dies hilft ihnen bei der Persönlichkeitsentwicklung. Dann lieben Mädchen „typischerweise" Puppen und Jungen spielen mit Autos. Bei genauer Betrachtung stellt sich aber schnell heraus, dass die Unterschiede zwischen Junge und Junge oder Mädchen und Mädchen meist größer sind als die zwischen den Geschlechtern. Lass dich also nicht von deinen Interessen abbringen, auch wenn du zum Beispiel als Mädchen Fußball spielen oder als Junge Ballett tanzen möchtest.

1 A – B Ob Junge oder Mädchen – Bewegung macht Spaß!

Gender und Geschlecht

Ob wir uns selbst als Junge oder Mädchen, Mann oder Frau, dazwischen oder nichts davon verstehen, hängt nicht nur von den körperlichen Geschlechtsunterschieden ab. Auch die soziale Rolle, die wir in der Gesellschaft einnehmen, welche Kleidung wir tragen und wie wir uns in unserem Körper fühlen, bewirken Unterschiede der Geschlechter. Der Begriff **Gender** dient der Trennung von den körperlichen oder biologischen Geschlechtsmerkmalen (englisch sex) und den sozialen Geschlechtsmerkmalen (englisch gender) oder der **Geschlechterrolle.**

Girl's Day – Boy's Day
An diesem Tag ermöglichen viele Firmen Jugendlichen, sich Berufe anzusehen, die für Männer oder Frauen „untypisch" sind. So lassen sich ganz neue Berufswünsche entdecken.

Keine Diskriminierung

Alle Menschen haben die gleiche Würde und die gleichen Rechte. **Diskriminierung** bedeutet, dass Menschen aufgrund ihres Geschlechts, ihrer Herkunft oder ihrer sexuellen Orientierung unterschiedlich behandelt oder benachteiligt werden. Sie beruht meist auf Vorurteilen. Ohne die Person näher zu kennen, wird sie in eine bestimmte Gruppe gepackt, der man zumeist negative Eigenschaften zuschreibt.

Im Laufe der Pubertät entwickeln Jugendliche zunehmend ihre Persönlichkeit und möchten eigene Wege gehen. Dabei ist wichtig, dass ihre Bedürfnisse und Wünsche von Erwachsenen und Mitschülern respektiert werden. Dies gilt in gleicher Weise für Junge oder Mädchen und ist unabhängig davon, ob ihre Verhaltensweisen als typisch männlich oder weiblich gelten.

Erwachsen werden

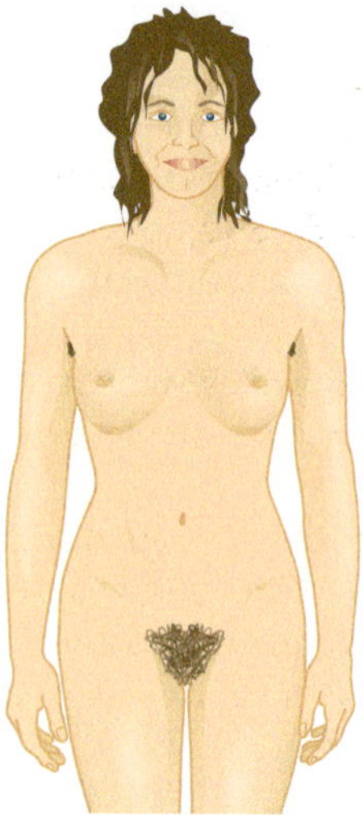

Primäre und sekundäre Geschlechtsmerkmale

Bereits bei der Geburt lassen sich Mädchen und Jungen anhand ihrer primären Geschlechtsmerkmale unterscheiden. Die primären Geschlechtsmerkmale sind die weiblichen und männlichen Geschlechtsorgane. Im Laufe der Pubertät entwickeln sich weitere Unterschiede zwischen Mädchen und Jungen, die sekundären Geschlechtsmerkmale.

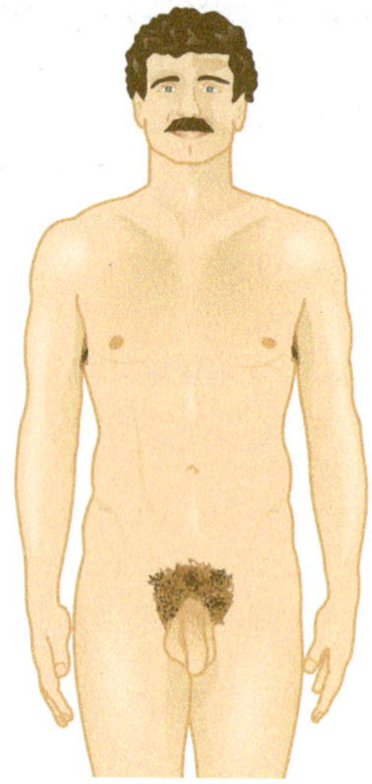

Der Menstruationszyklus

Bei geschlechtsreifen Frauen reift etwa alle 28 Tage eine Eizelle heran. Beim Eisprung gibt ein Eierstock eine reife Eizelle ab, diese gelangt durch den Eileiter in die Gebärmutter. Bleibt die Eizelle unbefruchtet, wird sie während der Menstruation zusammen mit der Gebärmutterschleimhaut und etwas Blut durch die Scheide abgegeben.

Hygiene

Körperhygiene ist für Jungen und Mädchen wichtig. Während der Menstruation sind besondere Maßnahmen zu beachten.

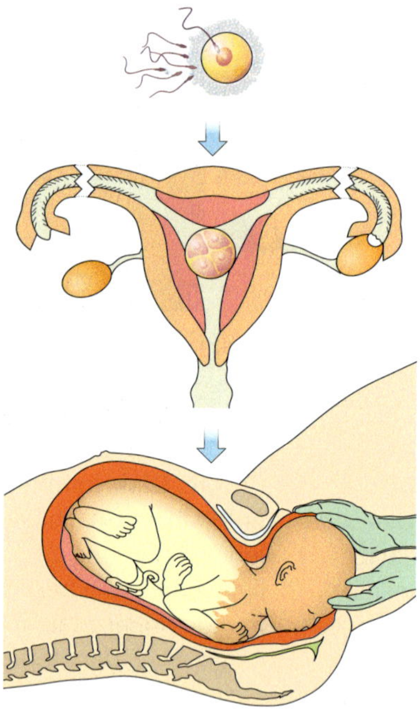

Befruchtung

Trifft nach dem Geschlechtsverkehr ein Spermium auf eine reife Eizelle, können beide verschmelzen. Die Eizelle wird befruchtet.

Schwangerschaft und Geburt

Direkt nach der Befruchtung beginnt die Eizelle sich zu teilen. Mit der Einnistung der befruchteten Eizelle in die Gebärmutterschleimhaut beginnt die Schwangerschaft. Sie dauert neun Monate. Die Geburt kündigt sich durch Wehen an. Die Fruchtblase platzt und das Kind wird aus der Gebärmutter durch die Scheide gepresst. Das Kind beginnt selbstständig zu atmen und wird von der Mutter abgenabelt.

Vielfalt und Toleranz

Heterosexuelle Menschen suchen Beziehungen zu Partnern des anderen Geschlechtes. **Homosexuelle** Menschen fühlen sich dagegen zu Partnern desselben Geschlechtes hingezogen. **Bisexuelle** Menschen können sich Beziehungen zu Partnern beiderlei Geschlechts vorstellen.
Sexualität ist etwas sehr Individuelles und Intimes. Allen Formen der Partnerschaft sollte man mit gegenseitigem Respekt und Toleranz begegnen.

Sexuelle Belästigung

Dein Körper gehört dir. Was als sexuelle Belästigung empfunden wird, ist sehr unterschiedlich. Jeder hat eine persönliche Grenze und ein Recht darauf, dass diese von allen anderen Menschen respektiert wird. Auch die heimlich Weitergabe von Nacktfotos und Videos ist eine Verletzung der Persönlichkeitsrechte und deshalb strafbar.
Opfer von sexueller Belästigung können sich bei **Beratungsstellen** und im Internet informieren und Hilfe holen.

Sexualität und Entwicklung

Kannst du schon...
... die Lebensphase der Pubertät beschreiben und Veränderungen in dieser Zeit nennen? (S. 326 – 327)
... den Unterschied zwischen biologischem und sozialem Geschlecht beschreiben? (S. 328 – 329)
... verschiedene Formen der Sexualität nennen und erklären? (S. 329)
... die körperlichen Veränderungen von Jungen und Mädchen zu Männern und Frauen in der Pubertät beschreiben? (S. 330 – 333)
... den weiblichen Menstruationszyklus beschreiben? (S. 334)

Zeig, was du kannst!

1. A
Finde für die beiden Abbildungen jeweils eine passende Überschrift. Ordne den Zahlen die korrekten Begriffe zu und schreibe alles in dein Heft.

a)

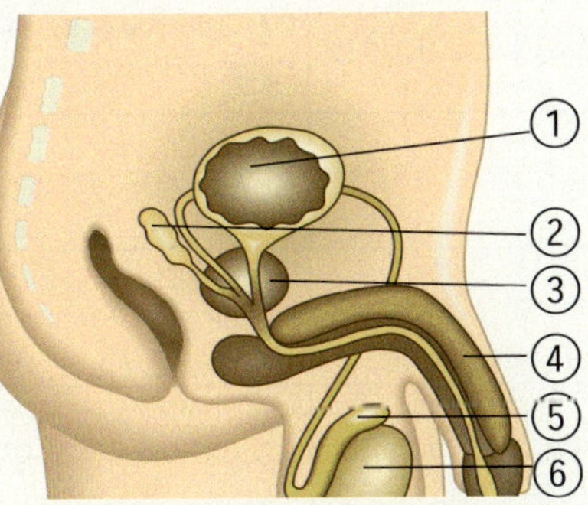

b)

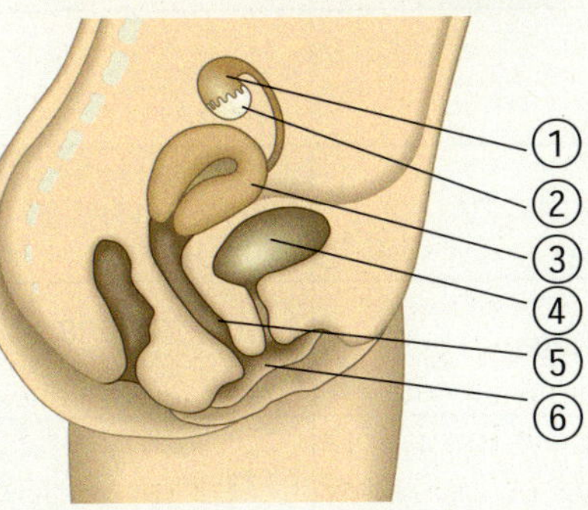

2. A
Schreibe zu den folgenden Begriffen jeweils eine kleine Erklärung. Erläutere, was sie bedeuten und wo sie vorkommen.
Eisprung, Schwellkörper, Kitzler, Sperma.

Kannst du schon...
... die Entstehung und den Verlauf einer Schwangerschaft beschreiben? (S. 336 – 339)
... verschiedene Verhütungsmittel sowie ihre Vor- und Nachteile nennen? (S. 340)
... sexuell übertragbare Krankheiten nennen und erklären, wie man sich vor ihnen schützen kann? (S. 341)
... Schönheitsideale nennen und kritisch hinterfragen? (S. 342 – 343)
... beschreiben, wie man sich vor Gefahren im Internet schützen und selber Grenzen setzen kann? (S. 344 – 345)

Zeig, was du kannst!

3. A
Nenne die körperlichen Veränderungen während der Pubertät:
a) bei Jungen
b) bei Mädchen

4. A
a) Schreibe die folgenden Begriffe einzeln auf: Geschlechtsorgane, Geschlechtsmerkmale, Penis, Eierstöcke, Hoden, Scheide, Stimmbruch, Achselhaare, Brust, Schamhaare, kantige Körperform, Gebärmutter, Hodensack, Eileiter, runde Körperform.
b) Sortiere die Zettelchen dann zu einer sinnvollen Struktur (z. B. wie eine Mindmap oder eine Tabelle). Klebe sie in dieser Struktur auf und erkläre, warum du so sortiert hast.
c) Ergänze sinnvolle weitere Begriffe.

5. A
Fertige eine Mindmap „Verhütung" an. Stelle darin verschiedene Verhütungsmethoden, deren Anwendung sowie Vor- und Nachteile zusammen. Erläutere deine Mindmap.

6. A
Stelle eine Liste mit Personen oder Organisationen zusammen, die einem helfen können, falls man Opfer sexueller Gewalt wird. Berichte auch darüber, wie du an die Informationen gekommen bist.

Gefahrstoffliste

(Gefahr-)Stoff	GHS-Symbol	Signalwort	H-Sätze	P-Sätze
Alaun (Kalium-aluminiumsulfat)		**Achtung**	H315-H319-H302	P210-P233-P305+P351+P338
Benzin		**Gefahr**	H225-H304-H336-H361-H373-H411	P210-P261-P273-P281-P301+P310-P331
Brennspiritus (Ethanol, vergällt)		**Gefahr**	H225	P210
Diiodpentoxid		**Achtung**	H272+H315	P302+P352 P305+P351+P338
Eisenpulver		**Achtung**	H228	P370+P378
Eisensulfat		**Achtung**	H302-H319-H315	P305+P351+P338-P302+P352
Eisenwolle		**Achtung**	H228	–
Kaliumpermanganat		**Gefahr**	H272-H302-H410	P210-P273
Kupfersulfat		**Achtung**	H302-H315-H319-H410	P273-P305+P351+P338-P302+P352
Kohlenstoffdioxid		**Achtung**	H280	P410+P403
Magnesiastäbchen	-	-	-	P260
Sauerstoff		**Gefahr**	H270-H280	P220-P244-P403+P410
Schwefel		**Gefahr**	H315	P302+P352
Silberoxid		**Gefahr**	H272-H314-EUH044	P210-P301+P330+P331-P305+P351+P338-P309+P310
Wasserstoff		**Gefahr**	H220-H280	P210-P377-P381-P410+P403
Zinkpulver		**Achtung**	H410	P273

GHS-Gefahrenhinweise: H-Sätze und P-Sätze

H-Sätze

Physikalische Gefahren

H220 Extrem entzündbares Gas.
H225 Flüssigkeit und Dampf leicht entzündbar.
H228 Entzündbarer Feststoff.
H270 Kann Brand verursachen oder verstärken; Oxidationsmittel.
H272 Kann Brand verstärken; Oxidationsmittel.
H280 Enthält Gas unter Druck; kann bei Erwärmung explodieren.

Gesundheitsgefahren

H302 Gesundheitsschädlich beim Verschlucken.
H304 Kann bei Verschlucken oder Eindringen in die Atemwege tödlich sein.
H314 Verursacht schwere Verätzungen der Haut und schwere Augenschäden.
H315 Verursacht Hautreizungen.
H319 Verursacht schwere Augenreizung.
H336 Kann Schläfrigkeit oder Benommenheit verursachen.
H361 Kann vermutlich die Fruchtbarkeit beeinträchtigen oder das Kind im Mutterleib schädigen.
H373 Kann die Organe schädigen bei längerer oder wiederholter Exposition.

Umweltgefahren

H410 Sehr giftig für Wasserorganismen mit langfristiger Wirkung.
H411 Giftig für Wasserorganismen, mit langfristiger Wirkung.
H412 Schädlich für Wasserorganismen, mit langfristiger Wirkung.

EUH-Sätze

EUH 044 Explosionsgefahr bei Erhitzen unter Einschluss.

P-Sätze

Prävention

P210 Von Hitze/Funken/offener Flamme/heißen Oberflächen fernhalten. Nicht rauchen.
P220 Von Kleidung/.../brennbaren Materialien fernhalten / entfernt aufbewahren.
P244 Druckminderer frei von Fett und Öl halten.
P260 Staub/Rauch/Gas/Nebel/Dampf/aerosol nicht einatmen.
P261 Einatmen von Staub/Rauch/Gas/Nebel/Dampf/Aerosol vermeiden.
P273 Freisetzung in die Umwelt vermeiden.
P280 Schutzhandschuhe/Schutzkleidung/Augenschutz/Gesichtsschutz tragen.
P281 Vorgeschriebene persönliche Schutzausrüstung verwenden.

Reaktion

P331 Kein Erbrechen herbeiführen.
P377 Brand von ausströmendem Gas: Nicht löschen, bis Undichtigkeit gefahrlos beseitigt werden kann.
P381 Alle Zündquellen entfernen, wenn gefahrlos möglich.
P381+P310 Bei Verschlucken: Sofort Giftinformationszentrum oder Arzt anrufen.
P301+P312 Bei Verschlucken: Bei Unwohlsein Giftinformationszentrum oder Arzt anrufen.
P301+P330+P331 Bei Verschlucken: Mund ausspülen. Kein Erbrechen herbeiführen.
P302+P352 Bei Kontakt mit der Haut: Mit viel Wasser und Seife waschen.
P305+P351+P338 Bei Kontakt mit den Augen: Einige Minuten lang behutsam mit Wasser ausspülen. Eventuell vorhandene Kontaktlinsen nach Möglichkeit entfernen. Weiter ausspülen.
P309 + P310 Bei Exposition oder Unwohlsein: Sofort Giftinformationszentrum oder Arzt anrufen.

Aufbewahrung

P403 An einem gut belüfteten Ort aufbewahren.
P410 Vor Sonnenbestrahlung schützen.
P410+P403 Vor Sonnenbestrahlung geschützt an einem gut belüfteten Ort aufbewahren.

Das Periodensystem der Elemente

Atommasse in u (Eine eingeklammerte Atommasse gibt die Masse des wichtigsten Isotops des Elements an.) — 26,98
Elementsymbol — Al
Ordnungszahl (Protonenzahl) — 13
Elementname — Aluminium

schwarz = feste Elemente
rot = gasförmige Elemente
blau = flüssige Elemente
weiß = künstliche Elemente
* = radioaktive Elemente

Metalle
Nebengruppen-Metalle
Halbmetalle
Nichtmetalle

Perioden	Hauptgruppen I	Hauptgruppen II	Nebengruppen III	IV	V	VI	VII	VIII	VIII	VIII	I	II	Hauptgruppen III	IV	V	VI	VII	VIII
1 K-Schale	1,01 H 1 Wasserstoff																	4,00 He 2 Helium
2 L-Schale	6,94 Li 3 Lithium	9,01 Be 4 Beryllium											10,81 B 5 Bor	12,01 C 6 Kohlenstoff	14,01 N 7 Stickstoff	16,00 O 8 Sauerstoff	19,00 F 9 Fluor	20,18 Ne 10 Neon
3 M-Schale	22,99 Na 11 Natrium	24,31 Mg 12 Magnesium											26,98 Al 13 Aluminium	28,09 Si 14 Silicium	30,97 P 15 Phosphor	32,06 S 16 Schwefel	35,45 Cl 17 Chlor	39,95 Ar 18 Argon
4 N-Schale	39,10 K 19 Kalium	40,08 Ca 20 Calcium	44,96 Sc 21 Scandium	47,88 Ti 22 Titan	50,94 V 23 Vanadium	52,00 Cr 24 Chrom	54,94 Mn 25 Mangan	55,85 Fe 26 Eisen	58,93 Co 27 Cobalt	58,69 Ni 28 Nickel	63,55 Cu 29 Kupfer	65,38 Zn 30 Zink	69,72 Ga 31 Gallium	72,63 Ge 32 Germanium	74,92 As 33 Arsen	78,97 Se 34 Selen	79,90 Br 35 Brom	83,80 Kr 36 Krypton
5 O-Schale	85,47 Rb 37 Rubidium	87,62 Sr 38 Strontium	88,91 Y 39 Yttrium	91,22 Zr 40 Zirconium	92,91 Nb 41 Niob	95,94 Mo 42 Molybdän	(99) Tc* 43 Technetium	101,07 Ru 44 Ruthenium	102,91 Rh 45 Rhodium	106,42 Pd 46 Palladium	107,87 Ag 47 Silber	112,41 Cd 48 Cadmium	114,82 In 49 Indium	118,71 Sn 50 Zinn	121,75 Sb 51 Antimon	127,60 Te 52 Tellur	126,90 I 53 Iod	131,29 Xe 54 Xenon
6 P-Schale	132,91 Cs 55 Caesium	137,33 Ba 56 Barium	Lanthanoide 57-71	178,49 Hf 72 Hafnium	180,95 Ta 73 Tantal	183,84 W 74 Wolfram	186,21 Re 75 Rhenium	190,23 Os 76 Osmium	192,22 Ir 77 Iridium	195,08 Pt 78 Platin	196,97 Au 79 Gold	200,59 Hg 80 Quecksilber	204,38 Tl 81 Thallium	207,20 Pb 82 Blei	208,98 Bi 83 Bismut	(209) Po* 84 Polonium	(210) At* 85 Astat	(222) Rn* 86 Radon
7 Q-Schale	(223) Fr* 87 Francium	(226) Ra* 88 Radium	Actinoide 89-103	(261) Rf* 104 Rutherfordium	(268) Db* 105 Dubnium	(271) Sg* 106 Seaborgium	(264) Bh* 107 Bohrium	(271) Hs* 108 Hassium	(278) Mt* 109 Meitnerium	(282) Ds* 110 Darmstadtium	(282) Rg* 111 Roentgenium	(285) Cn* 112 Copernicium	(287) Nh* 113 Nihonium	(285) Fl* 114 Flerovium	(289) Mc* 115 Moscovium	(293) Lv* 116 Livermorium	(294) Ts* 117 Tennessin	(294) Og* 118 Oganesson

Lanthanoide	138,91 La 57 Lanthan	140,12 Ce 58 Cer	140,91 Pr 59 Praseodym	144,24 Nd 60 Neodym	(147) Pm 61 Promethium	150,36 Sm 62 Samarium	151,96 Eu 63 Europium	157,25 Gd 64 Gadolinium	158,93 Tb 65 Terbium	162,50 Dy 66 Dysprosium	164,93 Ho 67 Holmium	167,26 Er 68 Erbium	168,93 Tm 69 Thulium	173,04 Yb 70 Ytterbium	174.97 Lu 71 Lutetium
Actinoide	(227) Ac* 89 Actinium	(232) Th* 90 Thorium	(231) Pa* 91 Protactinium	(238) U* 92 Uran	(237) Np* 93 Neptunium	(244) Pu* 94 Plutonium	(243) Am* 95 Americium	(247) Cm* 96 Curium	(247) Bk* 97 Berkelium	(251) Cf* 98 Californium	(252) Es* 99 Einsteinium	(257) Fm* 100 Fermium	(258) Md* 101 Mendelevium	(259) No* 102 Nobelium	(266) Lr* 103 Lawrencium

Tabelle: Eigenschaften verschiedener Stoffe

Elemente		OZ	Atommasse in u	Dichte[1] in $\frac{g}{cm^3}$ (Gase: $\frac{g}{l}$)	Schmelz-	Siede-
Name	Symbol				temperatur in °C	
Actinium	Ac	**89**	(227)	10,1	1050	–
Aluminium	Al	**13**	26,9815	2,70	660	≈ 2300
Americium	Am	**95**	(243)	11,7	827	2610
Antimon	Sb	**51**	121,75	6,68	630	1640
Argon	Ar	**18**	39,948	*1,784*	−189	−186
Arsen	As	**33**	74,9216	5,73	817p	633s
Barium	Ba	**56**	137,34	3,7	717	1640
Beryllium	Be	**4**	9,0122	1,86	1278	2970
Bismut	Bi	**83**	208,980	9,80	271	1560
Blei	Pb	**82**	207,2	11,4	327	1750
Bor	B	**5**	10,81	2,34	≈ 2000	≈ 2500
Brom	Br	**35**	79,904	3,14	−7	58
Cadmium	Cd	**48**	112,40	8,64	321	767
Caesium	Cs	**55**	132,905	1,90	29	690
Calcium	Ca	**20**	40,08	1,55	845	1440
Cer	Ce	**58**	140,12	6,8	800	3600
Chlor	Cl	**17**	35,453	*3,214*	−102	−34
Chrom	Cr	**24**	51,996	7,19	≈ 1900	≈ 2500
Cobalt	Co	**27**	58,9332	8,83	1490	3100
Dysprosium	Dy	**66**	162,50	8,54	1407	≈ 2600
Eisen (Ferrum)	Fe	**26**	55,847	7,86	1537	2730
Erbium	Er	**68**	167,26	9,05	1497	2900
Europium	Eu	**63**	151,96	5,26	826	1439
Fluor	F	**9**	18,9984	*1,70*	−220	−188
Gadolinium	Gd	**64**	157,25	7,90	1312	3000
Gallium	Ga	**31**	69,72	6,0	30	2340
Germanium	Ge	**32**	72,59	5,36	960	≈ 2700
Gold (Aurum)	Au	**79**	196,967	19,3	1063	2700
Hafnium	Hf	**72**	178,49	13,3	2220	> 3000
Helium	He	**2**	4,0026	*0,178*	−272p	−269
Holmium	Ho	**67**	164,930	8,80	1461	≈ 2600
Indium	In	**49**	114,82	7,31	156	2000
Iod	I	**53**	126,9044	4,94	114	184
Iridium	Ir	**77**	192,2	22,6	2454	> 4500
Kalium	K	**19**	39,102	0,86	64	760
Kohlenstoff	C	**6**	12,0115	2)	> 3500s	≈ 4000
Krypton	Kr	**36**	83,80	*3,708*	−157	−153
Kupfer	Cu	**29**	63,546	8,93	1083	2350
Lanthan	La	**57**	138,91	6,1	920	4515
Lithium	Li	**3**	6,941	0,53	180	1335
Lutetium	Lu	**71**	174,97	9,84	1652	3327
Magnesium	Mg	**12**	24,305	1,74	650	1105
Mangan	Mn	**25**	54,9380	7,3	1220	2150
Molybdän	Mo	**42**	95,94	10,2	2620	≈ 5000
Natrium	Na	**11**	22,9898	0,97	98	883
Neodym	Nd	**60**	144,24	7,0	1024	3300
Neon	Ne	**10**	20,179	*0,90*	−249	−246

Elemente		OZ	Atommasse in u	Dichte[1] in $\frac{g}{cm^3}$ (Gase: $\frac{g}{l}$)	Schmelz-	Siede-
Name	Symbol				temperatur in °C	
Neptunium	Np	**93**	(237)	19,5	–	–
Nickel	Ni	**28**	58,70	8,90	1453	≈ 2800
Niob	Nb	**41**	92,906	8,5	2468	≈ 3700
Osmium	Os	**76**	190,2	22,5	≈ 2600	≈ 5500
Palladium	Pd	**46**	106,4	12,0	1555	3380
Phosphor	P	**15**	30,9738	3)	44[4]	285[4]
Platin	Pt	**78**	195,09	21,45	1770	3300
Plutonium	Pu	**94**	(244)	19,7	640	3200
Polonium	Po	**84**	(209)	9,32	254	962
Praseodym	Pr	**59**	140,907	6,7	935	≈ 3300
Quecksilber	Hg	**80**	200,59	13,55	−39	357
Radium	Ra	**88**	226,05	≈ 6	≈ 700	1140
Radon	Rn	**86**	(222)	*9,96*	−71	−62
Rhenium	Re	**75**	186,2	20,9	3170	≈ 5900
Rhodium	Rh	**45**	102,905	12,4	1966	4500
Rubidium	Rb	**37**	85,47	1,53	39	690
Rhutenium	Ru	**44**	101,07	12,4	2400	≈ 4500
Samarium	Sm	**62**	150,35	7,5	1072	≈ 1900
Sauerstoff	O	**8**	15,9994	*1,429*	−219	−183
Scandium	Sc	**21**	44,956	3,0	1540	2730
Schwefel	S	**16**	32,06	2,0	119	444
Selen	Se	**34**	78,96	4,8	220	688
Silber	Ag	**47**	107,870	10,5	960	2150
Silicium	Si	**14**	28,086	2,4	1410	2630
Stickstoff	N	**7**	14,0067	*1,251*	−210	−196
Strontium	Sr	**38**	87,62	2,6	757	1365
Tantal	Ta	**73**	180,948	16,7	2990	> 5000
Technetium*	Tc	**43**	(97)	11,5	2140	–
Tellur	Te	**52**	127,60	6,2	450	990
Terbium	Tb	**65**	158,924	8,3	1350	≈ 2800
Thallium	Tl	**81**	204,37	11,85	303	1457
Thorium	Th	**90**	232,038	11,7	≈ 1800	≈ 3000
Thulium	Tm	**69**	168,934	9,33	1545	1727
Titan	Ti	**22**	47,90	4,51	≈ 1700	3260
Uran	U	**92**	238,029	19,1	1133	≈ 3600
Vanadium	V	**23**	50,9414	6,1	≈ 1800	> 3000
Wasserstoff	H	**1**	1,00797	*0,0899*	−259	−253
Wolfram	W	**74**	183,85	19,30	3410	5400
Xenon	Xe	**54**	131,30	*5,89*	−112	−108
Ytterbium	Yb	**70**	173,04	6,5	8,25	1427
Yttrium	Y	**39**	88,905	4,5	1490	2927
Zink	Zn	**30**	65,38	7,2	420	910
Zinn (Stannum)	Sn	**50**	118,69	7,3	232	≈ 2400
Zirkonium	Zr	**40**	91,22	6,5	1860	≈ 3600

* künstlich gewonnenes Element, OZ Ordnungszahl,
(243) Eine eingeklammerte Zahl gibt die Nukleonenzahl des langlebigsten Isotops des Elements an. – Werte sind nicht bekannt, ≈ Wert sehr ungenau, p unter Druck, s sublimiert,
1) Bei gasförmigen Elementen wird die Dichte kursiv gedruckt angegeben. Sie gilt für 0 °C und 1013 hPa. 2) Graphit: 2,25, Diamant: 3,51,
3) weißer P: 1,83, roter P: 2,2, 4) weißer P

Hilfe in allen Bereichen!

Manchmal hat man Probleme, mit denen man nicht zu Familie oder Lehrern gehen will.
Das heißt aber nicht, dass man alleine mit diesen Problemen klar kommen muss. Es gibt auch hier im Land ganz viele Stellen an die man sich wenden kann, wo einem vertraulich und kostenlos geholfen wird.
Hier eine kleine Auswahl von Adressen, an die Du dich wenden kannst:

Bereich	Ansprechpartner/Kontakt	Beratung und aktive Hilfe zum Thema
Allgemein	• **SePAS** in jedem Lycée	bei allen möglichen Problemen, von persönliche über familiär bis hin zu psychologisch
	• **CePAS** www.cepas.lu – Tel. 24 77 59 10	Zentrale der verschiedenen SePAS Zugang zu finanziellen Unterstützungen
	• **Kanner- a Jugendtelefon** www.kjt.lu - Tel. 11 61 11	Anonyme und vertrauliche Telefonberatung zu allen Problembereichen
	• **Ombudskomite fir d'Rechter vum Kand** www.ork.lu – Tel. 28 37 36 35	Kinderrechte und Verstöße dagegen
Sex/ Schwangerschaft	• **Planning Familial** www.pfl.lu – Tel. 48 59 76	Sexualität, Geschlechtskrankheiten, Schwangerschaft, Abtreibung
HIV/AIDS	• **HIV Berodung/Croix Rouge** hivberodung@croix-rouge.lu Tel. 27 55 45 00	Vorbeugung von Infektion mit HIV und Begleitung im Falle einer Infektion
	• **CHL – maladies infectieuses** sec.malinf@chl.lu – Tel. 44 11 30 91	Notfallbehandlung nach wahrscheinlichem Kontakt mit HIV zur eventuellen Verhinderung einer Ansteckung (< 48 Stunden)
Drogen	• **Fro No** frono@cnapa.lu – Tel. 49 77 77 55	Suchtmittel (legal und illegal) und Hilfe bei Suchtproblemen
Psychische Probleme	• **SDIP** Tel. 26 29 77 1	Frühe Erkennung und Behandlung von psychischen Krankheiten
Trauer/Tod	• **Omega90** www.omega90.lu – Tel. 26 00 37 1	Begleitung von Betroffenen und Angehörigen bei Krankheit, Tod, Trauer und Verlust
Internet	• **Bee Secure** www.bee-secure.lu - Tel. 80 02 12 34	Cyberbullying, Privatsphäre, PC-Sicherheit
Jobsuche	• **ALJ** (action locale pour jeunes) www.alj.lu – Tel. 24 77 59 41 www.anelo.lu	Übergang von Schule zu Beruf, Vorbereitung auf Bewerbungen und Bewerbungsgespräche
Freizeitangebote	• **Service nationale de la jeunesse** www.snj.lu – Tel. 24 78 64 65	Logistik-, Weiterbildungs- und Finanzierungshilfe von außerschulischen Jugendprojekten („Vakanzkolonien", Erasmus+, „Animateursformatioun",...)

Stichwortverzeichnis

f. = die folgende Seite
ff. = die folgenden Seiten

Bildquellenverzeichnis

|123RF.com, Hong Kong: hammett79 343.1. |Administration de l'environnement, Esch-sur-Alzette: 286.1. |akg-images GmbH, Berlin: 255.2; IAM/World History Archive 226.1. |Alamy Stock Photo, Abingdon/Oxfordshire: AGAMI Photo Agency/Ghignone, Alain 196.2; Andia/Aigle 276.1; Botanic Britain 187.1; Buiten-Beeld 97.3; Juniors Bildarchiv GmbH 148.7; Mark Williamson Stock Photography 235.3; mediasculp 292.3. |Alamy Stock Photo (RMB), Abingdon/Oxfordshire: Arco Images GmbH 95.2, 95.3; Arco Images GmbH/Huetter, C. 124.4; ARPS/Taylor, Steve 83.5; Arterra Picture Library 148.2; Ason, Lena 290.1; Avico Ltd 132.1; Bailey, Daniel H. 298.1; blickwinkel 110.3; Cattlin, Nigel 36.4; Chapman, David 63.1; Costina, Mircea 174.4; Cultura Creative (RF) 274.4; Dixson, Beth 183.2; Dorling Kindersley ltd 210.1, 251.2; FLPA 4.2, 51.1, 75.1, 104.4; geogphotos 288.4; Grund, Eduardo 62.4; Hecker, Frank 90.2, 200.4; imageBROKER/Probst, Norbert 108.1; imageBROKER/Sommariva, Frank 61.2; Lou-Foto 119.4; McCombe, Ron 61.4; Mckie, Carl 150.6; McPhoto/Mueller, Rolf 168.1; Panther Media GmbH 114.5, 119.3; Papilio 107.1; Photoshot Holdings Ltd. 98.4; Premaphotos 107.2; RaufImages 235.2; Science Photo Library 30.2; sportpoint 93.4; Stakauskas, Giedrius 162.3; Tack, Jochen 257.10; tbkmedia.de 158.3; The Print Collector/Heritage Images 226.3; v. Mallinckrod, Dirk 190.1; Westend61 GmbH 7.2, 323.1; Zoonar GmbH 144.9. |APA-PictureDesk GmbH, Wien: Charles D. Winters / PhotoResearchers 232.1. |Astrofoto, Sörth: 305.8; Keller/Schmidbauer 233.2; Koch, Barbara 305.1. |Atelier tigercolor Tom Menzel, Klingberg: 49.3, 49.4, 56.1, 56.2, 57.1, 57.2, 57.3, 57.4, 62.1, 62.2, 62.5, 63.2, 63.3, 63.5, 64.3, 69.1, 69.3, 69.4, 69.5, 69.8, 69.9, 87.5, 110.1, 118.7, 118.8, 120.4, 131.3, 142.1, 168.2, 168.3, 168.4, 168.5, 168.6, 168.7, 168.8, 168.9, 168.10, 172.4, 175.1, 175.2, 181.4, 209.1, 260.1, 260.8, 296.1, 330.1, 330.3, 332.1, 332.2, 337.1, 349.1, 349.2. |Berens, Georges, Hagen: 254.1, 254.2, 254.3. |Biermann-Schickling, Birgitt, Hannover: 339.1, 339.2, 339.3, 339.4, 339.5, 339.6, 339.7. |Chen, Anne-Catherine, Solingen: 105.1. |Colourbox.com, Odense: 292.1, 292.2. |Dobers, Joachim, Göttingen: 185.9. |Domke, Franz-Josef, Wunstorf: 30.3, 85.2, 87.1, 87.4, 216.2, 217.2, 231.1, 244.1, 244.2, 260.6, 260.10, 260.11, 260.12, 317.3, 317.4, 317.5, 317.6. |Ecke, Julius, München: 47.2. |Focus Photo- u. Presseagentur GmbH, Hamburg: Nature Source/Cattlin, Nigel 120.2. |Fondation Hëllef fir d'Natur / natur&ëmwelt, Heinerscheid: 203.1. |fotolia.com, New York: ABC.pics 283.1; afe207 256.2; Anatolii 110.2; aporeiter 96.3; Arsgera 112.2; Aycatcher 307.2; Barskaya, Galina 325.1; Bartussek, Ingo 167.1; Berg, Martina 115.2; BillionPhotos.com 210.2; bjonesphotography 36.8; Boggy 326.4; Bolbot, Aleksander 152.4; carmenrieb 155.4; Chabraszewski, Jacek 189.2; coco 158.1; creativenature.nl 96.2, 149.10, 150.1; Dangubic 311.3; ehrenberg-bilder 327.3; Eisenhans 189.4; Erdbeer, Alexander 149.4, 150.4; Erni 149.8; fdsmsoft 257.4; Fuhrmann, Rainer 53.2; geargodz 318.1; Givaga 187.5; Glaser 307.4; goodluz 327.2; greenpapillon 193.6; hansen, benno 149.3; Heinrichs, Doris 188.4; igor 188.1; Ilmberger, Andy 121.2; Inga F 311.2; ivo188 13.5; jackwusel 155.8; Jargstorff, Wolfgang 289.1; jo.weber 320.5; JWS 193.4; Kathleen 307.3; Kruck, Wolfgang 166.2; Kumpf, Eileen 115.5; kyslynskyy 61.1; lenets_tan 314.2; LianeM 278.1; m_reinhardt 32.2; Martin_P 180.1; matka_Wariatka 334.1; meryll 320.4; micromonkey 346.4; Monkey Business 345.1; Mostovoy, Sergey 305.7; nspooner 180.2; oberfrank-list, doris 135.4; Pheby, B. 238.2; pholidito 155.6; Photohunter 171.1; pisotckii 155.3; Pixelot 240.6, 310.1; ptasha 344.1; ragaly 273.1; rck 76.3; Reitz-Hofmann, Birgit 234.5; Sanders, G. 290.2; Sanders, Gina 179.3; Schittenhelm, E. 140.4; Schuppich, M. 155.5, 267.3; sduben 169.1; sester, reinhard 25.3; Silver 171.5; stockfoto 169.3; Tieck, Michael 107.5; tomatito26 193.1; Ttstudio 291.3; unpict 303.3; vladimirfloyd 303.2, 315.3; Wagner, Mario 115.1; Wiarda, Knut 303.4; wideworld 116.1; WoGi 256.6; Wylezich, B. 311.1; YK 75.4; Zastavkin, Serg 303.1. |Getty Images, München: Burke/Triolo Productions 303.5; Corbis Documentary/Leemage 337.2; Jose Luis Pelaez Inc 324.1; UIG/Education Images 322.3. |Getty Images (RF), München: Baac3nes 162.1; De Lossy, David 344.2; Henrik5000 322.1, 338.2. |Guarda, Louise, LUXEMBOURG: 173.1. |Hardel, Thorsten/www.39punkt.de (RV), Wees: 326.5. |Helga Lade Fotoagenturen GmbH, Frankfurt/M.: Binder, Rainer 233.3; Fischer, N. 307.5; Kuhn, D. 307.6; THF 165.2. |Henkel, Christine, Dahmen: 154.1, 155.1, 156.1, 156.2, 156.3, 157.1, 157.2, 157.3, 157.4, 157.5, 157.6, 157.7, 157.8, 157.9. |Herzig, Wolfgang, Essen: 12.1, 20.1, 85.3, 320.6. |Imago, Berlin: blickwinkel 100.2, 239.3; Eibner 271.3; imagebroker 174.3; imagebroker/Rolfes, Willi 208.3; Liedle 72.3; Photocase 102.3; Schellhorn, Steffen 116.5; Tack, Jochen 8.2, 227.2; teutopress 280.3. |Interfoto, München: ARDEA/Greenslade, D. W. 107.3; imagebroker/Frey, Thomas 91.4; imagebroker/Knol, Ingeborg 279.1. |iStockphoto.com, Calgary: 5PH 234.6; _LeS_ 328.6; abishome 293.1; abzee 184.2; amriphoto 179.1; AndreiRybachuk 152.7; AnnekeDeBlok 197.2; AVRORRA 68.2; BasieB 135.3; Beboy_ltd 305.6; BirdImages 32.3; blueflames 25.1; dolgachov 212.1; Dragisa 122.1; Eerik 155.7; Floortje 187.2; franckreporter 327.4; GeorgiosArt 53.4; GooDween123 119.2; HakuNellies 63.6; Hohl, Karl-Friedrich 13.4; iava777 141.1; IBushuev 143.5; IS_ImageSource 152.5; Iurii_Au 139.2; Jennings, Patrick 267.1; korionov 68.3; Leonsbox 182.5; LifesizeImages 128.4; Longley, John 287.1; lorenzo104 169.2; LUHUANFENG 152.6; mangpor_2004 328.2; MarioGuti 300.2; medicalstocks 320.8, 320.9, 320.10; MesquitaFMS 328.5; micro_photo 123.1; MrOddwick 214.1; nbgbgbg 143.4; Neil_Burton 60.1; Neustockimages 84.4; Oskanov 197.1; OTTI-design-and-photography 229.4; pamela_d_mcadams 233.1; papkin 77.1; PeopleImages 188.3; photobac 347.1; pixinoo 176.2; polarica 8.3; pum_eva 200.6; rotofrank 164.2; Sazonov, Vladimir 118.1; simon91germany 197.4; skynesher 343.2; Solovyova-Vincent, Alina 187.4; Steidlinger, Andreas 148.6; stock-eye 328.3; Svetl 235.1; Thomson, Alasdair 186.2; topher Futcher 347.2; Tree4Two 149.7; Vallenari, Flavio 247.4; Visivasnc 320.7; vladimir_n 257.3; vora 152.2; xijian Titel; zoranm 280.4. |juniors@wildlife Bildagentur GmbH, Hamburg: 4nature/Manhart, D. 103.1; Adam, F. 166.3; Arndt, S.E. 50.1; Benvie, N. 44.7; Biosphoto 64.2; Bogon, K. 100.3, 125.3; Danegger, Manfred 171.3; Delpho, G. 233.4; Dirscherl, R. 89.6; Harms, D. 76.4, 125.4; Hartmann, P. 120.3; Klein & Hubert 59.4; Lindert-Rottke, A. 104.3; Minden Pictures 5.2, 98.2, 163.1, 194.2, 200.3; Muller, S. 101.1; Schmidbauer, H. 98.3, 118.3; van Damsen, B. 197.3; Varesvuo, M. 77.3. |Karnath, Brigitte, Wiesbaden: 27.1, 28.1, 28.2, 28.3, 28.4, 28.5, 30.4, 30.6, 30.7, 102.4, 102.5, 111.2, 134.4, 140.1, 140.2, 140.3, 140.5, 140.6, 140.7, 140.8, 140.9, 140.10, 140.11, 140.12. |Keis, Heike, Rödental: 11.1, 12.4, 15.1, 18.1, 21.2, 22.1, 22.2, 23.1, 24.1, 24.2, 24.3, 38.1, 38.2, 38.3, 39.1, 39.2, 52.1, 52.2, 52.3, 52.4, 52.5, 52.6, 52.7, 52.8, 52.9, 52.10, 52.11, 52.12, 52.13, 52.14, 52.15, 52.16, 79.1, 82.1, 82.3, 82.5, 82.7, 83.1, 83.2, 83.3, 91.1, 92.1, 93.1, 93.3, 103.3, 106.1, 111.3, 111.4, 111.5, 111.6, 118.4, 118.5, 121.1, 124.2, 126.3, 127.2, 134.3, 137.1, 143.3, 144.3, 144.4, 144.5, 144.6, 151.3, 151.4, 151.5, 153.1, 166.4, 166.6, 167.2, 172.1, 184.1, 184.3, 184.4, 184.5, 184.6, 184.7, 185.1, 185.2, 185.4, 185.6, 185.8, 193.5, 198.1, 200.2, 201.2, 219.1, 219.2, 225.1, 225.3, 245.2, 246.1, 249.3, 255.1, 258.1, 258.2, 259.1, 259.2, 260.2, 260.3, 260.4, 260.7, 260.9, 267.2, 268.1, 269.1, 272.2, 280.1, 281.2, 284.1, 284.2, 287.3, 307.1, 317.1, 317.2, 331.1, 333.1, 342.3. |Kramer, Angelika, Stuttgart: 74.6, 182.6, 186.3, 190.4, 190.5, 340.1, 340.2, 340.3, 340.4, 340.6, 340.7, 340.8. |LE GOUVERNEMENT DU GRAND-DUCHÉ DE LUXEMBOURG, Luxembourg: Titel. |Lüddecke, Liselotte, Hannover: 20.2, 27.2, 27.3, 27.4, 30.5, 31.1, 31.2, 31.3, 31.5, 31.6, 37.1, 37.2, 37.3, 46.2, 46.3, 46.4, 46.5, 46.6, 46.7, 48.1, 48.3, 54.4, 54.6, 64.1, 68.1, 71.2, 78.1, 94.1, 94.3, 94.4, 94.6, 94.7, 94.8, 95.1, 100.1, 102.6, 122.2, 122.3, 125.1, 127.1, 130.4, 130.6, 131.1, 134.1, 134.2, 161.2, 161.3, 161.4, 174.1, 178.1, 178.2, 186.1, 195.4, 275.4, 278.2, 278.3, 308.3, 308.4, 321.1, 321.2, 336.7. |Mall, Karin, Berlin: 30.1, 31.4, 42.4, 80.1, 81.2, 81.4, 86.1, 86.3, 86.4, 88.2, 123.2, 131.2. |Marahrens, Olav, Hamburg: 282.1, 282.2, 282.3, 282.4, 282.5, 316.2, 318.3. |mauritius images GmbH, Mittenwald: age 42.1, 116.3, 270.1; age fotostock 43.1, 44.5; age fotostock/Kistowski, Ralf 77.4; Alamy 145.2; Alamy/Hecker, Frank 116.4; Alamy/Tiraspolsky, Roman 256.1; Bloom, Steve 44.1; Borchert, Oliver 74.5; Gierth, Friedel 302.2; Havel, Ladislav 148.3; ib/Schneider, Thomas 271.2; imageBROKER 208.4; imagebroker.net 285.3; imagebroker/König, Marco 50.2, 70.1; imagebroker/Schauhuber, Alfred 44.2; imagebroker/Tack, Jochen 291.1; Keyphotos 195.1; Kroiss, Harald 116.6; Kuchlbauer 285.4; Liedtke 174.2; Mitterer, Markus 66.6; nature picture library/Savoie, Phil 113.7; Reinhart, Bryan 175.3; Rosenfeld 36.2, 36.3, 66.1, 185.5; Science Faction 220.1; Sheldon, David & Micha 143.2; The Copyright Group 42.3; Thonig 304.2; Westend61 16.3. |mauritius images GmbH (RF), Mittenwald: imageBROKER/Schauhuber, Alfred 114.2. |Mettin, Markus, Offenbach: 170.1, 171.6, 215.5, 216.3, 224.3, 228.1, 246.6, 246.7, 246.8, 248.1, 248.2, 249.1, 249.2, 250.2, 275.1, 297.3. |Minkus Images Fotodesignagentur, Isernhagen: 8.1, 14.1, 14.3, 19.2, 19.3, 26.1, 26.2, 27.5, 27.6, 27.7, 27.8, 27.9, 33.1, 33.2, 48.2, 136.1, 170.2, 171.2, 171.4, 205.1, 213.2, 213.3, 215.1, 215.2, 216.1, 217.1, 218.1, 218.2, 218.3, 222.1, 224.1, 224.2, 225.2, 230.2, 230.3, 237.2, 237.3, 237.4, 243.1, 243.3, 243.5, 247.1, 251.7, 252.1, 252.3, 252.4, 253.4, 254.4, 254.5, 260.5, 297.1, 297.2, 308.1, 326.1, 326.2. |Naturpark School - Naturpark Öewersauer, Our & Mëllerdall, Esch-sur-Sûre: 199.2, 199.4, 199.6; Naturpark Öewersauer/Krier, Guy 199.5; Naturpark Our/Clement, Raymond 199.3; NGPM Natur- & Geopark Mëllerdall/Fiel, Uli 199.7; NGPM, Naturpark Öewersauer & Naturpark Our 199.1. |Office Régional du Tourisme Région Mullerthal, Echternach: ORT Région Mullerthal 200.1. |Office Régional du Tourisme Sud, Esch-sur-Alzette: ORT Sud 198.2. |OKAPIA KG - Michael Grzimek & Co., Frankfurt/M.: Achtelik, Norbert 135.1; ARDEA/Bevan, Brian 58.1, 305.5; ARDEA/du Feu, Geoff 63.4; ARDEA/Marent, Thomas 96.6; ARDEA/Watson, M. 162.2; BIA/Dominguez, Andres Miguel 74.3; BIOS/Cavignaux, Bruno 90.3; BIOS/Denis-Huot, M. & C. 69.10; BIOS/Labat, Jean-Michel 81.1, 81.3, 81.5, 81.7; BIOS/Sutton, Dale 103.2; Brandl, Hans Dieter 120.1; Danegger, Manfred 65.1, 150.3; de Oliveira, Paulo 59.5, 169.4; Dr. Bieri, Naturbild 185.7; Dragesco, Dr. Eric 67.1; FLPA/McLean, Phil 74.2; FLPA/Sisson, Mark 102.2; Fogden 69.6; Gaugler, Dr. Gary 111.1; Geduldig 195.2; Hapo 185.3; Hartl, Andreas 89.2, 89.4; Hecker, Frank 114.3; Hermeline 66.5; Holt Studios/Cattlin, Nigel 118.6; Imagebroker 58.2; imageBROKER/Belcher, Simon 261.1; imageBROKER/GUY, Christian 89.1; imageBROKER/Guy, Christian 89.3, 90.1; imageBROKER/König, Marko 93.2; imageBROKER/Nothegger, Adelheid 97.5; imageBROKER/Sollinger, Horst 192.2; ISM/Conge, Herve 49.2; ISM/Révy, J.C. 40.1; Kage, Manfred P. 336.5; Klein & Hubert 66.2, 66.7; Maier, Robert 97.2; Meul, Jef 118.2; NAS/Clutter 89.5; NAS/Eisenbeiss, H. 84.5; NAS/Maslowski Photo 150.5; NAS/New York Public Library 226.2; Natur im Bild/Förster, Rainer 195.3; Naturbild/Büttner, G. 34.1; OSF/Mantis Wildlife Films 336.1, 336.3; OSF/Parks, Peter 44.4; Papilio/Pickett, Robert 81.6, 81.8; Reinhard, Hans 87.3, 144.1, 155.2, 201.1; Roth, B. 44.3; Sauer, Frieder 114.4; Schäf, Mathias 74.4; Schwind 87.2; Telner, Jeffrey 341.3; Vock, K. G. 113.4. |PantherMedia GmbH (panthermedia.net), München: COSENTINO, ALFREDO 188.2; Gonschorek, Julia 138.1; jordi2r 271.1; Kiefer, Gerald 107.4; Köhl, Jan 187.3; ktsdesign 83.6; Lane, Michael 146.1; Mark, Oleksiy 13.6; Maron, Carsten 193.3; mikhaltsow, dzmitri 189.1; Pusepp, Irina 239.2; rieb, carmen 65.3; Rollett-Vlcek, Karin 113.2, 194.3; Schrader, Edgar 220.2; tomoliveira 274.5; TReinhard 262.3; Walter, Helga 119.5. |Peintures Robin S.A., Useldange: 257.5. |Picture Press Bild- und Textagentur GmbH, Hamburg: Nill, Dietmar 71.1. |Picture-Alliance GmbH, Frankfurt a.M.: AP 257.6; Arco Images/De Meester, J. 182.1; Arco Images/Henry, P. 183.1; Bildagentur Huber/Schmid, R. 44.6; blickwinkel/Pfeifer, J. S. 182.2; chromorange 283.2; Design Pics/Short, John 220.3; dieKLEINERT.de/Metzinger, Arnold 288.2; dpa 66.4, 73.8, 119.6; dpa-Zentralbild 190.2; dpa/Berg, Oliver 302.1; dpa/Dietze, Oliver 256.5, 256.7; dpa/Langenstrassen, Wolfgang 227.3; dpa/Lehtikuva, Marja Airio 327.1; dpa/Murat, Marijan 306.3; dpa/Warmuth, A. 324.2; dpa/Weihrauch, Roland 182.3; Heritage Images/Fine Art Images 342.1; Image Source 7.1, 300.3; Lade, Helga 73.6; Marks, Bodo 257.1; Okapia KG/Hartl, Hans 88.3; OKAPIA/Pforr, Manfred 100.4; SZ Photo/Simon, Johannes 191.2; WILDLIFE/Fuermann, H. 289.2; Wildlife/Harms, D. 74.7; ZB/Burgi, Arno 13.2; ZB/Hirschberger, Ralf 244.4; ZB/Lander, Andreas 10.1; ZB/Pleul, P. 298.4; ZB/Stache, Soeren 245.1; Zentralbild 240.4. |plainpicture, Hamburg: Design Pics 10.3; Image Source 5.3, 177.1. |Pustlaukdesign GmbH - Thilo Pustlauk, Tuttlingen-Möhringen: 250.1. |Rössler, Michal, Freiburg: 112.3, 113.1, 113.3, 113.5, 151.1, 151.2, 160.3, 320.1, 320.2, 320.3. |Schlierf, Birgit und Olaf, Lachendorf: 12.3, 14.4, 14.5, 14.6, 14.9, 14.10, 14.11, 15.3, 15.4, 21.1, 73.1, 73.2, 73.3, 73.4, 73.5, 84.1, 84.3, 136.2, 230.1, 234.1, 237.1, 238.1, 240.1, 240.2, 240.3, 241.1, 241.2, 246.2, 246.3, 246.4, 246.5, 247.2, 247.3, 253.2, 253.3, 304.1, 350.1, 350.2, 350.3, 350.4, 350.5, 350.6, 350.7, 350.8, 350.9, 350.10, 350.11, 350.12, 350.13, 350.14, 350.15, 350.16, 350.17, 350.18, 350.19, 350.20, 350.21, 350.22, 350.23, 350.24, 350.25. |Schobel, Ingrid, Hannover: 12.2, 12.5, 15.2, 17.1, 55.1, 72.1, 85.1, 86.6, 114.1, 124.3, 126.2, 130.7, 232.3, 243.2, 243.4, 243.6, 264.1, 264.2, 264.3, 265.1, 265.2, 265.3, 265.4, 265.5, 265.6, 266.2, 266.3, 266.4, 266.5, 266.6, 272.1, 272.3, 273.2, 273.3, 275.2, 275.3, 279.2, 279.5, 293.2, 294.1, 294.2, 298.2, 308.5, 309.3, 310.2, 310.3, 310.4, 310.5, 310.6, 314.1, 314.3, 314.4, 314.5, 314.6, 315.1, 315.2, 315.4, 315.5, 315.6, 318.2, 336.8, 336.9, 338.1, 348.1, 348.2. |Schulze, Dr. Steffen, Kemnitz: 141.3. |Science Photo Library, München: Biophoto Associates 49.1; Bulgar, Wladimir 11.2; CNRI/Agentur Focus 49.5; DAI, JEFF 305.2; Darkin, Christian 336.2; Durham, John 4.1, 41.1; Giphotostock 256.3; Goetgheluck, Pascal 336.4; Hutchings, Richard 251.3; Moredun Animal Health 341.1; Science Source 215.4; Trevor Clifford Photography 257.2; Turtle Rock Scientific 238.3; UIG/Kindersley, Dorling 240.5; Winters, Charles D. 251.8. |Shutterstock.com, New York: 144900970 330.2; 24Novembers 176.3; 2xSamara.com 326.3; @erics 344.4; Adwo 192.1; Allport, Andrew M. 83.4; altafulla 297.4; altanaka 3.1, 9.1; andibyte 149.6; andiphoto 72.2; Augenstern 193.2; BEZERGHEANU, Mircea 82.6; bikeriderlondon 346.1; branislavpudar 182.4; charobnica 289.3; CroMary 346.2; crystal51 290.3; DenisNata 143.1; Dmitry, Maslov 145.4; Em-Jott 149.9; Erasmus, Elana 40.2; Ewa Studio 189.3; Farrant, Jamie 132.2; Fowler, Martin 148.4; giuseppelombardo 328.1; Gucio_55 165.3; HaiGala 132.3; Haritonenko, Ann 332.4; Hlavko, Miroslav 102.1; Ikonoklast Fotografie 346.3; Imageman 242.4; Ionita, Bogdan 150.7; Jay, Marina 70.2; JGade 115.4; Konstantin, Pukhov 181.1; KOO 75.2, 149.2; Kovacs, Pavel 152.8; kzww 152.3; Larsson, Henrik 115.3; Lukassek 277.3; Mazzzur 36.5, 135.6; mosufoto 242.3; Nomad_Soul 242.2; Olena, Svietlieisha 148.1; pathdoc 329.1, 329.2; Racenkov, Iurii 342.2; raditya 289.4; Razvan, Radu 271.4; riccar 244.3; rzoze19 144.2; S.Cooper Digital 149.5; Samuel Borges Photography 322.2; scubaluna 128.2; slawomir.gawryluk 251.6; Smilek, Karel 150.2; TessarTheTegu 94.5; Tobyphotos 148.5; v.schlichting 291.2; Vachal, Milan 98.1; Young, Lisa F. 16.5; Zaitseva, Zoriana 301.1; Zsebok, Thomas 152.1. |Simper, Manfred, Wennigsen: 72.4. |Société Electrique de l'Our S.A. (SEO S.A.), Luxemburg: 277.1, 277.2, 278.4, 279.4. |stock.adobe.com, Dublin: 235869010 335.1; Aarti 128.6; Adam, Jutta 135.2; agrarmotive 208.1; Alex 251.4; animaflora 138.2; antic 42.5; Anton 251.5; Antonioguillem 60.3; Artalis-Kartographie 229.3; Artem 235.4; atosan 91.2; aussieanouk 69.7; Bagusat, Tanja 145.1; Bartussek, Ingo 227.1; Baur, Stephan 13.1; benjaminnolte 16.2, 307.7; bennytrapp 96.4; blackday 342.5; Bode, Marc 256.4; Borisenko, Alexander 231.2; Brilliant Eye 236.1; christiane65 47.1; Constantin 166.1; CrackerClips 262.2; Creative Nature 97.1, 97.4; creativenature.nl 60.4; CSschmuck 139.1; Debus, Martin 270.2; demarco 305.4; deraugenzeuge 73.9; digitalfoto105 141.5; Digitalpress 5.1, 133.1; Dmitrii, Golubev 172.6; doidam10 181.2; dzm1try 16.1; Ede, Hans und Christa 124.1, 124.6; euthymia 279.3; eyetronic 208.2; Fälchle, Jürgen 179.2; fefufoto 61.3; Feldmann, Guntar 36.7; Filser, Wolfgang 36.6; FK-Lichtbilder 172.7; fotoak80 128.3; fotofabrika 262.1; fotogestoeber 113.6; freila 172.3; galgoczygabriel 274.3; Gärtner, Dagmar 172.2; Geithe, Ralf 274.2; gerecht, elvira 144.7; Gerold 119.1; Goerend, Johny 91.3; goldi59 202.3; Gollub, Nils 50.3; Grandini, Alessandro 308.2, 309.1, 309.2; Grubärin 6.1, 211.1; gubisch, elmar 66.3; Gudrun 335.2; Gunnar 76.1; Haase, Nadine 62.3; haenson 191.4; Halit 202.2; Häßler, K.-U. 305.3; hedgehog94 42.2; hfox 196.1; i-picture 300.1; imageBROKER 98.5; Imaginis 276.2; inarik 332.3; JackF 213.1; Jillian 60.2; JuliaNaether 40.3; Karina LS 67.2; KH August 25.2; Kneschke, Robert 338.3; Knippser 174.5; Kobben, Jean 191.1; Kovalchuk, Igor 129.1; Kunz, Olaf 234.2, 234.3; kwasny221 53.1; LianeM 135.5; M.studio 176.1; mahey 6.2, 263.1, 274.1; manulito 210.3, 234.4; manuta 212.2; Mayer, Johannes D. 59.3; megakunstfoto 257.7; Meisterphoto 77.2; moonrun 236.3; Müller, Rolf 172.5; nateejindakum 280.2; Olena 181.3; Osterland 234.7; Patryssia 16.4; Pauline B 336.6; pavkis 236.2; penofoto.de 298.3; Philipimage 251.1; photka 266.1; picture.jacker 69.2; Pixel-Shot 257.8; PRILL Mediendesign 124.5, 215.3; Prilutskiy, Andrey 172.9; Rehorst, Bernd 202.1; RETO_KUNZ 196.3; rock_the_stock 328.4; ROSSandHELEN photographers 342.4; sabino.parente 257.9; sakurra 164.1; sandeep venkatesh/EyeEm 231.3; Schauer, Marcel 145.3; Schulz-Design 302.3; sebgsh 76.2; Simonazzi, Martina 166.5; Steiner, Carmen 172.8; stockmedien/rieger 186.4; Suraphol 149.1; Svetlana 335.4; Swadzba, Marek R. 104.5; Thalhofer, Karoline 209.2; Thoenen, Gerry 288.3; Tieck, Michael 112.1; Tobias 126.1; Tubai, T. S. 125.2; upixa 13.3; vatteln 128.1; victoria p. 10.2; volff 239.1; Weidemann, Klaus-Dieter 104.1; wildlifephoto-demmel 74.1; Willy 116.2; Wolf, Hartmut 101.2; Wolfgang 59.2, 104.2; womue 242.1; zeralein 144.8; Zhiltsov, Alexander 53.3. |Tegen, Hans, Hambühren: 19.1, 84.2, 221.2, 221.4, 222.2, 229.1, 229.2, 232.2, 241.3, 241.4, 241.5, 241.6, 241.7, 241.8, 295.1, 295.2, 295.3, 296.3, 306.1, 306.2, 316.1. |Tönnies, Frauke, Laatzen: 201.3. |TopicMedia Service, Mehring-Öd: 94.2; Buchhorn 200.5; Dalton 82.2, 82.4; Heblich 70.3; Hoffmann 67.3; Koch 88.1; Lindenburger, J. 73.7; Muthny, Fritz 285.1; Pelka 194.1; Pratsch, H. 96.1; Wahl, Karl 191.3; Wegner 198.3; Wilmshurst, Roger 75.3. |ullstein bild, Berlin: JOKER/Ausserhofer 270.3. |Viertel, Judith, Geesthacht: 86.2, 86.5, 221.1, 221.3, 223.1, 223.2, 223.3, 226.4, 345.2. |Visum Foto GmbH, München: Andia 311.4; Niemzig, Ralf 288.1; Sintesi 285.2. |von Goessel, Hannes, Erding: 108.2, 109.1, 198.4, 203.2, 328.7. |Wefringhaus, Klaus, Braunschweig: 220.4, 220.5, 220.6. |Wellinghorst, Rolf, Quakenbrück: 96.5, 190.3. |Wildermuth, Werner, Würzburg: 15.5, 29.1, 32.1, 35.1, 35.2, 36.1, 46.1, 54.1, 54.2, 54.3, 54.5, 59.1, 65.2, 86.7, 99.1, 100.5, 100.6, 117.1, 128.5, 129.2, 129.3, 130.1, 130.2, 130.3, 130.5, 136.3, 138.3, 139.3, 141.2, 141.4, 141.6, 146.2, 146.3, 147.1, 158.2, 159.1, 160.1, 160.2, 160.4, 160.5, 160.6, 160.7, 161.1, 165.1, 172.10, 173.2, 173.3, 173.4, 173.5, 204.1, 204.2, 204.3, 204.4, 204.5, 204.6, 204.7, 204.8, 204.9, 204.10, 204.11, 204.12, 204.13, 204.14, 204.15, 204.16, 204.17, 204.18, 204.19, 204.20, 204.21, 204.22, 205.2, 206.1, 253.1, 281.1, 281.3, 286.2, 286.3, 287.2, 296.2, 306.4, 306.5, 312.1, 313.1, 334.2, 335.3, 340.5, 341.2, 344.3, 348.3.